KB078088

독자의 1초를 아껴주는 정성을 만나보세요!

세상이 아무리 바쁘게 돌아가더라도 책까지 아무렇게나 빨리 만들 수는 없습니다.

인스턴트 식품 같은 책보다 오래 익힌 술이나 장맛이 밴 책을 만들고 싶습니다.

땀 흘리며 일하는 당신을 위해 한 권 한 권 마음을 다해 만들겠습니다.

마지막 페이지에서 만날 새로운 당신을 위해 더 나은 길을 준비하겠습니다.

리액트 교과서
REACT QUICKLY
아자트 마르단 지음
곽현철 옮김

길벗

리액트 교과서

React Quickly

초판 발행 • 2018년 5월 25일
초판 4쇄 발행 • 2022년 7월 20일

지은이 • 아자트 마르단
옮긴이 • 곽현철
발행인 • 이종원
발행처 • (주)도서출판 길벗
출판사 등록일 • 1990년 12월 24일
주소 • 서울시 마포구 월드컵로 10길 56(서교동)
대표 전화 • 02)332-0931 | **팩스** • 02)323-0586
홈페이지 • www.gilbut.co.kr | **이메일** • gilbut@gilbut.co.kr

기획 및 책임편집 • 이원휘(wh@gilbut.co.kr) | **디자인** • 배진웅 | **제작** • 이준호, 손일순, 이진혁
마케팅 • 임태호, 전선하, 차명환, 박민영, 지운집, 박성용 | **영업관리** • 김명자 | **독자지원** • 윤정아, 최희창

교정교열 • 백주옥 | **전산편집** • 남은순 | **출력 · 인쇄 · 제본** • 북토리

ISBN 979-11-6050-482-8 93000
(길벗 도서번호 006961)

정가 36,000원

이 책을 나의 할아버지 칼리트 카미토프에게 바칩니다.
늘 친절하고 공정하셨던 할아버지에게 감사 인사를 전합니다.
할아버지가 알려준 공예품, 시골집으로 떠났던 여행, 함께 했던 체스 게임이 기억납니다.
할아버지는 언제나 나의 기억 속에 남아있을 것입니다.

난 늘 자바스크립트가 없어지기를 바라고 있다. 그냥 하는 말이 아니다. 정말로 끔찍하고 고통스러운 죽음이길 바란다. 사실 자바스크립트를 완전히 싫어하는 것은 아니다. 지난 몇 년간 자바스크립트는 꽤 발전했다. 나는 복잡한 것을 극도로 싫어한다. 괜히 블로그와 사업에 단순한 프로그래머(Simple Programmer)라는 이름을 붙인 것이 아니다. 나는 늘 "복잡한 것을 간단하게 만들자."라고 이야기해왔다.

복잡한 것을 간단하게 만들기란 쉽지 않다. 이 과정에는 특별한 능력이 필요하다. 복잡성에 대한 이해를 넘어서 핵심을 간파해야 한다. 왜냐하면, 모든 것의 핵심은 사실 간단하기 때문이다. 이 책을 통해 저자가 보여주는 것이 바로 이것이다.

저자는 React의 도움을 빌려 복잡한 UI 개발을 간단하게 만들었다. 이미 눈치챘겠지만, 내가 개인적으로 React를 좋아하는 이유는 React가 단순하기 때문이다. React는 애플리케이션을 단순하게 만들 수 있도록 설계되었다. 오래된 평범한 자바스크립트(Plain old JavaScript)로 돌아가는 방법을 선택하여 자바스크립트 프레임워크의 복잡성을 줄였다(React와 함께 사용하는 JSX는 자바스크립트로 컴파일하는 과정을 거치지만, 이 부분은 저자가 잘 설명할 것이다.)

웹 개발자들이 AngularJS, Backbone 같은 자바스크립트 프레임워크를 이용해 비동기 웹 애플리케이션이나 단일 페이지 애플리케이션 개발을 손쉽게 해결했다는 점에서 이 프레임워크들이 고맙기는 하다. 그렇지만 애플리케이션의 복잡도를 높인 것도 사실이다. 템플릿 엔진을 사용하고 프레임워크의 문법과 상세한 세부사항을 익히는 것이 생산성에 도움이 되었지만, 결과적으로 백엔드의 복잡도를 프런트엔드로 이전한 형태가 되고 말았다.

React는 이 지점에서 시작한다. 템플릿을 제거하고 자바스크립트 사용자 인터페이스를 컴포넌트 기반으로 설계했다는 점이 마음에 든다. 단순하기 때문이다. 그러나 가장 단순한 것조차도 때로는 설명하기 어렵다. 게다가 이런 복잡성을 설명할 능력이 없는 사람들은 문제를 더 복잡하게 만들기도 한다.

저자는 문제를 단순하게 만들고, 그것을 어떻게 가르쳐야 할지를 잘 알고 있는 사람이다. 저자는 AngularJS와 비교하면서 React를 소개한다. AngularJS를 잘 몰라도 이 책의 설명을 통해 React의 기본적인 내용과 목적을 빠르게 익힐 수 있을 것이다. 또한, 저자는 기초적인 React 애플리케이션을 만드는 과정을 빠르게 설명하고, 독자가 직접 해볼 수 있게 한다. 이 책은 파레토 법칙을 따라 React를 이해하기 위한 핵심적인 20%를 이해하고, 이해한 것을 바탕으로 React 애플리케이션 개발에 필요한 80%를 습득할 수 있게 한다. 대부분의 내용을 누구나 이해할 수 있는 쉬운 방법으로 설명하여 이해를 돕는다. 또한, 다양하게 준비된 예제와 프로젝트도 마음에 드는 부분이다. 무언가를 배울 때 가장 확실한 방법은 직접 해보는 것이다. 책에는 시시하지 않은, 유용한 프로젝트 여섯 개가 실려 있다. 나는 늘 단순함을 추구해왔다. 그런 점에서 이 책은 내가 알고 있는 한, React를 배울 수 있는 가장 좋은 방법이라고 말하고 싶다.

존 손메즈

《소프트 스킬》 저자, Simple Programmer(https://simpleprogrammer.com) 설립자

React를 처음 접하는 사람들은 React와 다른 프레임워크 또는 라이브러리를 비교했을 때 어떤 점이 더 나은지 의문을 갖곤 합니다. 과거에 React를 사용해야 할 대표적인 이유로 페이스북이 마케팅 수단으로 사용하던 "가상 DOM을 이용한 빠른 속도"를 들었습니다. 현재는 인기를 끄는 UI 개발 라이브러리나 프레임워크 중에 가상 DOM을 채택하지 않는 경우가 거의 없습니다.

현재 시점에서 React를 사용해야 할 이유를 이야기한다면 가장 크고 활발한 사용자 커뮤니티를 들 수 있습니다. The State of Javascript 2017에서 프런트엔드 라이브러리에 대해 설문조사(https://stateofjs.com/2017/front-end/results/)를 했습니다. 이에 따르면 이미 사용했고, 다시 사용할 의사가 있는 도구로 React를 선택한 개발자가 가장 많았습니다. React의 사용자 커뮤니티가 성숙했으며 잘 유지될 것이라 기대해도 좋을 만한 결과입니다.

수많은 사용자 덕분에 React는 빠르게 발전하고 있습니다. React는 지난 해 React Fiber라는 이름의 새로운 코어를 도입한 버전 16을 선보이면서 성능을 더욱 개선했습니다. 종종 문제로 지적되던 파일 사이즈까지 줄이면서 두 마리 토끼를 잡았습니다. 이 책은 버전 15를 기준으로 설명하기 때문에 버전 16의 변경사항 중 일부를 관련 부분에서 주석 또는 참고사항으로 추가했습니다. 더 자세한 정보를 살펴보고자 한다면 공식 홈페이지의 블로그(https://goo.gl/aKdCoC)를 참고하기 바랍니다.

배움에는 왕도가 없다는 말이 있습니다. 이 책에서 저자가 제시하는 '빠른' 학습 비법은 반복입니다. 저자는 React를 익히기 위한 핵심적인 내용을 곳곳에서 독자에게 상기시킵니다. 끊임없이 새로운 라이브러리, 프레임워크, 개발 방법이 등장하는 프런트엔드 세계를 즐기기 위한 전략으로도 훌륭한 방법입니다. 이 책을 통해 React에 대한 지식은 물론 개발자의 생존 전략도 얻을 수 있길 바랍니다.

끝으로 부족하고 거친 번역 원고를 검토해주시고, 직접 예제 코드까지 실행하는 수고를 마다하지 않으신 이원휘 편집자님께 감사드립니다. 그리고 철이 이름에만 든 저에게 응원과 사랑을 아끼지 않는 가족들과 영원이에게도 감사 인사를 전합니다.

곽현철

2008년 금융 위기 때가 생각난다. 도처의 은행들이 문을 닫았다. 나는 미국연방예금보호공사(Federal Deposit Insurance Corporation, FDIC)에서 일하고 있었다. 주요 업무는 파산한 은행의 예금자들에게 돈을 돌려주는 일이었다. 내 일자리의 안정성은 당시 파산한 리먼 브라더스 사 직원이나 타이타닉 티켓 판매상과 다를 바 없는 형편없는 수준이었다. 그렇지만 다행히도 내가 일하던 부서의 예산은 삭감되지 않았고, 미국 연방정부의 지급보증 금액을 추산해서 보여주는 전자예금보호측정(Electronic Deposit Insurance Estimator, EDIE) 애플리케이션을 개발할 기회를 얻었다. 이 애플리케이션은 굉장히 인기가 좋았다. 많은 사람이 미국 연방정부가 자신의 저축을 어느 정도 보호해줄지 알고 싶어했기 때문이다.

그러나 사람들은 계좌에 대한 개인 정보를 정부에 전달하고 싶어하지는 않았다. 즉, EDIE 애플리케이션은 사용자의 금융 정보를 보호해야 했고, 이 때문에 백엔드 기술을 배제하고 자바스크립트, HTML, CSS로만 구성했다. 덕분에 미국연방예금보호공사는 사용자의 금융 정보를 전혀 수집하지 않고 지급보증 금액을 보여줄 수 있었다.

수차례의 개발 과정을 끊임없이 반복하면서 EDIE 애플리케이션에는 결국 거대한 스파게티 코드 덩어리가 남게 되었다. 여러 개발자가 거쳐가면서 제대로 된 문서 하나 남기지 않았고, 논리적이거나 단순한 알고리즘도 찾을 수 없었다. 마치 뉴욕 지하철을 노선도 없이 타는 것과 비슷했다. 함수를 호출하는 수없이 많은 함수가 있고, 이상한 자료구조와 알 수 없는 함수들이 나열되어 있었다. 이 애플리케이션에는 백엔드가 없었기 때문에, 요즘 용어를 쓴다면 그야말로 순수한 사용자 인터페이스라고 할 만했다.

그 시절에 React가 있었다면 어땠을까. 아마 나에게 큰 즐거움을 주었을 것이다. React는 새로운 개발 방법이고, 동시에 새로운 생각 방법이기도 하다. HTML과 자바스크립트를 분리하지 않고 한 곳에 모아두는 단순함은 나에게 자유를 주었다. 이는 프런트엔드 개발에 대한 나의 열망을 다시 불러일으키기에 충분했다.

React는 UI 컴포넌트 개발에 대한 신선한 관점이다. React는 프레젠테이션 계층을 담당하는 라이브러리의 새로운 세대라고 할 수 있다. React를 모델이나 라우팅을 담당하는 라이브러리와 함께 사용하면 AngularJS, Backbone, Ember 같은 기존의 웹/모바일 기술 스택을 대체할 수 있다.

그 점이 이 책을 쓰게 된 이유이기도 하다. 나는 너무 복잡하고 완고한 느낌이 들어서 AngularJS를 별로 좋아하지 않았다. AngularJS의 템플릿 엔진은 마치 자바스크립트가 아닌 다른 언어처럼 보였다. 나는 Backbone.js를 좋아했는데, 단순함을 바탕으로 직접 만들어나갈 수 있다는 점 때문이었다. Backbone.js는 성숙한 프레임워크지만 모든 것을 갖춘 프레임워크라기보다는 직접 프레임워크를 만들 때 사용할 수 있는 기반에 가까웠다. Backbone은 모델과 뷰 사이에서 복잡도가 높아지는 문제가 있었다. 여러 개의 뷰가 여러 개의 모델을 갱신하면 그로 인해 또 다른 뷰에 변경이 일어나고, 이어서 모델에서 이벤트가 발생하는 식이었다.

개발자들은 늘 UI를 개발하는 더 나은 방법을 찾는 데 혈안이 되어 있다. 킥스타터를 통해 React.js 온라인 코스(http://mng.bz/XgkO)를 진행하고, 여러 컨퍼런스와 행사를 방문하면서 얻은 결론이다. 요즘 들어 백엔드는 규격화되어 버렸고, 대부분의 비즈니스 가치가 UI로 이전되었다. 내가 지내는 샌프란시스코 일대에서도 소프트웨어 엔지니어를 새롭게 채용하는 경우를 보면 프런트엔드, 풀 스택 개발자가 대부분이다. 제너럴리스트(Generalist) 개발자라는 좀 더 유행하는 이름도 있다. 데이터 과학자와 백엔드 엔지니어를 구하는 모습은 구글(Google), 아마존(Amazon), 캐피탈원(Capital One) 같은 거대 기업에서나 찾아볼 수 있다.

좋은 일자리를 구하고, 구한 일자리를 지키는 가장 좋은 방법은 두루 잘 아는 사람이 되는 것이다. 이런 지식을 빠르게 습득하는 방법 중 하나는 React를 배우는 것이다. React는 개발자에게 편의를 제공하고, 확장에 용이하며, 프런트엔드와 백엔드 모두에서 활용할 수 있다. Node.js를 활용하면 서버측 코드도 React로 작성할 수 있다.

모바일 개발자 입장에서 몇 년 전의 HTML5는 너저분한 느낌이었을 것이다. 페이스북(Facebook)은 HTML5 앱을 포기하고 더 뛰어난 성능을 보장하는 네이티브 앱을 선택하기도 했다. 그렇지만 이런 부정적인 시선은 빠르게 변하고 있다. React Native를 사용하면 모바일 네이티브 앱 개발에도 React를 사용할 수 있다. UI 컴포넌트를 유지하면서 네이티브 애플리케이션 환경에 맞게 적용할 수 있다.

프로그래밍은 창조적인 작업이 될 수 있다. 재미없는 작업과 복잡도, 거짓된 관심사 분리[1]에 빠지지 말자. React는 불필요한 것을 모두 걷어낸다. 단순한 아름다움을 가진 모듈과 컴포넌트 기반의 UI를 통해 여러분의 창조성이 되살아날 것이다. Node.js를 통해 서버 사이드까지 React를 사용한다면 여러분에게 평온이 찾아들 것이다.

이 책을 통해 React를 즐겁게 배우기 바란다. 아마존(http://amzn.to/2gPxv9Q)에 읽고 난 소감을 남겨줄 것을 기대하겠다.

1 역주 저자가 말하는 거짓된 관심사 분리란 기존의 프레임워크들이 한 가지 기능을 만들기 위해 서로 다른 HTML(템플릿), CSS, 자바스크립트 파일을 사용한 것을 말한다. React를 사용하는 개발자들은 기존 방법이 단순히 기술의 분리이며, 한 가지 기능을 위한 기술이므로 분리하지 말고 한 곳에 모여 있어야 한다고 본다.

인터넷, 우주 그리고 텔레파시를 가능케 한 인간의 재능에 감사의 말을 전하고 싶다. 입을 열지 않고도 트위터, 페이스북, 인스타그램 같은 소셜 미디어를 통해서 전 세계 수백만 명과 내 생각을 나눌 수 있는 멋진 세상이다. 만세!

세계 각지에 있는 학교와 대학교에 계신 나의 선생님들에게 감사를 전한다. 또한, 책과 학습을 통해 은연 중에 얻게 된 지혜에도 고마움을 전하고 싶다.

스티븐 킹은 "글을 쓰는 것은 사람의 일이지만 편집은 신의 영역이다."라고 이야기한 적이 있다. 이 책에서 오탈자와 버그를 마주할 편집자와 독자에게 끝없는 감사를 보낸다. 이 책은 나의 열 네 번째 책이다. 갖은 노력을 했지만 결국 찾지 못한 오탈자가 있으리라는 점을 알고 있다.

이 책이 출간되도록 도와준 출판사 관계자 분들께 감사 인사를 전한다. 발행인 마르얀 베이스와 편집팀, 제작팀의 자넷 베일, 케빈 설리번, 티파니 테일러, 케이티 테넌트, 고르단 살리노비치, 댄 마하리와 그 외의 분들께도 감사를 전한다.

이반 마티노비치와 함께 기술적인 리뷰를 해준 제임스 아나이파코스, 데인 발리아, 아트 베르퀴스트, 조엘 골드핑거, 피터 햄튼, 루이스 매튜 헥, 루벤 레온, 제럴드 맥, 카말 라지, 루카스 테타만티에게도 감사를 전한다. 기술적인 실수와 용어 오류, 오탈자, 주제 제안 등 여러 가지 기여를 해주었다. 포럼에서 리뷰를 거쳐 전달된 피드백을 통해 원고를 다듬고 바로 잡을 수 있었다.

기술적인 면에서는 책의 편집자인 안토 아라빈스에게 특별히 감사를 전하고 싶다. 기술적인 교정을 맡은 저먼 프리제리오에게도 감사를 전한다. 이 둘은 꼭 함께 일하고 싶었던 최고의 기술 편집자다.

책의 머리글을 남겨준 SimpleProgrammer.com의 존 손메즈에게 많은 감사를 전한다. 책에 대한 신뢰감을 주는 리뷰를 작성해 준 피터 쿠퍼, 에릭 핸첫, 스탠 버샤드스키에게도 감사 인사를 전한다. 존, 피터, 에릭, 스탠에 대해서 잘 모르는 독자가 있다면, 소프트웨어 엔지니어링에 관한 이들의 성과를 소셜 미디어나 이메일을 통해 구독할 것을 추천한다.

끝으로 출간 전 전자책을 읽고 피드백을 남겨준 독자들에게 감사를 전한다. 책을 개정하느라 1년이 걸렸지만, 덕분에 현 시점에서 React에 관한 최고의 책이 될 수 있었다.

이 책은 React를 소개해서 프런트엔드 개발자가 처한 문제를 해결하는 한편, 더욱 행복하고 의미 있는 삶을 찾는 동시에, 돈도 많이 벌 수 있기를 바라며 썼다. 그리고 이것을 빠르게 달성할 수 있도록 했다. 이 점은 책의 제목에서도 알 수 있을 것이다(원서의 제목은 《React Quickly》이다). 이 책은 일년 반에 걸쳐 십 수 명의 사람들에 의해 완성된 결과물이다. 이 책은 최소한 JSX, 단방향 데이터 흐름, 선언형 프로그래밍 같은 익숙하지 않은 개념에 대해 마음을 열도록 도와줄 것이다.

학습 방법

책은 두 부분으로 나뉜다. 1부 1~11장까지는 React의 핵심 개념을 다루고, 2부 12~20장까지는 React의 개발 생태계를 구성하는 친구들을 살펴본다. 각 장에는 예제 코드에 대한 설명과 함께 필요에 따라 도표를 삽입했다. 각 장의 도입부에 소개 동영상을 제공하는데, 이 동영상을 보고 그 장을 읽을지 넘어갈지 정할 수 있다. 각 장은 책을 순서대로 읽지 않아도 좋도록 연관성이 없게 구성했다. 그렇지만 앞에서부터 순서대로 읽는 것을 추천하고 싶기는 하다. 각 장의 마지막에는 퀴즈와 요약을 넣어 해당 장의 중요한 부분을 숙지할 수 있도록 했다.

각 부 마지막에는 큰 프로젝트가 여러 개 있다. 이 프로젝트를 통해 React에 대한 경험을 키우고, 이전 장에서 소개한 개념과 지식을 확고하게 정리할 수 있게 했다. 도입부의 동영상에서는 프로젝트 수행에 대한 영상도 들어 있어 파일 생성이나 의존성 설치 같은 작업을 보여준다. 프로젝트들은 책의 흐름에 매우 중요한 부분으로 반드시 진행할 것을 권한다. 가급적 복사해서 붙여 넣는 것은 피하고, 직접 코드를 작성했으면 한다. 직접 쓰고 입력하는 것이 학습 효율을 높여준다는 연구 결과도 있다.

부록 일곱 개(저자 다섯 개, 역자 두 개)를 통해 보충 자료를 수록했다. 책을 읽기 전에 목차에서 어떤 부록이 있는지 살펴보길 바란다.

이 책의 공식 웹사이트는 http://reactquickly.co이다. 웹사이트에서 책에 대한 최신 정보를 얻을 수 있다.

책의 소스 코드는 출판사 사이트와 깃허브에서 확인할 수 있다. 자세한 내용은 아래 "소스코드" 부분을 참고하라. 책의 모든 코드에 대한 목록이므로 깃허브나 편집기에서 파일을 찾아보는 것보다 편리할 것이다.

이 책의 대상(읽으세요!)

이 책은 React.js를 사용해 웹/모바일을 개발하려고 학습을 시작하는, 경력이 2~3년 정도인 웹/모바일 개발자, 소프트웨어 엔지니어를 위해 썼다. 기본적으로 개발자 도구 단축키 정도는 기억하고 있어야 한다(맥에서는 Command-Option-J 또는 Command-Option-I, 윈도우에서는 F12). 이 책은 다음 개념에 익숙하거나 알고 있는 독자를 대상으로 한다.

- 단일 페이지 어플리케이션
- RESTful 서비스와 API 아키텍처
- 자바스크립트, 특히 클로저, 스코프, 문자열 및 배열 메서드에 대한 이해
- HTML 및 HTML5의 요소와 속성
- CSS 스타일, 자바스크립트 선택자

jQuery, AngularJS, Ember.js, Backbone.js나 다른 MVC 프레임워크에 대한 경험도 도움이 될 수 있다. React와 비교할 수 있기 때문이다. 그렇지만 필수적인 것은 아니다. 어떤 부분은 기존의 코딩 패턴을 바꾸어야 하기 때문에 오히려 학습에 장애가 될 수도 있다. 또한, React를 확고하게 MVC라고 할 수는 없다.

명령줄로 실행하는 도구를 사용하여 학습할 것이다. 여전히 터미널이나 명령창이 낯설게 느껴진다면 이런 두려움을 없앨 최고의 기회가 될 것이다. 일반적으로 터미널을 통해 프로그램을 실행하는 것이 GUI로 실행하는 것보다 기능이 더 다양하고 강력하다(예를 들어 나는 깃허브의 명령창을 쓸 때보다 데스크톱 클라이언트를 쓸 때 더 혼란스러웠다).

Node.js를 익숙하게 다룬다면 Node.js, npm, Browserify, CommonJs, Gulp, Express.js 같은 이름을 들어보지 못한 사람보다는 훨씬 능숙하게 React를 배울 수 있을 것이다. Node.js를 살펴보고 싶다면 내가 쓴 Practical Node.js(http://practicalnodebook.com)를 추천한다. 또는 무료로 제공되고 있는 NodeSchool(http://nodeschool.io)도 추천한다(무료라는 것이 항상 나쁘지만은 않다).

이 책에서 다루지 않는 것(이것도 꼭 읽으세요!)

이 책은 웹/모바일 개발에 대한 종합적인 안내서는 아니다. 그 점에 대해서는 이미 이해하고 있으리라고 본다. 프로그래밍의 기본 개념이나 자바스크립트의 기초에 대해서는 이미 훌륭한 책이 많이 있고 무료로 읽을 수도 있으니 이 책에서 다시 설명할 필요는 없다고 생각한다. 다음 책을 추천한다.

- 《You Don't Know JS》 카일 심슨(https://github.com/getify/You-Dont-Know-JS)
- 《자바스크립트 닌자 비급》 존 레식, 베어 바이볼트
- 《자바스크립트 개론》 마레인 하버비케(http://eloquentjavascript.net)

이 책의 사용 방법

무엇보다도, 책을 꼭 읽기 바란다. 농담이 아니다. 대부분의 사람들이 책을 사지만 제대로 읽지는 않는다. 전자책으로 구매하면 하드 드라이브나 클라우드 어딘가에 숨어 있기 때문에 더 심하다. 책을 읽고 프로젝트를 직접 진행해보기 바란다.

각 장은 하나의 주제 또는 관련성 있는 여러 주제를 다루고 있다. 이런 이유로 책을 먼저 처음부터 끝까지 순서대로 읽고 난 후 각 장으로 돌아가 참고하는 것을 권한다. 그렇지만 앞에서 언급한 것처럼 각 장의 내용은 독립되어 있기 때문에 순서대로 읽지 않아도 문제는 없다.

책에는 외부 자료에 대한 링크도 상당히 많다. 대부분은 보조 자료이며 해당 주제에 대해 상세한 정보를 추가로 제공한다. 그러므로 책을 보면서 컴퓨터로 외부 자료도 살펴보길 권한다.

책에는 `getAccounts()`처럼 고정폭글꼴(monospace)로 작성된 내용이 있다. 이렇게 작성한 내용은 코드이고, 문장 사이에 적거나 코드 블록으로 작성했다. 다음과 같이 들여쓰기가 이상한 코드가 있을 수도 있다.

```
  document.getElementById('end-of-time').play()
 }
```

이런 코드는 긴 코드 중 일부를 옮겨온 것이다. 따라서 일부만 따온 조각 코드만으로는 코드가 동작하지 않는다.

그 외에도 코드 블록에 들여쓰기가 없을 수 있다. 이런 경우에는 이 코드가 전부라고 생각해도 무방하다.

```
ReactDOM.render(
<Content />,
  document.getElementById('content')
)
```

달러 표시($)는 터미널이나 명령창을 의미한다. 예를 들면 다음과 같은 경우다.

```
$ npm install -g babel@5.8.34
```

끝으로 무엇보다도 명심해야 할 점은 이 책을 보면서 즐거워야 한다는 사실이다. 재미가 없다면 그건 자바스크립트가 아니니까!

소스코드

책에 수록된 모든 코드는 출판사 웹사이트 또는 깃허브에서 확인할 수 있다. 폴더명은 각 장에 따라 chNN으로 작성했다. NN은 장 번호이며 필요에 따라 0을 앞에 붙였다. 깃허브 저장소에 있는 코드는 패치가 적용되거나 버그 수정 또는 스타일 변경 등을 통해 개선될 수 있다(다음 웹사이트에 수록된 소스코드의 내용은 모두 동일하다).

- 매닝출판사 웹사이트: www.manning.com/books/react-quickly
- 저자 깃허브 저장소: https://github.com/azat-co/react-quickly
- 길벗출판사 웹사이트: http://www.gilbut.co.kr/
- 길벗출판사 깃허브 저장소: https://github.com/gilbutITbook/006961

오탈자

출판사의 전문 편집자들이 이 책을 두루 살펴보았지만 책에는 오탈자가 있을 것이다. 먼저 오탈자를 찾아내 주어 감사하다. 다만, 아마존에 문법이나 오탈자에 대해 불만이 가득한 리뷰를 남기거나 나에게 불평의 메일을 보낼 필요는 없다.

버그나 오탈자에 대해서는 이메일 대신 출판사 웹사이트에 글을 남겨 달라.

기술적인 질문이나 오탈자에 대한 이메일은 받지 않는다. 이런 부분은 포럼과 깃허브 저장소(https://github.com/azat-co/react-quickly/issues), 스택오버플로우(http://stackoverflow.com)에 작성해주면 좋겠다. 다른 사람이 나보다 더 빠르게 답변해줄지도 모른다.

- 매닝출판사 포럼: https://forums.manning.com/forums/react-quickly
- 길벗출판사 독자 문의: 웹사이트(http://www.gilbut.co.kr/) 접속 > 상단 메뉴에서 **독자지원/자료실**의 **자료/문의/요청** 클릭 > **오타/오류신고** 분류를 선택하여 문의하기

매닝출판사의 포럼

이 책을 구매하면 매닝출판사가 운영하는 포럼에 무료로 접속할 수 있다. 책에 대한 의견을 남기거나 기술적인 질문을 할 수 있고, 저자나 다른 독자에게 도움을 받을 수도 있다. 포럼은 https://forums.manning.com/forums/react-quickly로 접속할 수 있다. 매닝출판사의 포럼 운영방침에 대해서는 https://forums.manning.com/forums/about에서 더 자세히 볼 수 있다.

매닝출판사는 개별 독자 또는 저자와 독자 간의 의미 있는 대화를 위한 장을 마련하기 위해 노력하고 있다. 포럼에서 저자의 활동은 별도의 보수가 지급되지 않는 자발적인 봉사다. 따라서 저자가 흥미를 가질 수 있도록 좀 더 도전적인 질문을 해보는 것을 추천한다. 책이 인쇄되어 판매되는 동안에는 출판사 사이트를 통해 포럼과 지난 토론 내용을 확인할 수 있다.

나는 책을 14권 이상 출간했고, 온라인 코스를 NodeUniversity(http://node.university)에 17개 이상 개설했다. 대부분 AWS 같은 클라우드 서비스와 React, 자바스크립트, Node.js에 관한 내용이다(책을 쓰는 방법이나 책을 여러 권 쓴 뒤에는 무엇을 해야 하는지에 대한 책도 있기는 하다). Node.js에 집중하기 전에는 Java, C, Perl, PHP, Ruby 같은 여러 가지 언어로 프로그래밍을 했었다. 고등학교를 졸업한 이후로 10,000시간[1]도 넘도록 프로그래밍에 몰두했다. 지금은 샌프란시스코에 위치한 미국의 주요 은행 중 한 곳인 캐피탈원(Capital One)에서 기술 펠로우(fellow)로 활동하고 있다. 이전에는 소규모 스타트업, 대기업, 미국 연방정부에서 데스크톱, 웹, 모바일 애플리케이션을 개발했다. 강의와 개발자 에반젤리스트(Developer Evangelist), 프로젝트 관리를 맡기도 했다.

내 소개에 많은 시간을 할애하고 싶지는 않다. 블로그(http://webapplog.com/about)나 소셜 미디어(www.linkedin.com/in/azatm)를 통해 더 자세히 살펴볼 수 있다. 그 대신 이 책과 관련 있는 경험에 대해 이야기하고자 한다.

2011년에 스타트업 회사에 합류하고자 캘리포니아로 옮겨 왔다. 500대 스타트업 중 한 곳이기도 했다. 이때부터 최신 자바스크립트 기법을 사용하기 시작했다. 스타트업에서 Backbone.js를 사용하여 몇몇 앱을 개발하면서 감동을 받았다. 이전에 개발했던 단일 페이지 애플리케이션에 비해 코드 구조가 무척이나 개선된 것을 느낄 수 있었다. 라우팅과 모델도 갖추고 있었다.

전자서명계의 구글이라고 할 만한 DocuSign에서 일하던 시절에는 Backbone과 동형 자바스크립트(Isomorphic JavaScript)[2]의 놀라운 힘을 경험하기도 했다. 마이너 릴리스에 4주씩 소요되던, 7년된 ASP.NET 기반의 웹 앱을 Backbone-Node-CoffeeScript-Express 기반의 앱으로 다시 개발하는 일을 한 적이 있다. 훌륭한 사용자 경험은 물론 배포 주기도 1, 2주 이내로 짧아졌다. 디자인팀은 사용성을 놀라운 수준으로 끌어올릴 수 있었다. 그 결과 여러 가지 수준으로 상호작용을 하는 엄청난 수의 UI 뷰를 갖게 되었다.

당시는 동형 자바스크립트라는 말이 생기기도 전이었다. 우리는 서버 측에 Backbone 모델을 사용해 API에서 데이터를 가져온 후 캐시로 사용했다. 서버와 브라우저에서 같은 Jade 템플릿을 사용

1 말콤 글레드웰은 저서 《아웃라이어》에서 1만 시간의 법칙에 대해 설명한다(https://en.wikipedia.org/wiki/Outliers_(book)).

2 역주 서버와 클라이언트(웹 브라우저)에서 모두 작동하는 자바스크립트 애플리케이션을 의미한다. 유니버설 자바스크립트(Universal JavaScript)라는 용어도 같은 의미로 쓰인다(https://en.wikipedia.org/wiki/Isomorphic_JavaScript).

하기도 했다. 전체 스택에 한 가지 언어를 사용하는 장점을 느끼게 해준 즐거운 프로젝트였다. 기존의 앱을 유지보수하던, C#과 jQuery 위주의 프론트엔드 자바스크립트에 익숙한 개발자들도 곧 새로운 기술 스택과 사랑에 빠졌다. 1, 2주에 걸쳐 배포 주기를 한 번 경험하면서 커피스크립트의 간결함, Backbone의 구조, Node.js의 만족스런 실행 속도와 개발 속도를 경험했기 때문이다.

10여년이 넘는 개발 경험 중에 프론트엔드 개발은 즐거울 때도, 짜증날 때도, 엉망일 때도 있었다. 사실 대부분은 엉망이었다고 하는 것이 맞을 듯싶다. 그렇지만 고진감래라고 해야할지, 덕분에 React의 존재에 더욱 감사하게 되었다.

새로운 소식이나 업데이트, 팁을 전달받고 싶다면 내가 운영하는 소셜 미디어나 웹사이트를 찾아주기 바란다.

- 트위터: https://twitter.com/azat_co
- 웹사이트: http://azat.co
- 링크드인: http://linkedin.com/in/azatm
- 블로그: http://webapplog.com
- 책: http://webapplog.com/books

워크숍이나 강습 코스 진행에 대해서는 http://nodeprogram.com 또는 https://node.university를 방문하거나 https://webapplog.com/azat에 메시지를 남겨주기 바란다.

예제 파일 내려받기

이 책에서 사용하는 예제 코드는 길벗출판사 웹사이트에서 도서명으로 검색하여 내려받거나 아래 깃허브 저장소에서 내려받을 수 있습니다.

- **길벗출판사 웹사이트**: http://www.gilbut.co.kr/
- **깃허브 저장소**: https://github.com/gilbutITbook/006961
  https://github.com/azat-co/react-quickly

예제 파일 구조 및 참고 사항

이 책에서 사용하는 예제 파일을 장별로 제공합니다.

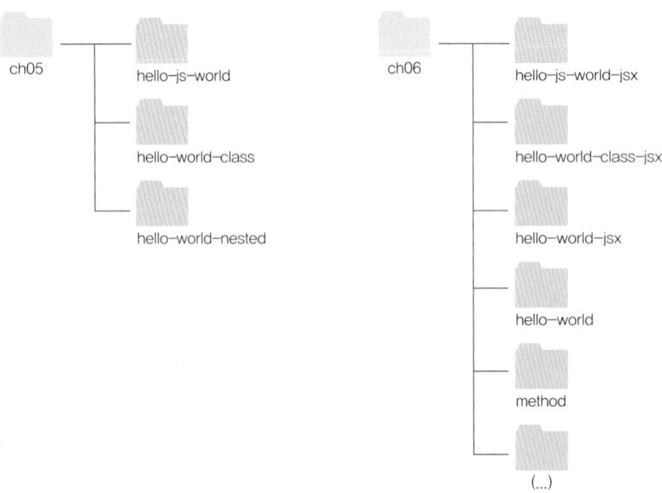

- 이 책에서는 예제 코드의 일부를 옮겨가며 설명하고 있으므로 예제 코드의 원본을 살펴보며 공부하는 것을 권장합니다.
- 1장부터 20장까지 각각 ch01부터 ch20 폴더에 분리되어 있으며, 19장에서는 16장의 예제를 다시 사용하므로 ch19 폴더는 없습니다.

일러두기

Node.js 설치

이 책의 예제는 Node.js 버전 6과 npm 버전 3을 기준으로 실행되도록 작성되었으나, 현재 Node.js의 장기 지원 버전(long-term support, LTS)인 버전 8과 npm 버전 5에서도 이상 없이 실행됩니다. 각각의 버전은 아래에서 내려받을 수 있습니다. npm은 Node.js와 함께 설치되므로 별도로 설치하지 않아도 됩니다.

- 버전 6: https://nodejs.org/dist/latest-v6.x/
- 버전 8: https://nodejs.org/dist/latest-v8.x/

React Router 버전 4

이 책의 원서는 React Router 버전 2를 기준으로 설명하지만, 이 책을 번역하는 시점에서 React Router의 최신 버전은 버전 4.2.2로 다소 차이가 있습니다. 이 책에서 설명한 내용과 달라진 부분이 있어 18장 예제를 바탕으로 최신 버전의 변경 사항을 반영하여 부록으로 추가했습니다. 예제 코드는 ch18/nile-updated 폴더에서 확인할 수 있습니다.

베타테스터 실습 후기

React의 개념과 프로젝트 응용, 주의 사항 등을 친절하게 설명하는 책입니다. 저자가 해주고 싶은 얘기가 많아서 중간중간 관련 내용을 끌어와서 짚어주다 보니 제목과 달리 내용이 길어진 것 같네요. 책 내용을 살펴보며 따라 하기가 쉬운 편이지만, 호흡이 긴 편이므로 일일이 타이핑하기보다는 깃허브 소스를 내려받아 실습해보기를 추천합니다. 특히 후반부 프로젝트는 본문 내용을 따라 하기보다는 본문으로 프로그램 흐름을 파악하고 깃허브 예제 소스로 실습해보는 형식이므로 주의해야 합니다.

실습 환경 macOS High Sierra, Node.js 8.9.1

신지아 / 애플리케이션 개발자

편집자 실습 후기

자바스크립트에 자신이 없는 상태에서 React 책을 처음 접했습니다. 이 책은 국내서처럼 따라 하기 방식으로 실습해보는 것이 아니라 완성된 코드를 제공하고, 본문에서는 맥락에 따라 코드의 일부를 가져와 설명하는 방식입니다. 각 방식에 따라 장단점이 있겠지만, 장마다 제대로 된 결과가 나올지 전전긍긍할 필요 없이 완성된 코드를 리뷰하며 학습할 수 있어서 진행해 나가는 데 부담이 없었습니다. 덕분에 자바스크립트를 잘 몰라도 React에 집중할 수 있었습니다.

실습 환경 윈도 10, node.js v8.2.0, npm 5.6.0

1부 React 기초 ······ 033

1장 React 살펴보기 ······ 035

2장 React 첫걸음 ······ 065

3장 JSX ····· 083

4장 React 컴포넌트의 상태 객체 ····· 119

5장 React 컴포넌트 라이프사이클 이벤트 ····· 147

6장 React에서 이벤트 다루기 ····· 175

제 1 부

React 기초

안녕! 나는 지금부터 여러분을 환상적인 React의 세계로 안내할 아자트 마르단이다. 이 책으로 열심히 공부한다면 프론트엔드 개발이 즐거워질 뿐만 아니라 개발과 유지보수도 쉬워질 것이다. 또한, 사용자들은 여러분이 개발한 웹 앱의 빠른 속도에 놀라게 될 것이다. React는 웹 개발의 판도를 완전히 바꾸어 놓았다. React 커뮤니티는 새로운 방법, 용어, 디자인 패턴을 만들어냈고, 다른 라이브러리들은 React가 선택한 방법을 따라갔다.

나는 이 책을 교재로 이용해 다양한 경력을 가진 수백 명의 소프트웨어 엔지니어를 대상으로 20회 이상의 실시간 온라인 강의와 워크숍을 진행했다. 따라서 이 책은 그동안 나의 강의를 거쳐간 학생들을 통해 검증된 자료라고 할 수 있다. 이 책은 내가 진행한 React 기초 과정의 핵심이고, 가장 효율적인 교재라고 말하고 싶다. 이 책은 React와 관련된 용어를 습득할 수 있는 효과적인 교재다.

1~11장은 지난 2년에 걸쳐 여러 사람이 일궈낸 결과물이다. 서로 연관이 있는 주제들이 나열되어 있으므로 1장부터 차례대로 읽는 것이 가장 좋다. 각 장의 앞에는 동영상이, 1~8장의 끝에는 퀴즈가 있다. 9~11장에는 프로젝트와 직접 풀어볼 과제를 추가했다. 1부에서 React의 개념, 패턴, 기능에 대한 기초를 단단히 다질 수 있을 것이다. 다른 나라에 가서 외국어를 공부하지 않고도 언어를 배울 수 있는 사람은 없을 것이다. 이와 마찬가지로 React를 이용해 복잡한 앱을 개발하려면 먼저 React와 능숙하게 의사소통할 수 있어야 한다. 따라서 11개 장을 통해 React의 기본 개념을 완벽하게 습득하길 바란다.

자, 이제 React 달인이 되는 길을 함께 떠나보자.

1장

React 살펴보기

1장의 주요 내용을 동영상으로 볼 수 있습니다.
QR 코드를 스캔하거나 http://reactquickly.co/videos/ch01
로 접속하세요.

이 장에서 살펴볼 주제

- React의 기본 개념
- React를 이용한 문제 해결 과정
- 웹 애플리케이션에 React 적용하기
- 첫 번째 React 앱 만들기: Hello World

처음 웹 개발을 시작했던 2000년대 초반이 생각난다. 당시 웹 개발은 Perl이나 PHP 같은 서버 측 언어에 간단한 HTML을 사용하는 것이 전부였다. 프론트엔드 코드를 `alert()`로 디버깅하던 좋은 시절 말이다. 그렇지만 인터넷이 진화하면서 웹 사이트 개발은 놀라울 정도로 복잡해졌다. 단순하던 웹 사이트가 웹 애플리케이션으로 발전하면서 복잡한 사용자 인터페이스와 비즈니스 로직을 갖추게 되었고, 데이터 계층이 실시간으로 변경되는 모습도 흔한 풍경이 되었다.

복잡한 사용자 인터페이스(UI)를 만들기 위해 여러 가지 자바스크립트 템플릿 라이브러리가 등장했다. 이 라이브러리들은 옛날 방식의 관심사 분리에 초점이 맞춰져 있었다. 즉, CSS, HTML, 자바스크립트를 각각 스타일, 데이터 추상화, 동적 인터랙션으로 구분하여 생각하는 방식이다. 이런 시선은 요즘의 요구사항에는 들어맞지 않는다(DHTML이라는 말을 기억하고 있을지 모르겠다).

이와 다르게 React는 효율적인 프론트엔드 개발을 위한 새로운 방법을 제시했다. React는 강력한 UI 라이브러리다. 페이스북, 넷플릭스, 에어비앤비 같은 유명 기업들도 React를 기반으로 성공을 거두었다. 과거처럼 템플릿 언어를 이용하는 방식으로는 UI를 재사용하기가 쉽지 않다. 그러나 자바스크립트로 만든 React 컴포넌트는 웹 사이트 어디서든 UI를 재사용할 수 있다.

캡차(captcha)나 날짜선택기(date picker)가 필요한가? React로 `<Captcha/>`나 `<DatePicker/>` 컴포넌트를 정의해서 폼에 추가한다고 생각해보자. 모든 기능은 물론 백엔드에 대한 비즈니스 로직까지 갖춘 컴포넌트를 간단히 추가할 수 있을 것이다. 사용자가 네 글자 이상 입력했을 때부터 데이터베이스와 비동기로 통신하는 자동완성 입력 상자가 필요한가? `<Autocomplete charNum="4"/>` 컴포넌트를 이용한다고 생각해보자. 텍스트박스 UI를 사용하거나 다른 특정 폼 요소를 선택할 수도 있다. `<Autocomplete textbox="..."/>` 같은 방식일 것이다.

React의 접근법이 완전히 새로운 것은 아니다. 컴포넌트로 UI를 구성하는 방법을 사용한 지는 오래되었지만, React는 최초로 템플릿 없이 순수하게 자바스크립트만으로 이것을 가능하게 했다. 그리고 이 방법이 유지보수와 재사용, 확장에 좀 더 용이하다는 사실도 입증했다.

React는 대단한 UI 라이브러리이자 프론트엔드 개발을 위한 중요한 도구로, 반드시 알아두어야 한다. 그렇지만 React가 웹 프론트엔드 개발의 완벽한 해결책이라고 볼 수는 없다. 1장에서는 여러분의 애플리케이션에 React를 적용할 때의 장점과 단점에 대해서 살펴볼 것이다. 또한, 어떻게 하면 기존의 웹 개발 스택에 적용할 수 있는지도 살펴보겠다.

1부에서는 React의 기본적인 개념과 기능을 다룬다. 2부에서는 좀 더 복잡한 프론트엔드 앱을 개발하기 위해 사용하는 React의 친구들을 살펴볼 것이다. 새롭게 개발을 시작해서 레거시 코드가 없는 환경은 물론 레거시 코드와 시스템을 다뤄야 하는 환경[1]에 대해서도 두루 살펴볼 것이므로 실무에서 어떻게 적용할 수 있는지에 대한 아이디어도 얻을 수 있을 것이다.

Note ☰ 동영상과 소스 코드

사람들은 제각기 배우는 방법이 다르다. 어떤 사람은 책으로 배우는 것을 더 좋아하고, 어떤 사람은 동영상으로 배우는 것을 좋아하기도 한다. 다른 사람에게 직접 배우는 것을 좋아하는 사람도 있다. 이 책에서는 장마다 약 5분 분량으로 내용을 요약한 동영상을 제공하여 이해를 돕고 있다. 동영상을 반드시 볼 필요는 없지만, 동영상을 좋아하거나 책을 읽다가 기분 전환을 하고 싶을 때 살펴보면 도움이 될 것이다. 또한, 동영상을 보면서 그 장을 읽을지 아니면 다음 장으로 넘어갈지 정하는 것도 좋은 방법이다. 이 장의 예제 코드는 https://github.com/gilbutITbook/006961과 https://github.com/azat-co/react-quickly/tree/master/ch01에서 확인할 수 있다(https://github.com/azat-co/react-quickly 저장소의 ch01 디렉터리다).

1.1 React란 무엇인가?

REACT

React를 좀 더 잘 소개하기 위해 먼저 React란 무엇인지 정의해보겠다. React란 대체 무엇일까? React는 UI 컴포넌트 라이브러리다. React UI 컴포넌트는 다른 특별한 템플릿 언어가 아닌 자바스크립트를 이용해서 만든다. 여러 컴포넌트로 UI를 구성하는 이런 방식은 React의 핵심 철학이다.

React UI 컴포넌트는 매우 독립적이며 특정 관심사에 집중된 기능 블록이다. 예를 들어 날짜선택기, 캡차, 주소, 우편번호 요소를 위한 컴포넌트가 있다고 하자. 이런 컴포넌트는 시각적 표현과 동작을 구현하는 논리를 모두 담고 있다. 어떤 컴포넌트는 서버와 직접 통신하기도 한다. 예를 들어 자동완성 컴포넌트가 자동완성 목록을 서버에서 받아오는 경우다.

컴포넌트 기반 아키텍처(component-based architecture, CBA)는 React 이전에도 존재했다. CBA라고 하면 웹 컴포넌트(web components)와 혼동할 수도 있는데, 웹 컴포넌트는 CBA를 구현한 최근 사례라고 생각하면 좋겠다. 컴포넌트 기반 아키텍처는 일반적으로 일체형 UI에 비해 재사용과 유지보수, 확장이 용이하다. React는 템플릿 언어가 없는 순수한 자바스크립트를 기반으로 CBA를 구현해냈고, 이를 통해 컴포넌트 구성에 대한 새로운 시각을 창출해냈다.

1 역주 저자는 각각의 환경을 Greenfield와 Brownfield라고 하였다(https://en.wikipedia.org/wiki/Brownfield_(software_development) 참조).

Note ☰ 사용자 인터페이스

사용자 인터페이스(user interfaces, UI)[2]를 좀 더 넓은 관점에서 보면 인간과 컴퓨터 사이의 커뮤니케이션을 가능하게 하는 모든 수단이라고 할 수 있다. 펀치 카드나 마우스를 생각해보자. 이런 것도 UI다. 소프트웨어 측면으로 넘어오면 엔지니어들은 그래픽 사용자 인터페이스(graphical user interfaces, GUI)에 대해서 이야기한다. GUI는 맥이나 PC 같은 초기 개인용 컴퓨터에서 개척되었다. GUI는 메뉴, 텍스트, 아이콘, 그림, 경계선과 다른 요소들로 이루어진다. 윈도나 macOS, 기타 운영체제에서 실행되는 데스크톱 애플리케이션에도 UI 요소가 있다. 웹 요소는 GUI의 작은 부분을 차지하며, 웹 브라우저에서 찾을 수 있다.

이 책에서 이야기하는 UI는 이 작은 부분인 **웹 GUI**를 의미한다.

1.2 React가 해결할 수 있는 문제

React는 어떤 문제를 해결하는가? 지난 몇 년간 웹 개발에 있어서 복잡한 웹 UI로 구성된 프론트엔드 애플리케이션을 개발하고 관리하는 데 어려움을 겪고 있었다. React는 이런 문제를 해결하기 위해 시작되었다. 페이스북처럼 거대한 웹 애플리케이션을 생각해보자. 이렇게 복잡한 애플리케이션을 개발할 때 데이터가 변경될 때마다 뷰를 직접 변경하고 관리하는 것은 매우 고통스러운 일이다.

이 부분에 대해서 React 공식 웹 사이트의 설명을 한 번 살펴보자. "우리는 한 가지 문제를 해결하기 위해 React를 만들었습니다. 우리가 해결하고자 한 문제는 시간에 따라 변화하는 데이터를 다루는 거대한 애플리케이션의 개발입니다."[3] 흥미롭다! React의 역사를 살펴보면 더 많은 정보를 얻을 수 있다. 처음 React를 만든 조던 워크(Jordan Walke)는 React에 관한 팟캐스트[4]에서 처음 해결하려고 했던 문제에 대해 이야기했다. 그것은 여러 가지 데이터를 가져와서 입력 자동완성을 구현하는 일이었다. 데이터는 백엔드에서 비동기적으로 가져왔다. 개발을 진행하면서 새로운 행을 추가할 지점을 정해 DOM 요소를 재사용하는 것이 점점 복잡해졌다. 결국 DOM 요소를 매번 새롭게 생성하기로 했다. 이 방법은 간단하면서도 우아했다. UI를 함수로 만든 것이다. 여기에 데이터를 전달하고 호출하여 뷰를 렌더링하므로 뷰를 예측할 수 있었다.

---

2 https://ko.wikipedia.org/wiki/사용자_인터페이스

3 React 공식 웹 사이트, "왜 React인가?(Why React?)", 2016년 3월 24일, http://bit.ly/2mdCJKM.

4 React 팟캐스트, "8. 나비 넥타이가 잘 어울리는 특별한 손님 리 바이런과 함께하는 React, GraphQL, Immutable 살펴보기(8. React, GraphQL, Immutable & Bow-Ties with Special Guest Lee Byron)", 2015년 12월 31일, http://mng.bz/W1X6.

이런 과정을 거치면서 React 팀은 메모리에서 DOM 요소를 생성하는 것은 빠르지만, 실제 DOM으로 렌더링하는 과정에서 병목이 발생한다는 점을 알게 되었다. React 팀은 DOM에서의 문제를 피하기 위한 알고리즘을 만들어냈다. 이 덕분에 React의 속도를 높일 수 있었고 성능면에서도 이득이 있었다. React가 성공한 요인으로 이런 훌륭한 성능과 개발자 친화적이며 컴포넌트를 기반으로 한 구조를 들 수 있다. React의 장점은 다음 절에서 이어서 설명할 것이다.

React는 페이스북의 문제를 해결한 것으로 그치지 않았다. 다른 회사들도 곧 React 방식을 채택했다. React는 매달 인기가 높아지고 있다. 페이스북을 시작[5]으로, 인스타그램(Instagram), 페이팔(PayPal), 우버(Uber), 러시아 국영 은행인 스베르방크(Sberbank), 아사나(Asana)[6], 칸 아카데미(Khan Academy)[7], 힙챗(HipChat)[8], 플립보드(Flipboard)[9] 등 여러 기업이 React를 선택했고, 깃허브(GitHub)에서 개발한 아톰(Atom) 에디터[10]도 React로 개발되었다.[11] 이 애플리케이션들도 처음에는 대부분 AngularJS나 Backbone의 템플릿 엔진 등 다른 방법으로 개발되었으나 React를 선택하여 만족스러운 변화를 얻어냈다.

1.3 React의 장점

새로운 라이브러리나 프레임워크라면 무엇이든 이전 도구보다 낫다고 주장하곤 한다. jQuery의 경우를 생각해보면 네이티브 자바스크립트로 코딩할 때 크로스 브라우징 지원에 도움이 되었다. 인터넷 익스플로러와 웹킷 계열의 브라우저를 동시에 지원하는 간단한 AJAX 호출을 하기 위해서는 코드를 여러 줄 작성해야 했다. jQuery를 사용하면 `$.ajax()` 한 번이면 충분했다. 예전에는 jQuery를 프레임워크라고 불렀지만, 이제는 아니다. 이제 **프레임워크**는 조금 더 크고 강력한 기능을 갖춘 것을 의미하게 되었다.

5 "React.js 소개(Introduction to React.js, http://mng.bz/86XF)"
6 "Asana가 TypeScript로 전환한 이유(Why Asana is Switching to TypeScript, http://mng.bz/zXKo)"
7 "Backbone에서 React로 전환하기(Backbone to React, http://mng.bz/WGEQ)"
8 "React.js로 다시 만든 HipChat(Rebuilding HipChat with React.js, http://mng.bz/r0w6)"
9 "모바일 웹에서 초당 60 프레임(60 FPS on the Mobile Web, http://mng.bz/N5F0)"
10 "Atom을 React로 전환하기(Moving Atom to React, http://mng.bz/K94N)"
11 http://libscore.com/#React에서 자바스크립트 사용지표를 확인할 수 있다.

마찬가지로 세대가 바뀌면서 등장한 Backbone이나 AngularJS 같은 자바스크립트 프레임워크도 새로운 방법을 제시했다. 이 점에서는 React도 다르지 않다. React가 바꾸어놓은 것은 대부분의 프론트엔드 프레임워크에서 중요한 개념으로 받아들였던 템플릿 엔진에 대한 부분이었다.

다른 라이브러리나 프레임워크와 달리 React가 가진 장점을 정리해보면 다음과 같다.

- **단순한 앱 개발**: React는 순수 자바스크립트로 만든 컴포넌트 기반 아키텍처다. 선언형 스타일이며, 강력하고 개발자 친화적인 DOM 추상화를 제공한다. React Native를 사용하면 DOM뿐만 아니라 Android나 iOS에서도 이런 이점을 얻을 수 있다.
- **빠른 UI**: React는 뛰어난 성능을 제공한다. 이는 가상 DOM 채택과 DOM의 변경 사항을 비교할 때 사용하는 훌륭한 알고리즘 덕분이다. 또한, 이런 이유로 헤드리스 브라우저(headless browser)[12]를 사용하지 않고도 테스트를 수행할 수 있다.
- **코드량 감소**: React 커뮤니티와 개발 생태계를 통해 수많은 라이브러리와 컴포넌트를 접할 수 있다. 이 점은 개발에 사용할 프레임워크를 선택할 때 중요한 부분이다.

React는 대부분의 다른 프론트엔드 프레임워크에 비하면 사용법이 간단하다. 먼저 React의 간결성에 대해서 살펴보자.

1.3.1 간결성

컴퓨터 공학에서 간결성은 개발자와 사용자에게 중요한 가치다. 간결성은 편리하게 사용하는 것과는 다르다. 간결하다 해도 경우에 따라 구현하기 어려울 수 있다. 하지만 결과적으로 그렇지 않은 경우보다 우아하며 효율적이다. 쉬운 것이 복잡해지는 경우도 자주 있다. 간결성은 KISS 원칙[13]과 밀접하게 연결되어 있다. 즉, 간결한 시스템이 더 잘 작동한다는 것이다.

간결성을 위해 React가 선택한 방법은 소프트웨어 엔지니어의 웹 개발 경험을 극적으로 개선하는 것이다. 내가 React를 이용해서 작업하기 시작했을 때를 생각해보면 마치 프레임워크 없이 자바스크립트만으로 코딩하다가 jQuery를 사용하기 시작했을 때처럼 상당히 긍정적인 변화를 느꼈다.

React를 간결하게 만드는 기능들을 정리해보면 다음과 같다.

---

12 역주 GUI 없이 실행할 수 있는 브라우저를 말한다. 대표적인 예로는 PhantomJS를 들 수 있고, 최근에는 Chrome과 Firefox가 헤드리스 모드(headless mode)를 지원한다.

13 https://ko.wikipedia.org/wiki/KISS_원칙

- **선언형 스타일 채택**: React는 뷰를 자동으로 갱신하는 선언형 스타일을 채택한다.
- **순수한 자바스크립트를 이용한 컴포넌트 기반 아키텍처**: React는 컴포넌트에 자바스크립트만 사용할 뿐 템플릿 엔진 같은 도메인 특정 언어(domain-specific language, DSL)를 사용하지 않는다. 또한, 한 가지 기능을 개발하기 위해 기술을 분리하지 않는다.
- **강력한 추상화**: React는 DOM을 쉽게 다룰 수 있고, 같은 기능이지만 크로스 브라우징을 위해 다르게 구현할 수밖에 없었던 인터페이스나 이벤트 핸들링을 정규화했다.

이 기능들을 하나씩 살펴보자.

선언형 스타일 채택

첫 번째로 React는 명령형 대신 선언형 스타일을 채택했다. 선언형 스타일은 개발자가 순서대로 무엇을 해야 할지를 작성하는 명령형 스타일과 달리, 실행 결과가 어떻게 되어야 할지를 코드로 작성한다. 왜 선언형 스타일이 더 나을까? 선언형으로 작성하면 복잡도를 줄여줄 뿐만 아니라 코드에 대한 이해도와 가독성을 높일 수 있기 때문이다. 두 가지 방식의 차이를 이해할 수 있는 간단한 자바스크립트 예제를 살펴보자. 아래 예제에서는 배열 `arr`의 각 값을 두 배로 하는 `arr2`를 만든다. `for` 문을 이용해서 배열 `arr`을 순회하여 `arr2`에 새로 값을 추가한다(`arr2[i]=`).

```
var arr = [1, 2, 3, 4, 5],
  arr2 = []
for (var i=0; i<arr.length; i++) {
  arr2[i] = arr[i]*2
}
console.log('a', arr2)
```

이 코드를 실행하면 각 값이 두 배가 되고, 콘솔에서 다음과 같은 결과를 확인할 수 있다.

```
a [2, 4, 6, 8, 10]
```

이것이 명령형 프로그래밍이다. 잘 작동한다. 그러나 코드의 복잡도가 높아져 제대로 작동하지 않는 시점이 오기 전까지의 이야기다. 명령문이 늘어날수록 마지막 결과가 어떻게 될지 예측하기가 어려워진다. 다행히 `map()`을 사용하면 같은 역할을 선언형 프로그래밍으로 다시 작성할 수 있다.

```
var arr = [1, 2, 3, 4, 5],
  arr2 = arr.map(function(v, i){ return v*2 })
console.log('b', arr2)
```

콘솔에서 b [2, 4, 6, 8, 10];을 확인할 수 있다. 변수 arr2의 값이 이전 예제와 동일하다. 어떤 방식이 더 이해하기 쉽고 가독성도 뛰어날까? 내 생각에는 선언형으로 작성한 예제가 더 나아 보인다.

다음과 같이 명령형으로 작성한 코드를 살펴보자. 중첩된 객체 내부의 값을 가져오는 함수를 사용하는 예다. 이 함수는 account 또는 account.number처럼 넘겨받은 문자열에 따라 값을 반환한다. 정상적으로 작동하면 콘솔에서 true를 확인할 수 있다.

```
var profile = {account: '47574416'}
var profileDeep = {account: { number: 47574416 }}
console.log(getNestedValueImperatively(profile, 'account') === '47574416')
console.log(getNestedValueImperatively(profileDeep, 'account.number') === 47574416)
```

명령형 스타일은 말 그대로 결괏값을 구하기 위해 해야 할 과정을 코드로 옮겨놓았다.

```
var getNestedValueImperatively = function getNestedValueImperatively (object,
propertyName) {
  var currentObject = object
  var propertyNamesList = propertyName.split('.')
  var maxNestedLevel = propertyNamesList.length
  var currentNestedLevel

  for (currentNestedLevel = 0; currentNestedLevel < maxNestedLevel;
currentNestedLevel++) {
  if (!currentObject || typeof currentObject === 'undefined') return undefined
  currentObject = currentObject[propertyNamesList[currentNestedLevel]]
  }

  return currentObject
}
```

명령형 스타일과 달리 선언형 스타일은 결괏값에 좀 더 집중한 것이 대조적이다. 지역 변수가 줄어들고 논리도 단순해졌다.

```
var getValue = function getValue(object, propertyName) {
  return typeof object === 'undefined' ? undefined : object[propertyName]
}

var getNestedValueDeclaratively = function getNestedValueDeclaratively(object,
propertyName) {
  return propertyName.split('.').reduce(getValue, object)
}
console.log(getNestedValueDeclaratively({bar: 'baz'}, 'bar') === 'baz')
console.log(getNestedValueDeclaratively({bar: { baz: 1 }}, 'bar.baz')=== 1)
```

대부분의 프로그래머는 명령형 프로그래밍에 익숙하지만, 일반적으로는 선언형 프로그래밍이 더 단순하다. 지금까지의 선언형 예제를 보면 변수를 더 적게 사용했고 한눈에 보기에도 더 쉬워 보인다.

여기서 살펴본 예제는 간단한 자바스크립트 코드였다. 그렇다면 React는 어떨까? React도 마찬가지로 UI를 구성할 때 선언형 스타일로 작성한다. 개발자가 UI 요소를 선언형 스타일로 작성한 후 뷰에 변경이 발생하는 경우 React가 알아서 갱신한다.

뷰를 갱신해야 할 때가 바로 선언형 스타일이 빛을 발하는 순간이다. 이것을 **내부 상태**(inner state) 변화라고 부른다. React는 상태 변경에 따라 뷰를 갱신한다.

> **Note** ≡ 상태(state)에 대해서는 4장에서 자세히 다룬다.

React는 내부적으로 **가상 DOM**을 사용하여 브라우저에 이미 반영된 뷰와 새로운 뷰의 차이점을 찾아낸다. 이 과정을 **DOM 비교**(diffing) 또는 **상태와 뷰의 보정**(reconciliation)이라고 부른다. 따라서 개발자는 명시적으로 뷰를 변경하려고 노력할 필요가 없다. 상태를 갱신하면 뷰는 이에 따라 자동으로 갱신된다.

그러나 jQuery를 사용한다면 이런 갱신 과정을 명령형으로 작성해야 한다. 개발자들은 전체 페이지를 다시 렌더링하는 대신 DOM을 조작해 필요한 부분만 변경한다. jQuery 메서드를 실행한다는 것은 곧 DOM을 조작하는 것이라고 볼 수 있다.

AngularJS 같은 프레임워크의 경우에는 자동으로 뷰를 갱신하기도 한다. AngularJS는 **양방향 데이터 바인딩**(two-way data binding)을 이용한다. 이것은 말 그대로 뷰와 모델이 양방향으로 데이터를 통신하고 동기화한다는 것을 의미한다.

jQuery나 AngularJS가 선택한 방식이 대단치 않은 데는 두 가지 이유가 있다. 각각을 극단적인 선택이라고 생각할 수 있다. jQuery는 거의 아무것도 하지 않고, 개발자가 직접 뷰의 갱신 과정을 하나하나 작성해야 한다. 또 다른 극단인 AngularJS는 프레임워크가 모든 것을 처리한다.

jQuery 방식을 선택하면 실수가 잦아지고, 더 많은 노력을 들여야 구현할 수 있다. 실제 DOM을 직접 조작하는 방법은 UI가 간단할 때는 문제가 없지만 DOM 트리의 많은 부분을 다루게 되면 한계에 봉착한다. 명령형으로 작성하면 선언형보다 함수 실행의 결과를 예측하기가 더 어렵기 때문이다.

AngularJS의 양방향 데이터 바인딩은 금세 통제하기 어려운 상태가 되므로 코드를 잘 설명하기 어렵다. 기능이 늘어나면 갑작스럽게 다른 뷰에서 모델을 갱신하거나 그 모델이 또 다른 뷰를 갱신하는 문제가 벌어지기도 한다.

AngularJS 방식이 어떤 면에서는 jQuery로 작성한 경우보다 가독성이 낫고 직접 작성해야 하는 부분도 적기는 하다. 그렇지만 여전히 문제는 남아 있다. AngularJS는 템플릿과 `ng-if` 지시자처럼 도메인 특정 언어에 의존한다. 이 방식의 단점에 대해서는 다음 절에서 살펴보겠다.

자바스크립트를 이용한 컴포넌트 기반 아키텍처

컴포넌트 기반 아키텍처[14]는 React 이전에도 있었다. 관심사 분리, 느슨한 결합, 코드 재사용은 이 방식의 핵심으로 이점이 많다. 웹 개발자를 비롯하여 소프트웨어 엔지니어들은 컴포넌트 기반 아키텍처를 좋아한다. React의 컴포넌트 클래스는 이런 컴포넌트 기반 아키텍처를 구성하는 블록이다. 다른 컴포넌트 기반 아키텍처와 마찬가지로 장점이 많이 있는데, 그중에서도 코드 재사용이 쉬워서 코드를 줄일 수 있다는 것이 가장 대표적인 장점이다.

순수한 자바스크립트로 구현한 컴포넌트 기반 아키텍처는 React 이전에 없었다. AngularJS, Backbone, Ember 같은 기존의 프론트엔드 MVC 프레임워크에서는 자바스크립트와 템플릿이 분리되어 있다(AngularJS는 컴포넌트 대신 **지시자**라는 용어를 사용한다). 컴포넌트 하나에 두 가지 언어, 즉 파일을 두 개 이상 사용하는 경우에는 몇 가지 문제점이 있다.

HTML을 서버에서만 렌더링하던 시절에는 HTML과 자바스크립트를 분리해놓아도 문제가 없었고, 자바스크립트는 글자를 반짝이게 하는 수준의 단순한 기능만 구현했다. 반면에, 요즘 단일 페이지 애플리케이션은 복잡한 사용자 입력을 처리하고 브라우저에서 렌더링을 수행한다. 즉, HTML과 자바스크립트가 기능적으로 밀접하게 결합되어 있다. 따라서 프로젝트 하나 또는 컴포넌트 하나를 위한 작업이라면 HTML과 자바스크립트를 분리하지 않는 방식이 개발자에게 더 합리적이다.

AngularJS로 작성한 다음 예제를 살펴보자. `user.session` 값에 따라 다른 링크를 노출한다.

```
<a ng-if="user.session" href="/logout">Logout</a>
<a ng-if="!user.session" href="/login">Login</a>
```

읽는 데는 문제가 없지만, 코드만 보아서는 `ng-if`가 어떤 값을 받는 것인지 잘 알 수 없다. 불 값일까, 문자열일까? 요소는 숨기는 것일까 아니면 아예 렌더링하지 않는 것일까? AngularJS의 경우에는 특정 지시자의 작동 방식을 모르면 `true` 또는 `false`에 따른 해당 요소의 노출 여부를 확신할 수 없다.

14 https://ko.wikipedia.org/wiki/컴포넌트_기반_소프트웨어_공학

이 예제를 React로 작성한 다음 코드와 비교해보자. 렌더링 여부를 자바스크립트의 if/else 문으로 작성했다. user.session은 어떤 값인지, 이 값이 true일 때 렌더링하는 것이 로그인 링크인지 아니면 로그아웃 링크인지를 명확하게 알 수 있다. 왜냐하면 평범한 자바스크립트이기 때문이다.

```
if (user.session) return React.createElement('a', {href: '/logout'}, 'Logout')
else return React.createElement('a', {href: '/login'}, 'Login')
```

템플릿은 데이터 배열을 순회해서 값을 보여줘야 하는 경우에 유용하다. 우리는 늘 데이터 목록을 다루며 일한다. AngularJS의 반복문을 살펴보자. 앞에서 언급한 것처럼 지시자와 함께 도메인 특정 언어를 사용한다. 반복 지시자는 ng-repeat다.

```
<div ng-repeat="account in accounts">
  {{account.name}}
</div>
```

템플릿의 문제점 중 하나는 개발자가 다른 언어를 배워야 한다는 점이다. React는 순수한 자바스크립트이므로 새로운 언어를 배울 필요가 없다. 다음 예제는 순수한 자바스크립트로 계정 이름 목록을 구성하는 과정이다.

```
accounts.map(function(account) { --------- 배열의 각 요소에 대해 실행되는 콜백함수를 매개변수로 하는 배열 메서드 map[15]
  return React.createElement('div', null, account.name) --------- 계정 이름을 입력한 <div>를 반환하는 콜백함수
})
```

계정 목록을 변경하는 상황을 상상해보자. 계정 번호와 다른 데이터 필드를 보여줘야 한다. 계정에 이름 외의 다른 데이터가 있는지 어떻게 알 수 있을까?

템플릿을 사용하려면 템플릿을 호출해서 사용하는 자바스크립트 파일을 열고, 계정을 찾아 속성을 확인해야 한다. 템플릿의 문제점 중 두 번째는 데이터에 관련된 로직과 데이터를 렌더링하는 방법이 서로 분리되어 있다는 것이다.

React는 자바스크립트와 마크업을 한 곳에 두어, 템플릿을 사용할 때처럼 매번 파일이나 언어를 바꾸는 수고를 줄여준다. 곧 설명할 Hello World 예제를 통해 React의 렌더링 과정을 살펴볼 것이다.

15 http://mng.bz/555J

Note ☰ 일반적으로 관심사 분리는 좋은 패턴이다. 간단히 말해서, 데이터 서비스나 뷰 레이어처럼 서로 다른 함수를 분리하는 것을 의미한다. 다만, 템플릿 마크업과 이에 관련된 자바스크립트 코드를 다루는 경우는 결과적으로 **한 가지 기능**을 위해 두 개의 파일을 사용하는 것이다. 다뤄야 하는 파일이 .js와 .html로 두 개이므로 관심사 분리라고 할 수는 없는 것이다.

AngularJS는 track 기능을 이용해서 렌더링한 목록의 개별 항목을 추적할 수 있다. 중복제거 같은 경우를 예로 들 수 있다.

```
<div ng-repeat="account in accounts track by account._id">
  {{account.name}}
</div>
```

배열의 인덱스를 이용해서 track을 설정할 때는 $index를 사용한다.

```
<div ng-repeat="account in accounts track by $index">
  {{account.name}}
</div>
```

그렇지만 내가 보기엔 $index 같은 것을 사용하는 건 그다지 좋아 보이지 않는다. 다른 개발자들도 생각이 비슷할 것이다. React는 이런 방식 대신에 map()의 인자를 key 속성으로 사용한다.

```
accounts.map(function(account, index) {   // 배열의 요소값과 Array.map()이 제공하는 인덱스를 사용한다.
  return React.createElement('div', {key: index}, account.name)   // 인덱스를 key 속성으로 하고 안에는 account.name을 텍스트로 가진 React 엘리먼트 <div/>를 반환한다.
})
```

map()은 자바스크립트의 기능이므로 React 외의 프레임워크에서도 사용할 수 있다. 그렇지만 선언형인 map()은 React와 매우 잘 어울린다.

AngularJS를 비난하고자 하는 것은 아니다. AngularJS는 훌륭한 프레임워크다. 그렇지만 프레임워크가 도메인 특정 언어를 사용하면 특이한 변수나 메서드를 배워야 한다. React는 순수한 자바스크립트이므로 이런 문제가 발생하지 않는다.

React를 사용하면서 얻은 지식은 다음 프로젝트에 React를 사용하지 않아도 적용할 수 있다. 만약 X라는 템플릿 엔진을 사용하는 경우나 Y라는 도메인 특정 언어를 가진 프레임워크를 사용한다면 그 시스템에 구속되고 스스로를 X/Y 개발자라고 부르게 된다. X나 Y를 사용하지 않는 프로젝트에 기존의 지식을 활용하기는 어렵다. 정리해보면 React는 순수하게 자바스크립트만 이용한 컴포넌트 기반 아키텍처다. React 컴포넌트는 분리와 캡슐화가 잘 이뤄져 있고, 재사용할 수 있다. 또한, 도메인 특정 언어나 템플릿, 지시자 같은 기능 없이도 더 나은 관심사 분리를 보장한다.

나는 여러 개발자 팀과 일하면서 간결성에 영향을 주는 또 다른 요인이 학습 곡선이라는 사실을 발견했다. React는 다른 MVC 프레임워크나 AngularJS의 지시자, Jade, Pug 같은 템플릿 엔진 문법에 비하면 학습 곡선이 얕고 완만하다(React는 MVC가 아니니 이러한 비교는 이쯤에서 그만두겠다). 이런 결과가 나타나는 이유는 대부분의 템플릿 엔진의 조건문이나 반복문을 보면 알 수 있다. 추상화를 위해 자바스크립트의 기능을 쓰기보다는 자체적인 도메인 특정 언어를 이용하기 때문에 학습량이 늘어난다.

강력한 추상화

React는 강력한 문서 모델 추상화를 제공한다. 좀 더 자세히 말하면 내부의 인터페이스는 숨기고, 대신에 정규화 과정을 거친 합성 메서드와 속성을 제공한다. 예를 들어 React에서 `onClick` 이벤트가 발생하면, 이벤트 핸들러는 브라우저의 원본 이벤트 객체 대신 이 원본 객체를 감싼 합성 이벤트 객체(synthetic event object)를 전달받는다. 브라우저의 종류와 상관없이 항상 같은 이벤트 객체를 전달받는 것이다. 또한, React는 터치 이벤트에 대해서도 합성 이벤트를 제공하므로 모바일 기기를 대응한 웹 앱을 만들 때 매우 유용하다.

React의 우수한 DOM 추상화를 증명하는 또 다른 예는 서버 측 렌더링 기능이다. 서버 측 렌더링은 검색 엔진 최적화(search engine optimization, SEO)와 성능 개선에도 유용하다.

서버에서 React 컴포넌트를 렌더링하는 것은 단순히 DOM이나 HTML 문자열을 렌더링하는 것보다 선택권이 더 다양하다. 이에 대해서는 1.5.1절에서 다룬다. 그리고 DOM에 대해서 한 마디 덧붙이면 DOM과 관련된 뛰어난 성능은 React가 인기를 끄는 이유 중 하나이기도 하다.

1.3.2 속도와 테스트 용이성

필요한 DOM 갱신 외에도 프레임워크에서 불필요한 갱신을 일으키는 경우가 있다. 불필요한 갱신이 발생하면 UI가 복잡할 때는 더욱 더 성능이 저하된다. 동적인 UI가 많은 웹 페이지의 경우 사용자 입장에서 사용성이 눈에 띄게 떨어진다.

반면에, React의 가상 DOM은 자바스크립트 메모리에만 존재한다. 데이터를 변경하면 React는 가상 DOM을 먼저 비교하고, 렌더링 변경이 필요한 경우에만 실제 DOM에 렌더링한다. 그림 1-1은 React의 가상 DOM이 데이터 변경을 처리하는 과정을 개략적으로 보여준다.

❤ 그림 1-1 컴포넌트를 렌더링한 후에 상태를 변경하면 메모리 상의 가상 DOM과 비교하여 필요에 따라 다시 렌더링한다.

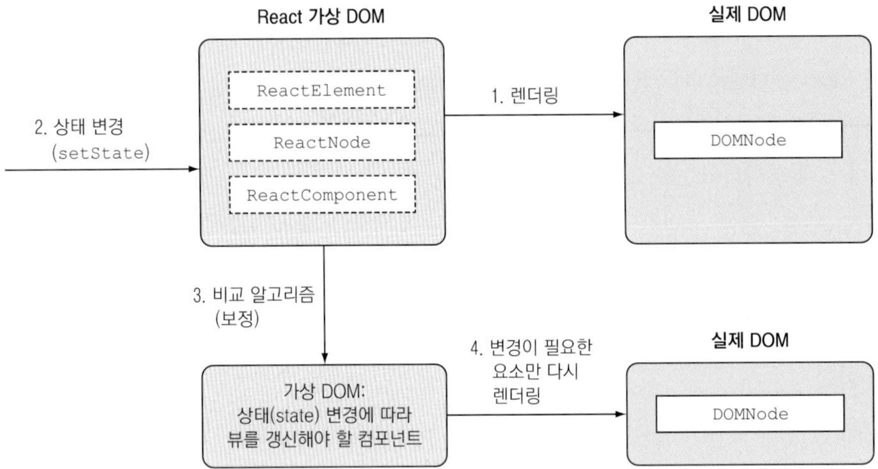

결과적으로 React는 꼭 필요한 부분만 갱신하여 내부 상태(가상 DOM)와 뷰(실제 DOM)를 같게 만든다. 예를 들어 <p> 요소에 입력한 문장을 해당 컴포넌트의 상태(state)를 변경하여 늘리는 경우에는 요소 자체가 아닌 해당 문장만 갱신한다. `innerHTML`이라고 할 수 있다. 요소 전체 또는 서버 측 렌더링처럼 전체 페이지를 다시 렌더링하는 것에 비하면 성능이 뛰어나다.

> **Note** ≡ 알고리즘에 관심이 많은 사람이라면 React 팀이 어떻게 $O(n^3)$ 문제를 $O(n)$으로 바꾸어 놓았는지에 대해 설명하는 두 편의 글을 추천한다. React 공식 웹 사이트의 문서 중 "보정(Reconciliation, http://mng.bz/PQ9X)"과 크리스토퍼 셰도(Christopher Chedeau)가 쓴 "React의 비교 알고리즘에 대한 글(React's Diff Algorithm, http://mng.bz/68L4)"을 살펴보기 바란다.

앞에서도 이야기한 것처럼 가상 DOM의 또 다른 장점 중 하나는 PhantomJS(http://phantomjs.org) 같은 헤드리스 브라우저 없이도 단위 테스트를 수행할 수 있다는 점이다. 페이스북이 Jasmine (http://jasmine.github.io)을 기반으로 만든 Jest(https://facebook.github.io/jest)를 사용하면 명령줄에서 바로 React 컴포넌트를 테스트할 수 있다.

1.3.3 React의 폭넓은 개발 커뮤니티와 생태계

React는 페이스북과 인스타그램의 막대한 지지를 받고 있다. React를 비롯해 AngularJS나 몇몇 라이브러리처럼 거대 기업이 사용한다는 장점은 수백만 사용자의 브라우저에서 검증되었다는 의미다. 또한, 개선 속도가 나날이 빨라지고, 미래에 대한 걱정도 줄여준다.

React의 개발 커뮤니티는 엄청나다. 대부분의 경우에는 직접 구현하느라 애쓸 필요가 없다. 커뮤니티가 만들어낸 자료들을 살펴보면 다음과 같다.

- React 컴포넌트 목록: https://github.com/brillout/awesome-reactcomponents와 http://devarchy.com/react-components
- 구글 머티리얼 디자인(Google Material Design, https://design.google.com) 명세에 따라 구현한 React 컴포넌트(https://design.google.com): http://react-toolbox.com
- 또 다른 머티리얼 디자인 React 컴포넌트 material-ui: www.material-ui.com
- 마이크로소프트 오피스의 디자인 언어를 사용한 오피스 및 오피스 365용 React 컴포넌트(http://dev.office.com/fabric#/components): https://github.com/OfficeDev/office-ui-fabric-react
- 오픈 소스 자바스크립트 패키지를 소개하는 웹 사이트: https://js.coach
- React 컴포넌트 모음: https://react.rocks
- 칸 아카데미(Khan Academy)의 React 컴포넌트: https://khan.github.io/react-components
- React 컴포넌트 검색: http://www.reactjsx.com

오픈 소스에 대한 개인적인 경험에 비춰볼 때, 오픈 소스 프로젝트의 마케팅은 해당 오픈 소스의 폭넓은 전파나 코드 자체의 높은 수준만큼 중요하다.

프로젝트의 웹 사이트, 문서, 예제가 충분하지 않은 경우나, 로고가 이상한 경우에는 대부분의 개발자가 진지하게 받아들이지 않는다. 요즘처럼 자바스크립트 라이브러리가 넘쳐나는 시기에는 더욱 그렇다. 깐깐한 개발자들은 미운 오리 새끼가 백조가 될 것이라고 믿으면서 라이브러리를 선택하는 경우가 없다.

나의 스승님은 표지만 보고 책의 가치를 판단하지 말라고 말씀하시곤 했다. 그렇지만 안타깝게도 소프트웨어 엔지니어뿐만 아니라 많은 사람이 좋은 브랜드에 쉽게 넘어간다. 다행히 React는 훌륭한 엔지니어링을 뒷받침하는 멋진 브랜드를 가지고 있다. 부디 이 책을 읽고 있는 여러분이 표지만 보고 이 책을 구입하지 않았기를 바란다!

1.4 React의 단점

거의 모든 것에는 단점이 있기 마련이다. React도 마찬가지다. 그렇지만 단점은 사람에 따라 달라질 수 있다. 선언형과 명령형 같은 문제는 매우 주관적인 주제다. 장점도 될 수 있고, 단점도 될 수 있다. 내가 보는 React의 단점은 다음과 같다(다른 개발자들에게 들은 의견도 있기 때문에 편향되어 있을지 모른다).

- React는 스위스 군용 칼처럼 모든 기능을 갖춘 프레임워크는 아니다. AngularJS나 Ember 같은 기능을 사용하려면 Redux나 React Router 같은 라이브러리를 함께 사용해야 한다. 그렇지만 기존의 기술 스택에 더할 간단한 UI 라이브러리가 필요하다면 장점이 될 수도 있다.
- React는 다른 프레임워크만큼 성숙하지 않다. React의 핵심 API는 여전히 조금씩 바뀌고 있다. 버전 0.14 출시 이후에는 이런 부분이 상당히 줄어들기는 했다. 컴포넌트의 생태계, 플러그인, 추가 기능 등에 관한 모범 사례도 여전히 개발 중이다.
- React는 웹 개발에 새로운 방법을 제시했다. JSX나 데이터 라이브러리로 사용하는 Flux는 초심자에게 난감할 수도 있다. React에 정통한 수준이 될 만한 모범 사례나 훌륭한 책, 강의, 자료 등이 부족하다.
- React는 단방향 데이터 바인딩만 제공한다. 단방향 바인딩은 복잡한 앱에서 복잡도를 줄이는 데 도움을 준다. 그렇지만 일부 개발자, 특히 AngularJS 같은 양방향 바인딩에 익숙한 사람들은 코드를 더 작성해야 하므로 불편하게 느낄 수 있다. 14장에서 데이터를 다룰 때 React의 단방향 바인딩과 AngularJS의 양방향 바인딩을 비교해보겠다.
- React를 리액티브 프로그래밍이라고 볼 수는 없다. 리액티브 프로그래밍이나 아키텍처는 이보다 더 이벤트 기반이고, 탄력성과 반응성이 뛰어나다. 옵저버블(Observables)을 이용해서 비동기 데이터 스트림을 다루려면 RxJS(https://github.com/Reactive-Extensions/RxJS) 같은 도구를 사용해야 한다.

이제 React의 장점과 단점을 살펴보았으니, 실제 웹 애플리케이션에 적용하는 과정을 살펴보자.

1.5 웹 애플리케이션에 React 적용하기

React Router나 데이터 관리 라이브러리를 떼어놓고, React 자체만 놓고 보면 Backbone, Ember, AngularJS 같은 프레임워크보다는 템플릿 엔진(Handlebars, Blaze)이나 DOM 조작을 위한 라이브러리(jQuery, Zepto)와 더 비슷하다. 사실 많은 팀이 Backbone에 사용하는 Underscore 템플릿이나 Meteor에 사용하는 Blaze 대신 React를 채택해서 성공을 거뒀다. 페이팔도 Dust.js 템플릿을 AngularJS로 변경했다가 다시 React로 변경했고, 이 장 앞부분에서 살펴본 회사들도 비슷한 과정을 거쳤다.

React를 UI 일부에만 적용할 수도 있다. 예를 들어 jQuery로 개발한 입력 폼이 여러 개 있는 웹 페이지를 다룬다고 생각해보자. 가령 우편번호 검색으로 주소를 자동완성하는 기능만 분리하는 것을 시작으로 프론트엔드를 서서히 React로 개발해 나갈 수도 있다. 나머지 폼은 jQuery를 유지한 채로 말이다. 만약 필요하다면 전체 페이지를 React로 변경해 나갈 수도 있을 것이다. 이런 방법으로 많은 팀이 Backbone이나 AngularJS 같은 기존의 프론트엔드 프레임워크를 React와 성공적으로 통합했다.

React로 프론트엔드를 개발하기 위해 특정 백엔드를 사용할 필요는 없다. 다시 말해 React를 쓰기 위해서 백엔드에 Node.js를 사용하거나 MongoDB, Express.js, React, Node.js를 묶은 MERN 스택 같은 것을 반드시 사용할 필요가 없다는 것이다. 자바, 루비, Go, 파이썬 같은 다른 언어로 백엔드를 개발한 경우에도 React를 사용할 수 있다. React는 UI 라이브러리일 뿐이므로 어떤 형태의 백엔드나 프론트엔드 데이터 관리 라이브러리와도 함께 사용할 수 있다.

정리하면 React를 기존 웹 앱에 적용하는 경우, 다음과 같은 방법을 생각해볼 수 있다.

- UI 라이브러리로 React와 관련된 Redux나 React Router를 활용한 단일 페이지 애플리케이션 스택의 구성
- MVC의 V를 대체하는 UI 라이브러리로 기존 MVC 프레임워크와의 결합
- jQuery를 기반으로 서버 측 렌더링을 거친 애플리케이션에서 자동완성 등 일부 기능을 위한 UI 컴포넌트로 활용
- 대부분의 로직을 직접 처리하는 전통적인 방식의 백엔드에서 서버 측 렌더링 템플릿 라이브러리로 활용

- 백엔드와 프론트엔드에서 모두 자바스크립트를 사용하는 경우(express-react-views를 활용한 Express.js 백엔드를 예로 들 수 있다.)
- React Native를 UI 라이브러리로 사용한 모바일 앱
- 여러 가지 렌더링 대상에 적용할 목적으로 사용하는 UI 라이브러리

React는 다른 프론트엔드 기술과 함께 사용해도 잘 동작하지만, 단일 페이지 애플리케이션에 활용하는 경우가 많다. 웹 앱 개발 방법 중에는 단일 페이지 애플리케이션이 가장 유리하고 인기도 있다. 단일 페이지 애플리케이션에 React를 적용하는 과정은 1.5.2절에서 다룬다.

극단적인 경우를 생각해보면 React를 서버 측 렌더링 템플릿으로만 사용할 수도 있다. 예를 들어 `express-react-views` 라이브러리(https://github.com/reactjs/express-react-views)를 사용하면 React 컴포넌트를 백엔드에서 렌더링할 수 있다. 서버 측 렌더링이 가능한 이유는 React를 활용해서 브라우저 외의 대상에도 렌더링할 수 있기 때문이다.

1.5.1 React 라이브러리와 렌더링 대상

React 팀은 버전 0.14 이후부터는 기존의 React를 `react`와 `react-dom`이라는 두 패키지로 분리해서 npm에 배포하기 시작했다. React를 웹 개발뿐만 아니라 UI 개발이 필요한 환경이라면 어디에나 사용할 수 있는 라이브러리로 만드는 과정을 시작한 것이다.

예를 들어 버전 0.13에서는 `React.render()` 메서드를 사용하여 웹 페이지의 DOM 노드에 엘리먼트를 넣었다. 버전 0.14 이후부터는 이 부분이 `react-dom` 패키지로 이전되어 `ReactDOM.render()` 메서드를 사용한다.

React 커뮤니티는 여러 가지 렌더링 대상에 React를 적용할 수 있는 패키지를 선보였다. 컴포넌트 작성과 렌더링을 분리한 것이다. 몇 가지 예를 살펴보자.

- blessed(https://github.com/chjj/blessed) 터미널 인터페이스용 렌더러: http://github.com/Yomguithereal/react-blessed
- ART 라이브러리용 렌더러(https://github.com/sebmarkbage/art): https://github.com/reactjs/react-art
- `<canvas>` 렌더러: https://github.com/Flipboard/react-canvas
- 3D 라이브러리 three.js용 렌더러(http://threejs.org): https://github.com/Izzimach/react-three
- VR과 360도 인터페이스를 위한 렌더러: https://facebook.github.io/react-vr

예로 든 렌더러 외에도 `react`와 `react-dom`이 분리되면서 웹용으로 개발된 React 컴포넌트와 네이티브 모바일 앱을 위해 시작한 React Native용 컴포넌트 간에 코드를 공유할 수 있게 되었다. 결과적으로 웹 개발에 React를 사용할 때는 `react`와 `react-dom`을 사용해야 한다.

여기에 React의 유틸리티 라이브러리가 추가되었다. 버전 15.5 이전에는 이 중 일부가 React의 **부가 기능**(add-ons)으로 제공되었다.[16] 이런 유틸리티 라이브러리는 불변 데이터를 다루거나(https://github.com/kolodny/immutability-helper), 테스트를 수행할 때 도움이 된다.

끝으로 React는 거의 항상 JSX와 함께 사용된다. JSX는 React UI 개발을 편리하게 해주는 간단한 언어다. Babel 같은 도구를 사용해서 JSX를 자바스크립트로 변환한다.

여기까지 살펴본 것처럼 React와 관련된 많은 도구가 모듈화되어 다른 패키지로 분리되었다. 이것은 선택의 자유를 준다. 온갖 기능을 갖춘 단일 프레임워크에서 정해진 방식대로 구현하는 것과는 다른 즐거움을 얻을 수 있다. 이에 대해서는 1.5.3절에서 더 자세히 살펴보겠다.

이 책을 읽는 웹 개발자라면 단일 페이지 애플리케이션 아키텍처에 대해 들어본 적이 있을 것이다. 이미 단일 페이지 앱을 개발해보았거나, React를 활용해서 다시 개발하거나 아니면 처음부터 시작하는 경우도 있을 것이다. 다음으로 React를 이용한 단일 페이지 애플리케이션의 개발에 대해 살펴보자.

1.5.2 단일 페이지 애플리케이션과 React

단일 페이지 애플리케이션(single-page applications, SPA) 아키텍처는 서버보다는 클라이언트, 즉 브라우저 측에 로직이 더 많은 **팻 클라이언트**(fat client 또는 thick client)다. SPA는 HTML 렌더링, 입력값 검증, UI 변경 등의 기능을 브라우저에서 해결한다. 그림 1-2는 일반적인 SPA 아키텍처에서 사용자, 브라우저, 서버의 상호작용을 개략적으로 보여준다. 사용자가 요청을 보내고, 마우스로 버튼 클릭, 드래그 앤 드롭 등의 조작을 한다.

1. 사용자가 새로운 페이지를 열기 위해 브라우저에 URL을 입력한다.
2. 브라우저가 URL 요청을 서버로 전송한다.

---

16 부가 기능 목록과 npm에 배포된 라이브러리가 궁금하다면 버전 15.5의 변경 사항(https://facebook.github.io/react/blog/2017/04/07/react-v15.5.0.html)을 살펴보기 바란다. 부가 기능에 대한 정보는 공식 문서(https://facebook.github.io/react/docs/addons.html)에서 확인할 수 있다.

3. 서버는 응답으로 HTML, CSS, 자바스크립트 파일 같은 정적 자원을 보낸다. 대부분 HTML은 최소한의 기본 구조만 담고 있다. 이 단계에서는 보통 "로딩 중…" 메시지나 애니메이션 GIF 등을 이용해서 페이지가 준비 중이라는 것을 나타낸다.

4. 자바스크립트는 SPA를 위해 필요한 자원이다. 자바스크립트 로드 후 추가로 AJAX나 XHR 요청을 보내 서버에서 데이터를 불러온다.

5. 데이터는 JSON, XML 등의 포맷으로 전달받는다.

6. SPA에 데이터가 전달되면 사용자 인터페이스를 구성하는 HTML을 렌더링한다. SPA는 템플릿에 전달받은 데이터를 밀어넣고 브라우저 상에서 UI를 렌더링한다.[17]

7. 브라우저 렌더링이 끝나면 SPA는 "로딩 중…" 메시지를 없애고 사용 가능한 상태가 된다.

8. 사용자가 아름다운 웹 페이지를 확인한다. 사용자는 페이지를 사용하면서 SPA를 통해 서버로 새로운 요청을 발생시키기도 하고, 앞에서 설명한 2~6단계를 거치기도 한다. 이 단계에서는 경우에 따라 브라우저 라우팅이 이뤄지기도 한다. SPA에서 브라우저 라우팅을 구현하면 새로운 페이지를 로딩하지 않고 브라우저에서 다시 렌더링을 수행한다.

▼ 그림 1-2 일반적인 SPA 아키텍처

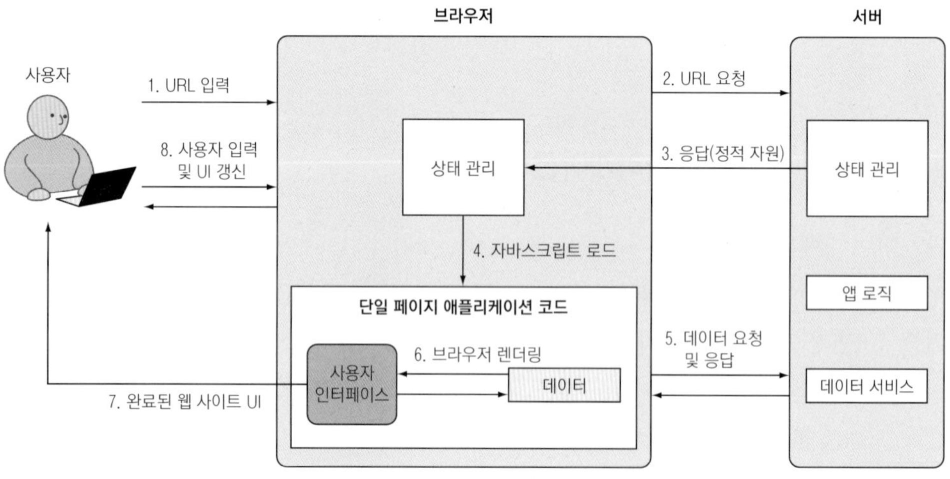

17 역주 저자는 템플릿에 데이터를 넣어 HTML로 만드는 과정을 설명하기 위해 hydrate라는 단어를 사용했다. 비슷한 맥락으로 React 버전 16부터는 React 서버 측 렌더링을 거친 HTML을 프론트엔드에서 사용할 때 ReactDOM.hydrate 메서드를 사용한다. hydrate에 대한 좀 더 자세한 설명은 저자가 참조로 추가한 스택 오버플로우 답변을 참고하기 바란다("What does it mean to hydrate an object?" http://mng.bz/uP25).

정리하면 SPA 방식은 UI 렌더링을 대부분 브라우저 상에서 해결한다. 모든 렌더링을 서버에서 해결하는 전통적인 방식(thick server)과 달리 SPA에서는 데이터만 주고 받는다(여기서 말하는 **렌더링**이란 템플릿으로 HTML을 생성하는 과정을 의미한다. 브라우저 상의 DOM에서 이뤄지는 렌더링과는 다른 개념이라고 생각하자).

SPA 구현 방식으로는 MVC 같은 아키텍처가 가장 인기가 좋지만, 다른 방식도 있다. React를 사용하는 데 MVC가 필수적인 것은 아니다. 그렇지만 간결하게 설명하기 위해서 MVC와 유사한 아키텍처를 사용한다고 가정해보자. 그림 1-3을 보면 뚜렷하게 다른 부분을 확인할 수 있다. 내비게이터나 라우팅 라이브러리가 MVC 패러다임의 컨트롤러처럼 데이터를 가져오고 이에 알맞은 템플릿을 지정하는 역할을 맡는다. 내비게이터 또는 컨트롤러는 요청을 보내 데이터를 가져오고, 받아온 데이터와 템플릿을 이용해 만든 HTML로 UI를 렌더링한다. UI는 클릭, 마우스 조작, 키 입력 같은 동작을 SPA에 전달한다.

▼ 그림 1-3 단일 페이지 애플리케이션의 내부

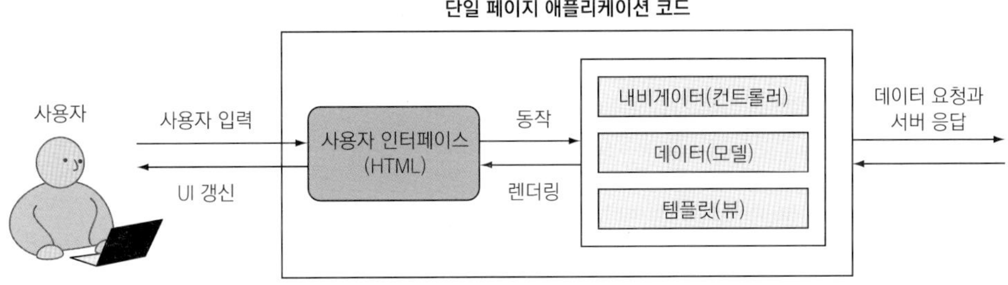

SPA 아키텍처는 브라우저에서 렌더링되므로 데이터도 브라우저에서 처리한다. 데이터를 이용해 HTML을 추가하거나 기존에 렌더링한 HTML을 변경한다. 이 덕분에 데스크톱 애플리케이션에 견줄 만큼 훌륭한 웹 애플리케이션을 만들 수 있다. AngularJS, Backbone, Ember처럼 SPA 개발을 위한 프론트엔드 프레임워크의 예로 볼 수 있다.

Note ≡ 그림 1-3은 일반적인 SPA의 관심사 분리를 그림으로 나타낸 것이다. 프레임워크에 따라 내비게이터, 데이터, 템플릿의 구현 방법에는 차이가 있을 수 있다.

그림 1-3에서 React의 위치를 짚어보면 템플릿의 위치를 고를 수 있다. React는 뷰 계층이므로 데이터를 전달해서 HTML을 렌더링하는 목적으로 사용될 수 있다. 물론 React는 일반적인 템플릿 엔진보다는 더 많은 일을 한다. Underscore, Handlebars, Mustache 같은 다른 템플릿 엔진과 React는 UI를 개발하는 방법, 갱신하는 방법, 상태를 관리하는 방법에서 차이가 있다. 상태 관리

에 대해서는 4장에서 더 자세히 설명한다. 일단 상태(state)는 변경할 수 있는 UI에 관련된 데이터라고 알아두자.

1.5.3 React 개발 스택

React는 모든 것을 갖춘 프론트엔드 프레임워크가 아니므로 데이터 모델링, 스타일, 라우팅 등에 대해 정해진 방법이 없다. 이 때문에 개발자들은 해당 기능을 할 수 있는 라이브러리와 React를 결합해서 사용한다.

예를 들어 기존에 Backbone과 Underscore 템플릿 엔진을 사용하던 프로젝트는 Underscore를 React로 변경하고, 데이터 모델이나 라우팅은 Backbone을 사용할 수도 있다. Underscore에는 템플릿 엔진뿐만 아니라 유틸리티 메서드도 있으므로 선언형 스타일의 코드를 작성하는 데 도움이 될 수도 있다. 그 외에 React와 함께 쓰기 위한 목적으로 개발한 라이브러리를 선택해서 개발 스택을 구성하기도 한다. 몇 가지를 살펴보자.

- **데이터 모델링과 백엔드:** RefluxJS(https://github.com/reflux/refluxjs), Redux(http://redux.js.org), Meteor(https://www.meteor.com), Flux(https://github.com/facebook/flux)
- **라우팅:** React Router(https://github.com/reactjs/react-router)
- **React용 Bootstrap 컴포넌트:** React-Bootstrap(https://react-bootstrap.github.io)

React와 관련된 라이브러리는 나날이 발전하고 있다. React는 컴포넌트를 쉽게 구성할 수 있으므로 코드 재사용에 도움이 된다. 많은 컴포넌트가 npm 모듈로 배포되고 있다. 인기 있는 React 컴포넌트를 살펴보면 다음과 같다.

- **날짜 입력 컴포넌트:** https://github.com/Hacker0x01/react-datepicker
- **폼 입력과 입력값 검증 컴포넌트:** https://github.com/prometheusresearch/react-forms
- **WAI-ARIA 정의를 따르는 자동완성 컴포넌트:** https://github.com/reactjs/react-autocomplete

개발 스택에는 JSX도 있다. JSX는 React를 거부하는 이유가 되기도 한다. AngularJS에 익숙한 사람이라면 템플릿 코드 안에 자바스크립트를 작성해본 적이 있을 것이다. 최신 웹 개발에서 단순 HTML은 너무나 정적이어서 그 자체로 사용하기가 어렵다. 나는 React와 JSX를 사용하는 것을 색안경을 끼고 바라보기보다는 한 번쯤 공정한 입장에서 다뤄볼 것을 추천한다.

JSX는 문법이 간단한데, XML이나 HTML의 <>를 이용하여 자바스크립트로 작성하는 React 객체를 만든다. JSX가 React와 잘 어울리는 이유는 코드 구현과 가독성 면에서 더 편리하기 때문이다. JSX는 자바스크립트로 변환하는 작은 언어라고 생각하면 좋다. JSX는 브라우저에서 작동하지 않지만 컴파일 과정의 소스 코드로 활용된다. 다음은 JSX로 작성한 간단한 예제다.

```
if (user.session)
  return <a href="/logout">Logout</a>
else
  return <a href="/login">Login</a>
```

JSX 런타임 변환 라이브러리를 이용해서 브라우저에서 JSX를 사용하는 경우에도 결과적으로는 이를 변환한 자바스크립트를 실행하는 것이고, JSX를 실행하는 것이 아니다. 이 점에서 보면 JSX는 CoffeeScript와 비슷하다. 이런 언어는 자바스크립트로 변환하여 이용하며, 자바스크립트보다 편리한 문법과 기능을 쓸 수 있다.

XML이 자바스크립트 사이에 들어가 있는 광경이 괴상하게 느껴지는 사람도 아마 있을 것이다. 나도 처음에는 적응하는 데 다소 시간이 걸렸다. 코드만 봐서는 문법 오류 메시지로 콘솔이 가득할 줄 알았기 때문이다. 그리고 JSX를 꼭 사용해야 하는 건 아니다. 따라서 JSX는 3장부터 다루겠다. 그렇지만 일단 익숙해지고 나면 강력한 도구라는 점을 믿어주었으면 좋겠다.

지금까지 React의 기본 개념, 함께 구성하는 기술 스택, SPA에서 React의 역할에 대해서 살펴보았다. 이제 손을 좀 더럽힐 시간이다. 직접 React 코드를 작성해보자.

1.6 첫 번째 React 앱 만들기: Hello World

React로 코딩을 시작해보자. 프로그래밍 언어를 배울 때면 언제나 등장하는 Hello World 애플리케이션이다. (이 예제를 거치지 않는다면 프로그래밍의 신이 나타나서 우리를 가만히 두지 않을 것이다!) 아직 JSX를 사용하지 않고 자바스크립트만 이용해서 작성하기로 한다. 이 프로젝트는 웹 페이지의 <h1> 태그에 "Hello world!!!"라는 문구를 노출한다. 프로젝트를 마치면 그림 1-4와 같은 결과를 볼 수 있을 것이다. 만약 여러분이 다소 얌전한 취향이라 느낌표를 하나만 찍는다면 조금 달라질 수도 있겠다.

▼ 그림 1-4 Hello World

Note ≡ **JSX 없이 React 익히기**

React를 다루는 대부분의 개발자가 JSX를 사용하지만, 브라우저는 일반적인 자바스크립트만 실행할 수 있다. 따라서 자바스크립트로만 React 코드를 작성하는 방법을 안다면 유용할 것이다. 자바스크립트로만 작성하는 방식으로 시작하는 다른 이유는 JSX가 필수사항이 아니고, React를 위한 표준은 자바스크립트라는 점을 확인하기 위해서다. 끝으로 JSX를 변환하려면 도구를 사용해야 하는 점도 한 가지 이유다.

이 장에서는 설정에 시간을 쓰기보다는 가능한 빨리 React를 접하는 것이 목적이다. JSX와 관련된 설정은 3장에서 살펴볼 것이다.

프로젝트의 폴더 구조는 단순하다. js 폴더에 자바스크립트 파일이 두 개 있고, 상위에는 index.html 파일 하나가 있다.

```
/hello-world
  /js
    react.js
    react-dom.js
  index.html
```

js 폴더에 있는 두 파일은 React 버전 15.5.4[18]의 react.js와 웹 브라우저 DOM 렌더링을 위한 react-dom.js이다. 먼저 이 두 파일을 내려받아야 한다. 방법은 많겠지만, 이 책의 소스 코드를 통해 내려받는 방법을 추천한다. www.manning.com/books/react-quickly 또는 https://github.com/azat-co/react-quickly/tree/master/ch01/hello-world에서 확인할 수 있다. 이것은 가장 간단하고 단순한 방법이다. 다른 서비스나 도구에 의존하지 않는 방법이기 때문이다. React를 내려받는 다른 방법은 부록 A에서 더 살펴볼 수 있다.

18 이 책을 작성하는 시점에서 React의 최신 버전은 15.5.4이다. 14, 15, 16 같은 주 릴리스(major release)에서는 다소 큰 변경이 있었지만, 15.5.3, 15.5.4 같은 부 릴리스(minor release)에서는 상대적으로 충돌이나 변경이 적다. 이 책의 코드는 버전 15.5.4에서 테스트되었다. 향후에도 코드는 작동할 것이라고 생각하지만, 미래에 React가 어떻게 될지는 React의 핵심 구현자들도 알 수 없으므로 작동을 완전히 보장할 수는 없다.
역주 React 버전 16은 2017년 9월 말에 공개되었으며, React-Fiber라고 부르는 새로운 코어 아키텍처의 도입, 오류 처리 및 서버 측 렌더링 개선 등이 주로 이루어졌다. 자세한 사항은 릴리스로그(https://reactjs.org/blog/2017/09/26/react-v16.0.html)에서 확인할 수 있다.

> **Warning** 버전 0.14 이전에는 두 라이브러리가 한 파일로 배포되었다. 예를 들어 버전 0.13.3에서는 react.js만 사용했다. 이 책은 특별한 설명이 없는 한 버전 15.5.4의 `react`와 `react-dom`을 기준으로 설명한다. 1부의 프로젝트 대부분은 react.js와 react.dom.js만 사용하면 된다. 8장에서는 `prop-types`(www.npmjs.com/package/prop-types)를 사용하는데, 버전 15.5.4 이전에는 React의 일부였지만 별도 모듈로 분리되었다.

React 파일을 js 폴더에 넣은 후에는 helloworld 프로젝트 폴더에 index.html을 생성하자. 이 파일은 브라우저에서 실제로 Hello World 애플리케이션에 접속할 때 사용된다.

Index.html에 작성하는 코드는 간단하며, `<head>`에 라이브러리 파일을 추가한다. `<body>`에는 `<div>`에 ID를 `content`로 작성하고, 앱 코드를 작성할 `<script>` 태그를 추가한다. 다음 내용을 참고해서 작성해보자.

예제 코드 1.1 React 라이브러리 로드와 index.html 기본 골격

```
<!DOCTYPE html>
<html>
  <head>
    <script src="js/react.js"></script> --------- React 라이브러리를 불러온다.
    <script src="js/react-dom.js"></script> --------- ReactDOM 라이브러리를 불러온다.
  </head>
  <body>
    <div id="content"></div> --------- Hello World 뷰를 위한 React 코드를 작성한다.
    <script type="text/javascript"> --------- 〈div〉 요소를 정의하여 React UI를 추가한다.
      ...
    </script>
  </body>
</html>
```

React 엘리먼트를 직접 `<body>`에 렌더링하지 않는 이유는 무엇일까? 다른 라이브러리나 `<body>`를 조작하는 브라우저 확장 프로그램과 충돌하는 것을 방지하기 위해서다. `<body>`에 직접 추가하려고 하면 다음과 같은 경고를 확인할 수 있다.

```
Rendering components directly into document.body is discouraged...
document.body에 직접 컴포넌트를 렌더링하는 것은 권장되지 않습니다...
```

이는 React의 장점이기도 하다. 경고와 오류 메시지가 훌륭하다.

> **Note** React의 경고와 오류 메시지는 프로덕션 빌드(production build)에는 포함되어 있지 않다. 여기에는 콘솔을 불필요한 메시지로 어지럽히지 않으려는 목적과 보안을 위한 목적, 파일 크기를 줄이려는 목적이 있다. 예를 들어 React의 프로덕션 빌드는 난독화 과정을 거친 react.min.js다. 또한, 난독화를 거치지 않은, 오류와 경고 메시지를 포함하고 있는 개발 버전은 react.js다.

라이브러리를 HTML 파일에 추가하면 전역 객체인 React와 ReactDOM에 접근할 수 있다. 이 객체에서 두 가지 메서드를 사용한다. 하나는 React 엘리먼트를 생성하려는 목적이고, 다른 하나는 이렇게 생성한 React 엘리먼트를 실제로 예제 코드 1.2에서 작성한 <div>에 추가하려는 목적이다.

React 엘리먼트를 생성하려면 React.createElement(elementName, data, child)를 호출한다. 함수 호출 시 각 인자가 의미하는 바는 다음과 같다.

- elementName: HTML 태그명을 'h1'처럼 문자열로 작성하거나 직접 만든 컴포넌트 클래스 객체를 넘겨줄 수 있다(2.2절에 나오는 HelloWorld를 예로 들 수 있다).
- data: 속성이나 상위 컴포넌트에 받는 값으로, null이나 {name: 'Azat'}와 같은 형태의 데이터다(상위 컴포넌트에서 받는 값에 대해서는 나중에 살펴보겠다).
- child: 자식 엘리먼트나 태그 내부에 작성하는 텍스트다.

예제 코드 1.2 h1 태그 렌더링하기

```
var h1 = React.createElement('h1', null, 'Hello world!') --------- h1 요소를 React 엘리먼트로 생성하여 변수에 담는다.
ReactDOM.render( --------- h1 요소를 ID가 content인 실제 DOM에 렌더링한다.
  h1,
  document.getElementById('content')
)
```

예제 코드는 h1 요소를 React 엘리먼트로 생성하고 변수 h1에 담는다. h1 변수는 실제 DOM 노드는 아니고, React h1 컴포넌트의 인스턴스다. 컴포넌트 이름은 helloWorldHeading처럼 원하는 것으로 바꾸어도 무방하다. React가 실제 DOM에 대한 추상화를 제공한다는 점을 기억해두기 바란다.

> **Note ≡** 변수명으로 정한 h1은 임의로 지정한 것이다. ReactDOM.render()에서 같은 변수명을 제대로 입력하기만 한다면 변수명은 어떻게 지어도 문제가 되지 않는다.

React 엘리먼트를 생성해서 h1에 저장한 후에는 ID가 content인 실제 DOM 노드에 렌더링하는데, 이때 ReactDOM.render() 메서드를 사용한다. 예제 코드 1.2에서도 작성했다. 원한다면 h1 변수에 React 엘리먼트를 저장하는 대신 ReactDOM.render() 메서드에 직접 인자로 넘겨줄 수도 있다. 변수를 추가하지 않을 뿐, 결과는 같다.

```
ReactDOM.render(
  React.createElement('h1', null, 'Hello world!'),
  document.getElementById('content')
)
```

이제 index.html을 호출할 수 있도록 정적인 HTTP 웹 서버를 띄우고 브라우저로 접속해보자. 최신 버전의 Chrome, Safari, Firefox 브라우저를 추천한다. 웹 페이지에서 그림 1-5처럼 "Hello world!" 문구를 확인할 수 있다.

그림 1-5는 Chrome 개발자 도구의 Elements 탭에서 `<h1>` 태그를 선택한 모습이다. `data-reactroot` 속성을 확인할 수 있다. 이것은 해당 태그를 ReactDOM이 렌더링했다는 것을 알려준다.

▼ 그림 1-5 React로 렌더링한 Hello World 앱 요소 검사

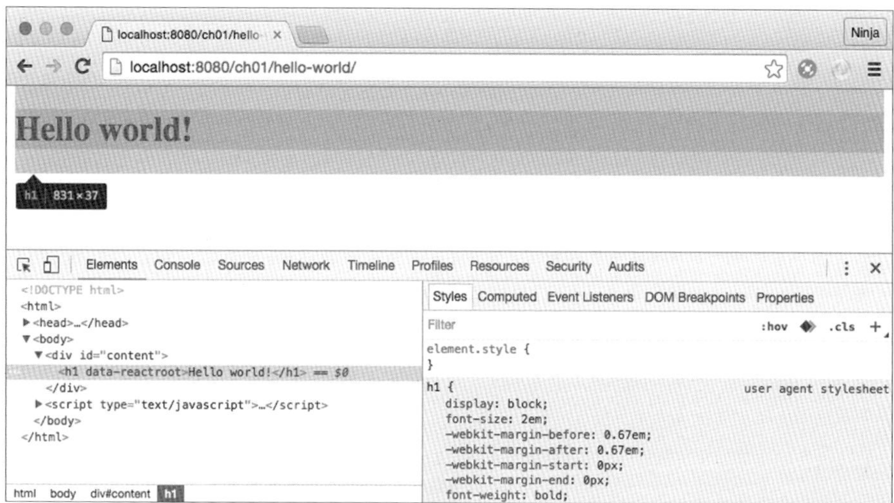

예제 코드 1.2에서 작성한 코드를 분리하여 별도 파일로 저장할 수도 있다. 예를 들면 script.js를 만든 후에 React 엘리먼트 생성과 `ReactDOM.render()`를 호출하는 코드를 이 파일로 복사한다. 그러고 나서 index.html에서 `<div id="content">` 이후에 script.js를 불러온다. 다음 코드를 참고하자.

```
<div id="content"></div>
<script src="script.js"></script>
```

Note ☰ 개발용 웹 서버

index.html을 브라우저에서 직접 여는 것보다는 각자의 환경에 개발 서버를 실행하는 것이 좋다. 웹 서버 위에서는 자바스크립트 앱이 AJAX나 XHR 요청을 할 수도 있다. 브라우저에 요청하는 것이 파일인지 서버인지는 주소를 보면 알 수 있다. 주소가 file://로 시작하면 파일이다. 주소가 http://로 시작하면 서버다. 나중에 살펴볼 프로젝트에 이런 기능이 필요할 것이다. 보통 로컬 환경의 웹 서버는 127.0.0.1이나 localhost로 접속한다.

Apache나 MAMP 같은 오픈 소스 웹 서버를 선택하는 것도 좋다. Node.js로 작성한 node-static(https://github.com/cloudhead/node-static)이나 http-server(www.npmjs.com/package/http-server)도 추천한다. 이 경우에는 Node.js와 npm을 설치해야 한다. 설치되어 있지 않다면 부록 A를 살펴보거나 공식 홈페이지인 http://nodejs.org에서 내려받아 설치하면 된다.

축하한다! 여러분은 처음으로 React 코드를 구현했다!

Note ≡ 로컬 환경의 웹 서버를 실행하는 방법 중 간단한 http-server 방법을 소개한다.

1. 명령 프롬프트를 실행합니다.
2. http-server 모듈을 전역에 설치(-g 옵션)합니다.

```
npm install -g http-server
```

3. 보려고 하는 파일이 있는 디렉터리로 이동합니다.

예) `cd c:/react-quickly`

4. 서버를 실행합니다.

```
http-server ./
```

5. 브라우저로 URL에 접속해봅니다. localhost:8080도 가능합니다. 중단하려면 명령창에서 Ctrl+C를 누릅니다.

Note ≡ 만약 저자가 추천한 웹 서버 설치나 명령줄 사용에 익숙하지 않다면 GUI로 되어 있는 Fenix web server (http://fenixwebserver.com/)를 추천한다. Node.js와 Electron에 기반을 두고 만들어진 프로그램으로 폴더와 포트를 지정해서 개발 환경을 위한 웹 서버를 실행할 수 있다.

1. Fenix web server를 내려받아 설치한 뒤 실행합니다.
2. 메뉴에서 Web Servers > New를 클릭합니다.

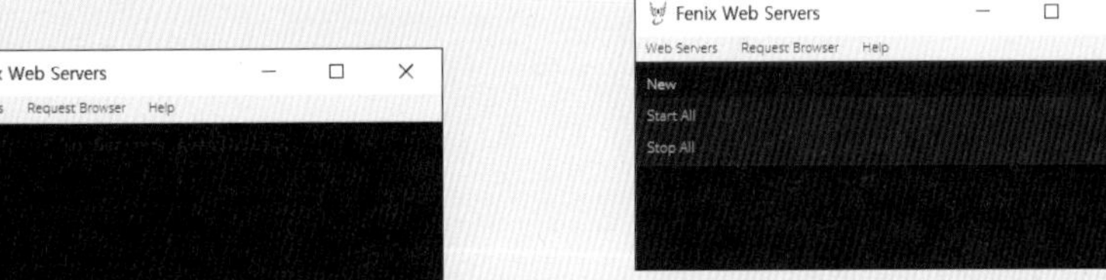

3. 깃허브에서 받은 소스 코드 폴더명과 경로를 입력하고 Create 버튼을 클릭합니다.

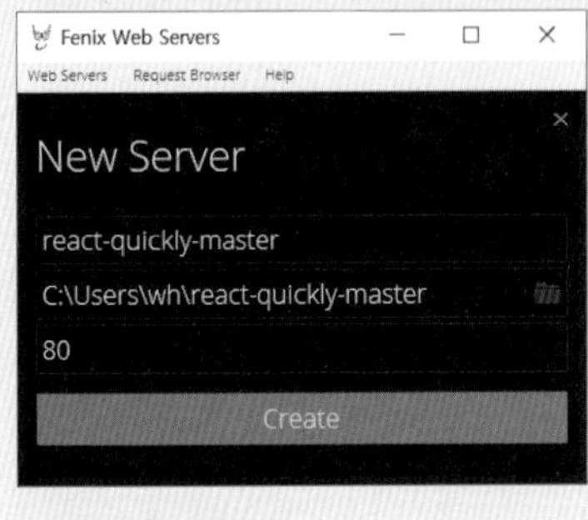

4. 서버를 실행합니다.

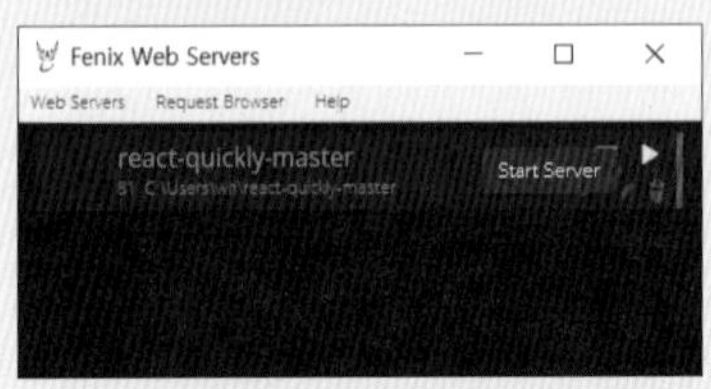

5. http://localhost로 접속하면 폴더 목록이 나옵니다.

1.7 퀴즈

REACT

1. 선언형 스타일의 프로그래밍은 저장한 값을 조작할 수 없다. 선언형 스타일은 "이게 내가 원하는 모습이야"라면 명령형 스타일은 "이건 이런 식으로 해야 해"이다. (○/×)
2. 다음 중 React 컴포넌트를 실제 DOM에 렌더링하는 데 사용하는 메서드는 무엇일까? (헷갈리지 말자!)

```
ReactDOM.renderComponent
React.render
ReactDOM.append
ReactDOM.render
```

3. Node.js로 서버를 개발해야 SPA에 React를 사용할 수 있다. (○/×)
4. 웹 페이지에서 React 엘리먼트를 렌더링하려면 react-dom.js가 반드시 필요하다. (○/×)
5. React는 데이터 변경에 따라 뷰를 갱신해야 하는 문제를 해결한다. (○/×)

1.8 요약

REACT

- React는 선언적이며, 뷰 또는 UI 레이어의 역할만 한다.
- React는 `ReactDOM.render()` 메서드를 통해 컴포넌트를 실제로 사용한다.
- React 컴포넌트는 클래스로 생성하고 필수적인 `render()` 메서드를 포함한다.
- React 컴포넌트는 재사용할 수 있고, 불가변 속성을 전달받아서 `this.props.NAME`으로 접근할 수 있다.

1.9 퀴즈 정답

1. ○ / 선언형 스타일은 "이게 내가 원하는 모습이야" 같은 방식이고, 명령형 스타일은 "이건 이런 식으로 해야 해" 같은 방식이다.
2. `ReactDOM.render`
3. × / 특정 백엔드 기술을 사용하지 않아도 무방하다.
4. ○ / 웹 페이지에서 React 엘리먼트를 렌더링할 때는 ReactDOM 라이브러리를 사용한다.
5. ○ / 데이터 변경에 따른 뷰의 갱신은 React가 최우선으로 해결하려는 문제다.

2장

React 첫걸음

2장의 주요 내용을 동영상으로 볼 수 있습니다.
QR 코드를 스캔하거나 http://reactquickly.co/videos/ch02 로 접속하세요.

이 장에서 살펴볼 주제

- 엘리먼트 중첩
- 컴포넌트 클래스 생성하기
- 속성 다루기

이 장은 React를 다루는 기초적인 단계로, 뒤에 이어질 내용을 이해하기 위한 기초를 다진다. React의 엘리먼트나 컴포넌트 같은 개념을 이해하는 것이 중요하다. 간단히 말해 **엘리먼트**는 **컴포넌트**의 인스턴스이며, **컴포넌트 클래스**라고도 한다. 엘리먼트를 어떻게 그리고 왜 사용할까? 지금부터 살펴보자!

> **Note** ≡ 이 장의 예제 코드는 https://github.com/gilbutITbook/006961 또는 https://github.com/azat-co/react-quickly/tree/master/ch02에서 확인할 수 있다(깃허브 저장소 https://github.com/azat-co/react-quickly의 ch02 폴더다).

REACT

2.1 엘리먼트 중첩

1장에서 React 엘리먼트를 생성할 때 `React.createElement()`를 사용하는 것은 이미 살펴봤다. 다음 예제에서 다시 한 번 확인해보자. <a> 태그로 링크를 만들었다.

```
let linkReactElement = React.createElement('a',
  {href: 'http://webapplog.com'},
  'Webapplog.com'
)
```

문제는 대부분의 UI가 여러 개의 HTML 요소로 이루어져 있다는 점이다. 메뉴 내부에 링크가 있는 것처럼 말이다. 예를 들어 그림 2-1을 보면 한 영역 안에 버튼 여러 개, 비디오 썸네일, 유튜브 플레이어가 있다.

계층적 방식으로 더 복잡한 구조를 만드는 방법은 엘리먼트를 중첩하는 것이다. 1장에서는 `h1` React 엘리먼트를 생성하고 `ReactDOM.render()`를 사용해서 실제 DOM에 렌더링하는 첫 번째 React 코드를 구현했다.

```
let h1 = React.createElement('h1', null, 'Hello world!')
ReactDOM.render(
  h1,
  document.getElementById('content')
)
```

▼ 그림 2-1 React Quickly 웹 사이트를 구성한 여러 개의 중첩된 UI 요소들

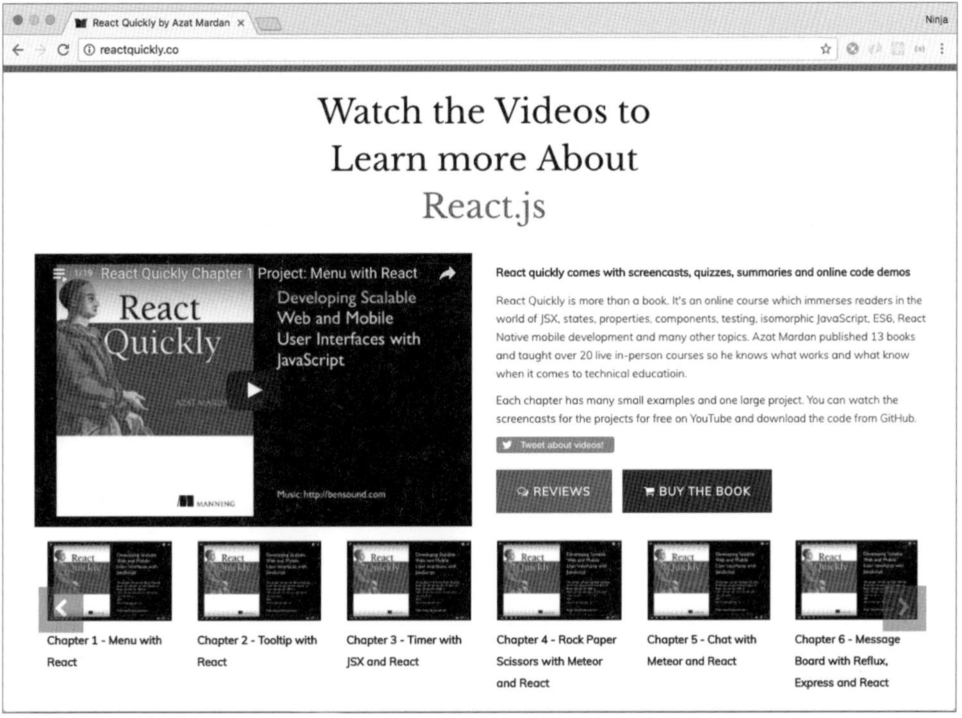

ReactDOM.render()에는 하나의 React 엘리먼트만 인자로 전달할 수 있다는 점이 중요하다. 앞의 예제에서는 h1이 이에 해당한다(렌더링한 결과는 그림 2-2와 같다).

▼ 그림 2-2 h1 요소를 렌더링한 결과

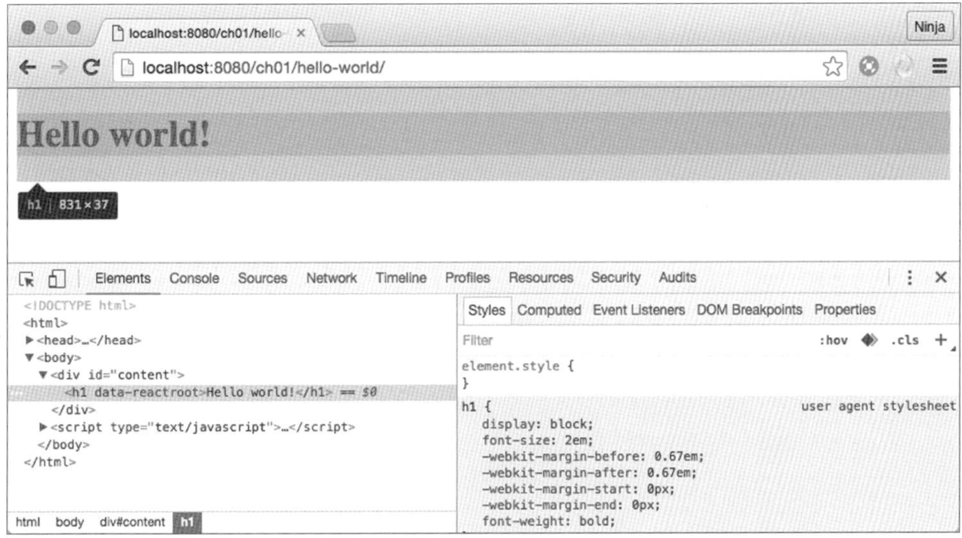

이 절의 앞부분에서 언급한 것처럼, 동일한 DOM 계층에 `h1` 요소 두 개를 렌더링해야 하는 경우에 문제가 발생한다. 이 경우 그림 2-3처럼 시각적으로 영향을 끼치지 않는 요소로 두 요소를 감싸는 방법이 있다. `<div>` 또는 `<span>`을 컨테이너로 사용하는 것이 일반적으로 좋은 선택이다.

▼ 그림 2-3 형제 요소를 <div> 컨테이너로 감싸 렌더링하는 경우

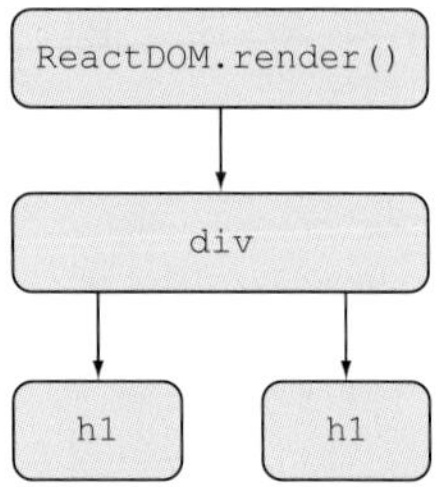

`createElement()`에 전달하는 매개변수의 수는 제한이 없다. 두 번째 매개변수 이후의 모든 매개변수는 자식 엘리먼트가 된다. 그림 2-3의 경우 `h1` 엘리먼트는 형제 관계다. 즉, 그림 2-4처럼 React 개발자 도구에서 확인해보면 두 엘리먼트가 같은 계층에 위치한다.

▼ 그림 2-4 React 개발자 도구에서 중첩된 h1 엘리먼트를 감싼 <div>를 확인할 수 있다.

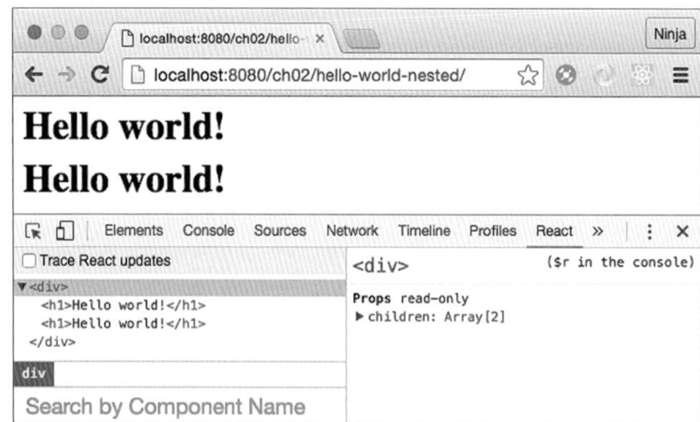

Note **React 개발자 도구**

Chrome에 기본 내장되어 있는 요소(Elements) 탭 외에도, React 개발자 도구(React Developer Tools) 확장 프로그램(또는 플러그인)을 설치할 수 있다. Firefox용으로도 제공된다. 그림 2-4의 마지막 탭이 React 개발자 도구다. React의 렌더링 결과를 자세히 살펴볼 수 있고, 컴포넌트 계층 구조, 이름, 속성(props), 상태(state)도 확인할 수 있다.

React 개발자 도구의 깃허브 저장소는 https://github.com/facebook/react-devtools이다. 확장 프로그램은 Chrome의 경우 http://mng.bz/V276, Firefox의 경우 http://mng.bz/59V9에서 각각 설치할 수 있다.

이 점을 알고, createElement()를 사용해서 <div>와 자식 엘리먼트 <h1> 두 개를 생성해보자(ch02/hello-world-nested/index.html).

예제 코드 2.1 〈h1〉 엘리먼트 두 개를 자식으로 가진 〈div〉 엘리먼트 생성

```
let h1 = React.createElement('h1', null, 'Hello world!')
ReactDOM.render(
  React.createElement('div', null, h1, h1),
  document.getElementById('content')
)
```

createElement()의 세 번째 매개변수가 문자열이면, 이는 생성하는 엘리먼트의 텍스트 값이다.

세 번째 또는 그 이후의 매개변수가 문자열이 아니라면, 이는 새로 생성하는 엘리먼트의 자식 엘리먼트다.

HTML 코드는 1장에서 작성한 Hello World 예제와 같다. React와 ReactDOM 라이브러리, content 노드가 필요하다(ch02/hello-world-nested/index.html).

예제 코드 2.2 React 코드를 제외한 중첩 엘리먼트 예제의 HTML

```
<!DOCTYPE html>
<html>
  <head>
    <script src="js/react.js"></script>
    <script src="js/react-dom.js"></script>
</head>
<body>
    <div id="content"></div>
    <script type="text/javascript">
    ...
    </script>
  </body>
</html>
```

지금까지는 createElement()의 첫 번째 매개변수로 문자열만 입력했다. 사실 첫 번째 매개변수로 두 가지 자료형을 입력할 수 있다.

- 문자열로 작성한 일반적인 HTML 태그. 예를 들면 'h1', 'div', 'p'처럼 화살괄호가 없는 문자열이다. 이름은 소문자로 작성한다.
- React 컴포넌트 클래스 객체. HelloWorld를 예로 들 수 있다. React 컴포넌트 클래스의 이름은 대문자로 시작한다.

첫 번째 방법은 표준 HTML 요소를 렌더링하는 것이다. React는 표준 HTML 요소를 탐색해서 일치하는 것이 있으면 해당 React 엘리먼트의 유형으로 사용한다. 예를 들어 `'p'`를 넘겼다면 `p`는 문단 태그이므로 이에 일치하는 것을 찾을 수 있다. 이렇게 해서 React 엘리먼트를 렌더링하면 DOM에 `<p>`가 생성된다.

`createElement()`의 첫 번째 매개변수로 문자열 외에도 사용자 정의 컴포넌트 클래스도 사용할 수 있다. 사용자 정의 컴포넌트 클래스의 생성과 전달 방법에 대해서 알아보자.

REACT

2.2 React 컴포넌트 클래스 생성

React 엘리먼트를 중첩하고 나면, 곧 입력할 엘리먼트가 굉장히 많다는, 다음 문제를 발견하게 될 것이다. 1장에서 설명한 것처럼 컴포넌트 기반 아키텍처를 활용해야 한다. **컴포넌트 클래스**(component class)를 이용하면 기능을 느슨하게 결합된 부분으로 분리하여 코드를 재사용할 수 있다. 컴포넌트 클래스는 **컴포넌트**(component)라고 부르기도 한다(웹 컴포넌트와 혼동하지 않기 바란다).

표준 HTML 태그를 블록이라고 생각해보자. React 컴포넌트 클래스를 구성하는데, 이 블록들을 사용해서 클래스의 인스턴스인 사용자 정의 엘리먼트를 생성할 수 있다. 사용자 정의 엘리먼트를 이용하면 이식 가능한 클래스(구성할 수 있고, 재사용할 수 있는 컴포넌트)에 논리를 추상화하고 캡슐화할 수 있다. 이런 추상화는 여러 팀이 거대하고 복잡한 애플리케이션에 UI를 재사용하는 것은 물론이고, 다른 프로젝트에서도 재사용할 수 있게 해준다. 자동완성 컴포넌트, 도구상자, 메뉴 등을 예로 들 수 있다.

`createElement('h1', null, 'Hello World!')` 메서드를 사용해서 `'Hello world!'`를 HTML 태그에 담아 렌더링하는 것은 어렵지 않았다. 그렇다면 그림 2-5처럼 `HelloWorld`를 별도의 클래스로 분리하려면 어떻게 해야 할까? 서로 다른 프로젝트 열 개에 `HelloWorld`를 사용해야 한다고 가정해보자! (`HelloWorld` 컴포넌트를 이렇게 여러 번 사용할 가능성은 크지 않겠지만, 잘 만든 자동완성 컴포넌트라면 분명 재사용될 것이다.)

❤ 그림 2-5 <div> 요소를 직접 렌더링하는 대신 사용자 정의 컴포넌트 클래스를 사용하는 경우

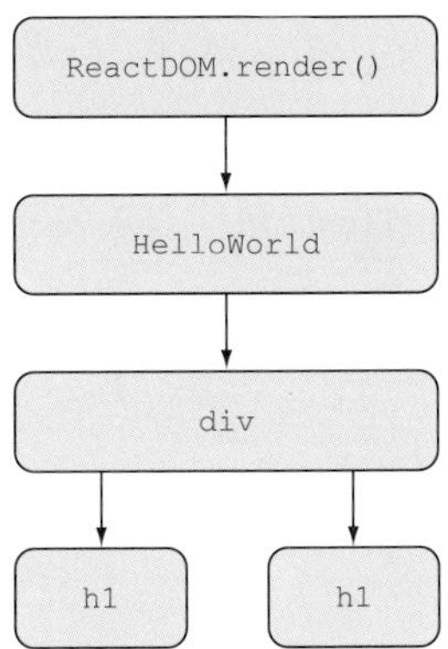

흥미롭게도, ES6 문법을 이용하면 `React.Componenet` 클래스를 상속받아서 React 컴포넌트 클래스를 생성할 수 있다. `class CHILD extends PARENT` 같은 형식으로 작성한다. 예제 코드 2.3처럼 `HelloWorld` 컴포넌트를 생성하는 경우에는 `class HelloWorld extends React.Component`라고 작성한다.

새로운 컴포넌트 클래스를 구현할 때는 `render()` 메서드를 반드시 작성해야 한다. 이 메서드는 다른 사용자 정의 컴포넌트 클래스나 HTML 태그로 만든 React 엘리먼트를 반환해야 한다. 엘리먼트를 중첩하는 것도 가능하다.

예제 코드 2.3(ch02/hello-world-class/js/script.js)은 예제 코드 2.1에서 살펴본 중첩된 Hello World 예제를 어떻게 하면 `HelloWorld` 컴포넌트로 리팩토링할 수 있는지를 보여준다. 사용자 정의 클래스를 사용하면 UI 재사용을 더 잘 할 수 있다. `HelloWorld` 컴포넌트의 `render()` 메서드도 이전 예제와 마찬가지로 `<div>` 엘리먼트를 반환한다. `HelloWorld` 사용자 정의 클래스를 생성한 후, `ReactDOM.render()`에 문자열이 아닌 사용자 정의 클래스 객체를 전달할 수 있다.

예제 코드 2.3 React 컴포넌트 클래스 생성하고 렌더링하기

```
let h1 = React.createElement('h1', null, 'Hello world!')
class HelloWorld extends React.Component { --------- React 컴포넌트 클래스 정의(이름은 대문자로 시작한다.)
  render() { --------- 엘리먼트 하나를 반환하는 함수인 render() 메서드를 생성한다.
    return React.createElement('div', null, h1, h1) --------- return 문에는 React 엘리먼트를 반환하도록
  }                                                          구현하여 React 클래스가 render()를 실행
}                                                            하면 두 개의 <h1> 엘리먼트를 감싼 <div>
                                                             엘리먼트를 받을 수 있다.
ReactDOM.render( --------- React 엘리먼트를 ID가 content인 실제 DOM에 넣어준다.
  React.createElement(HelloWorld, null), --------- 첫 번째 인자로 HelloWorld 클래스를 전달하여 엘리먼트를
  document.getElementById('content')               생성한다. 이때 HelloWorld 클래스는 문자열이 아닌 객체다.
)
```

규칙에 따라 React 컴포넌트를 담는 변수의 이름은 대문자로 시작한다. JSX 없이 자바스크립트만 사용하는 경우에는 이런 규칙을 따르지 않아도 된다(helloWorld처럼 소문자 변수명을 사용할 수 있다). 그렇지만 JSX를 사용할 경우에는 이 규칙을 따라야 하므로 여기서부터 이 규칙을 적용할 것을 추천한다. (JSX에서 React는 일반 <h1> 같은 HTML 요소와 <HelloWorld/> 같은 사용자 정의 컴포넌트를 대소문자로 구분한다. 반면에, 자바스크립트만 사용하는 경우에는 'h1'이나 HelloWorld처럼 전달하는 변수에 따라 구분한다. 지금부터 사용자 정의 컴포넌트 이름을 지을 때 대문자 규칙을 따르는 것은 좋은 생각이다.) JSX에 대해서는 3장에서 살펴본다.

Note ≡ ES6+/ES2015+와 React

위에서 살펴본 컴포넌트 클래스 예제는 render() 메서드를 ES6 문법으로 정의한다. 콜론(:)과 function 키워드를 입력하지 않았다. 이것은 함수를 값으로 하는 속성(키 또는 객체 프로퍼티)을 선언하는 것과 동일하다. 즉, render: function()을 작성하는 것과 같다. ES6의 메서드 작성법을 사용하는 것은 내가 선호하기도 하고, 추천하고 싶은 방법이기도 하다. 왜냐하면 이 방법이 코드가 더 짧고, 짧게 작성할수록 실수할 가능성도 줄어들기 때문이다.

예전에는 React에 컴포넌트 클래스를 생성하기 위해 사용하는 React.createClass()라는 자체 메서드가 있었다. React.createClass()를 사용하는 것과 ES6 클래스를 사용해서 React.Component를 상속받는 것에는 약간 차이가 있다. 일반적으로 둘 중에 한 가지 방법을 택하는 것이 좋고, 둘을 동시에 사용하는 것은 추천하지 않는다. React 버전 15.5.4 이후부터 createClass() 메서드는 지원종료(deprecated) 되었다.

여전히 React.createClass()를 사용하는 팀도 있겠지만, 대체로 ES6 클래스를 사용하는 방법이 일반적인 표준이다. 이 책은 향후 흐름에 맞게 가장 많이 사용하는 도구와 방법을 소개하고자 하므로 ES6에 중점을 둘 것이다. 깃허브 저장소를 보면 폴더명에 –es5가 붙어있는데, 이 책을 준비하던 초창기에 ES5로 작성한 예제다.

2016년 8월 현재 대부분의 최신 브라우저가 별도의 도구를 사용하지 않고도 기본적으로 이 책에서 소개한 ES6 기능은 물론 ES6 명세 상의 대부분의 기능을 지원한다.[1] 따라서 이 책을 읽는 독자들도 ES6에 익숙하다고 가정하고 있다. React와 관련된 ES6+/ES2015+ 및 그 외의 주요 기능에 대한 자세한 정보가 필요하다면, 이 책의 부록 E를 참고하거나 ES6를 포괄적으로 다룬 악셀 라우슈마이어(Axel Rauschmayer)의 저서 《ES6 탐색하기(Exploring ES6)》도 추천한다. 인터넷에 무료로 공개되어 있기도 하다(http://exploringjs.com/es6).

ReactDOM.render()와 유사하게, 컴포넌트 클래스의 render() 메서드는 **엘리먼트 하나만 반환한다.**[2] 여러 개의 동일 계층 엘리먼트를 반환하려면, <div>나 <span> 요소처럼 스타일에 영향을 주지 않는 엘리먼트로 감싸야 한다. 브라우저에서 실행한 결과는 그림 2-6과 같다.

---

1 ECMAScript 6 호환성 표(https://kangax.github.io/compat-table/es6)

2 역주 React 버전 16부터는 문자열이나 숫자, 배열에 담은 여러 개의 React 엘리먼트(fragments)도 render() 메서드의 반환값으로 사용할 수 있도록 변경되었다.
- https://reactjs.org/blog/2017/09/26/react-v16.0.html#new-render-return-types-fragments-and-strings
- https://reactjs.org/docs/react-component.html#render

▼ 그림 2-6 HelloWorld 컴포넌트 클래스로 생성한 엘리먼트를 렌더링한 결과

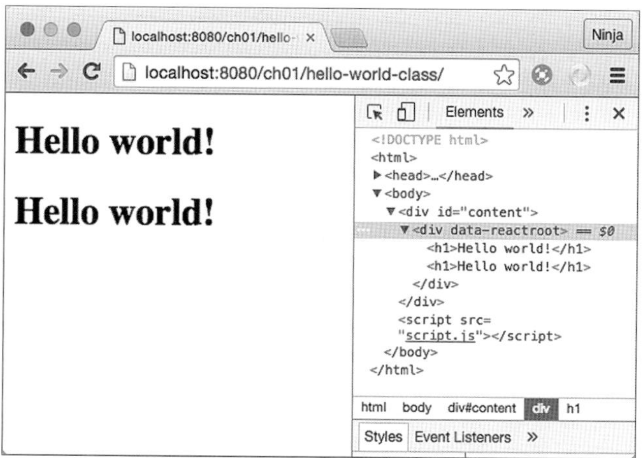

아마도 리팩토링으로 얻은 것이 많지 않다고 생각할 수도 있겠다. 그렇지만 만약 Hello World를 여러 번 노출해야 한다면 어떨까? `HelloWorld` 컴포넌트를 여러 번 재사용하고 `<div>` 컨테이너로 감싸면 이 문제를 해결할 수 있다.

```
...
ReactDOM.render(
  React.createElement(
    'div',
    null,
    React.createElement(HelloWorld),
    React.createElement(HelloWorld),
    React.createElement(HelloWorld)
  ),
  document.getElementById('content')
)
```

이것이 컴포넌트 재사용성의 힘이다! 개발 속도를 높여주고 버그도 줄일 수 있다. 컴포넌트가 제공하는 라이프사이클(lifecycle) 이벤트, 상태(state), DOM 이벤트 등 여러 가지 기능을 활용하면 독립적이면서도 애플리케이션의 다른 영역과 함께 잘 동작하는 컴포넌트를 만들 수 있다. 이에 대해서는 뒤에서 더 자세히 설명하겠다.

`HelloWorld` 엘리먼트가 모두 똑같은 것이 다소 아쉽다. 속성을 입력해서 내용이나 동작을 변경할 수 있다면 어떨까? 이제 속성을 만날 차례다.

2.3 React 속성 사용하기

React 컴포넌트의 **속성**(properties)[3]은 React 선언형 스타일의 기초라고 할 수 있다. 속성은 엘리먼트 내의 변경할 수 없는 값이라고 생각하자. 속성을 통해 React 엘리먼트가 다양한 모습을 가질 수 있다. 다음 예제 코드처럼 속성에 새로운 값을 전달해서 링크 URL을 변경할 수 있다.

```
React.createElement('a', {href: 'http://node.university'})
```

속성은 **컴포넌트 내부에서는 변경할 수 없는 값**이라는 점을 기억하자. 부모 컴포넌트는 자식의 생성 시점에 속성을 할당한다. 자식 엘리먼트에서는 속성을 수정하지 않아야 한다. (여기서 말하는 **자식** 엘리먼트는 다른 엘리먼트의 안에 중첩된 엘리먼트를 말한다. 앞서 살펴본 `<HelloWorld/>`의 `<h1/>` 같은 경우다.) 예를 들어 다음 예제 코드처럼 속성명(`PROPERTY_NAME`)에 값(`VALUE`)을 입력하는 방식으로 속성을 전달할 수 있다.

```
<TAG_NAME PROPERTY_NAME=VALUE/>
```

React의 속성은 HTML 속성을 작성하는 것과 비슷하다. React 속성을 작성하는 목적은 HTML 속성을 작성하는 것도 있지만, 다른 목적도 있다. 엘리먼트의 속성을 코드에서 원하는 대로 사용하는 것도 가능하다. 속성은 다음과 같은 용도로 쓸 수 있다.

- 일반적인 HTML 요소의 속성: `href`, `title`, `style`, `class` 등
- React 컴포넌트 클래스의 자바스크립트 코드에서 `this.props`의 값. 예를 들어 `this.props.PROPERTY_NAME`(`PROPERTY_NAME`을 임의의 값으로 정할 수 있음)

내부적으로 React는 속성 이름(`PROPERTY_NAME`)을 HTML 표준 속성과 대조한다. 대조한 결과에 따라, 첫 번째 경우로, 일치하는 HTML 속성이 있으면 해당 엘리먼트의 HTML 속성으로 사용한다. 입력한 속성의 이름이 `PROPERTY_NAME`이라면 컴포넌트 클래스 코드에서는 `this.props.PROPERTY_NAME`으로 접근할 수도 있다.

---

3 역주 properties를 줄여서 props라고 부르며, 공식 문서에서도 props로 표기하고 있다(https://reactjs.org/docs/components-and-props.html).

두 번째 경우로, 표준 HTML 속성명과 일치하지 않는다면 속성명이 표준 속성이 아닌 것이다. 이 때는 HTML에 렌더링하지 않는다.[4] 그렇지만 이 값은 this.props 객체에서 this.props.PROPERTY_NAME 같은 방식으로 접근할 수 있다. render() 메서드에서 입력하여 렌더링하거나 코드에서 활용할 수 있다. 이 방법을 이용하면 같은 클래스의 서로 다른 인스턴스에 각각 다른 데이터를 넘겨줄 수 있다. 이렇게 컴포넌트를 재사용할 수 있는데, 엘리먼트마다 다른 속성을 제공해서 서로 다르게 렌더링하도록 프로그래밍 방식으로 변경할 수 있기 때문이다.

Note ≡ Object.freeze()와 Object.isFrozen()

내부적으로 React는 ES5 표준인 Object.freeze()[5]를 사용하여 this.props 객체를 불변 객체로 만든다. 객체에 Object.freeze()가 적용되었는지 확인하려면 Object.isFrozen()[6] 메서드를 사용할 수 있다. 예를 들면 다음 문장을 실행했을 때 true를 확인할 수 있을지 생각해보자.

```
class HelloWorld extends React.Component {
  render() {
    console.log(Object.isFrozen(this.props))
    return React.createElement('div', null, h1, h1)
  }
}
```

이에 대해 더 자세히 알고 싶다면 React의 변경 사항[7]이나 React의 깃허브 저장소[8]를 살펴보는 것을 추천한다.

속성의 기능을 활용해서 속성 값에 따라 렌더링하는 엘리먼트를 아예 다른 모습으로 바꿀 수도 있다. 예를 들면 다음 예제처럼 this.props.heading이 true이면 "Hello"를 <h1>으로 렌더링하고, false이면 문단으로 렌더링할 수 있다.

```
render() {
  if (this.props.heading) return <h1>Hello</h1>
  else return <p>Hello</p>
}
```

4 역주 React 버전 16부터는 표준이 아닌 HTML 속성도 렌더링하도록 변경되었다. 잘못된 속성을 입력하는 경우에는 여전히 경고 문구를 노출하지만, 커스텀 속성을 입력하면 실제 DOM에 렌더링하지 않던 것을 렌더링하도록 변경하였다.
- https://reactjs.org/blog/2017/09/08/dom-attributes-in-react-16.html
- https://github.com/facebook/react/issues/140

5 Mozilla Developer Network, Object.freeze(), http://mng.bz/p6Nr.

6 Mozilla Developer Network, Object.isFrozen(), http://mng.bz/0P75.

7 GitHub, 2016-04-07-react-v15, http://mng.bz/j6c3.

8 GitHub, 'freeze'로 검색한 결과, http://mng.bz/2l0Z.

다시 정리하면 같은 컴포넌트에 다른 속성 값을 입력하면 컴포넌트가 렌더링한 엘리먼트의 모습을 다르게 할 수 있다는 것이다. 속성은 `render()` 메서드를 통해 렌더링할 수 있고, 컴포넌트 클래스의 코드에서 사용할 수 있으며, HTML 속성으로도 사용할 수 있다.

컴포넌트의 속성을 이해하기 위해서 `HelloWorld` 컴포넌트에 속성을 약간 변경해보자. 목표는 `HelloWorld` 컴포넌트를 재사용해서 각 인스턴스가 서로 다른 텍스트와 HTML 속성을 갖도록 하는 것이다. HelloWorld 제목인 `<h1>` 태그에 다음처럼 세 가지 속성을 추가할 것이다(그림 2-7 참조).

- `id`: HTML 표준 속성 `id`와 일치하고, React가 자동으로 렌더링한다.
- `frameworkName`: `<h1>`의 표준 속성이 아니지만, 제목 텍스트로 표시할 때 사용하는 값이다.
- `title`: HTML 표준 속성인 `title`과 일치하고, React가 자동으로 렌더링한다.

▼ 그림 2-7 HelloWorld 컴포넌트 클래스는 HTML 표준 속성인 id와 title을 렌더링하지만 frameworkName은 렌더링하지 않는다

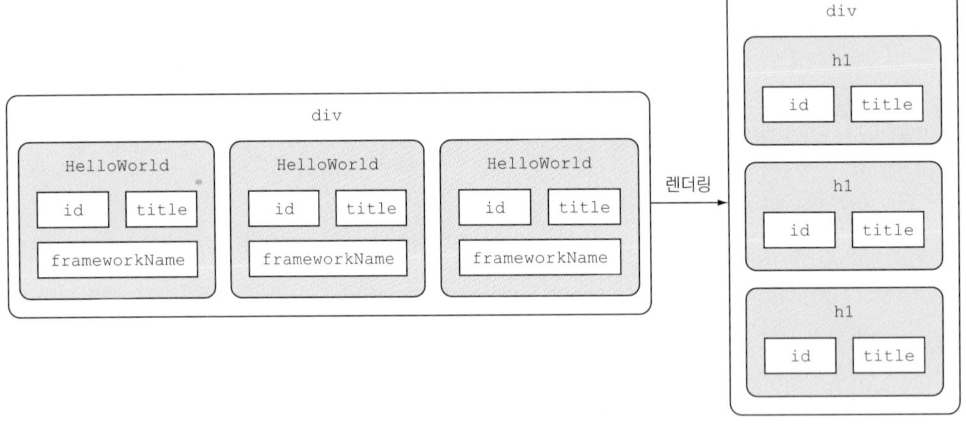

그림 2-7처럼 React는 속성명이 표준 HTML 속성과 일치하면 `<h1>` 요소의 속성으로 렌더링한다. `id`와 `title`은 `<h1>` 요소의 속성으로 렌더링하고 `frameworkName`은 렌더링하지 않는다. `frameworkName`이 표준 속성이 아니므로 경고 메시지도 확인할 수 있다.

그림 2-8에서 `<div>` 엘리먼트의 구현을 자세히 살펴보자. 분명히 `HelloWorld` 클래스의 자식 엘리먼트 세 개를 렌더링해야 하지만, 실제 `<h1>`의 텍스트와 속성은 각각 달라야 한다. 예를 들면 `id`, `frameworkName`, `title`을 전달하는데, 이 셋이 `HelloWorld` 클래스의 일부가 된다.

Note 앞서 주석으로 언급한 것처럼 React 버전 16부터는 표준이 아닌 HTML 속성도 렌더링하도록 변경되었다. 변경된 버전으로 예제 코드를 실행해보면 렌더링된 HTML에서는 속성명을 모두 소문자로 바꾼 `frameworkname`을 확인할 수 있다. 또한, 콘솔을 열어보면 DOM 요소에 표준이 아닌 속성을 적용하려면 소문자로만 작성하라는 안내와 함께, 부모 컴포넌트에 작성해야 하는 속성을 실수로 작성했다면 제거하라는 친절한 경고도 확인할 수 있다.

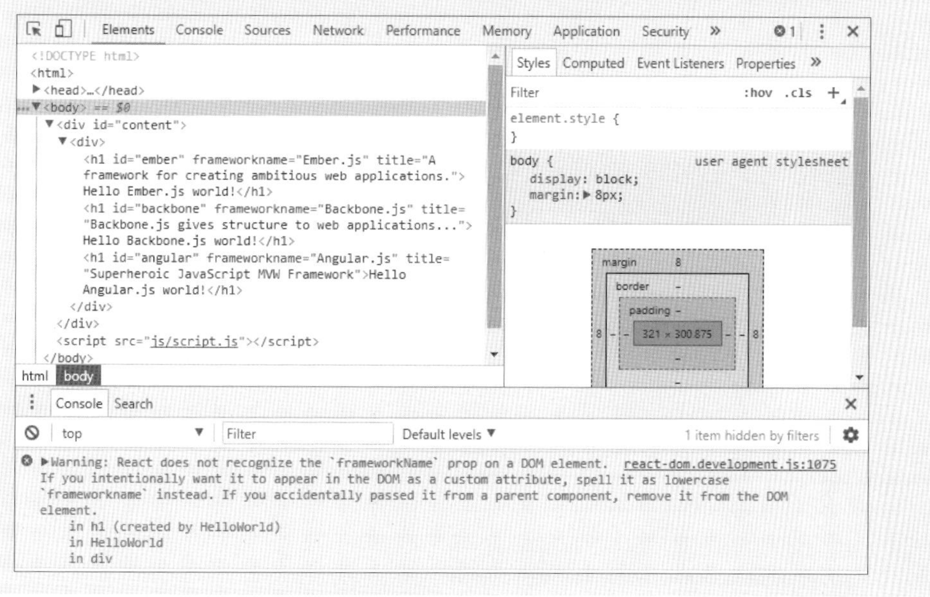

`<h1>`을 구현하기 전에 `HelloWorld` 클래스의 속성을 전달해야 한다. 어떻게 해야 할까? `<div>` 컨테이너 내부에 `HelloWorld` 엘리먼트를 생성하는 시점에 `createElement()`의 두 번째 인자로 객체 리터럴로 속성을 작성하여 넘겨준다.

```
ReactDOM.render(
  React.createElement(
    'div',
    null,
    React.createElement(HelloWorld, {
      id: 'ember',
      frameworkName: 'Ember.js',
      title: 'A framework for creating ambitious web applications.'}),
    React.createElement(HelloWorld, {
      id: 'backbone',
      frameworkName: 'Backbone.js',
      title: 'Backbone.js gives structure to web applications...'}),
    React.createElement(HelloWorld, {
      id: 'angular',
      frameworkName: 'Angular.js',
      title: 'Superheroic JavaScript MVW Framework'})
```

```
  ),
  document.getElementById('content')
)
```

▼ 그림 2-8 HelloWorld 클래스를 세 번 사용해서 속성과 innerHTML이 서로 다른 h1 요소 세 개를 만들었다.

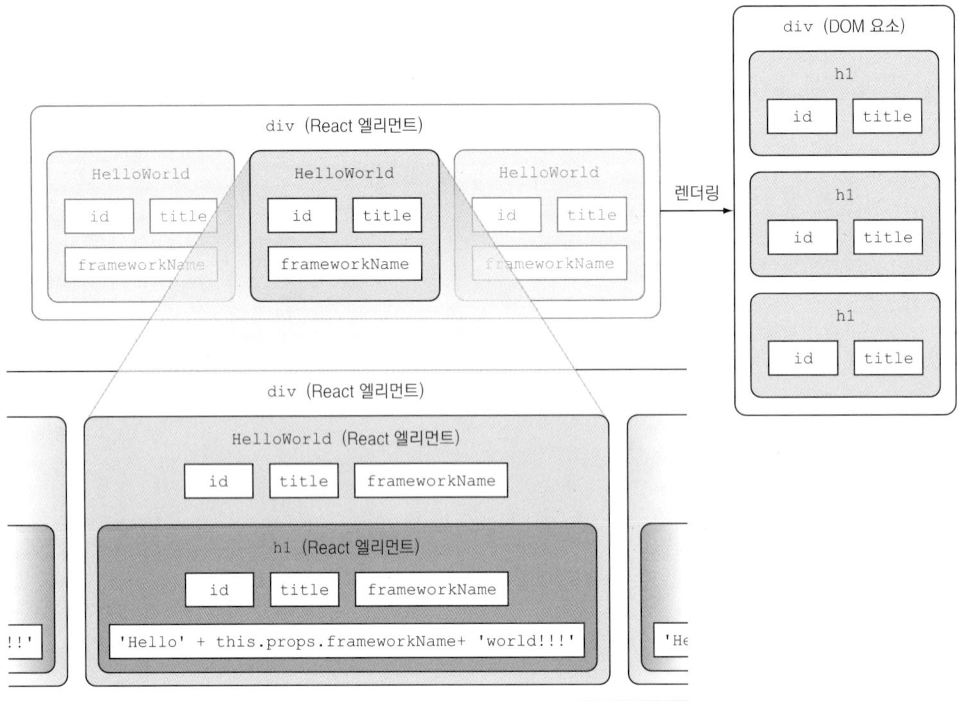

예제 코드 2.4에서 **HelloWorld** 컴포넌트의 구현을 살펴보자. 컴포넌트의 **render()** 메서드 내에서 **this.props** 객체에 접근하면 **createElement()**의 두 번째 매개변수로 전달한 객체에 접근할 수 있다. 예를 들면 **{id: 'ember'...}**와 같은 객체다. 그러므로 다음 예제 코드처럼 **frameworkName**으로 넘긴 값에 접근할 수 있다.

예제 코드 2.4 render() 메서드에서 frameworkName 속성 사용하기

```
class HelloWorld extends React.Component {
  render() {
    return React.createElement(
      'h1',
      null,
      'Hello ' + this.props.frameworkName + ' world!!!'
    )
  }
}
```

--------- 세 문자열 "Hello", "this.props.frameworkName", "world!!!"를 합친다.

this.props 객체의 키는 createElement()의 두 번째 매개변수로 전달한 객체의 키와 같다. this.props의 키로 id, frameworkName, title을 확인할 수 있다. React.createElement()의 두 번째 인자로 전달하는 키-값 쌍의 수는 제한이 없다.

덧붙여서, 이미 눈치챘겠지만 HelloWorld 컴포넌트의 모든 속성을 자식 엘리먼트인 <h1>에 넘겨주는 것도 가능하다. 컴포넌트에 어떤 속성이 전달되는지 확실하지 않을 때 매우 유용한 방법이다. 예를 들면 HelloWorld 컴포넌트로 인스턴스를 생성하는 개발자가 스타일 속성을 직접 입력할 수 있도록 해야 하는 경우가 있다. 따라서 <h1>에 렌더링할 HTML 속성에 제한을 두지 않는 것이다.

예제 코드 2.5 HelloWorld 컴포넌트의 모든 속성을 〈h1〉으로 전달하는 경우

```
class HelloWorld extends React.Component {
  render() {
    return React.createElement(
      'h1',
      this.props, --------- 모든 속성을 자식 엘리먼트에 전달한다.
      'Hello ' + this.props.frameworkName + ' world!!!'
    )
  }
}
```

예제 코드 2.6(ch02/hello-js-world/js/script.js)처럼 세 가지 HelloWorld 엘리먼트를 컨테이너 <div>에 렌더링한다. 렌더링된 결과는 그림 2-9에서 확인할 수 있다.

예제 코드 2.6 엘리먼트 생성 시 속성 전달

```
class HelloWorld extends React.Component {
  render() {
    return React.createElement(
      'h1',                HelloWorld 컴포넌트로 전달한 모든 속성을 createElement를
      this.props, --------- 호출할 때 〈h1〉 엘리먼트로 전달한다.
      'Hello ' + this.props.frameworkName + ' world!!!' --------- frameworkName 속성은
    )                                                             〈h1〉의 텍스트로 노출한다.
  }
}
ReactDOM.render(
  React.createElement(
    'div',
    null,
    React.createElement(HelloWorld, {
```

```
    id: 'ember',
    3((C05 - 3))
    frameworkName: 'Ember.js',
    title: 'A framework for creating ambitious web applications.'
  }),
  React.createElement(HelloWorld, {
    id: 'backbone',
    frameworkName: 'Backbone.js',
    title: 'Backbone.js gives structure to web applications...'
  }),
  React.createElement(HelloWorld, {
    id: 'angular',
    frameworkName: 'Angular.js',
    title: 'Superheroic JavaScript MVW Framework'
  })
 ),
 document.getElementById('content')
)
```

〈h1〉의 HTML 표준 속성에 해당하는 id와 title은 그대로 렌더링한다.

frameworkName은 〈h1〉의 HTML 표준 속성이 아니므로 별도의 처리를 하지 않는 경우에는 렌더링하지 않는다.

1장과 마찬가지로 로컬 환경에 개발 서버를 실행한 후 코드를 실행해보자. 그림 2-9는 서로 다른 `<h1>` 요소를 세 번 렌더링하기 위해 `HelloWorld` 컴포넌트 클래스를 재사용한 결과다. 각각 제목에 서로 다른 텍스트를 표시하도록 `this.props`를 사용했다. 또한, 서로 다른 `title`과 `id`를 속성으로 넘겨주어 렌더링하도록 했다. 대부분의 코드를 효과적으로 재사용했고, `HelloWorld` 컴포넌트 클래스를 성공적으로 사용했다고 할 수 있다!

▼ 그림 2-9 HelloWorld 컴포넌트를 재사용해서 서로 다른 〈h1〉 요소 세 개를 렌더링한 결과

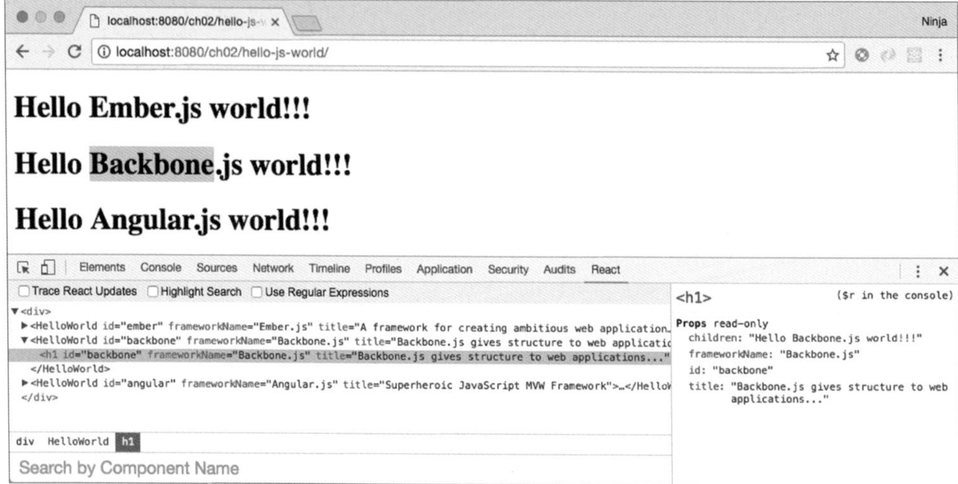

2장에서는 여러 가지 방식의 HelloWorld 앱을 다뤘다. 그렇다고는 해도 여전히 지루하고 뻔해 보이는 것이 사실이다. 시작은 미미하지만, 장차 더 어려운 주제를 다루기 위해 기초를 다지는 과정이라고 생각하자. 컴포넌트 클래스를 이용하면 훨씬 더 대단한 것도 만들어낼 수 있다.

다음 장에서 살펴볼 JSX를 사용하려면 React 코드를 일반적인 자바스크립트로 작성하는 방법도 꼭 알아둬야 한다. 결과적으로 브라우저가 실행하는 것은 일반적인 자바스크립트이므로 JSX를 자바스크립트로 변환하면 어떤 코드가 생성되는지 알고 있다면 가끔 도움이 될 수도 있다. 다음 장에서 JSX에 대해서 자세히 살펴보자.

2.4 퀴즈

1. 다음 중 React 컴포넌트 클래스를 만드는 올바른 방법은 무엇인가?

```
createComponent()
createElement()
class NAME extends React.Component
class NAME extends React.Class
```

2. 다음 중 React 컴포넌트 클래스를 구현할 때 필수 사항은 무엇인가?

```
function
return
name
render
class
```

3. 컴포넌트 속성 중 `url`이 있다면 다음 중 어떤 방법으로 접근하는 것이 올바른 방법인가?

```
this.properties.url
this.data.url
this.props.url
url
```

4. React의 속성은 해당 컴포넌트의 문맥에서 변경할 수 없는 값이다. (○/×)

5. React 컴포넌트 클래스를 사용하면 재사용 가능한 UI를 생성할 수 있다. (○/×)

2.5 요약

REACT

- React 엘리먼트를 중첩하여 자식 엘리먼트로 추가하려면 `createElement()`의 세 번째 인자로 계속해서 전달하면 된다.
- React 엘리먼트를 생성할 때 사용자 정의 컴포넌트 클래스를 사용한다.
- 속성을 사용하여 React 엘리먼트의 렌더링 결과를 바꾼다.
- 부모 컴포넌트는 자식 엘리먼트에 속성을 전달할 수도 있다.
- React 컴포넌트를 통해 컴포넌트 기반 아키텍처를 구현할 수 있다.

2.6 퀴즈 정답

REACT

1. `class NAME extends React.Component`를 사용한다. 다른 보기의 경우는 선언되지 않았으므로 ReferenceError가 발생하고 실패한다.
2. React 컴포넌트 클래스에서는 `render()` 메서드만 필수사항이다. 그 외의 보기로 제시된 내용은 선택적으로 적용할 수 있다.
3. `this.props.url`로 접근한다. 속성은 `this.props` 객체를 통해서 접근할 수 있다.
4. ○ / 속성을 변경하는 것은 불가능하다.
5. ○ / 재사용 가능한 UI를 만들기 위해서 컴포넌트를 사용한다.

3장

JSX

3장의 주요 내용을 동영상으로 볼 수 있습니다.
QR 코드를 스캔하거나 http://reactquickly.co/videos/ch03 으로 접속하세요.

이 장에서 살펴볼 주제

- JSX의 이해와 이점
- Babel을 이용한 JSX 변환 설정
- React와 JSX의 까다로운 부분

JSX의 세계에 온 것을 환영한다! 나는 JSX가 React의 매우 훌륭한 기능 중 하나라고 생각한다. 그렇지만 동시에, 내가 대화를 나눴던 몇몇 개발자 입장에서는 논쟁거리이기도 했다. (그들이 React를 이용한 큰 애플리케이션을 다뤄본 적이 없다는 것은 놀라운 일도 아니다.)

지금까지 우리는 React 엘리먼트와 컴포넌트를 생성해서 사용자 정의 엘리먼트를 이용하고 더 나은 UI 구성 방법도 살펴봤다. HTML을 다루는 대신 자바스크립트를 사용해서 React 엘리먼트를 생성했다. 그렇지만 한 가지 문제가 있다. 다음 코드를 살펴보고, 무슨 일이 벌어지고 있는지 이야기해보자.

```
render() {
  return React.createElement(
    'div',
    { style: this.styles },
    React.createElement(
      'p',
      null,
      React.createElement(
        reactRouter.Link,
        { to: this.props.returnTo },
        'Back'
      )
    ),
    this.props.children
  );
}
```

이 코드를 보고 여기에 중첩된 엘리먼트가 세 개 있으며, React Router의 컴포넌트를 사용하고 있다는 사실을 이야기할 수 있을까? 평범한 HTML과 비교했을 때 가독성이 좋은가? 코드가 잘 이해된다고 생각하는가? React 팀도 `React.createElement()`를 계속해서 읽거나 작성하는 것이 즐겁지 않다는 점에 동의한다. JSX는 이런 문제를 해결한다.

> **Note ☰** 이 장의 예제 코드는 https://github.com/gilbutITbook/006961 또는 https://github.com/azat-co/react-quickly/tree/master/ch03에서 확인할 수 있다(깃허브 저장소 https://github.com/azat-co/react-quickly의 ch03 폴더다).

3.1 JSX의 정의와 장점

JSX는 함수 호출과 객체 생성을 위한 문법적 편의를 제공하는 자바스크립트의 확장으로, 특히 `React.createElement()` 호출을 반복해야 하는 불편을 해소한다. 템플릿 엔진이나 HTML처럼 보일 수도 있지만 그렇지 않다. JSX는 React 엘리먼트를 생성하면서 자바스크립트의 모든 기능을 쓸 수 있도록 도와준다.

JSX는 React 컴포넌트를 생성하는 좋은 방법이다. JSX의 장점을 정리해보면 다음과 같다.

- **개발자 경험**(developer experience, DX) **개선**: 표현력이 뛰어나 코드를 읽기 쉽다. XML과 문법이 유사하여 중첩된 선언형 구조를 더 잘 나타낸다.
- **팀의 생산성 향상**: 전문 개발자 외에도 개발 지식이 있는 팀원이 있다면 직접 코드를 수정할 수도 있다. JSX는 HTML과 비슷하여 이들에게도 친숙하기 때문이다.
- **문법 오류와 코드량 감소**: 작성해야 할 코드가 줄어들며, 이는 곧 실수나 반복으로 인한 스트레스를 줄여준다.

JSX가 React에 필수적이지는 않지만 React에 잘 어울리고, 나의 의견도 그렇지만 React를 만드는 제작자들도 사용을 매우 권장하고 있다. 공식 웹사이트의 "JSX 소개" 페이지[1]를 보면 "우리는 JSX의 사용을 권장합니다"라고 쓰여 있다.

JSX의 뛰어난 표현력을 직접 확인해보기 위해서 다음 `HelloWorld`와 링크 엘리먼트 예제를 살펴보자.

```
<div>
  <HelloWorld/>
  <br/>
  <a href="http://webapplog.com">Great JS Resources</a>
</div>
```

JSX로 작성한 이 코드를 자바스크립트로 작성하면 다음과 같다.

1 https://reactjs.org/docs/introducing-jsx.html

```
React.createElement(
  "div",
  null,
  React.createElement(HelloWorld, null),
  React.createElement("br", null),
  React.createElement(
    "a",
    { href: "http://webapplog.com" },
    "Great JS Resources"
  )
)
```

JSX로 작성한 예제를 Babel 버전 6을 사용해서 자바스크립트로 변환하면 다음과 같다(Babel에 대해서는 이후에 더 설명한다).

```
"use strict";

React.createElement(
  "div",
  null,
  " ",
  React.createElement(HelloWorld, null),
  " ",
  React.createElement("br", null),
  " ",
  React.createElement(
    "a",
    { href: "http://webapplog.com" },
    "Great JS Resources"
  ),
  " "
);
```

JSX는 본질적으로 XML과 문법이 비슷한 간단한 언어다. 그렇지만 JSX는 사람들이 UI 컴포넌트를 작성하는 방법을 바꿔놓았다. 예전에는 개발자들이 HTML을 작성하고 MVC처럼 컨트롤러와 뷰에 해당하는 자바스크립트 코드를 작성하면서 여러 파일들을 열어 놓고 오락가락하곤 했다. 그 시절에는 UI 개발에 대한 관심사 분리가 여러 개의 파일을 작성하는 방식으로 이뤄졌다. 정적인 HTML, 약간의 CSS, 자바스크립트 몇 줄로 만든 반짝이는 글자로 구성된 웹 서비스를 훌륭하게 제공했다.

이제 이런 방식은 찾아보기 어렵다. 요즘 우리가 개발하는 UI는 상호작용이 많고, 자바스크립트와 HTML이 강하게 결합되어 여러 기능을 개발한다. React는 UI와 자바스크립트 로직에 대한 설명을 한 곳으로 모아, 기존의 어긋난 관심사 분리를 고쳐 놓았다. JSX를 사용하면 코드가 HTML처럼 보이므로 읽고 쓰기가 간편하다. 특별한 이유가 없다면 나는 당연히 React와 JSX를 이용한 새로운 방식으로 UI를 개발할 것이다.

JSX는 여러 가지 도구를 사용해서 표준 ECMAScript로 컴파일할 수 있다(그림 3-1 참조). 자바스크립트가 ECMAScript라는 것을 이미 알고 있을 것이다. 그러나 JSX는 ECMAScript 명세의 일부가 아니므로 기존에 정의된 의미 체계가 없다.

▼ 그림 3-1 JSX를 자바스크립트로 변환하여 사용한다.

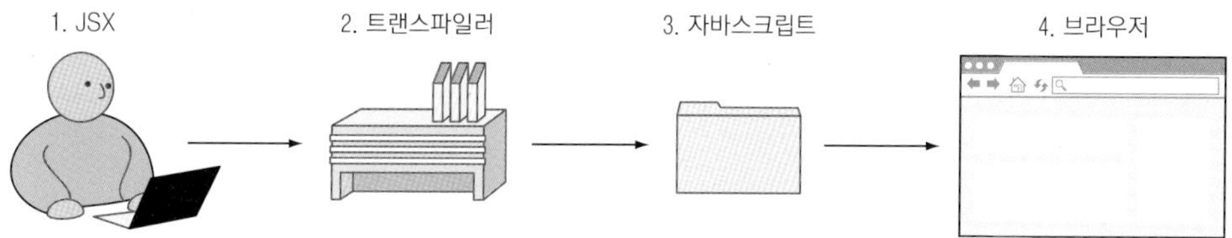

Note ≡ https://en.wikipedia.org/wiki/Source-to-source_compiler를 살펴보면 **소스 간 컴파일러**(source-to-source compiler)는 **트랜스컴파일러**(transcompiler) 또는 **트랜스파일러**(transpiler)라고도 하며, 한 가지 프로그래밍 언어로 작성된 프로그램의 소스 코드를 가지고 다른 프로그래밍 언어로 된 동일한 소스 코드를 생성하는 컴파일러를 말한다.

아마도 "내가 왜 JSX 때문에 골치가 아파야 하나?"라고 궁금해할지도 모르겠다. 훌륭한 질문이다. 처음 JSX를 접하면 직관적으로 받아들이기 힘든 모습이므로 많은 개발자가 이 대단한 기술을 포기하는 것은 놀라운 일이 아니다. 예를 들어 JSX는 자바스크립트 코드 사이에 화살괄호가 있어 처음에는 이상하게 보인다.

```
ReactDOM.render(<h1>Hello</h1>, document.getElementById('content'))
```

이는 JSX의 장점 중 하나로, `React.createElement(NAME, ...)`로 함수 호출을 반복해서 작성하는 대신 `<NAME/>`으로 작성해서 입력할 내용을 줄일 수 있다. 앞에서도 언급했지만 적게 작성할수록 실수도 줄어든다. JSX는 사용자 경험만큼이나 개발자 경험을 중요하게 여긴다.

JSX를 사용해야 하는 주된 이유는 대부분의 사람들이 `React.createElement()`가 많은 코드보다 화살괄호(<>)가 있는 코드를 더 편하게 읽기 때문이다. `<NAME/>`을 XML이 아니라 같은 내용의 자바스크립트 코드라고 생각하는 습관을 들이면, JSX 문법이 주는 이상한 느낌을 극복할 수 있을 것이다. JSX를 알고 사용하게 되면, React 컴포넌트를 시작으로 React 기반의 애플리케이션을 개발하는 과정에 있어 큰 이득을 얻을 수 있을 것이다.

> **Note ☰ JSX 외에 코드를 줄일 수 있는 방법**
>
> 사실 JSX 외에도 React.createElement() 호출 대신 사용할 수 있는 방법이 있다. 그중 하나는 React.DOM.*를 사용하는 것이다. 예를 들어 React.createElement()로 <h1> 엘리먼트를 생성한다면 다음과 같다.
>
> ```
> React.createElement('h1', null, 'Hey')
> ```
>
> 다음 코드는 위의 코드와 결과가 같으나 작성하는 시간을 줄일 수 있다.
>
> ```
> React.DOM.h1(null, 'Hey')
> ```
>
> React.DOM 객체에는 표준 HTML 요소에 대한 엘리먼트가 준비되어 있다. 다음처럼 객체에 어떤 요소가 있는지 확인해볼 수도 있다.
>
> ```
> console.log(React.DOM)
> ```
>
> React.DOM을 개발자 도구의 콘솔에 직접 입력해도 된다(참고로 React.DOM과 ReactDOM은 전혀 다른 객체이므로 혼동하거나 바꾸어 사용하지 않기를 바란다).
>
> 공식 문서에서 추천하는 다른 방법은 JSX를 사용할 수 없는 경우에 짧은 변수를 사용하는 것이다(빌드 과정을 거칠 수 없는 경우를 예로 들 수 있다). 다음 예제처럼 변수 E를 생성할 수 있다.
>
> ```
> const E = React.createElement
> E('h1', null, 'Hey')
> ```

앞에서도 이야기했지만, JSX를 사용하려면 브라우저에서 실행하기 전에 컴파일 또는 트랜스파일(transpile) 과정을 거쳐 일반적인 자바스크립트로 변환해야 한다. 여러 가지 변환 방법과 그중 권장하는 방법에 대해서는 3.3절에서 살펴보겠다.

3.2 JSX의 이해

JSX 사용법을 본격적으로 살펴보자. 이 절의 내용을 읽고 참고하기 위해 책갈피를 꽂아 놓아도 좋겠다. 컴퓨터에서 예제 코드를 살펴보는 것이 더 편하다면 다음과 같은 방법도 있다.

- 각자의 컴퓨터에 3.3절의 설명을 참고하여 Babel을 설치해서 JSX 변환을 할 수 있게 한다.
- 브라우저에서 JSX를 자바스크립트로 변환할 수 있는 Babel REPL(https://babeljs.io/repl) 서비스를 이용한다.

선택은 각자의 몫이다. 개인적으로는 먼저 JSX의 주요 개념을 살펴보고, 컴퓨터에 Babel을 실행할 수 있는 개발 환경을 갖추는 것을 추천한다.

3.2.1 JSX로 React 엘리먼트 생성하기

JSX로 React 엘리먼트 객체를 생성하는 것은 간단하다. 예를 들어 다음 예제 코드처럼 자바스크립트를 작성하는 대신 JSX를 작성할 수 있다. 다음 중 `name`은 'h1'처럼 HTML 태그명을 담은 문자열이거나 `HelloWorld` 같은 컴포넌트 객체다.

```
React.createElement(
  name,
  {key1: value1, key2: value2, ...},
  child1, child2, child3, ..., childN
)
```

이것을 JSX로 옮기면 다음과 같다.

```
<name key1=value1 key2=value2 ...>
  <child1/>
  <child2/>
  <child3/>
  ...
  <childN/>
</name>
```

JSX 코드에서 key1=value1 같은 속성과 값의 쌍은 createElement()에 전달하는 두 번째 인자와 동일하다. JSX에서 속성을 다루는 방법은 3장 뒷부분에서 좀 더 살펴볼 것이다. 일단은 속성이 없는 경우를 먼저 살펴보기로 한다. 다음은 우리의 오랜 친구인 Hello World를 자바스크립트로 작성한 예제다(ch03/helloworld/index.html).

예제 코드 3.1 자바스크립트로 작성한 Hello World

```
ReactDOM.render(
  React.createElement('h1', null, 'Hello world!'),
  document.getElementById('content')
)
```

JSX로 작성한 쪽이 훨씬 더 간단하다(ch03/hello-world-jsx/js/script.jsx).

예제 코드 3.2 JSX로 작성한 Hello World

```
ReactDOM.render(
  <h1>Hello world!</h1>,
  document.getElementById('content')
)
```

JSX 문법으로 작성한 객체도 변수에 저장할 수 있다. JSX는 React.createElement()를 문법적으로 개선한 것일 뿐이기 때문이다. 다음 코드에서는 React 엘리먼트 객체를 변수에 담는다.

```
let helloWorldReactElement = <h1>Hello world!</h1>
ReactDOM.render(
  helloWorldReactElement,
  document.getElementById('content')
)
```

3.2.2 React 컴포넌트에 JSX 사용하기

이전 예제에서 다룬 <h1> JSX 태그는 표준 HTML 태그 이름이기도 하다. 컴포넌트를 다룰 때도 같은 문법을 사용한다. 다른 점은 컴포넌트 클래스의 이름이 <HelloWorld/>의 경우처럼 반드시 대문자로 시작한다는 점뿐이다.

다음 예제 코드 3.3은 JSX로 다시 작성한 좀 더 개선된 Hello World다. 여기서는 새롭게 생성한 컴포넌트로부터 엘리먼트를 생성하기 위해서 JSX를 사용했다.

예제 코드 3.3 JSX를 이용해서 생성한 HelloWorld 클래스

```
class HelloWorld extends React.Component {
  render() {
    return (
      <div>
        <h1>1. Hello world!</h1>
        <h1>2. Hello world!</h1>
      </div>
    )
  }
}
ReactDOM.render(
  <HelloWorld/>,
  document.getElementById('content')
)
```

자바스크립트로만 작성한 다음 코드에 비해 예제 코드 3.3이 읽기 편한 것이 느껴지는가?

```
class HelloWorld extends React.Component {
  render() {
    return React.createElement('div',
      null,
      React.createElement('h1', null, '1. Hello world!'),
      React.createElement('h1', null, '2. Hello world!'))
  }
}
ReactDOM.render(
  React.createElement(HelloWorld, null),
  document.getElementById('content')
)
```

> **Note** 앞에서도 이야기했지만, 경험이 있는 자바스크립트 개발자 입장에서는 자바스크립트 코드에서 화살괄호를 보는 것이 이상할 것이다. 나도 처음 보고는 머리가 확 돌아버릴 것만 같았다. 오랜 기간 동안 자바스크립트 문법 오류를 찾아내기 위해 스스로 수련해왔기 때문이다! 화살괄호는 JSX에 관한 대표적인 논쟁거리이고, 내가 듣기로도 JSX를 거부하는 주요 이유 중 하나이기도 하다. 이런 이유로 이 책의 앞부분에서 일찍 JSX를 다뤄서 가능한 한 더 많이 JSX를 경험할 수 있도록 했다.

예제 코드 3.3에서 `return` 문에 소괄호를 사용한 것을 확인할 수 있다. `return` 문의 같은 행에 이후로 아무것도 적지 않는 경우에는 반드시 괄호를 넣어야 한다. 예를 들어 최상위 엘리먼트인 `<div>`를 새로운 행에 작성한다면 이를 감싸는 괄호를 사용해야 한다. 그렇지 않으면 자바스크립트는 `return`을 마치고 아무 값도 반환하지 않을 것이다. 다음 예제 코드를 참고하자.

```
render() {
  return (
    <div>
    </div>
  )
}
```

괄호를 작성하는 대신, 최상위 엘리먼트를 작성할 때 `return` 문과 같은 줄에서 시작해서 괄호를 생략할 수도 있다. 예를 들어 다음 예제 코드도 유효하다.

```
render() {
  return <div>
  </div>
}
```

두 번째로 소개한 방법의 단점은 여는 `<div>` 태그가 눈에 잘 띄지 않는다는 점이다. 코드에서 놓칠 가능성이 있다.[2] 선택은 각자의 몫이다. 이 책에서는 두 가지 방식을 모두 소개하여 좀 더 깊이 있는 시각을 전달하고자 했다.

3.2.3 JSX에서 변수 출력하기

컴포넌트를 작성할 때, 약간의 코드를 통해 자체적으로 뷰를 변경할 수 있는 영리한 컴포넌트를 만들고 싶을 수 있다. 예를 들어 현재 날짜/시간 컴포넌트에 하드 코딩된 값이 아닌 현재 날짜와 시간을 사용한다면 매우 유용할 것이다.

JSX 없이 React를 사용할 때는 +를 이용해서 연결하거나, 만약 ES6+/ES2015+를 사용한다면 백틱(`)과 `${varName}`로 표시한 문자열 템플릿을 사용할 수 있다. 여기서 `varName`은 변수 이름이다. 명세에서는 이 기능의 공식적인 이름을 **템플릿 리터럴**(template literal)이라고 한다.[3] 예를 들어 일반적인 자바스크립트만으로 작성한 `DateTimeNow` 컴포넌트에서 속성을 텍스트로 사용하려면 다음과 같은 코드를 작성해야 한다.

---

2 자바스크립트의 이런 동작 방식에 대해서는 다음 문서를 통해 더 살펴볼 수 있다.
- James Nelson, 2016년 8월 11일, "왜 자바스크립트의 return 문에 괄호를 사용하는가?(Why Use Parenthesis [sic] on JavaScript Return Statements?)", http://jamesknelson.com/javascript-return-parenthesis.
- "자동 세미콜론 삽입(Automated Semicolon Insertion)", Annotated ECMAScript 5.1, http://es5.github.io/#x7.9.

3 "템플릿 리터럴(Template Literals)", ECMAScript 2015 언어 명세, 2015년 6월, http://mng.bz/i8Bw.

```
class DateTimeNow extends React.Component {
  render() {
    let dateTimeNow = new Date().toLocaleString()
    return React.createElement(
      'span',
      null,
      `Current date and time is ${dateTimeNow}.`
    )
  }
}
```

이와 다르게 JSX에서는 중괄호({}) 표기법을 사용하여 변수를 동적으로 출력할 수 있으므로 코드가 늘어나는 것을 상당히 줄일 수 있다.

```
class DateTimeNow extends React.Component {
  render() {
    let dateTimeNow = new Date().toLocaleString()
    return <span>Current date and time is {dateTimeNow}.</span>
  }
}
```

지역변수뿐만 아니라 속성도 출력할 수 있다.

```
<span>Hello {this.props.userName}, your current date and time is {dateTimeNow}.</span>
```

그뿐만 아니라 자바스크립트 표현식이나 그 외 어떤 자바스크립트 코드라도 중괄호 안에서 실행시킬 수 있다. 예를 들어 다음 예제 코드처럼 날짜 형식을 적용할 수도 있다.

```
<p>Current time in your locale is {new Date(Date.now()).toLocaleTimeString()}</p>
```

이제 JSX가 변수에 담는 동적 데이터를 사용해서 HelloWorld 클래스를 JSX로 다시 작성할 수 있다(ch03/hello-world-class-jsx).

예제 코드 3.4 JSX에서 변수 출력하기

```
let helloWorldReactElement = <h1>Hello world!</h1>
class HelloWorld extends React.Component {
  render() {
    return <div>
      {helloWorldReactElement}
      {helloWorldReactElement}
    </div>
```

```
  }
}
ReactDOM.render(
  <HelloWorld/>,
  document.getElementById('content')
)
```

이어서 JSX에서 속성을 사용하는 방법에 대해 논의해보자.

3.2.4 JSX에서 속성 사용하기

앞서 JSX를 소개하면서 이 주제에 대해 잠시 살펴보았다. 엘리먼트 속성을 정의할 때는 속성 문법을 사용한다. 즉, JSX 태그 안에 `key1=value1 key2=value2...` 같은 표기법을 사용하여 HTML 속성과 React 컴포넌트 속성을 정의한다. 이것은 HTML/XML의 속성 문법과 유사하다.

다시 말해 JSX에서 속성을 전달하는 방법은 일반 HTML을 작성하는 방법과 같다. 또한, 엘리먼트 속성을 입력해서 표준 HTML 속성을 렌더링한다. 이 부분은 2.3절에서도 살펴보았다. 예를 들어 다음 예제 코드는 앵커 요소 `<a>`에 표준 HTML 속성 `href`를 입력하는 경우다.

```
ReactDOM.render((
  <div>
    <a href="http://reactquickly.co">Time for React?</a> --------- 표준 HTML 속성인 href를 렌더링한다.
    <DateTimeNow userName='Azat'/> --------- userName 속성의 값을 설정한다.
  </div>
  ),
  document.getElementById('content')
)
```

속성에 하드 코딩한 값을 사용하는 것은 유연하지 않다. 링크 컴포넌트를 재사용하려면 `href`가 매번 다른 주소를 반영하도록 변경해야 한다. 이를 하드 코딩한 값이 아닌 **동적으로 설정한** 값이라고 부른다. 다음으로, 속성에 동적으로 생성한 값을 사용할 수 있는 컴포넌트에 대해 살펴보자. 이 값은 컴포넌트 속성(`this.props`)에서 가져올 수 있다. 이후로는 어려울 것이 없다. 화살괄호(<>) 안에 중괄호({})를 작성하여 속성에 동적으로 생성한 값을 엘리먼트에 전달하면 된다.

예를 들어 사용자 계정에 연결할 때 사용할 컴포넌트를 만든다고 가정하자. `href`와 `title`은 사용자에 따라 달라져야 하므로 하드 코딩할 수 없다. 동적 컴포넌트인 `ProfileLink`는 `<a>` 태그에

href와 title을 렌더링하기 위해 각각 url과 label을 속성으로 사용한다. ProfileLink에 중괄호를 사용하여 <a>에 속성을 전달한다.

```
class ProfileLink extends React.Component {
  render() {
    return <a href={this.props.url}
        title={this.props.label}
        target="_blank">Profile
    </a>
  }
}
```

속성 값은 어디서 전달한 것일까? 속성 값은 ProfileLink 생성 시에 정의된다. 즉, ProfileLink를 생성하는 부모 컴포넌트에서 이 값을 정의하는 것이다. 예를 들면 이 방법으로 ProfileLink 인스턴스 생성 시에 url과 label 값이 전달되어, 그 결과 <a> 태그에 해당 값을 렌더링한다.

```
<ProfileLink url='/users/azat' label='Profile for Azat'/>
```

이전 장에서 살펴본 것처럼 React가 표준 HTML 요소(<h>, <p>, <div>, <a> 등)를 렌더링할 때, HTML 명세에 존재하는 속성만 렌더링하고, 표준 속성이 아닌 이외의 속성은 제외한다는 점을 기억하고 있을 것이다. 이것은 JSX의 특성이 아니라 React의 동작 방식이다.

그러나 때로는 사용자 지정 데이터를 속성으로 추가해야 할 수도 있다. 목록 데이터가 있다고 가정해보자. 데이터 중에 앱에는 필수적이지만 사용자에게는 필요하지 않은 것도 있다. 이런 정보를 DOM 요소에 속성으로 넣는 것은 흔히 사용하는 방식이다. 다음 예제 코드는 react-is-awesome과 id 속성을 사용하고 있다.

```
<li react-is-awesome="true" id="320">React is awesome!</li>
```

DOM의 HTML 비표준 속성에 데이터를 저장하는 것은 일반적으로 안티패턴으로 여겨진다. DOM을 데이터베이스나 프론트엔드 데이터 저장소로 사용하는 것이 적절하지 않기 때문이다. DOM에서 데이터를 가져오는 것은 메모리 상의 가상 저장소에서 데이터를 가져오는 것보다 느리다.

JSX를 사용할 때 데이터를 반드시 HTML 요소의 속성으로 저장해야 하는 경우에는 data-* 속성을 사용한다. 예를 들어 속성에서 <li> 요소에 this.reactIsAwesome 값을 렌더링하려면 다음과 같이 작성할 수 있다.

```
<li data-react-is-awesome={this.reactIsAwesome}>React is awesome!</li>
```

this.reactIsAwesome의 값이 true라면 HTML 렌더링 결과는 다음과 같다.

```
<li data-react-is-awesome="true">React is awesome!</li>
```

그렇지만 앞서 2.3절에서 다룬 것처럼 표준 HTML 요소에 비표준 HTML 속성을 전달하면 해당 HTML 속성이 렌더링되지 않는다. 예를 들어 다음 두 코드를 살펴보자.

```
<li react-is-awesome={this.reactIsAwesome}>React is orange</li>
```

```
<li reactIsAwesome={this.reactIsAwesome}>React is orange</li>
```

두 경우 모두 결과는 다음과 같다.[4]

```
<li>React is orange</li>
```

확실히, 사용자 지정 컴포넌트 클래스에는 내장 렌더러가 없고, 표준 HTML 요소나 다른 사용자 지정 엘리먼트에 의존하므로 데이터를 다루기 위해 data-* 속성을 사용할 필요는 없다. this.props를 통해서 입력한 모든 속성에 접근할 수 있기 때문이다.

2.3절에서 살펴본 자바스크립트 HelloWorld 컴포넌트를 다시 한 번 살펴보자.

```
class HelloWorld extends React.Component {
  render() {
    return React.createElement(
      'h1',
      this.props,
      'Hello ' + this.props.frameworkName + ' world!!!'
    )
  }
}
```

HelloWorld 컴포넌트는 어떤 속성이든 <h1>으로 전달한다. JSX에서는 이것을 어떻게 구현할 수 있을까? 각 속성을 개별적으로 전달하면 코드가 더 많아진다. 또한, 속성을 변경해야 하는 경우에도 개선해야 할 코드가 밀접하게 결합된다. 각 속성을 수동으로 전달해야 하는 경우를 상상해보자. 두 단계 또는 세 단계의 컴포넌트를 거쳐 일일이 전달해야 한다면 어떨까? 그렇게 하는 것은 안티패턴이다. 다음과 같은 방법은 추천하지 않는다.

---

4 역주 2장에서 주석으로 소개한 것처럼 React 버전 16부터는 비표준 속성의 사용을 허용한다. 그렇지만 이 경우에는 본문의 설명처럼 해당 비표준 속성이 렌더링되지 않는 것을 확인할 수 있다. 이것은 DOM 요소의 속성 값으로 불 값을 사용하는 경우, 이전 버전에서는 문자열 'true' 또는 'false'로 나타냈으나, 버전 16부터는 무시하도록 변경되었으므로 비표준 속성의 사용과는 무관하다. 다만 data-* 또는 aria-* 속성에 불 값을 사용하는 경우에는 기존과 동일하게 문자열로 렌더링한다.

```
class HelloWorld extends React.Component {
  render() {
    return <h1 title={this.props.title} id={this.props.id}>
      Hello {this.props.frameworkName} world!!!
    </h1>
  }
}
```

모든 속성을 전달해야 한다면, 개별 속성을 따로 전달하지 말자. JSX에서는 이에 대한 해결책으로 생략 부호(...)처럼 생긴 펼침 연산자를 사용할 수 있다. 다음 예제 코드 3.5에서 살펴보자(ch03/jsx/hello-js-world-jsx).

예제 코드 3.5 속성 다루기

```
class HelloWorld extends React.Component {
  render() {
    return <h1 {...this.props}>Hello {this.props.frameworkName} world!!!</h1>
  }
}

ReactDOM.render(
  <div>
    <HelloWorld
      id='ember'
      frameworkName='Ember.js'
      title='A framework for creating ambitious web applications.'/>,
    <HelloWorld
      id='backbone'
      frameworkName='Backbone.js'
      title='Backbone.js gives structure to web applications...'/>
    <HelloWorld
      id='angular'
      frameworkName='Angular.js'
      title='Superheroic JavaScript MVW Framework'/>
  </div>,
  document.getElementById('content')
)
```

`{...this.props}`를 이용하면 모든 속성을 자식 엘리먼트로 전달할 수 있다. 이 외의 코드는 2.3절에서 살펴본 코드를 JSX로 옮긴 것이다.

Note ES6+/ES2015+의 생략 부호: 나머지, 펼침, 해체할당 연산자

ES6+에도 생략 부호처럼 생긴 연산자들이 있는데, **해체할당**, **펼침**, **나머지** 연산자라고 한다. 이것은 JSX가 생략 부호를 쓰는 이유이기도 하다.

자바스크립트에서 인자의 수를 제한하지 않고 사용하는 함수를 사용하거나 작성한 적이 있다면 arguments 객체에 대해서 알고 있을 것이다. 이 객체는 함수에 전달된 모든 매개변수를 포함한다. 한 가지 문제는 이 arguments 객체가 실제로 배열이 아니라는 점이다. sort()나 map() 같은 함수를 명시적으로 사용하려면 배열로 변환해야 한다. 예를 들어 아래 request 함수는 call()을 이용해서 arguments 객체를 배열로 변환한다.

```
function request(url, options, callback) {
  var args = Array.prototype.slice.call(arguments, request.length)
  var url = args[0]
  var callback = args[2]
  // ...
}
```

무수히 많은 인자에 접근해야 할 경우 인자를 배열처럼 다룰 수 있는 ES6 기능이 있을까? 있다! 생략 부호(...)로 사용하는 나머지 연산자를 사용할 수 있다. 예를 들어 다음 코드는 나머지 연산자를 사용한 ES6 함수다. callbacks는 arguments 객체처럼 유사배열이 되는 것이 아니라 나머지 매개변수를 실제 배열에 담는다.[5]

```
function (url, options, ...callbacks) {
  var callback1 = callbacks[0]
  var callback2 = callbacks[1]
  // ...
}
```

여기서 나머지 매개변수는 해체할당될 수도 있는데, 다음과 같이 별개의 변수로 분리하여 추출하는 것을 의미한다.

```
function (url, options, ...[error, success]) {
  if (!url) return error(new Error('ooops'))
  // ...
  success(data)
}
```

펼침 연산자는 무엇일까? 간단히 말해 펼침 연산자는 다음 위치에서 인자나 변수를 펼칠 수 있다.

- 함수 호출: 예를 들면 push() 메서드에서 arr1.push(...arr2)처럼 사용한다.
- 배열 리터럴: 예를 들면 array2 = [...array1, x, y, z]처럼 사용한다.
- new 연산자를 이용한 인스턴스 생성 시: 예를 들어 var d = new Date(...dates)

ES5에서 배열을 함수의 인자로 사용하려면 apply() 함수를 사용해야 했다.

5 나머지 배열에서 첫 번째 매개변수는 이름이 없는 매개변수다. 예를 들어 콜백은 ES5의 arguments 객체를 다루는 것처럼 인덱스 2가 아니라 0에 있다. 또한, 나머지 매개변수 뒤에 이름 있는 인자를 추가하는 경우 문법 오류가 발생한다.

계속

```
function request(url, options, callback) {
  // ...
}
var requestArgs = ['http://azat.co', {...}, function(){...}]
request.apply(null, requestArgs)
```

ES6에서는 펼침 연산자를 사용할 수 있다. 나머지 연산자처럼 생략 부호(...)를 사용한다.

```
function request(url, options, callback) {
  // ...
}
var requestArgs = ['http://azat.co', {...}, function(){...}]
request(...requestArgs)
```

펼침 연산자의 문법은 나머지 연산자와 비슷하다. 그렇지만 나머지 연산자는 함수 정의나 선언 시에 사용하고, 펼침 연산자는 함수 호출이나 리터럴에 사용한다. 추가로 작성해야 하는 명령형 코드를 대체할 수 있으므로 잘 알고 사용해야 할 중요한 기술이다.

3.2.5 React 컴포넌트 메서드 생성하기

React 컴포넌트에 애플리케이션을 위한 메서드를 자유롭게 추가할 수 있다. React 컴포넌트가 클래스이기 때문이다. 다음 예제 코드에서는 헬퍼 메서드로 getUrl()을 추가했다.

```
class Content extends React.Component {
  getUrl() {
    return 'http://webapplog.com'
  }
  render() {
    ...
  }
}
```

getUrl() 메서드가 세련되지는 않았지만, 기본적인 개념을 얻을 수 있을 것이다. 즉, render() 외에도 임의의 메서드를 직접 만들 수 있다. getUrl() 메서드를 사용하여 API 서버에 대한 URL을 추상화할 수도 있다. 헬퍼 메서드는 재사용 가능한 논리가 있고, render()를 포함하여 컴포넌트의 다른 메서드 어디에서나 호출할 수 있다.

JSX에서 직접 작성한 메서드의 반환 값을 출력하려면 변수를 출력할 때와 마찬가지로 {}를 사용한다. 다음 예제 코드 3.6을 살펴보자(ch03/method/jsx/scrch03/meipt.jsx). 이 경우에는 render에서 getUrl() 메서드를 호출하고, getUrl() 메서드의 반환 값을 뷰에 보여준다. 이때 ()를 사용하여 메서드를 호출해야 한다는 점을 기억하자.

예제 코드 3.6 컴포넌트 메서드를 호출하여 URL 가져오기

```
class Content extends React.Component {
  getUrl() {
    return 'http://webapplog.com'
  }
  render() {
    return (
      <div>
        <p>Your REST API URL is: <a href={this.getUrl()}>{this.getUrl()}</a></p>
      </div>
    )
  }
}
...
```

중괄호 안에서 클래스 메서드를 호출한다.

한 번 더 정리하면 JSX의 {}에서 컴포넌트 메서드를 직접 호출할 수 있다. 예를 들어 헬퍼 메서드 getUrl을 {this.getUrl()}로 호출했다. 예제 코드 3.6에서 메서드를 사용하면 <p> 태그의 링크에 이 메서드의 반환값인 http://webapplog.com이 표시된다(그림 3-2 참조).

이제 컴포넌트 메서드에 대해 이해했을 것이다. 이 절이 다소 따분했다면 사과한다. 컴포넌트 메서드는 React의 이벤트 핸들러를 이해하기 위한 기초로 매우 중요하다.

▼ 그림 3-2 메서드의 반환 값을 링크로 렌더링한 결과

3.2.6 JSX의 if/else 처리

동적 변수를 렌더링했던 것과 유사하게, 개발자는 if/else 조건의 결과에 따라 컴포넌트가 뷰를 변경할 수 있도록 작성해야 하는 경우도 있다. 먼저 컴포넌트 클래스에 조건에 따라 다른 링크 엘리먼트를 렌더링하는 간단한 예제를 생각해보자. 예를 들어 링크의 텍스트와 URL은 user.session 값에 따라 다르게 렌더링된다. 다음은 일반적인 자바스크립트로 작성한 예제다.

```
...
render() {
  if (user.session)
    return React.createElement('a', {href: '/logout'}, 'Logout')
  else
    return React.createElement('a', {href: '/login'}, 'Login')
}
...
```

이와 비슷한 방법으로 JSX를 사용해 다시 작성해보면 다음과 같다.

```
...
render() {
  if (this.props.user.session)
    return <a href="/logout">Logout</a>
  else
    return <a href="/login">Login</a>
}
...
```

이런 엘리먼트를 <div>로 감쌌다고 생각해보자. 이 경우에는 일반적인 자바스크립트로 작성하려면 변수를 추가하는 방법, 함수 표현식을 사용하는 방법, 삼항 연산자를 사용하는 방법을 생각해볼 수 있다(좀 더 젊은 자바스크립트 개발자라면 **엘비스 연산자**(Elvis operator)[6]로 알고 있을 수도 있다. http://mng.bz/92Zg를 살펴보라). <div>의 createElement() 내부에서 if 조건문을 사용할 수 없기 때문이다. 요점은 런타임에 반드시 값을 가져와야 한다는 것이다.

6 역주 미국 가수 엘비스 프레슬리의 헤어 스타일에 삼항 연산자의 모양을 빗대어 엘비스 연산자라 부른다고 한다(https://goo.gl/xMaZKT).

Note ≡ 삼항 연산자

다음 삼항 조건에서 userAuth가 true라면 msg 값은 'welcome'이다. 그렇지 않으면 값은 'restricted'이다.

```
let msg = (userAuth) ? 'welcome' : 'restricted'
```

이 문장은 다음 경우와 같다.

```
let session = ''
if (userAuth) {
  session = 'welcome'
} else {
  session = 'restricted'
}
```

경우에 따라 삼항 연산자가 if/else 문의 축약이 되기도 한다. 그렇지만 삼항 연산자를 값을 반환하는 표현식으로 사용하려는 경우에는 둘 사이에 큰 차이가 있다. 다음은 유효한 자바스크립트 코드다.

```
let msg = (userAuth) ? 'welcome' : 'restricted'
```

반면에 아래 if/else 문은 표현식이 아니라 문장이므로 코드가 유효하지 않다.

```
let msg = if (userAuth) {'welcome'} else {'restricted'} // Not valid
```

JSX 작성 시 삼항 연산자의 이런 성질을 이용하면 런타임에 값을 가져오도록 할 수 있다.

세 가지 다른 스타일(변수, 표현식, 삼항 연산자)을 이해하기 위해서 JSX로 변환하지 않고 자바스크립트로만 작성한 다음 예제 코드를 살펴보자.

```
// 방법 1: 변수
render() {
  let link
  if (this.props.user.session)
    link = React.createElement('a', {href: '/logout'}, 'Logout')
  else
    link = React.createElement('a', {href: '/login'}, 'Login')
  return React.createElement('div', null, link) --------- 변수 link 사용
}
// 방법 2: 표현식
render() {
  let link = (sessionFlag) => { --------- 표현식 생성
    if (sessionFlag)
      return React.createElement('a', {href: '/logout'}, 'Logout')
    else
      return React.createElement('a', {href: '/login'}, 'Login')
```

```
    }
    return React.createElement('div', null, link(this.props.user.session))
  }
  // 방법 3: 삼항 연산자
  render() {
    return React.createElement('div', null,
      (this.props.user.session)
      ? React.createElement('a', {href: '/logout'}, 'Logout')
      : React.createElement('a', {href: '/login'}, 'Login') --------- 삼항 연산자 사용
    )
  }
```

나쁘지 않지만 조금 투박해 보인다. 그렇지 않은가? JSX를 사용하면 {} 표기법으로 변수를 출력하고 자바스크립트 코드도 실행할 수 있다. 이 방법을 사용하여 더 나은 문법을 얻어보자.

```
// 방법 1: 변수
render() {
  let link
  if (this.props.user.session)
    link = <a href='/logout'>Logout</a>
  else
    link = <a href='/login'>Login</a>
  return <div>{link}</div>
}
// 방법 2: 표현식
render() {
  let link = (sessionFlag) => {
    if (sessionFlag)
      return <a href='/logout'>Logout</a>
    else
      return <a href='/login'>Login</a>
  }
  return <div>{link(this.props.user.session)}</div>
}
// 방법 3: 삼항 연산자
render() {
  return <div>
    {(this.props.user.session)
      ? <a href='/logout'>Logout</a>
      : <a href='/login'>Login</a>}
  </div>
}
```

함수 표현식으로 작성한 코드(방법 2: JSX 밖에서 return 문 앞에 함수를 작성하는 방법)를 좀 더 자세히 살펴보면 다른 방법을 생각해볼 수 있다. 같은 함수를 JSX 내부에서 즉시실행함수(Immediately Invoked Function Expression, IIFE)(http://mng.bz/387u)로 선언할 수 있다. 이 방법을 이용하면 link처럼 변수를 추가하지 않고도 if/else 문을 런타임에 실행할 수 있다.

```
render() {
  return <div>{
    (sessionFlag) => { --------- 즉시실행함수 정의
      if (sessionFlag)
        return <a href='/logout'>Logout</a>
      else
        return <a href='/login'>Login</a>
    }(this.props.user.session) --------- 매개변수와 함께 즉시실행함수 실행
  }</div>
}
```

조금 더 살펴보면, 같은 방식을 전체 엘리먼트(이 예제에서는 <a>)뿐만 아니라 텍스트나 속성 값을 렌더링할 때도 적용할 수 있다. 중괄호 내에서 앞에 제시한 세 가지 방법 중 한 가지를 사용하면 된다. 예를 들어 URL과 텍스트를 확대해서 엘리먼트를 생성하기 위한 코드의 중복을 피할 수 있다. 이렇게 하면 <a>를 한 번만 쓰면 되므로 나는 개인적으로 이 방법을 선호한다.

```
render() {
  let sessionFlag = this.props.user.session --------- 불 값 session을 지역변수에 담아서 코드를
                                                      줄이고 나은 성능을 얻어낸다.
  return <div>
    <a href={(sessionFlag)?'/logout':'/login'}> --------- 삼항 연산자를 사용해서 sessionFlag 값에
                                                          따라 URL을 다르게 렌더링한다.
      {(sessionFlag)?'Logout':'Login'} --------- 삼항 연산자를 사용하여 다른 텍스트를 보여준다.
    </a>
  </div>
}
```

살펴본 것처럼 템플릿 엔진과 달리 JSX에는 특별한 문법이 없으며, 그저 자바스크립트를 사용하면 된다. 가장 간결한 스타일이므로 이 책에서는 삼항 연산자를 매우 자주 사용할 것이다. 요약해보면 JSX에서 if/else 조건을 구현할 때는 다음과 같은 방법을 사용할 수 있다.

- return 문 이전에 JSX 외부에서 변수를 선언한 후 JSX 내부에서 {}를 사용하여 출력한다.
- return 문 이전에 JSX 외부에서 값을 반환하는 함수 표현식을 선언한 후 JSX 내부의 {}에서 실행한다.
- 삼항 연산자를 사용한다.
- JSX 내부에서 즉시실행함수를 사용한다.

이 네 가지 방법은 JSX에서 조건을 처리할 때 적용하는 나의 경험 법칙이다. return 문 앞, JSX 외부에서 if/else를 사용하여 JSX의 {}로 출력할 변수를 생성한다. 또는 변수를 사용하지 않고, JSX에서 {}을 사용하여 엘비스 연산자 또는 표현식의 결과를 출력한다.


```
class MyReactComponent extends React.Component {
  render() {
    // JSX를 사용하지 않는 영역: 변수, if/else 문, 삼항 연산자를 사용
    return (
      // JSX: 삼항 연산자 또는 함수 실행 결과를 {}로 표시
    )
  }
}
```

여기까지 React와 JSX를 이용해 상호작용하는 UI를 만드는 데 중요한 조건 처리 방법을 살펴보았다. 때때로 자신이 작성한 우아하고 지적인 코드의 기능을 소개해서 다른 사람들이 빨리 이해하게 만들고 싶을 것이다. 그렇게 하려면 주석을 작성해야 한다.

3.2.7 JSX의 주석 작성 방법

JSX의 주석은 일반 자바스크립트의 주석과 비슷하다. JSX에 주석을 추가할 때는 표준 자바스크립트의 주석을 {}로 감싸서 작성한다.

```
let content = (
  <div>
    {/* 자바스크립트의 주석과 같다 */}
  </div>
)
```

또는 다음처럼 여러 줄로 작성할 수도 있다.

```
let content = (
  <div>
    <Post
      /* 이
      주석은
      여러 줄
      입니다 */
      name={window.isLoggedIn ? window.name : ''} // JSX 내부입니다.
    />
  </div>
)
```

지금까지 JSX와 그 이점에 대해 살펴보았다. 이 장의 나머지 부분에서는 JSX를 다루기 위해 사용하는 도구와 JSX를 사용할 때 발생하는 잠재적인 문제를 피하는 방법을 살펴본다. 그렇다. JSX의 도구와 특이한 부분에 대해서 살펴보는 것이다.

책을 계속 진행하기 전에 JSX 프로젝트를 제대로 작동시키려면 JSX를 **컴파일**해야 한다는 것을 이해해야 한다. 브라우저는 JSX를 실행할 수 없다. 브라우저가 실행할 수 있는 것은 자바스크립트뿐이므로 JSX를 보통의 자바스크립트로 변환해야 한다(그림 3-1 참조).

3.3 Babel을 이용한 JSX 트랜스파일러 설정하기

REACT

앞에서 이야기했듯이 JSX를 실행하려면 일반적인 자바스크립트 코드로 변환해야 한다. 이 과정을 **컴파일**(compilation)과 **변환**(transformation)을 거친다는 의미에서 **트랜스파일레이션**(transpilation)이라고 하는데, 이를 위해 사용할 수 있는 도구가 여러 가지 있다. 다음은 추천하는 방법이다.

- **Babel 명령줄 인터페이스 도구**: `babel-cli` 패키지가 제공하는 트랜스파일레이션 명령을 사용한다. 이 방식은 설정이 적고 시작이 간편하다.
- **Node.js 또는 브라우저 자바스크립트로 작성한 스크립트(API 방식)**: `babel-core` 패키지를 이용해서 스크립트를 작성하여 JSX를 변환하는 방식이다(`babel.transform`). 이 방식을 이용하면 저수준의 제어가 가능하고, 빌드 도구와 빌드 도구의 플러그인 상의 추상화나 의존성을 제거할 수 있다.
- **빌드 도구**: Grunt, Gulp, Webpack 같은 도구에서 Babel을 플러그인으로 사용할 수 있다. 이 방법이 가장 인기가 좋다.

이 모든 경우에 결과적으로 Babel을 사용한다. Babel의 주요 기능은 ES6+/ES2015+ 컴파일러이지만, JSX를 자바스크립트로 변환하기도 한다. React 팀도 자체 JSX 변환 도구 개발을 중단하고, Babel을 사용하도록 권장하고 있다.

Note **Babel 버전 6 외의 다른 도구를 사용할 수 있을까?**

JSX 변환 도구가 여러 가지 있기는 하지만, 가장 흔히 사용하는 도구이자 React 팀이 2016년 8월 현재 공식 웹사이트에서 추천하는 도구는 Babel이다. Babel의 예전 이름은 5to6였다. 예전에는 React 팀이 `react-tools`와 브라우저 상에서 JSX 변환을 실행하는 JSXTransformer를 유지보수했지만, 버전 0.13부터 Babel의 사용을 권장하고 `react-tools`와 JSXTransformer 개선 작업을 중단했다.[7]

브라우저 내에서 런타임 변환이 필요한 경우에는 Babel 버전 5에서 제공하는 browser.js의 즉시 사용 가능한 배포판을 사용할 수 있다. JSXTransformer와 마찬가지로 브라우저에 추가하면 `<script>` 코드를 자바스크립트로 변환할 수 있다. 이를 위해서는 `type="text/babel"` 속성을 추가해야 한다. browser.js를 포함하고 있는 마지막 Babel 버전은 5.8.34이며, CDN을 통해 바로 불러올 수 있다(https://cdnjs.com/libraries/babel-core/5.8.34).

Babel 버전 6은 기본 설정값을 두지 않도록 변경되었으며, browser.js도 제거했다. Babel 팀은 개발자들이 각자의 배포판을 생성하거나 Babel API를 사용하는 것을 권장한다. `babel-standalone` 라이브러리도 있지만(https://github.com/Daniel15/babel-standalone), 설정을 거쳐야 한다.

Traceur(https://github.com/google/traceur-compiler)도 Babel 대신 사용할 수 있는 도구다.

끝으로 TypeScript(www.typescriptlang.org)도 `jsx-typescript`(https://github.com/fdecampredon/jsx-typescript)를 이용하면 JSX 변환을 지원하는 것 같다.[8] 그렇지만 TypeScript는 완전히 새로운 도구이자 일반적인 자바스크립트의 확장이라고 할 수 있는 새로운 언어다.

아마도 이 책의 예제를 JSXTransformer, Babel 버전 5, babel-standalone, TypeScript, Traceur를 사용하는 것도 가능할 것이다. 이 책은 React 버전 15를 기준으로 작성되었다. TypeScript나 Traceur를 사용하는 것이 비교적 안전한 방법인데, 이 책을 집필하는 시점에서 지원이 잘 되고 있는 도구이기 때문이다. 그러나 이 책의 예제에 Babel 버전 6 외의 도구를 사용하는 것은 스스로 위험을 감수해야 한다. 이 책의 기술 검토를 맡은 분들과 나는 여기서 소개한 Babel 버전 6 이외의 도구로는 예제 코드를 컴파일해보지 않았다.

React에 Babel을 사용하면 설정과 ES6용 모듈을 추가하는 것만으로 ES6/ES2015의 추가 기능을 활용하여 개발을 간소화할 수 있다. ECMAScript 표준의 여섯 번째 버전은 개선이 많이 되었고, 이 책을 집필하는 시점에서 모든 최신 브라우저에서 대부분의 기능을 지원한다. 그러나 오래된 브라우저는 ES6로 작성한 새로운 코드를 해석하는 데 어려움을 겪을 수 있다. 또한, 다음 표준인 ES7, ES8이나 먼 훗날에 ES27을 사용하고자 한다면, 일부 브라우저에는 기능 구현이 완료되지 않을 수도 있다.

브라우저의 ES6 또는 ES.Next(가장 최신 기능을 아울러 부르는 이름) 구현이 지연되는 문제를 해결하기 위해 Babel을 사용할 수 있다. Babel은 차세대 자바스크립트 언어를 지원한다(Babel이라는 이름에서 알 수 있듯이 많은 언어를 지원한다). 이 절에서는 다음에 나올 장들에서 사용하는 Babel

7 폴 오샤너시(Paul O'Shannessy), "JSTransform과 react-tools 지원 중단(Deprecating JSTransform and react-tools)", React 공식 블로그, 2015년 6월 12일, http://mng.bz/8yGc.

8 www.typescriptlang.org/docs/handbook/jsx.html(역주 TypeScript는 버전 1.6부터 JSX 변환을 공식적으로 지원한다.)

CLI를 이용한 방법을 설명한다. 이 방법은 최소한의 설정만 필요하고, API를 사용하는 방식과 다르게 Babel API에 대한 지식이 필요하지 않다.

Babel CLI(http://babeljs.io)를 사용하려면 Node.js v6.2.0, npm v3.8.9, `babel-cli` v6.9.0(www.npmjs.com/package/babel-cli), `babel-preset-react` v6.5.0(www.npmjs.com/package/babel-preset-react)을 설치해야 한다. Node.js와 React 개발 환경이 빠르게 변화하므로 이 외의 다른 버전의 경우에는 이 책의 예제 코드가 정상적으로 작동하지 않을 수도 있다.

Node.js와 npm을 설치하는 가장 쉬운 방법은 공식 웹사이트(http://nodejs.org)에서 설치 프로그램을 내려받는 것이다(Node.js와 npm을 함께 받을 수 있다). 더 자세한 옵션이나 Babel 설치에 대한 설명은 부록 A를 참고하기 바란다.

만약 이미 설치했거나 설치 여부가 확실하지 않다면 셸, 터미널, 명령창에서 다음 명령을 실행하여 Node.js와 npm의 설치 여부를 확인할 수 있다.

```
$ node -v
$ npm -v
```

Babel CLI와 `babel-preset-react`는 지역 모듈로 설치해야 한다. Babel CLI를 전역(npm으로 설치할 때 `-g`를 추가하여 실행)에 설치하는 것은 권장하지 않는다. 프로젝트가 다른 버전의 도구를 사용하는 경우에 충돌이 발생할 수 있기 때문이다. 부록 A에 있는 설치 과정을 짧게 정리하면 다음과 같다.

1. 새로운 폴더를 생성한다. 예를 들면 ch03/babel-jsx-test 같은 이름을 쓸 수 있다.
2. 새 폴더에서 package.json 파일을 생성한 후 여기에 빈 객체처럼 중괄호 `{}`를 작성하거나, `npm init` 명령을 이용해서 package.json 파일을 생성한다.
3. package.json이나 .babelrc 파일에 Babel 설정을 정의한다. 이 책에서는 package.json을 기준으로 설명하며, 다음 절에서 다룬다. .babelrc에 대해서는 다루지 않는다.
4. 필요에 따라 package.json에 프로젝트 이름, 라이선스, 깃허브 저장소 등의 정보를 작성한다.
5. Babel CLI와 `babel-preset-react`를 지역 모듈로 설치한다. `npm i babel-cli@6.9.0 babel-preset-react@6.5.0 --save-dev` 명령을 실행하면 이 패키지가 설치되고, package.json의 devDependencies 항목에도 추가된다.
6. 필요하다면 이어서 설명하는 Babel 명령어를 npm script로 작성할 수도 있다.

> **Note** Babel ES6 preset
>
> IE9 같은 구형 브라우저를 지원해야 하는 불운한 상황에도 불구하고, 미래의 표준인 ES6+/ES2015+를 사용하고자 한다면, `babel-preset-es2015`(www.npmjs.com/package/babel-preset-es2015) 트랜스파일러를 추가할 수 있다. 이 라이브러리를 이용하면 ES6 코드를 ES5 코드로 변환할 수 있다. 먼저 다음과 같이 라이브러리를 설치한다.
>
> ```
> $ npm i babel-preset-es2015 --save-dev
> ```
>
> 다음으로, Babel의 `presets` 항목에 `react`와 함께 추가한다.
>
> ```
> {
>   "presets": ["react", "es2015"]
> }
> ```
>
> 구형 브라우저 지원이 필요하지 않다면 ES2015 트랜스파일러를 사용하는 것을 추천하지 않는다. 여기에는 몇 가지 이유가 있다. 첫째, ES6 코드보다 최적화가 부족한 오래된 ES5 코드를 실행하게 된다. 둘째, 의존성이 늘어나고 더 복잡한 코드가 된다. 마지막으로, 만약 대부분의 사람이 브라우저에서 ES5 코드를 계속해서 실행한다면 브라우저 개발팀이나 자바스크립트 개발자가 ES6를 신경 쓰겠는가? 구형 브라우저 지원이 필요하다면 TypeScript(www.typescriptlang.org), 또는 ClojureScript(http://clojurescript.org), CoffeeScript(http://coffeescript.org) 등을 사용하는 편이 더 나을 수도 있다.[9]

부록 A의 내용을 반복하려면 package.json 파일에 다음과 같이 presets 항목을 작성해야 한다.

```
{
  ...
  "babel": {
    "presets": ["react"]
  },
  ...
}
```

이후에 새로 생성한 프로젝트 폴더에서 다음 명령을 실행하면 버전을 확인할 수 있다.[10]

```
$ ./node_modules/.bin/babel --version
```

9 역주 IE9 미만의 브라우저에서 Babel을 사용하려면 loose mode 설정, babel-plugin-transform-es3-member-expression-literals, babel-plugin-transform-es3-property-literals, es3ify-loader 같은 도구도 생각해볼 수 있다. 그러나 React의 경우 버전 15 이후에는 IE8 지원을 중단했으므로 이전 버전을 사용해야 하는 등 여러 가지 어려움이 있다(https://reactjs.org/blog/2016/01/12/discontinuing-ie8-support.html).

10 역주 윈도 명령창에서 본문처럼 명령을 실행하는 경우 정상적으로 실행되지 않을 수도 있다. 이 때는 경로 구분자로 슬래시(/) 대신 역슬래시(\)를 사용해야 한다. 예를 들면 `.\node_modules\.bin\babel --version`이라고 실행한다.

설치한 뒤에, 다음 명령을 실행하면 js/script.jsx를 일반적인 자바스크립트 파일인 js/script.js로 변환할 수 있다.

```
$ ./node_modules/.bin/babel js/script.jsx -o js/script.js
```

명령이 긴 이유는 Babel을 실행하기 위해 경로를 작성하기 때문이다. package.json의 `scripts` 항목에 다음과 같은 명령을 추가하면, `npm run build` 명령으로 간단하게 실행할 수 있다.[11]

```
"build": "./node_modules/.bin/babel js/script.jsx -o js/script.js"
```

이 명령에 `-w` 또는 `--watch` 옵션을 추가하면 자동화할 수 있다.

```
$ ./node_modules/.bin/babel js/script.jsx -o js/script.js -w
```

Babel 명령은 script.jsx 파일을 감시하다가 JSX를 새로 저장하면 script.js로 변환한다. 이때 터미널 또는 명령창에서 다음과 같은 내용을 확인할 수 있다.

```
change js/script.jsx
```

더 많은 JSX 파일을 변환해야 할 때는 `-d (--out-dir)` 옵션에 폴더 이름을 입력해서 명령을 실행하면 JSX 소스 파일을 여러 개의 일반 자바스크립트 파일로 컴파일한다.

```
$ ./node_modules/.bin/babel source -d build
```

파일을 하나 불러오는 것이 파일을 여러 개 불러오는 것보다 프론트엔드 애플리케이션의 성능을 향상시키는 데 좋다. 요청이 늘어날수록 지연이 늘어나기 때문이다. 원본 폴더의 모든 파일을 `-o (--out-file)` 옵션을 사용하여 하나의 자바스크립트 파일로 컴파일할 수 있다.

```
$ ./node_modules/.bin/babel src -o script-compiled.js
```

사용하는 컴퓨터의 경로 설정에 따라서 `./node_modules/.bin/babel` 대신에 `babel`만 입력해서 실행할 수도 있다. 양쪽 모두 지역 모듈을 실행한다. 기존에 `babel-cli`를 전역에 설치한 경우에는 `npm rm -g babel-cli` 명령으로 삭제하자.

---

11 역주 npm run으로 명령을 실행할 때 node_modules/.bin도 PATH 환경변수에 추가하므로 경로 없이 `"build": "babel js/script.jsx -o js/script.js"`로 작성해도 실행할 수 있다. 개인적으로는 이어서 소개하는 경로 환경설정보다는 npm script를 활용하는 것을 좀 더 추천한다. npm script에 대한 좀 더 자세한 내용은 공식문서(https://docs.npmjs.com/misc/scripts 및 https://docs.npmjs.com/cli/run-script)에서 확인할 수 있다.

생성한 프로젝트에 `babel-cli`를 지역 모듈로 설치했으나 실행이 불가능한 경우에는 셸 설정 파일에 경로 설정을 추가하는 것을 고려해보자. 유닉스, 리눅스, macOS 등 유닉스 계열 운영체제를 사용한다면 사용하는 셸(bash, zsh 등)에 따라 `~/.bash_profile`, `~/.bashrc`, `~/.zsh` 등을 수정할 수 있다.

다음 셸 구문을 적용하면 경로를 설정할 수 있다. 현재 폴더에 ./node_modules/.bin 폴더가 있다면 지역에 설치한 npm CLI 패키지를 경로 입력 없이 실행할 수 있다.

```
if [ -d "$PWD/node_modules/.bin" ]; then
  PATH="$PATH:$PWD/node_modules/.bin"
fi
```

셸 스크립트는 터미널의 현재 폴더에서 ./node_modules/.bin 폴더가 있는지 확인하고, Babel, Webpack 같은 npm CLI 도구를 `babel`, `webpack` 같은 명령어로 실행할 수 있도록 이 경로를 환경변수에 추가한다.

하위 폴더 여부와 상관없이 항상 경로를 환경변수로 추가할 수도 있다. 다음 셸 구문은 `PATH` 환경변수와 프로파일에 **항상** ./node_modules/.bin을 추가한다.

```
export PATH="./node_modules/.bin:$PATH"
```

보너스: 이렇게 설정하면 경로를 입력하지 않고도 지역에 설치한 npm CLI **도구**라면 무엇이든 실행할 수 있다.

> Tip Babel 설정을 마친 package.json 파일의 예는 이 책의 예제 코드 중 ch03 폴더의 프로젝트에서 확인할 수 있다. 앞으로 이어지는 장에서도 이와 같은 방식으로 작성한다. ch03 폴더의 package.json 파일을 살펴보면 컴파일을 거쳐야 하는 하위 폴더의 프로젝트를 대상으로 scripts 항목에 명령을 작성했다. 다만 프로젝트 폴더에 자체적으로 package.json 파일이 있는 경우에는 프로젝트 폴더의 package.json 파일에 명령이 작성되어 있을 수도 있다.

`npm run build-hello-world`처럼 빌드 명령을 실행하면 ch03/PROJECT_NAME/jsx 폴더에 위치한 JSX 파일을 일반 자바스크립트 파일로 변환하여 ch03/PROJECT_NAME/js에 저장한다. 따라서 `npm i` 명령으로 필요한 의존성을 설치하고(ch03/node_modules 폴더가 생성된다), package.json에 빌드 명령이 있는지 확인한 후 해당 명령을 `npm run build-PROJECT_NAME`으로 실행하기만 하면 된다.

지금까지 JSX 파일을 일반 자바스크립트 파일로 변환하는 가장 쉬운 방법을 살펴보았다. 이어서 React와 JSX의 까다로운 부분에 대해서 살펴보자.

3.4 React와 JSX의 까다로운 부분

이 절에서는 특수한 경우를 몇 가지 다룬다. JSX를 사용할 때 알고 있어야 할 까다로운 부분들이다.

예를 들어 JSX는 자식 엘리먼트가 없거나 단일 태그를 사용할 때는 태그를 닫을 때 반드시 슬래시(/)를 넣어야 한다. 다음 코드가 올바르게 작성한 예다.

```
<a href="http://azat.co">Azat, the master of callbacks</a>
<button label="Save" className="btn" onClick={this.handleSave}/>
```

다음과 같이 슬래시 없이 작성하는 것은 잘못된 방법이다.

```
<a href="http://azat.co">Azat<a>
<button label="Save" className="btn" onClick={this.handleSave}>
```

이와 다르게 HTML은 좀 더 관대하다. 대부분의 브라우저는 이를 무시하고, 슬래시가 없어도 정상적으로 렌더링한다. `<button>Press me for yourself!`를 어떻게 렌더링하는지 확인해보자.

이 외에도 HTML과 JSX는 다른 점들이 있다.

3.4.1 특수문자

HTML 엔터티 코드(entity code)를 사용하여 다음 예제 코드처럼 저작권 표시나 말비꿈표, 따옴표 등 특수문자를 표시한다.

```
&copy;
&mdash;
&ldquo;
```

이 코드는 `<span>`이나 `<input>` 문자열 속성에 렌더링할 수 있다. 예를 들어 다음은 변수나 속성 없이 텍스트만 작성한 정적인 JSX이다.

```
<span>&copy;&mdash;&ldquo;</span>
<input value="&copy;&mdash;&ldquo;"/>
```

그렇지만 만약 HTML 엔터티 코드를 변수나 속성을 사용해서 <span>에 동적으로 출력하려고 한다면, 특수문자 대신 원래 문자 그대로(©—“) 출력된다. 따라서 다음 코드는 제대로 작동하지 않는다.


```
// 제대로 작동하지 않는 안티패턴이다!
var specialChars = '&copy;&mdash;&ldquo;'

<span>{specialChars}</span>
<input value={specialChars}/>
```

React/JSX는 위험한 HTML 구문에 대해 자동으로 이스케이프를 적용한다. 이것은 보안 측면에서는 매우 편리하다. (기본적으로 제공되는 보안이 훌륭하다!) 특수문자를 노출하려면 다음 방법 중 하나를 선택할 수 있다.

- 배열로 출력해서 여러 개의 문자열로 분리할 수 있다. 예를 들어 <span>{[<span>©—“</span>]}</span>처럼 작성한다. 배열 안의 엘리먼트에 key="specialChars"와 같이 key 속성을 작성하면 콘솔에 표시되는 경고를 없앨 수 있다.
- 소스 코드에 특수문자를 직접 복사해서 넣는다(이때는 반드시 UTF-8 문자셋을 사용해야 한다).
- 특수문자를 \u로 시작하는 이스케이프 시퀀스로 바꾼 후에 유니코드 번호를 찾아 사용한다(유니코드 번호가 잘 기억나지 않는다면 www.fileformat.info/info/unicode/char/search.htm에서 찾을 수 있다. 기억하는 사람이 있을지는 모르겠지만).
- String.fromCharCode(charCodeNumber)를 이용해서 유니코드 번호에서 문자로 변경한다.
- React 엘리먼트의 __html에 dangerouslySetInnerHTML을 이용하는 방법도 있으나 추천하지 않는다(http://mng.bz/TplO).

마지막 방법을 사용한 경우는 다음과 같다(이 방법은 다른 방법이 모두 실패했을 때 선택할 수 있다. 타이타닉이 침몰하면 보트를 향해 달리는 수밖에 없다!)

```
var specialChars = {__html: '&copy;&mdash;&ldquo;'}
<span dangerouslySetInnerHTML={specialChars}/>
```

속성 이름을 dangerouslySetInnerHTML이라고 지은 것을 보면 React 팀은 확실히 유머 감각이 있다. 가끔씩 이렇게 React에 있는 이름들 덕분에 웃곤 한다.[12]

---

12 역주 비슷한 재미있는 사례로 __SECRET_INTERNALS_DO_NOT_USE_OR_YOU_WILL_BE_FIRED(숨겨진 부분이니 사용하지 마세요. 그렇지 않으면 해고 당함)가 있다(https://goo.gl/Uosmz3).

3.4.2 data- 속성

2.3절에서 JSX를 사용하지 않고 속성을 다루는 방법에 대해 살펴보기는 했지만, HTML에 사용자 정의 속성을 생성하는 방법에 대해 한 번 더 살펴보자. 이번에는 JSX를 사용할 것이다. React는 주로 HTML 비표준 속성을 컴포넌트에 추가하면 신경도 쓰지 않고 무시한다. 이 점은 JSX가 아닌 네이티브 자바스크립트로 작성해도 소용이 없다. React의 동작 원리이기 때문이다.

그렇지만 가끔 DOM 노드에 추가 데이터를 전달해야 하는 경우가 있다. 이것은 안티패턴으로, DOM을 데이터베이스나 로컬 스토리지처럼 사용하지 않아야 한다. 그럼에도 불구하고 사용자 정의 속성을 렌더링해야 한다면 속성의 접두사로 `data-`를 사용한다.

예를 들어 다음은 정상적인 사용자 정의 속성인 `data-object-id`를 사용했으므로 React가 뷰에 렌더링할 것이다(HTML은 이 JSX와 같다).

```
<li data-object-id="097F4E4F">...</li>
```

만약 다음과 같은 React/JSX 엘리먼트를 입력하면 React는 `object-id`를 렌더링하지 않는다. HTML 표준 속성이 아니기 때문이다(렌더링 결과의 HTML에는 JSX와 달리 `object-id`가 출력되지 않는다).[13]

```
<li object-id="097F4E4F">...</li>
```

3.4.3 스타일 속성

JSX의 스타일(`style`) 속성은 일반적인 HTML과 다르게 동작한다. JSX에서는 문자열 대신 자바스크립트 객체를 전달하고, CSS 속성은 카멜 표기법으로 작성한다.

- `background-image`는 `backgroundImage`로 작성한다.
- `font-size`는 `fontSize`로 작성한다.
- `font-family`는 `fontFamily`로 작성한다.

---

13 역주 React 버전 16은 위와 같은 사용자 정의 속성을 사용할 수 있도록 변경되었으므로 본문의 설명과 달리 `object-id`를 HTML로 렌더링한다(https://reactjs.org/blog/2017/09/08/dom-attributes-in-react-16.html).

자바스크립트 객체를 변수에 저장하거나 중괄호를 이중으로 작성하여({{...}}) 인라인으로 작성할 수도 있다. 이중 중괄호를 잘 살펴보면 바깥쪽의 중괄호는 JSX에서 사용되었고, 안쪽의 중괄호는 자바스크립트의 객체 리터럴을 작성하기 위해 사용되었다.

다음 예제 코드처럼 폰트 크기를 입력한 객체가 있다고 가정해보자.

```
let smallFontSize = {fontSize: '10pt'}
```

JSX에서는 smallFontSize 객체를 스타일 속성에 넘겨줄 수 있다.

```
<input style={smallFontSize} />
```

또는 변수를 선언하지 않고 다음과 같이 글자 크기를 30포인트로 지정하여 직접 넘겨줄 수도 있다.

```
<input style={{fontSize: '30pt'}} />
```

스타일을 직접 넘겨주는 다른 예제를 살펴보자. <span>에 붉은색으로 외곽선을 표시한다.

```
<span style={{borderColor: 'red',
  borderWidth: 1,
  borderStyle: 'solid'}}>Hey</span>
```

다음과 같이 축약하여 문자열로 작성할 수도 있다.

```
<span style={{border: '1px red solid'}}>Hey</span>
```

스타일 속성으로 이해하기 어려운 문자열 대신 자바스크립트 객체를 사용한 이유는 이를 이용해 React가 뷰를 더 빠르게 변경할 수 있기 때문이다.

3.4.4 class와 for 속성

React와 JSX는 class와 for를 제외하면 표준 HTML 속성을 모두 사용할 수 있다. class와 for는 자바스크립트와 ECMAScript의 예약어고, JSX는 일반 자바스크립트로 변환해서 사용한다. 따라서 class와 for 대신에 각각 className과 htmlFor를 사용한다. 예를 들어 hidden이라는 CSS 클래스를 적용하는 경우 <div>에 다음과 같이 정의할 수 있다.

```
<div className="hidden">...</div>
```

폼 요소를 위한 label 요소를 생성하는 경우, for 대신에 htmlFor를 사용한다.

```
<div>
  <input type="radio" name={this.props.name} id={this.props.id} />
  <label htmlFor={this.props.id}>
    {this.props.label}
  </label>
</div>
```

3.4.5 불 값을 속성 값으로 사용하는 경우

끝으로 disabled, required, checked, autofocus, readOnly 같은 일부 속성은 폼 요소에만 사용한다. 여기서 기억해야 할 가장 중요한 점은 속성 값을 {} 안에 반드시 자바스크립트 식으로 작성해야 한다는 점이다. 문자열로 입력하지 않도록 한다.

예를 들어 input 요소를 사용하도록 설정하려면 다음과 같이 false를 입력한다.

```
<input disabled={false} />
```

"false"를 문자열로 작성하지 않도록 한다. 왜냐하면 이 값이 참 값인지 확인할 때 공백이 아닌 문자열은 자바스크립트에서 참 값이기 때문이다. 그래서 다음과 같이 작성하면 input 요소에 disabled 속성이 true로 적용된다.

```
<input disabled="false" />
```

Note ≡ **참 값**

자바스크립트와 Node.js에서 **참** 값은 불(Boolean)로 평가될 때 true로 변환된다. if 문을 예로 들 수 있다. 값은 거짓이 아니라면 참이다(이것은 공식적인 정의다. 참신하지 않은가?). 거짓인 값은 여섯 가지가 있다.

- false
- 0
- ""(공백 문자열)
- null
- Undefined
- NaN

문자열 "false"가 공백 문자열이 아니라는 점을 확인했기를 바란다. "false"는 참 값이고, true로 변환된다. 이 때문에 HTML에서 disabled=true로 처리된 것이다.

다음처럼 속성 값을 생략하면 React는 생략된 값을 true로 간주한다.

```
<input disabled />
```


다음 장부터는 JSX만 사용한다. 그렇지만 앞서 살펴본 것처럼 브라우저에서 실행 가능한 일반적인 자바스크립트로 React 코드를 작성하는 방법도 알고 있으면 쓸모가 있을 것이다.

3.5 퀴즈

1. JSX에서 자바스크립트 변수를 출력하려면 다음 중 어떤 것을 사용해야 하는가?

   =, <%= %>, {}, <?= ?>

2. class 속성은 JSX에서 사용할 수 없다. (○/×)
3. 속성에 값을 입력하지 않은 경우 적용되는 기본값은 false다. (○/×)
4. JSX의 인라인 스타일 속성은 다른 속성처럼 문자열이 아닌 자바스크립트 객체다. (○/×)
5. JSX에서 if/else가 필요한 경우에는 중괄호 {} 안에서 사용할 수 있다. 예를 들어 class={if (!this.props.admin) return 'hide'}는 유효한 JSX 코드다. (○/×)

3.6 요약

- JSX는 그저 createElement 같은, React 메서드를 위한 문법적 개선이다.
- JSX에서는 표준 HTML 속성인 class와 for 대신 className과 htmlFor를 사용한다.
- JSX에서 스타일(style) 속성을 입력할 때는 HTML처럼 문자열을 사용하지 않고 자바스크립트 객체를 전달한다.
- 삼항 연산자와 즉시실행함수는 JSX에서 if/else 문을 처리하는 좋은 방법이다.

- 변수, 주석, HTML 엔터티 코드를 출력하고, JSX 코드를 네이티브 자바스크립트 코드로 변경하는 것은 쉽다.
- JSX를 자바스크립트로 변환하는 방법이 몇 가지 있다. Babel CLI를 이용한 컴파일 방법은 Gulp, Webpack 같은 도구를 사용하여 빌드 설정을 하거나, Node.js 또는 자바스크립트로 Babel API를 직접 이용한 스크립트를 작성하는 방법에 비해 설정해야 할 부분이 적다.

REACT

3.7 퀴즈 정답

1. 변수와 표현식에는 중괄호 `{}`를 사용한다.
2. ○ / `class`는 자바스크립트의 예약어다. 따라서 JSX에서는 `class` 대신 `className`으로 작성한다.
3. × / 기본값은 `true`다. `attribute_name={false/true}`처럼 불 값을 명시적으로 작성하는 것을 추천한다.
4. ○ / JSX의 `style` 속성은 성능을 목적으로 객체를 사용한다.
5. × / 첫째, `class`는 속성으로 사용하지 않는다. 둘째, 중괄호 내에서 `return` 문을 사용하는 것은 유효하지 않으며, 삼항 연산자를 사용해야 한다.

4장

React 컴포넌트의 상태 객체

4장의 주요 내용을 동영상으로 볼 수 있습니다.
QR 코드를 스캔하거나 http://reactquickly.co/videos/ch04 로 접속하세요.

이 장에서 살펴볼 주제

- React 컴포넌트의 상태 객체에 대한 이해
- 상태 객체를 다루는 방법
- 상태 객체와 속성(props)의 비교
- 상태저장 컴포넌트와 상태비저장 컴포넌트

만약 이 책에서 한 개 장밖에 읽을 수 없다면, 이 장을 읽기 바란다! 상태 객체가 없다면 React 컴포넌트는 그저 빛 좋은 정적 템플릿일 뿐이다. 부디 나만큼 들뜬 마음으로 이 장을 읽기 시작했으면 좋겠다. 왜냐하면 이 장에서 소개하는 개념을 이해하면 훨씬 더 흥미로운 애플리케이션을 개발할 수 있기 때문이다.

그림 4-1과 같은 자동완성 입력상자를 만들고 있다고 가정해보자. 입력상자에 글자를 입력하면 입력한 내용과 일치하는 항목을 가져오기 위해서 서버로 요청을 보내고 응답 결과를 웹 페이지에 표시한다. 지금까지는 속성(props)을 이용했고, 속성을 변경하여 뷰를 갱신할 수 있다는 점을 배웠다. 그렇지만 속성은 현재 컴포넌트 내부에서는 수정할 수 없다. 속성은 해당 컴포넌트 생성 시에 전달받는 값이기 때문이다.

▼ 그림 4-1 react-autocomplete 컴포넌트 작동 모습

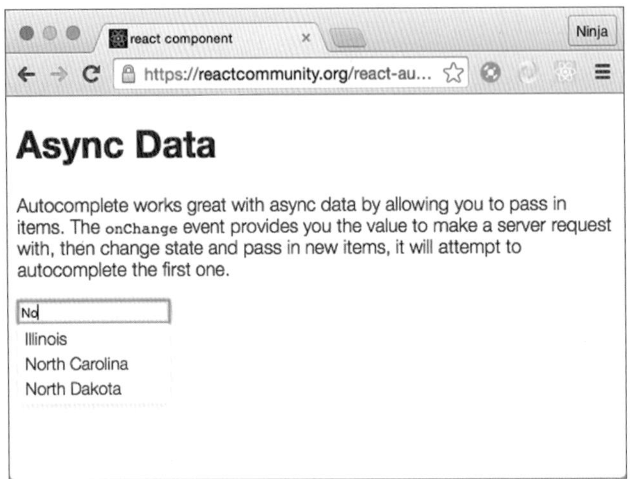

다시 말해 속성은 현재 컴포넌트에서 변경할 수 없으므로 부모 컴포넌트에서 컴포넌트를 새로 생성해서 새로운 값을 전달하는 방법 외에는 컴포넌트의 속성을 변경할 수 없다(그림 4-2 참조). 그렇지만 서버에서 일치하는 항목에 대한 정보를 받아오면 정보를 어디든 저장해야 뷰에 출력할 수 있다. 만약 속성을 변경할 수 없다면, 어떤 방법으로 뷰를 갱신할까?

▼ 그림 4-2 뷰를 변경하기 위해서는 컴포넌트 내부에 변경할 수 있는 다른 자료형이 필요하다.

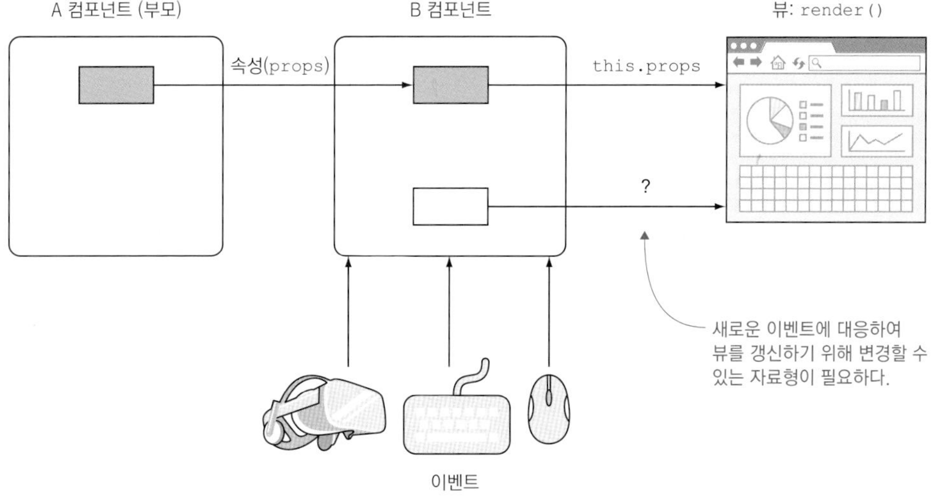

한 가지 해결책은 서버에서 응답을 받을 때마다 새로운 속성으로 엘리먼트를 렌더링하는 것이다. 그렇지만 이 경우 관련된 로직을 컴포넌트 외부에 작성해야 하므로 독립적인 컴포넌트가 될 수 없다. 만약 속성 값을 변경할 수 없지만 자동완성 컴포넌트는 독립적이어야 한다면 속성을 사용할 수 없을 것이다. 따라서 문제를 정리해보면, `createElement()`나 JSX `<NAME/>`을 이용해 컴포넌트를 다시 생성하지 않고, 사용자 조작으로 발생한 이벤트를 처리하여 뷰를 갱신해야 한다. 상태 객체를 이용하면 이런 문제를 해결할 수 있다.

서버 응답에 따라 콜백 코드가 컴포넌트의 상태를 변경한다. 상태를 갱신하고 나면 React가 영리하게 뷰를 갱신한다(변경된 상태 데이터를 이용하고 있는 부분만 갱신한다).

React 컴포넌트의 상태 객체를 이용하면 가치 있고 상호작용이 뛰어난 React 애플리케이션을 만들 수 있다. **상태**(state)는 React 컴포넌트에 데이터를 저장하고, 데이터의 변경에 따라 자동으로 뷰를 갱신하도록 하는 핵심 개념이다.

Note ≡ 이 장의 예제 코드는 https://github.com/gilbutITbook/006961 또는 https://github.com/azat-co/react-quickly/tree/master/ch04에서 확인할 수 있다(깃허브 저장소 https://github.com/azat-co/react-quickly의 ch04 폴더다).

4.1 React 컴포넌트의 상태란?

React의 **상태**는 컴포넌트의 변경 가능한 데이터 저장소다. 독립적이면서 기능 중심인 UI와 논리의 블록이다. **변경 가능하다는 것**은 상태 값을 변경할 수 있다는 것이다. 뷰(`render()`)에서 상태를 이용하고, 이 값을 나중에 변경하면 뷰의 표현에 영향을 줄 수 있다.

빗대어 설명하면 이렇다. 컴포넌트를 속성과 상태가 있는 함수라고 생각하면 이 함수의 결과가 UI 표현(뷰)이다. React 팀에서는 "컴포넌트는 상태 머신(state machine)입니다"라고 말하고 있다. 속성과 상태는 둘 다 뷰를 갱신하기 위해 사용할 수 있지만, 서로 다른 목적으로 사용한다(4.3절 참조).

상태 객체에 접근할 때는 이름을 이용한다. 이름은 `this.state` 객체의 속성이다. (여기서 말하는 객체 속성이란 객체 키 또는 객체 프로퍼티를 의미하며, 컴포넌트의 속성이 아니다.) 예를 들면 `this.state.autocompleMatches` 또는 `this.state.inputFieldValue` 같은 방식이다.

> **Note** 일반적으로 상태 객체라고 하면 컴포넌트의 `this.state` 객체에 속한 모든 키-값 쌍을 말한다. 상태라고 하면 문맥에 따라서 `this.state` 객체를 의미하거나 `this.state.inputFieldValue`처럼 개별 상태 값을 의미할 수도 있다. 반면에 상태 객체라고 하면 거의 항상 하나의 컴포넌트에 속한 상태 객체를 구성하는 여러 개의 키-값 쌍을 의미한다.

상태 데이터는 흔히 뷰의 렌더링이 갱신될 때 동적 정보를 출력하기 위해 사용된다. 자동완성 입력상자 예제로 돌아가서 살펴보면 사용자 입력을 받아 서버에 XHR 요청을 보내고, 돌아온 응답에 따라 상태를 변경한다. React는 뷰에 출력된 상태가 변경되면, 변경된 상태를 뷰에 반영하여 뷰를 최신 상태로 유지한다. 본질적으로 상태를 변경하면 뷰에서 변경한 상태에 **관련된 부분만** 갱신된다(작게는 하나의 HTML 요소 또는 한 요소의 속성만 변경된다).

DOM에 있는 그 외의 다른 부분은 그대로 유지한다. 이것은 가상 DOM(1.1.1절 참조) 덕분인데, 이는 React가 보정(reconciliation) 과정을 통해 변경할 부분을 결정하는 방식이다. 이 덕분에 선언적으로 작성할 수 있는 것이다. 우리는 React가 부리는 마술을 감상하면 된다. 뷰의 변경 순서와 그 방법에 대해서는 5장에서 설명한다.

React 개발자는 상태 객체를 이용해서 새로운 UI를 생성한다. 컴포넌트 속성(`this.props`)이나, 일반적인 변수(`inputValue`), 클래스 속성(`this.inputValue`)으로는 처리할 수 없는데, 이것들을 현재 컴포넌트 내부에서 변경하더라도 뷰를 자동으로 변경할 수 없기 때문이다. 예를 들어 다음 예제는 안티패턴으로, 상태 외의 다른 값을 변경해도 뷰를 갱신할 수 없다는 것을 보여준다.


```
// 안티패턴: 이런 방식은 피하세요!
let inputValue = 'Texas'
class Autocomplete extends React.Component {
  updateValues() { --------- 사용자 입력에 의해 실행됨
    this.props.inputValue = 'California'
    inputValue = 'California'
    this.inputValue = 'California'
  }
  render() {
    return (
      <div>
        {this.props.inputValue}
        {inputValue}
        {this.inputValue}
      </div>
    )
  }
}
```

다음으로 React 컴포넌트의 상태 객체를 다루는 방법에 대해 살펴보자.

Note ≡ 앞에서 이야기한 것처럼(반복은 기술 습득의 어머니다), 속성은 부모 컴포넌트에서 새로운 값을 전달하면 뷰를 갱신하여 현재 다루고 있는 자식 컴포넌트의 새로운 인스턴스를 생성한다. 해당 자식 컴포넌트의 컨텍스트 내에서 `this.props.inputValue = 'California'` 같은 방식으로 속성을 변경하려고 해도 소용 없다.

4.2 상태 객체 다루기

상태 객체를 다루려면 값에 접근하고 갱신하는 방법과 초기 상태 설정 방법을 알아야 한다. React 컴포넌트의 상태 객체에 접근하는 방법부터 살펴보자.

4.2.1 상태 객체에 접근하기

상태 객체는 컴포넌트의 멤버 변수로 `this`를 통해 접근할 수 있다. 예를 들어 `this.state.name` 같은 방식으로 접근한다. JSX에서 중괄호({})를 이용해 변수에 접근하고 출력했던 것을 기억할 것이다. 이와 유사하게 `render()`에서 `this.state`를 렌더링할 수 있다(다른 변수나 컴포넌트 클래스에 선언한 클래스 속성과 다르지 않다). 예를 들면 `{this.state.inputFieldValue}`처럼 작성할 수 있다. 이 문법은 속성에 접근하는 방법인 `this.props.name`과 비슷하다.

지금까지 배운 내용을 활용해서 그림 4-3과 같은 시계를 구현해보자. 독립적인 컴포넌트 클래스를 생성해서 누구나 쉽게 자신의 애플리케이션에 가져다 쓸 수 있도록 하는 것이 목표다. 시계는 현재 시간을 출력해야 한다.

▼ 그림 4-3 현재 시간을 디지털 형식으로 표시하고 매 초마다 갱신되는 시계 컴포넌트

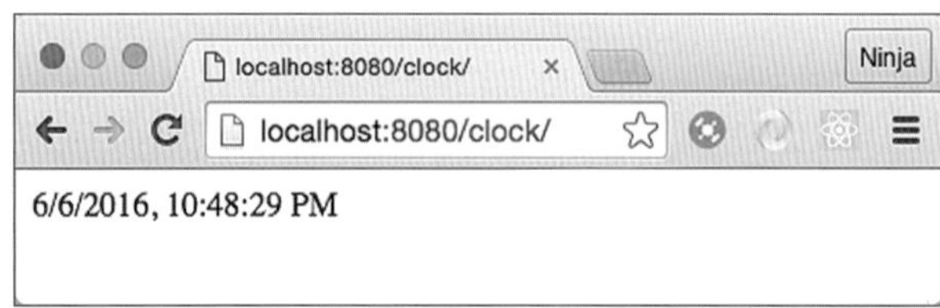

시계 프로젝트의 폴더 구조는 다음과 같다.

```
/clock
  index.html
  /jsx
    script.jsx
    clock.jsx
  /js
    script.js
    clock.js
```

```
react.js
react-dom.js
```

Babel CLI에 -w와 -d 옵션을 주어, 모든 JSX 파일을 컴파일한 후 산출물 폴더인 clock/js에 저장하고, 파일을 수정할 때마다 다시 컴파일하도록 했다. 또한, 상위 폴더인 ch04에 있는 package.json 파일의 scripts 항목에 이 명령을 추가하여 ch04 폴더에서 npm run build-clock으로 실행할 수 있다.

```
"scripts": {
  "build-clock": "./node_modules/.bin/babel clock/jsx -d clock/js -w"
},
```

좋은 일인지 나쁜 일인지 알 수 없지만, 확실히 시간은 계속 변한다. 따라서 뷰를 갱신해야 한다. 뷰를 갱신하기 위해 상태를 사용할 수 있다. 상태에 currentTime이란 이름을 주고, 다음 예제 코드처럼 이 상태를 렌더링해보자.

예제 코드 4.1 JSX에서 상태 렌더링하기

```
class Clock extends React.Component {
  render() {
    return <div>{this.state.currentTime}</div>
  }
}

ReactDOM.render(
  <Clock/>,
  document.getElementById('content')
)
```

이렇게 하면 Uncaught TypeError: Cannot read property 'currentTime' of null이라는 오류 메시지가 발생한다. 보통 자바스크립트 오류 메시지는 물에 빠진 사람에게 지푸라기를 주는 수준으로 거의 도움이 되지 않는다. 그렇지만 최소한 이 오류 메시지는 도움이 된다. 이 오류 메시지는 currentTime 값이 없다는 것을 의미한다. 속성과 달리 상태 객체는 부모 컴포넌트에서 설정하는 것이 아니다. 그렇다고 해서 상태를 설정하기 위해 render() 메서드 안에서 setState를 실행할 수는 없다. 그러면 setState → render → setState...로 끊임없이 반복되므로 React가 오류를 발생시킨다.

4.2.2 초기 상태 설정하기

지금까지 살펴본 바로는 render()에서 상태 데이터를 사용하려면 먼저 상태를 초기화해야 한다. 초기 상태를 설정하려면 React.Component를 사용하는 ES6 클래스의 생성자(constructor)에서 this.state를 선언한다. 반드시 super()에 속성을 전달하여 실행해야 한다. 그렇지 않으면 부모 클래스(React.Component)의 기능을 정상적으로 사용할 수 없다.

```
class MyFancyComponent extends React.Component {
  constructor(props) {
    super(props)
    this.state = {...}
  }
  render() {
    ...
  }
}
```

초기 상태를 설정하면서 다른 로직도 추가할 수 있다. 예를 들어 new Date()를 사용하여 currentTime 값을 설정한다고 하자. toLocaleString()을 사용하면 다음과 같이 사용자의 위치에 맞는 적절한 날짜시간 형식을 보여줄 수 있다(ch04/clock).[1]

예제 코드 4.2 시계 컴포넌트 클래스의 생성자

```
class Clock extends React.Component {
  constructor(props) {
    super(props)
    this.state = {currentTime: (new Date()).toLocaleString('en')}
  }
  ...
}
```

this.state의 값은 반드시 객체여야 한다. 여기서는 ES6 constructor()에 대해 자세히 다루지 않을 것이다. 부록 E와 ES6 치트시트(https://github.com/azat-co/cheatsheets/tree/master/es6)를 참고하기 바란다. 요점은 객체지향 프로그래밍 언어에서 클래스의 인스턴스가 생성될 때 constructor()가 호출된다는 것이다. 생성자 메서드의 이름은 반드시 constructor로 한다. ES6

1 역주 한글 운영체제에서 toLocaleString()에 별도의 인자 없이 호출하면 시간 형식에 한글이 표시된다(오전/오후). 그림 4-3과 같은 날짜 형식으로 하려면 예제 코드 4.2처럼 'en'을 인자로 전달한다.

의 규칙이라고 생각하자. 또한 부모 클래스가 있는 클래스에서 constructor() 메서드를 생성하면 그 안에서 거의 항상 super()를 호출한다. 그렇지 않으면 부모 클래스의 생성자가 실행되지 않는다. 만약 이렇게 상속으로 클래스를 구현하는 경우에 constructor() 메서드를 따로 작성하지 않으면 super()를 호출한 것으로 가정한다.

Note ☰ 클래스 속성

기술 위원회 39(Technical Committee 39, TC39; ECMAScript 표준을 제정하는 위원회)에서 추후 버전 ECMAScript의 클래스 문법에 클래스 속성을 추가해주었으면 좋겠다! 클래스 속성 기능이 지원되면 state를 constructor에서 선언하지 않고, 클래스 몸체에 선언할 수 있다.

```
class Clock extends React.Component {
  state = {
    ...
  }
}
```

클래스 필드/속성/프로퍼티에 대한 제안은 https://github.com/jeffmo/es-class-fields-and-static-properties에 있다. 제안이 이뤄지고 몇 년이 지났지만, 이 책을 집필하는 2017년 3월 현재 아직 Stage 2에 머무르고 있다(Stage 0부터 시작하며 Stage 4가 최종적으로 표준 단계다). 그렇기 때문에 브라우저에서는 아직 사용할 수 없다. 이 기능은 기본적으로 작동하지 않는다. (이 책을 쓰는 현재 클래스 필드를 지원하는 브라우저가 없다.)

브라우저에서 코드를 작동시키려면 Babel, Traceur 같은 트랜스파일러나 TypeScript 등을 이용해야 한다. 클래스 프로퍼티에 대한 ECMAScript 호환성 표(http://kangax.github.io/compat-table/esnext)를 참고하거나 필요하다면 ES.Next Babel preset을 사용하기 바란다.[2]

여기서 정한 currentTime은 임의의 이름이다. 나중에 상태에 접근하고 갱신하려면 같은 이름을 사용해야 한다. 필요할 때 사용할 수만 있다면, 상태의 이름은 마음대로 정할 수 있다.

상태 객체는 배열이나 다른 객체를 중첩해서 가질 수 있다. 다음 예제에서는 내가 출간한 책을 상태 객체에 배열로 담았다.

```
class Content extends React.Component {
  constructor(props) {
    super(props)
    this.state = {
      githubName: 'azat-co',
```

2 역주 현재 이 제안은 https://github.com/tc39/proposal-class-fields로 병합되어 Stage 3으로 변경되었다. Babel은 Stage 0~4까지 개별적인 preset을 제공한다. 이 책을 번역하는 시점에서는 babel-preset-stage-3(https://www.npmjs.com/package/babel-preset-stage-3)에 이 제안을 구현한 @babel/plugin-proposal-class-properties(https://www.npmjs.com/package/@babel/plugin-proposal-class-properties)가 포함되어 있다.

```
      books: [
        'pro express.js',
        'practical node.js',
        'rapid prototyping with js'
      ]
    }
  }
  render() {
    ...
  }
}
```

constructor() 메서드는 앞의 컴포넌트 클래스에서 React 엘리먼트가 생성되는 시점에 한 번만 호출된다. 이렇게 해서 constructor() 메서드 내에서 한 번만 this.state로 직접 상태를 선언할 수 있다. 이 외의 부분에서는 this.state = ...으로 직접 상태를 선언하지 않도록 해야 한다. 만약 직접 선언하면 의도하지 않은 결과를 낳을 수 있다.

> **Note ≡** React에서 컴포넌트를 생성하기 위해 사용하는 createClass() 메서드에서는 초기 상태 설정에 getInitialState()를 사용한다. createClass()에 대한 자세한 정보와 ES5로 작성한 예제는 2.2절의 노트 "ES6+/ES2015+와 React"를 살펴보기 바란다.

이렇게 하면 첫 번째 값을 입력해서 보여줄 뿐, 곧 시간이 지나버릴 것이다. 1초만에 말이다. 현재 시각을 알려줄 수 없는 시계가 무슨 쓸모가 있겠는가? 다행히도 React에는 상태를 갱신하는 방법도 있다.

4.2.3 상태 갱신하기

클래스 메서드인 this.setState(data, callback)를 사용하면 상태를 변경할 수 있다. 이 메서드를 실행하면 React는 전달하는 data를 현재 상태에 병합하고 render()를 호출한다. 이후에 React가 callback 함수를 실행한다.

setState()에 콜백함수를 사용할 수 있다는 점은 중요하다. setState()가 **비동기**로 작동하기 때문이다. 새로운 상태에 의존하는 경우, 콜백함수를 사용해야 새로운 상태가 적용된 후에 필요한 작업을 수행할 수 있다.

setState()가 완료되길 기다리지 않고 새로운 상태에 의존하는 작업을 수행하는 것은 비동기(asynchronous) 작업을 동기(synchronous)처럼 다루는 것이다. 이 경우 갱신될 새로운 상태 값에 의존하는 코드를 작성하면 버그가 생길 수 있는데, 상태 객체가 이전 값을 가진 이전의 상태 객체로 남아있기 때문이다.

지금까지는 시간을 상태에서 렌더링했다. 초기 상태를 설정했지만, 시간을 매 초마다 갱신해야 한다. 브라우저의 타이머 함수인 setInterval()(http://mng.bz/P2d6)을 사용하면 그렇게 할 수 있다. 매 *n* 밀리초(1000분의 1초)마다 상태를 갱신할 수 있다. setInterval() 메서드는 모든 최신 브라우저에서 전역에 구현되어 있으며, 라이브러리나 접두사 없이 사용할 수 있다. 다음 예제를 살펴보자.

```
setInterval(() => {
  console.log('Updating time...')
  this.setState({
    currentTime: (new Date()).toLocaleString('en')
  })
}, 1000)
```

시계를 시작하려면 setInterval()을 한 번 호출해야 한다. setInterval()을 호출하는 launchClock() 메서드를 생성하자. 생성자에서 launchClock()을 호출한다. 다음 예제 코드는 완성된 Clock 컴포넌트다(ch04/clock/jsx/clock.jsx).

예제 코드 4.3 상태를 이용한 Clock 컴포넌트 구현

```
class Clock extends React.Component {
            constructor(props) {
              super(props)
              this.launchClock() --------- launchClock() 실행
              this.state = {
                currentTime: (new Date()).toLocaleString('en') --------- 초기 상태에 현재 시각 추가
              }
            }
            launchClock() {
              setInterval(() => {
                console.log('Updating time...')
                this.setState({
                  currentTime: (new Date()).toLocaleString('en') --------- 매 초마다 현재 시각으로
                })                                                          상태를 갱신
              }, 1000)
            }
            render() {
```

```
      console.log('Rendering Clock...')
      return <div>{this.state.currentTime}</div> --------- 상태 렌더링
    }
  }
```

예제 코드에서는 setState()를 생성자가 실행하는 launchClock()에서만 사용했지만, 실제로는 다른 곳에서도 사용할 수 있다. 일반적으로 setState()는 이벤트 핸들러나 데이터 수신 또는 갱신을 처리하는 콜백함수에서 호출된다.

> Tip ☆ this.state.name= 'new name' 같은 방식으로 상태를 변경하는 것은 아무 효과가 없다. 이렇게 하면 렌더링을 다시 하지도 않고, 실제 DOM을 갱신할 수도 없다. 대부분의 경우에 setState()를 거치지 않고 직접 상태 객체를 변경하는 것은 안티패턴이므로 피해야 한다.

setState()로 전달하는 상태는 상태 객체의 일부분만 갱신한다는 것을 알고 있어야 한다(일부분만 수정하거나 병합하고 완벽하게 교체하지는 않는다). 매번 상태 객체를 완전히 바꾸지 않는다. 따라서 상태 객체에 세 항목이 있을 때 하나를 변경한다면, 나머지 둘은 그대로 유지되어 바뀌지 않는다. 다음 예제 코드에서 userEmail과 userId는 그대로 유지된다.

```
constructor(props) {
  super(props)
  this.state = {
    userName: 'Azat Mardan',
    userEmail: 'hi@azat.co',
    userId: 3967
  }
}
updateValues() {
  this.setState({userName: 'Azat'})
}
```

만약 상태 세 가지를 모두 갱신하고 싶다면 setState()에 이 상태에 대한 새로운 값을 명시적으로 전달해야 한다. (this.replaceState() 메서드를 사용하는 코드를 오래된 React 코드에서 여전히 찾아볼 수도 있겠지만, 이 방법은 더 이상 작동하지 않고 지원도 종료되었다.[3] 이름에서 알 수 있듯이 이 메서드는 상태 객체에 있는 모든 키-값 쌍을 교체하는 데 사용되었다.)

3 https://github.com/facebook/react/issues/3236

setState()가 render()를 실행시킨다는 점도 기억해야 한다. 대부분의 경우를 이 방식으로 처리한다. 코드가 외부 데이터에 의존하는 매우 특이한 경우, 다시 렌더링하기 위해 this.forceUpdate()를 호출할 수 있다. 그렇지만 이 방법은 상태가 아닌 외부 데이터에 의존하여 컴포넌트를 불안정하게 만들고, 외부 요소와 강하게 결합되어 좋지 않으므로 피해야 한다.

앞서 언급한 것처럼, this.state를 통해 상태 객체에 접근할 수 있다. 기억하고 있겠지만 JSX에서 값을 출력할 때는 중괄호({})를 사용한다. 그러므로 뷰에서 상태를 노출하려면 render()의 return 문에서 {this.state.NAME}을 사용한다.

React가 부리는 마술은 뷰에 상태 데이터를 사용하고 setState()로 새로운 값을 전달할 때 등장한다. (예를 들어 if/else 문에서 출력하거나 HTML 속성 값 또는 자식 엘리먼트의 속성 값을 사용할 때다.) 짠! React는 필요한 HTML만 갱신한다. 개발자 도구의 콘솔에서 이것을 확인할 수 있다. "Updating …"(갱신 중), "Rendering …"(렌더링 중) 같은 갱신 주기를 확인할 수 있을 것이다. 그리고 가장 대단한 점은 필요한 최소한의 DOM 요소에만 정확하게 영향을 준다는 점이다.

Note ☰ 자바스크립트의 this 바인딩

자바스크립트에서 this는 함수가 호출된 곳에 따라 다르다. this가 컴포넌트 클래스를 참조하도록 하려면 적절한 컨텍스트에 함수를 바인딩해야 한다(this 값이 컴포넌트 클래스가 되도록 한다).

ES6+/ES2015+를 사용한다면 내가 이 책에서 하는 것처럼 화살표 함수를 사용해서 자동으로 바인딩된 함수를 생성할 수 있다.

```
setInterval(() => {
  this.setState({
    currentTime: (new Date()).toLocaleString('en')
  })
}, 1000)
```

자동 바인딩은 화살표 함수로 생성된 함수가 현재 this 값을 갖게 됨을 의미하며, 이 경우에는 Clock 컴포넌트가 된다.

수동으로 하는 방법은 클로저에서 bind(this) 메서드를 사용하는 것이다.

```
function() {...}.bind(this)
```

Clock 컴포넌트에서 한다면 다음과 같다.

```
setInterval(function(){
  this.setState({
    currentTime: (new Date()).toLocaleString('en')
  })
}.bind(this), 1000)
```

계속

이 방법은 React에만 사용할 수 있는 것은 아니다. 함수의 클로저에서 this 키워드가 변경되므로 일종의 바인딩이 필요하다. 컨텍스트(this) 값을 저장해 놓았다가 다음에 다시 사용하는 방법도 있다.

일반적으로 self, that, _this 같은 변수를 원래의 this를 담아 두는 목적으로 사용한다. 다음과 같이 작성한 코드를 본 적이 있을 것이다.

```
var that = this
var _this = this
var self = this
```

매우 단순한 방법이다. 변수에 담아 두었다가 클로저에서 this를 참조하는 대신 이 값을 사용하는 것이다. 새로운 변수는 원래의 this 값을 복사한 것이 아니라 참조다. 이 방법으로 setInterval()을 작성하면 다음과 같다.

```
var _this = this
setInterval(function () {
  _this.setState({
    currentTime: (new Date()).toLocaleString('en')
  })
}, 1000)
```

그림 4-4처럼 잘 동작하는 Clock 컴포넌트를 완성했다. 짜잔!

▼ 그림 4-4 시간의 갱신에 따른 콘솔 결과

다음으로 넘어가기 전에 한 가지만 더 살펴보자. React가 동일한 DOM인 <div> 요소는 재사용하고, 내부의 텍스트만 변경하는 것을 이해할 수 있을 것이다. 개발자 도구에서 이 요소의 CSS를 변경해보자. 난 그림 4-5처럼 color: blue를 넣어서 글자색을 파란색으로 변경해봤다. (이 책의 전자책에서는 파란 글씨를 확인할 수 있다.) 나는 CSS 클래스가 아닌 인라인 스타일을 삽입했다. 시간이 바뀌어도 요소와 인라인 스타일로 넣은 색상이 그대로 유지된다.

React는 내부의 HTML만 갱신한다(두 번째 `<div>` 컨테이너의 내용 부분). `<div>` 자체는 물론 페이지의 다른 요소는 그대로 유지된다. 깔끔하다.

▼ 그림 4-5 React는 시간을 표시하는 텍스트만 갱신하고 <div> 요소 자체를 갱신하지 않는다(직접 color: blue 스타일을 추가했으나 <div>가 그대로 유지된다).

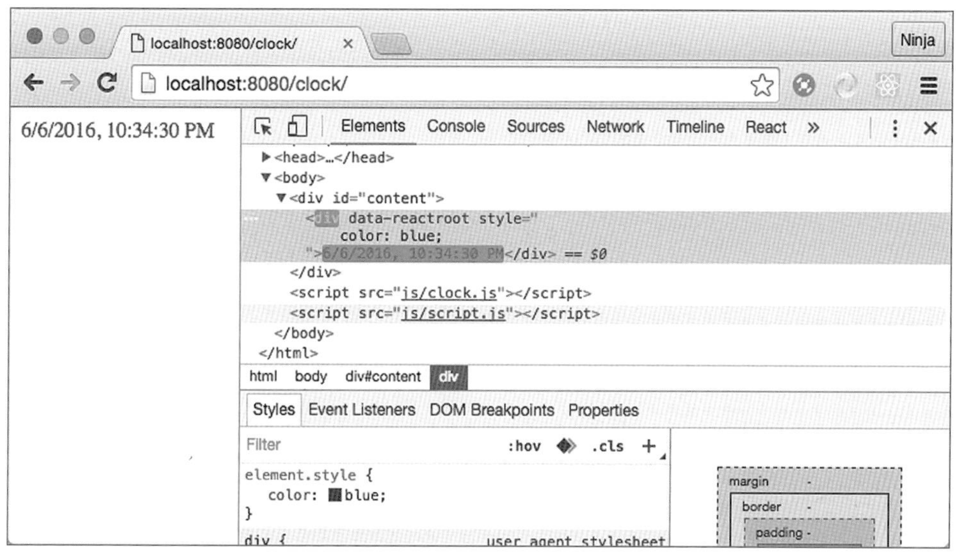

4.3 상태 객체와 속성

REACT

상태 객체와 속성은 모두 클래스의 멤버이며, 각각 `this.state`와 `this.props`를 말한다. 이것이 유일한 공통점이다! 상태 객체와 속성의 주요한 차이점 중 하나는 상태 객체는 변경 가능한 반면, 속성은 변경이 불가능하다는 점이다.

또 다른 차이점은 속성은 부모 컴포넌트에서 전달하지만, 상태는 부모 컴포넌트가 아닌 해당 컴포넌트 자체에서 정의한다는 점이다. 이는 속성 값을 변경하는 것은 오직 부모 컴포넌트에서만 가능하고, 자체적으로는 변경할 수 없다는 원리다. 그러므로 속성은 뷰 생성 시에 정해지고, 정적인 상태로 유지된다(변경되지 않는다). 반면에 상태는 해당 컴포넌트에서 설정되고 갱신된다.

속성과 상태는 각자 다른 목적으로 사용되지만 둘 다 컴포넌트 클래스에서 접근이 가능하고, 다른 표현(뷰)으로 여러 컴포넌트를 구성할 수 있도록 도와준다. 5장에서 살펴볼 컴포넌트 라이프사이클과 관련해서는 차이점이 있다. 함수가 다른 출력을 생성하도록 하기 위해 속성과 상태를 입력한다고 생각하자. 여기서 출력은 뷰다. 따라서 그림 4-6처럼 서로 다른 속성과 상태 집합에 따라 서로 다른 UI(뷰)를 가질 수 있다.

모든 컴포넌트가 상태를 가져야 하는 것은 아니다. 다음 절에서는 상태비저장 컴포넌트를 속성과 함께 사용하는 방법을 살펴본다.

✔ 그림 4-6 속성과 상태에 새로운 값을 넣어 UI를 변경할 수 있다. 새로운 속성 값은 부모로부터 전달되고, 새로운 상태 값은 컴포넌트 자체적으로 변경한다

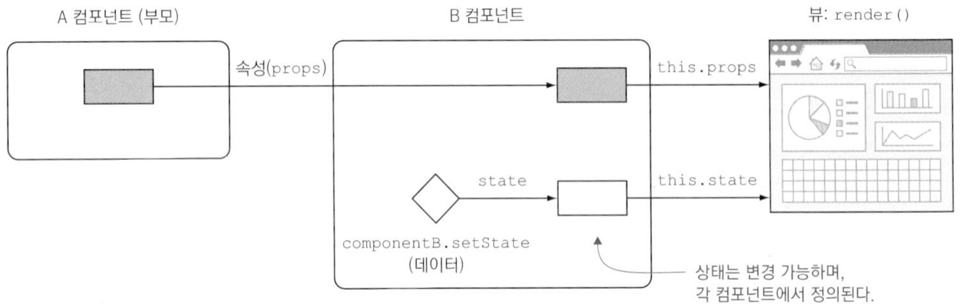

4.4 상태비저장 컴포넌트

REACT

상태비저장 컴포넌트(stateless component)는 상태 객체가 없으며, 컴포넌트 메서드 또는 다른 React의 라이프사이클 이벤트 또는 메서드를 갖지 않는다(5장 참조). 상태비저장 컴포넌트의 목적은 오직 뷰를 렌더링하는 것이다. 이 컴포넌트가 할 수 있는 것은 속성을 전달받아 처리하는 것뿐이다. 상태비저장 컴포넌트는 속성을 입력받아 UI 엘리먼트를 출력하는 간단한 함수다.

상태비저장 컴포넌트는 예측할 수 있다는 이점이 있는데, 출력을 결정하는 입력이 한 가지뿐이기 때문이다. 예측가능성은 곧 이해가 쉽고, 유지보수와 디버깅이 편리하다는 것을 의미한다. 실제로 상태를 가지지 않는 것이 React의 가장 바람직한 사례라고 볼 수 있다. 상태비저장 컴포넌트는 더 많이 사용할수록, 상태저장 컴포넌트는 더 적게 사용할수록 더 좋다.

이 책의 1~3장에서 상태비저장 컴포넌트를 많이 작성해보았다. 예를 들어 HelloWorld는 상태비저장 컴포넌트다(ch03/hello-js-world-jsx/jsx/script.jsx).

예제 코드 4.4 상태비저장 Hello World

```
class HelloWorld extends React.Component {
  render() {
    return <h1 {...this.props}>Hello {this.props.frameworkName} world!!!</h1>
  }
}
```

React는 함수형 스타일을 사용하여 상태비저장 컴포넌트를 위한 더 간결한 문법을 제공한다. 즉, 인자로 속성을 전달받아 뷰를 반환하는 함수를 생성할 수 있다. 상태비저장 컴포넌트는 다른 컴포넌트와 똑같이 렌더링된다. 예를 들어 `HelloWorld` 컴포넌트는 `<h1>`을 반환하는 함수로 다시 쓸 수 있다.

```
const HelloWorld = function(props){
  return <h1 {...props}>Hello {props.frameworkName} world!!!</h1>
}
```

ES6+/ES2015+의 화살표 함수를 사용하여 상태비저장 컴포넌트를 작성할 수 있다. 다음 예제 코드는 앞의 예제 코드와 동일하다(`return` 키워드도 제거할 수 있지만, 난 남겨두는 것을 선호한다).

```
const HelloWorld = (props)=>{
  return <h1 {...props}>Hello {props.frameworkName} world!!!</h1>
}
```

이처럼 상태가 필요하지 않다면 React 컴포넌트를 함수로 선언할 수 있다. 다시 말해 상태비저장 컴포넌트를 생성하려면 함수로 선언하라는 것이다. 다음 예제에서 `Link`는 상태비저장 컴포넌트다.

```
function Link(props) {
  return <a href={props.href} target="_blank" className="btn btn-primary">
  {props.text}</a>
}
ReactDOM.render(
  <Link text='Buy React Quickly'
  href='https://www.manning.com/books/react-quickly'/>,
  document.getElementById('content')
)
```

자동 바인딩을 할 필요는 없지만, 화살표 함수를 사용해 코드를 짧게 작성할 수 있다(한 문장일 경우에는 한 줄로 표기할 수도 있다).

```
const Link = props => <a href={props.href}
  target="_blank"
  className="btn btn-primary">
    {props.text}
</a>
```

또는 화살표 함수를 중괄호({})와 함께 사용해서 명시적으로 return을 작성하고, 괄호를 추가하면 좀 더 읽기 쉬워 보인다.

```
const Link = (props)=> {
  return (
    <a href={props.href}
      target="_blank"
      className="btn btn-primary">
        {props.text}
    </a>
  )
}
```

상태비저장 컴포넌트는 상태를 가질 수 없다. 그렇지만 propTypes와 defaultProps를 프로퍼티로 가질 수 있다(각각에 대해서는 8.1절과 8.2절을 참고하기 바란다). 이 둘을 컴포넌트 객체에 추가할 수 있다. 한편 엘리먼트를 return과 같은 라인에서 시작하면 return 뒤에 여는 괄호를 넣지 않아도 된다.

```
function Link (props) {
  return <a href={props.href}
    target="_blank"
    className="btn btn-primary">
      {props.text}
  </a>
}
Link.propTypes = {...}
Link.defaultProps = {...}
```

또한, 상태비저장 컴포넌트(함수)에서는 엘리먼트 참조(`refs`)를 사용할 수 없다.[4] `refs`를 사용하려면 상태비저장 컴포넌트를 일반적인 React 컴포넌트로 감싸야 한다. 엘리먼트 참조에 대해서는 7.2.3절을 살펴보기 바란다.

4.5 상태비저장 컴포넌트와 상태저장 컴포넌트의 비교

REACT

상태비저장 컴포넌트를 사용하는 이유는 무엇일까? HTML 렌더링을 처리하는 것으로 충분한 경우, 별도의 인스턴스를 생성하거나, 라이프사이클 메서드를 사용하지 않아도 되는 상태비저장 컴포넌트가 더 선언적이고 잘 작동한다. 기본적으로 엘리먼트에 속성을 전달하여 HTML로 렌더링하는 것이 필요한 작업의 전부일 때 상태비저장 컴포넌트를 사용하면 중복을 줄일 수 있고, 더 나은 문법을 바탕으로 좀 더 간결하게 컴포넌트를 작성할 수 있다.

내가 제안하는 방법이자 React 팀이 소개하는 모범 사례는 일반 컴포넌트를 사용하는 대신 상태비저장 컴포넌트를 가능한 한 많이 사용하는 것이다. 그렇지만 시계 예제에서 살펴본 것처럼 언제나 가능한 방법은 아니다. 결국 상태를 이용해야 하는 경우도 가끔 있다. 따라서 컴포넌트 계층 위에는 UI 상태, 상호작용, 그 외의 애플리케이션 로직(서버에서 데이터를 불러오는 것 등)을 관리하는 상태저장 컴포넌트가 위치하게 된다.

상태비저장 컴포넌트가 반드시 정적이라고 생각해서는 안 된다. 다른 속성을 전달하면 상태비저장 컴포넌트의 모습을 바꿀 수 있다. 다음 예제 코드에서 `Clock` 컴포넌트를 세 컴포넌트로 분리하여 개선하는 과정을 살펴보자. 갱신할 상태와 로직을 가진 `Clock` 컴포넌트는 상태저장 컴포넌트이고, 시간의 출력만 처리하는 두 컴포넌트 `DigitalDisplay`와 `AnalogDisplay`는 상태비저장 컴포넌트다. 상태비저장 컴포넌트 두 개는 각각 다른 방식으로 시간을 출력한다. 목표는 그림 4-7과 같다. 그럴싸하지 않은가?

---

4 "상태비저장 컴포넌트의 this.refs 값?(React stateless component this.refs..value?)", http://mng.bz/Eb91.

❤ 그림 4-7 아날로그 방식 또는 디지털 방식으로 노출할 수 있는 시계

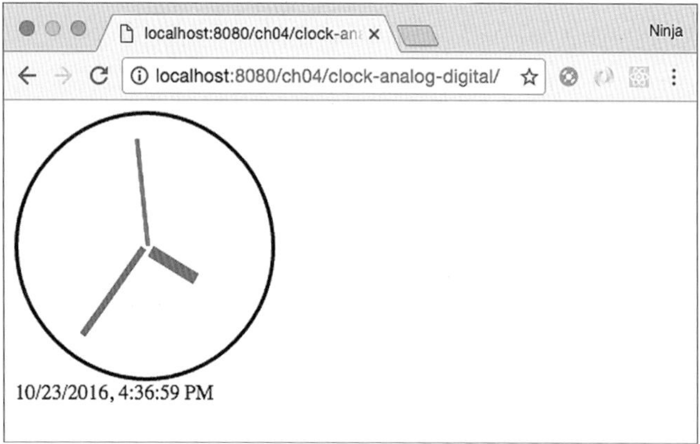

프로젝트 구조는 다음과 같다.

```
/clock-analog-digital
  /jsx
    analog-display.jsx
    clock.jsx
    digital-display.jsx
    script.jsx
  /js
    analog-display.js
    clock.js
    digital-display.js
    script.js
    react.js
    react-dom.js
  index.html
```

Clock 컴포넌트는 두 자식 엘리먼트에 time 속성으로 상태인 currentTime 값을 전달한다. 부모의 상태가 자식의 속성이 된다.

예제 코드 4.5 자식 엘리먼트에 상태 전달하기

```
...
  render() {
    console.log('Rendering...')
    return <div>
      <AnalogDisplay time={this.state.currentTime}/>
      <DigitalDisplay time={this.state.currentTime}/>
    </div>
  }
```

이제 DigitalDisplay를 생성하자. 간단하다. 다음과 같이 속성을 전달받은 후, 해당 속성인자인 props.time으로 시간을 출력하는 함수다(ch04/clock-analog-digital/jsx/digital-display.jsx).

예제 코드 4.6 상태비저장 디지털 형식 컴포넌트

```
const DigitalDisplay = function(props) {
  return <div>{props.time}</div>
}
```


AnalogDisplay도 상태비저장 컴포넌트를 구현한 함수다. 그렇지만 내부에 시침을 조작하기 위한 애니메이션이 포함되어 있다. 이 애니메이션은 time 속성에 의해 작동하며, 다른 상태에 의존하고 있지 않다. 시간을 문자열로 전달받은 후 Date 객체로 변환하여 시, 분, 초를 가져온 다음, 그 값을 각도로 변경한다. 예를 들어 다음 예제 코드는 초를 각도로 변환하는 방법이다.

```
let date = new Date('1/9/2007, 9:46:15 AM')
console.log((date.getSeconds()/60)*360 ) // 90
```

각도를 계산한 후에는 객체 리터럴로 작성된 CSS에 사용할 수 있다. React CSS의 차이점은 스타일 속성을 카멜 표기법으로 작성한다는 점이다. 반면에 CSS에서 원래 사용하는 대시 기호(-)를 사용하면 자바스크립트에서는 유효하지 않다. 앞에서 언급한 것처럼 스타일에 객체를 사용하는 것이 React가 이전 엘리먼트와 새로운 엘리먼트의 차이점을 더 빨리 결정하도록 해준다. React의 스타일과 CSS에 대해서는 3.4.3절에서 다뤘다.

다음 예제 코드는 time 속성으로 전달한 값을 CSS에 사용하는 상태비저장 아날로그 형식 컴포넌트다(ch04/clock-analog-digital/jsx/analog-display.jsx).[5]

예제 코드 4.7 상태비저장 아날로그 형식 컴포넌트

```
const AnalogDisplay = function AnalogDisplay(props) {
  let date = new Date(props.time) --------- 문자열로 된 날짜를 객체로 변환하여 사용할 수 있도록 한다.
  let dialStyle = {
    position: 'relative',
    top: 0,
    left: 0,
    width: 200,
```

---

5 역주 한글 운영체제에서 clock-analog-digital 예제를 열어보면 시계침이 움직이지 않는 것을 확인할 수 있다. toLocaleString()으로 생성한 한글이 포함된 시간 형식을 다시 Date 객체로 변환하지 못해서 각도를 정상적으로 계산하지 못하기 때문에 그렇다. Clock 컴포넌트(clock.jsx)에서 toLocaleString()을 호출할 때 인자로 'en'을 추가하여 toLocaleString('en')으로 호출하도록 하면 해결할 수 있다.

```
  height: 200,
  borderRadius: 20000, --------- <div>를 원으로 만들기 위해서 너비에 비해 상대적으로 큰
                                 borderRadius(일반적인 CSS의 경우 border-radius) 값을 적용한다.
  borderStyle: 'solid',
  borderColor: 'black'
}
let secondHandStyle = {
  position: 'relative',
  top: 100,
  left: 100,
  border: '1px solid red',
  width: '40%',
  height: 1,                    각도를 계산하고 초침을 90도 뒤로 회전시켜서 수평 위치에서 시작하도록 한다.
  transform: 'rotate(' + ((date.getSeconds() / 60) * 360 - 90).toString() + 'deg)',
  transformOrigin: '0% 0%', --------- transformOrigin을 사용하여 회전의 원점을 지정한다.
  backgroundColor: 'red'
}
let minuteHandStyle = {
  position: 'relative',
  top: 100,
  left: 100,
  border: '1px solid grey',
  width: '40%',
  height: 3,
  transform: 'rotate(' + ((date.getMinutes() / 60) * 360 - 90).toString() + 'deg)',
  transformOrigin: '0% 0%',
  backgroundColor: 'grey'
}
let hourHandStyle = {
  position: 'relative',
  top: 92,
  left: 106,
  border: '1px solid grey',
  width: '20%',
  height: 7,
  transform: 'rotate(' + ((date.getHours() / 12) * 360 - 90).toString() + 'deg)',
  transformOrigin: '0% 0%',
  backgroundColor: 'grey'
}
return <div>
  <div style={dialStyle}> --------- 시계 다이얼(원판)을 위한 스타일을 적용하여 컨테이너를 렌더링한다.
    <div style={secondHandStyle}/>
```

```
        <div style={minuteHandStyle}/>
        <div style={hourHandStyle}/>
      </div>
    </div>
  }
```


Chrome 또는 Firefox용 React 개발자 도구(http://mng.bz/mt5P 또는 http://mng.bz/DANq)를 설치했다면, React 탭을 개발자 도구에서 열 수 있다. 그림 4-8처럼 두 자식 엘리먼트를 가진 `<Clock>` 엘리먼트를 확인할 수 있다. React 개발자 도구에서 컴포넌트의 이름과 함께 `currentTime` 상태도 확인할 수 있다. 매우 훌륭한 디버깅 도구다!

▼ 그림 4-8 React 개발자 도구 v0.15.4로 살펴본 두 컴포넌트

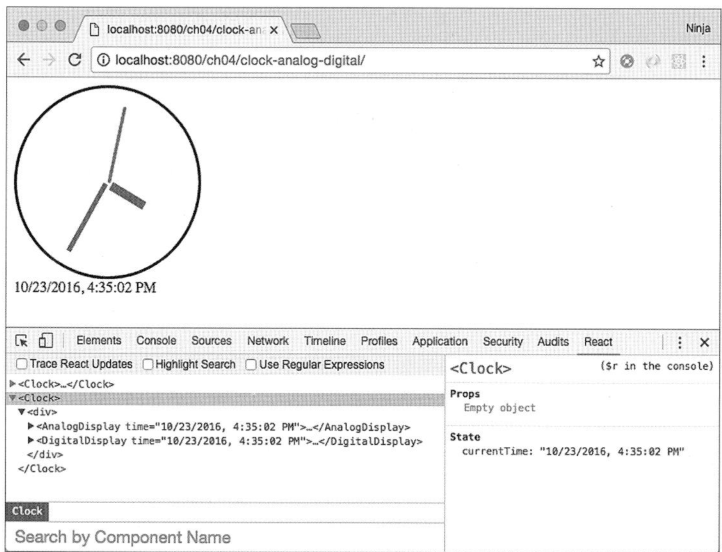

예제 코드에서는 `const` 변수에 익명함수 표현식을 담는 방법을 사용했다. 다른 방법으로는 기명 함수 선언문을 사용할 수 있다.

```
function AnalogDisplay(props) {...}
```

기명 함수 선언문을 참조하는 변수를 사용할 수도 있다.

```
const AnalogDisplay = function AnalogDisplay(props) {...}
```

Note ≡ 자바스크립트의 함수 선언문에 대하여

자바스크립트에서 함수를 선언하는 방법은 여러 가지다. 콜백함수처럼 바로 사용하는 함수는 익명함수로 작성할 수 있다.

```
function() { return 'howdy'}
```

즉시실행함수(IIFE)를 작성할 수도 있다.

```
(function() {
  return('howdy')
})()
```

익명 함수 표현식을 참조하는 변수를 생성하면 다음과 같다.

```
let sayHelloInMandarin = function() { return 'nǐ hǎo'}
```

다음은 호이스팅되는 기명 함수 표현식이다.

```
function sayHelloInTatar() { return 'sälam'}
```

호이스팅되는 기명 함수 표현식을 참조하는 변수를 생성하면 다음과 같다.

```
let sayHelloInSpanish = function digaHolaEnEspanol() { return 'hola'}
```

마지막으로 즉시 실행되는 기명 함수 표현식을 작성하면 다음과 같다.

```
(function sayHelloInTexan() {
  return('howdy')
})()
```

호이스팅되는 기명 함수의 경우에는 화살표 함수를 사용하지 않는다.

살펴본 것처럼 AnalogDisplay와 DigitalDisplay 컴포넌트는 상태를 저장하지 않는다. 즉, 상태 객체가 없다. 함수 몸체를 제외하고는 메서드를 가지고 있지 않아서 일반적인 React 클래스 정의의 render()와 다른 모습이다. 애플리케이션의 모든 로직과 상태는 Clock 컴포넌트에 있다.

반면에 상태비저장 컴포넌트에 담은 유일한 로직은 애니메이션이지만, 애니메이션은 AnalogDisplay에만 관련되어 있다. 확실히 Clock 컴포넌트에서 아날로그 형식을 위한 애니메이션을 처리했다면 나쁜 설계가 되었을 것이다. 이제 Clock 컴포넌트에서 두 컴포넌트를 필요에 따라 모두 렌더링하거나 하나만 렌더링할 수도 있다. 상태비저장 컴포넌트를 여러 개의 상태저장 컴포넌트와 적절히 사용하면 좀 더 유연하고, 간단하며, 더 나은 설계를 할 수 있다.

보통 React를 다루는 개발자가 상태비저장 컴포넌트를 이야기하면 함수나 화살표 함수 문법으로 작성한 컴포넌트를 의미한다. 클래스를 사용해서 상태비저장 컴포넌트를 만들 수도 있지만, 이 방식은 추천하지 않는다. 다른 사람이나 혹은 컴포넌트를 직접 작성한 사람이라도 반 년쯤 뒤에 상태를 추가해버릴 수도 있기 때문이다. 이런 유혹을 없애고, 코드를 복잡하게 만드는 것을 미리 방지하자!

상태비저장 컴포넌트에 메서드를 둘 수 있는지 궁금할 것이다. 확실히 클래스를 사용할 때는 메서드를 사용할 수 있다. 그렇지만 앞서 설명한 것처럼, 대부분의 개발자가 함수를 사용한다. 함수도 자바스크립트 객체이므로 메서드를 추가할 수도 있지만, 그렇게 하면 코드가 아름답지 않다. 함수에서 `this`를 사용할 수 없기 때문이다(`this` 값이 컴포넌트가 아닌 `window` 객체를 가리킨다).

```
// 안티패턴: 이런 방식은 피하세요!
const DigitalDisplay = function(props) {
  return <div>{DigitalDisplay.locale(props.time)}</div>
}
DigitalDisplay.locale = (time)=>{
  return (new Date(time)).toLocaleString('EU')
}
```

뷰와 관련된 로직을 처리하려면, 상태비저장 컴포넌트의 내부에 새로운 함수를 생성한다.

```
// 좋은 패턴
const DigitalDisplay = function(props) {
  const locale = time => (new Date(time)).toLocaleString('EU')
  return <div>{locale(props.time)}</div>
}
```

상태비저장 컴포넌트는 단순하게 유지해야 한다. 상태 객체나 메서드를 추가하지 말자. 특히 외부 메서드나 함수를 호출하지 않도록 해야 하는데, 이런 방법이 예측가능성을 깨뜨리기 때문이다(그리고 순수성에도 위배된다).

4.6 퀴즈

1. 다음 중 컴포넌트 메서드에서 상태를 설정하는 방법은 무엇인가?

   ```
   this.setState(a)
   this.state = a
   this.a = a
   ```

2. 렌더링 과정을 갱신하려고 할 때, `this.props.a=100`처럼 컴포넌트 내부에서 속성을 변경하는 것이 일반적이다. (○/×)

3. 상태 객체는 변경할 수 있고, 속성은 변경할 수 없다. (○/×)

4. 상태비저장 컴포넌트는 함수로 구현될 수 있다. (○/×)

5. 엘리먼트를 생성할 때 초기 상태를 정의하는 방법은 다음 중 무엇인가?

   ```
   setState()
   initialState()
   생성자에서 this.state = ... 를 사용하거나 setInitialState()를 호출
   ```


4.7 요약

- 상태 객체는 변경할 수 있다. 속성은 변경할 수 없다.
- 컴포넌트 클래스의 생성자에서 `this.state = ...` 를 사용하거나, `createClass()`를 사용하는 경우 `getInitialState`를 호출하여 컴포넌트의 초기 상태 객체를 설정할 수 있다.
- `this.setState`는 상태 객체 전체가 아니라 전달한 항목만 갱신한다.
- `{}`는 JSX 코드에서 변수를 출력하고 자바스크립트를 실행할 때 사용한다.
- 상태 객체는 `this.state.NAME`으로 접근한다.
- 상태비저장 컴포넌트는 React를 다룰 때 선호되는 방식이다.

4.8 퀴즈 정답

1. this.setState(a). constructor() 외에 this.state에 직접 할당하는 경우는 없다. this.a는 상태 객체에 아무런 영향도 주지 못한다. 인스턴스에 새로운 프로퍼티를 생성할 뿐이다.
2. × / 컴포넌트 내부에서 속성을 변경해도 다시 렌더링하지 않는다.
3. ○ / 컴포넌트에서 속성을 변경할 수 있는 방법은 없다. 부모 컴포넌트에서만 자식의 속성을 변경할 수 있다. 반면에 상태는 컴포넌트 내부에서만 변경할 수 있다.
4. ○ / 화살표 함수나 기존의 function() {} 정의를 사용할 수 있고, 두 경우 모두 하나의 엘리먼트를 반환해야 한다.
5. 초기 상태를 설정하려면 생성자에서 this.state = ...을 사용하거나, createClass()로 컴포넌트를 생성하는 경우에는 getInitialState() 메서드를 사용할 수 있다.

5장

React 컴포넌트 라이프사이클 이벤트

5장의 주요 내용을 동영상으로 볼 수 있습니다.
QR 코드를 스캔하거나 http://reactquickly.co/videos/ch05 로 접속하세요.

이 장에서 살펴볼 주제

- React 컴포넌트 라이프사이클 이벤트 한눈에 살펴보기
- 이벤트 카테고리의 이해
- 이벤트의 정의
- 마운팅, 갱신, 언마운팅 이벤트

2장에서 컴포넌트 생성 방법을 살펴보았는데, 컴포넌트를 좀 더 세밀하게 제어해야 할 경우가 있다. 예를 들어 화면 너비에 따라 크기가 변경되는 라디오 버튼 컴포넌트를 만드는 경우를 생각해 볼 수 있다. 다른 예로 서버에 XHR 요청을 보내 정보를 가져오는 메뉴 컴포넌트를 개발해야 하는 경우도 있을 것이다.

세밀하게 제어하기 위한 방법으로 컴포넌트 인스턴스 생성 전에 필요한 로직을 구현한 후 새로운 속성을 제공해서 인스턴스를 재생성하는 방법을 생각해볼 수 있다. 그렇지만 이 방법으로는 독립적인 컴포넌트를 생성할 수 없으므로 React가 제공하는 컴포넌트 기반 아키텍처의 이점을 살리기 어렵다.

가장 좋은 방법은 컴포넌트 라이프사이클 이벤트(component lifecycle events)를 사용하는 것이다. 마운팅 이벤트를 이용해서 컴포넌트에 필요한 로직을 주입할 수 있다. 그 외에도 다른 이벤트를 이용하면, 뷰가 다시 렌더링하는 것을 결정하는 특별한 로직을 제공해서 좀 더 똑똑한 컴포넌트를 만들 수도 있다(React의 기본 알고리즘을 덮어쓴다).

라디오 버튼과 메뉴 컴포넌트의 사례를 다시 생각해보면 버튼 컴포넌트를 생성할 때 `window`의 이벤트(`onResize`)에 연결한 다음, 컴포넌트를 제거할 때 연결을 제거할 수 있다. 메뉴 컴포넌트는 React 엘리먼트를 실제 DOM에 삽입(mount)하고 나서 서버에서 데이터를 가져올 수 있다.

이제부터 컴포넌트 라이프사이클 이벤트를 정복해보자!

> **Note** ≡ 이 장의 예제 코드는 https://github.com/gilbutITbook/006961 또는 https://github.com/azat-co/react-quickly/tree/master/ch05에서 확인할 수 있다(깃허브 저장소 https://github.com/azat-co/react-quickly의 ch05 폴더다).

5.1 React 컴포넌트 라이프사이클 이벤트 한눈에 살펴보기

React는 라이프사이클 이벤트를 기반으로 컴포넌트의 동작을 제어하고 사용자 정의를 할 수 있다(컴퓨터 프로그래밍에서 말하는 **후킹**과 비슷하다. https://ko.wikipedia.org/wiki/후킹). 라이프사이클 이벤트를 분류해보면 다음과 같다.

- **마운팅**(mounting) **이벤트**: React 엘리먼트(컴포넌트 클래스의 인스턴스)를 DOM 노드에 추가할 때 발생한다.
- **갱신**(updating) **이벤트**: 속성이나 상태가 변경되어 React 엘리먼트를 갱신할 때 발생한다.
- **언마운팅**(unmounting) **이벤트**: React 엘리먼트를 DOM에서 제거할 때 발생한다.

모든 React 컴포넌트는 **라이프사이클 이벤트**가 있다.[1] 라이프사이클 이벤트는 컴포넌트가 수행한 작업이나 앞으로 수행할 작업에 따라 특정 시점에 실행된다. 어떤 이벤트는 한 번만 실행되기도 하고, 어떤 이벤트는 계속해서 실행된다.

라이프사이클 이벤트를 이용하면 컴포넌트의 작업 수행을 향상시키는 사용자 정의 로직을 구현할 수 있다. 예를 들면 라이프사이클 이벤트 중에는 재렌더링 여부를 정할 수 있는 이벤트가 있다. 이 이벤트를 이용하면 불필요하게 렌더링되는 것을 방지하여 성능을 개선할 수 있다. 다른 사용 방법으로는 서버에서 데이터를 가져오거나, DOM 이벤트 또는 다른 프론트엔드 라이브러리와 통합할 때 사용할 수 있다. 각 이벤트 유형에 따른 작동 방식과 성질, 실행 순서에 대해서 자세히 살펴보자.

5.2 이벤트 분류

REACT

React는 여러 가지 컴포넌트 이벤트를 세 가지 유형으로 정의한다(이어서 나오는 그림 5-1과 표 5-1을 살펴보자). 각 분류에 따라 이벤트가 발생되는 횟수가 다르다.

- **마운팅**: React가 이벤트를 한 번만 실행한다.
- **갱신**: React가 이벤트를 여러 번 실행한다.
- **언마운팅**: React가 이벤트를 한 번만 실행한다.

1 역주 여기서 컴포넌트는 React.Component를 상속받은 컴포넌트 클래스를 말한다. 함수만으로 작성되는 상태비저장 컴포넌트(stateless functional component)는 라이프사이클 메서드를 사용할 수 없다.

▼ 그림 5-1 컴포넌트 라이프사이클에 따라 실행되는 이벤트의 유형과 각 이벤트 유형에 따른 실행 횟수

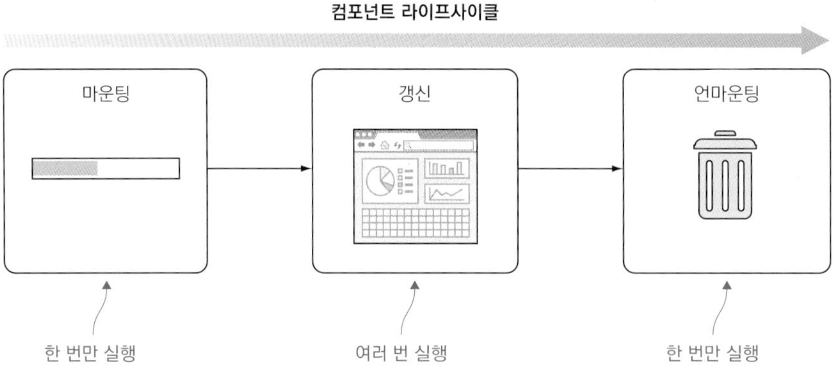

라이프사이클 이벤트와 함께 constructor()도 포함시켜 컴포넌트의 전체 라이프사이클의 실행 순서를 살펴보면 다음과 같다(갱신은 여러 번 일어날 수 있다).

- constructor(): 엘리먼트를 생성하여 기본 속성(2장 참조)과 상태(4장 참조)를 설정할 때 실행된다.
- 마운팅
  - componentWillMount(): DOM에 삽입하기 전에 실행된다.
  - componentDidMount(): DOM에 삽입되어 렌더링이 완료된 후 실행된다.
- 갱신
  - componentWillReceiveProps(nextProps): 컴포넌트가 속성을 받기 직전에 실행된다.
  - shouldComponentUpdate(nextProps, nextState): 컴포넌트가 갱신되는 조건을 정의해서 재렌더링을 최적화할 수 있다. 불 값을 반환한다.
  - componentWillUpdate(nextProps, nextState): 컴포넌트가 갱신되기 직전에 실행된다.
  - componentDidUpdate(prevProps, prevState): 컴포넌트가 갱신된 후에 실행된다.
- 언마운팅
  - componentWillUnmount(): 컴포넌트를 DOM에서 제거하기 전에 실행되며, 구독한 이벤트를 제거하거나 다른 정리 작업을 수행할 수 있다.

보통 개발자들은 이벤트 이름을 보면 어느 시점에 이벤트가 실행되는지 명확하게 알 수 있다. 예를 들어 componentDidUpdate()는 컴포넌트가 갱신된 후에 실행된다. 다른 경우에는 미묘한 차이가 있다. 표 5-1은 위에서 아래로 라이프사이클 이벤트의 실행 순서와 속성 또는 상태의 변경에 영향을 받는 경우를 보여준다(컴포넌트 속성 갱신과 컴포넌트 상태 갱신 열에서 확인할 수 있다).

▼ 표 5-1 라이프사이클 이벤트와 속성 및 상태의 관계

마운팅	컴포넌트 속성 갱신	컴포넌트 상태 갱신	forceUpdate()를 이용한 갱신	언마운팅
constructor()				
componentWillMount()				
	componentWillReceiveProps()			
	shouldComponentUpdate()	shouldComponentUpdate()		
	componentWillUpdate()	componentWillUpdate()	componentWillUpdate()	
render()	render()	render()	render()	
	componentDidUpdate()	componentDidUpdate()	componentDidUpdate()	
componentDidMount()				
				componentWillUnmount()

this.forceUpdate()를 호출하는 경우에도 컴포넌트가 재렌더링된다. 이름에서 알 수 있듯이, 이 메서드는 갱신을 강제한다. 몇 가지 이유로 상태나 속성을 갱신해서는 원하는 대로 다시 렌더링할 수 없는 경우 this.forceUpdate()를 사용할 수밖에 없다. 예를 들어 render()에서 사용하는 데이터가 속성이나 상태에 속하지 않는 경우에 해당 데이터가 변경되면 수동으로 갱신해야 한다. 일반적으로 (React 팀에 따르면) this.forceUpdate() 메서드를 사용하지 않는 것이 좋은데, 이 메서드를 사용하면 컴포넌트의 순수성을 해치기 때문이다(다음에 나오는 노트 "순수함수"를 참고하기 바란다).

다음으로 이벤트 메서드를 정의해서 어떻게 작동하는지 살펴보자.

Note ≡ **순수함수**

React뿐만 아니라 컴퓨터 공학에서 말하는 일반적인 순수함수의 특징은 다음과 같다.

- 같은 입력에 대해 항상 같은 출력
- 부수효과가 없다(외부 상태를 변경하지 않는다).
- 외부 상태에 의존하지 않는다.

예를 들어 `f(x) = 2x`는 입력 값이 두 배가 되는 순수함수다. 자바스크립트나 Node.js에서는 `lef f = (n) => 2*n`이라고 쓸 수 있다. 실행해보면 다음과 같다.

```
let f = (n)=>2*n
consoleg.log(f(7))
```

순수하지 않은 함수는 값을 두 배로 만들기 위해 다음과 같은 방식을 사용한다(한 줄로 작성한 화살표 함수에 중괄호를 추가해서 암묵적으로 반환되지 않도록 했다.)

```
let sharedStateNumber = 7
let double
let f = ()=> {double =2*sharedStateNumber}
f()
console.log(double)
```

순수함수는 함수형 프로그래밍의 기초다. 함수형 프로그래밍은 상태를 가능한 한 최소화한다. 개발자, 특히 함수형 프로그래밍을 사용하는 프로그래머는 순수함수를 가장 선호하는데, 순수함수를 사용하면 공유 상태(shared state)를 완화하여 개발 과정이 단순해지고 개별 로직를 분리할 수 있기 때문이다. 또한, 테스트도 쉬워진다. React의 경우에는 상태비저장 컴포넌트를 더 많이 사용하고 의존성을 적게 가질수록 좋다는 것을 이미 알고 있을 것이다. 순수함수를 생성하는 것이 모범 사례인 이유가 이 때문이다.

어떤 면에서는 함수형 프로그래밍과 객체지향 프로그래밍 사이에 모순점이 있다. 함수형 프로그래밍 지지자들은 Fortran과 Java가 프로그래밍의 막다른 길이었으며, Lisp(요즘은 Clojure와 Elm)야말로 프로그래밍이 나아가야 할 방향이라고 말한다. 관심을 가져야 할 논쟁이다. 개인적으로 나는 함수형 프로그래밍에 약간 편향되어 있다.

함수형 프로그래밍은 수십 년간 다뤄진 개념이므로 이에 대한 좋은 책이 많다. 그러므로 여기서 자세하게 설명하지는 않을 것이다. 하지만 함수형 프로그래밍에 대해 좀 더 공부할 것을 추천한다. 왜냐하면 함수형 프로그래밍을 업무에 활용하지 않는다 하더라도 더 나은 프로그래머가 되는 데 도움이 될 것이기 때문이다.

5.3 이벤트 구현

라이프사이클 이벤트를 구현하려면 클래스에 메서드를 정의해야 한다(3.2.5절 참조). 이것은 React의 규칙이다. React는 이벤트 이름에 해당하는 메서드가 있는지 확인한다. React가 메서드를 찾으면 해당 메서드를 실행한다. 그렇지 않은 경우에는 일반적인 흐름대로 진행된다. 이벤트 이름은 자바스크립트의 다른 이름들과 마찬가지로 대소문자를 구분해서 작성해야 한다.

다시 말해, React는 특정 메서드가 정의되어 있다면 컴포넌트의 실행주기 중에 이 메서드를 호출한다. 예를 들어 componentDidMount()를 정의하면 React는 컴포넌트 클래스의 엘리먼트가 DOM에 추가되었을 때 이 메서드를 호출한다. componentDidMount()는 표 5-1에서 마운팅으로 분류되어 있고, 컴포넌트 클래스의 인스턴스마다 한 번만 호출된다.

```
class Clock extends React.Component {
  componentDidMount() {
  }
  ...
}
```

만약 componentDidMount() 메서드를 정의하지 않는다면 React는 이 이벤트에 대해 아무런 코드도 실행하지 않는다. 따라서 메서드 이름은 이벤트 이름과 일치해야 한다. 앞으로 이 장에서 **이벤트**, **이벤트 핸들러**, **메서드**라는 단어를 혼용하여 설명할 것이다.

이름에서 짐작할 수 있겠지만, componentDidMount() 메서드는 컴포넌트가 DOM에 추가될 때 실행된다. 이 메서드는 다른 프론트엔드 프레임워크나 라이브러리와 통합하는 코드나, 서버에 XHR 요청을 보내는 코드를 작성할 때 사용된다. 왜냐하면 라이프사이클의 이 시점에서는 컴포넌트의 엘리먼트가 실제 DOM에 반영되어 자식 엘리먼트를 포함한 모든 엘리먼트에 접근할 수 있기 때문이다.

이 장을 시작할 때 언급한 크기를 변경해야 하는 라디오 버튼 컴포넌트와 서버에서 데이터를 가져오는 문제로 돌아가보자. 먼저 componentDidMount()에서 window.resize 이벤트를 구독하는 이벤트 리스너를 생성할 수 있다. 다음으로 componentDidMount()에서 XHR 요청을 보낸 후 서버에서 응답이 오면 상태를 갱신하게 만들 수 있다.

동형 자바스크립트로 서버와 브라우저에서 같은 컴포넌트를 사용하는 경우에도 componentDidMount()는 똑같이 중요하다. componentDidMount() 메서드에 브라우저만을 위한 로직을 넣어도 서버 측에서는 호출하지 않고 브라우저에서만 호출하므로 안심해도 좋다. React를 이용한 동형 자바스크립트에 대해서는 16장에서 자세히 설명한다.

대부분의 개발자는 예제를 보면서 배우는 것에 익숙하다. 따라서 componentDidMount()에서 DOM 정보를 콘솔에 출력하는 단순한 예제를 살펴보자. 이렇게 할 수 있는 이유는 componentDidMount()가 모든 렌더링 작업이 완료된 후에 실행되기 때문이다. 이 시점에서는 DOM 요소에 접근할 수 있다.

컴포넌트 라이프사이클 이벤트에 대한 이벤트 리스너를 생성하는 것은 간단하다. 컴포넌트나 클래스에 메서드를 정의하면 된다. componentWillMount()를 추가하여 실제 DOM이 존재하지 않는다는 점을 비교해보자.

DOM 노드에 대한 정보는 React DOM의 유틸리티 함수인 ReactDOM.findDOMNode()에 클래스를 전달하여 얻는다. DOM은 카멜 표기법으로 작성하지 않고 모두 대문자로 작성한다는 점을 주의하자.

```
class Content extends React.Component {
  componentWillMount() {
    console.log(ReactDOM.findDOMNode(this)) --------- DOM 노드가 null로 확인된다.
  }
  componentDidMount() {
    console.dir(ReactDOM.findDOMNode(this)) --------- DOM 노드가 <div>로 확인된다.
  }
  render() {
    return (

    )
  }
}
```

개발자 콘솔에서 다음과 같은 출력 결과를 확인할 수 있다. componentDidMount()가 실제 DOM 요소가 생성된 후에 실행된다는 점을 확실히 알 수 있다(그림 5-2 참조).

```
html
null
div
```

❤ 그림 5-2 두 번째 로그에서 DOM 노드를 확인할 수 있는데, componentDidMount()는 렌더링이 완료되어 실제 DOM에 추가되었을 때 실행되므로 이 시점에서는 노드에 접근할 수 있다.

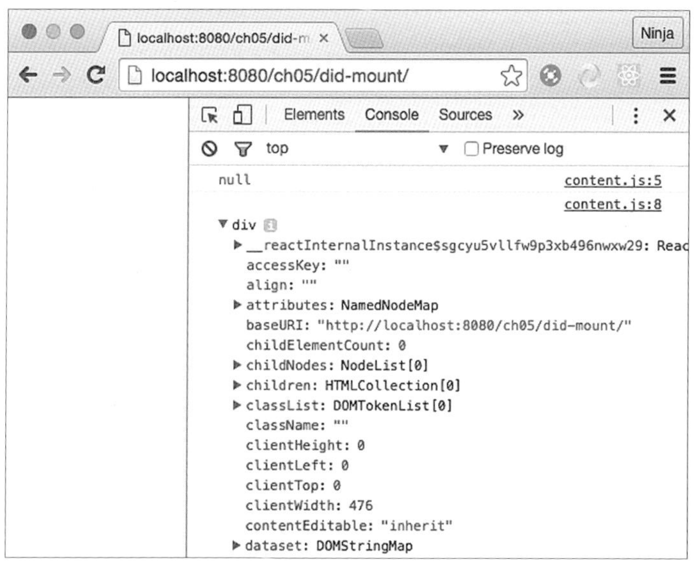

5.4 모든 이벤트 실행하기

REACT

예제 코드 5.1(ch05/logger/jsx/content.jsx)과 5.2(ch05/logger/jsx/logger.jsx)에서 모든 이벤트를 한번에 확인할 수 있다. 여기서는 클래스처럼 코드를 재사용할 수 있다는 점을 알아두는 것으로 충분하다. Logger 믹스인은 디버깅에 유용하다. 재렌더링 시점 또는 재렌더링이 완료되는 시점의 모든 이벤트, 속성, 상태를 표시한다.

예제 코드 5.1 Logger 컴포넌트의 렌더링과 세 번의 갱신 실행

```
class Content extends React.Component {
  constructor(props) {
    super(props)
    this.launchClock()
    this.state = {
      counter: 0,
      currentTime: (new Date()).toLocaleString()
    }
```

```
  }
  launchClock() {
    setInterval(() => {
      this.setState({
        counter: ++this.state.counter,
        currentTime: (new Date()).toLocaleString()
      })
    }, 1000)
  }
  render() {
    if (this.state.counter > 2) return
    return <Logger time={this.state.currentTime}></Logger>
  }
}
```

예제 코드 5.2 컴포넌트 라이프사이클 이벤트 관찰

```
class Logger extends React.Component {
  constructor(props) {
    super(props)
    console.log('constructor')
  }
  componentWillMount() {
    console.log('componentWillMount 실행')
  }
  componentDidMount(e) {
    console.log('componentDidMount 실행')
    console.log('DOM node: ', ReactDOM.findDOMNode(this))
  }
  componentWillReceiveProps(newProps) {
    console.log('componentWillReceiveProps 실행')
    console.log('새로운 속성: ', newProps)
  }
  shouldComponentUpdate(newProps, newState) {
    console.log('shouldComponentUpdate 실행')
    console.log('새로운 속성: ', newProps)
    console.log('새로운 상태: ', newState)
    return true
  }
  componentWillUpdate(newProps, newState) {
    console.log('componentWillUpdate 실행')
    console.log('새로운 속성: ', newProps)
```

```
    console.log('새로운 상태: ', newState)
  }
  componentDidUpdate(oldProps, oldState) {
    console.log('componentDidUpdate 실행')
    console.log('이전 속성: ', oldProps)
    console.log('이전 상태: ', oldState)
  }
  componentWillUnmount() {
    console.log('componentWillUnmount')
  }
  render() {
    // console.log('rendering... Display')
    return (
      <div>{this.props.time}</div>
    )
  }
}
```


이 웹 페이지를 실행하면 Logger 컴포넌트의 함수와 라이프사이클 이벤트가 콘솔에 로그를 출력한다. 그림 5-3처럼 브라우저의 개발자 도구 콘솔에서 로그를 확인할 수 있다.

그림과 글에서 확인할 수 있는 것처럼, 마운팅 이벤트는 한 번만 실행된다. 로그에서 확인할 수 있다. Context 컴포넌트의 카운터 값이 3이 되면 render 메서드에서 Logger 컴포넌트를 더 이상 사용하지 않고 컴포넌트가 DOM에서 제거되어 언마운팅 이벤트가 발생한다.

이제 컴포넌트 라이프사이클 이벤트를 배웠으니, 컴포넌트에서 데이터를 가져오는 등의 로직을 구현할 때 사용할 수 있을 것이다.

▼ 그림 5-3 Logger 컴포넌트가 DOM에 추가되었다.

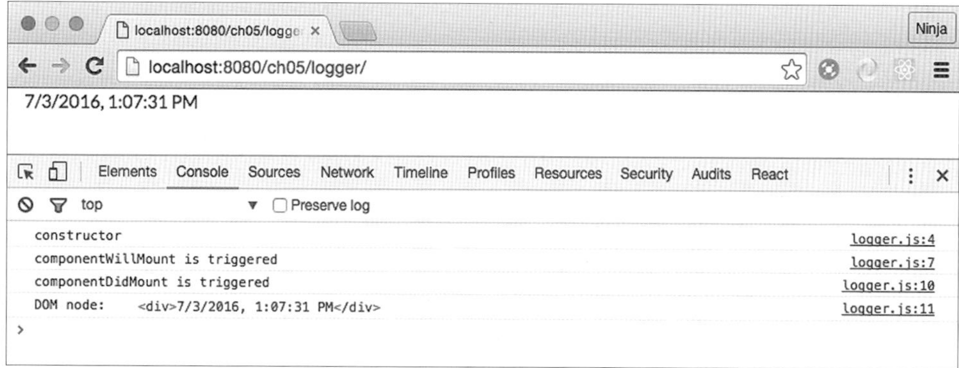

▼ 그림 5-4 Content 컴포넌트에서 2초가 지나면 Logger 컴포넌트를 제거한다. 제거되기 직전에 componentWillUnmount()가 실행된다.

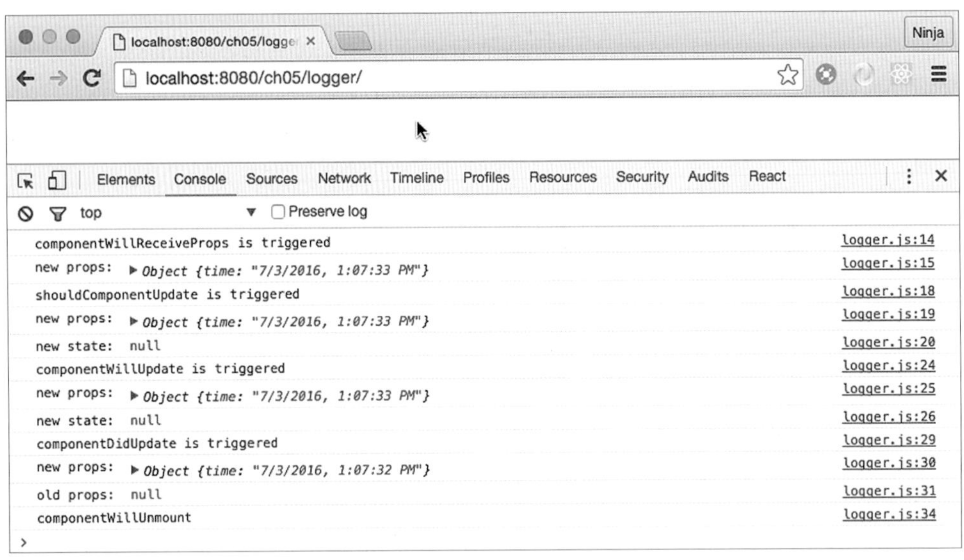

5.5 마운팅 이벤트

마운팅 이벤트 유형은 모두 실제 DOM에 컴포넌트를 추가하는 것에 대한 이벤트다. 마운팅은 React 엘리먼트가 DOM에 노출되는 것이라고 생각하자. 주로 `ReactDOM.render()`에서 컴포넌트를 사용하거나, 다른 고차 컴포넌트에서 `render()`를 호출할 때 실제 DOM에 렌더링된다. 마운팅 이벤트의 종류는 다음과 같다.

- `componentWillMount()`: React 엘리먼트가 실제 DOM에 곧 추가될 것을 알려준다.
- `componentDidMount()`: React 엘리먼트를 실제 DOM에 추가한 시점으로, 이 시점의 React 엘리먼트는 DOM 노드다.

`constructor()`는 `componentWillMount()`보다 먼저 실행된다. 또한, React는 엘리먼트를 먼저 렌더링하고 나서 DOM에 추가한다(여기서 말하는 렌더링은 컴포넌트 클래스의 `render()`를 호출하는 것을 말하며, 실제 DOM에 그리는 것이 아니다). `componentWillMount()`와 `componentDidMount()` 사이의 이벤트에 대해서는 표 5-1을 참고하기 바란다.

5.5.1 componentWillMount()

컴포넌트 라이프사이클에서 componentWillMount()가 단 한 번만 실행된다는 점에 대해 이야기해야겠다. 실행 시점은 초기 렌더링 직전이다.

ReactDOM.render()를 호출해서 React 엘리먼트를 브라우저에 렌더링하는 시점에서 componentWillMount()가 실행된다. React 엘리먼트를 실제 DOM 노드에 추가하는 시점으로 생각하자. 이 과정은 브라우저와 프론트엔드에서 이뤄진다.

React 컴포넌트를 서버(동형 자바스크립트를 이용한 백엔드를 말한다. 16장 참조)에서 렌더링하면 기본적으로 HTML 문자열을 얻을 수 있는데, 서버에는 DOM이 없으므로 HTML을 DOM에 추가하는 작업은 없지만, 서버 렌더링 과정에서도 componentWillMount()는 실행된다!

4장에서 상태에 있는 currentTime을 Date와 setInterval()로 갱신하는 것을 살펴봤다. constructor()에서 launchClock()을 호출해서 일련의 갱신을 수행하도록 했다. componentWillMount()에서도 그렇게 할 수 있다. 일반적으로 상태를 변경하면 다시 렌더링된다. componentWillMount() 메서드에서 setState()를 이용해서 상태를 갱신하거나, Clock 컴포넌트의 경우처럼 일정한 간격으로 갱신되도록 처리하면, render()에서 갱신된 상태 객체를 사용한다. 가장 좋은 점은 componentWillMount()에서 갱신하는 새로운 상태에 차이점이 있어도 재렌더링되지 않는다는 점인데, 이것이 가능한 이유는 render()에서 새로운 상태 값을 가져오기 때문이다. 다시 말해, componentWillMount()에서 setState()를 실행할 수 있다. render()는 새로운 상태를 가져와서 렌더링하므로 상태 변경에 따른 추가적인 렌더링을 하지 않는다.

5.5.2 componentDidMount()

반면에 componentDidMount()는 초기 렌더링을 마친 후에 실행된다. componentDidMount()는 브라우저에서만 한 번 실행되고, 서버 렌더링에서는 실행되지 않는다. XHR 요청처럼 브라우저에서만 실행해야 하는 코드를 구현할 때 편리하게 사용할 수 있다.

componentDidMount()에서 자식 엘리먼트를 참조로 접근할 수 있다(예를 들면 엘리먼트에 해당하는 DOM 표현에 접근할 수 있다). 자식 컴포넌트의 componentDidMount() 메서드는 부모 컴포넌트의 componentDidMount()보다 먼저 호출된다.

앞에서 언급한 것처럼, componentDidMount() 이벤트는 다른 자바스크립트 라이브러리를 통합하기에 가장 적절한 위치다. 예를 들면 먼저 사용자 정보 목록이 실린 JSON 데이터를 가져올 수 있다.

그 후에 사용자 정보를 Twitter Bootstrap의 table을 이용해서 그림 5-5처럼 표를 그릴 수 있다.

▼ 그림 5-5 데이터 저장소로부터 가져온 사용자 목록을 보여주는 Bootstrap을 이용한 표

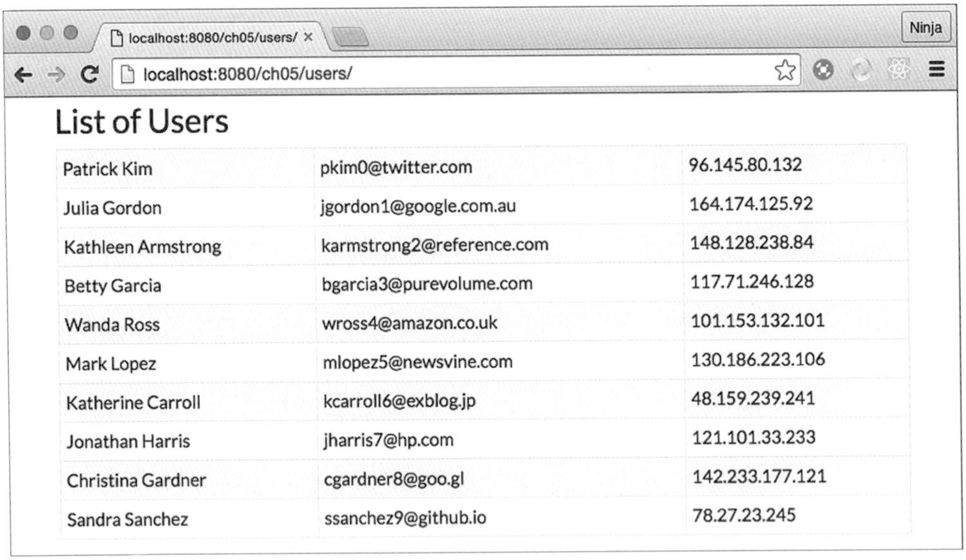
localhost:8080/ch05/users/
Ninja
localhost:8080/ch05/users/
List of Users

Patrick Kim	pkim0@twitter.com	96.145.80.132
Julia Gordon	jgordon1@google.com.au	164.174.125.92
Kathleen Armstrong	karmstrong2@reference.com	148.128.238.84
Betty Garcia	bgarcia3@purevolume.com	117.71.246.128
Wanda Ross	wross4@amazon.co.uk	101.153.132.101
Mark Lopez	mlopez5@newsvine.com	130.186.223.106
Katherine Carroll	kcarroll6@exblog.jp	48.159.239.241
Jonathan Harris	jharris7@hp.com	121.101.33.233
Christina Gardner	cgardner8@goo.gl	142.233.177.121
Sandra Sanchez	ssanchez9@github.io	78.27.23.245

프로젝트 구조는 다음과 같다.

```
/users
  /css
    bootstrap.css
  /js
    react.js
    react-dom.js
    script.js
    - users.js
  /jsx
    script.jsx
    users.jsx
  index.html
  real-user-data.json
```

`componentDidMount()`에서 DOM 요소에 접근할 수 있고, 새로운 `fetch()` API를 이용해서 XHR/AJAX 요청을 보내 데이터를 가져올 수 있다.

```
fetch(this.props['data-url'])
  .then((response)=>response.json())
  .then((users)=>this.setState({users: users}))
```

Note ≡ Fetch API

Fetch API(http://mng.bz/mbMe)는 promise를 이용해 XHR 요청을 보낼 수 있는 통일된 방식이다. 대부분의 최신 브라우저에서 사용할 수 있지만, API 명세(https://fetch.spec.whatwg.org)와 표준(https://github.com/whatwg/fetch)을 살펴보고, 구현하려는 앱의 지원대상 브라우저에서 사용이 가능한지 확인해보기 바란다.[2] 사용법은 간단하다. URL을 전달하고 필요에 따라 promise에 then을 원하는 대로 추가할 수 있다.

```
fetch('http://node.university/api/credit_cards/')
  .then(function (response) {
    return response.blob()
  })
  .then(function (blob) {
    // Process blob
  })
  .catch(function (error) {
    console.log('A problem with your fetch operation: ' + error.message)
  })
```

만약 지원대상 브라우저가 `fetch()`를 지원하지 않는다면 폴리필[3]을 사용하거나, 다른 HTTP 에이전트 라이브러리인 superagent(https://github.com/visionmedia/superagent), request(https://github.com/request/request), axios(https://github.com/mzabriskie/axios) 등을 이용하거나, jQuery의 `$.ajax()`(http://api.jquery.com/jquery.ajax)나 `$.get()`을 사용할 수 있다.

Fetch API를 이용한 XHR 요청을 `componentDidMount()`에 작성할 수 있다. XHR 요청을 위한 코드를 `componentWillMount()`에 작성하면 로딩을 최적화할 수 있을 것 같지만, 그렇게 할 경우에는 두 가지 문제가 있다. 렌더링이 완료되는 것보다 더 빨리 서버에서 응답이 오는 경우에는 DOM에 추가하지도 않은 엘리먼트를 다시 렌더링하게 되어 의도하지 않은 결과를 낳을 수 있다. 또한, 서버 측에서 컴포넌트를 사용하는 경우에는 `componentWillMount()`가 서버에서도 실행된다.

이제 `componentDidMount()`에서 데이터를 가져오는 컴포넌트를 전체적으로 살펴보자(ch05/users/jsx/users.jsx).

예제 코드 5.3 표에 입력할 데이터 가져오기

```
class Users extends React.Component {
  constructor(props) {
    super(props)
    this.state = {
```

2 역주 브라우저 지원은 https://caniuse.com/#feat=fetch에서 확인할 수 있다.

3 역주 https://github.com/github/fetch

```
      users: [] --------- 상태의 users에 빈 배열을 넣어 초기화한다.
    }
  }
  componentDidMount() {
    fetch(this.props['data-url']) --------- 속성으로 전달받은 URL로 GET XHR 요청을 보내 사용자 데이터를 가져온다.
      .then((response) => response.json())
      .then((users) => this.setState({users: users})) --------- 응답 결과에서 사용자 정보를 상태에 할당한다.
  }
  render() {
    return <div className="container">
      <h1>List of Users</h1>
      <table className="table-striped table-condensed table table-bordered table-hover">
        <tbody>{this.state.users.map((user) => --------- 상태의 users를 이용해서 표의 행을 생성한다.
          <tr key={user.id}>
            <td>{user.first_name} {user.last_name}</td>
            <td> {user.email}</td>
            <td> {user.ip_address}</td>
          </tr>)}
        </tbody>
      </table>
    </div>
  }
}
```

생성자에서 users를 빈 배열로 초기화한다. 이렇게 하면 render()에서 해당 상태가 존재하는지 확인하지 않아도 된다. 상태를 초기화하지 않고 undefined 값으로 두면, 반복적으로 상태의 존재 여부를 확인하는 코드를 작성하게 되거나 버그가 생길 수도 있다. 시간 낭비일 뿐만 아니라 반복해서 작성해야 하므로 피곤하다. 초깃값을 설정해 놓으면 불편을 피할 수 있다! 다시 말해서, 다음과 같이 작성하면 안티패턴이다.

```
// 안티패턴: 이렇게 하지 마세요!
class Users extends React.Component {
  constructor(props) { --------- 처음에 빈 값을 설정하지 않았다.
    super(props)
  }
  ...
  render() {
    return <div className="container">
      <h1>List of Users</h1>
      <table className="table-striped table-condensed table table-bordered table-hover">
        <tbody>{(this.state.users && this.state.users.length > 0) ? ---------
                  값의 존재 여부를 확인한다(초깃값이 있으면 확인하지 않아도 된다).
```

```
          this.state.users.map((user) =>
          <tr key={user.id}>
            <td>{user.first_name} {user.last_name}</td>
            <td> {user.email}</td>
            <td> {user.ip_address}</td>
          </tr>) : ''}
        </tbody>
      </table>
    </div>
  }
}
```


5.6 갱신 이벤트

앞에서 살펴본 것처럼, 마운팅 이벤트는 React를 바깥 세상, 즉 다른 프레임워크, 라이브러리, 데이터 저장소 등과 연결하는 데 사용하곤 한다. **갱신 이벤트**는 컴포넌트를 갱신하는 것과 관련되어 있다. 갱신 이벤트를 컴포넌트 라이프사이클의 처음부터 끝까지 순서대로 정리하면 다음과 같다(갱신 이벤트는 표 5-2, 전체 이벤트는 표 5-1에 정리되어 있다).

1. `componentWillReceiveProps(newProps)`
2. `shouldComponentUpdate()`
3. `componentWillUpdate()`
4. `componentDidUpdate()`

▼ 표 5-2 컴포넌트 갱신에 따라 호출되는 라이프사이클 이벤트

컴포넌트 속성 갱신	컴포넌트 상태 갱신	forceUpdate() 호출을 이용한 갱신
componentWillReceiveProps()		
shouldComponentUpdate()	shouldComponentUpdate()	
componentWillUpdate()	componentWillUpdate()	componentWillUpdate()
render()	render()	render()
componentDidUpdate()	componentDidUpdate()	componentDidUpdate()

5.6.1 componentWillReceiveProps(newProps)

componentWillReceiveProps(newProps)는 컴포넌트가 새로운 속성을 전달받을 때 실행된다. 이 단계를 들어오는 속성의 전환이라고 한다. componentWillReceiveProps(newProps)는 컴포넌트에 새로운 속성을 받아오는 시점에 끼어들어서 render()를 호출하기 전에 일부 로직을 추가할 수 있다.

componentWillReceiveProps(newProps) 메서드는 새로운 속성을 인자로 받는다. 컴포넌트를 최초로 렌더링할 때는 실행되지 않는다. 이 메서드는 새로운 속성을 전달받고 다시 렌더링이 이뤄지기 전, 새로운 속성에 따라 상태를 변경하려는 경우에 유용하다. 기존 속성 값은 this.props 객체에 있다. 예를 들어 다음의 예제 코드는 불 값인 isVisible을 기준으로 하여, CSS에 사용할 opacity 상태 값을 변경한다(true이면 1, false이면 0).

```
componentWillReceiveProps(newProps) {
  this.setState({
    opacity: (newProps.isVisible) ? 1 : 0
  })
}
```

일반적으로 componentWillReceiveProps(newProps)에서 setState() 메서드를 호출해도 추가로 다시 렌더링이 발생하지는 않는다.

새로운 속성을 전달받을 때, 반드시 새로운 값(현재 속성과 다른 값)을 가지고 있지 않을 수도 있다. 왜냐하면 React 입장에서는 속성 값이 변경되었는지 알 수 있는 방법이 없기 때문이다. 따라서 componentWillReceiveProps(newProps)는 속성 값의 변경과 상관없이 (부모 구조 또는 호출에 따라) 재렌더링이 이뤄질 때마다 실행된다. 그러므로 newProps가 항상 현재 속성과 다른 값이라고 가정할 수 없다.

또한, 재렌더링(render() 호출)이 반드시 실제 DOM의 변경을 의미하지도 않는다. 갱신을 할지 여부와 실제 DOM에서 무엇을 갱신할지에 대한 부분은 shouldComponentUpdate()와 보정(reconciliation) 과정에 위임되어 있다.[4]

4 React가 componentWillReceiveProps(newProps)를 호출할 때 영리하게 확인하지 않는 이유에 대해서는 짐 스프로크(Jim Sproch)가 자세하게 설명한 "(A => B) !=> (B => A)"(http://mng.bz/3WpG)를 읽어보기 바란다.

5.6.2 shouldComponentUpdate()

다음으로 살펴볼 shouldComponentUpdate() 이벤트는 렌더링 직전에 실행된다. 렌더링은 새로운 속성이나 상태가 전달된 후에 이뤄진다. shouldComponentUpdate() 이벤트는 초기 렌더링 시점이나 forceUpdate() 호출 시에는 실행되지 않는다.

shouldComponentUpdate()에서 false를 반환하도록 구현하면 React가 다시 렌더링되지 않도록 할 수 있다. 변경된 부분이 없고, 불필요한 성능 저하를 피하고자 할 때(컴포넌트 수백 개를 다뤄야 할 때) 유용한 방법이다. 예를 들어 다음 코드에서는 + 연산자를 이용해서 불 값인 isVisible을 숫자로 변환한 후에 opacity 값과 비교한다.

```
shouldComponentUpdate(newProps, newState) {
  return this.state.opacity !== + newProps.isVisible
}
```

isVisible이 false이고 this.state.opacity는 0이면 render()를 실행하지 않는다. 또한, componentWillUpdate()와 componentDidUpdate()도 호출하지 않는다. 즉, 컴포넌트의 재렌더링을 제어할 수 있다.

5.6.3 componentWillUpdate()

componentWillUpdate()는 새로운 속성이나 상태를 받은 후 렌더링 직전에 호출된다. 이 메서드는 초기 렌더링 시에는 호출되지 않는다. 갱신 전에 필요한 준비 작업을 처리할 때 componentWillUpdate() 메서드를 사용하고, 이 메서드 내에서 this.setState()를 사용하는 것은 피하는 것이 좋다! 왜 그럴까? 컴포넌트를 갱신하는 중에 다시 갱신하도록 한다면 어떨지 생각해보자. 그다지 좋은 생각 같지는 않다.

shouldComponentUpdate()가 false를 반환하면, componentWillUpdate()는 실행되지 않는다.

5.6.4 componentDidUpdate()

componentDidUpdate() 이벤트는 컴포넌트의 갱신 결과가 실제 DOM에 반영된 직후에 실행된다. 이 메서드도 초기 렌더링 시에는 호출되지 않는다. componentDidUpdate()는 컴포넌트가 갱신된 후에 DOM이나 그 외의 요소를 다루는 코드를 작성해야 할 때 유용하다. 왜냐하면 이 시점에는 DOM에 모든 변경 사항이 반영되어 있기 때문이다.

무언가 DOM에 반영하고 갱신해야 하는 경우가 있으면, DOM에서 제거해야 하는 경우도 있다. 이어서 살펴볼 이벤트는 DOM에서 제거할 때 필요한 로직을 처리하기 위해 사용된다.

5.7 언마운팅 이벤트

React에서 **언마운팅**이란 DOM에서 요소를 분리하거나 제거하는 것을 의미한다. 언마운팅 이벤트는 한 가지뿐이며, 컴포넌트 라이프사이클의 마지막 유형이다.

5.7.1 componentWillUnmount()

`componentWillUnmount()` 이벤트는 DOM에서 컴포넌트가 제거되기 직전에 호출된다. 정리하기 위한 코드를 이 메서드에 추가할 수 있다. 예를 들어 타이머를 제거하거나, DOM 요소를 정리하거나, `componentDidMount()`에서 연결한 이벤트를 제거할 수 있다.

5.8 간단한 예제

온라인에 텍스트를 저장할 수 있는 노트 웹 앱을 개발해야 한다고 가정해보자. 컴포넌트를 구현했지만, 사용자는 창이나 탭을 실수로 닫으면 작성하던 내용이 없어진다는 의견을 보내왔다. 그림 5-6처럼 확인을 요청하는 대화상자를 구현해보자.

그림 5-6 같은 대화상자를 구현하려면 특별한 window 이벤트를 연결해야 한다. 어려운 부분은 엘리먼트를 더 이상 사용하지 않는 경우의 처리인데, 왜냐하면 엘리먼트를 제거해도 여기서 연결

한 이벤트는 제거되지 않으므로 메모리 누수가 발생할 수 있다. 이 문제에 접근하는 가장 좋은 방법은 DOM에 추가하는 시점(마운팅)에 이벤트에 연결하고, DOM에서 제거하는 시점(언마운팅)에 이벤트도 제거하는 것이다.

▼ 그림 5-6 사용자가 페이지를 떠나려고 할 때 노출하는 대화상자

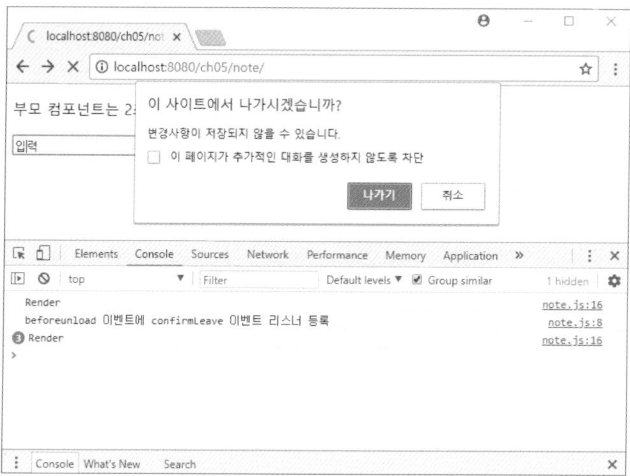

프로젝트의 구조는 다음과 같다.

```
/note
  /jsx
    note.jsx
    script.jsx
  /js
    note.jsx
    react.js
    react-dom.js
    script.js
  index.html
```

`window.onbeforeunload`는 브라우저에서 기본적으로 제공하는 이벤트로 간단하게 사용할 수 있다(크로스 브라우징 지원을 위해 코드를 추가로 작성했다).[5]

5 역주 `confirmationMessage`로 전달하는 메시지는 사용자가 화면에서 벗어날 때 노출할 알림상자의 문구로 쓰기 위해 작성할 수 있다. 그러나 Firefox 4, Chrome 51, Opera 38, Safari 9.1 이후의 브라우저에서는 HTML 명세를 따라 `beforeunload` 이벤트 핸들러에 의해 노출되는 알림상자에 일반적인 문구만을 보여준다. 또한 사용자 입력이 없는 페이지의 경우에는 이벤트 핸들러와 상관없이 알림상자를 노출하지 않을 수도 있다. 따라서 알림상자를 확인하려면 input에 값을 입력하는 등 간단한 조작이 필요하다. 좀 더 자세한 사항은 다음 문서를 참고하기 바란다.
- https://developer.mozilla.org/ko/docs/Web/API/WindowEventHandlers/onbeforeunload
- https://html.spec.whatwg.org/multipage/browsing-the-web.html#unloading-documents

```
window.addEventListener('beforeunload',function (e) {
  let confirmationMessage = '정말 닫으시겠습니까?'
  e.returnValue = confirmationMessage     // Gecko, Trident, Chrome 34+
  return confirmationMessage              // Gecko, WebKit, Chrome < 34
})
```

다음과 같이 작성할 수도 있다.

```
window.onbeforeunload = function () {
  ...
  return confirmationMessage
}
```

이 코드를 componentDidMount()에 추가하여 이벤트 리스너를 등록하고, componentWillUnmount()에서 이벤트 리스너를 제거하는 코드를 작성해보자(ch05/note/jsx/note.jsx).

예제 코드 5.4 이벤트 리스너의 등록과 제거

```
class Note extends React.Component {
  confirmLeave(e) {
    let confirmationMessage = '정말 닫으시겠습니까?'
    e.returnValue = confirmationMessage     // Gecko, Trident, Chrome 34+
    return confirmationMessage              // Gecko, WebKit, Chrome <34
  }
  componentDidMount() {
    console.log('beforeunload 이벤트에 confirmLeave 이벤트 리스너 등록')
    window.addEventListener('beforeunload', this.confirmLeave)
  }
  componentWillUnmount() {
    console.log('beforeunload 이벤트에 confirmLeave 이벤트 리스너 제거')
    window.removeEventListener('beforeunload', this.confirmLeave)
  }
  render() {
    console.log('Render')
    return <div>
      <p>부모 컴포넌트는 {this.props.secondsLeft}초 뒤에 제거된다.</p>
      <input type="text" />
    </div>
  }
}
```

코드가 잘 작동하는지 확인하려면 Note 엘리먼트를 제거해야 한다. 이런 이유 때문에 DOM에서 Note 엘리먼트를 제거해야 한다. 따라서 다음으로 구현해야 할 것은 Note 엘리먼트를 생성하고,

또한 제거할 수도 있는 부모 컴포넌트다. 다음 예제 코드(ch05/note/jsx/script.jsx)와 그림 5-7처럼 setInterval()을 사용해보자.

▼ 그림 5-7 Note 엘리먼트가 다른 엘리먼트에 의해 5초, 4초, ... 후에 제거된다.

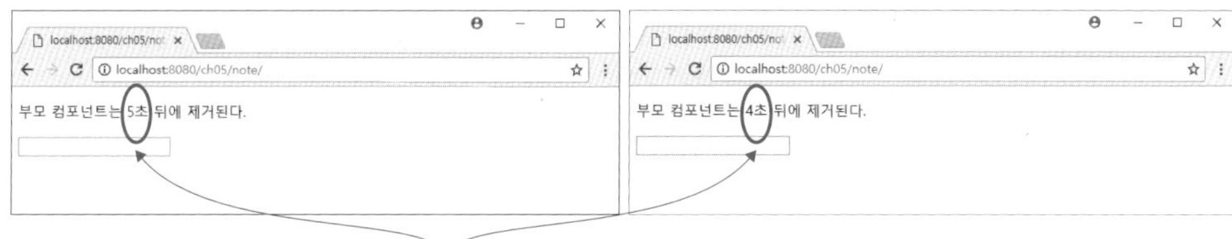

타이머가 남은 시간을 보여준다.

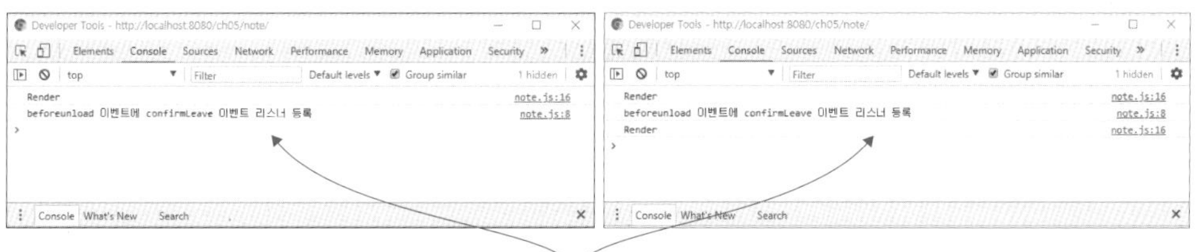

각 이벤트는 콘솔 탭에서 확인할 수 있다.

예제 코드 5.5 Note를 제거하기 전에 먼저 렌더링한다

```
let secondsLeft = 5

let interval = setInterval(() => {
  if (secondsLeft == 0) {
    ReactDOM.render(
      <div>
        Note was removed after {secondsLeft} seconds.
      </div>,
      document.getElementById('content')
    )
    clearInterval(interval)
  } else {
    ReactDOM.render(
      <div>
        <Note secondsLeft={secondsLeft}/>
      </div>,
      document.getElementById('content')
    )
  }
  secondsLeft--
}, 1000)
```

그림 5-8에서 콘솔과 함께 결과를 확인할 수 있다. 렌더링, 이벤트 리스너 등록, 4차례 더 렌더링한 후 이벤트 리스너를 제거한다.

▼ 그림 5-8 Note 엘리먼트를 div로 바꾸면 사용자가 페이지를 벗어날 때 대화상자가 노출되지 않는다.

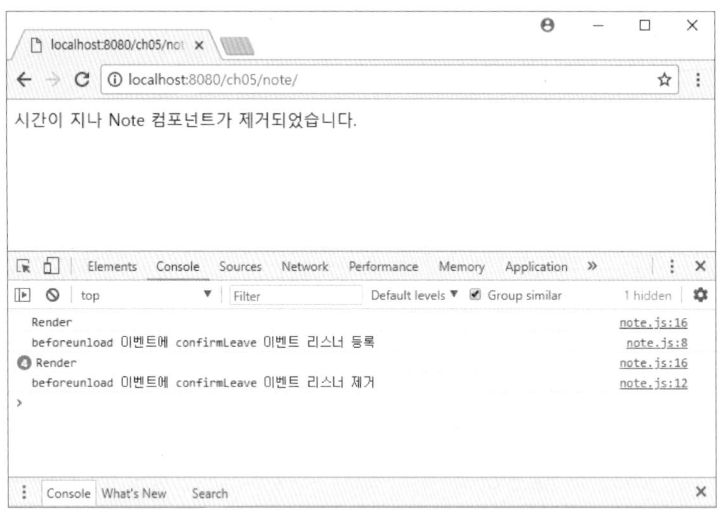

`componentWillUnmount()`에서 이벤트 리스너를 제거하지 않으면 `Note` 엘리먼트를 제거한 후에도 그림 5-9와 같은 귀찮은 대화상자가 노출된다. 이것은 UX 면에서도 좋지 않고, 버그로 이어질 수도 있다. `componentWillUnmount()`를 이용하면 컴포넌트를 확실히 정리할 수 있다.

▼ 그림 5-9 사용자가 페이지를 벗어나려고 하면 대화상자를 노출한다.[6]

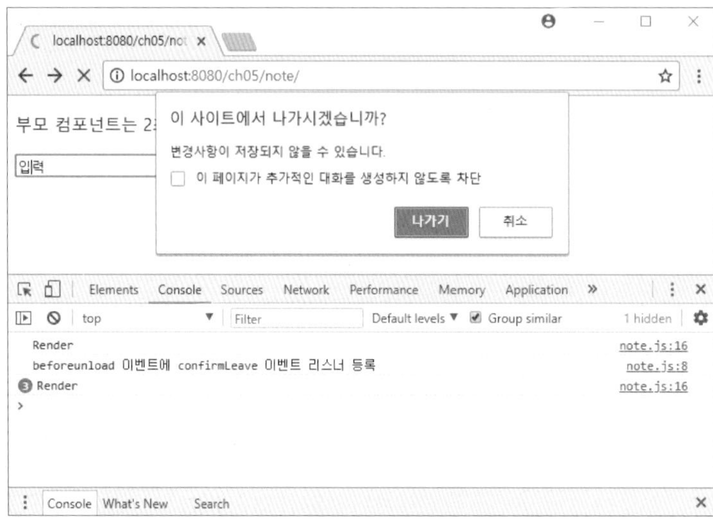

6 역주 알림상자를 확인할 수 있도록 input에 간단한 내용을 작성했다.

React 팀은 개발자들의 피드백을 듣고 있다. 대부분의 라이프사이클 이벤트는 개발자가 컴포넌트의 행동을 조정할 수 있게 해준다. 라이프사이클 이벤트를 고수의 비급이라고 생각해두자. 라이프사이클 이벤트를 사용하지 않고 코드를 작성할 수도 있지만, 사용하면 더 강력한 코드를 작성할 수 있다. 흥미로운 점은 여전히 모범 사례와 사용법에 대해 이야기를 나누고 있다는 점이다. React는 여전히 진화 중이므로 향후 라이프사이클 이벤트에 변경 사항이나 추가되는 부분이 있을지도 모른다. 공식 문서를 확인하고 싶다면 https://reactjs.org/docs/react-component.html을 참고하기 바란다.

Note ≡ componentDidCatch()

`componentDidCatch()`는 React 버전 16부터 소개된 새로운 라이프사이클 메서드로 오류나 예외 처리를 위해 사용할 수 있다. 공식 문서에서는 오류 경계(error boundaries)라는 개념을 소개하는데, `componentDidCatch()`를 선언한 컴포넌트 클래스를 말한다. `componentDidCatch()`가 선언된 컴포넌트는 하위 컴포넌트에서 발생하는 오류를 모두 처리할 수 있으므로 오류 경계라고 부르는 것이다. 예를 들어 최상위 컴포넌트에 `componentDidCatch()`를 선언하면 하위 컴포넌트에서 오류가 발생했을 때 해당 오류를 콘솔에서 확인하거나 오류 처리를 위한 UI를 노출할 수 있다. API는 다음과 같다.

```
componentDidCatch(error, errorInfo)
```

`error`는 발생한 오류다. `errorInfo`에는 객체가 전달되는데, 여기에 `componentStack`이라는 키로, 오류가 발생한 컴포넌트에 대한 스택 트레이스를 제공한다.

좀 더 자세한 정보는 공식 문서와 블로그 게시물에서 확인할 수 있다.

- https://reactjs.org/docs/react-component.html#componentdidcatch
- https://reactjs.org/blog/2017/07/26/error-handling-in-react-16.html

5.9 퀴즈

REACT

1. `componentWillMount()`는 서버 렌더링 시에도 호출된다. (○/×)
2. `componentWillMount()`와 `componentDidMount()` 중 먼저 호출되는 것은 무엇인가?

3. 다음 중 서버에서 데이터를 가져오기 위해 AJAX 요청을 하기에 적절한 위치는 어디인가?

```
componentWillUnmount()
componentHasMounted()
componentDidMount()
componentWillReceiveData()
componentWillMount()
```

4. componentWillReceiveProps()는 부모의 구조로부터 엘리먼트가 다시 렌더링되었으며, 속성에 새로운 값이 전달되었다는 것을 의미한다. (○/×)

5. 마운팅 이벤트는 재렌더링 때마다 발생하므로 여러 번 발생한다. (○/×)

5.10 요약

REACT

- componentWillMount()는 서버와 클라이언트에서 모두 실행되는 반면에, componentDidMount()는 클라이언트에서만 실행된다.
- 마운팅 이벤트는 일반적으로 React를 다른 라이브러리와 통합하거나 저장소 또는 서버에서 데이터를 가져올 때 사용된다.
- shouldComponentUpdate()를 사용해서 렌더링을 최적화할 수 있다.
- componentWillReceiveProps()를 사용하면 새로운 속성이 전달될 때 상태를 변경할 수 있다.
- 언마운팅 이벤트는 일반적으로 정리에 사용된다.
- 갱신 이벤트는 새로운 속성이나 상태를 의존하는 로직을 작성할 때 사용되고, 뷰를 갱신하는 시점을 세밀하게 조절할 수 있다.

5.11 퀴즈 정답

1. ○ / 서버에 DOM이 없기는 하지만, 서버 렌더링 시에도 `componentWillMount()`를 호출한다. 서버 렌더링 중에는 `componentDidMount()`를 호출하지 않는다.
2. `componentWillMount()`, `componentDidMount()` 순으로 실행된다.
3. `componentDidMount()`를 사용하는 것이 적절하다. 서버 렌더링 시에 호출되지 않고 브라우저에서만 호출되기 때문이다.
4. × / 새로운 값이라는 점을 확신할 수 없다. React는 속성 값이 변경되었는지 알 수 없다.
5. × / 마운팅 이벤트는 성능 최적화를 위해 재렌더링 시에는 호출되지 않는다. 마운팅 과정이 상대적으로 비용이 많이 드는 작업이기 때문이다.

6장

React에서 이벤트 다루기

6장의 주요 내용을 동영상으로 볼 수 있습니다.
QR 코드를 스캔하거나 http://reactquickly.co/videos/ch06 으로 접속하세요.

이 장에서 살펴볼 주제

- React에서 DOM 이벤트 다루기
- React가 지원하지 않는 DOM 이벤트 사용하기
- React와 다른 라이브러리의 통합: jQuery UI 이벤트

지금까지 살펴본 UI는 사용자 상호작용 없이 그저 데이터를 보여주는 것이 전부였다. 예를 들어 앞서 만들었던 시계 컴포넌트에서 시간대를 설정하는 등의 사용자 입력을 받는 기능은 없었다.

정적인 UI를 사용하는 경우는 많지 않다. 사용자 조작에 반응할 수 있는 영리한 UI를 만들어야 하는 경우가 대부분이다. 클릭이나 드래그 같은 사용자 입력은 어떻게 처리할 수 있을까?

이 장에서는 React에서 이벤트를 다루는 방법을 살펴본다. 이벤트에 대한 지식은 7장에서 살펴볼 폼과 폼 요소를 다루는 데도 필요하다. 앞서 언급했지만 React는 특정 이벤트만을 지원하므로 React가 지원하지 않는 이벤트를 다루는 방법도 살펴보겠다.

Note ☰ 이 장의 예제 코드는 https://github.com/gilbutITbook/006961 또는 https://github.com/azat-co/react-quickly/tree/master/ch06에서 확인할 수 있다(깃허브 저장소 https://github.com/azat-co/react-quickly의 ch06 폴더다).

6.1 React에서 DOM 이벤트 다루기

이벤트 핸들러를 정의해서 사용자 조작에 대응할 수 있는 React 엘리먼트를 만드는 방법을 살펴보자. JSX로 작성한 엘리먼트에 속성 값으로 이벤트 핸들러(함수 정의)를 정의한다(JSX를 사용하지 않고 `createElement()`를 이용해서 일반적인 자바스크립트로 작성한 경우에는 속성으로 넘겨줄 수 있다). 속성으로 사용하는 이벤트 이름은 표준 W3C DOM 이벤트를 `onClick`, `onMouserOver`처럼 카멜 표기법으로 작성한다.

```
onClick={function() {...}}
```

또는

```
onClick={() => {...}}
```

다음 예제 코드는 React에서 사용자가 버튼을 클릭했을 때 실행할 이벤트 리스너를 정의하고 있다. 이벤트 리스너에서 this를 콘솔에 표시하도록 했다. 여기서 event 객체는 내장 DOM 이벤트 객체를 개선한 것으로, 합성 이벤트(SyntheticEvent)라고 부른다.

```
<button onClick={(function(event) {
    console.log(this, event)
  }).bind(this)}>
  Save
</button>
```

bind()를 이용하면 이벤트 핸들러 함수가 클래스의 인스턴스인 React 엘리먼트에 대한 참조를 유지할 수 있다. 만약 바인딩하지 않으면 use strict를 선언한 상태에서 this는 null이 된다. 다음 경우에는 bind(this)로 바인딩하지 않는다.

- this를 이용해서 해당 클래스를 참조할 필요가 없을 때
- ES6+ 클래스 대신 예전 방식인 React.createClass()를 사용할 때. 이때는 createClass()가 자동으로 바인딩한다.
- 화살표 함수(() => {})를 사용할 때

onClick 이벤트에 대한 이벤트 핸들러를 클래스 메서드로 선언하면 좀 더 깔끔하다(handleSave()라고 이름을 지어 보자). 그림 6-1과 다음 예제 코드(ch06/button/jsx/button.jsx)를 통해 클릭했을 때 this와 event의 값을 출력하는 SaveButton 컴포넌트를 살펴보자.

예제 코드 6.1 이벤트 핸들러를 클래스 메서드로 정의

```
class SaveButton extends React.Component {
  handleSave(event) {
    console.log(this, event)
  }
  render() {
    return <button onClick={this.handleSave.bind(this)}>   --------- bind()가 반환하는 함수 정의를 onClick에 전달한다.
      Save
    </button>
  }
}
```

버튼을 클릭하면 다음과 같이 this와 event를 출력한다.

▼ 그림 6-1 버튼을 클릭하면 this 값(SaveButton)을 출력한다.

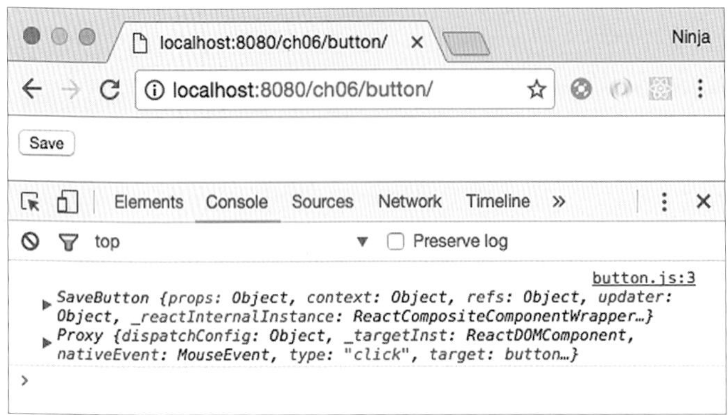

또한, 클래스의 constructor에서 이벤트 핸들러를 클래스에 바인딩할 수도 있다. 기능적으로는 차이가 없지만, render()에서 같은 메서드를 한 번 이상 사용한다면 생성자에서 바인딩하여 중복을 줄일 수 있다. SaveButton 컴포넌트의 생성자에서 이벤트 핸들러를 바인딩하면 다음과 같다.

```
class SaveButton extends React.Component {
  constructor(props) {
    super(props)
    this.handleSave = this.handleSave.bind(this) --------- 클래스에 대한 'this' 문맥을 바인딩하고,
  }                                                         이 'this'를 사용하여 이벤트 핸들러에서
  handleSave(event) {                                       클래스를 참조한다.
    console.log(this, event)
  }
  render() {
    return <button onClick={this.handleSave}> --------- onClick 함수 정의를 전달한다.
      Save
    </button>
  }
}
```

이벤트 핸들러를 생성자에서 바인딩하면 중복을 제거할 수 있고, 모든 바인딩을 한 곳에서 작성할 수 있으므로 이 방법을 추천한다.

표 6-1은 현재 React 버전 15에서 지원하는 이벤트 목록이다. React에서 사용하는 다른 속성들과 일관성을 유지하기 위해 이벤트 이름에 카멜 표기법을 사용한다.

✔ 표 6-1 React 버전 15에서 지원하는 DOM 이벤트[1]

이벤트 분류	React가 지원하는 이벤트
마우스 이벤트	onClick, onContextMenu, onDoubleClick, onDrag, onDragEnd, onDragEnter, onDragExit, onDragLeave, onDragOver, onDragStart, onDrop, onMouseDown, onMouseEnter, onMouseLeave, onMouseMove, onMouseOut, onMouseOver, onMouseUp
키보드 이벤트	onKeyDown, onKeyPress, onKeyUp
클립보드 이벤트	onCopy, onCut, onPaste
폼 이벤트	onChange, onInput, onSubmit, onInvalid
포커스 이벤트	onFocus, onBlur
터치 이벤트	onTouchCancel, onTouchEnd, onTouchMove, onTouchStart
UI 이벤트	onScroll
휠 이벤트	onWheel
영역선택 이벤트	onSelect
이미지 이벤트	onLoad, onError
애니메이션 이벤트	onAnimationStart, onAnimationEnd, onAnimationIteration
트랜지션 이벤트	onTransitionEnd

표에서 알 수 있듯이, React는 몇 가지 유형의 정규화된 이벤트를 지원한다. React가 지원하는 이벤트를 https://developer.mozilla.org/en-US/docs/Web/Events에 정리된 표준 이벤트와 비교해 보면 React가 더 광범위하게 지원한다는 점을 알 수 있다. 또한, React 팀은 향후에도 계속해서 이벤트를 추가로 지원할 것이다! 좀 더 자세한 정보와 이벤트 이름은 공식 문서(https://reactjs.org/docs/events.html)에서 확인할 수 있다.

6.1.1 캡처 및 버블링 단계

앞서 언급한 것처럼, React는 명령형이 아니라 선언형 스타일이므로 객체를 조작할 필요가 없고, jQuery처럼 `$('.btn').click(handleSave)` 같은 방식으로 이벤트를 등록하지 않는다. 대신에 `onClick={handleSave}`처럼 JSX에 속성으로 이벤트를 선언한다. 마우스 이벤트를 선언한다면 속성의 이름은 표 6-1에 정리된 이벤트 중 하나를 사용한다. 속성 값에는 이벤트 핸들러를 전달한다.

1 역주 폼 이벤트의 onInvalid가 공식 문서에는 있으나 원문에 누락되어 있어 추가한다. React 버전 16에서 특별히 추가된 이벤트는 없다.

예를 들어 마우스오버 이벤트를 정의하려면 다음 예제 코드처럼 onMouseOver를 사용할 수 있다. 붉은 외곽선이 있는 <div>에 마우스 커서를 옮기면 "mouse is over"라는 문구를 개발자 도구 콘솔에서 확인할 수 있다.

```
<div
  style={{border: '1px solid red'}}
  onMouseOver={()=>{console.log('mouse is over')}} >
    Open DevTools and move your mouse cursor over here
</div>
```

위에서 살펴본 onMouseOver 같은 이벤트는 버블링 단계의 이벤트에서 실행된다. 이미 알고 있겠지만, 버블링이나 타깃 단계에 앞서 캡처 단계가 있다. 첫 번째는 캡처 단계(capture phase)로 window에서 대상 요소까지다. 다음이 대상 요소에 도착한 대상 단계(target phase)다. 그 후 비로소 버블링 단계(bubbling phase)가 되고, 그림 6-2처럼 이벤트가 트리를 따라 window로 다시 돌아간다.

▼ 그림 6-2 이벤트 전파 단계 [2]

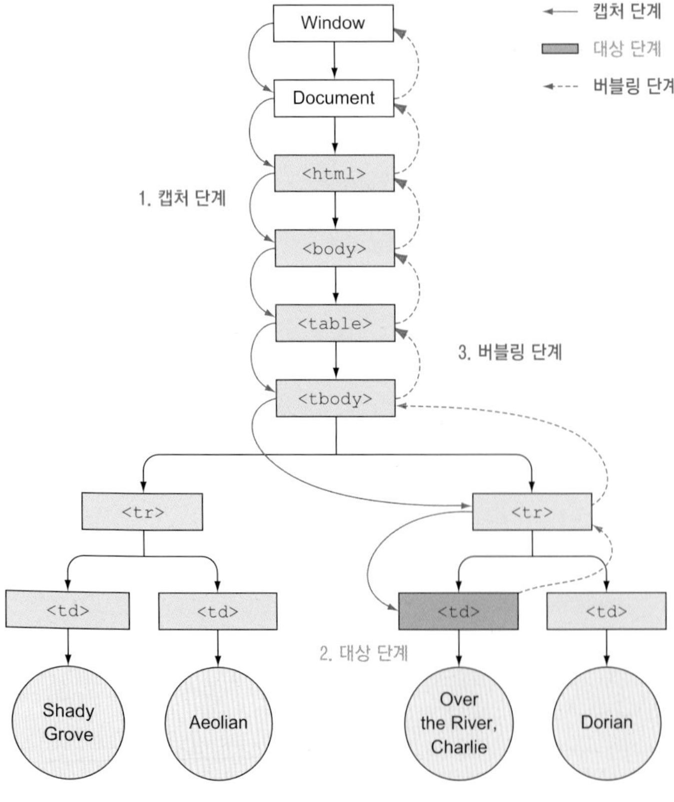

2 역주 https://www.w3.org/TR/DOM-Level-3-Events/#dom-event-architecture

대상 요소와 그 상위 요소에 같은 이벤트가 있을 때 단계 간의 구분이 중요해진다. 버블링 모드에서는 이벤트가 가장 내부에 있는 대상 요소에서 이벤트를 캡처한 후, 대상 요소의 부모 요소를 시작으로 외부의 상위 요소로 이벤트가 전파된다. 캡처 모드에서는 이벤트가 가장 바깥 쪽의 요소에 의해 캡처된 후 내부 요소로 전파된다.

캡처 단계를 위한 이벤트 리스너를 등록할 때는 이벤트 이름 뒤에 `Capture`를 추가하여 작성한다. 예를 들어 마우스오버 이벤트의 캡처 단계를 처리하려면, `onMouseOver`라고 쓰는 대신 `onMouseOverCapture`라고 쓴다. 표 6-1에서 다룬 모든 이벤트 이름에 `Capture`를 추가해서 사용할 수 있다.

예를 들어 버블링을 포함한 일반적인 이벤트와 캡처 이벤트가 있는 `<div>`가 있다고 가정해보자. 각각의 이벤트를 `onMouseOver`, `onMouseOverCapture`로 정의한다.

예제 코드 6.2 캡처 이벤트에 이어지는 버블링 이벤트

```
class Mouse extends React.Component {
  render() {
    return <div>
      <div
        style={{border: '1px solid red'}}
        onMouseOverCapture={((event) => {
          console.log('mouse over on capture event')
          console.dir(event, this)}).bind(this)}
        onMouseOver={((event) => {
          console.log('mouse over on bubbling event')
          console.dir(event, this)}).bind(this)}>
          Open DevTools and move your mouse cursor over here
      </div>
    </div>
  }
}
```

그림 6-3처럼 1 픽셀의 붉은 외곽선이 있는 컨테이너 내부에 텍스트가 입력되어 있고, 여기로 커서를 옮기면 된다. 각각의 마우스오버 이벤트는 이벤트 객체와 함께 이벤트의 종류를 콘솔에 출력한다(`console.dir()`의 사용으로 인해 그림 6-3의 개발자 도구에서는 Proxy 아래에 감춰져 있다).

당연하지만, 캡처 이벤트가 먼저 출력된다. 이런 동작 원리를 응용해서 이벤트 전파를 중지시키거나 이벤트 간의 우선순위를 정할 수 있다.

이벤트가 UI의 기초이므로, React가 이벤트를 어떻게 구현했는지 이해하는 것은 중요하다. React의 이벤트 구현에 대해서는 7장에서 더 자세히 다룬다.

▼ 그림 6-3 캡처 이벤트는 일반적인 이벤트보다 먼저 발생한다.

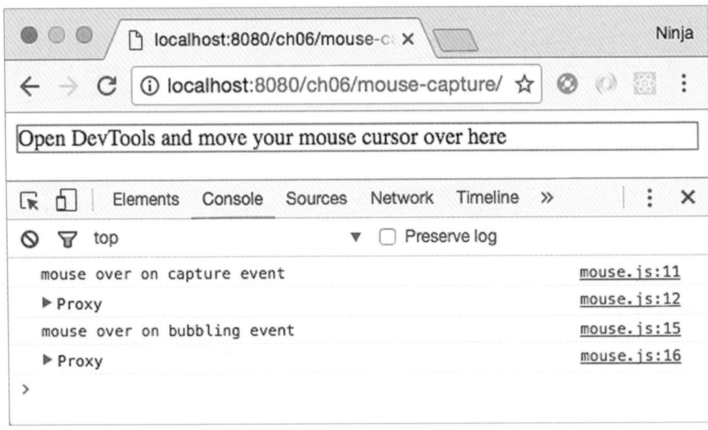

6.1.2 React 이벤트 살펴보기

jQuery나 일반적인 자바스크립트에서는 DOM 노드에 직접 이벤트 리스너를 연결하지만, React에서는 다른 방법으로 이벤트를 처리한다. 이벤트를 노드에 직접 연결하는 방법은 UI 라이프사이클에서 이벤트를 추가하거나 제거할 때 문제가 생길 수 있다. 예를 들어 계정 목록을 다룰 때 각 계정을 삭제, 편집하거나 새로운 계정을 목록에 추가하는 상황을 생각해보자. 각각 고유의 `id`를 가진 `<li>` 요소를 계정으로 하는 다음과 같은 HTML을 살펴보자.

```
<ul id="account-list">
  <li id="account-1">Account #1</li>
  <li id="account-2">Account #2</li>
  <li id="account-3">Account #3</li>
  <li id="account-4">Account #4</li>
  <li id="account-5">Account #5</li>
  <li id="account-6">Account #6</li>
</ul>
```

계정 목록에서 계정의 삭제나 추가가 빈번하게 이뤄진다면, 이벤트를 다루는 것이 복잡해질 것이다. 더 나은 방법은 부모 요소(`account-list`)에 하나의 이벤트 리스너를 두고, 버블링되는 이벤트를 처리하는 것이다(이벤트를 하위 요소에서 처리하지 않으면 DOM 트리를 따라 위로 버블링된다). React는 내부적으로 상위 요소 및 대상 요소에 연결된 이벤트를 매핑에서 추적한다. React가 부모 요소(document)에서 대상 요소를 추적할 수 있다. 이를 정리하면 그림 6-4와 같다.

▼ 그림 6-4 1. DOM 이벤트 발생 / 2~3. 상위 요소로 버블링 / 4. 일반적인 React 이벤트 리스너(버블링 단계)가 이벤트를 처리하는 위치. React의 이벤트는 최상위(Document)에서 처리한다

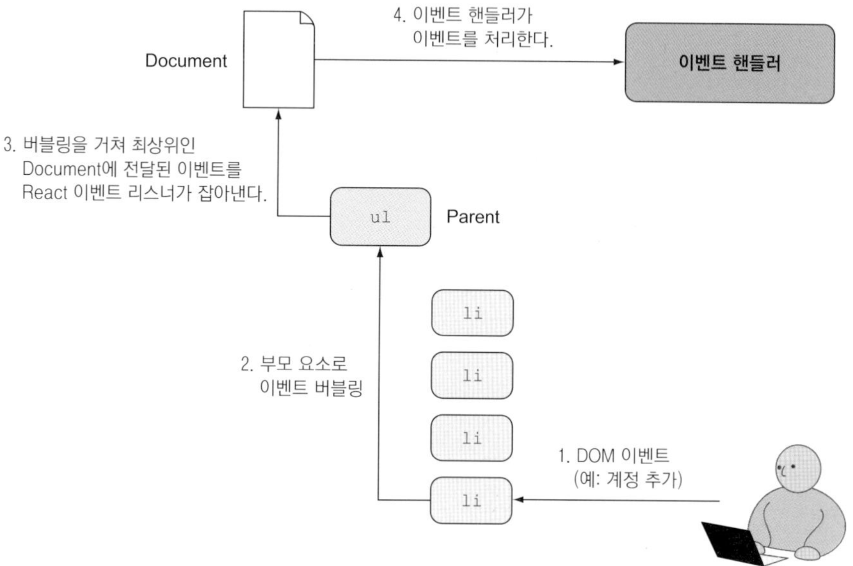

예제 코드 6.2의 Mouse 컴포넌트를 다시 살펴보면 부모 요소를 통한 이벤트 위임에 대해 알 수 있다. Mouse 컴포넌트에는 마우스오버 이벤트를 처리하는 <div> 엘리먼트가 있는데, 여기서 이벤트를 추적해보자.

Chrome이나 Firefox의 개발자 도구를 열고, Elements 탭 또는 Inspector(검사기) 탭에서 data-reactroot 요소를 선택하고(또는 Chrome이나 Firefox의 문맥 메뉴에서 요소 검사를 이용해도 좋다), 개발자 도구의 콘솔에서 $0를 입력하고 Enter를 누르면 <div>에 접근할 수 있다. 알아두면 좋은 요령이다.

신기하게도 DOM 노드인 <div>에는 연결된 이벤트 리스너가 없다. 그림 6-5에서 $0는 <div>이며, reactroot 요소다. 특정 DOM 노드(<div> 요소)에 연결된 이벤트 리스너를 확인하려면 개발자 도구 콘솔에서 전역 메서드인 getEventListeners($0)를 실행한다.

결과는 빈 객체 {}다. React는 reactroot 노드인 <div>에 이벤트 리스너를 연결하지 않았다. <div> 요소에 마우스를 올리면 콘솔에 로그가 출력되는 것을 확인할 수 있다. 이벤트가 정상적으로 처리되고 있는 것이다. 이벤트 리스너는 어디에 있는 것일까?

▼ 그림 6-5 <div> 요소에 연결된 이벤트를 확인한다(연결된 이벤트가 없다).

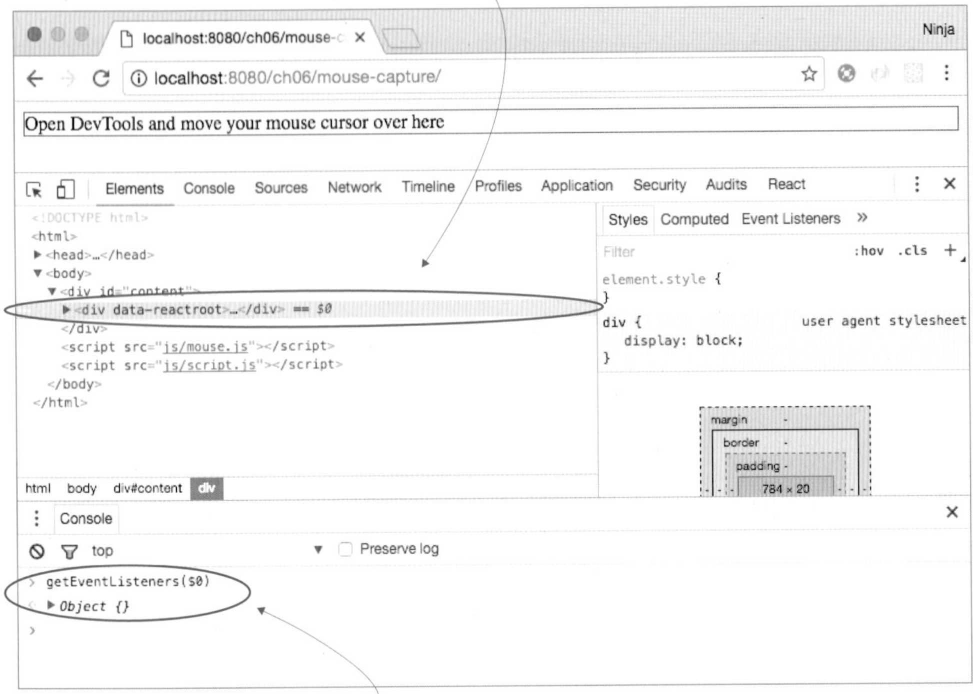

같은 절차를 `<div id="content">` 요소나 붉은 외곽선이 있는 `<div>` 요소(reactroot의 자식)에도 실행해보자. 콘솔에서 `$0`로 Elements 탭에서 현재 선택한 요소에 접근할 수 있다. 새로운 요소를 선택하고 콘솔에 `getEventListeners($0)`를 실행해보자. 여전히 아무 결과가 없는가?

그렇다면 콘솔에 다음과 같이 작성해서 `document`에 연결된 이벤트가 있는지 확인해보자.

```
getEventListeners(document)
```

맙소사! 드디어 이벤트 `Object {mouseover: Array[1]}`를 찾았다. 그림 6-6과 같다. React가 이벤트 리스너를 **최상위** 부모인 `document` 요소에 연결했다는 것을 알 수 있다. 이벤트는 `<div>` 같은 개별 노드나 `data-reactroot` 요소에 연결되지 않았다.

▼ 그림 6-6 document 요소에 이벤트 하나가 연결되어 있는 것을 확인할 수 있다.

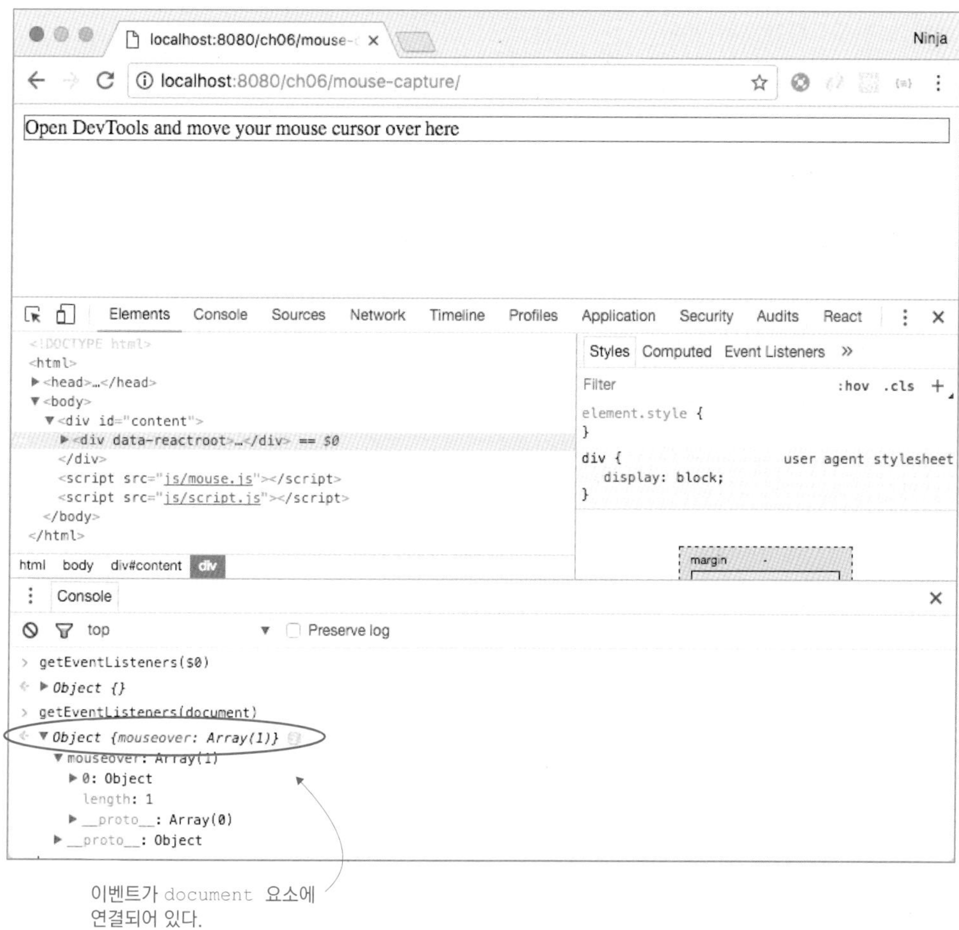

다음으로 콘솔에서 다음과 같이 실행하면 이 이벤트를 제거할 수 있다.

```
document.removeEventListener('mouseover', getEventListeners(document).mouseover[0].
listener, false)
```

"mouse is over"라는 메시지를 더 이상 확인할 수 없다. document에 연결했던 이벤트 리스너는 이제 사라졌다. React가 이벤트를 각 요소가 아닌 document에 연결한다는 점을 확인할 수 있었다. 이 덕분에 React는 좀 더 빠르게 작동하는데, 특히 목록을 다룰 때 그렇다. jQuery에서 개별 요소에 이벤트를 연결하는 점과 비교할 수 있는 부분이다. 성능을 생각한 React를 칭찬할 수밖에 없다.

만약 마우스오버를 다루는 두 엘리먼트처럼 같은 종류의 이벤트를 사용하는 다른 엘리먼트가 있다면, 하나의 이벤트에 연결되고 React가 내부적으로 올바른 자식 엘리먼트(대상 엘리먼트)와 매핑하여 처리한다. 그림 6-7에서도 확인할 수 있다. 이벤트가 시작된 대상 요소에 대한 정보는 이벤트 객체에서 확인할 수 있다.

▼ 그림 6-7 React는 최상위에서 이벤트 리스너를 재사용하므로 마우스오버 이벤트를 연결한 엘리먼트가 여러 개 있더라도 각 종류별로 하나의 이벤트 리스너만 사용하는 것을 확인할 수 있다.

```
> getEventListeners(document)
<· ▼Object {click: Array[1], mouseover: Array[1]}
    ▼click: Array[1]
      ▶0: Object
       length: 1
      ▶__proto__: Array[0]
    ▼mouseover: Array[1]
      ▶0: Object
       length: 1
      ▶__proto__: Array[0]
>
```

6.1.3 React 합성 이벤트 객체 다루기

브라우저에 따라 W3C 명세(www.w3.org/TR/DOM-Level-3-Events 참조)를 다르게 구현할 수 있다. DOM 이벤트를 다룰 때, 이벤트 핸들러에 전달되는 이벤트 객체에 다른 프로퍼티나 메서드가 있을 수도 있다.

브라우저 간의 차이로 인해 이벤트를 처리하는 코드를 작성할 때 크로스 브라우징 문제를 경험할 수 있다. 예를 들어 IE8에서 대상 요소를 가져오려면 `event.srcElement`에 접근하지만, Chrome, Safari, Firefox 브라우저에서는 `event.target`으로 접근한다.

```
var target = event.target || event.srcElement
console.log(target.value)
```

당연한 이야기지만, 크로스 브라우징 문제는 10년 전에 비해 많이 나아졌다. 그렇다고는 해도 잘 알려지지 않은 브라우저 간의 구현 차이 때문에 명세를 읽고 디버깅을 하는 데 시간을 쓰고 싶어 하는 사람은 없을 것이다.

크로스 브라우징 문제가 좋지 않은 것은 다른 브라우저에서도 같은 사용자 경험을 제공해야 하기 때문이다. 일반적으로 브라우저 API의 차이를 처리하기 위해 `if/else` 문 같은 코드를 더 작성해야 한다. 서로 다른 브라우저에서 테스트해야 하는 불편함도 있다. 즉, 크로스 브라우징 문제를 고치거나 우회하는 방법을 찾아내는 것은 CSS 문제, IE8 문제, 힙합 안경을 쓴 깐깐한 디자이너를 상대하는 것보다 훨씬 더 골치 아픈 일이다.

React의 해결책은 브라우저 내장 이벤트를 감싸는 것이다. 웹 페이지를 실행하는 브라우저의 구현에 관계없이 이벤트가 W3C 명세를 따르도록 만들었다. 내부적으로 React는 **합성 이벤트**(SyntheticEvent)를 위한 특별한 클래스를 사용한다. SyntheticEvent 클래스의 인스턴스를 이벤트 핸들러에 전달하는 것이다. 예를 들어 합성 이벤트 객체에 접근하려면 다음 예제 코드 6.3처럼 이벤트 핸들러 함수에 인자로 event를 추가할 수 있다. 또한, 그림 6-8처럼 이벤트 객체를 콘솔에서 확인할 수 있다.

예제 코드 6.3 합성 이벤트를 받는 이벤트 핸들러

```
class Mouse extends React.Component {
  render() {
    return <div>
      <div
        style={{border: '1px solid red'}}
        onMouseOver={((event) => { -------- event 인자를 정의한다.
          console.log('mouse is over with event')
          console.dir(event)})}> -------- 합성 이벤트 객체에 접근해서 console.dir로 콘솔에 노출하도록 한다.
          Open DevTools and move your mouse cursor over here
      </div>
    </div>
  }
}
```

✔ 그림 6-8 상자에 마우스 커서를 올리면 개발자 도구 콘솔에서 이벤트 객체를 출력한다.

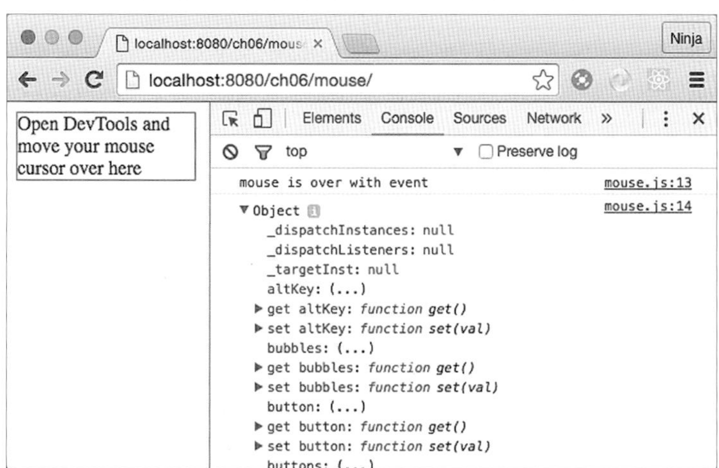

앞서 살펴본 것처럼, 이벤트 핸들러 코드를 컴포넌트 메서드나 독립적인 함수로 옮길 수 있다. 예를 들어 ES6+/ES2015+ 클래스에 handleMouseOver() 메서드를 생성하고, render()가 반환하는 부분에서 {this.handleMouseOver.bind(this)}로 참조할 수 있다. bind()는 메서드에 정확한 this 값을 전달하기 위해 사용된다. 앞서 예제에서 살펴본 것처럼 화살표 함수를 사용하면 this 바인딩이 자동으로 이뤄진다. createClass() 문법을 사용할 때도 자동 바인딩된다. 클래스를 사용할 때는 직접 바인딩해야 한다. 메서드에서 this를 사용하지 않는다면 바인딩을 하지 않고 onMouseOver={this.handleMouseOver}라고 작성할 수 있다.

handleMouseOver()라는 이름은 5장에서 살펴본 라이프사이클 이벤트와는 달리 임의로 정한 것이며, 자기 자신이나 함께 일하는 팀이 이해할 수 있는 이름이라면 규칙을 따를 필요는 없다. 대부분의 경우, React에서 이벤트 핸들러를 작성할 때는 일반적인 클래스 메서드와 구분하기 위해 handle을 앞에 붙이고 mouseOver 같은 이벤트 이름을 넣거나, save처럼 수행하는 동작을 이름으로 사용한다.

예제 코드 6.4 이벤트 핸들러를 클래스 메서드로 작성하고 render()에서 바인딩한다.

```
class Mouse extends React.Component {
  handleMouseOver(event) {
    console.log('mouse is over with event')
    console.dir(event.target)
  }
  render() {
    return <div>
      <div
        style={{border: '1px solid red'}}
        onMouseOver={this.handleMouseOver.bind(this)}>
          Open DevTools and move your mouse cursor over here
      </div>
    </div>
  }
}
```

이벤트의 프로퍼티와 메서드는 stopPropagation(), preventDefault(), target, currentTarget 처럼 대부분의 브라우저 내장 이벤트와 같다. 내장 프로퍼티나 메서드를 찾을 수 없을 때는 nativeEvent를 통해서 브라우저의 내장 이벤트에 접근할 수 있다.

```
event.nativeEvent
```

React 버전 15의 합성 이벤트 인터페이스에 포함되어 있는 몇 가지 프로퍼티와 메서드를 살펴보면 다음과 같다.

- `currentTarget`: 이벤트를 캡처한 요소의 `DOMEventTarget`(대상 요소 또는 부모 요소일 수 있다.)
- `target`: `DOMEventTarget`, 이벤트가 발생한 요소
- `nativeEvent`: `DOMEvent`, 브라우저 내장 이벤트 객체
- `preventDefault()`: 링크나 폼 전송 버튼처럼 기본 동작을 방지하는 메서드
- `isDefaultPrevented()`: 기본 동작이 방지되었을 때 실행하면 `true`를 반환한다.
- `stopPropagation()`: 이벤트 전파 중단
- `isPropagationStopped()`: 이벤트 전파가 중단되었을 때 실행하면 `true`를 반환한다.
- `type`: 태그명 문자열
- `persist()`: 합성 이벤트를 이벤트 풀에서 꺼낸 후 사용자 코드에서 이벤트에 대한 참조를 유지할 수 있도록 한다.
- `isPersistent()`: 합성 이벤트를 이벤트 풀에서 꺼낸 경우 실행하면 `true`를 반환한다.

앞서 말한 이벤트 객체의 `target` 프로퍼티는 이벤트가 캡처된 곳이 아니라 이벤트가 발생한 DOM 노드로 `currentTarget`과는 차이가 있다(https://developer.mozilla.org/ko/docs/Web/API/Event/target). 대부분의 경우 UI를 만들 때는 이벤트 캡처뿐만 아니라 입력상자의 텍스트가 필요한 경우도 있는데, `event.target.value`로 접근한다.

이벤트 핸들러가 한 번 실행되고 나면 합성 이벤트는 `null`이 되어 더 이상 사용할 수 없다. 그래서 같은 이벤트 핸들러가 실행된 후에 이벤트 객체에 접근하기 위해 전역변수에 담거나 콜백함수에서 비동기적으로 사용하려고 생각한 사람도 있을 것이다. 예를 들면 다음 예제 코드처럼 이벤트 객체에 대한 참조를 전역변수 `e`에 저장한다고 생각해보자(ch06/mouseevent/jsx/mouse.jsx).

예제 코드 6.5 합성 이벤트는 이벤트 핸들러 실행 후 null이 된다.

```
class Mouse extends React.Component {
  handleMouseOver(event) {
    console.log('mouse is over with event')
    window.e = event // 안티패턴
    console.dir(event.target) --------- 이벤트 객체와 속성을 메서드에서 사용한다.
    setTimeout(() => {
      console.table(event.target)
      console.table(window.e.target) --------- 기본적으로 이벤트를 비동기 콜백함수나
                                               전역변수에 담아 사용할 수 없다.
```

```
    }, 2345)
  }
  render() {
    return <div>
      <div
        style={{border: '1px solid red'}}
        onMouseOver={this.handleMouseOver.bind(this)}>
          Open DevTools and move your mouse cursor over here
      </div>
    </div>
  }
}
```

▼ 그림 6-9 합성 이벤트를 다시 사용하는 것은 기본적으로 불가능하며, 경고가 노출된다.

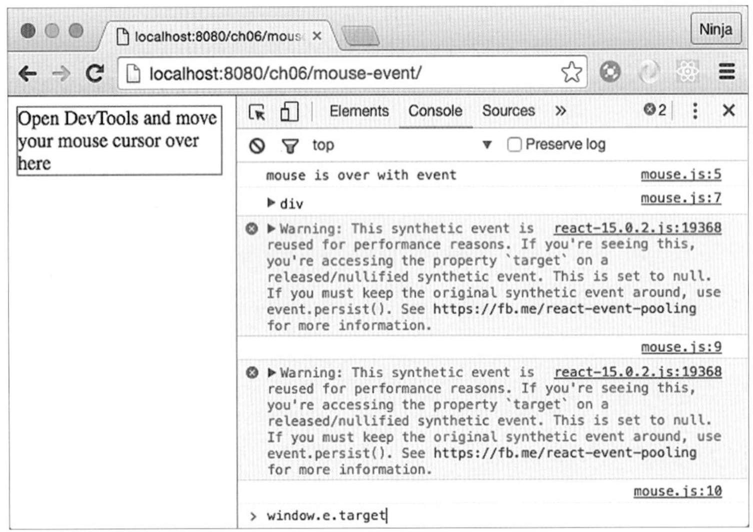

그림 6-9처럼 경고 문구를 통해 React가 합성 이벤트를 재사용하는 것은 성능 때문임을 알 수 있다.

> This synthetic event is reused for performance reasons. If you're seeing this, you're accessing the property `target` on a released/nullified synthetic event. This is set to null.
>
> 이 합성 이벤트는 성능을 이유로 재사용됩니다. 이 경고 문구를 보고 있다면, 이미 방출되었거나 null 처리된 합성 이벤트의 target 프로퍼티에 접근한 것입니다. 이 값은 null로 설정되어 있습니다.

이벤트 핸들러를 실행한 후에도 합성 이벤트를 유지하려면 event.persist() 메서드를 사용하면 된다. 이 메서드를 실행하면 이벤트 객체가 재사용되지 않으므로 null로 처리되지 않는다.

React가 내장 이벤트 객체를 크로스 브라우징 목적으로 감싸서 브라우저 이벤트를 합성(또는 정규화)하는 것을 살펴보았다. 합성 이벤트 덕분에 모든 브라우저에서 이벤트가 똑같이 작동한다. 또한, 대부분의 경우에 `event.stopPropagation()`과 `event.preventDefault()`를 포함한 모든 내장 메서드를 React 이벤트에서 사용할 수 있다. 그렇지만 만약 내장 이벤트에 접근해야 한다면 합성 이벤트 객체에서 `event.nativeEvent` 프로퍼티로 접근할 수 있다. 당연한 이야기지만, 내장 이벤트를 직접 다루는 경우에는 크로스 브라우징 문제를 직접 해결해야 할 것이다.

6.1.4 이벤트와 상태 사용하기

이벤트와 함께 상태를 사용하여 이벤트를 처리하고 컴포넌트의 상태를 변경할 수 있다면 사용자 조작과 상호작용하는 UI를 만들 수 있을 것이다. 모든 이벤트를 캡처해서 이벤트에 따라 뷰와 애플리케이션 로직을 변경할 수 있으므로 재미도 있을 것이다. 또한, 외부 코드나 표현이 불필요하므로 더욱 독립적인 컴포넌트를 만들 수 있다.

예를 들어 그림 6-10처럼 0부터 시작하는 카운터가 있는 버튼을 구현해보자. 버튼을 클릭할 때마다 버튼에 있는 숫자가 증가한다(1, 2, 3, …).

▼ 그림 6-10 버튼을 클릭하면 초깃값이 0인 카운터가 증가한다.

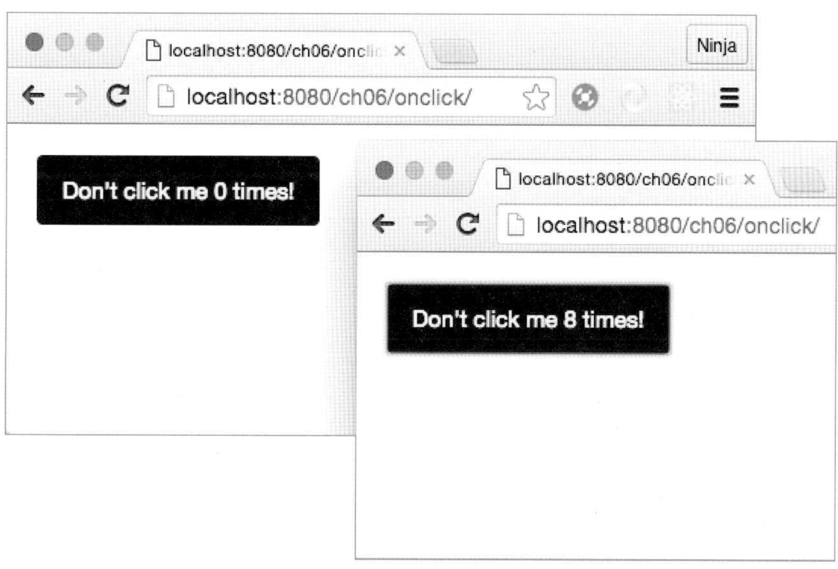

구현해야 할 것은 다음과 같다.

- `constructor()`: `this.state`에 카운터 값을 0으로 설정해서 뷰에서 사용할 수 있게 한다.
- `handleClick()`: 카운터의 숫자를 증가시키는 이벤트 핸들러
- `render()`: JSX로 작성한 버튼을 반환하는 `render()` 메서드

`handleClick()` 메서드는 다른 React 컴포넌트 메서드와 다를 것이 없다. 3장에서 살펴본 `getUrl()`과 앞에서 설명한 `handleMouseOver()`를 기억하고 있을 것이다. `this` 바인딩을 직접 해주는 것을 제외하면, `handleClick()` 메서드도 비슷한 방식으로 선언한다. `handleClick()` 메서드는 상태 객체의 카운터 값을 1씩 증가시켜서 현재 카운터 값으로 변경한다(ch06/onclick/jsx/content.jsx).

예제 코드 6.6 클릭할 때마다 상태 갱신하기

```
class Content extends React.Component {
  constructor(props) {
    super(props)
    this.state = {
      counter: 0 --------- 초기 상태를 0으로 설정한다.
    }
  }
  handleClick(event) {
    this.setState({counter: ++this.state.counter}) --------- 카운터 값을 1씩 증가시킨다.
  }
  render() {
    return (
      <div>
        <button
          onClick={this.handleClick.bind(this)}
          className="btn btn-primary"> --------- onClick 이벤트 리스너로 handleClick 메서드를 연결한다.
          Don't click me {this.state.counter} times! --------- 상태 객체의 카운터 값을 보여준다.
        </button>
      </div>
    )
  }
}
```

> **Note** **함수의 호출과 정의**
>
> 예제 코드 6.6을 다시 보면 `this.handleClick()`은 메서드지만 JSX에서 `onClick`에 할당할 때 호출하지는 않는다(`<button onClick={this.handleClick}`). 즉, 중괄호 안의 `this.handleClick` 뒤에 `()`를 작성해서 호출하지 않았다. 함수 정의를 전달할 뿐 호출할 필요는 없기 때문이다. 자바스크립트의 함수는 일급 객체이므로 이 경우에는 함수 정의를 `onClick` 속성 값으로 전달한 것이다.
>
> 반면, `bind()`의 경우에는 호출했는데, 호출해야만 `bind()`가 올바른 `this` 값을 가진 함수 정의를 반환하기 때문이다. 따라서 `onClick`의 값으로 여전히 함수 정의를 전달한다.
>
> 앞서 살펴본 것처럼, `onClick`은 실제 HTML 속성은 아니지만, `className={btnClassName}` 또는 `href={this.props.url}`처럼 문법적으로 다른 JSX 선언과 비슷하다는 점도 기억해두기 바란다.

버튼을 클릭할 때마다 카운터가 증가하는 것을 확인할 수 있다. 그림 6-10을 보면 버튼을 여덟 번 클릭했다는 사실을 알 수 있다. 카운터가 처음에는 0이었지만, 8이 됐다. 대단하지 않은가?

`onClick`이나 `onMouseOver`와 유사한 방법으로 React가 지원하는 DOM 이벤트를 다룰 수 있다. 상태를 변경하는 이벤트 핸들러와 뷰를 정의하는 것이다. 명령형으로 표현을 수정할 필요가 없다. 선언형 스타일의 힘을 느껴보자!

다음으로 자식 엘리먼트에 이벤트 핸들러나 다른 객체를 전달하는 방법에 대해서 살펴보자.

6.1.5 이벤트 핸들러를 속성으로 전달하기

다음과 같은 경우를 생각해보자. 상태비저장 컴포넌트로 만든 버튼이 있다. 이 버튼 컴포넌트는 스타일만 입혀져 있다. 어떻게 하면 이 버튼에 이벤트 리스너를 연결해서 실행시킬 수 있을까?

잠시 속성으로 다시 돌아가보자. 속성은 변경이 불가능하며, 부모 컴포넌트에서 자식으로 전달된다. 자바스크립트에서는 함수가 일급 객체이므로, 자식 엘리먼트의 속성으로 함수를 전달해서 이벤트 핸들러로 사용할 수 있다.

상태비저장 컴포넌트에서 발생하는 이벤트를 처리하는 방법은 이벤트 핸들러를 상태비저장 컴포넌트의 속성으로 전달하고, 전달한 이벤트 핸들러 함수를 상태비저장 컴포넌트에서 실행하도록 하는 것이다. 예를 들어 앞에서 살펴본 예제의 기능을 둘로 분리하여 `ClickCounterButton` 컴포넌트와 `Content` 컴포넌트를 만들어보자. `ClickCounterButton`은 둔한 컴포넌트(dumb component, 상태비저장 컴포넌트)고, `Content`는 영리한 컴포넌트(smart component, 상태저장 컴포넌트)다.

Note 둔한 프레젠테이션 컴포넌트와 영리한 컨테이너 컴포넌트

둔한 컴포넌트와 **영리한** 컴포넌트는 각각 **프레젠테이션** 컴포넌트(presentational component)와 **컨테이너** 컴포넌트(container component)라 부르기도 한다. 이런 분류 방법은 상태저장 컴포넌트와 상태비저장 컴포넌트와 관련되어 있기도 하지만, 항상 일치하지는 않는다.

대부분의 경우 프레젠테이션 컴포넌트는 상태가 없는 상태비저장 컴포넌트나 함수형 컴포넌트다. 다만, 컴포넌트의 표현을 위해 상태를 사용하는 경우도 있으므로 반드시 그렇다고 할 수는 없다.

프레젠테이션 컴포넌트는 `this.props.children`을 자주 사용하고 DOM 요소를 렌더링한다. 반면에 컨테이너 컴포넌트는 DOM 요소가 없을 때의 처리를 다루고, 상태가 있으며, 일반적으로 고차 컴포넌트 패턴(higher-order component pattern)을 사용하고 데이터 소스에 연결하는 역할을 한다.

둔한 컴포넌트와 영리한 컴포넌트를 조합해서 사용하면 코드도 정돈되고 관심사 분리도 가능하게 해주므로 모범적인 사례라고 할 수 있다.

코드를 실행하면 클릭할 때마다 카운터가 증가한다. 보기에는 그림 6-10처럼 버튼과 카운터가 있던 기존 예제와 달라진 것이 없다. 그렇지만 내부적으로는 상태를 저장하지 않고, 로직이 없는 `ClickCounterButton` 컴포넌트가 여전히 로직을 처리하고 있는 `Content` 컴포넌트에 추가되었다.

`ClickCounterButton` 컴포넌트는 자체적인 `onClick` 이벤트 핸들러가 없다(즉, `this.handler` 또는 `this.handleClick` 같은 메서드가 없다). 부모 컴포넌트가 전달한 이벤트 핸들러를 `this.props.handler` 속성으로 접근하여 사용한다. 일반적으로 버튼은 별도의 상태가 없는 프레젠테이션 컴포넌트이므로 이 방법을 사용해서 버튼의 이벤트를 처리하면 다른 UI에서 버튼을 재사용할 수 있는 이점이 있다.

다음 예제는 버튼을 렌더링하는 프레젠테이션 컴포넌트 코드를 보여준다(ch06/onclick-props/jsx/click-counter-button.jsx). 예제 코드 6.8의 부모 컴포넌트인 `Content`에서 버튼을 렌더링한다.

예제 코드 6.7 상태비저장 버튼 컴포넌트

```
class ClickCounterButton extends React.Component {
  render() {
    return <button
      onClick={this.props.handler}
      className="btn btn-danger">
      Increase Volume (Current volume is {this.props.counter})
    </button>
  }
}
```

그림 6-11의 ClickCounterButton 컴포넌트는 《덤 앤 더머》[3]의 두 주인공보다도 아는 게 없는 것 같지만, 그 점이 이 아키텍처의 장점이기도 하다. 프레젠테이션 컴포넌트는 단순하고 이해하기 쉽다.

▼ 그림 6-11 프레젠테이션 컴포넌트인 버튼의 속성으로 이벤트 핸들러를 전달하여 같은 방법으로 버튼의 속성으로 전달한 카운터가 증가하도록 했다.

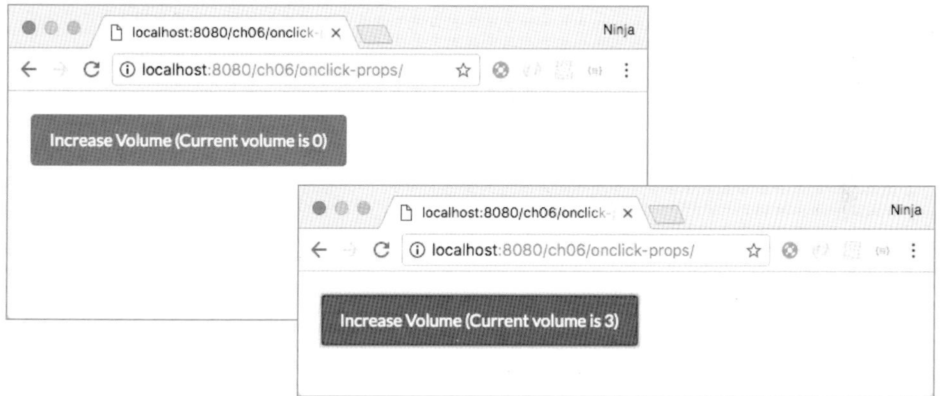

ClickCounterButton 컴포넌트는 counter 속성도 사용하여 {this.props.counter}로 렌더링한다. 2장에서 살펴봤던 예제를 기억하고 있다면 ClickCounterButton처럼 자식 컴포넌트에 속성을 전달하는 것은 간단하다. 표준 속성 문법에 따라서 name=VALUE로 작성한다.

예를 들어 ClickCounterButton 컴포넌트에 counter와 이벤트 핸들러를 속성으로 전달하려면, 부모 컴포넌트의 render() 메서드에서 JSX를 작성할 때 속성으로 추가한다(여기서 부모 컴포넌트는 Content다).

```
<div>
  <ClickCounterButton
    counter={this.state.counter}
    handler={this.handleClick}/>
</div>
```

ClickCounterButton의 counter는 속성이므로 변경할 수 없다. 그렇지만 부모 컴포넌트인 Content에서는 상태이므로 변경할 수 있다(상태와 속성의 차이에 대해서는 4장을 살펴보기 바란다). 이름도 다르게 작성할 수 있다. 자식에게 속성을 전달할 때 반드시 같은 이름을 사용할 필요는 없다. 그렇지만 같은 이름을 사용하면 서로 다른 컴포넌트에서 데이터가 관련되어 있다는 점을 이해하는 데 도움이 된다.

3 http://www.imdb.com/title/tt0109686/

부모 컴포넌트인 Content에서 counter의 초깃값을 0으로 설정한다. 이벤트 핸들러도 부모 컴포넌트에 정의되어 있다. 따라서 자식 컴포넌트인 ClickCounterButton의 이벤트는 부모 컴포넌트에서 실행된다. 다음 예제 코드에서 constructor()와 handleClick() 메서드를 추가한 Content 컴포넌트를 확인할 수 있다(ch06/onclickprops/jsx/content.jsx).

예제 코드 6.8 이벤트 핸들러를 속성으로 전달한다.

```
class Content extends React.Component {
  constructor(props) {
    super(props)
    this.handleClick = this.handleClick.bind(this) --------- constructor에서 Content 클래스의
    this.state = {counter: 0}                                인스턴스로 컨텍스트를 연결하여
  }                                                          this.setState()를 쓸 수 있게 한다.
  handleClick(event) {
    this.setState({counter: ++this.state.counter})
  }
  render() {
    return (
      <div>
        <ClickCounterButton
          counter={this.state.counter}
          handler={this.handleClick}/>
      </div>
    )
  }
}
```

앞서 이야기한 것처럼, 자바스크립트에서 함수는 일급 객체이며, 변수나 속성으로 전달할 수 있다. 따라서 이 점에 대해서는 놀라울 것이 없을 것이다. 이제 새로운 의문이 생길 것이다. 과연 이벤트 핸들러 같은 로직은 자식 컴포넌트와 부모 컴포넌트 중 어디에 두어야 하는 것일까?

6.1.6 컴포넌트 간의 데이터 교환

이전 예제에서 클릭 이벤트 핸들러는 부모 컴포넌트에 작성했다. 이벤트 핸들러를 자식 컴포넌트에 둘 수도 있지만, 부모 컴포넌트에 이벤트 핸들러를 두면 자식 컴포넌트들과 정보를 교환할 수 있다.

이번에도 버튼을 예제로 사용하는데, 대신 render() 메서드에서 카운터 값을 제거해보자. 컴포넌트는 단일 지향적이며 세분화된 표현의 일부라는 점을 기억하고 있을 것이다. 카운터를 새로운 컴포넌트 Counter에서 처리하자. 이렇게 해서 컴포넌트를 총 세 개, 즉 ClickCounterButton, Content, Counter를 생성한다.

그림 6-12에서 확인할 수 있는 것처럼, 이제 컴포넌트가 두 개 보인다. 버튼과 버튼 아래에 텍스트가 있다. 부모 컴포넌트인 Content에서는 상태인 값을 속성으로 가지고 있다. 그림 6-11의 예제와는 대조적으로 클릭 횟수를 계산하려면 버튼과 텍스트 사이에 통신이 필요하다. 즉, ClickCounterButton 컴포넌트와 Counter 컴포넌트 사이에 대화가 필요한 것이다. 둘 사이의 통신은 Content 컴포넌트를 통해 간접적으로 이뤄진다(직접 통신하면 강한 결합이 생기므로 나쁜 패턴이다).

▼ 그림 6-12 상태를 분리하고 각각 카운터 텍스트와 버튼으로 나누어 상태비저장 자식 컴포넌트를 두 개 만든다(부모 컴포넌트를 통해 데이터를 교환한다).

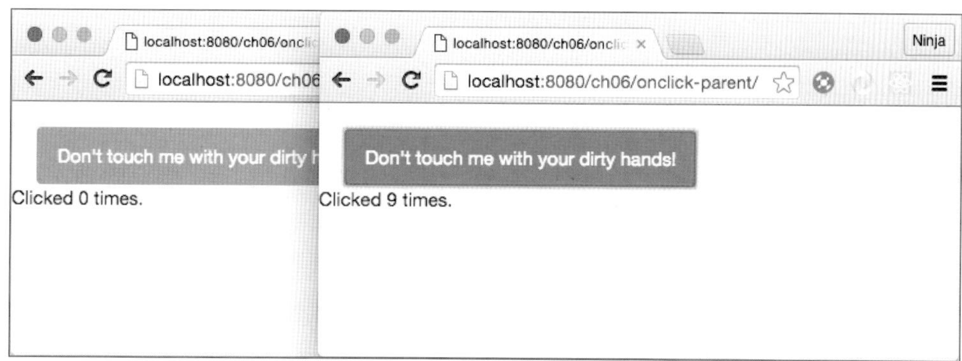

React 컴포넌트를 다루는 올바른 방식을 따르기 위해 ClickCounterButton 컴포넌트는 여전히 지난 번 예제처럼 상태비저장 컴포넌트로 유지하고, 속성과 JSX만 있다.

예제 코드 6.9 Content에서 전달한 이벤트 핸들러를 사용하는 버튼 컴포넌트

```
class ClickCounterButton extends React.Component {
  render() {
    return <button
      onClick={this.props.handler}
      className="btn btn-info">
      Don't touch me with your dirty hands!
    </button>
  }
}
```

당연한 애기겠지만, ClickCounterButton 컴포넌트를 클래스 대신 함수로 작성하여 문법을 좀 더 단순화할 수 있다.

```
const ClickCounterButton = (props) => {
  return <button
    onClick={props.handler}
    className="btn btn-info">
    Don't touch me with your dirty hands!
  </button>
}
```

새로 만든 Counter 컴포넌트는 카운터 값을 속성 value로 받아서 표시한다(이름은 다르게 작성해도 좋다. 항상 counter라고 쓸 필요는 없다).

```
class Counter extends React.Component {
  render() {
    return <span>Clicked {this.props.value} times.</span>
  }
}
```

마지막으로 이벤트 핸들러와 카운터를 속성으로 제공하는 부모 컴포넌트를 확인해보자. render() 메서드를 수정해야 하지만 그 외의 부분은 변경하지 않았다.

예제 코드 6.10 두 개의 컴포넌트에 이벤트 핸들러와 상태를 전달한다.

```
class Content extends React.Component {
  constructor(props) {
    super(props)
    this.handleClick = this.handleClick.bind(this)
    this.state = {counter: 0}
  }
  handleClick(event) {
    this.setState({counter: ++this.state.counter})
  }
  render() {
    return (
      <div>
        <ClickCounterButton handler={this.handleClick}/>
        <br/>
        <Counter value={this.state.counter}/>
      </div>
    )
  }
}
```

앞서 우리가 의문을 품었던 이벤트 처리와 관련된 로직을 작성하는 위치에 대해 정리해보자. 자식 컴포넌트 간에 상호작용이 필요한 경우에는 부모나 컨테이너 컴포넌트에 두는 것이 가장 좋은 방법이다. 그렇지만 이벤트가 하나의 자식 컴포넌트에만 영향을 끼친다면, 상위 컴포넌트를 이벤트 처리 메서드로 어지럽힐 필요가 없다.

6.2 React가 지원하지 않는 DOM 이벤트 처리하기

REACT

표 6-1에서 React가 지원하는 이벤트 목록을 확인할 수 있는데, React가 지원하지 않는 DOM 이벤트가 있는지 궁금할지도 모르겠다. 예를 들어 창 크기가 바뀌는, `resize` 이벤트에 따라 크기를 크거나 작게 변경해야 하는 UI를 만들어야 하는 경우가 있을 수 있다. 그렇지만 이 이벤트는 React가 지원하지 않는다! 우리가 앞서 살펴본 React의 기능인 라이프사이클 이벤트를 이용하면 `resize` 이벤트나 그 외의 이벤트를 캡처할 수 있다.

다음 예제에서는 라디오 버튼을 구현한다. 표준 HTML 라디오 버튼 요소는 크기를 변경하기 어렵고, 브라우저에 따라 차이가 있다. 이런 이유로 내가 DocuSign에서 근무했을 때 크기를 변경할 수 있는 CSS 라디오 버튼(https://goo.gl/f5LxTU)을 만들어서 표준 HTML 라디오 버튼 대신 사용했었다. 그 당시에는 jQuery로 개발했다. jQuery를 통해 CSS를 조작해서 버튼의 크기가 늘어나거나 줄어들게 했다. React에서 크기가 바뀌는 라디오 버튼을 만드는 방법을 살펴보자. 그림 6-13처럼 React를 이용해서 화면 크기를 변경하면 이에 따라 크기가 바뀌는 CSS 버튼을 만들어 보겠다.

▼ 그림 6-13 React로 만든, resize 이벤트에 따라 크기가 변하는 CSS 라디오 버튼. 창 크기를 조절하면 라디오 버튼의 크기도 같이 변한다.

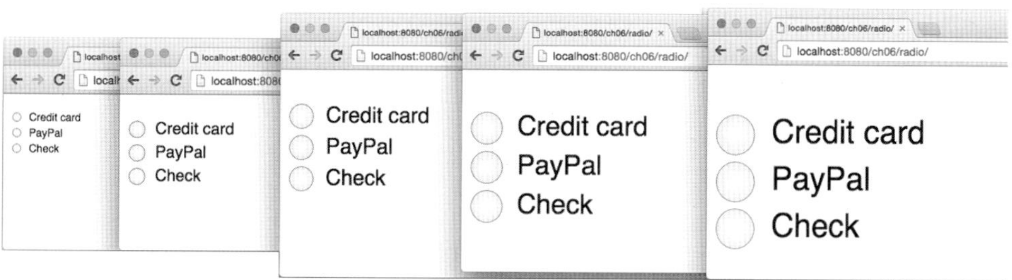

앞에서 언급한 것처럼, React는 resize 이벤트를 지원하지 않는다. 따라서 다음과 같이 엘리먼트에 적용해도 작동하지 않는다.

```
...
  render() {
    return <div>
      <div onResize={this.handleResize}
        className="radio-tagger"
        style={this.state.taggerStyle}>
    ...
```

resize처럼 미지원 이벤트에 연결하려면 React 컴포넌트의 라이프사이클 이벤트를 사용한다. 예제 코드 6.11(ch06/radio/jsx/radio.jsx)은 componentDidMount()에서 window의 resize 이벤트 리스너를 추가하고, 같은 이벤트 리스너를 componentWillUnmount()에서 제거해서 컴포넌트가 DOM에서 제거될 때 이벤트 리스너도 제거한다. 컴포넌트를 제거한 후에 이벤트 리스너를 방치하는 것은 메모리 누수를 일으켜서, 갑자기 애플리케이션이 중단될 수도 있다. 메모리 누수를 방치하면 잠도 못 자고 눈이 붉게 충혈된 채로 에너지 음료를 마셔가며 밤새워 디버깅하면서 저주를 내뱉는 자신을 발견할지도 모른다.

예제 코드 6.11 DOM 이벤트에 연결하기 위한 라이프사이클 이벤트 사용하기

```
class Radio extends React.Component {
  constructor(props) {
    super(props)
    this.handleResize = this.handleResize.bind(this)
    let order = props.order
    let i = 1
    this.state = { --------- 스타일을 상태에 저장한다.
      outerStyle: this.getStyle(4, i),
      innerStyle: this.getStyle(1, i),
      selectedStyle: this.getStyle(2, i),
      taggerStyle: {top: order*20, width: 25, height: 25}
    }
  }
  getStyle(i, m) { --------- 함수를 사용하여 변경되는 너비와 승수에 따라 여러 가지 스타일을 생성한다.
    let value = i*m
    return {
      top: value,
      bottom: value,
      left: value,
      right: value,
    }
```

```
  }
  componentDidMount() {
    window.addEventListener('resize', this.handleResize) --------- 미지원 window 이벤트
  }                                                                 리스너를 등록한다.
  componentWillUnmount() {
    window.removeEventListener('resize', this.handleResize) --------- 미지원 window 이벤트
  }                                                                    리스너를 제거한다.
  handleResize(event) { --------- 새로운 창 크기에 따라 라디오 버튼의 크기를 조절하는 함수를 구현한다.
    let w = 1+ Math.round(window.innerWidth / 300)
    this.setState({
      taggerStyle: {top: this.props.order*w*10, width: w*10, height: w*10},
      textStyle: {left: w*13, fontSize: 7*w}
    })
  }
  ...
```

헬퍼 함수인 `getStyle()`은 `top`, `bottom`, `left`, `right` 같은 CSS 스타일의 반복을 추상화하여 창 너비에 따라 다른 값을 반환한다. 이런 이유로 `getStyle()`은 값과 승수 `m`을 전달받아 픽셀을 반환한다(React에서는 CSS에 숫자를 사용하면 픽셀로 바뀐다).

그 외의 코드는 간단하다. 상태와 속성을 이용하여 네 개의 `<div/>` 엘리먼트를 렌더링하는 `render()` 메서드를 구현하면 된다. `constructor()`에서 각각 특별한 스타일을 선언하고 있다.

예제 코드 6.12 상태 값을 스타일에 이용해서 엘리먼트 크기 변경하기

```
...
  render() {
    return <div>
      <div className="radio-tagger" style={this.state.taggerStyle}>
        <input type="radio" name={this.props.name} id={this.props.id} />
        <label htmlFor={this.props.id}>
          <div className="radio-text" style={this.state.textStyle}> {this.props.label}</div>
          <div className="radio-outer" style={this.state.outerStyle}>
            <div className="radio-inner" style={this.state.innerStyle}>
              <div className="radio-selected" style={this.state.selectedStyle} />
            </div>
          </div>
        </label>
      </div>
    </div>
  }
}
```

라디오 컴포넌트 구현을 완료했다. 우리가 살펴본 예제의 요점은 컴포넌트 라이프사이클 이벤트를 이용하면, React가 지원하지 않는 이벤트 리스너도 생성할 수 있다는 점이다. 예제에서는 `window`를 이용했다. 이것은 React의 이벤트 리스너가 작동하는 것과 유사하다. 이 장의 앞에서 살펴본 것처럼 React는 이벤트를 `document`에 등록한다. 별도로 추가한 이벤트 리스너는 언마운팅 이벤트에서 제거해야 한다.

React를 사용하지 않고, jQuery로 만든 라디오 버튼의 구현이 궁금하다면 내가 쓴 블로그 게시물(https://goo.gl/f5LxTU)과 온라인 데모(http://jsfiddle.net/DSYz7/8)를 살펴보기 바란다. React로 구현한 내용은 이 책의 예제 코드 저장소에서 확인할 수 있다.

다음으로 React에 jQuery 같은 다른 UI 라이브러리를 통합하는 방법에 대해 알아보자.

REACT

6.3 React를 다른 라이브러리와 통합하기: jQuery UI 이벤트

앞서 살펴본 것처럼 React는 표준 DOM 이벤트를 제공한다. 그렇지만 만약에 비표준 이벤트를 사용하는 라이브러리와 통합해야 한다면 어떻게 해야 할까? 예를 들어 슬라이더 제어 요소처럼 슬라이드를 사용하는 jQuery 컴포넌트가 있다고 가정해보자. React 위젯을 jQuery 앱에 통합하려고 한다. React에서 제공하지 않는 DOM 이벤트는 컴포넌트 라이프사이클 이벤트인 `componentDidMount`와 `componentWillUnmount`에서 등록할 수 있다.

라이프사이클 이벤트의 종류를 보면 알 수 있겠지만, 컴포넌트가 마운팅된 후에 이벤트 리스너를 등록했다가 언마운팅할 때 제거한다. 이벤트 리스너 제거는 청소라고 할 수 있는데, 이벤트 리스너를 제대로 제거하지 않으면 충돌을 일으키거나 성능 문제를 일으킬 수도 있으므로 중요한 작업이다(이벤트 핸들러를 등록한 DOM 노드가 없으면 잠재적으로 메모리 누수의 위험이 있다).

예를 들어 음악 스트리밍 회사에서 근무하면서 새로운 버전의 웹 플레이어(Spotify나 iTunes를 떠올려보자)에 쓸 음량 조절기를 구현한다고 가정해보자. 오래된 jQuery 슬라이더(http://plugins.jquery.com/ui.slider)에 버튼과 라벨을 추가해야 할 것이다.

숫자 값이 있는 라벨을 구현하고, 버튼 두 개를 이용해서 음량을 1씩 높이거나 줄이려고 한다. 이 아이디어는 모든 요소가 함께 동작하게 하는 것이다. 만약 사용자가 슬라이더에서 핀을 좌우로 움직이면, 숫자 값과 버튼 값도 함께 변경되어야 한다. 같은 방법으로 사용자는 버튼이나 슬라이더의 핀을 좌우로 움직일 수 있어야 한다. 즉, 단순한 슬라이더가 아니라 그림 6-14와 같은 위젯을 만드는 것이다.

▼ 그림 6-14 React 컴포넌트(버튼과 텍스트 "Value: …")를 jQuery 슬라이더 같은 다른 라이브러리와 통합해서 모든 라이브러리의 모든 요소가 통신하도록 할 수 있다.

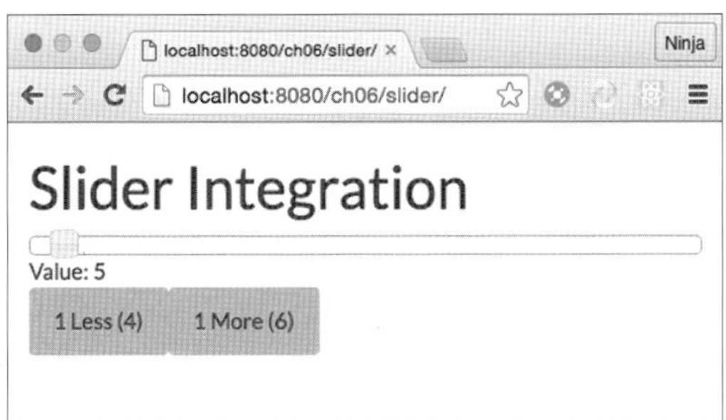

6.3.1 버튼 통합하기

통합을 위해서는 두 가지 방법을 고려할 수 있다. 첫 번째로 jQuery 슬라이더를 위한 이벤트를 React 컴포넌트에서 등록하는 방법이다. 두 번째는 `window`를 이용하는 것이다. 먼저 첫 번째 방법으로 버튼에 적용해보자.

> **Note** ☰ 첫 번째 방법으로 버튼을 통합하면 강력하게 결합되어 객체가 서로 의존하게 된다. 일반적으로 강력하게 결합된 패턴은 피하는 것이 좋다. 이 방법을 살펴본 후에 라벨을 통합하면서 느슨한 결합을 이용한 구현을 살펴보자.

jQuery 슬라이더에서 값이 바뀌어 `slide` 이벤트가 발생하면, 버튼에 있는 텍스트 값을 변경해야 한다. `componentDidMount`에 jQuery 슬라이더에 대한 이벤트 리스너를 등록한 후, `slide` 이벤트가 발생하면 React 컴포넌트에 있는 `handleSlide()` 메서드를 실행한다. `slide` 이벤트와 값 변경에 따라 `sliderValue` 상태 값을 변경한다. 다음 예제는 이런 방식으로 구현한 `SliderButtons`이다(ch06/slider/jsx/slider-buttons.jsx).

예제 코드 6.13 jQuery 플러그인의 이벤트를 이용한 통합

```
class SliderButtons extends React.Component {
  constructor(props) {
    super(props)
    this.state = {sliderValue: 0} --------- 초깃값을 0으로 설정한다.
  }
  handleSlide(event, ui) {
    this.setState({sliderValue: ui.value}) --------- jQuery가 두 개의 인자를 전달한다: jQuery 이벤트와 현재
  }                                                  값을 가진 ui 객체로 상태를 변경할 때 사용한다.
  handleChange(value) { --------- 버튼을 클릭했을 때 슬라이더를 갱신하기 위한 메서드를 정의한다.
    return () => { --------- 팩토리 함수 패턴을 이용해서 1씩 키우거나 감소시킨다.
      $('#slider').slider('value', this.state.sliderValue + value) --------- jQuery 메서드를 이용해서
      this.setState({sliderValue: this.state.sliderValue + value})          새로운 값을 전달한다.
    }
  }
  componentDidMount() {
    $('#slider').on('slide', this.handleSlide) --------- 새로운 값으로 상태를 갱신한다.
  }
  componentWillUnmount() {
    $('#slider').off('slide', this.handleSlide) --------- 언마운팅 시점에 이벤트 리스너를 제거한다.
  }
  ...
}
```

SliderButtons의 render() 메서드에는 onClick 이벤트가 있는 버튼이 두 개 있다. disabled 속성은 동적으로 정해져서, 그림 6-15처럼 음량을 0보다 작게 하거나 100보다 크게 할 수 없다. className은 Bootstrap에서 사용하는 CSS 클래스명이다.

예제 코드 6.14 슬라이더 버튼 렌더링

```
...
  render() {
    return <div>
      <button disabled={(this.state.sliderValue<1)?true:false}
        className="btn default-btn"                  함수 팩토리에서 함수를 생성하기 위해 this.handleChange에
        onClick={this.handleChange(-1)}> --------- -1을 넘겨주어 실행한다.
          1 Less ({this.state.sliderValue-1})              삼항 연산자를 사용해서 값이 1보다 작거나
      </button>                                            99보다 큰 경우에 버튼을 비활성화한다.
      <button disabled={(this.state.sliderValue>99) ? true : false} ---------
        className="btn default-btn" --------- Twitter Bootstrap의 CSS 클래스명을 적용한다.
        onClick={this.handleChange(1)}>
```

```
        1 More ({this.state.sliderValue+1}) -------- 슬라이더의 다음 값을 버튼의 라벨로 렌더링한다.
      </button>
    </div>
  }
}
```

결과적으로 최소 0, 최대 100 사이인 음량 범위를 벗어나려고 하면 버튼에 disabled 속성이 적용된다. 예를 들어 그림 6-15처럼 음량이 0이라면 음량 감소 버튼이 비활성화된다. 슬라이더를 드래그하면 버튼에 있는 텍스트가 바뀌고 필요에 따라 비활성화 또는 활성화되는 것을 확인할 수 있다. handleChange()에서 슬라이더를 호출하므로 버튼을 클릭하면 슬라이더가 움직이는 것을 확인할 수 있다. 다음으로 SliderValue 컴포넌트에서 Value 라벨을 구현한다.

▼ 그림 6-15 음량이 음수가 되지 않도록 음량 감소 버튼을 비활성화했다.

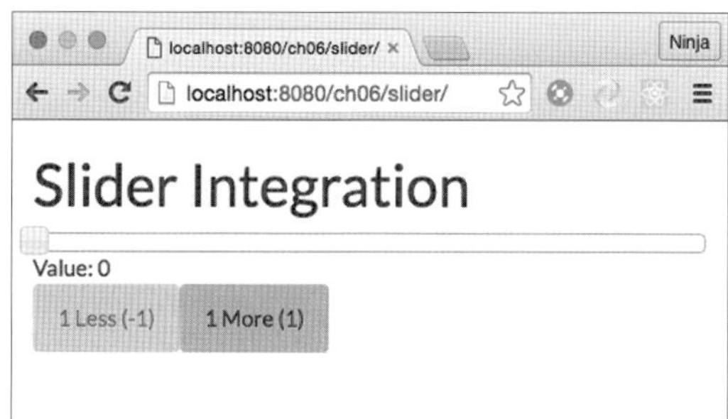

6.3.2 라벨 통합하기

앞서 React 메서드에서 직접 jQuery를 호출하는 방법을 살펴봤다. 이벤트를 감지할 수 있는 다른 객체를 jQuery와 React에서 동시에 사용하면 둘의 결합을 분리할 수 있다. 이 방법은 **느슨하게 결합된 패턴**을 이용해 불필요한 의존성을 줄일 수 있어 좀 더 선호된다. 따라서 SliderValue 컴포넌트는 jQuery 슬라이더를 호출하는 방법을 모른다. 이렇게 하면 슬라이더가 슬라이더 2.0이 되어 인터페이스가 변경되더라도 더 쉽게 교체할 수 있으므로 좋은 방법이라고 할 수 있다.

jQuery 이벤트에서 window로 이벤트를 전달하고, React 컴포넌트 라이프사이클 이벤트에서 window에 이벤트 리스너를 연결하는 방식으로 구현할 수 있다. 다음 예제 코드에서 SliderValue 컴포넌트(ch06/slider/jsx/slider-value.jsx)를 살펴보자.

예제 코드 6.15 window를 이용한 jQuery 플러그인과의 통합

```
class SliderValue extends React.Component {
  constructor(props) {
    super(props)
    this.handleSlide = this.handleSlide.bind(this)
    this.state = {sliderValue: 0}
  }
  handleSlide(event) {
    this.setState({sliderValue: event.detail.ui.value})
  }
  componentDidMount() {
    window.addEventListener('slide', this.handleSlide) --------- handleSlide()를 실행하도록 slide 이벤트
  }                                                                리스너를 window 객체에 연결한다.
  componentWillUnmount() {
    window.removeEventListener('slide', this.handleSlide) ---------
  }                        DOM 노드가 없어진 후 이벤트 핸들러로 인해 메모리 누수가 발생하지
  render() {               않도록 window의 slide 이벤트에 대한 연결을 제거한다.
    return <div className="" >
      Value: {this.state.sliderValue}
    </div>
  }
}
```

덧붙여서, 사용자 정의 이벤트를 전달해야 하는 경우도 있을 것이다. `SliderButtons` 컴포넌트에 적용했던 첫 번째 방법의 경우에는 플러그인에 이미 존재하는 이벤트를 사용했으므로 사용자 정의 이벤트를 쓸 필요가 없었다. 다음에 살펴볼 구현 방법은 이벤트를 생성하여 데이터와 함께 `window`로 전달한다. jQuery 슬라이더 객체를 생성하는 코드와 함께 사용자 정의 `slide` 이벤트를 전달하는 코드를 구현할 수 있다. index.html의 script 태그에서 다음과 같은 내용을 확인할 수 있다(ch06/slider/index.html).

예제 코드 6.16 jQuery UI 플러그인에 이벤트 리스너 설정하기

```
                                   jQuery 슬라이더에 적용하여 사용자 정의 이벤트를
let handleChange = (e, ui)=>{ --------- 전달할 이벤트 핸들러를 생성한다.
  var slideEvent = new CustomEvent('slide', { --------- 사용자 정의 이벤트를 생성한다.
    detail: {ui: ui, jQueryEvent: e} --------- 현재 슬라이더 값을 가진 jQuery 데이터를 전달한다.
  })
  window.dispatchEvent(slideEvent) --------- 이벤트를 window로 전달한다.
}
$( '#slider' ).slider({ --------- ID가 slider인 컨테이너 요소에 슬라이더를 생성한다.
```

```
    'change': handleChange, --------- change와 slide에 각각 이벤트 리스너를 등록하여
    'slide': handleChange              프로그래밍적 변경과 UI 변경을 감지한다.
  })
```

코드를 실행하면 각 버튼과 value 라벨이 완벽하게 작동한다. 각각 느슨한 결합, 강한 결합을 이용한 두 가지 방법을 살펴봤다. 강한 결합을 이용한 구현이 좀 더 짧지만, 느슨한 결합을 이용한 방법이 추후 코드 수정이 더 쉬우므로 좀 더 추천한다.

통합 과정에서 살펴본 것처럼, React는 `componentDidMount()` 라이프사이클 메서드를 통해서 다른 라이브러리의 이벤트를 멋지게 다룰 수 있다. React는 그다지 자체적인 방식을 강요하지 않으므로 다른 라이브러리와 잘 어울릴 수 있다! React를 다른 라이브러리와 쉽게 통합할 수 있다는 것은 큰 장점이다. 개발자들은 전체 애플리케이션을 처음부터 다시 작성하지 않고도 서서히 React로 변경하거나, 기존에 사용해온 좋아하는 라이브러리를 React와 함께 계속 사용할 수도 있다.

6.4 퀴즈

REACT

1. 다음 중 이벤트 선언을 바르게 작성한 것은?

   ```
   onClick=this.doStuff
   onclick={this.doStuff}
   onClick="this.doStuff"
   onClick={this.doStuff}
   onClick={this.doStuff()}
   ```

2. React 컴포넌트의 `componentDidMount()`는 서버 측 렌더링에서는 실행되지 않는다. (○/×)
3. 자식 컴포넌트 간에 정보를 교환하는 한 가지 방법은 부모 컴포넌트로 객체를 옮기는 것이다. (○/×)
4. React에서 기본적으로 `event.target`을 비동기적으로 사용하거나 이벤트 핸들러 외부에서 사용할 수 있다. (○/×)
5. 컴포넌트 라이프사이클 이벤트에 이벤트 리스너를 설정하면, 다른 라이브러리와 통합하거나 React가 지원하지 않는 이벤트를 사용할 수 있다. (○/×)

6.5 요약

REACT

- onClick은 마우스와 트랙패드의 클릭을 캡처한다.
- JSX 문법으로 이벤트 리스너를 추가할 때는 `<a onNAME={this.METHOD}>`로 작성한다.
- `constructor()` 또는 JSX를 이용해 `bind()`로 이벤트 핸들러에 `this`를 바인딩해서 컴포넌트 클래스의 인스턴스에 접근할 수 있다.
- `componentDidMount()`는 브라우저에서만 실행된다. `componentWillMount()`는 브라우저와 서버 측 렌더링에서 모두 실행된다.
- React는 합성 이벤트 객체를 제공함으로써 거의 대부분의 표준 HTML DOM 이벤트를 지원한다.
- React를 다른 프레임워크와 통합하거나 React가 지원하지 않는 이벤트를 처리하기 위해 `componentDidMount()`와 `componentWillUnmount()`를 사용할 수 있다.

6.6 퀴즈 정답

REACT

1. 정답은 `onClick={this.doStuff}`이다. `onClick`에는 함수 정의만 전달할 수 있고, 호출은 전달할 수 없다(좀 더 정확하게는 호출의 결과를 말한다).
2. ○ / React의 `componentDidMount()`는 브라우저에서만 실행되고, 서버 측 렌더링에서는 실행되지 않는다. 개발자들이 AJAX/XHR 요청을 `componentDidMount()`에서 처리하는 이유이기도 하다. 컴포넌트 라이프사이클 이벤트에 대한 복습이 필요하면 5장을 살펴보자.
3. ○ / 데이터를 컴포넌트 계층 트리의 위쪽으로 옮겨서 여러 자식 컴포넌트에 전달할 수 있다.
4. × / React가 이벤트 객체를 재사용하므로 비동기적으로 사용할 수 없다. 비동기적으로 사용하거나 이벤트 핸들러 외부에서 사용하려면 합성 이벤트 객체의 `persist()` 메서드를 호출해야 한다.
5. ○ / 컴포넌트 라이프사이클 이벤트를 이용하면 컴포넌트가 활성화되기 전이나 제거되기 전에 필요한 처리를 할 수 있으므로 다른 프레임워크와의 통합이나 미지원 이벤트를 사용하기에 적합한 위치다.

7장

React에서 폼 다루기

7장의 주요 내용을 동영상으로 볼 수 있습니다. QR 코드를 스캔하거나 http://reactquickly.co/videos/ch07 으로 접속하세요.

이 장에서 살펴볼 주제

- 폼과 폼 요소 정의하기
- 데이터 변경 감지
- 참조(ref)를 이용한 데이터 접근
- 사용자 입력 데이터 감지를 위한 다른 방법
- 폼 요소에 기본값 설정하기

지금까지 이벤트, 상태 객체, 컴포넌트 구성 등 React의 주요 주제, 기능, 개념에 대해 살펴보았다. 그렇지만 사용자 이벤트를 처리하는 것 외에 텍스트 입력이나 `input`, `textarea`, `option` 같은 다른 폼 요소를 통한 입력을 처리하는 방법에 대해서는 다루지 않았다. 폼 요소는 사용자로부터 텍스트 같은 데이터나 클릭 같은 조작을 전달받는 데 사용하므로 웹 개발에서 중요한 부분이다.

이 장은 앞에서 다룬 내용 대부분을 망라하고 있다. 따라서 앞서 배운 부분들이 어떻게 조합되는지 살펴볼 수 있을 것이다.

> **Note** 이 장의 예제 코드는 https://github.com/gilbutITbook/006961 또는 https://github.com/azat-co/react-quickly/tree/master/ch07에서 확인할 수 있다(깃허브 저장소 https://github.com/azat-co/react-quickly의 ch07 폴더다).

7.1 React에서 폼을 다루기 위한 권장 방법

일반적인 HTML에서 입력 요소를 다룰 때는 페이지의 DOM이 해당 요소의 값을 DOM 노드에서 관리한다. `document.getElementById('email').value` 또는 jQuery 메서드를 사용해서 값에 접근할 수 있다. 즉, DOM을 저장소로 사용한다.

React에서 폼 또는 독립적인 텍스트 입력 상자나 버튼 같은 사용자 입력 영역을 다루려면 해결해야 할 문제가 있다. React 공식 문서에서는 "React 컴포넌트는 초기화 시점은 물론 어느 시점에든지 뷰의 상태를 표현해야 한다"라고 설명한다. React는 선언형 스타일을 사용하여 UI를 묘사함으로써 모든 것을 단순하게 유지한다. 즉, React는 UI가 결과적으로 어떻게 보여야 할지에 대해 묘사한다.

어떤 부분에서 충돌이 생기는지 눈치챘는가? 전통적인 HTML의 폼 요소는 사용자 입력에 의해 요소의 상태가 변경된다. 그렇지만 React는 UI를 묘사하기 위해 선언형 스타일을 사용하므로 상태를 적절히 반영하려면 입력이 동적이어야 한다.

따라서 컴포넌트 상태를 자바스크립트에서 관리하지 않고, 뷰와 동기화하지 않으면 문제가 나타난다. 내부 상태와 뷰가 다른 경우가 발생할 수 있다. React는 변경된 상태를 알 수 없으므로 온갖 문제와 버그에 직면하게 되고, React의 단순한 철학을 무너뜨린다. 가장 좋은 방법은 React의 `render()` 메서드를 폼 요소의 데이터를 포함한 실제 DOM에 최대한 밀접하게 유지하는 것이다.

텍스트 입력 영역을 다루는 다음 예제를 살펴보자. React는 컴포넌트의 render()에서 새로운 값을 포함해야 한다. 따라서 엘리먼트의 값을 새 값으로 설정해야 한다. 그렇지만 HTML에서 <input> 영역을 구현하면 React는 항상 상태를 실제 DOM에 동기화되도록 유지한다. 즉, React는 사용자가 값을 바꿀 수 없게 한다. 직접 해보자. 이상하게 느껴질 수 있지만, React 입장에서는 올바른 동작이다.

```
render() {
  return <input type="text" name="title" value="Mr." />
}
```

이 코드는 상태와 상관없이 항상 같은 뷰이므로 input 영역의 입력 값은 항상 Mr.로 유지된다. 그렇지만 입력 영역은 사용자 입력이나 클릭에 따라 변경되어야 한다. 이 점을 고려할 때 값이 동적으로 변경되어야 한다. 좀 더 나은 방법은 다음과 같이 상태에 따라 입력 값을 갱신하도록 구현하는 것이다.

```
render() {
  return <input type="text" name="title" value={this.state.title} />
}
```

그렇지만 상태 값은 무엇일까? React는 사용자가 폼 요소에 무언가 작성한다는 것을 알 수 없다. React가 변경을 감지할 수 있도록 onChage에 이벤트 핸들러를 추가해야 한다.

```
handleChange(event) {
  this.setState({title: event.target.value})
}
render() {
  return <input type="text" name="title" value={this.state.title} onChange={this.
  handleChange.bind(this)}/>
}
```

정리하면 그림 7-1과 같이 내부 상태와 뷰를 동기화하도록 구현하는 것이 가장 좋은 방법이다.

1. render()에서 상태 값을 이용해 엘리먼트를 정의한다.
2. onChage를 이용해서 폼 요소에 발생하는 변경 사항을 감지한다.
3. 이벤트 핸들러에서 내부 상태를 갱신한다.
4. 새로운 값이 상태에 저장되면 새로운 render()가 실행되어 뷰를 갱신한다.

▼ 그림 7-1 폼 요소를 다루는 올바른 방법: 사용자 입력을 이벤트로 전달받아 상태와 뷰를 동기화한다.

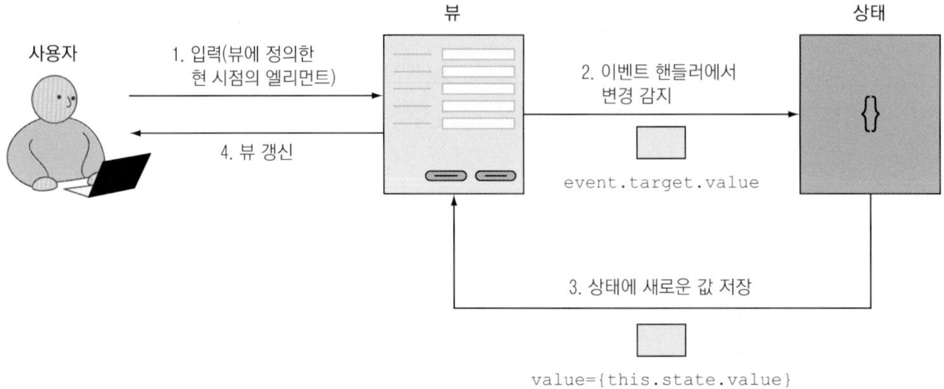

언뜻 보기에는 굉장히 많은 작업이 필요한 것처럼 보이지만, React를 조금 더 사용해본다면 이런 접근 방식에 고마움을 느끼게 될 것이다. 이 방식을 **단방향 바인딩**이라고 부르는데, 상태가 뷰를 갱신하는 것이 전부이기 때문이다. 뷰에서 상태를 바꾸는 반대 경우는 없고, 단지 상태가 뷰를 바꾸는 편도 여행이라고 할 수 있다. 단방향 바인딩을 사용하는 라이브러리의 경우, 상태나 모델을 자동으로 갱신하지 않는다. 여러 개의 뷰에서 암묵적으로 상태 또는 데이터 모델을 갱신하거나 역으로 상태가 뷰를 갱신하는 거대한 규모의 앱을 다룰 때 복잡도를 제거할 수 있다는 것이 단방향 바인딩의 대표적인 이점이다(그림 7-2 참조).

단순하다는 것이 항상 적은 양의 코드를 의미하지는 않는다. 때로는 앞의 경우처럼, 이벤트 핸들러에서 데이터를 받아 뷰에 표시할 상태를 직접 추가 작성해야 하는 경우도 있다. 그렇지만 이 방식은 복잡한 UI를 다루거나 무수히 많은 뷰와 상태를 가진 단일 페이지 애플리케이션을 만들 때 더욱 유리하다. 단순하다는 것이 항상 쉬운 것은 아니다.

반면에 양방향 바인딩은 명시적으로 과정을 구현하지 않아도 뷰에서 상태를 자동으로 갱신한다. 양방향 바인딩은 Angular 1의 작동 방식이기도 하다. 흥미롭게도 Angular 2에서는 React의 단방향 바인딩 개념을 가져와서 기본값으로 설정했다(양방향 바인딩을 명시적인 방법으로 사용할 수도 있다).

이런 이유로 폼을 다룰 때 권장하는 방식을 먼저 설명하고자 한다. **제어 컴포넌트**(controlled component)를 사용하는 방식이라고 부를 수 있는데, 이 방법을 사용하면 컴포넌트 내부 상태와 뷰를 항상 동기화시킬 수 있다. 제어 컴포넌트라고 하는 이유는 React가 값을 통제하거나 설정하기 때문이다. **비제어 컴포넌트**(uncontrolled component)를 사용하는 다른 방법은 7.2절에서 다룬다.

▼ 그림 7-2 단방향 바인딩은 모델에서 뷰로 데이터를 옮기는 것을 담당한다. 반면에 양방향 바인딩은 모델에서 뷰뿐만 아니라 뷰에서 모델로 변경을 전달하기도 한다.

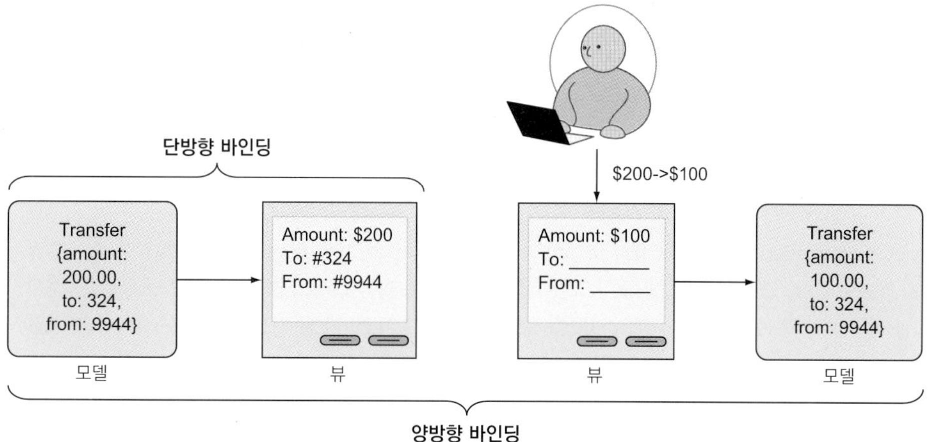

React에서 입력 영역을 다루는 가장 좋은 방법을 살펴봤다. 그림 7-1처럼 변경을 감지한 후 상태에 반영하여 뷰를 갱신시키는 것이다. 다음으로 폼과 하위 요소를 어떻게 정의하는지에 대해 살펴보자.

7.1.1 React에서 폼과 이벤트 정의하기

<form> 요소부터 살펴보자. 일반적으로 입력 요소를 DOM의 아무곳에나 무작위로 두지 않는다. 서로 기능이 다른 여러 개의 입력 요소 집합을 다루는 경우에 잘못될 수 있기 때문이다. 무작위로 두지 않고, input 요소를 공통 목적을 가진 항목끼리 묶어서 <form> 요소로 감싼다.

<form>으로 감싸는 것이 필수적인 것은 아니다. 간단한 UI에서는 폼 요소를 따로 사용해도 괜찮다. 그렇지만 여러 요소의 그룹으로 이뤄진 단일 페이지처럼 복잡한 UI를 다룰 때는 각 그룹을 <form>으로 구분하는 것이 현명한 방법이다. React의 <form>은 HTML의 <form>처럼 렌더링되므로 HTML 폼에 적용할 수 있는 방법은 React의 <form> 요소에도 적용할 수 있다. 예를 들어 HTML5 명세에 의하면 폼은 중첩할 수 없다.[1]

<form> 요소에 이벤트를 사용할 수 있다. React는 표 6-1에서 살펴본 표준 React DOM 이벤트와 함께, 폼 요소를 위한 세 가지 이벤트를 지원한다.

1 명세에 따르면 폼의 내용은 플로우 콘텐츠(flow content)지만 <form> 요소를 자식으로 둘 수 없다. https://www.w3.org/TR/html5/forms.html#the-form-element를 참고하기 바란다.

- onChage: 폼의 입력 요소에 변경이 생기면 발생한다.
- onInput: <textaret><input> 요소의 값이 변경될 때 발생한다. React 팀은 이 이벤트의 사용을 추천하지 않는다(이어지는 노트에서 설명한다).
- onSubmit: 폼 제출 시 발생한다. 흔히 Enter를 눌렀을 때 발생한다.

Note ≡ onChange와 onInput의 비교

React의 onChange는 모든 변경에 대해 발생하므로 DOM의 change 이벤트(http://mng.bz/lJ37)가 매번 발생하지 않고 포커스를 잃었을 때만 발생하는 것과는 차이가 있다. 예를 들어 <input type="text">의 경우 사용자가 입력할 때 onChange 이벤트가 발생하지 않을 수도 있고, 사용자가 탭이나 클릭으로 포커스를 잃을 때 일반적인 HTML 브라우저 이벤트로 onChange 이벤트가 발생한다. 앞에서 언급한 것처럼 React의 경우에는 onChange 이벤트가 포커스를 잃을 때뿐만 아니라 키 입력 시마다 발생한다. 반면에 React의 onInput 이벤트는 DOM의 onInput 이벤트를 감싼 것으로, 변경할 때마다 발생한다.

결론은 React의 onChange와 HTML의 onChange는 서로 다르게 동작한다는 것이다. React의 onChange 이벤트는 HTML의 onInput 이벤트와 더 비슷하고 일관성이 있다. React에서는 가급적 onChange 이벤트를 활용하고, onInput 이벤트의 네이티브 구현에 접근해야 하는 경우에만 onInput을 사용하는 것을 추천한다. React가 감싸서 만든 onChange의 동작이 일관성 있어 믿을 수 있기 때문이다.

앞에서 정리한 세 가지 이벤트에 덧붙여서 <form>에 onKeyUp이나 onClick 같은 표준 React 이벤트도 사용할 수 있다. 폼 이벤트를 사용하면 input 요소 그룹 같은 전체 폼에서 특정 이벤트를 감지해야 하는 경우에 편리하다.

예를 들어 사용자가 Enter를 눌렀을 때 데이터를 제출할 수 있는 좋은 UX를 제공할 수 있다(사용자가 textarea 영역에서 Enter를 누른 경우에는 개행이 되어야 하므로 다른 영역이라고 생각하자). this.handleSubmit()을 실행하는 이벤트 리스너를 생성해서 폼의 submit 이벤트에 등록할 수 있다.

```
handleSubmit(event) {
  ...
}
render() {
  return <form onSubmit={this.handleSubmit}>
    <input type="text" name="email" />
  </form>
}
```

Note ≡ handleSubmit() 메서드는 다른 이벤트와 마찬가지로 render()의 외부에서 구현해야 한다. React는 메서드 이름에 대해 별도의 규칙이 없으므로 이벤트 핸들러의 이름은 이해할 수 있고 일관성만 유지한다면 자유롭게 정할 수 있다. 이 책에서는 가장 선호되는 규칙인 이벤트 핸들러 이름 앞에 handle을 접두사로 붙여서 일반적인 클래스 메서드와 구분하고 있다.

Note ≡ 기억을 상기시키는 차원에서 이야기하면 이벤트 핸들러를 추가할 때는 뒤에 괄호를 붙여서 실행시키거나 큰따옴표를 쓰지 않는다. EVENT={this.METHOD}라고 작성하면 맞다. 어떤 사람은 이것이 기본적인 자바스크립트이며 간단하다고 느낄 수 있지만, 이벤트 핸들러 작성법을 잘못 이해해서 React 코드에 오류가 생기는 것을 얼마나 많이 봐왔는지 모른다. 함수의 결과가 아니라 정의를 전달해야 하며, JSX의 속성 값을 전달할 때는 중괄호를 사용한다.

Enter를 눌렀을 때 폼을 제출하도록 구현하는 다른 방법은 onKeyUp 이벤트에서 Enter의 키코드인 13을 확인하는 것이다.

```
handleKeyUp(event) {
  if (event.keyCode == 13) return this.sendData()
}
render() {
  return <form onKeyUp={this.handleKeyUp}>
  ...
  </form>
}
```

sendData() 메서드는 클래스 또는 컴포넌트의 다른 곳에 구현되어 있다. 또한, this.sendData()가 정상으로 작동하려면 constructor()에서 이벤트 핸들러에 this 바인딩을 해주어야 한다.

정리하면 폼의 개별 요소뿐만 아니라 폼 요소에서 이벤트를 사용할 수 있다. 이제 폼 요소를 어떻게 정의하는지 살펴보자.

7.1.2 폼 요소 정의하기

HTML의 거의 모든 입력 영역을 네 가지 요소, 즉 <input>, <textarea>, <select>, <option>을 사용해서 구현할 수 있다. React에서는 속성을 변경할 수 없다는 것을 기억하는가? 폼 요소는 사용자가 폼 요소와 상호작용하면서 속성을 변경하므로 특별한 경우다.

React는 변경 가능한 속성인 value, checked, selected를 두어 폼 요소를 특별하게 다루고 있다. 이 특별한, 변경 가능한 속성을 **대화형 속성**(interactive properties)이라고 부른다.

Note ≡ React DOM은 폼을 만들기 위한 다른 요소로 <keygen>, <datalist>, <fieldset>, <label>도 지원한다. 이런 요소는 value, checked, selected처럼 변경 가능한 속성 값 같은 기능을 가지고 있지는 않다. 각각 대응되는 HTML 태그를 렌더링한다. 따라서 이 책에서는 앞서 언급한 특별한 기능을 가진 네 가지 주요 요소를 중점적으로 다룬다.

변경할 수 있는 대화형 속성은 다음과 같다. 폼 요소에 연결한 onChange 같은 이벤트에서 이 속성을 읽을 수 있다(이에 대해서는 6.1.3절에서 다뤘다).

- value: <input>, <textarea>, <select>에 적용된다.
- checked: <input>에 type="checkbox" 또는 type="radio"인 경우 적용된다.
- selected: <select>와 함께 <option>을 사용할 때 적용된다.

대화형 속성을 이용해서 값을 읽거나 변경할 수 있다. 각 요소를 정의하는 방법을 예제를 통해 살펴보자.

<input> 요소

<input> 요소는 type 속성에 입력하는 값에 따라 여러 가지 방식의 입력 영역을 렌더링할 수 있다.

- text: 일반적인 텍스트 입력 영역
- password: 보안을 위해 입력 내용이 가려진 텍스트 영역
- radio: 라디오 버튼. 라디오 버튼 그룹을 만들 때는 name 속성에 같은 값을 입력한다.
- checkbox: 체크박스 요소. 체크박스 그룹을 만들 때는 name 속성에 같은 값을 입력한다.
- button: 버튼 폼 요소

체크박스와 라디오 버튼을 제외한 모든 <input> 요소의 주요 용도는 요소의 변경 가능한 대화형 속성을 사용하는 것이다. 예를 들어 이메일 입력 영역은 email 상태와 onChange 이벤트 핸들러를 사용한다.

```
<input
  type="text"
  name="email"
  value={this.state.email}
  onChange={this.handleEmailChange}/>
```

value를 변경 가능한 속성으로 사용하지 않는 두 가지 예외에 체크박스와 라디오 버튼이 있다. 이 두 가지 유형은 HTML 요소당 값을 하나만 가지므로 값이 변경되지 않지만, checked 또는 selected 속성이 변경된다. 예를 들어 그림 7-3처럼 라디오 버튼 세 개를 한 그룹으로 정의할 수 있다.

▼ 그림 7-3 라디오 버튼 그룹

Angular
React
Polymer

앞에서 언급한 것처럼 value는 변경할 필요가 없으므로 하드코딩되어 있다. 사용자 조작에 의해 변경되는 것은 요소의 checked 속성으로 다음 예제를 통해 살펴보자(ch07/elements/jsx/content.jsx).

예제 코드 7.1 라디오 버튼의 렌더링과 변경 처리

```
class Content extends React.Component {
  constructor(props) {
    super(props)
    this.handleRadio = this.handleRadio.bind(this)
    ...
    this.state = {
      ...
      radioGroup: {
        angular: false,
        react: true, --------- 상태에서 기본으로 선택된 라디오 버튼을 설정한다.
        polymer: false
      }
    }
  }
  handleRadio(event) {
    let obj = {} // erase other radios
    obj[event.target.value] = event.target.checked // true --------- target.checked 속성을 이용해서 라디오 버튼이 선택되었는지 여부를 확인한다.
    this.setState({radioGroup: obj})
  }
  ...
  render() {
    return <form>
      <input type="radio"
        name="radioGroup"
        value='angular'
        checked={this.state.radioGroup['angular']} --------- 상태 객체 또는 상태 객체에 있는 한 값에서 필요한 값을 가져와서 사용할 수 있다.
        onChange={this.handleRadio}/> --------- target.value로 라디오 버튼의 value를 확인할 수 있으므로 동일한 onChange 이벤트 핸들러를 사용한다.
      <input type="radio"
```

```
        name="radioGroup"
        value='react'
        checked={this.state.radioGroup['react']}
        onChange={this.handleRadio}/>
      <input type="radio"
        name="radioGroup"
        value='polymer'
        checked={this.state.radioGroup['polymer']}
        onChange={this.handleRadio}/>
      ...
    </form>
  }
}
```

체크박스도 라디오 버튼과 비슷한 방법을 사용한다. checked 속성을 사용하고, 상태에 불 값을 저장한다. 다음 예제 코드에서는 불 값을 checkboxGroup 상태에 저장했다.

```
class Content extends React.Component {
  constructor(props) {
    super(props)
    this.handleCheckbox = this.handleCheckbox.bind(this)
    // ...
    this.state = {
      // ...
      checkboxGroup: {
        node: false,
        react: true,
        express: false,
        mongodb: false
      }
    }
  }
```

생성자에서 바인딩한 이벤트 핸들러가 현재 값을 가져오고, event.target.value를 이용해서 true 또는 false를 추가하여 상태를 설정한다.

```
handleCheckbox(event) {
  let obj = Object.assign(this.state.checkboxGroup)
  obj[event.target.value] = event.target.checked --------- true 또는 false
  this.setState({checkboxGroup: obj})
}
```

라디오 버튼에는 선택 값이 하나이므로 상태에서 할당할 필요가 없다. 따라서 빈 객체를 사용할 수 있었다. 그러나 체크박스는 다르다. 선택 값이 여러 가지이므로 교체하는 대신 병합해야 한다.

자바스크립트에서 객체는 참조를 통해 전달 및 할당된다. 따라서 `obj = this.state.checkboxGroup`에서 `obj`는 정말로 상태다. 상태는 직접 변경하지 않는다는 점을 기억하고 있을 것이다. 잠재적인 충돌을 방지하기 위해서, `Object.assign()`을 이용해 값을 할당하는 것이 좋다. 이 기법을 **복제**(cloning)라고 한다. JSON을 이용하는 방법은 조금 덜 효과적이며 꼼수에 가깝다.

```
clonedData = JSON.parse(JSON.stringify(originalData))
```

상태에서 객체 대신 배열을 사용하는 경우에 값을 할당해야 한다면 `clonedArray = Array.from(originArray)` 또는 `clonedArray = originArray.slice()`를 사용할 수 있다.

`handleCheckbox()` 이벤트 핸들러를 사용해서 `event.target.value`에서 값을 가져올 수 있다. 다음 예제 코드의 `render()`는 그림 7-4처럼 체크박스 네 개의 상태 값을 사용한다.

▼ 그림 7-4 React로 렌더링한 기본 선택 값이 있는 체크박스

☐ Node
☑ React
☐ Express
☐ MongoDB

예제 코드 7.2 체크박스 정의하기

```
<input type="checkbox"
  name="checkboxGroup"
  value='node'
  checked={this.state.checkboxGroup['node']} --------- 상태를 checked 값으로 사용한다. 객체의 속성이나 상태 객체에 있는 속성을 사용할 수도 있다.
  onChange={this.handleCheckbox}/>
<input type="checkbox"
  name="checkboxGroup"
  value='react'
  checked={this.state.checkboxGroup['react']}
  onChange={this.handleCheckbox}/> --------- onChange에서 사용자 조작을 감지한다.
<input type="checkbox"
  name="checkboxGroup"
  value='express'
  checked={this.state.checkboxGroup.express} --------- 키가 유효한 자바스크립트 이름이면 점 표기법을 사용할 수 있다.
  onChange={this.handleCheckbox}/>
<input type="checkbox"
```

```
    name="checkboxGroup"
    value='mongodb'
    checked={this.state.checkboxGroup['mongodb']}
    onChange={this.handleCheckbox}/> --------- 생성자에서 바인딩했으므로 요소에서 바인딩하지 않았다
                                               (모든 체크박스에 적용된다).
```

즉, 체크박스나 라디오 버튼을 사용할 때 각 요소의 value 값은 하드코딩하고 checked를 변경 가능한 속성으로 사용할 수 있다. 이어서 다른 입력 요소를 다루는 방법도 살펴보자.

〈textarea〉 요소

<textarea> 요소는 노트, 블로그 게시글, 코드 조각처럼 장문 입력을 감지하고 보여주기 위해 사용된다. 일반적인 HTML에서 <textarea>는 inner HTML을 사용하여(자식을 말한다) 값을 보여준다.

```
<textarea>
  With the right pattern, applications...
</textarea>
```

그림 7-5에서 <textarea>의 예를 확인할 수 있다.

▼ 그림 7-5 〈textarea〉 요소의 정의와 렌더링

With the right pattern, applications will be more scalable and easier to maintain.
If you aspire one day to become a Node.js architect (or maybe you're already one and want to extend your knowledge), this presentation is for you.

반면에 React는 value **속성**을 사용한다. 이런 관점에서 보면 <textarea>의 자식으로 텍스트를 넣거나 inner HTML로 값을 설정하는 것은 안티패턴이다. React는 <textarea>에 자식이 있는 경우에는 자식으로 입력된 텍스트를 기본값으로 사용한다(기본값에 대해서는 7.2.4절에서 더 자세히 다룬다).

```
<!-- Anti-pattern: AVOID doing this! -->
<textarea name="description">{this.state.description}</textarea>
```

대신에 <textarea>에 value 속성을 사용하는 것을 권장한다.

```
render() {
  return <textarea name="description" value={this.state.description}/>
}
```

<input> 요소와 마찬가지로 변경을 감지하려면 onChange를 사용한다.

〈select〉와 〈option〉 요소

<select>와 <option> 영역은 사용자가 미리 입력된 값 목록에서 한 가지 또는 여러 가지 값을 선택할 수 있는 훌륭한 UX를 제공한다. 그림 7-6처럼 값 목록은 사용자가 선택해서 펼치기 전까지는 요소 뒤에 완벽하게 숨겨져 있다.

▼ 그림 7-6 드롭다운 메뉴를 렌더링하고 선택 값을 표시한 경우

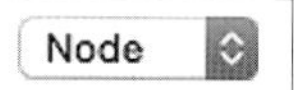

<select> 요소도 React와 일반 HTML 간에 동작의 차이가 있다. 예를 들면 일반적인 HTML에서는 선택된 요소의 순서를 확인하기 위해 selectDOMNode.selectedIndex를 사용한다. 그렇지만 React에서는 다음 예제 코드처럼 <select>에 value 속성을 사용한다(ch07/elements/jsx/content.jsx).

예제 코드 7.3 폼 요소 렌더링

```
...
constructor(props) {
  super(props)
  this.state = {selectedValue: 'node'}
}
handleSelectChange(event) {
  this.setState({selectedValue: event.target.value})
}
...
render() {
  return <form>
    <select
      value={this.state.selectedValue}
      onChange={this.handleSelectChange}>
        <option value="ruby">Ruby</option>
        <option value="node">Node</option>
        <option value="python">Python</option>
    </select>
```

```
    </form>
  }
  ...
```

이 코드는 드롭다운 메뉴를 렌더링하고 node를 선택한다. 그림 7-6처럼 되려면 constructor()에서 상태를 설정해준다(Node.js 만세!).

다중 선택 요소를 사용해야 하는 경우도 있다. React에서는 JSX를 작성할 때 별도의 값을 주지 않고 multiple 속성만 작성하면 React가 true로 처리한다. 또는 명시적으로 multiple={true}라고 값을 주어도 된다.

> **Tip** 일관성을 유지하고 혼란을 막기 위해 모든 불 값을 ""가 아니라 {}로 감쌌다. "true"와 {true}의 결과는 같다. 그렇지만 "false"라고 입력하면 true가 된다. 자바스크립트에서는 문자열 "false"가 참 값이라 true로 처리되기 때문이다.

여러 항목을 기본으로 선택하려면 <select>의 value 속성에 배열로 값을 전달한다. 예를 들어 다음 예제 코드에서는 Meteor와 React를 선택했다.

```
<select multiple={true} value={['meteor', 'react']}>
  <option value="meteor">Meteor</option>
  <option value="react">React</option>
  <option value="jQuery">jQuery</option>
</select>
```

그림 7-7을 보면 multiple={true}는 다중 선택 요소를 렌더링하고, Meteor와 React 값이 미리 선택되어 있다.

▼ 그림 7-7 여러 항목을 선택한 경우의 렌더링

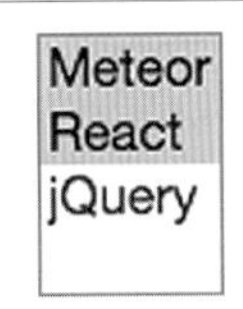

전반적으로 React에서 폼 요소를 정의하는 것은 value를 더 자주 사용한다는 점을 제외하면 일반적인 HTML과 크게 다르지 않다. 이런 일관성이 마음에 든다. 그렇지만 폼 요소를 정의하는 것이 절반이라면, 다른 절반은 값의 변경을 감지하는 것이다. 앞의 예제에서 조금 살펴보았다. 이제부터 이벤트 처리를 자세히 살펴보자.

7.1.3 변경 감지하기

앞서 언급한 것처럼 폼 요소의 변경을 감지할 때는 onChange 이벤트 리스너를 이용한다. onChange 이벤트는 일반적인 DOM의 onInput 이벤트를 대체한다. 일반적인 HTML DOM의 onInput과 같은 동작이 필요한 경우에는 React의 onInput 이벤트를 사용할 수 있다. 반면에 React의 onChange 이벤트는 일반적인 DOM의 onChange 이벤트와 완벽하게 동일하지 않다. 일반적인 DOM의 onChange 이벤트는 요소가 포커스를 잃었을 때만 발생하지만, React의 onChange 이벤트는 모든 새로운 입력에 대해 발생한다. onChange 이벤트를 발생시키는 요인은 요소에 따라 차이가 있다.

- <input>, <textarea>, <select>: value가 변경될 때 onChange 이벤트가 발생한다.
- <input> 체크박스와 라디오 버튼: checked가 변경될 때 onChange 이벤트가 발생한다.

이 분류에 따라 value를 읽는 방법이 다르다. 이벤트 핸들러의 인자로는 합성 이벤트(SyntheticEvent)를 받는다. 요소에 따라 event.target은 value, checked, selected 같은 값을 갖는다.

변경을 감지하려면 컴포넌트에 이벤트 핸들러를 정의하고(JSX의 {}에 인라인으로 작성할 수도 있다) onChange 속성으로 이벤트 핸들러를 전달해주면 된다. 예를 들어 다음 예제 코드는 이메일 입력 영역의 변경을 감지하는 경우다(ch07/elements/jsx/content.jsx).

예제 코드 7.4 폼 요소의 렌더링과 변경 감지하기

```
handleChange(event) {
  console.log(event.target.value)
}
render() {
  return <input
    type="text"
    onChange={this.handleChange}
    defaultValue="hi@azat.co"/>
}
```

흥미로운 점은 onChange를 정의하지 않고 value만 입력하면 React가 경고를 보내고 요소를 읽기 전용으로 만든다는 점이다. 읽기 전용 영역이 필요한 경우라면 명시적으로 readOnly 속성을 추가하는 것이 좋다. 이렇게 하면 경고도 제거할 수 있고, 코드를 보는 다른 개발자도 입력 영역이 읽기 전용으로 설계되었다는 것을 알 수 있다. 값을 명시적으로 설정하려면 readOnly={true}라고 작성하거나, 값 없이 readOnly 속성만 작성해도 React에서 해당 속성의 값을 true로 간주한다.

요소의 변경을 감지하면 컴포넌트 상태에 저장할 수 있다.

```
handleChange(event) {
  this.setState({emailValue: event.target.value})
}
```

언젠가는 정보를 서버나 다른 컴포넌트로 보내야 한다. 보낼 때는 값을 상태에 깔끔하게 정리해야 한다. 예를 들어 대출 신청서 폼을 만들고, 사용자 이름, 주소, 전화번호, 주민등록번호를 입력받는다고 가정해보자. 각 입력 영역이 각자의 변경 사항을 처리한다. 폼의 맨 아래에는 제출 버튼을 넣어서 입력으로 저장한 상태를 서버로 보낸다. 다음 예제 코드는 onChange가 있는 이름 입력 영역으로 모든 입력 내용을 상태에서 관리한다.

예제 코드 7.5 폼 요소 렌더링하기

```
constructor(props) {
  super(props)
    this.handleInput = this.handleInput.bind(this)
    this.handleSubmit = this.handleSubmit.bind(this)
    ...
}
handleFirstNameChange(event) {
  this.setState({firstName: event.target.value})   --------- 이름(firstName) 영역의 변경 사항을 감지하여 상태에 저장한다.
}
...
handleSubmit() {
  fetch(this.props['data-url'], {method: 'POST', body: JSON.stringify(this.state)})   ----- 프러미스 기반의 Fetch API를 사용해서 data-url 속성으로 전달받은 URL에 데이터를 전송한다(이 책을 쓰는 시점에서는 실험적인 단계지만 대부분의 최신 브라우저에서 지원된다).
    .then((response)=>{return response.json()})
    .then((data)=>{console.log('Submitted: ', data)})
}
render() {
  return <form>
    <input name="firstName"
      onChange={this.handleFirstNameChange}
      type="text"/>
        ...
      <input
        type="button"
        onClick={this.handleSubmit}   --------- 이벤트 핸들러를 정의하여 제출 버튼 이벤트를 처리한다.
        value="Submit"/>
  </form>
}
```

Note ≡ Fetch API는 프러미스 기반의 AJAX/XHR 요청을 수행할 수 있는 실험적인 브라우저 내장 메서드다. 사용법과 지원 여부에 대해서는 http://mng.bz/mbMe에서 확인할 수 있다(이 책을 쓰는 시점에서는 대부분의 최신 브라우저에서 지원된다).

요소의 정의, 변경 이벤트 감지, 값을 표시하기 위한 상태 갱신에 대해서 살펴보았다. 다음으로 예제를 통해 종합적으로 살펴보자.

7.1.4 대출 신청서의 계좌번호 영역 만들기

대출 신청서를 계속 만들어보자. 대출이 승인되면 사용자는 대출금을 이체받을 계좌번호를 입력해야 한다. 새로 배운 기술을 바탕으로 계좌번호 영역 컴포넌트를 구현해보자. React에서 폼을 다룰 때 가장 적합한 방법인 제어 엘리먼트를 사용한다.

예제 코드 7.6의 컴포넌트(ch07/account/jsx/content.jsx)는 그림 7-8처럼 계좌번호 영역에 숫자만 입력할 수 있어야 한다. 입력을 숫자(0~9)로 제한하려면 제어 컴포넌트에서 숫자가 아닌 입력 값을 모두 제거해야 한다. 이벤트 핸들러는 입력 값을 걸러낸 후에만 상태를 갱신한다.

▼ 그림 7-8 콘솔에서 볼 수 있는 것처럼 어떤 문자든 입력할 수 있다. 그렇지만 제어 엘리먼트를 사용하므로 뷰에서 확인할 수 있는 입력 값은 숫자뿐이다.

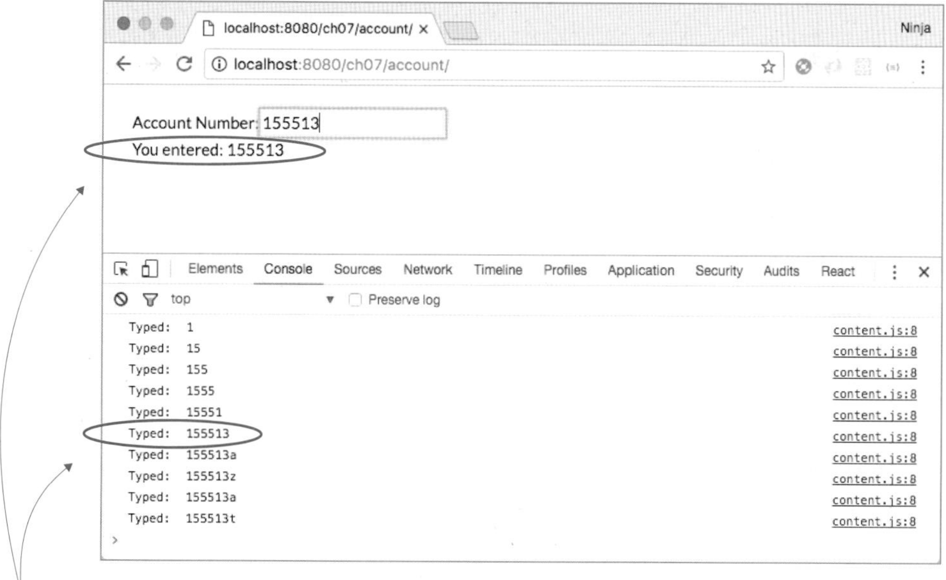

예제 코드 7.6 제어 컴포넌트 구현하기

```
class Content extends React.Component {
  constructor(props) {
    super(props)
    this.handleChange = this.handleChange.bind(this)
    this.state = {accountNumber: ''} --------- 계좌번호 초깃값으로 빈 문자열을 설정한다.
  }
  handleChange(event) {
    console.log('Typed: ', event.target.value) --------- 콘솔에 입력한 내용을 그대로 보여준다.
    this.setState({accountNumber: event.target.value.replace(/[^0-9]/ig, '')}) ---------
  }                                        입력 값에서 숫자만 걸러낸 후 상태를 갱신한다.
  render() {
    return <div>
      Account Number:
      <input
        type="text"
        onChange={this.handleChange} --------- 변경을 감지한다.
        placeholder="123456"
        value={this.state.accountNumber}/> --------- value를 상태에 할당해서 엘리먼트를 제어한다.
      <br/>
      <span>{this.state.accountNumber.length > 0 ? 'You entered: ' + this.state.
      accountNumber: ''}</span> --------- 계좌번호가 빈 문자열이 아닌 경우에 출력한다.
    </div>                               "length"는 문자열 속성으로 문자의 수를 반환한다.
  }                                      값이 없는 경우에는 아무것도 출력하지 않는다.
}
```

정규표현식(http://mng.bz/r7sq)과 문자열의 `replace` 메서드(http://mng.bz/2Qon)를 이용해서 숫자가 아닌 입력 값을 제거했다. `replace(/[^0-9]/ig, '')`는 복잡하지 않은 정규표현식을 사용한 메서드로 숫자가 아닌 입력 값을 빈 문자열로 치환한다. `ig`는 대소문자 구분을 하지 않는 것, 문자열 전체에서 일치 항목을 찾는 것을 의미한다.

`render()`의 입력 영역은 `value={this.state.accountNumber}`로 설정되어 있으므로 제어 컴포넌트다. 예제의 계좌번호 영역을 브라우저에서 직접 입력해보면 숫자만 입력할 수 있는데, React가 새로운 상태를 숫자만 있는 값으로 걸러내어 설정하기 때문이다. 그림 7-9에서 확인할 수 있다.

React에서 입력 요소와 폼을 다루는 가장 좋은 방법을 통해 입력 값 유효성 검사를 구현할 수 있으며, 앱을 원하는 모습대로 작동하도록 강제할 수 있다.

❤ 그림 7-9 제어 엘리먼트를 이용해 입력 값을 걸러내어 상태에 숫자만 저장한다.

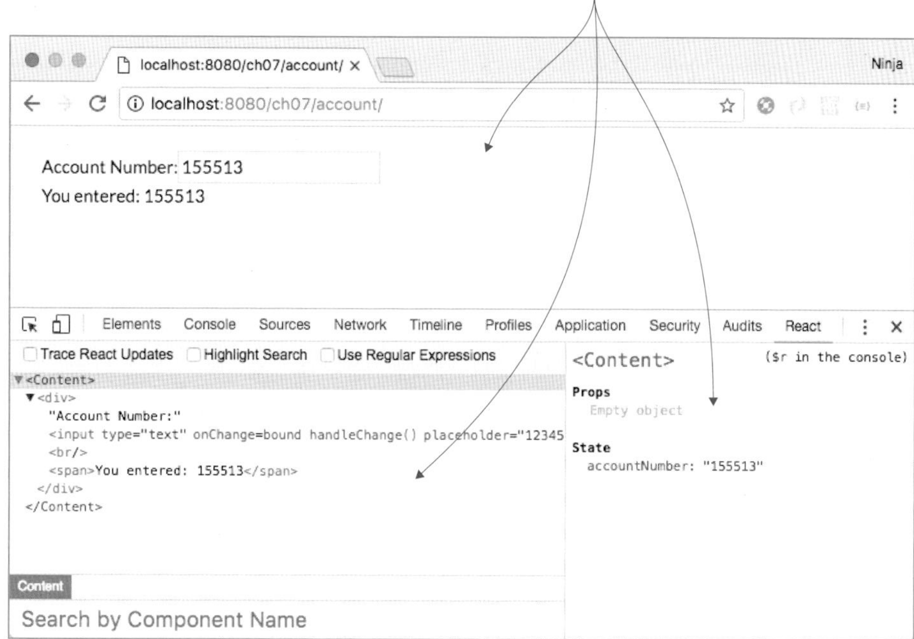

> **Note** ≡ 계좌번호 컴포넌트에서 프론트엔드 유효성 검사를 구현했는데, 이것으로는 서버로 보내는 XHR 요청에 해커가 악의적인 데이터를 입력하는 것을 방지할 수는 없다. 따라서 서버나 백엔드, ORM/ODM(https://en.wikipedia.org/wiki/Object-relational_mapping) 같은 비즈니스 레이어에서는 입력 값에 대한 적절한 유효성 검사 처리가 필요하다.

지금까지 폼을 다루는 가장 좋은 방법인 제어 컴포넌트의 생성 방법에 대해서 살펴봤다. 다른 대안에 대해서도 살펴보자.

7.2 폼을 다루는 다른 방법

제어 폼 요소를 사용하는 방법이 가장 좋긴 하다. 그렇지만 이 방법은 직접 변경을 감지하고 상태를 갱신해야 하므로 추가 작업이 필요하다. `value`, `checked`, `selected` 속성 값을 문자열 또는 React의 속성이나 상태를 이용해서 정의해야 React가 요소를 제어할 수 있다.

또한, 폼 요소는 `value` 속성이 상태나 정적인 값으로 설정되어 있지 않을 때는 React가 제어하지 않아도 된다. 이 장의 앞부분에서 뷰의 DOM 상태와 React의 내부 상태에 차이가 있을 수 있다는 점을 들어 비제어 컴포넌트를 권장하지 않는다고 설명하기도 했지만, 서버에 전달할 간단한 폼을 만들 때는 비제어 컴포넌트가 유용하다. 다시 말해 복잡한 사용자 입력과 조작이 많은 UI 요소를 만드는 경우가 아니라면 비제어 패턴을 사용하는 것을 고려해볼 만하다.

일반적으로 비제어 컴포넌트를 사용하려면 폼에서 제출 이벤트를 정의해야 한다. 보통 버튼에 `onClick` 이벤트나 폼의 `onSubmit` 이벤트를 사용한다. 이벤트 핸들러를 추가한 뒤에는 두 가지 방법 중에 선택할 수 있다.

- 제어 엘리먼트를 사용할 때처럼 변경을 감지하여 상태에 저장하지만, 상태를 `value`에 사용하지 않고 제출 시에만 사용하는 방식(이것은 결국 제어하지 않는 방식이다.)
- 변경을 감지하지 않는 방식

첫 번째 접근 방법은 간단하다. 같은 이벤트 리스너를 사용해서 상태를 갱신한다. 최종적으로 폼을 제출할 때만 상태를 사용하는 경우 이 방법은 과도한 코딩이 될 수 있다.

> **Warning** React는 여전히 상대적으로 새롭기 때문에, 앱을 개발하고 유지보수하는 실제 경험을 통해 모범 사례가 자리를 잡아가고 있다. 추천 방법이 거대한 React 앱을 다년간 유지보수하는 동안 바뀔 수도 있다. 비제어 컴포넌트는 의견이 일치되지 않은 회색 지대라고 할 수 있다. 아마 이 방식은 안티패턴이니 피해야 한다는 이야기를 들을 수도 있다. 나는 편을 가르기보다는 충분한 정보를 제공해서 직접 판단할 수 있도록 도움을 주려고 한다. 여러분이 가능한 모든 지식을 활용해서 똑똑하게 판단할 수 있을 거라고 믿기 때문이다. 이 장의 나머지 부분을 읽어보면서 이 방법을 사용할지에 대해 생각해보기 바란다.

7.2.1 비제어 엘리먼트에서 변경 감지하기

앞서 살펴본 것처럼 React에서 **비제어 컴포넌트**는 `value` 속성을 React에서 설정하지 않는 것을 의미한다. 이 경우 컴포넌트의 내부 값 또는 상태가 컴포넌트의 표현 또는 뷰와 서로 다를 수 있다. 컴포넌트 상태는 유효성 검사 같은 논리를 가질 수 있다. 비제어 컴포넌트를 사용하는 경우에는 사용자가 폼 요소에 무엇이든 입력할 수 있으므로 뷰와 상태 사이에 차이가 발생한다.

예를 들어 다음 텍스트 입력 영역은 React에서 `value`를 설정하지 않았으므로 비제어 컴포넌트다.

```
render() {
  return <input type="text" />
}
```

사용자 입력이 즉시 뷰에 렌더링된다. 이것이 좋은 것일까, 나쁜 것일까? 지금부터 이 점을 함께 살펴보자.

비제어 컴포넌트에서 변경을 감지하려면 `onChange`를 사용한다. 예를 들어 그림 7-10의 입력 영역은 `onChange` 이벤트 핸들러인 `this.handleChange`와 `textbook`에 대한 참조, 입력 영역이 비어 있을 때 회색으로 노출할 `placeholder`를 속성으로 가지고 있다.

다음 예제 코드의 `handleChange()` 메서드는 콘솔에 값을 출력하고, `event.target.value`를 이용해서 상태를 갱신한다(ch07/uncontrolled/jsx/content.jsx).

예제 코드 7.7 변경을 감지하는 비제어 엘리먼트

```
class Content extends React.Component {
  constructor(props){
    super(props)
    this.state = {textbook: ''} --------- 기본값으로 빈 문자열을 설정한다.
    this.handleChange = this.handleChange.bind(this)
  }
  handleChange(event) {
    console.log(event.target.value)
    this.setState({textbook: event.target.value}) --------- 입력 영역에 변경이 있을 때 상태를 갱신한다.
  }
  render() {
    return <div>
      <input
        type="text"
        onChange={this.handleChange} --------- input에 value를 설정하지 않고 이벤트 리스너만 설정한다.
        placeholder="Eloquent TypeScript: Myth or Reality" />
      <br/>
```

```
      <span>{this.state.textbook}</span>
    </div>
  }
}
```

⟨span⟩을 이용해서 handleChange() 메서드에서 설정한 상태 변수를 출력한다.

▼ 그림 7-10 비제어 컴포넌트는 애플리케이션에서 설정한 value가 없다.

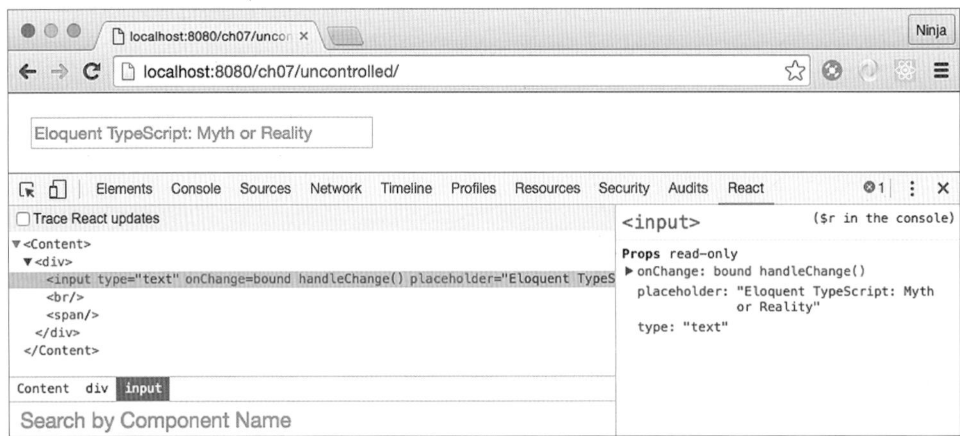

React가 사용자가 입력하는 값을 제어하지 않으므로 원하는 내용을 무엇이든 입력할 수 있다. React는 onChange를 통해 새로 입력된 값을 감지해서 상태에 저장만 한다. 그러면 그림 7-11처럼 상태의 변경 사항이 <span>에 갱신된다.

이 방법으로 입력 영역을 위한 이벤트 핸들러를 구현할 수 있다. 이벤트 감지를 아예 하지 않는 방법도 있을까?

▼ 그림 7-11 변경을 감지하므로 입력 내용이 상태를 갱신하지만, DOM의 텍스트 입력 요소의 값을 제어하지는 않는다.

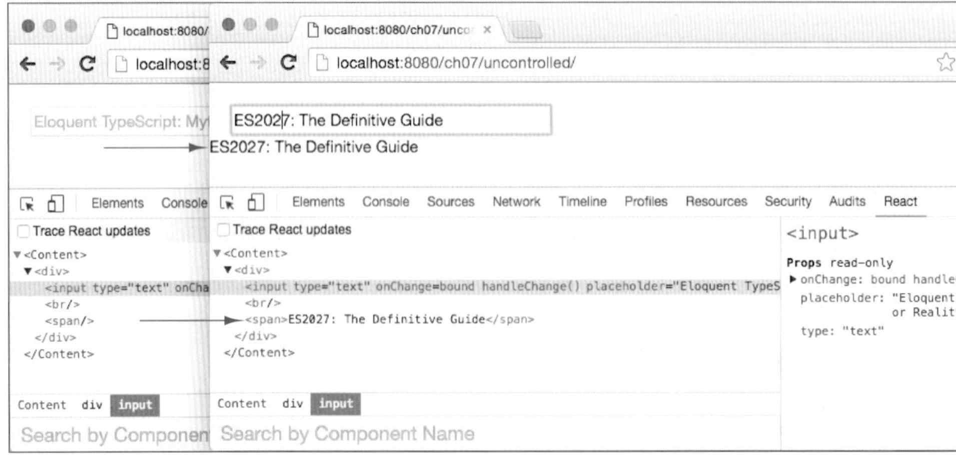

7.2.2 비제어 엘리먼트에서 이벤트를 감지하지 않는 경우

두 번째 접근법을 살펴보자. 예를 들어 폼을 제출할 때처럼 모든 값이 필요한 경우에 문제가 있다. 변경을 감지하는 방식일 때는 모든 데이터가 상태에 저장되어 있다. 비제어 엘리먼트에서 변경을 감지하지 않기로 하면 데이터는 DOM에 그대로 남는다. 데이터를 자바스크립트 객체로 가져오려면 그림 7-12처럼 참조를 이용해야 한다. 그림 7-1에서 살펴본 제어 엘리먼트의 흐름을 그림 7-12의 비제어 엘리먼트와 비교해보는 것도 좋겠다.

Note ☰ 제어 컴포넌트 또는 데이터를 감지하는 비제어 컴포넌트를 다룰 때는 데이터가 항상 상태에 저장되어 있다. 지금 다루고 있는 부분은 이런 방식에 해당하지 않는다.

정리하면 변경을 감지하지 않고 비제어 엘리먼트를 사용하려면 다른 엘리먼트에 접근해서 데이터를 가져올 수 있는 방법이 필요하다.

✔ 그림 7-12 비제어 엘리먼트를 사용할 때는 변경을 감지하지 않고, 참조를 통해 값에 접근한다.

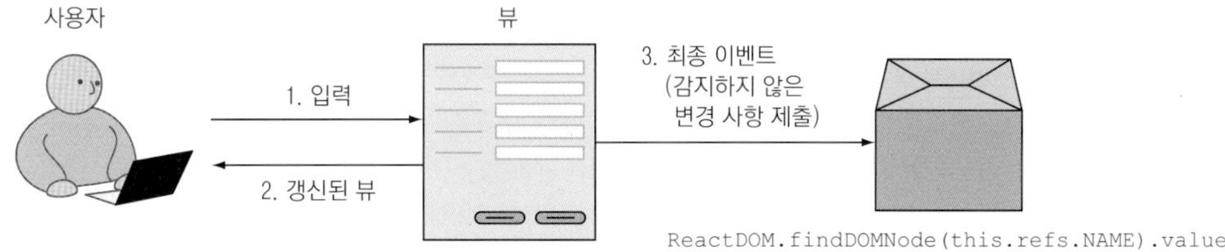

7.2.3 값에 참조로 접근하기

비제어 컴포넌트를 다룰 때는 `onChange` 같은 이벤트를 이용해 입력을 감지하지 않으므로 `refs`를 통해 참조로 값에 접근한다. 그렇지만 참조가 이 특정 패턴에만 적용되는 것은 아니다. 참조를 사용하는 것이 안티패턴으로 여겨져서 눈살을 찌푸릴 수도 있겠지만, 참조 사용이 적합한 상황이라면 어디에나 적용할 수 있다. React 엘리먼트를 적절히 정의한다면 뷰(DOM)의 상태와 내부 상태가 동기화되므로 참조를 사용할 필요가 거의 없다. 그렇지만 참조를 이해할 필요는 있으므로 여기서 설명하고자 한다.

참조를 사용하면 React 컴포넌트의 DOM 요소 또는 노드를 가져올 수 있다. 변경을 감지하지 않고 폼 요소의 값을 가져와야 할 때 유용하다. 참조를 사용하려면 다음 두 가지 작업이 필요하다.

- render 메서드에서 반환하는 엘리먼트의 ref 속성에 문자열을 전달하는 경우 카멜 표기법으로 작성되어 있어야 한다. 예를 들어 email:<input ref="userEmail" />처럼 작성한다.
- 지정한 이름으로 다른 메서드에서 DOM 인스턴스에 접근한다. 예를 들어 이벤트 핸들러에서 this.refs.NAME이 this.refs.userEmail이다.

this.refs.NAME으로 React 컴포넌트의 인스턴스에 접근할 수 있다. 그렇지만 입력 값을 어떻게 확인할 수 있을까? DOM 노드를 가져오는 것이 좀 더 유용하겠다! 컴포넌트의 DOM 노드에 접근하려면 ReactDOM.findDOMNode(this.refs.NAME)을 사용한다.

```
let emailNode = ReactDOM.findDOMNode(this.refs.email)
let email = emailNode.value
```

ReactDOM.findDOMNode 메서드가 좀 길어서 쓰기 불편하므로 줄여서 작성해보자.

```
let fD = ReactDOM.findDOMNode
let email = fD(this.refs.email).value
```

그림 7-13은 사용자의 이메일 주소와 댓글을 감지하는 경우다. 입력 값을 브라우저 콘솔에서 확인할 수 있다.

▼ 그림 7-13 비제어 폼에서 두 가지 영역의 데이터를 가져온 후 콘솔에 출력한다.

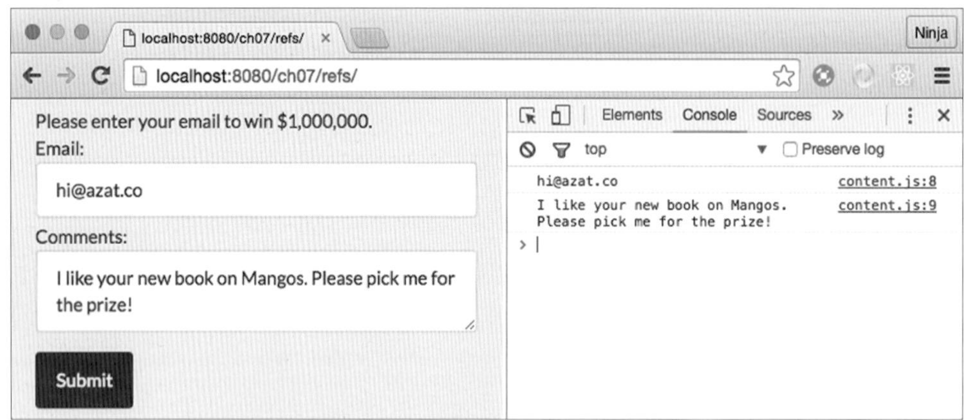

이 프로젝트의 구조는 다른 프로젝트의 구조와 매우 다르다. 구조는 다음과 같다.

```
/email
  /css
    bootstrap.css
  /js
```

```
    content.js --------- 메인 컴포넌트를 포함한 컴파일된 스크립트
    react.js
    react-dom.js
    script.js
  /jsx
    content.jsx
    script.jsx --------- JSX에 ReactDOM.render() 문이 있다.
  index.html
```

다음 예제 코드처럼 제출 버튼을 클릭하면 참조를 통해 `emailAddress`와 `comments`에 접근해서 콘솔에 출력할 수 있다(ch07/email/jsx/content.jsx).

예제 코드 7.8 이메일 폼 시작하기

```
class Content extends React.Component {
  constructor(props) {
    super(props)
    this.submit = this.submit.bind(this)
    this.prompt = 'Please enter your email to win $1,000,000.' --------- 클래스 속성 정의
  }
  submit(event) {
    let emailAddress = this.refs.emailAddress
    let comments = this.refs.comments
    console.log(ReactDOM.findDOMNode(emailAddress).value) --------- 참조를 이용해서 이메일 주소 입력
    console.log(ReactDOM.findDOMNode(comments).value)                값에 접근하여 출력한다.
  }
```

다음으로 Twitter Bootstrap의 CSS 클래스를 활용해서, 폼에 스타일을 적용하여 `render()` 메서드를 정의해보자(ch07/email/jsx/content.jsx). CSS 클래스는 `className` 속성으로 전달한다는 점을 기억해두자.

예제 코드 7.9 이메일 폼의 render() 메서드

```
render() {
  return (
    <div className="well">
      <p>{this.prompt}</p> --------- Content 컴포넌트의 this.prompt 값을 출력한다.
      <div className="form-group">
        Email: <input ref="emailAddress" className="form-control" type="text"
        placeholder="hi@azat.co"/> --------- placeholder 속성이 있는 이메일 입력 영역을 구현한다.
      </div>                                  placeholder 속성은 입력할 내용을 알려주는 시각적 장치다.
      <div className="form-group">            className과 ref 속성도 사용했다.
```

```
        Comments: <textarea ref="comments" className="form-control" placeholder="I like
        your website!"/>
      </div>
      <div className="form-group">
        <a className="btn btn-primary" value="Submit" onClick={this.submit}>Submit</a>
      </div>
    </div>
  )
}
```

onClick 이벤트가 있는 제출 버튼에서 this.submit을 호출한다.

<textarea>의 일반적인 HTML DOM 노드는 innerHTML을 입력 값으로 사용한다. 앞에서 언급한 것처럼 React에서는 <textarea>에 value를 사용할 수 있다.

```
ReactDOM.findDOMNode(comments).value
```

React가 value 속성을 구현했으므로 이렇게 사용할 수 있다. 폼 요소의 API가 일관성이 있어 얻을 수 있는 멋진 기능이다. 동시에 ReactDOM.findDOMNode()가 DOM 노드를 반환하므로 innerHTML 같은 일반적인 HTML 속성이나 getAttribute() 같은 메서드에도 접근할 수 있다.[2]

이제 특정 엘리먼트의 이벤트 핸들러에서뿐만 아니라, 컴포넌트 메서드 어디에서든 요소와 입력 값에 접근하는 방법을 알게 되었다. 다시 말하지만, 참조를 사용하는 것은 비제어 엘리먼트를 사용하는 경우처럼 흔하지 않은 경우다. 참조를 과도하게 사용하는 것은 좋지 않다. 대부분의 경우 제어 엘리먼트에서는 참조를 사용하는 대신 컴포넌트 상태를 사용한다.

JSX의 ref 속성으로 함수를 할당하는 것도 가능하다. 이 함수는 엘리먼트를 마운팅할 때 한 번만 실행된다. 이 함수에서 DOM 노드를 this.emailInput처럼 인스턴스의 속성으로 저장할 수 있다.[3]

```
<input ref={(input) => { this.emailInput = input }}
  className="form-control"
  type="text"
  placeholder="hi@azat.co"/>
```

2 역주 ref를 사용자 정의 컴포넌트에 사용할 때는 해당 컴포넌트의 인스턴스를 반환하므로 DOM 노드를 가져오기 위해 findDOMNode를 사용해야 하지만, 일반적인 엘리먼트에 ref를 사용한 경우에는 this.refs.NAME(또는 지정한 클래스 속성)만으로도 DOM 노드에 접근할 수 있다.

3 역주 현재 공식 문서에서는 ref에 함수를 사용하는 것을 권장하고 있으며, 앞서 설명한 문자열 ref는 지원 중단될 가능성이 있다고 언급하고 있다(https://reactjs.org/docs/refs-and-the-dom.html#legacy-api-string-refs).

비제어 컴포넌트는 상태 변경이나 변경을 감지하는 것이 선택 사항이므로 코딩해야 할 양이 적다. 그렇지만 또 다른 문제점이 있다. value를 상태에 연결하거나 하드코딩한 값을 넣을 수 없다. 넣으려면 제어 엘리먼트를 사용해야 한다(비제어 엘리먼트는 value={this.state.email} 같은 방식으로 작성할 수 없다). 기본값을 어떻게 지정할까? 예를 들어 대출 신청서를 일부만 입력하고 저장한 다음 나중에 다시 작성한다고 해보자. 사용자가 이미 입력한 내용을 보여주어야 하지만, value 속성은 사용할 수 없다. 기본값을 설정하는 방법을 살펴보자.

7.2.4 기본값 설정하기

대출 신청서 예제의 일부 영역에 기존 데이터를 입력해줘야 한다고 가정해보자. 일반적인 HTML이라면 폼 영역에 value를 작성하면 사용자가 페이지에서 값을 변경할 수 있다. 그렇지만 React는 value, checked, selected를 뷰와 엘리먼트 내부 상태에서 일관되게 유지한다. React에서 다음과 같이 입력 값을 하드코딩하면 읽기 전용이 되어버린다.

```
<input type="text" name="new-book-title" value="Node: The Best Parts"/>
```

대부분의 경우 이런 것을 원하지 않을 것이다. 따라서 React는 특별한 속성인 defaultValue를 이용해서 입력 값을 설정하고, 사용자가 폼 요소를 수정할 수 있도록 했다.

예를 들어 폼이 이전에 저장된 경우, 사용자를 위해 <input> 영역을 미리 채워 놓으려고 한다. 이런 경우 폼 요소에 defaultValue 속성을 사용한다. 입력 영역의 기본값을 다음과 같이 설정할 수 있다.

```
<input type="text" name="new-book-title" defaultValue="Node: The Best Parts"/>
```

defaultValue 대신 value 속성(value="JSX")을 사용하면 이 엘리먼트는 읽기 전용이 되어 버린다. 제어 엘리먼트가 될 뿐만 아니라, 그림 7-14처럼 사용자가 <input> 요소에 입력하더라도 값이 바뀌지 않는다. 이것은 value를 하드코딩했기 때문에 React가 해당 값을 유지하는 것이다. 아마도 여러분이 원하는 결과는 아닐 것이다. 실제 애플리케이션에서 React는 속성을 통해 입력 값을 가져올 것이다(this.props.name).

```
<input type="text" name="new-book-title" defaultValue={this.props.title}/>
```

▼ 그림 7-14 value에 문자열을 입력하면 〈input〉 요소의 값을 변경할 수 없다.

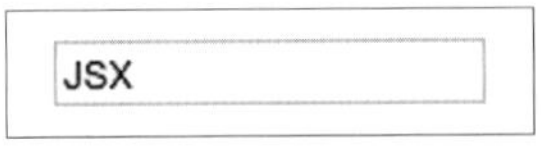

JSX

또는 상태를 이용할 수도 있다.

```
<input type="text" name="new-book-title" defaultValue={this.state.title}/>
```

React의 `defaultValue` 기능은 주로 비제어 컴포넌트와 함께 사용한다. 그렇지만 참조를 사용하면 `defaultValue`를 제어 컴포넌트나 다른 경우에도 사용할 수 있다. 제어 컴포넌트에서는 생성자에서 기본값을 상태로 설정할 수 있으므로 크게 중요하지 않다. 예를 들면 `this.state = { defaultName: 'Abe Lincoln'}`이라고 작성할 수 있다.

앞서 살펴본 것처럼 대부분의 UI 작업이 편리한 폼 요소를 통해 이뤄진다. 아름다우면서도 이해하고 사용하기 쉽게 만들어야 한다. 사용자 친화적인 오류 메시지, 프론트엔드 유효성 검사, 그 외의 툴 팁, 크기를 변경할 수 있는 라디오 버튼, 기본값, 플레이스홀더 같은 중요한 기능들도 다뤄야 한다. UI를 개발하다 보면 복잡해지고, 금세 통제 불능 상태가 되곤 한다! 다행히도 React는 브라우저 간 차이가 없는 폼 요소 API를 제공하므로 복잡한 UI 개발 작업이 좀 더 쉬워진다.

7.3 퀴즈

REACT

1. 비제어 컴포넌트는 `value`를 설정하고, 제어 컴포넌트는 `value`를 설정하지 않는다. (○/×)
2. 기본값을 설정하는 올바른 문법은 다음 중 무엇인가?

   `default-value`
   `defaultValue`
   `defVal`

3. React 팀은 `onInput`보다는 `onChange`의 사용을 권장한다. (○/×)
4. React에서 `<textarea>`의 입력값을 설정하는 방법은 무엇인가?

   자식으로 추가
   `innerHTML`
   `value`

5. 폼에서 selected는 다음 중 어떤 요소에 적용할 수 있는가?

<input>
<textarea>
<option>

6. 다음 중 참조를 통해 DOM 노드를 가져올 수 있는 가장 좋은 방법은 무엇인가?

```
React.findDomNode(this.refs.email)
this.refs.email
this.refs.email.getDOMNode
ReactDOM.findDOMNode(this.refs.email)
this.refs.email.getDomNode
```


7.4 요약

REACT

- 폼을 다루는 방법 중 권장하는 방법은 변경을 감지하여 이벤트 리스너로 상태에 데이터를 저장하는 제어 컴포넌트를 사용하는 것이다.
- 변경을 감지하거나 감지하지 않는 비제어 컴포넌트를 사용하는 방법은 좋은 방법이 아니므로 피하는 것이 좋다.
- 참조와 기본값은 모든 경우 사용할 수 있지만, 제어 컴포넌트의 경우에는 사용할 필요가 없다.
- React의 <textarea>는 innerHTML 대신 value 속성을 사용한다.
- this.refs.NAME은 클래스 참조에 접근하는 방법이다.
- defaultValue는 엘리먼트의 초기 뷰(DOM)를 설정할 때 사용할 수 있다.
- 참조를 설정하려면 ref={el => { this.input = el; }}처럼 함수를 사용하거나 ref="NAME"으로 문자열을 사용할 수 있다.

7.5 퀴즈 정답

1. × / 제어 컴포넌트에서 `value`를 설정한다.
2. 정답은 `defaultValue`다. 다른 선택지는 유효하지 않은 이름이다.
3. ○ / 일반적인 HTML의 경우 변경이 일어날 때마다 `onChange` 이벤트가 항상 실행되지 않지만, React에서는 항상 실행된다.
4. React에서는 일관성을 위해 `value`에 입력 값을 설정한다. 그렇지만 일반적인 HTML에서는 `innerHTML`을 사용한다.
5. 정답은 `<option>`이다.
6. `ReactDOM.findDOMNode(reference)`를 사용하거나 보기에는 없지만 콜백을 사용할 수 있다.

8장

확장성을 고려한 React 컴포넌트

8장의 주요 내용을 동영상으로 볼 수 있습니다.
QR 코드를 스캔하거나 http://reactquickly.co/videos/ch08 으로 접속하세요.

이 장에서 살펴볼 주제

- 컴포넌트의 기본 속성 설정하기
- 속성 타입과 유효성 검사 이해하기
- 자식 렌더링
- 코드 재사용을 위한 고차 컴포넌트 만들기
- 모범 사례: 프레젠테이션 컴포넌트과 컨테이너 컴포넌트 비교

지금까지 컴포넌트를 생성하여 상호작용하게 만들고, 이벤트와 입력 요소 등 사용자 입력을 다루는 방법에 대해 살펴봤다. 이런 지식을 바탕으로 React 컴포넌트를 이용한 웹사이트를 구축하다 보면 걸림돌이 하나씩 등장하기 시작할 것이다. 특히 오픈 소스 개발자나 다른 소프트웨어 엔지니어(같은 팀 동료라든가)가 만든 컴포넌트에 의존해야 하는 거대한 프로젝트에서 문제를 경험한다.

예를 들면 이렇다. 다른 개발자가 만든 컴포넌트를 사용할 때 속성을 제대로 전달했는지 어떻게 알 수 있을까? 다른 컴포넌트에서도 공통적으로 사용할 약간의 기능을 기존 컴포넌트에도 적용하려면 어떻게 해야 할까? 이는 **개발 확장성의 문제**다. 어떻게 하면 코드베이스가 늘어날 때 코드의 확장성 문제를 해결할 수 있을까? React에는 확장성을 고려할 때 도움이 되는 기능과 패턴이 있다.

이 질문들은 복잡한 React 애플리케이션을 효과적으로 개발하는 방법을 배우고자 할 때 중요한 주제다. 예를 들어 고차 컴포넌트는 컴포넌트의 기능을 향상시킬 수 있고, 속성 타입(property types)은 안정적인 타입 검사를 제공하고 컴포넌트의 온전성을 보장하는 훌륭한 수단이다.

이 장을 마치면 React의 기능 대부분에 익숙해질 것이다. 속성 타입을 사용해서 좀 더 개발자 친화적인 코드를 만들 수 있고, 컴포넌트 이름과 고차 컴포넌트를 사용해서 효율적인 작업을 할 수 있게 될 것이다. 팀 동료들이 여러분의 우아한 해결 방법에 감탄할지도 모른다. React를 효과적으로 사용할 수 있도록 도와주는 기능들을 지금 바로 살펴보자.

> **Note** ≡ 이 장의 예제 코드는 https://github.com/gilbutITbook/006961 또는 https://github.com/azat-co/react-quickly/tree/master/ch08에서 확인할 수 있다(깃허브 저장소 https://github.com/azat-co/react-quickly의 ch08 폴더다).

8.1 컴포넌트의 기본 속성

예를 들어 행의 수(rows), 언어(locale), 현재 날짜(current date)를 필수 속성으로 하는 `Datepicker` 컴포넌트를 개발한다고 가정해보자.

```
<Datepicker currentDate={Date()} locale="US" rows={4}/>
```

만약 새로운 동료가 이 컴포넌트를 사용하면서 필수 속성인 currentDate를 누락한다면 어떻게 해야 할까? 달력이 몇 행인지 지정하면서 숫자 4 대신 문자열 "4"를 입력했다면 어떨까? 컴포넌트가 아무 작동도 하지 않고 undefined를 반환하거나 아예 멈춰버려서 컴포넌트를 사용하던 동료가 "ReferenceError가 나는데요?"라며 여러분을 탓할지도 모른다. 아이고!

안타깝지만 자바스크립트가 느슨한 타입 언어이므로 이런 광경은 웹 개발에서 흔히 볼 수 있다. 다행히 React는 속성의 기본값을 설정할 수 있는 기능으로 defaultProps를 정적 클래스 속성으로 추가할 수 있다. 속성 타입에 대한 문제는 다음 절에서 자세히 살펴본다.

defaultProps를 설정하면 컴포넌트 속성이 누락되었을 때 기본값을 렌더링할 수 있는 이점이 있다. defaultProps를 정의하여 컴포넌트 클래스에 기본 속성을 설정한다. 예를 들어 앞서 이야기한 Datepicker 컴포넌트 정의에서도 defaultProps를 정적 클래스 속성으로 추가할 수 있다(constructor()에서 인스턴스 속성으로 추가하면 정상적으로 작동하지 않는다).

```
class Datepicker extends React.Component {
  ...
}
Datepicker.defaultProps = {
  currentDate: Date(),
  rows: 4,
  locale: 'US'
}
```

defaultProps를 더 자세히 설명하기 위해 버튼을 렌더링하는 컴포넌트가 있다고 가정해보자. 일반적으로 버튼에 라벨이 있기는 하지만, 라벨을 사용자 정의할 수 있으면 좋을 것이다. 또한, 사용자 정의 값이 누락된 경우에는 기본값을 보여주면 좋겠다.

버튼의 라벨은 buttonLabel 속성으로 render()의 return 문에서 사용한다. 부모가 버튼에 별도로 라벨을 지정하지 않아도 Submit이라는 텍스트를 항상 보여주려고 한다. buttonLabel의 기본값을 포함한 객체인 정적 클래스 속성 defaultProps를 구현하면 기본 라벨을 보여줄 수 있다.

```
class Button extends React.Component {
  render() {
    return <button className="btn" >{this.props.buttonLabel}</button>
  }
}
Button.defaultProps = {buttonLabel: 'Submit'}
```

부모 컴포넌트인 Content가 버튼 네 개를 렌더링한다. 이 버튼 중 세 개에는 속성이 누락되었다.

```
class Content extends React.Component {
  render() {
    return (
      <div>
        <Button buttonLabel="Start"/>
        <Button />
        <Button />
        <Button />
      </div>
    )
  }
}
```

렌더링 결과는 어떨까? 첫 번째 버튼의 라벨에는 Start가 적혀 있고, 나머지 버튼의 라벨에는 Submit이라고 적힌 것을 확인할 수 있다(그림 8-1 참조).

▼ 그림 8-1 첫 번째 버튼은 생성 시에 설정한 라벨을 노출한다. 나머지 엘리먼트는 설정한 속성이 없으므로 기본값을 노출한다.

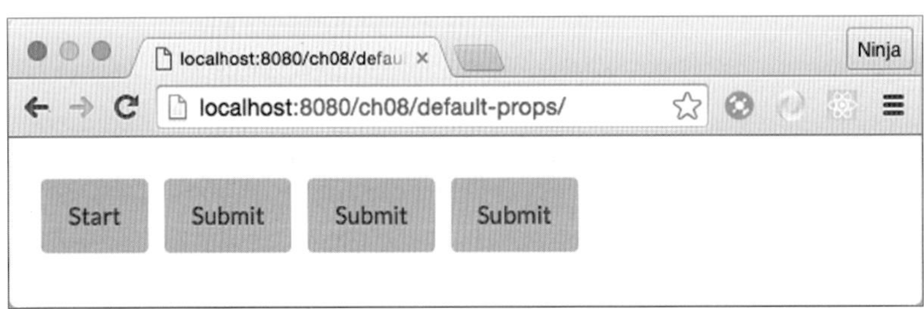

컴포넌트에 기본 속성 값을 설정하는 것은 좋은 방법이다. 오류에 더 잘 대응할 수 있기 때문이다. 즉, 아무런 값을 전달하지 않았을 때도 최소한의 형태를 유지하는, 좀 더 영리한 컴포넌트를 만들 수 있다.

다른 관점에서 보면 기본값을 설정하여 같은 값을 반복해서 다시 설정하는 것을 피할 수 있다. 대부분의 경우 같은 속성을 사용하지만 기본값을 덮어써서 변경할 수 있게 하고 싶다면, defaultProps 기능을 사용하여 간단하게 해결할 수 있다. 예제에서 살펴본 첫 번째 버튼의 경우처럼 기본값을 덮어쓰는 것은 아무런 문제도 일으키지 않는다.

8.2 React 속성 타입과 유효성 검사

앞에서 살펴봤던 Datepicker 컴포넌트의 속성 타입을 모르는 동료가 숫자 5 대신 문자열 "5"를 입력하는 경우를 다시 살펴보자. React 컴포넌트 클래스에 propTypes 정적 속성을 이용하면 속성 타입을 설정할 수 있다. 속성 타입 기능은 자료형을 강제하는 대신 경고를 보여준다. 개발 모드(development mode)에서는 속성 타입이 일치하지 않으면 콘솔에서 경고 메시지를 확인할 수 있다. 그렇지만 프로덕션 모드(production mode)에서는 잘못된 속성 타입을 사용하는 것을 방지하지 않는다. 즉, 프로덕션 모드에서는 경고 문구를 제거한다. 따라서 propTypes는 대체로 개발 단계에서 잘못 사용한 자료형에 대해 경고하는 편의 기능이라고 볼 수 있다.

Note ≡ React의 개발 모드와 프로덕션 모드

React 팀은 각각 난독화하지 않은 버전을 **개발 모드**, 난독화를 거친 버전을 **프로덕션 모드**로 정의하고 있다. React 팀에서는 다음과 같이 소개한다.

> 우리는 두 가지 버전의 React를 제공합니다. 개발을 위한 압축하지 않은 버전과 난독화를 거친 프로덕션 버전입니다. 개발 버전에는 흔한 실수를 막기 위해 추가적인 경고 문구를 포함시킨 반면에, 프로덕션 버전에는 추가적인 성능 최적화를 적용하고 모든 오류 문구를 제거했습니다.

React 버전 15.5와 이후 버전에서는 타입 정의가 prop-types(www.npmjs.com/package/prop-types)라는 별도 패키지로 제공된다(이 책에서 다루는 예제의 대부분이 React 버전 15.5다). prop-types를 HTML 파일에 추가해야 한다. 패키지는 전역 객체 window.PropTypes가 된다.

```
<!-- development version -->
<script src="https://unpkg.com/prop-types@15.5.4/prop-types.js"></script>
<!-- production version -->
<script src=" https://unpkg.com/prop-types@15.5.4/prop-types.min.js"></script>
```

React 버전 15.4 또는 이전 버전을 사용하는 경우에는 React.PropTypes로 React에 포함되어 있으므로 prop-types를 추가할 필요가 없다.

다음은 속성 타입으로 문자열, 숫자, 열거자를 사용하는 Datepicker 클래스에 정적 속성으로 propTypes를 정의한 간단한 예제다. 여기에는 나와 있지 않지만 예제에서는 React 버전 15.5를 사용했고, HTML에 prop-types를 추가했다.

```
class Datepicker extends React.Component {
  ...
}
Datepicker.propTypes = {
  currentDate: PropTypes.string, -------- prop-types.js를 포함하므로 window.PropTypes다.
  rows: PropTypes.number,
  locale: PropTypes.oneOf(['US', 'CA', 'MX', 'EU'])
}
```

> **Warning** 프론트엔드의 사용자 입력 유효성 검사는 쉽게 피해갈 수 있으므로 여기에만 의존하는 것은 금물이다. 더 나은 UX를 제공하기 위한 목적으로만 사용하고, 반드시 서버 측에서 모든 것을 검사해야 한다.

속성 타입을 검사하려면 속성을 키로 하고 타입을 값으로 하는 객체를 생성하여 `propTypes`로 추가한다. React의 타입은 `PropTypes` 객체에 있다.

- `PropTypes.string`
- `PropTypes.symbol`
- `PropTypes.number`
- `PropTypes.bool`
- `PropTypes.object`
- `PropTypes.array`
- `PropTypes.func`
- `PropTypes.shape`
- `PropTypes.any.isRequired`
- `PropTypes.objectOf(PropTypes.number)`
- `PropTypes.arrayOf(PropTypes.number)`
- `PropTypes.node`
- `PropTypes.instanceOf(Message)`
- `PropTypes.element`
- `PropTypes.oneOf(['News', 'Photos', ...])`
- `PropTypes.oneOfType([PropTypes.number, ...])`

설명을 위해 `defaultProps`를 사용한 예제를 개선해서 속성 타입을 추가해보자. 이 프로젝트의 `defaultProps` 예제와 유사한 구조다. content.jsx, button.jsx, script.jsx가 있고, index.html 파일에서 prop-types.js를 참조한다.

```html
<!DOCTYPE html>
<html>
  <head>
    <script src="js/react.js"></script>
    <script src="js/prop-types.js"></script>
    <script src="js/react-dom.js"></script>
    <link href="css/bootstrap.css" type="text/css" rel="stylesheet"/>
    <link href="css/style.css" type="text/css" rel="stylesheet"/>
  </head>
  <body>
    <div id="content" class="container"></div>
    <script src="js/button.js"></script>
    <script src="js/content.js"></script>
    <script src="js/script.js"></script>
  </body>
</html>
```

Button 클래스를 정의하고, 문자열을 값으로 하는 선택적인 속성인 title이 있다고 가정하자. 정적 클래스 속성(클래스 프로퍼티)으로 propTypes를 정의하여 키는 title, 값은 PropTypes.string으로 한다. 다음 코드를 button.js에 추가한다.

```javascript
Button.propTypes = {
  title: PropTypes.string
}
```

isRequired를 타입에 추가하면 필수 속성으로 지정할 수도 있다. 예를 들어 title이 필수 속성이고 문자열 형식이라면 다음과 같이 정의한다.

```javascript
Button.propTypes = {
  title: PropTypes.string.isRequired
}
```

이 버튼은 handler 속성이 필수 속성이고, handler 속성의 값은 반드시 함수여야 한다. (동작이 없는 버튼은 쓸모가 없다.)

```javascript
Button.propTypes = {
  handler: PropTypes.func.isRequired
}
```

타입 유효성 검사를 직접 정의할 수 있는 좋은 기능도 있다. **사용자 정의 유효성 검사**(custom validation)를 구현하기 위해 Error 인스턴스를 반환하는 표현식을 생성한다. 생성한 표현식은 propTypes:

{ .. }에서 속성의 값으로 사용할 수 있다. 예를 들어 다음 코드는 email 속성을 정규표현식 emailRegularExpression으로 검사한다(내가 인터넷에서 복사해왔다. 제대로 잘 될 것이다).[1]

```
...
propTypes = {
  email: function(props, propName, componentName) {
    var emailRegularExpression =
  /^([\w-]+(?:\.[\w-]+)*)@((?:[\w-]+\.)*\w[\w-]{0,66})\.([a-z]{2,6}(?:\.[a-z]{2})?)$/i
    if (!emailRegularExpression.test(props[propName])) {
      return new Error('Email validation failed!')
    }
  }
}
...
```

이제 모든 것을 함께 적용해보자. Button 컴포넌트는 선택적인 속성인 title(문자열)과 필수 속성인 handler(함수)와 함께 호출된다. 다음 예제 코드(ch08/prop-types)는 속성 타입을 사용하여 handler와 title의 타입이 각각 함수와 문자열인지 검사하고, email은 제공된 정규표현식과 일치하는지 검사한다.

예제 코드 8.1 propTypes와 defaultProps 사용하기

```
class Button extends React.Component {
  render() {
    return <button className="btn">{this.props.buttonLabel}</button>
  }
}

Button.defaultProps = {buttonLabel: 'Submit'}

Button.propTypes = {
  handler: PropTypes.func.isRequired, --------- 함수를 값으로 하는 handler는 필수 속성이다.
  title: PropTypes.string, --------- 문자열 값을 선택적으로 적용할 수 있는 title 속성을 정의한다.
  email(props, propName, componentName) { --------- 이메일 유효성 검사를 위해 정규표현식을 사용한다.
    let emailRegularExpression =
    /^([\w-]+(?:\.[\w-]+)*)@((?:[\w-]+\.)*\w[\w-]{0,66})\.([a-z]{2,6}(?:\.[a-z]{2})?)$/i
```

1 이메일 정규식은 엄격성, 도메인 영역, 그 외의 기준에 따라 여러 가지 버전이 있다. "99.99% 작동하는 이메일 주소 정규표현식(Email Address Regular Expression That 99.99% Works)"(http://emailregex.com)과 스택 오버플로우 질문인 "자바스크립트에서 이메일 주소 유효성 검사 방법(Validate email address in JavaScript?)"(http://mng.bz/zm37), 정규표현식 라이브러리(Regular Expression Library)(http://regexlib.com/Search.aspx?k=email)를 참고하기 바란다.

```
    if (!emailRegularExpression.test(props[propName])) {
      return new Error('Email validation failed!')
    }
  }
}
```

다음으로 부모 컴포넌트 Content를 구현한다. 버튼 여섯 개를 렌더링해서 속성 타입이 제공하는 경고 메시지를 확인해보자(ch08/prop-types/jsx/content.jsx).

예제 코드 8.2 버튼 여섯 개 렌더링하기

```
class Content extends React.Component {
  render() {
    let number = 1
    return (
      <div>
        <Button buttonLabel="Start"/>
        <Button /> --------- handler 속성을 누락하여 경고 메시지를 노출한다.
        <Button title={number}/> --------- title 속성은 반드시 문자열이어야 한다는 경고 메시지를 노출한다.
        <Button />
        <Button email="not-a-valid-email"/> --------- 잘못된 이메일 양식이라는 경고 메시지를 노출한다.
        <Button email="hi@azat.co"/>
      </div>
    )
  }
}
```

이 코드를 실행하고 콘솔을 열어보면 그림 8-2와 같은 세 가지 경고 메시지를 확인할 수 있다. 첫 번째 경고는 예제 코드의 몇몇 버튼에서 누락시킨 handler 속성에 대한 경고 메시지다.

```
Warning: Failed propType: Required prop `handler` was not specified in `Button`. Check
the render method of `Content`.
경고: 잘못된 propType: 필수 속성인 'handler'가 'Button'에 정의되지 않았습니다. 'Content'의 render 메서드를
확인하세요.
```

두 번째 경고 메시지는 네 번째 버튼에 입력한 잘못된 이메일 양식에 관한 내용이다.

```
Warning: Failed propType: Email validation failed! Check the render method of `Content`.
경고: 잘못된 propType: Email 유효성 검사에 실패했습니다. 'Content'의 render 메서드를 확인하세요.
```

세 번째 경고 메시지는 문자열이어야 할 title 속성의 타입이 잘못됐다는 내용이다(예제 코드에서 숫자를 입력한 버튼이 있다).

```
Warning: Failed propType: Invalid prop `title` of type `number` supplied to `Button`,
expected `string`. Check the render method of `Content`.
경고: 잘못된 propType: 'Button'의 속성 'title'에 'number' 타입의 값이 잘못 전달되었으며, 이 속성은 'string'이어야
합니다. 'Content'의 render 메서드를 확인하세요.
```

▼ 그림 8-2 잘못된 속성 타입으로 인한 경고 메시지

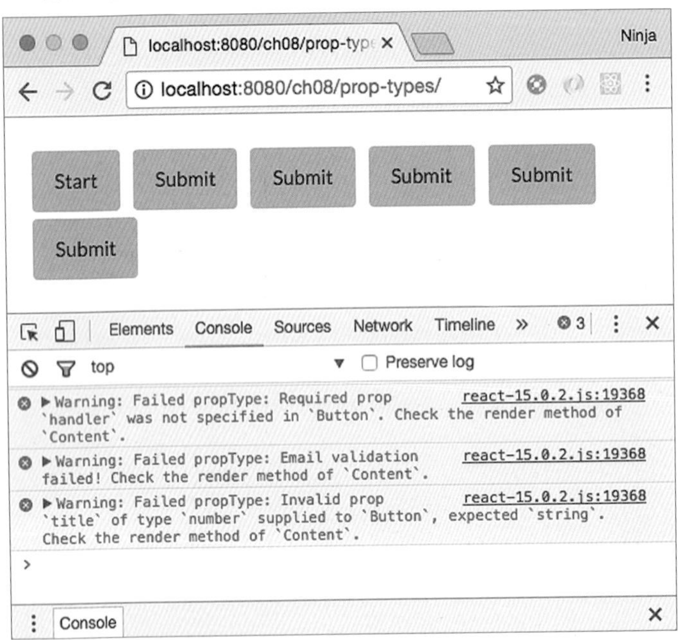

흥미로운 점은 handler 속성을 누락한 버튼은 여러 개지만, 경고 메시지는 한 번만 노출된다는 점이다. Content의 render()를 한 번 실행할 때, 각 속성에 대한 경고는 한 번씩만 노출된다.

React에는 확인해야 할 부모 컴포넌트를 알려주는 멋진 기능이 있다. 이 예제의 경우 Content 컴포넌트를 확인해야 함을 알 수 있다. 컴포넌트를 수백 개 다루는 경우를 가정해보면 매우 유용한 기능이다.

개발자 도구의 메시지를 펼쳐보면 경고 메시지를 노출하게 만든 Button 엘리먼트 코드의 줄 번호를 확인할 수 있어 편리하다. 그림 8-3을 보면 먼저 경고 메시지를 펼친 후에 content.js 파일을 선택했다. 메시지에 의하면 아홉 번째 줄에 문제가 있다.

▼ 그림 8-3 경고를 확장하여 문제가 된 코드의 줄 번호를 확인한다.

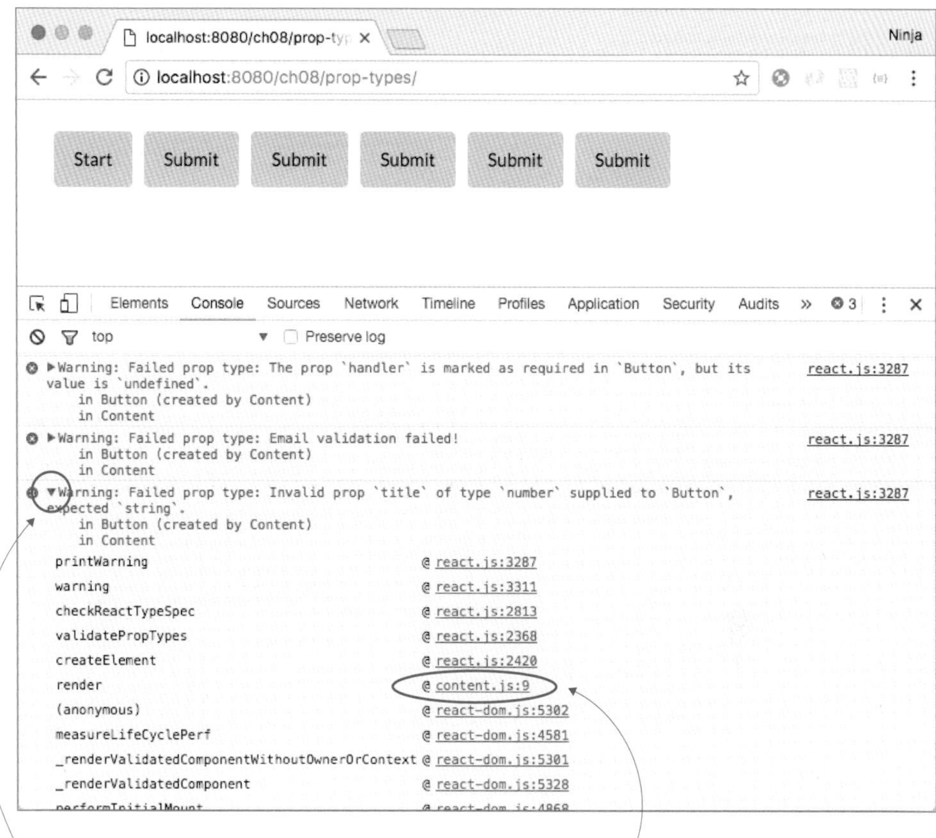

콘솔에서 `content.js:9`를 클릭하면 그림 8-4처럼 Source 탭에서 해당 줄을 확인할 수 있다. 어느 곳이 문제인지 확실하게 알 수 있다.

```
React.createElement(Button, { title: number }),
```

세 번째 버튼에 문제가 있다는 점을 확인하기 위해 소스맵(source maps)까지 필요하지는 않을 것이다(소스맵 설정과 사용법은 2부에서 살펴본다).

> **Note ≡** 다시 말하지만 난독화 또는 압축을 거치지 않은 개발 모드의 React의 경우에만 경고 메시지를 확인할 수 있다.

▼ 그림 8-4 컴파일된 소스 코드를 검사하는 것만으로 문제를 확인하는 데 충분한 경우도 있다.

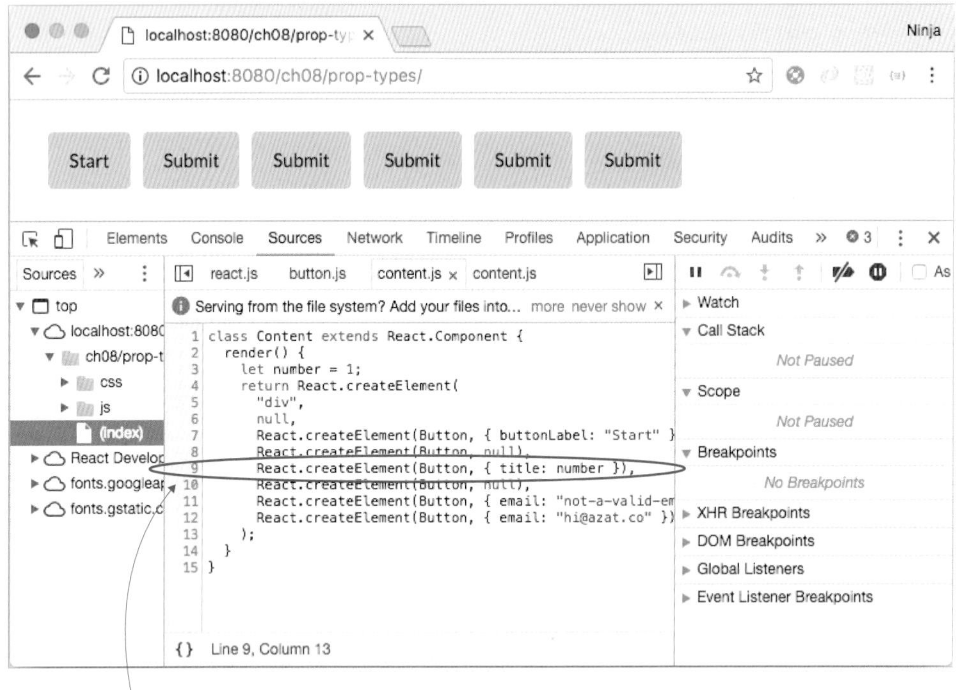

경고 메시지에서 content.js의 아홉 번째 줄에
문제가 있다는 것을 알 수 있다.

속성 타입과 유효성 검사를 더 다뤄보자. 간단하지만 훌륭한 기능이다. 다음 예제 코드도 앞서 살펴본 Button 컴포넌트를 사용한다.

```
<Button title={number}/>
```

문제를 찾을 수 있겠는가? 콘솔에 경고 메시지가 몇 개나 나올지 생각해보자(힌트: handler 속성과 title 속성을 기억해보자).

큰 프로젝트나 오픈 소스 컴포넌트에서는 propTypes(속성 타입과 유효성 검사)를 알고 사용하는 것이 중요하다. 물론 속성 타입은 엄격하게 적용되거나 오류 예외 같은 기능은 없지만, 다른 사람이 만든 컴포넌트를 사용할 때 전달하는 속성의 타입을 올바르게 적용했는지 확인할 수 있다. 이는 다른 소프트웨어 엔지니어가 여러분이 만든 컴포넌트를 사용할 때도 적용된다. 그들도 정확한 속성 타입을 제공해주는 것에 고마워할 것이다. 결과적으로 모두가 더 나은 개발자 경험을 얻을 수 있을 것이다!

Note **소스맵**

그림 8-2와 같은 경고 메시지가 노출된 이유는 `Content`를 잘못 작성했기 때문이다(`defaultProps`와 `propTypes`의 동작을 확인하기 위한 목적으로 일부러 그렇게 작성했다). 경고 메시지를 통해 문제가 된 컴포넌트를 확인할 수 있고, 컴포넌트의 어떤 부분에서 문제가 발생하는지도 알 수 있다.

그렇지만 컴파일 전의 원본 소스 코드의 줄 번호와 일치하지 않을 것이다. 이는 경고 메시지의 줄 번호가 JSX가 아닌 컴파일된 자바스크립트를 참조하기 때문이다. 올바른 줄 번호를 확인하려면 `source-map-support`(https://github.com/evanw/node-source-map-support) 같은 소스맵 플러그인이나 Webpack을 사용해야 한다. Webpack에 대해서는 12장에서 다룬다.

Webpack을 사용하지 않고 Babel만 사용하는 경우에는 명령이나 package.json의 빌드 스크립트에 `--sourceMaps=true`를 추가하면 소스맵을 생성할 수 있다. Babel 옵션에 대해서는 https://babeljs.io/docs/usage/options/#options를 참고하기 바란다.

덧붙여 추가적인 타입과 헬퍼 메서드들도 있다. 전체 내용을 확인하려면 공식 문서(http://mng.bz/4Lep)를 확인하기 바란다.

8.3 자식 엘리먼트 렌더링

가상의 React 프로젝트를 다시 진행해보자. `Datepicker` 컴포넌트는 훌륭하게 개선되어 누락되거나 잘못된 속성이 있으면 경고를 보여주는 수준이 되었으므로, 이번에는 자식 컴포넌트를 얼마든지 추가할 수 있는 범용 컴포넌트를 생성하는 경우를 살펴보자. 다음은 블로그 글에 사용하는 `Content` 컴포넌트로 제목과 단락을 포함할 수 있다.

```
<Content>
  <h1>React.js</h1>
  <p>Rocks</p>
</Content>
```

다른 블로그 글에는 이미지가 있을 수도 있다. 인스타그램이나 트위터를 생각해보자.

```
<Content>
  <img src="images/azat.jpg" width="100"/>
</Content>
```

제시한 두 가지 글은 모두 Content를 사용하지만 서로 다른 자식을 전달한다. 자식으로 전달하면 무엇이든 렌더링할 수 있는 훌륭한 기능이 있다면 어떨까? children 속성을 살펴보자.

children 속성은 모든 자식을 {this.props.children}으로 렌더링할 수 있는 간편한 방법이다. 단순한 렌더링 외에 다른 작업도 할 수 있다. 예를 들어 <div>를 추가해서 자식 엘리먼트와 함께 렌더링할 수 있다.

```
class Content extends React.Component {
  render() {
    return (
      <div className="content">
        {this.props.children}
      </div>
    )
  }
}
```

부모 컴포넌트인 Content는 <h1>과 <p>를 자식으로 갖는다.

```
ReactDOM.render(
  <div>
    <Content>
      <h1>React</h1>
      <p>Rocks</p>
    </Content>
  </div>,
  document.getElementById('content')
)
```

렌더링 결과를 보면 그림 8-5처럼 <h1>과 <p>를 CSS 클래스명이 content인 <div> 컨테이너가 감싸고 있다. React에서 CSS 클래스 속성을 작성할 때는 className을 사용한다는 점을 잊지 않길 바란다.

확실히 Content 같은 컴포넌트에 얼마든지 다른 기능도 추가할 수 있다. 예를 들어 스타일과 레이아웃을 위해서 CSS 클래스를 추가하거나 속성에 접근하고 이벤트와 상태의 상호작용을 구현할 수도 있다. this.props.children을 사용하면 유연하고 강력하며 범용적인 컴포넌트를 생성하여 얼마든지 자식을 추가할 수 있다.

▼ 그림 8-5 this.props.children을 사용한 Content 컴포넌트를 렌더링하여 제목과 문단을 확인할 수 있다.

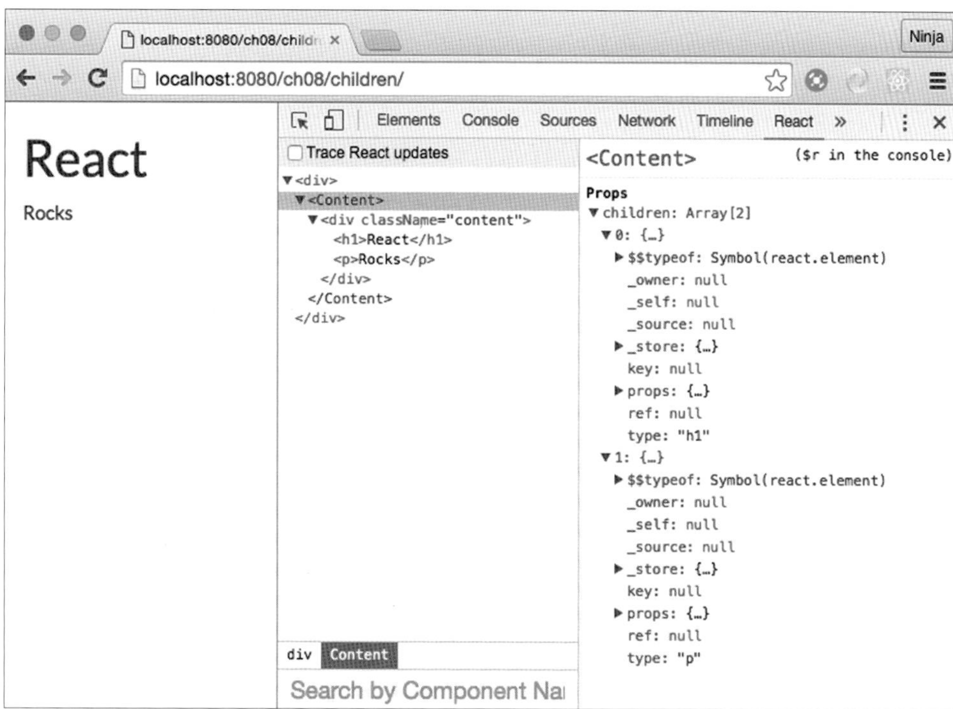

앞의 예제에서는 텍스트나 이미지를 다뤘는데, 링크나 버튼도 추가해야 하는 경우를 생각해보자. Content 컴포넌트는 여전히 CSS 클래스(className 속성) content가 적용되어 자식을 감싸는 <div>이지만, 전과는 다른 자식을 추가할 것이다. Content의 이점은 자식에 대해 불가지론적[2]이어서, 어떤 자식이든 가리지 않는다는 점이다. 새로운 종류의 자식을 추가하기 위해 Content 클래스를 변경할 필요가 없다.

클래스를 초기화할 때 Content에 자식을 추가하자(ch08/children/jsx/script.jsx).

예제 코드 8.3 Content를 이용해서 엘리먼트 렌더링하기

```
ReactDOM.render(
  <div>
    <Content>
      <h1>React</h1>
      <p>Rocks</p>
    </Content>
```

2 IT 분야에서 불가지론적(agnostic)이란 일반화되어 여러 시스템에서 사용할 수 있는 것을 의미한다. http://whatis.techtarget.com/definition/agnostic을 참고하기 바란다.

```
      <Content>
        <img src="images/azat.jpg" width="100"/>
      </Content>
      <Content>
        <a href="http://react.rocks">http://react.rocks</a>
      </Content>
      <Content>
        <a className="btn btn-danger" href="http://react.rocks">http://react.rocks</a>
      </Content>
    </div>,
    document.getElementById('content')
  )
```

그림 8-6처럼 개발자 도구를 보면 CSS 클래스가 content인 <div> 네 개를 확인할 수 있다. 앞서 살펴본 제목, 단락과 이미지가 있는 <div>와 링크가 있는 <div>를 확인할 수 있다.

▼ 그림 8-6 한 가지 컴포넌트 클래스를 이용해서 내용이 서로 다른 네 가지 엘리먼트를 렌더링한 결과

children 속성의 흥미로운 점은 그림 8-5의 경우처럼 자식 엘리먼트가 하나 이상 있는 경우에 배열이 된다는 것이다. 다음과 같이 개별 엘리먼트에 접근할 수 있다.

```
{this.props.children[0]}
{this.props.children[1]}
```

이와 같은 방법으로 자식에 접근할 때는 주의가 필요하다. 자식 엘리먼트가 하나뿐이면 this.props.children은 배열이 아니다. 문자열인 자식 엘리먼트가 하나만 있을 때 this.props.children.length를 사용하면 문자열의 수를 반환하므로 버그로 이어질 수도 있다. 대신에 React.Children.count(this.props.children)을 사용하면 자식 엘리먼트의 수를 정확하게 확인할 수 있다.

React.Children.count처럼 자식을 다룰 때 사용할 수 있는 다른 헬퍼 메서드도 있다. 내가 보기에 가장 흥미로운 기능은 다음과 같다.

- React.Children.map()
- React.Children.forEach()
- React.Children.toArray()

계속해서 변경되는 목록을 복제할 필요는 없을 것이다. 자세한 내용은 공식 문서 http://mng.bz/Oi2W에서 확인할 수 있다.

8.4 코드 재사용을 위한 React 고차 컴포넌트 생성하기

REACT

여러분이 큰 팀의 프로젝트에 속해서 다른 개발자들이 사용할 컴포넌트를 개발한다는 가정을 바탕으로 계속 진행해보자. 인터페이스의 일부를 개발하고 있다고 가정하자. 동료 세 명이 React 웹사이트를 불러올 수 있는 구현을 요구했는데, 각 개발자는 버튼, 이미지, 링크에 서로 다른 시각적 표현을 적용하려고 한다. 아마도 메서드를 만든 후 이벤트 핸들러에서 호출할 수 있게 하면 되겠지만, 더 우아한 해결책이 있다. 바로 **고차 컴포넌트**(higher-order component, HOC)다.

그림 8-7처럼 고차 컴포넌트를 이용하면 컴포넌트에 추가적인 로직을 적용해서 컴포넌트를 향상시킬 수 있다. 고차 컴포넌트를 통해 다른 컴포넌트가 기능을 상속받는 패턴이라고 생각할 수 있다. 다시 말해 **고차 컴포넌트를 통해 코드 재사용이 가능하다**. 이를 통해 여러분은 팀 동료들과 React 컴포넌트를 위한 기능을 공유할 수 있다. 또한, 중복 배제 원칙(DRY, http://mng.bz/1K5k)도 지킬 수 있다.

▼ 그림 8-7 고차 컴포넌트 패턴의 단순한 도식으로, 향상된 컴포넌트는 A의 프로퍼티뿐만 아니라 B의 프로퍼티도 갖는다.

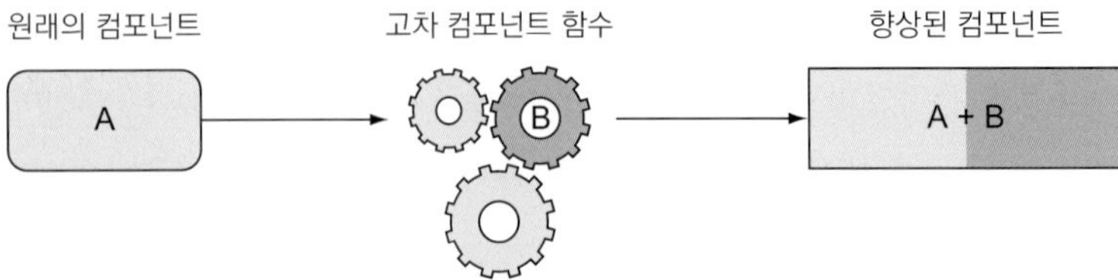

즉, 고차 컴포넌트는 원래의 컴포넌트를 렌더링하면서 추가적인 기능을 포함시키도록 하는 React 컴포넌트 클래스다. 고차 컴포넌트는 함수일 뿐이므로 정의하는 방법이 간단하다. 화살표 함수를 이용해서 다음과 같이 선언할 수 있다.

```
const LoadWebsite = (Component) => {
  ...
}
```

`LoadWebsite`는 임의의 이름이다. 고차 컴포넌트의 이름은 다른 컴포넌트에 적용할 때 사용할 수만 있다면 원하는 대로 지어도 좋다. 함수의 인자는 향상되기 전의 원래 컴포넌트로, 인자 이름도 자유롭게 정할 수 있다.

설명을 위해 동료 셋을 위한 프로젝트를 설정해보자. 프로젝트 구조는 다음과 같다. elements.jsx에 상태비저장 컴포넌트가 세 개, 즉 `Button`, `Link`, `Logo`가 있고, load-website.jsx에 고차 컴포넌트 함수가 있다.

```
/hi-order
  /css
    bootstrap.css
    style.css
  /js
    content.js
    elements.js
    load-website.js
    react.js
    react-dom.js
    script.js
  /jsx
    content.jsx
    elements.jsx
    load-website.jsx
    script.jsx
  index.html
  logo.png
```

동료들이 필요로 하는 것은 라벨과 클릭 이벤트 핸들러다. 라벨을 설정하고 handleClick() 메서드를 정의하자. 마운팅 이벤트는 컴포넌트 라이프사이클을 확인하기 위한 용도다(ch08/hi-order/jsx/load-website.jsx).

예제 코드 8.4 고차 컴포넌트 구현하기

```
const LoadWebsite = (Component) => {
  class _LoadWebsite extends React.Component {
    constructor(props) {
      super(props)
      this.state = {label: 'Run'}
      this.state.handleClick = this.handleClick.bind(this) --------- handleClick() 메서드에서 "this"가 항상 컴포넌트의 인스턴스가 되도록 한다.
    }
    getUrl() { --------- 인스턴스를 "this"로 접근할 필요가 없으므로 문자열 상수를 사용할 수도 있지만, 이러한 방식은 컴포넌트를 좀 더 잘 설명한다.
      return 'http://reactquickly.co/'
    }
    handleClick(event) {
      var iframe = document.getElementById('frame').src =
        this.getUrl() --------- ReactQuickly 웹사이트를 iframe으로 불러온다.
    }
    componentDidMount() {
      console.log(ReactDOM.findDOMNode(this))
    }
    render() {
      console.log(this.state)
      return <Component {...this.state} {...this.props} /> --------- 상태와 속성을 펼침 연산자를 이용해서 속성으로 전달한다.
    }
  }
  _LoadWebsite.displayName = 'EnhancedComponent' --------- 고차 컴포넌트의 표시 이름을 지정한다.
  return _LoadWebsite
}
```

크게 복잡한 것은 없다. 앞에서 설명하지 않았던 두 가지 새로운 기능인 displayName과 펼침 연산자 ...를 사용했다. 각각에 대해서 빠르게 살펴보자.

8.4.1 displayName을 이용한 자식 컴포넌트와 부모 컴포넌트의 구분

기본적으로 JSX는 인스턴스(엘리먼트)의 이름으로 컴포넌트 클래스 이름을 사용한다. 따라서 예제에서 고차 컴포넌트로 생성한 엘리먼트의 이름은 `_LoadWebsite`가 된다.

> **Note ≡ 자바스크립트에서 밑줄 문자 사용**
>
> 자바스크립트에서 밑줄 문자(_)는 이름에 사용할 수 있는 문자로 Lodash, Underscore 같은 라이브러리도 밑줄 문자를 사용한다. 덧붙여서 일반적으로 변수나 메서드 이름을 밑줄 문자로 시작하는 경우 공개 인터페이스로 사용할 수 없는 비공개 속성, 변수, 메서드를 의미한다(예를 들어 다른 모듈, 클래스, 객체, 함수 등에서 사용할 수 없다는 의미다). 비공개 API는 더 자주 변경되고 문서화되지 않은 동작을 수행할 수 있으므로 사용을 권장하지 않는다.
>
> 이름 앞에 밑줄 문자를 사용하는 것은 규칙일 뿐, 엔진이나 플랫폼에 의해 강제되는 것은 아니다. 자바스크립트 소프트웨어 엔지니어들이 사용하고 인식하는 흔한 패턴일 뿐이다. 달리 말하면, 밑줄 문자를 이름 앞에 붙인다고 해서 자동으로 비공개가 되는 것은 아니다. 변수 또는 메서드를 비공개로 만들고 싶다면 클로저를 사용해야 한다. http://developer.mozilla.org/en/docs/Web/JavaScript/Closures와 http://javascript.crockford.com/private.html을 참고하기 바란다.

컴포넌트의 이름을 변경하려는 경우, `displayName` 정적 속성을 사용할 수 있다. 알고 있겠지만 ES6의 정적 클래스 속성은 클래스 정의 밖에서 정의해야 한다(이 책을 쓰는 시점에서는 정적 속성에 대한 표준이 확정되지 않았다[3]).

정리하면 그림 8-8처럼 React 엘리먼트의 이름을 컴포넌트 클래스 이름과 다르게 해야 할 때 `displayName`을 설정할 수 있다. load-website.jsx에 작성한 고차 컴포넌트를 보면 `displayName`이 유용한 것을 알 수 있는데, 함수 이름 대신 적절한 이름을 사용할 수 있기 때문이다.

3 역주 https://github.com/tc39/proposal-class-fields

❯ 그림 8-8 displayName 정적 속성을 사용해서 컴포넌트의 이름을 _LoadWebsite에서 EnhancedComponent로 변경했다.

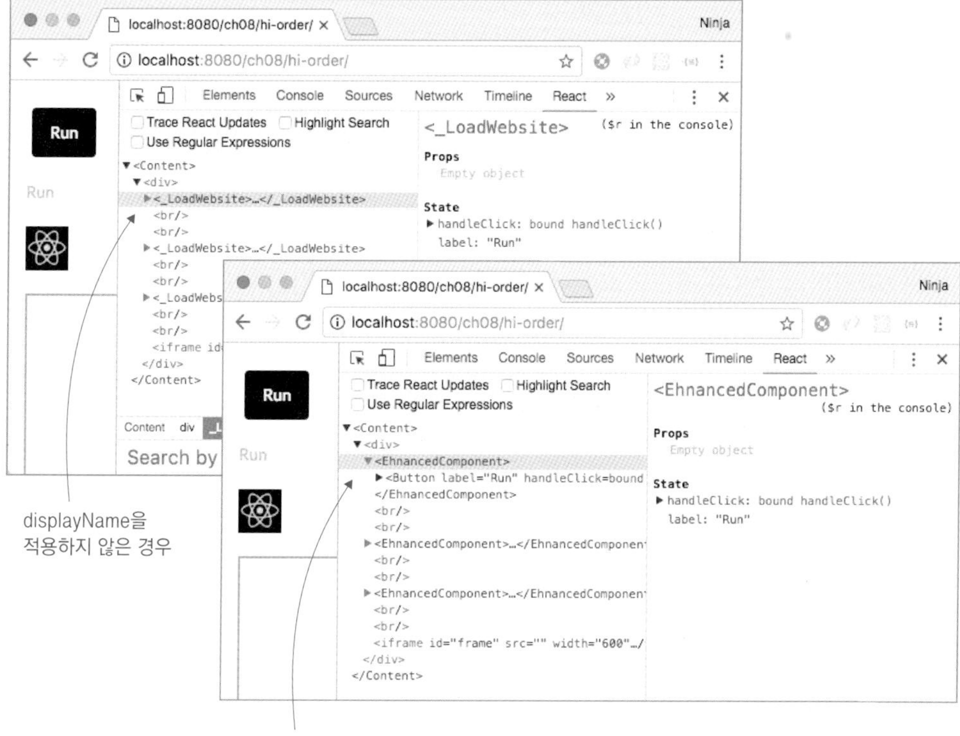

8.4.2 펼침 연산자를 사용해서 모든 속성 전달하기

다음으로 펼침 연산자(...)를 살펴보자. 펼침 연산자는 ES6+/ES2015+에서 배열을 위한 기능(http://mng.bz/8fjN)이며, 이 책을 쓰는 시점에서는 객체에 사용할 수 있도록 제안되어 있다(https://github.com/sebmarkbage/ecmascript-rest-spread). 따라서 React 팀이 JSX에 펼침 연산자를 사용하도록 한 것은 당연한 일이라고 볼 수 있다.

사용법은 복잡하지 않다. 펼침 연산자를 이용하면 객체(`obj`)의 모든 속성을 엘리먼트의 속성으로 전달할 수 있다.

```
<Component {...obj}/>
```

load-website.jsx에서 원래 컴포넌트를 렌더링할 때 고차 컴포넌트에 있는 상태와 속성을 전달하기 위해 펼침 연산자를 사용했다. 펼침 연산자가 필요했던 이유는 함수에서 인자로 사용할 속성을 미리 알 수 없었기 때문이다. 따라서 펼침 연산자는 객체 또는 변수의 모든 데이터를 전달하는 포괄문이다.

React와 JSX에서 펼침 연산자를 여러 개 사용할 수 있고, `key=value`로 속성을 선언하는 기존 방법도 함께 사용할 수 있다. 예를 들어 현재 클래스의 모든 상태와 속성, `className`을 새로운 컴포넌트에 전달하는 경우 다음과 같이 작성할 수 있다.

```
<Component {...this.state} {...this.props} className="main" />
```

자식이 있는 경우도 고려해보자. 다음 예제 코드에서는 `this.props`에 펼침 연산자를 사용해서 `DoneLink`의 모든 속성을 앵커 엘리먼트 `<a>`로 전달한다.

```
class DoneLink extends React.Component {
  render() {
    return <a {...this.props}> --------- DoneLink에 전달한 모든 속성을 복사해서 <a>로 전달한다.
      <span class="glyphicons glyphicons-check"></span> --------- 확인 아이콘을 렌더링하기 위해서 Glyphicons(http://glyphicons.com)를 사용한다.
      {this.props.children}
      </a>
  }
}

ReactDOM.render(
  <DoneLink href="/checked.html"> --------- href에 값을 전달한다.
    Click here!
  </DoneLink>,
  document.getElementById('done-link')
)
```

고차 컴포넌트에서 모든 속성과 상태를 원래의 컴포넌트를 렌더링할 때 전달한다. 이렇게 하면 `LoadWebsite/EnhancedComponent`를 초기화하는 부모 컴포넌트 `Content`에서 고차 컴포넌트로 전달하는 속성을 추가하거나 기존의 데이터를 더 이상 전달하지 않을 때도 고차 컴포넌트에서 원래의 컴포넌트로 전달하는 속성을 일일이 추가하거나 삭제할 필요가 없다.

8.4.3 고차 컴포넌트 사용하기

JSX와 React에서 `displayName`과 펼침 연산자를 사용하는 방법을 더 자세히 살펴봤다. 이제 고차 컴포넌트의 사용법을 살펴볼 차례다.

LoadWebsite를 사용하는 Content와 content.jsx로 돌아가자. content.jsx에 앞서 정의한 고차 컴포넌트를 이용해서 새로운 컴포넌트를 생성한다.

```
const EnhancedButton = LoadWebsite(Button)
const EnhancedLink = LoadWebsite(Link)
const EnhancedLogo = LoadWebsite(Logo)
```

이제 고차 컴포넌트를 이용한 코드 재사용을 알아보기 위해 세 컴포넌트, 즉 Button, Link, Logo를 구현할 것이다. LoadWebsite의 this.props.handleClick과 this.props.label을 상속받는 버튼 컴포넌트를 생성한다.

```
class Button extends React.Component {
  render() {
    return <button
      className="btn btn-primary"
      onClick={this.props.handleClick}>
      {this.props.label}
    </button>
  }
}
```

Link 컴포넌트도 고차 컴포넌트를 이용해서 생성하므로 handleClick과 label 속성을 사용할 수 있다.

```
class Link extends React.Component {
  render() {
    return <a onClick={this.props.handleClick} href="#"> {this.props.label}</a>
  }
}
```

끝으로 Logo 컴포넌트도 같은 속성을 사용한다. content.jsx에서 Logo를 생성했을 때 해당 속성을 사용할 수 있는 이유는 고차 컴포넌트에서 펼침 연산자를 사용했기 때문이다.

```
class Logo extends React.Component {
  render() {
  return <img onClick={this.props.handleClick} width="40" src="logo.png" href="#"/>
  }
}
```

세 가지 컴포넌트의 렌더링은 모두 다르지만, LoadWebsite에서 this.props.handleClick과 this.props.label을 받았다. 다음 예제 코드에서는 부모 컴포넌트 Content가 세 가지 엘리먼트를 렌더링한다(ch08/hi-order/jsx/content.jsx).

예제 코드 8.5 고차 컴포넌트를 이용한 이벤트 핸들러 공유하기

```
const EnhancedButton = LoadWebsite(Button)
const EnhancedLink = LoadWebsite(Link)
const EnhancedLogo = LoadWebsite(Logo)
class Content extends React.Component {
  render() {
    return (
      <div>
        <EnhancedButton />
        <br />
        <br />
        <EnhancedLink />
        <br />
        <br />
        <EnhancedLogo />
        <br />
        <br />
        <iframe id="frame" src="" width="600" height="500"/>
      </div>
    )
  }
}
```

클릭 메서드에서 React 사이트를 불러올 수 있는 iframe을 정의한다.

마지막으로 script.jsx에서 Content를 렌더링하자.

```
ReactDOM.render(
  <Content />,
  document.getElementById('content')
)
```

페이지를 열어 보면 세 가지 엘리먼트, 즉 Button, Link, Logo를 확인할 수 있다. 엘리먼트의 기능은 같다. 그림 8-9처럼 클릭하면 IFrame에 페이지를 불러온다.

지금까지 살펴본 바와 같이 고차 컴포넌트는 훌륭한 코드 추상화 방법이다. 고차 컴포넌트 패턴을 이용하면 재사용 가능한 React 컴포넌트를 작은 모듈로 만들 수 있다. 고차 컴포넌트와 속성 타입은 사용이 편리하고 개발자 친화적인 컴포넌트를 만들 수 있는 훌륭한 도구다.

▼ 그림 8-9 고차 컴포넌트가 제공한 기능 덕분에 세 가지 컴포넌트가 모두 React 웹사이트를 불러온다.

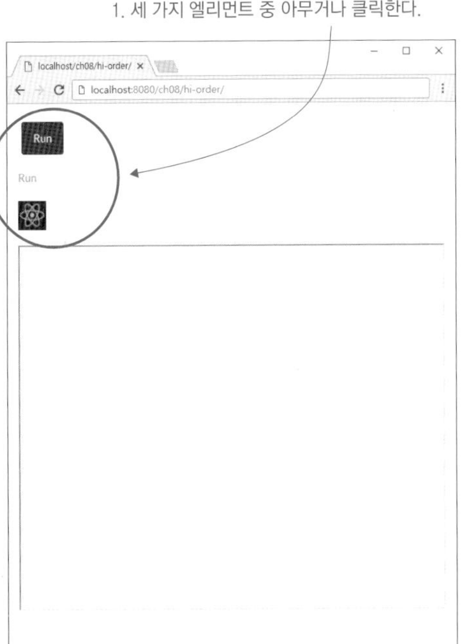

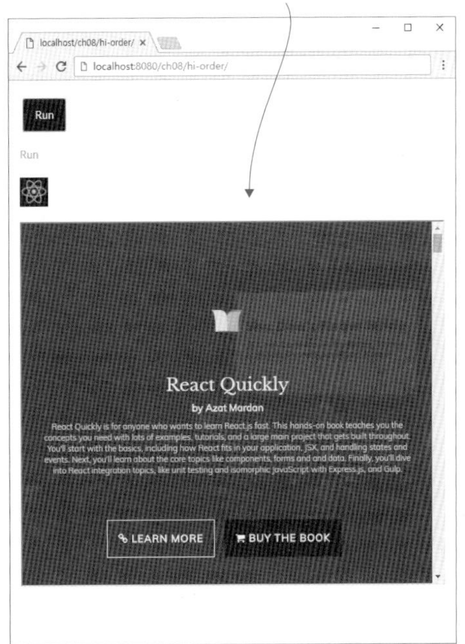

8.5 모범 사례: 프레젠테이션 컴포넌트와 컨테이너 컴포넌트

REACT

코드와 팀 규모 측면에서 React 코드의 확장성을 고려하면 컴포넌트를 **프레젠테이션** 컴포넌트와 **컨테이너** 컴포넌트로 구분할 수 있다. 이전 장에서 두 컴포넌트 방식에 대해 살펴보았지만, 고차 컴포넌트를 이용해 자식을 전달하는 방법을 살펴봤으므로 컨테이너 컴포넌트에 대해서 더욱 잘 이해할 수 있을 것이다.

일반적으로 코드를 두 가지 방식의 컴포넌트로 분리하면 코드가 좀 더 단순해지고 유지보수도 쉬워진다. 프레젠테이션 컴포넌트는 보통 DOM과 스타일에 구조만 추가한다. 프레젠테이션 컴포넌트는 속성은 사용하지만 상태를 갖는 경우는 없다. 대부분의 경우 상태비저장 프레젠테이션 컴포넌트를 함수로 작성할 수 있다. 예를 들어 아래 Logo 컴포넌트는 프레젠테이션 컴포넌트를 클래스로 만든 예다.

```
class Logo extends React.Component {
  render() {
    return <img onClick={this.props.handleClick} width="40" src="logo.png" href="#"/>
  }
}
```

또는 다음과 같이 함수형으로 만들 수도 있다.

```
const Logo = (props)=>{
  return <img onClick={props.handleClick} width="40" src="logo.png" href="#"/>
}
```

프레젠테이션 컴포넌트는 자식 컴포넌트를 감싸서 스타일을 입히기 위해 종종 this.props.children을 사용한다. 앞서 살펴본 Button, Content, Layout, Post와 같은 컴포넌트들을 예시로 볼 수 있다. 그렇지만 데이터나 상태를 다루는 경우는 거의 없다. 그것은 컨테이너 컴포넌트의 역할이기 때문이다.

컨테이너 컴포넌트를 만들 때, 고차 컴포넌트로 컨테이너 컴포넌트에 데이터 소스를 주입하기도 한다. 컨테이너 컴포넌트는 상태를 갖는다. 예를 들어 SaveButton, ImagePostContent 같은 컴포넌트를 생각해보자. 프레젠테이션 컴포넌트와 컨테이너 컴포넌트는 모두 다른 프레젠테이션 컴포넌트 또는 컨테이너 컴포넌트를 가질 수 있다. 그렇지만 처음에는 다른 컴포넌트로 프레젠테이션 컴포넌트만 포함하는 프레젠테이션 컴포넌트로 시작한다. 컨테이너 컴포넌트는 다른 컨테이너 컴포넌트나 프레젠테이션 컴포넌트를 가질 수 있다.

문제 해결에 도움이 되는 형태의 컴포넌트로 시작하는 것이 최선이다. 여러 겹의 컴포넌트 계층에서 반복적인 패턴이나 속성을 계속해서 사용하는 것을 발견한다면 컨테이너 컴포넌트를 적용할 수 있다.

Note ≡ **둔한** 컴포넌트, **영리한** 컴포넌트 같은 용어를 들어본 적이 있을 수도 있다. 이 용어는 프레젠테이션 컴포넌트, 컨테이너 컴포넌트와 같은 의미이며, 최근에는 후자가 React 용어로 더 자주 사용된다.

8.6 퀴즈

REACT

1. React는 서버 측에서 입력 값 검사를 하지 않아도 될 만큼 훌륭한 유효성 검사를 제공한다. (○/×)
2. 컴포넌트의 기본 속성은 `defaultProps`로 설정할 수 있고, 또한 생성자에서 `this.prop.NAME = VALUE`로 설정할 수도 있다. (○/×)
3. `children` 속성은 배열 또는 노드다. (○/×)
4. 고차 컴포넌트 패턴은 함수를 사용해서 구현한다. (○/×)
5. React 라이브러리의 난독화를 거친 개발 버전과 난독화를 거치지 않은 프로덕션 버전의 차이는 난독화를 거치지 않은 버전은 경고 메시지를 노출하고 난독화를 거친 버전은 최적화를 거친 코드라는 점이다. (○/×)

8.7 요약

REACT

- 컴포넌트의 `defaultProps` 속성을 이용해서 모든 컴포넌트 속성의 기본값을 정의할 수 있다.
- 난독화를 거치지 않은 개발 버전의 React 라이브러리를 사용할 때는 컴포넌트 속성 값의 유효성 검사를 강제할 수 있다.
- 속성의 타입을 지정하고, `isRequired`를 추가하여 필수 속성으로 정할 수 있다. 필요하다면 속성 유효성 검사를 직접 정의할 수도 있다.
- 속성 값이 유효성 검사를 통과하지 못하면 브라우저의 콘솔에 경고 메시지를 출력한다.
- 난독화를 거친 프로덕션 버전의 React 라이브러리는 유효성 검사를 포함하지 않는다.
- React에서 고차 컴포넌트를 생성하여 공통 속성, 메서드, 이벤트를 캡슐화할 수 있다.
- 고차 컴포넌트는 다른 컴포넌트를 인자로 받는 함수로 정의된다. 여기서 인자로 전달된 컴포넌트는 고차 컴포넌트로부터 상속받는다.
- JSX에 중첩된 HTML 또는 React 컴포넌트는 부모 컴포넌트의 `children` 속성을 통해 접근할 수 있다.

8.8 퀴즈 정답

1. × / 프론트엔드 유효성 검사는 백엔드 유효성 검사를 대체할 수 없다. 프론트엔드 코드는 리버스 엔지니어링을 통해 서버와 통신하는 방법이 쉽게 노출되므로 프론트엔드 유효성 검사를 피해 갈 수 있다.
2. × / React에서 `defaultProps`는 엘리먼트를 생성할 때 선언하는 정적 클래스 속성인 반면, `this.props`는 인스턴스의 속성이다.
3. ○ / 자식이 하나뿐이라면 `this.props.children`은 단일 노드다.
4. ○ / 고차 컴포넌트 패턴은 컴포넌트를 인자로 받아 향상된 기능을 가진 다른 컴포넌트를 반환하는 함수로 구현된다. 새로운 클래스를 렌더링하면서 원래의 컴포넌트에 속성과 상태를 전달한다.
5. ○ / 난독화를 거친 버전은 경고 메시지를 출력하지 않는다.

9장

프로젝트: Menu 컴포넌트

9장의 주요 내용을 동영상으로 볼 수 있습니다.
QR 코드를 스캔하거나 http://reactquickly.co/videos/ch09 으로 접속하세요.

이 장에서 살펴볼 주제

- 프로젝트 구조의 이해와 개발 환경 준비
- JSX를 사용하지 않고 만드는 Menu 컴포넌트
- JSX로 만드는 Menu 컴포넌트

9~11장에서는 1~8장에 걸쳐 학습한 개념을 바탕으로 프로젝트를 몇 가지 진행한다. 프로젝트를 통해 React의 가장 중요한 기술과 개념을 복습할 수 있을 것이다. 첫 번째 프로젝트는 간단하지만, 지나치지 말고 살펴보자.

회사 앱에서 전반적으로 사용할 통일된 UI 프레임워크를 개발한다고 가정해보자. 다양한 앱에서 동일한 모양과 느낌을 유지하는 것은 중요한 작업이다. 트위터의 Twitter Bootstrap이나 구글이 Material UI를 적용한 애드워즈, 애널리틱스, 검색, 구글 드라이브, 구글 독스 등의 여러 서비스를 사례로 들 수 있다.[1]

▼ 그림 9-1 앞으로 개발할 메뉴

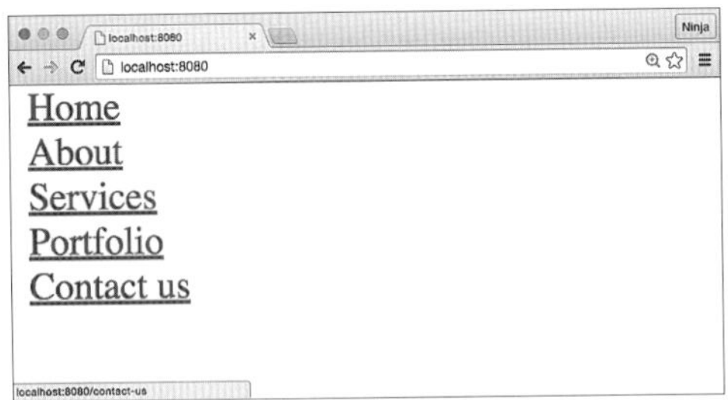

첫 번째 작업은 그림 9-1과 같은 메뉴를 구현하는 것이다. 다양한 애플리케이션의 여러 페이지에서 상단 레이아웃으로 사용하는 메뉴다. 메뉴 항목을 사용자 역할과 현재 보고 있는 뷰에 따라 변경해야 한다. 예를 들어 운영자와 관리자는 메뉴 항목에서 사용자 관리 메뉴를 확인할 수 있어야 한다. 또한, 같은 레이아웃을 고객과 관련된 앱에도 적용하기 위해 고유의 항목을 설정할 수 있어야 한다. 어떤 개념인지 이해했을 것이다. 메뉴를 동적으로 생성해야 하므로 메뉴 항목을 생성하는 React 코드를 구현해야 한다.

예제를 간단하게 살펴보기 위해 메뉴 항목은 단순하게 `<a>` 태그를 사용한다. 1장에서 만든 HelloWorld 컴포넌트나 다른 컴포넌트를 만들었던 방법과 비슷하게 `Menu`와 `Link`라는 두 가지 사용자 정의 React 컴포넌트를 생성한다. 이 프로젝트에서는 프로그래밍적으로 엘리먼트를 중첩하는 방법도 설명한다. 메뉴 항목을 일일이 하드코딩하는 것은 좋은 방법이 아니다. 항목을 변경해야 한다면 어떻게 할 것인가? 메뉴 항목을 동적으로 생성하기 위해 `map()` 메서드를 사용할 것이다.

---

1 Twitter Bootstrap: http://getbootstrap.com
Twitter Bootstrap React 컴포넌트: https://react-bootstrap.github.io
구글 Material Design: https://material.io
Material Design React 컴포넌트: www.material-ui.com

> **Note** ☰ 프로젝트를 진행할 때는 **난독화하지 않은** 버전의 React를 내려받아 사용하는 것이 좋다. 문제가 있을 때 경고 메시지를 통해 도움을 얻을 수 있기 때문이다. Node.js와 npm이 필수는 아니지만, 이 장의 뒷부분에서 JSX를 컴파일할 때 유용하므로 설치하는 것이 좋다. 부록 A에서 설치 방법을 확인할 수 있다.

> **Note** ☰ 이 장의 예제 코드는 https://github.com/gilbutITbook/006961 또는 https://github.com/azat-co/react-quickly/tree/master/ch09에서 확인할 수 있다(깃허브 저장소 https://github.com/azat-co/react-quickly의 ch09 폴더다).

9.1 프로젝트 구조와 개발 환경 준비하기

REACT

먼저 프로젝트 구조부터 살펴보자. 한 디렉터리에 모든 파일이 있는 단순한 구조다.

```
/menu
  index.html --------- 기본 HTML 파일
  react-dom.js
  react.js
  script.js --------- 기본 스크립트 파일
```

이 프로젝트 구조는 프로젝트를 마쳤을 때의 결과다. 우선은 빈 폴더를 만드는 것부터 시작한다. 새로운 폴더를 만들고, 프로젝트를 구현해보자.

```
$ mkdir menu
$ cd menu
```

React 버전 15의 react.js와 react-dom.js를 내려받아 폴더에 저장한다. 다음은 HTML 파일이다.

```
<!DOCTYPE html>
<html>
  <head>
    <script src="react.js"></script>
    <script src="react-dom.js"></script>
  </head>
```

이 프로젝트를 위한 HTML은 매우 단순하다. HTML 파일과 같은 디렉터리에 있는 react.js와 react-dom.js 파일을 포함한다. 물론 나중에는 js나 src 같은 다른 폴더에 자바스크립트 파일을 옮기게 될 것이다.

`<body>`의 요소는 두 가지다. 먼저 메뉴를 렌더링할 `<div>` 컨테이너가 있는데, ID가 `menu`다. 다음으로 `<script>` 태그를 사용해서 React 애플리케이션 코드를 불러온다.

```
  <body>
    <div id="menu"></div>
    <script src="script.js"></script>
  </body>
</html>
```

프로젝트 구조와 개발 환경 설정이 끝났다. 다음에 개발할 메뉴를 위한 기초작업이었다. 그럼 먼저 JSX를 사용하지 않고 메뉴를 만들어보자.

9.2 JSX를 사용하지 않고 만드는 Menu 컴포넌트

script.js가 기본 애플리케이션 파일이다. `ReactDOM.render()`를 호출하는 부분과 함께 두 가지 컴포넌트가 포함되어 있다(ch09/menu/script.js).

예제 코드 9.1 Menu 스크립트의 기본 골격

```
class Menu extends React.Component {...} --------- Menu 컴포넌트를 정의한다.

class Link extends React.Component {...} --------- Menu 컴포넌트에서 사용되는 Link 컴포넌트를 정의한다.

ReactDOM.render(
  React.createElement(
    Menu,
    null --------- Menu 컴포넌트에는 아무런 속성도 전달하지 않는다.
  ),
  document.getElementById('menu')
)
```

외부에서 컴포넌트에 메뉴 항목 목록을 제공하여 의존하도록 할 수도 있다. 다음과 같이 다른 곳에서 정의한 menuOptions 같은 속성을 통해 제공할 수 있다.

```
const menuOptions = [...]
//...
ReactDOM.render(
  React.createElement(
    Menu,
    {menus: menuOptions}
  ),
  document.getElementById('menu')
)
```

두 가지 방식 모두 유효한 방법이며, 목적에 따라 선택할 수 있다. Menu 컴포넌트를 단순히 구조와 스타일을 위해 사용하는 경우에는 첫 번째 예제 코드처럼 처리할 수 있고, 정보를 받아 처리하는 경우에는 두 번째 방법을 선택할 수 있다. 여기서는 두 번째 방법을 선택해서 Menu 컴포넌트가 자체적으로 정보를 처리할 수 있도록 한다.

9.2.1 Menu 컴포넌트

본격적으로 Menu 컴포넌트를 생성할 차례다. 코드를 살펴보자. 우선 컴포넌트를 생성하기 위해 React.Component를 상속받는다.

```
class Menu extends React.Component {...}
```

Menu 컴포넌트는 링크 태그를 개별 메뉴 항목으로 렌더링한다. 링크를 렌더링하기 전에 먼저 메뉴 항목을 정의해야 한다. 다음 예제 코드는 menus 배열에서 하드코딩되어 있다(더 복잡한 상황이라면 데이터 모델, 저장소 또는 서버에서 받아올 수 있다).

```
render() {
  let menus = [
    'Home', --------- 모의 데이터 저장
    'About',
    'Services',
    'Portfolio',
    'Contact us']
    //...
```

다음으로 메뉴에서 Link 엘리먼트 네 개를 반환해야 한다. render() 메서드는 하나의 엘리먼트만 반환할 수 있다는 점을 기억할 것이다. 따라서 링크 네 개를 <div>로 감싸야 한다. 다음 예제 코드는 별도의 속성이 없는 <div> 엘리먼트로 감싸는 부분이다.

```
return React.createElement('div',
  null,
  //... we will render links later
```

{}를 이용하면 변수나 표현식은 물론 배열도 출력할 수 있다. 목록을 출력해야 할 때 이 방법을 편리하게 사용할 수 있다. 기본적으로 배열의 모든 항목을 렌더링하려면 {}에 배열을 전달하면 된다. JSX와 React로 배열을 출력할 수 있기는 하지만, 객체는 출력할 수 없다. 따라서 객체는 배열로 변환해야 한다.

배열을 출력할 수 있다는 사실을 알게 되었으니, React 엘리먼트 배열을 생성해보자. map() 메서드는 배열을 반환하므로 사용하기에 적합한 메서드다. map()을 이용해서 표현식 React.createElement(Link, {label: v})의 결과로 각 엘리먼트를 생성하도록 구현하여 <div>로 감쌀 수 있다. 다음 표현식에서 v는 menus 배열의 항목(Home, About, Services, ...)이며, i는 인덱스 번호(0, 1, 2, 3, ...)다.

```
menus.map((v, i) => {
  return React.createElement(
    'div',
    { key: i },
    React.createElement(Link, { label: v })
  )
})
```

key 속성으로 인덱스 i를 지정했다. React는 목록의 각 <div> 엘리먼트에 더 빨리 접근하기 위해서 key 속성을 사용한다. key 속성을 지정하지 않으면 다음과 같은 경고 메시지가 출력된다(React 버전 0.13, 0.14, 15에서 확인할 수 있다.)

```
Warning: Each child in an array or iterator should have a unique "key" prop. Check the
render method of `Menu`. See https://fb.me/react-warning-keys for more information.
  in div (created by Menu)
  in Menu
경고: 배열이나 반복자의 각 자식에는 고유의 "key" 속성이 필요합니다. `Menu`의 render 메서드를 확인하세요. 더 자
세한 정보는 https://fb.me/react-warning-keys를 확인하기 바랍니다.
  div 내부 (Menu에서 생성)
  Menu 내부
```

오류와 경고 메시지를 훌륭하게 준비해준 React에 다시 한 번 감사를 전한다. 즉, 목록의 각 엘리먼트는 키 속성으로 고유의 값을 지정해야 한다. 전체 앱과 다른 컴포넌트를 통틀어 고유의 값일 필요까지는 없고, 해당 목록 내에서 고유의 값이면 충분하다. 흥미롭게도 React 버전 15부터는 더 이상 HTML에는 key 속성을 출력하지 않는다(바람직한 일이다. HTML을 오염시키지 말자!) 대신에 그림 9-2처럼 React 개발자 도구에서 key 속성을 확인할 수 있다.

▼ 그림 9-2 React 개발자 도구에서 목록 엘리먼트의 key 속성을 확인할 수 있다.

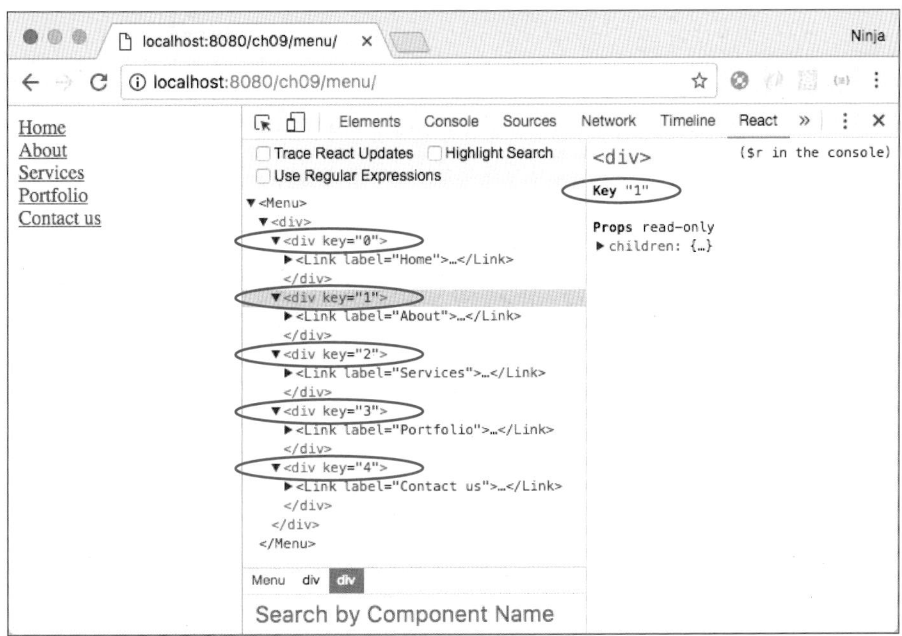

Note ≡ Array.map() 메서드

Array.map() 메서드는 React 컴포넌트에서 데이터 목록을 표현하기 위해 자주 사용된다. UI를 생성할 때 배열로 표현된 데이터를 이용하기 때문이다. UI도 배열이기는 하지만, React 엘리먼트라는 점에서 차이가 있다.

map()은 배열에서 호출되어, 인자로 전달한 함수를 이용해서 원본 배열 요소를 변환한 새로운 배열 요소를 반환한다. map()을 사용할 때는 반드시 함수를 인자로 전달해야 한다.

```
[1, 2, 3].map( value => <p>value</p>) // <p>1</p><p>2</p><p>3</p>
```

다음과 같이 map()에 전달한 함수의 인자로는 값(value) 외에도 두 가지 인자를 추가로 사용할 수 있다.

```
[1, 2, 3].map( (value, index, list) => {
  return <p id={index}>{list[index]}</p>
}) // <p id="0">1</p><p id="1">2</p><p id="2">3</p>
```

<div>에 있는 key 속성 부분은 중요하다. React는 key 속성을 해쉬로 변환하여 배열이나 목록에서 접근하는 것보다 빠르게 접근할 수 있으므로 목록 렌더링이 최적화된다. 기본적으로 menus 배열을 이용해서 Link 컴포넌트를 여러 개 생성하면, 각 링크는 label 속성으로 menus 배열의 값을 전달받는다.

다음은 Menu 컴포넌트의 전체 코드다(ch09/menu/script.js). 간단하다.

예제 코드 9.2 map() 메서드를 이용해서 링크를 렌더링하는 Menu 컴포넌트

```
class Menu extends React.Component {
  render() {
    let menus = ['Home',
      'About',
      'Services',
      'Portfolio',
      'Contact us']
  return React.createElement('div',
    null,
      menus.map((v, i) => {
        return React.createElement('div',
          {key: i},
          React.createElement(Link, {label: v})
        )
      })
    )
  }
}
```

이어서 Link 컴포넌트를 구현해보자.

9.2.2 Link 컴포넌트

앞에서 살펴본 예제에서 map()을 호출하면 menus 배열의 각 항목에 따라 Link 컴포넌트를 생성한다. Link 컴포넌트의 코드를 보고, 렌더링 시 어떤 일이 일어나는지 살펴보자.

Link 컴포넌트의 render() 메서드에는 URL을 생성하는 표현식이 있다. 생성한 URL을 <a> 태그의 href 속성으로 사용한다. Menu 컴포넌트가 Link를 생성할 때 this.props.label 값을 전달한다. Link는 Menu 컴포넌트의 render() 메서드에서 생성된다. map() 메서드의 인자로 전달된 클

로저/반복자 함수는 React.createElement(Link, {label: v})를 이용해 Link를 생성한다.

label 속성은 URL을 생성할 때 사용한다(URL은 반드시 소문자만 가능하고 공백을 허용하지 않는다).

```
class Link extends React.Component {
  render() {
    const url='/'
      + this.props.label
        .toLowerCase()
        .trim()
        .replace(' ', '-')
```

위에서 사용된 toLowerCase(), trim(), replace() 메서드는 표준 자바스크립트 문자열 메서드다. 각각 소문자 변환, 문자열 양끝의 공백 제거, 문자열 사이의 공백을 줄표로 치환하는 기능을 한다.

URL 표현식이 생성하는 각 메뉴의 URL은 다음과 같다.

- Home: /home
- About: /about
- Services: /services
- Portfolio: /portfolio
- Contact us: /contact-us

이제 Link의 UI, 즉 render() 메서드의 return 문을 구현할 차례다. Link 컴포넌트 render() 메서드의 return 문에서 createElement()에 세 번째 인자로 this.props.label을 전달하면 <a> 태그의 링크 텍스트가 된다. 이제 Link가 엘리먼트를 렌더링할 수 있게 되었다.

```
  //...
    return React.createElement(
      'a',
      {href: url},
      this.props.label
    )
  }
}
```

그렇지만 각 링크에 줄바꿈(<br>)을 적용할 수 있으면 더 좋을 것이다. 컴포넌트는 엘리먼트 **한 개**만 반환해야 하므로 앵커 요소(<a>)와 줄바꿈(<br>)을 div 컨테이너(<div>)로 감싸야 한다. 따라서 Link 컴포넌트 render() 메서드의 return 문을 속성이 없는 div로 시작하도록 변경해보자.

```
//...
return React.createElement('div',
  null,
  //...
```

createElement()의 인자로 넘기는 값 중 두 번째 이후로는 자식으로 사용된다. 앵커 요소를 생성하려면 세 번째 인자로 전달하고, 각 링크 뒤에 줄바꿈을 위해 네 번째 인자로 줄바꿈 요소
을 전달한다.

```
return React.createElement('div',
  null,
  React.createElement(
    'a',
    {href: url},
    this.props.label
  ),
  React.createElement('br')
)
```

다음은 Link 컴포넌트 전체의 코드다(ch09/menu/script.js). url 함수를 클래스 메서드 또는 컴포넌트 외부의 메서드로 생성할 수도 있다.

예제 코드 9.3 Link 컴포넌트

```
class Link extends React.Component {
  render() {
    const url='/' --------- 메뉴 이름을 이용해서 URL을 생성하는 함수를 정의한다.
      + this.props.label
        .toLowerCase()
        .trim()
        .replace(' ', '-')
    return React.createElement('div',
      null,
      React.createElement(
        'a',
        {href: url}, --------- 생성한 URL을 href 속성으로 전달한다.
        this.props.label
```

```
          ),
          React.createElement('br') --------- 줄바꿈 요소를 추가하여 각 메뉴 항목을 분리한다.
        )
    }
}
```

이제 메뉴를 작동시켜보자.

9.2.3 메뉴 작동시키기

그림 9-3처럼 브라우저에서 파일을 열면 바로 페이지를 볼 수 있다. **이 프로젝트는 컴파일 과정이 필요하지 않다.**

▼ 그림 9-3 중첩된 컴포넌트를 렌더링하는 React 메뉴

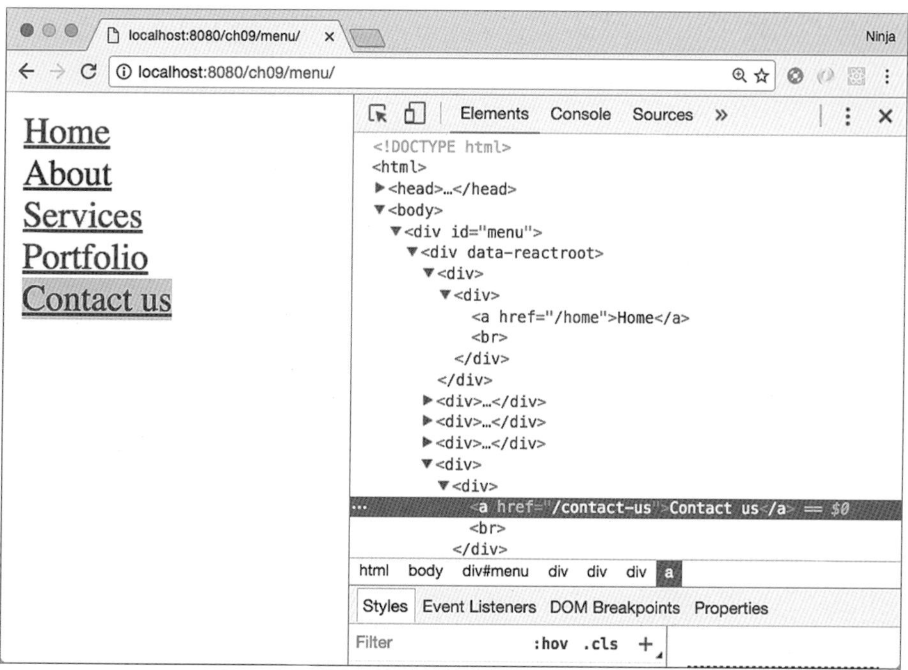

Note 로컬 웹 서버 사용하기

예제 페이지를 파일로 열면 브라우저 주소창의 프로토콜이 file://...이다. 이상적인 방법은 아니지만, 이 프로젝트에서는 괜찮을 것이다. 실제 개발을 위해서는 웹 서버가 필요하다. 웹 서버로 접속할 때의 프로토콜은 http:// 또는 https://이다.

이렇게 간단한 웹페이지라도 로컬 웹 서버를 사용하는 것을 권장한다. 실제로 배포되었을 때와 좀 더 가까운 형태로 코드를 실행할 수 있다. 또한, 브라우저에서 파일로 열었을 때는 AJAX/XHR 요청이 불가능하지만, 로컬 웹 서버에서는 가능하다.

로컬 웹 서버를 실행하는 가장 간단한 방법은 node-static이나 비슷한 Node.js 도구인 http-server를 사용하는 것이다. 난 오래 전부터 사용하지 않지만, 윈도 운영체제에서도 사용이 가능하다. Node.js를 사용하는 것이 내키지 않는다면, IIS, Apache HTTP 서버, NGINX, MAMP, LAMP 등 여러 가지 웹 서버가 있다. 그렇지만 단순하고 가벼운 Node.js 도구를 가장 추천한다.

node-static은 npm으로 설치할 수 있다.

```
$ npm install -g node-static@0.7.6
```

설치 후에는 다음 명령을 프로젝트의 최상위 폴더 또는 부모 폴더에서 실행한다. 파일은 http://localhost:8080으로 접근할 수 있다. 외부에서 접속할 수 있는 주소는 아니다. 주소로 접속하기 전에 다음 명령을 실행하자.

```
$ static
```

react-quickly/ch09/menu 폴더에서 `static`을 실행한 경우에는 주소가 http://localhost:8080이다. 만약 react-quickly 폴더에서 `static`을 실행했다면, http://localhost:8080/ch09/menu로 접속해야 한다.

서버를 중지하려면 Ctrl+C를 누르면 된다.

딱히 놀라운 것은 없다. 페이지는 그림 9-1에서 살펴본 것처럼 링크 다섯 개를 출력할 것이다. 만약 `menus` 배열에 메뉴로 표시할 항목이 추가되면 더 늘어날 수도 있다. `<a>` 요소 다섯 개를 복사해서 붙여 넣고 여기저기 라벨과 URL을 변경하는 것보다 훨씬 나은 방법이다. 또한, JSX를 사용하면 프로젝트를 더 개선할 수도 있다.

9.3 JSX로 만드는 Menu 컴포넌트

이 프로젝트는 node_modules, package.json, JSX를 포함하고 있어 규모가 더 크다.

```
/menu-jsx
  /node_modules --------- JSX를 자바스크립트로 변환하기 위해 개발 의존성 모듈로 Babel을 추가한다.
  index.html
  package.json
  react-dom.js
  react.js
  script.js
  script.jsx --------- 기본 JSX 스크립트
```

node_modules 폴더는 JSX를 자바스크립트로 변환할 때 사용하는 Babel과 같은 개발 의존 모듈을 위한 폴더다.

> **Note** react와 react-dom 파일을 이용하는 대신 npm 모듈로 설치하는 것도 가능하지만, 그렇게 하면 배포하기 위해 복잡한 추가 작업이 필요하다. 현재 다루고 있는 앱의 배포는 프로젝트 폴더에서 node_modules를 제외한 파일을 복사하는 것으로 충분하다. npm으로 React와 ReactDOM을 설치하면 해당 폴더를 추가하거나, 번들러를 사용하거나, dist 폴더에서 최상위로 파일을 복사해야 한다. 따라서 이 예제에서는 최상위 폴더의 파일만 사용한다. 2부에서 번들러를 다루지만, 여기서는 단순한 구조를 유지하겠다.

새 폴더를 생성한다.

```
$ mkdir menu-jsx
$ cd menu-jsx
```

다음으로 `npm init -y`를 실행해서 package.json 파일을 생성한다. package.json에 다음 내용을 추가해서 Babel을 설치하고 설정을 추가한다(ch09/menu-jsx/package.json).

예제 코드 9.4 JSX로 작성하는 Menu 컴포넌트를 위한 package.json 파일

```
{
  "name": "menu-jsx",
  "version": "1.0.0",
  "description": "",
  "main": "script.js",
```

```
  "scripts": {
    "build": "./node_modules/.bin/babel script.jsx -o script.js -w" ---------- build 스크립트에 감시(-w) 옵션을 추가한다.
  },
  "author": "Azat Mardan",
  "license": "MIT",
  "babel": {
    "presets": ["react"] --------- Babel이 React JSX를 변환하도록 설정한다.
  },
  "devDependencies": { --------- React/JSX 프리셋과 함께 Babel CLI를 추가한다.
    "babel-cli": "6.9.0",
    "babel-preset-react": "6.5.0"
  }
}
```

npm i 또는 npm install을 실행해서 개발 의존 패키지(devDependencies)를 설치한다. 이제 준비가 완료되었다.

script.jsx를 살펴보자. 전체적인 윤곽을 정리해보면 다음과 같다.

```
class Menu extends React.Component {
  render() {
    //...
  }
}

class Link extends React.Component {
  render() {
  //...
  }
}
ReactDOM.render(<Menu />, document.getElementById('menu'))
```

낯설지 않은 모습이다. JSX 없이 작성했던 Menu 컴포넌트와 같은 구조다. 전체적으로 살펴봤을 때 눈에 띄는 차이점은 ReactDOM.render()에서 Menu 컴포넌트를 위해 createElement() 대신 JSX를 사용한 부분이다.

```
ReactDOM.render(<Menu />, document.getElementById('menu'))
```

다음으로 컴포넌트를 리팩토링해보겠다.

9.3.1 Menu 컴포넌트 리팩토링

Menu 컴포넌트의 앞부분은 차이가 없다.

```
class Menu extends React.Component {
  render() {
    let menus = ['Home',
      'About',
      'Services',
      'Portfolio',
      'Contact us']
    return //...
  }
}
```

Menu 컴포넌트를 리팩토링한 예제에서 값 v를 label 속성 값으로 출력해야 한다(label={v}). 다시 말해, 값 v를 label 속성에 할당하는 것이다. 따라서 다음과 같이 Link 엘리먼트를 생성하는 코드를

```
React.createElement(Link, {label: v})
```

다음과 같이 JSX 코드로 수정한다.

```
<Link label={v}/>
```

두 번째 인자로 전달했던 label 속성({label: v})을 JSX에서 label={v}로 수정했다. 속성 값인 v는 {}로 선언하여 동적으로 사용할 수 있게 했다.

> **Note ☰** 속성 값을 할당하기 위해 중괄호를 사용할 때는 쌍따옴표를 사용하지 않는다.

React가 목록에 더 효율적으로 접근하게 하려면 key={i} 속성도 추가해야 한다. JSX를 이용해서 Menu 컴포넌트 수정한 결과는 다음과 같다(ch09/menu-jsx/script.jsx).

예제 코드 9.5 JSX로 작성한 Menu 컴포넌트

```
class Menu extends React.Component {
  render() {
    let menus = ['Home',
      'About',
      'Services',
```

```
      'Portfolio',
      'Contact us']
    return <div>
      {menus.map((v, i) => {
        return <div key={i}><Link label={v}/></div>
      })}
    </div>
  }
}
```

가독성이 좋아진 것이 느껴지는가? 내가 보기에도 훨씬 읽기 쉽다.

Menu 컴포넌트의 render() 메서드에서 <div>를 다음 행에서 시작하는 경우에는 JSX를 ()로 감싸야 한다. 예를 들어 다음 코드는 예제 코드 9.5와 동일하지만, <div>를 다음 행에서 시작하도록 수정해서 시각적으로 나아 보인다.

```
//...
  return (
    <div>
      {menus.map((v,i) => {
        return <div key={i}><Link label={v}/></div>
      })}
    </div>
  )
```

9.3.2 Link 컴포넌트 리팩토링

<a> 태그와
 태그도 리팩토링해야 한다. 다음은 앞서 작성한 코드다.

```
//...
  return React.createElement('div',
    null,
    React.createElement(
      'a',
      {href: url},
      this.props.label),
    React.createElement('br')
    )
//...
```

이 코드를 JSX로 작성하면 다음과 같다.

```
//...
  return <div>
    <a href={url}>
      {this.props.label}
    </a>
    <br/>
  </div>
//...
```

전체를 JSX로 다시 작성한 `Link` 컴포넌트 코드는 다음과 같다(ch09/menu-jsx/script.jsx).

예제 코드 9.6 JSX로 작성한 Link 컴포넌트

```
class Link extends React.Component {
  render() {
    const url='/'
      + this.props.label
        .toLowerCase()
        .trim()
        .replace(' ', '-')
    return <div>
      <a href={url}>
      {this.props.label}
      </a>
      <br/>
    </div>
  }
}
```

휴, 드디어 모두 수정했다. 이제 JSX 프로젝트를 실행해보자.

9.3.3 JSX 프로젝트 실행하기

터미널, iTerm 또는 명령창을 열자. ch09/menu-jsx 또는 예제 코드를 저장한 프로젝트 폴더로 이동하고, `npm i`(`npm install`의 축약이다)를 실행해서 package.json에 나열된 의존 모듈을 설치하자.

다음으로 `npm run build`로 빌드 스크립트를 실행한다. 빌드 스크립트는 파일의 변경을 감시하도록 `-w` 옵션이 포함된 Babel 명령을 실행하여 JSX 파일을 수정할 때마다 JSX에서 자바스크립트로 다시 컴파일되도록 한다.

Babel의 감시 모드는 소스 코드를 변경할 때마다 매번 다시 컴파일하는 수고를 덜어주므로 시간을 절약할 수 있다. 또한, 12장에서 살펴볼 Webpack의 경우에는 핫 모듈 대체(Hot Module Replacement, HMR) 기능을 제공하여 변경 감시 이상의 도움을 준다.

빌드 스크립트를 실행했을 때 실제로 실행되는 명령은 다음과 같다(그렇지만 직접 입력해서 실행하기에는 너무 길다!).

```
$ ./node_modules/.bin/babel script.jsx -o script.js -w
```

만약 Babel 명령줄 인터페이스를 다시 살펴보고 싶다면 3장에서 자세한 사항을 확인할 수 있다.

이 명령을 실행하면 내 컴퓨터의 경우 다음과 같은 결과를 확인할 수 있었다(경로에는 각자 차이가 있을 수 있다.)

```
> menu-jsx@1.0.0 build /Users/azat/Documents/Code/react-quickly/ch09/menu-jsx
> babel script.jsx -o script.js -w
```

❖ 그림 9-4 JSX로 생성한 메뉴

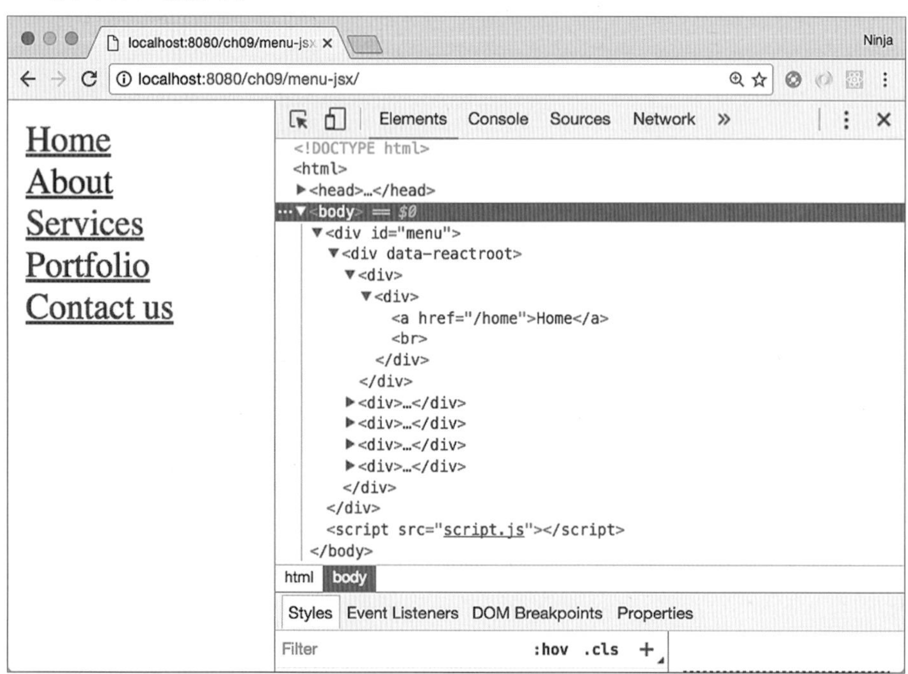

이제 모두 마무리되었다. script.js가 생성되면 `static`(npm의 `node-static: npm i -g node-static`) 같은 로컬 서버를 통해서 localhost의 HTTP로 파일을 제공할 수 있다. 애플리케이션은 그림 9-4처럼 앞서 만들었던 자바스크립트만 사용한 버전과 똑같은 모습으로 작동할 것이다.

9.4 과제

추가 점수를 받고 싶은 학생이 있다면, 다음 과제를 해결해보자.

- menus.json을 만들고 Fetch API를 사용해서 메뉴를 불러오자. 데이터를 불러오는 방법은 5장을 참고하기 바란다.
- node_modules에 설치된 `react` npm 패키지에서 react.js를 index.html에서 사용할 수 있도록 프로젝트 폴더로 복사하는 npm 스크립트를 생성해보자. 이렇게 하면 react.js가 업데이트되었을 때, 직접 내려받지 않고도 `npm i react`로 설치한 후 스크립트를 실행해서 파일을 업데이트할 수 있다.

ch09 폴더 아래 새로운 디렉터리에 코드를 추가한 후, 이 책의 깃허브 저장소(https://github.com/azat-co/react-quickly)에 풀리퀘스트(pull request)로 제출하면 된다.

9.5 요약

- `key` 속성은 좋은 친구다. 목록을 생성할 때는 반드시 `key` 속성을 설정하자.
- `map()` 메서드는 원본 배열을 바탕으로 새로운 배열을 생성하는 우아한 방법이다. `map()` 메서드에 사용하는 반복자 함수는 값(`value`), 인덱스(`index`), 원본 배열(`list`)을 인자로 받는다.
- JSX를 동작시키기 위해서는 최소한 Babel 명령줄 도구와 React 프리셋(`babel-preset-react`)이 필요하다.

10장

프로젝트: Tooltip 컴포넌트

10장의 주요 내용을 동영상으로 볼 수 있습니다.
QR 코드를 스캔하거나 http://reactquickly.co/videos/ch10 으로 접속하세요.

이 장에서 살펴볼 주제

- 프로젝트 구조의 이해와 개발 환경 준비
- Tooltip 컴포넌트 만들기

위키피디아처럼 텍스트가 매우 많은 웹사이트를 개발할 때는 사용자가 위치와 문맥을 놓치지 않고 추가 정보를 얻을 수 있도록 하면 좋다. 예를 들어 커서를 가져 갔을 때 추가 정보를 제공하는 상자를 보여줄 수 있다. 이렇게 추가 정보를 제공하기 위해 사용하는 상자를 **툴팁**(tooltip)이라고 한다.

React는 더 나은 UI와 UX를 제공하기 위한 도구이므로 툴팁을 구현하기에도 적합하다. 마우스오버 이벤트에 따라 유용한 텍스트를 보여주는 `Tooltip` 컴포넌트를 만들어보자.

`react-tooltip`(www.npmjs.com/package/react-tooltip)을 포함해서 몇 가지 뛰어난 툴팁 기능을 제공하는 뛰어난 해결책들이 있지만, 우리의 목표는 React를 배우는 것이다. 툴팁을 처음부터 만들어보는 것은 좋은 연습이 될 것이다. 어쩌면 이 장에서 다루는 예제를 실무 개발 중인 앱에 적용하거나, 새로운 오픈 소스 React 컴포넌트로 확장해 나갈 수도 있을 것이다.

▼ 그림 10-1 사용자가 표시된 텍스트 위로 커서를 가져가면 툴팁을 보여준다.

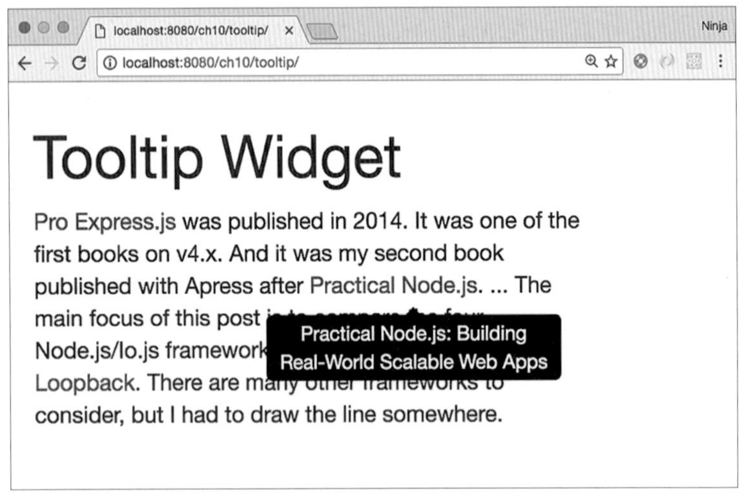

툴팁 컴포넌트의 핵심 기능은 텍스트를 CSS로 숨겼다가 마우스오버 되었을 때 다시 보여주는 것이다. 이 프로젝트에서 `if/else` 조건, JSX, 기타 프로그래밍 요소를 사용한다. CSS의 경우에는 Twitter Bootstrap을 사용하고, 특별한 Bootstrap 테마를 이용해서 짧은 시간에 툴팁을 멋지게 꾸밀 수 있다.

Note ≡ 프로젝트를 진행할 때는 난독화하지 않은 버전의 React를 내려받아야 하고, JSX 컴파일을 위해 Node.js와 npm을 설치해야 한다. 또한, 예제에서는 Bootswatch에서 제공하는 Bootstrap 테마인 Flatly(https://bootswatch.com/flatly)를 사용하고 있다. 이 테마는 Bootstrap에 기반을 두고 만들어졌다. 설치는 부록 A를 참고하기 바란다.

Note ☰ 이 장의 예제 코드는 https://github.com/gilbutITbook/006961 또는 https://github.com/azat-co/react-quickly/tree/master/ch10에서 확인할 수 있다(깃허브 저장소 https://github.com/azat-co/react-quickly의 ch10 폴더다).

10.1 프로젝트 구조와 개발 환경 준비하기

Tooltip 컴포넌트를 위한 프로젝트 구조는 다음과 같다.

```
/tooltip
  /node_modules --------- JSX를 자바스크립트로 변환하기 위해 Babel을 개발 의존 모듈로 설치한다.
  bootstrap.css
  index.html
  package.json
  react-dom.js
  react.js
  script.js
  script.jsx --------- 기본 JSX 스크립트
```

9장과 마찬가지로 JSX를 자바스크립트로 변환할 때 사용하는 Babel 같은 개발 의존 모듈을 위한 node_modules 폴더가 있다. 스타일과 스크립트가 같은 폴더에 있는 단순한 구조의 프로젝트다. 단순함을 유지하기 위해 이러한 구조를 선택했다. 물론 실제 앱에서는 스타일과 스크립트를 별도의 폴더에 넣게 될 것이다.

package.json 파일의 핵심 내용은 빌드를 위한 npm 스크립트와 Babel 설정, 의존 모듈, 그 외의 메타데이터다.

예제 코드 10.1 툴팁 프로젝트의 package.json 파일

```
{
  "name": "tooltip",
  "version": "1.0.0",
  "description": "",
  "main": "script.js",
  "scripts": {
```

```
    "build": "./node_modules/.bin/babel script.jsx -o script.js -w"
  },
  "author": "Azat Mardan",
  "license": "MIT",
  "babel": {
    "presets": ["react"]
  },
  "devDependencies": {
    "babel-cli": "6.9.0",
    "babel-preset-react": "6.5.0"
  }
}
```

package.json을 생성한 후에는 반드시 `npm i` 또는 `npm install`을 실행해야 한다.

다음으로 HTML을 생성하자. 다음 예제 코드와 같이 index.html을 만든다(ch10/tooltip/index.html).

예제 코드 10.2 툴팁 프로젝트의 index.html 파일

```
<!DOCTYPE html>
<html>
  <head>
    <script src="react.js"></script>
    <script src="react-dom.js"></script>
    <link href="bootstrap.css" rel="stylesheet" type="text/css"/> --------- 스타일을 적용한다.
  </head>
  <body class="container">
    <h1>Tooltip Widget</h1>
    <div id="tooltip"></div>--------- React와 Tooltip 컴포넌트를 렌더링할 수 있는 요소를 정의한다.
    <script src="script.js" type="text/javascript"></script>
  </body>
</html>
```

`<head>`에 React, React DOM 파일, Twitter Bootstrap 스타일을 추가한다. `<body>`는 단순하다. ID가 `tooltip`인 `<div>`와 애플리케이션의 script.js 파일을 불러온다.

다음으로 script.jsx를 생성할 차례다. 확장자를 js가 아닌 jsx로 작성한 것은 오타가 아니다. 원본 코드는 script.jsx지만 HTML에서는 script.js를 불러온다. Babel 명령줄 도구를 사용해서 JSX를 자바스크립트로 변환해서 사용할 것이기 때문이다.

10.2 Tooltip 컴포넌트

script.jsx를 살펴보자(ch10/tooltip/script.jsx). 단순하게 컴포넌트와 렌더링할 툴팁 텍스트를 위한 코드를 담고 있다. 툴팁 텍스트는 ReactDOM.render()에서 Tooltip 엘리먼트를 생성할 때 설정하는 속성이다.

예제 코드 10.3 Tooltip 컴포넌트와 텍스트

```
class Tooltip extends React.Component {
  constructor(props) {
    ...
  }
  toggle() { --------- 툴팁 텍스트를 보여주거나 숨길 때 사용할 메서드를 선언한다.
    ...
  }
  render() { --------- 필수 메서드인 render()를 선언한다.
    ...
  }
}

ReactDOM.render(<div>
  <Tooltip text="The book you're reading now">React Quickly</Tooltip> --------- 툴팁 텍스트를 속성으로 제공한다. 내부에 내용으로 입력하는 텍스트는 사용자가 마우스 커서를 올리는 강조된 텍스트다.
    was published in 2017. It's awesome!
  </div>,
  document.getElementById('tooltip'))
```

Tooltip 컴포넌트를 구현하고 초기 상태로 opacity: false를 설정한다. 이 상태를 이용해서 툴팁 텍스트를 감추거나 보여줄 수 있다(상태에 대해서는 4장에서 자세히 다뤘다). Tooltip 컴포넌트의 constructor()를 보면 다음과 같다.

```
class Tooltip extends React.Component {
  constructor(props) {
    super(props)
    this.state = {opacity: false}
    this.toggle = this.toggle.bind(this)
  }
  ...
}
```

초기 상태에는 툴팁 텍스트를 감춘다. 커서를 올리고 내릴 때마다 상태와 툴팁의 노출 여부를 변경해야 한다. 이에 따라 툴팁 텍스트를 보여주거나 감출 수 있도록 toggle() 메서드를 구현해보자.

10.2.1 toggle() 메서드

다음으로 toggle() 메서드를 정의할 차례다. toggle() 메서드는 상태의 opacity를 현재 값에 따라 변경해서 툴팁의 노출 여부를 전환한다(opacity가 true이면 false, false이면 true로 변경한다).

```
toggle() {
  const tooltipNode = ReactDOM.findDOMNode(this)
  this.setState({
    opacity: !this.state.opacity,
    ...
  })
}
```

opacity를 변경할 때는 4장에서 살펴본 this.setState() 메서드를 사용한다.

툴팁 컴포넌트 구현에서 어려운 부분은 툴팁 텍스트를 마우스 커서가 있는 곳에서 가까운 곳에 위치시켜야 한다는 점이다. 그렇게 구현하려면 tooltipNode를 통해 컴포넌트의 위치를 가져와야 한다. DOM 노드의 offsetTop과 offsetLeft를 이용해서 툴팁 텍스트의 위치를 지정한다. offsetTop과 offsetLeft는 React의 기능이 아니라 HTML 표준 DOM 노드 속성의 일부(https://developer.mozilla.org/en-US/docs/Web/API/Node)다.

```
    top: tooltipNode.offsetTop,
    left: tooltipNode.offsetLeft
  })
}
```

다음은 toggle() 메서드의 전체 코드다(ch10/tooltip/script.jsx).

예제 코드 10.4 toggle() 메서드

```
toggle() {
  const tooltipNode = ReactDOM.findDOMNode(this)
  this.setState({
    opacity: !this.state.opacity,
    top: tooltipNode.offsetTop,
    left: tooltipNode.offsetLeft
```

```
  })
}
```

ES6 해체할당을 이용하는 경우에는 다음과 같이 작성할 수도 있다.

```
toggle() {
  const {offsetTop: top, offsetLeft: left} = ReactDOM.findDOMNode(this)
  this.setState({
    opacity: !this.state.opacity,
    top,
    left
  })
}
```

코드를 살펴보면, 상태와 위치를 변경할 수 있다. 그렇다면 그 뒤에 뷰를 다시 렌더링하는 코드를 추가해야 할까? 그렇지 않다. React가 자동으로 뷰를 갱신해준다. `setState()`를 실행하면 자동으로 다시 렌더링이 실행된다. `render()` 메서드에서 상태가 사용되었는지 여부에 따라 DOM이 변경될 수도 있고, 그렇지 않을 수도 있다. 다음으로 `render()` 메서드를 구현해보자.

10.2.2 render() 메서드

`render()` 메서드는 CSS `style` 객체와 Twitter Bootstrap 스타일을 다룬다. 먼저 `style` 객체를 정의해야 한다. `this.state.opacity`에 따라 CSS 스타일의 `opacity`와 `z-index` 값을 설정한다. `z-index`는 다른 요소 위에 툴팁 상자를 노출시키기 위해 `1000`을 주어 높게 설정한다. 텍스트를 노출하지 않을 때는 `-1000`으로 설정한다.

```
zIndex: (this.state.opacity) ? 1000 : -1000,
```

`z-index`를 설정하려면 카멜 표기법에 따라 `zIndex`로 입력해야 한다. 그림 10-2는 마우스오버일 때(`opacity`가 `true`인 경우) 스타일이 어떻게 적용되었는지 보여준다.

> Tip React에서는 CSS 속성을 작성할 때 줄표 대신 카멜 표기법을 사용한다. CSS 속성 `z-index`가 React 스타일 속성에서는 `zIndex`가 된다. `background-color`는 `backgroundColor`로, `font-family`는 `fontFamily`로 작성하는 식이다. 유효한 자바스크립트 이름을 사용하면 React가 가상 DOM을 통한 실제 DOM의 갱신을 빠르게 처리할 수 있다.

그림 10-2 opacity를 1, zIndex를 1000으로 설정하여 마우스오버 시에 툴팁 텍스트를 노출한다.

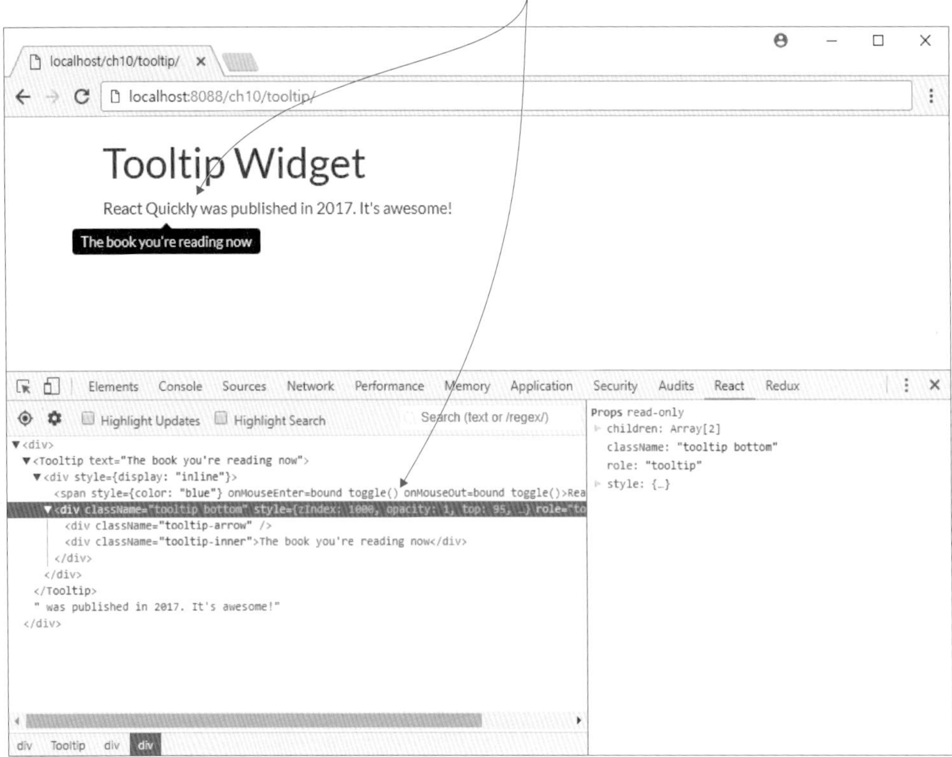

투명도를 위한 상태 값 `this.state.opacity`는 불 값으로 `true` 또는 `false`지만, CSS 불투명도는 0과 1 사이의 값이다. opacity가 `false`이면 CSS 불투명도는 0이고, opacity가 `true`이면 CSS 불투명도는 1이다. 여기서는 변환을 위해 이항 연산자(+)를 이용한다.

```
opacity: +this.state.opacity,
```

툴팁을 텍스트에 가깝게 위치시키기 위해서 마우스 커서가 가리키는 텍스트의 `top` 값(창의 상단으로부터 텍스트 요소까지의 높이)에 20픽셀을 더하고, `left` 값(창의 좌측 끝부터 텍스트 요소까지의 너비)에서 30픽셀을 뺀다. 가감한 값은 직접 보면서 선택한 값이므로, 각자 필요에 따라 로직을 변경해도 좋다.

```
render() {
  const style = {
    zIndex: (this.state.opacity) ? 1000 : -1000,
    opacity: +this.state.opacity,
    top: (this.state.top || 0) + 20,
```

```
      left: (this.state.left || 0) -30
    }
```

다음으로 return 문을 작성해야 한다. Tooltip 컴포넌트는 마우스 커서를 올릴 수 있는 텍스트와 툴팁 텍스트를 모두 렌더링해야 한다. 예제에서는 Twitter Bootstrap의 CSS 클래스와 함께 툴팁 텍스트의 노출을 처리하는 style 객체를 사용한다.

사용자가 마우스 커서를 올릴 수 있는 텍스트를 파란색으로 표시하여 다른 텍스트와 시각적으로 구분했다. 마우스 커서가 <span> 태그에 올라오는 경우와 빠져나가는 경우에 대해 마우스 이벤트를 감시하도록 했다.

```
  return (
    <div style={{display: 'inline'}}>
      <span style={{color: 'blue'}}
        onMouseEnter={this.toggle}
        onMouseOut={this.toggle}>
        {this.props.children} --------- Tooltip 컴포넌트의 내용으로 입력되는 HTML을 노출한다.
      </span>
```

다음으로 툴팁 텍스트를 위한 코드를 살펴보자. {style}을 제외하면 거의 정적이다. React가 상태를 변경하면 UI가 변경될 것이다.

```
                                                          style 객체를 style 속성에 적용한다.
          <div className="tooltip bottom" style={style} role="tooltip"> ---------
            <div className="tooltip-arrow"></div> --------- tooltip-arrow 클래스를 사용하여
            <div className="tooltip-inner">                 뾰족한 화살표를 표시한다.
              {this.props.text} --------- {this.props.text}는 text 속성으로 전달받은 툴팁 텍스트를 출력한다.
            </div>
          </div>
        </div>
      )
    }
  }
```

다음 예제 코드에서 Tooltip 컴포넌트의 render() 메서드 전체를 살펴보자.

예제 코드 10.5 Tooltip 컴포넌트의 render() 메서드 전체

```
render() {
  const style = {
    zIndex: (this.state.opacity) ? 1000 : -1000,
    opacity: +this.state.opacity,
    top: (this.state.top || 0) + 20,
```

```
    left: (this.state.left || 0) - 30
  }
  return (
    <div style={{display: 'inline'}}>
      <span style={{color: 'blue'}}
        onMouseEnter={this.toggle} --------- 마우스 커서가 올라오면 툴팁 텍스트를 보여준다.
        onMouseOut={this.toggle}>
          {this.props.children} --------- Tootip 컴포넌트의 내용으로 입력된 텍스트를 출력한다.
      </span>
      <div className="tooltip bottom"
        style={style} --------- opacity, zIndex, DOM 노드에 따라 계산된 적절한 위치 값을
        role="tooltip">           이용하여 스타일을 적용한다.
        <div className="tooltip-arrow"></div>
        <div className="tooltip-inner">
          {this.props.text} --------- Twitter Bootstrap CSS 클래스를 이용해서 툴팁 텍스트를 출력한다.
        </div>
      </div>
    </div>
  )
}
```

끝이다! Tooltip 컴포넌트를 모두 완성했다.

10.3 실행하기

REACT

npm 스크립트를 실행해서 컴파일하고, 컴포넌트를 사용해보자.

```
$ npm run build
```

Tooltip 컴포넌트는 Twitter Bootstrap을 적용하여 꽤 괜찮아 보인다. 잘 알려진 다른 모듈만큼 다용도 컴포넌트는 아니지만, 여러분이 처음부터 직접 만든 컴포넌트다. 그게 바로 내가 하고 싶은 말이기도 하다! Twitter Bootstrap CSS 클래스와 React를 사용해서 그림 10-3과 같은 훌륭한 툴팁 상자를 순식간에 개발할 수 있었다. 또한, 동적으로 위치를 지정하여 여러 가지 종류의 화면 크기에도 모두 잘 작동한다.

그림 10-3 사용자가 파란색 텍스트에 커서를 올리면 화살표와 텍스트가 있는 검은색 상자를 노출해서 추가 정보를 제공한다.

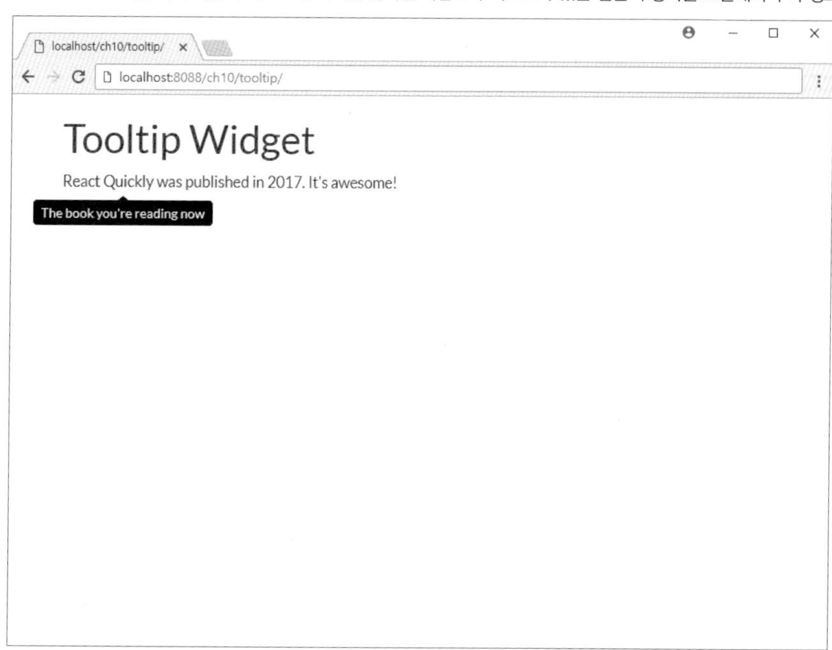

10.4 과제

추가 점수를 받고 싶은 학생이 있다면 다음 과제를 해결해보자.

- 마우스오버 대신 클릭에 따라 툴팁 상자를 노출하는 버전을 만들어보자. 파란색 텍스트를 클릭하면 툴팁을 보여주고, 다시 클릭하면 툴팁을 감춘다.
- 툴팁을 노출하는 이벤트를 마우스오버와 클릭 이벤트 중 선택할 수 있도록 하는 속성을 추가하여 개선해보자.
- 툴팁의 기본 위치를 텍스트 아래에 두는 대신 텍스트 위에 위치시키는 속성을 추가하여 개선해보자(힌트: Twitter Bootstrap CSS 클래스, `top`과 `left`를 수정해야 한다).

ch10 폴더 아래 새로운 디렉터리에 코드를 추가한 후, 이 책의 깃허브 저장소(https://github.com/azat-co/react-quickly)에 풀리퀘스트로 제출하면 된다.

10.5 요약

- React 스타일 속성은 CSS 스타일 속성과 다르게 카멜 표기법으로 작성한다.
- `this.props.children`은 컴포넌트의 내용을 담고 있다.
- `setState()`를 실행한 후에는 React가 자동으로 다시 렌더링하므로 수동으로 다시 렌더링할 필요가 없다.

11장

프로젝트: Timer 컴포넌트

11장의 주요 내용을 동영상으로 볼 수 있습니다. QR 코드를 스캔하거나 http://reactquickly.co/videos/ch11 으로 접속하세요.

이 장에서 살펴볼 주제

- 프로젝트 구조의 이해와 개발 환경 준비
- 앱 아키텍처 구축

명상에 대한 다양한 연구 결과에 따르면, 명상은 안정감과 집중력 향상에 도움이 되어 건강과 생산성에 좋은 영향을 끼친다고 한다.[1] 금전적으로 크게 투자하지 않아도 더 건강하고 생산성 있는 사람이 될 수 있다면 거부할 사람이 누가 있을까?

전문가들은 명상 시간을 처음에는 짧게 5분으로 시작하여 몇 주에 걸쳐 10분, 15분으로 시간을 점차 늘려가는 것을 권장한다. 목표는 하루에 30분에서 한 시간 정도 명상하는 것이지만, 어떤 사람들은 하루 10분의 명상만으로 효과를 보기도 한다. 내가 그 증거다. 지난 3년간 매일 10분씩 명상을 한 결과, 집중력이 향상되고, 삶의 다른 영역에도 도움이 되었다.

그렇다면 매일의 명상 시간 목표에 도달했는지 알려면 어떻게 해야 할까? 타이머를 사용하면 된다! 따라서 이 장에서는 여러분의 React와 HTML5 기술을 검증하기 위해 웹 타이머를 만들어보려고 한다. 그림 11-1과 같은 모습이 될 것이다. 검증을 간단히 하기 위해 각각 5초, 10초, 15초 동안만 작동하는 타이머를 개발한다.

▼ 그림 11-1 타이머 예제의 실제 작동 모습으로 14초가 남았다. 15초 버튼을 선택하고 1초가 지났다.

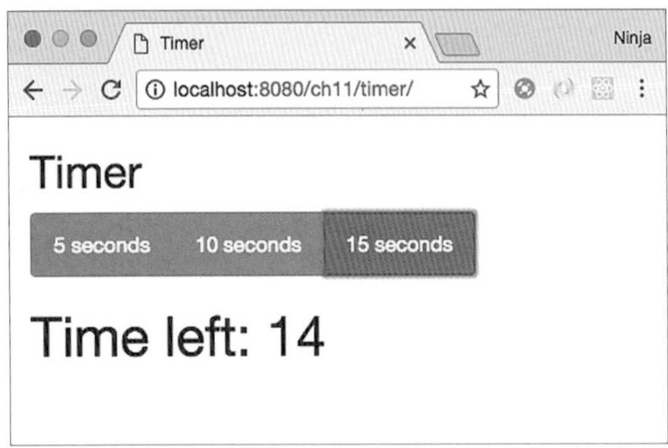

카운트다운 타이머(*n*초에서 0초)로 세 가지 제한 시간 중 하나를 고를 수 있는 타이머를 개발하려고 한다. 부엌에서 쓰는 타이머와 비슷하지만, 분 대신에 초를 세는 타이머다. 버튼을 클릭하면 타이머가 작동하기 시작한다. 다시 클릭하거나 다른 버튼을 클릭하면 타이머가 다시 시작한다.

1 명상과 관련하여 참고할 만한 자료는 다음과 같다.

- 위키피디아, "명상에 대한 연구 결과(Research on Meditation)", https://en.wikipedia.org/wiki/Research_on_meditation.
- 미국국립보건원(National Institutes of Health), "명상: 자세히 알아보기(Meditation: In Depth)", http://mng.bz/01om.
- 워싱턴포스트, 2015년 5월 26일자, "하버드 신경과학자가 말하는 명상이 뇌에 미치는 영향(Harvard Neuroscientist: Meditation Not Only Reduces Stress, Here's How It Changes Your Brain)", http://mng.bz/1ljZ.
- 요가 저널(Yoga Journal), "명상의 혜택(Benefits of Meditation)", http://mng.bz/7Hp7.

Note ☰ 프로젝트를 진행할 때는 난독화하지 않은 버전의 React를 내려받아야 하고, JSX 컴파일을 위해 Node.js와 npm을 설치해야 한다. 또한, 예제에서는 Bootswatch에서 제공하는 Bootstrap 테마인 Flatly(https://bootswatch.com/flatly)를 사용하고 있다. 이 테마는 Twitter Bootstrap에 기반을 두고 만들어졌다. 설치는 부록 A를 참고하기 바란다.

Note ☰ 이 장의 예제 코드는 https://github.com/gilbutITbook/006961 또는 https://github.com/azat-co/react-quickly/tree/master/ch11에서 확인할 수 있다(깃허브 저장소 https://github.com/azat-co/react-quickly의 ch11 폴더다).

11.1 프로젝트 구조와 개발 환경 준비하기

Timer 컴포넌트 개발을 위한 프로젝트 구조를 살펴보자. 앞서 살펴본 툴팁이나 메뉴 프로젝트와 약간 차이가 있다.

```
/timer
  /node_modules --------- JSX를 자바스크립트로 변환하기 위해 Babel을 개발 의존 모듈로 설치한다.
  bootstrap.css
  flute_c_long_01.wav --------- 제한 시간이 끝난 것을 알려주기 위한 사운드 파일
  index.html
  package.json
  react-dom.js
  react.js
  timer.js
  timer.jsx --------- 기본 JSX 스크립트
```

앞에서 살펴본 프로젝트와 마찬가지로, JSX를 자바스크립트로 변환할 때 사용하는 Babel 같은 개발 의존 모듈을 위한 node_modules 폴더가 있다. 스타일과 스크립트가 같은 폴더에 있는 단순한 구조의 프로젝트다. 단순함을 유지하기 위해 이러한 구조를 선택했다. 물론 실제 앱에서는 스타일과 스크립트를 별도의 폴더에 넣게 될 것이다.

package.json 파일의 핵심 내용은 빌드를 위한 npm 스크립트와 Babel 설정, 의존 모듈, 그 외의 메타데이터다.

예제 코드 11.1 타이머 프로젝트의 package.json 파일

```
{
  "name": "timer",
  "version": "1.0.0",
  "description": "",
  "main": "script.js",
  "scripts": {                                    JSX를 자바스크립트로 변환하는 npm 스크립트를 생성한다.
    "build": "./node_modules/.bin/babel timer.jsx -o timer.js -w"
  },
  "author": "Azat Mardan",
  "license": "MIT",
  "babel": {
    "presets": ["react"]
  },
  "devDependencies": {
    "babel-cli": "6.9.0",
    "babel-preset-react": "6.5.0"
  }
}
```

package.json을 생성한 후에는 반드시 `npm i` 또는 `npm install`을 실행해야 한다.

이 프로젝트의 HTML 파일은 매우 기본적인 내용이다(ch11/timer/index.html). react.js, react-dom.js 파일을 포함하고 있다. 단순함을 유지하기 위해 이 파일들은 HTML 파일과 같은 폴더에 위치하고 있다.

예제 코드 11.2 타이머 프로젝트의 index.html 파일

```
<!DOCTYPE html>
<html>
  <head>
    <meta charset="utf-8">
    <title>Timer</title>
    <script src="react.js" type="text/javascript"></script>
    <script src="react-dom.js" type="text/javascript"></script>
    <link href="bootstrap.css" rel="stylesheet" type="text/css"/>
  </head>
  <body class="container-fluid">
    <div id="timer-app"/>
    <script src="timer.js" type="text/javascript"></script>
  </body>
</html>
```

HTML 파일에는 라이브러리 파일과 timer.js 파일만 포함되어 있다. timer.js는 timer.jsx를 변환하여 생성한다. 변환을 위해 Babel 명령줄 도구를 사용해야 하며, 이에 대한 내용은 3장에서 다뤘다.

11.2 앱 아키텍처

timer.jsx 파일에 다음과 같이 세 가지 컴포넌트를 생성할 것이다.

- `TimerWrapper` 컴포넌트: 가장 많은 동작을 수행하고 다른 컴포넌트를 렌더링하는 상위 컴포넌트
- `Timer` 컴포넌트: 남은 시간이 몇 초인지 보여주는 컴포넌트
- `Button` 컴포넌트: 버튼 세 개를 렌더링하고 타이머를 실행 또는 초기화하는 컴포넌트

그림 11-2를 통해 세 가지 컴포넌트가 실제 페이지에서 어떻게 나타날지 알 수 있다. 그림을 보면 `Timer`와 `Button` 컴포넌트를 확인할 수 있다. `TimerWrapper` 컴포넌트는 버튼 세 개와 타이머를 감싸고 있다. `TimerWrapper` 컴포넌트는 컨테이너 컴포넌트인 반면에, 나머지 두 가지 컴포넌트는 프레젠테이션 컴포넌트다.

▼ 그림 11-2 Timer 컴포넌트와 Button 컴포넌트

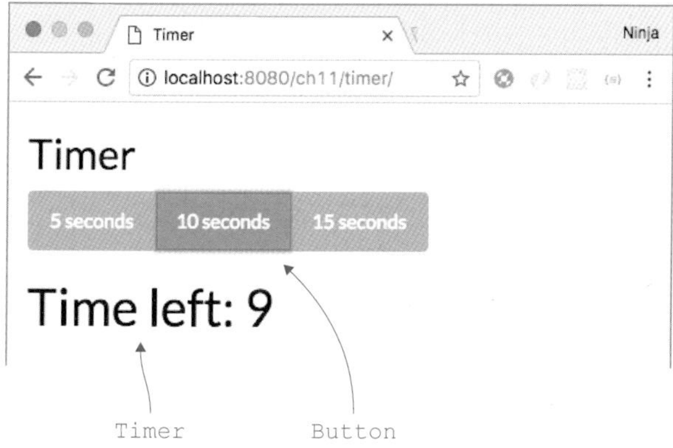

우리는 앱을 세 조각으로 분리하여 개발할 것이다. 소프트웨어 엔지니어링에서는 신규 배포 시점마다 앱이 빠르게 변화하는 경향이 있기 때문이다. 프레젠테이션(`Button` 컴포넌트와 `Timer` 컴포

넌트)과 로직(TimerWrapper 컴포넌트)을 분리하면, 변화에 더 유연한 앱을 만들 수 있다. 또한, 버튼 같은 요소를 다른 앱에서 재사용할 수도 있을 것이다. 즉, React를 다루는 최선의 방법은 표현과 비즈니스 로직을 분리하는 것이다.

TimerWrapper 컴포넌트를 통해 Timer 컴포넌트와 Button 컴포넌트가 통신할 수 있도록 개발해야 한다. 세 가지 컴포넌트와 사용자 간의 상호작용을 그림 11-3에서 살펴볼 수 있다.

1. TimerWrapper 컴포넌트에서 상태를 Timer 컴포넌트와 Button 컴포넌트의 속성으로 전달하여 렌더링한다.
2. 사용자가 버튼을 조작하여 버튼에서 이벤트가 발생한다.
3. 버튼의 이벤트에서 TimerWrapper 컴포넌트의 메서드에 선택한 시간을 전달하여 호출한다.
4. TimerWrapper 컴포넌트가 시간 간격을 설정하여 매초마다 Timer 컴포넌트를 갱신한다.
5. 0초가 남을 때까지 갱신이 이어진다.

▼ 그림 11-3 타이머 앱의 실행(위에서부터 시작)

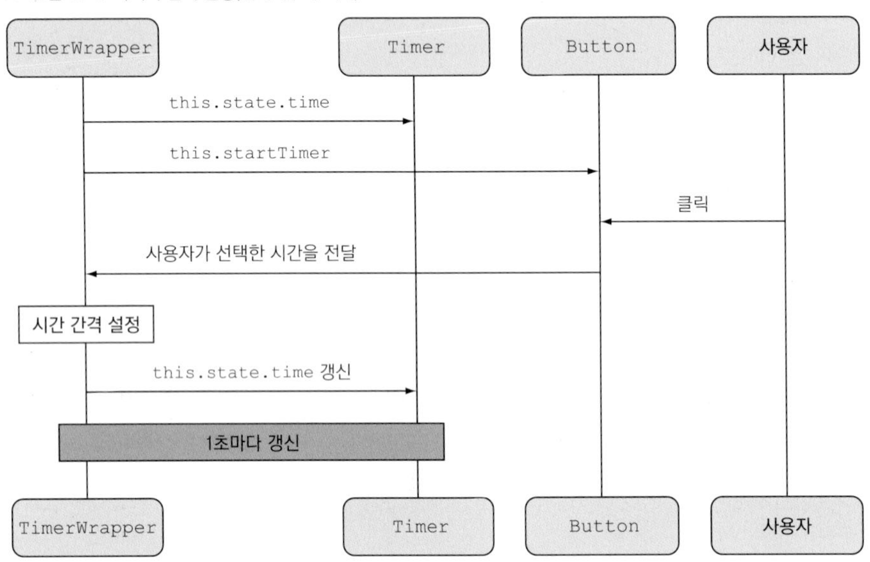

간결함을 위해 세 컴포넌트 모두 timer.jsx 파일에 생성한다.

예제 코드 11.3 timer.jsx의 골격

```
class TimerWrapper extends React.Component {
  constructor(props) { --------- 기본 상태를 설정한다.
    // ...
```

```
  }
  startTimer(timeLeft) { --------- 새로운 타이머를 실행하거나 초기화한다.
    // ...
  }
  render() {
    // ...
  }
}

class Timer extends React.Component {
  render() {
    // ...
  }
}

class Button extends React.Component {
  startTimer(event) { --------- 사용자 조작에 따라 새로운 타이머를 실행하거나 초기화한다.
    // ...                      TimerWrapper 컴포넌트의 startTimer 메서드를 호출한다.
  }
  render() {
    // ...
  }
}

ReactDOM.render(
  <TimerWrapper/>, --------- TimerWrapper 컴포넌트를 렌더링한다.
  document.getElementById('timer-app')
)
```

먼저 timer.jsx 파일의 아래쪽부터 살펴보면 `TimerWrapper` 컴포넌트를 ID가 `timer-app`인 `<div>`에 렌더링한다.

```
ReactDOM.render(
  <TimerWrapper/>,
  document.getElementById('timer-app')
)
```

다음으로 파일에서 마지막으로 호출하는 `ReactDOM.render()`에서 사용하는 `TimerWrapper` 컴포넌트를 정의하자.

11 프로젝트: Timer 컴포넌트

11.3 TimerWrapper 컴포넌트

REACT

TimerWrapper 컴포넌트는 흥미로운 모든 일이 벌어지는 곳이다! 컴포넌트의 골격을 살펴보면 다음과 같다.

```
class TimerWrapper extends React.Component {
  constructor(props) {
    // ...
  }
  startTimer(timeLeft) {
    // ...
  }
  render() {
    // ...
  }
}
```

먼저 상태에는 timeLeft와 timer를 사용한다. timeLeft에 남은 시간을 저장하고, timer를 이용해서 타이머를 초기화한다.

처음 앱이 실행되었을 때, 타이머는 작동 전이어야 한다. 따라서 TimerWrapper 컴포넌트의 생성자에서 timeLeft를 null로 설정해야 한다. 사용자가 선택한 시간이 모두 지나면 timeLeft가 0이 되므로 timeLeft가 null인 경우에는 앱이 처음 실행된 것인지 아니면 시간이 모두 지난 것인지 구분할 수 있어 편리하다.

timer 상태 값도 null로 설정한다. 이 값은 카운트다운을 처리하는 setInterval() 메서드에서 참조한다. 그렇지만 현재는 실행 중인 타이머가 없으므로 null 값으로 설정한다.

끝으로 startTimer() 메서드는 버튼의 이벤트 핸들러로 사용하므로 this를 바인딩한다.

```
class TimerWrapper extends React.Component {
  constructor(props) {
    super(props)
    this.state = {timeLeft: null, timer: null}
    this.startTimer = this.startTimer.bind(this)
  }
  ...
```

다음으로 이벤트 핸들러인 startTimer 메서드를 구현할 차례다. 사용자가 버튼을 클릭할 때마다 이 메서드가 호출된다. 타이머가 동작 중일 때 사용자가 버튼을 클릭할 경우에는 기존의 시간 간격을 제거하고 새로운 시간 간격을 생성한다. 따라서 startTimer() 메서드에서 가장 먼저 처리되어야 할 부분은 setInterval()의 실행 결과로 생성된 시간 간격을 제거해서 기존에 진행되고 있던 카운트다운을 중단시키는 것이다. 실행 중인 타이머의 setInterval 객체는 this.state.timer에 저장된다.

setInterval()의 결과값을 제거할 때는 clearInterval() 메서드를 사용한다. clearInterval() 메서드(http://mng.bz/7104)와 setInterval() 메서드(http://mng.bz/P2d6)는 모두 브라우저 API 메서드다. 즉, 추가적인 라이브러리나 접두사를 사용하지 않고도 window 객체를 통해 두 메서드를 사용할 수 있다(브라우저에서는 window.clearInterval()로 호출해도 실행되지만, Node.js에서는 그렇지 않다). 버튼을 위한 이벤트 핸들러의 첫 번째 줄에서 clearInterval()을 호출한다.

```
class TimerWrapper extends React.Component {
  constructor(props) {
    // ...
  }
  startTimer(timeLeft) {
    clearInterval(this.state.timer)
    // ...
  }
```

기존의 타이머를 제거한 후에는 setInterval()을 호출해서 새로운 타이머를 생성한다. setInterval() 메서드에 전달한 코드가 매초마다 실행될 것이다. this 바인딩을 위해 여기에 화살표 함수를 사용한다. 이렇게 하면 setInterval()에 전달하는 클로저/콜백 함수 내부에서 TimerWrapper 컴포넌트의 상태, 속성, 메서드에 접근할 수 있다.

```
class TimerWrapper extends React.Component {
  constructor(props) {
    // ...
  }
  startTimer(timeLeft) {
    clearInterval(this.state.timer)
    let timer = setInterval(() => {
      // ...
    }, 1000)
    // ...
  }
  render() {
    // ...
  }
}
```

이제 setInterval() 메서드에 전달하는 함수를 구현할 차례다. timerLeft는 타이머에 남은 시간을 나타내는 값이다. 현재 값에서 1을 감소시키고, 0에 도달했는지 확인할 때 timerLeft를 사용한다. timerLeft가 0에 도달한 경우에는 clearInterval()에 호출하여 타이머를 제거하는데, 이때 인자로 setInterval()로 생성한 timer 객체에 대한 참조를 전달한다. timer에 대한 참조는 setInterval()의 클로저에도 저장되어 시간이 지난 후에 콜백함수가 호출될 때 사용된다. 이것은 자바스크립트 유효 범위(scope)의 작동 원리다. 따라서 상태에서 timer 객체의 값을 가져올 필요가 없다.

다음으로 timeLeft 값을 매초마다 저장한다. 이제 사용자가 버튼을 클릭할 때마다 timeLeft와 timer 객체를 저장할 수 있다.

```
//...
startTimer(timeLeft) {
  clearInterval(this.state.timer)
  let timer = setInterval(() => {
    var timeLeft = this.state.timeLeft - 1
    if (timeLeft == 0) clearInterval(timer)
    this.setState({timeLeft: timeLeft})
  }, 1000)
  return this.setState({timeLeft: timeLeft, timer: timer})
}
//...
```

setState() 메서드는 비동기적으로 상태에 새로운 값을 설정한다. setInterval()의 실행 간격은 1000밀리초, 즉 1초다. 앱은 timeLeft와 timer를 갱신해야 하고, 여기에 단순한 변수나 속성을 사용할 수 없으므로 timeLeft와 timer를 상태에 담아 새로운 값을 설정해야 한다. setInterval() 메서드는 자바스크립트 이벤트 루프에서 비동기적으로 실행된다. startTimer 메서드의 끝에서 반환되는 setState() 메서드는 첫 번째 setInterval() 콜백이 실행되기 전에 실행된다. 코드를 이용해 다음과 같이 콘솔 출력을 해보면 쉽게 확인할 수 있다. 예를 들어 다음 코드를 실행하면 콘솔에는 1 다음에 2를 출력한다.

```
...
startTimer(timeLeft) {
  clearInterval(this.state.timer)
  let timer = setInterval(() => {
    console.log('2: Inside of setInterval')
    var timeLeft = this.state.timeLeft - 1
    if (timeLeft == 0) clearInterval(timer)
```

```
      this.setState({timeLeft: timeLeft})
    }, 1000)
    console.log('1: After setInterval')
    return this.setState({timeLeft: timeLeft, timer: timer})
  }
  ...
```

끝으로 TimerWrapper 컴포넌트에서 필수로 구현해야 하는 render() 메서드를 살펴보자. <h2>와 버튼 세 개, Timer 컴포넌트를 반환한다. Twitter Bootstrap의 CSS 클래스인 row-fluid와 btn-group을 사용했다. CSS 클래스는 버튼을 보기 좋게 만드는 용도일 뿐 React와 관련된 기능은 아니다.

```
render() {
  return (
    <div className="row-fluid">
      <h2>Timer</h2>
      <div className="btn-group" role="group" >
        <Button time="5" startTimer={this.startTimer}/>
        <Button time="10" startTimer={this.startTimer}/>
        <Button time="15" startTimer={this.startTimer}/>
      </div>
```

위의 예제 코드를 통해 Button 컴포넌트의 time 속성에 서로 다른 값을 제공해서 재사용하는 방법을 확인할 수 있다. time 속성 값은 버튼 라벨에 서로 다른 시간을 표시하고, 타이머에서 각각 다른 시간을 설정하기 위해 사용된다. Button 컴포넌트의 startTimer 속성은 모든 버튼에서 똑같이 사용되었다. 이 값은 TimerWrapper의 this.startTimer 메서드로 이미 살펴본 것처럼 타이머를 작동시키거나, 초기화하기 위해 사용된다.

다음으로 Timer 컴포넌트에서 "Time left: ...."라는 남은 시간을 알려주는 문구를 렌더링해야 한다. 이를 위해 Timer 컴포넌트에 timeLeft 상태 값을 속성으로 전달해준다. Timer 컴포넌트는 React의 모범 사례를 따르는 상태비저장 컴포넌트이다. React는 TimerWrapper 컴포넌트의 timeLeft 상태가 변경되면, 자동으로 Timer 컴포넌트에 timeLeft를 속성으로 전달하여 페이지의 문구를 갱신한다. Timer 컴포넌트는 나중에 구현할 것이다. 일단은 다음과 같이 Timer 컴포넌트를 사용한다.

```
<Timer timeLeft={this.state.timeLeft}/>
```

또한, <audio> 태그(파일을 가리키는 HTML5 태그)를 사용해서 시간이 모두 지났을 때 알려준다.

```
        <audio id="end-of-time" src="flute_c_long_01.wav" preload="auto"></audio>
      </div>
    )
  }
}
```

참고와 이해를 위해 TimerWrapper 컴포넌트의 전체 코드를 살펴보자(ch11/timer/timer.jsx). 때로는 전체 컴포넌트를 보는 것이 좋을 때도 있다.

예제 코드 11.4 TimerWrapper 컴포넌트

```
class TimerWrapper extends React.Component {
  constructor(props) {
    super(props)
    this.state = {timeLeft: null, timer: null}
    this.startTimer = this.startTimer.bind(this)
  }
  startTimer(timeLeft) {
    clearInterval(this.state.timer) --------- 다른 타이머가 작동 중인 경우에는 타이머를 제거하여 초기화한다.
    let timer = setInterval(() => {
      console.log('2: Inside of setInterval')
      var timeLeft = this.state.timeLeft - 1
      if (timeLeft == 0) clearInterval(timer)
      this.setState({timeLeft: timeLeft}) --------- 남은 시간을 매초마다 감소시켜서 갱신한다.
    }, 1000)
    console.log('1: After setInterval')
    return this.setState({timeLeft: timeLeft, timer: timer})
  }
  render() {
    return (
      <div className="row-fluid">
        <h2>Timer</h2>
        <div className="btn-group" role="group" >
          <Button time="5" startTimer={this.startTimer}/> --------- 서로 다른 시간 값으로 startTimer
          <Button time="10" startTimer={this.startTimer}/>          메서드를 호출하는 버튼을 렌더링한다.
          <Button time="15" startTimer={this.startTimer}/>
        </div>
                                                        "Time left:..." 문구를 렌더링하고
        <Timer timeLeft={this.state.timeLeft}/> --------- 시간이 모두 지나면 소리를 재생한다.
        <audio id="end-of-time" src="flute_c_long_01.wav" preload="auto"></audio> ---------
      </div>                                    시간이 모두 지나면 알람을 울리는 HTML5의 <audio> 태그
    )
  }
}
```

TimerWrapper 컴포넌트에는 많은 로직이 담겨 있다. 다른 컴포넌트는 상태를 저장하지 않으며, 기본적으로 단순하다. 그렇지만 나머지 두 컴포넌트도 구현해야 한다. 남은 시간이 0에 도달하면 TimerWrapper 컴포넌트의 <audio> 태그에서 소리가 재생된다는 점을 기억하고 있을 것이다. 이어서 Timer 컴포넌트를 구현해보자.

11.4 Timer 컴포넌트

REACT

Timer 컴포넌트의 목표는 남은 시간을 보여주고, 시간이 모두 지났을 때 소리를 재생하는 것이다. Timer 컴포넌트는 상태비저장 컴포넌트다. 클래스를 구현하고 **timeLeft** 속성 값이 0인지 확인한다.

```
class Timer extends React.Component {
  render() {
    if (this.props.timeLeft == 0) {
      // ...
    }
    // ...
  }
}
```

이 프로젝트에서는 HTML5 <audio> 요소를 사용하여 flute_c_long_01.wav 파일을 재생한다. 앞서 TimerWrapper 컴포넌트에 <audio> 요소를 추가하여 WAV 파일 경로를 지정하고, **id**는 **end-of-time**으로 작성했다. 자바스크립트 **getElementById()**를 이용해서 DOM 노드를 가져온 후, HTML5에서 제공되는 자바스크립트 기능인 **play()**를 호출하면 된다. HTML5, jQuery 3[2], 심지어 Angular 4처럼 다른 자바스크립트를 사용한 도구들과 React를 함께 다루는 방법을 살펴볼 수 있다.

```
class Timer extends React.Component {
  render() {
    if (this.props.timeLeft == 0) {
```

2 브라우저 이벤트 또는 jQuery와 통합하는 예제는 6장에서 확인할 수 있다.

```
      document.getElementById('end-of-time').play()
    }
    // ...
```

앞서 설명한 것처럼 처음에는 타이머가 실행 전이어서 남은 시간을 "0"으로 표시하지 않는다. 따라서 예제 코드 11.4에서 본 `TimerWrapper` 컴포넌트에서 `timeLeft` 값을 처음에는 `null`로 설정했다. `timeLeft` 값이 `null`이거나 `0`이면 `Timer` 컴포넌트는 빈 `<div>`를 렌더링한다. 즉, 앱이 "0"을 출력하지 않는 것이다.

```
if (this.props.timeLeft == null || this.props.timeLeft == 0)
  return <div/>
```

반대로 `timeLeft` 값이 0보다 큰 경우에는 남은 시간을 보여주는 `<h1>` 요소를 보여준다. 다시 말해, 타이머가 작동 중일 때는 남은 시간을 보여줘야 한다는 것이다.

```
return <h1>Time left: {this.props.timeLeft}</h1>
```

참고로 `Timer` 컴포넌트의 전체 코드를 살펴보면 다음과 같다(ch11/timer/timer.jsx).

예제 코드 11.5 남은 시간을 보여주는 Timer 컴포넌트

```
class Timer extends React.Component {
  render() {
    if (this.props.timeLeft == 0) {
      document.getElementById('end-of-time').play() --------- 시간이 종료되면 소리를 재생한다.
    }
    if (this.props.timeLeft == null || this.props.timeLeft == 0)
      return <div/> --------- 처음에는 아무것도 표시하지 않는다.
    return <h1>Time left: {this.props.timeLeft}</h1> --------- 남은 시간을 알려주는 "Time left:..." 문구를 표시한다.
  }
}
```

`Timer` 컴포넌트에서 남은 시간을 표시하려면 먼저 타이머를 실행해야 한다. 버튼을 클릭해야 타이머를 실행할 수 있기 때문이다. 이어서 귀엽고 작은 버튼을 구현해보자!

11.5 Button 컴포넌트

DRY 원칙[3]에 따라, 한 가지 Button 컴포넌트를 생성한 후 세 번 사용하여 서로 다른 버튼 세 개를 보여줄 것이다. Button 컴포넌트는 매우 간단하며 리액티브 프로그래밍(reactive programming)의 사고방식을 따르는 상태비저장 컴포넌트이기는 하지만, 이벤트 핸들러가 있어 Timer처럼 간단하지는 않다.

버튼에는 반드시 onClick 이벤트 핸들러를 두어 사용자가 버튼을 클릭하는 것을 감지해야 한다. 사용자가 버튼을 클릭하면 카운트다운이 시작된다. 타이머를 실행하는 메서드는 Button 컴포넌트에서 구현하지 않고, 부모 컴포넌트인 TimerWrapper 컴포넌트에서 구현하여 Button 컴포넌트로 전달되어 this.props.startTimer로 접근한다. 그렇지만 TimerWrapper의 startTimer 메서드에 5초, 10초, 15초 같은 시간을 전달하려면 어떻게 해야 할까? 다음 TimerWrapper 컴포넌트 코드를 살펴보면 속성 time으로 시간을 전달하는 것을 확인할 수 있다.

```
<Button time="5" startTimer={this.startTimer}/>
<Button time="10" startTimer={this.startTimer}/>
<Button time="15" startTimer={this.startTimer}/>
```

위의 코드에서는 Button 컴포넌트를 재사용해서 버튼 세 개를 렌더링한다. 사용자가 선택한 시간을 알기 위해서는 this.props.time의 값을 this.props.startTimer의 인자로 전달해야 한다. 그렇지만 가령 다음과 같이 코드를 작성하면 제대로 작동하지 않는다.

```
// 작동하지 않는다. 이벤트 핸들러로 함수 정의를 전달해야 한다.
<button type="button" className='btn-default btn'
  onClick={this.props.startTimer(this.props.time)}>
  {this.props.time} seconds
</button>
```

onClick에는 함수 호출이 아니라 반드시 함수 정의를 전달해야 한다. 이렇게 작성하면 어떨까?

---

3 DRY 원칙은 Don't Repeat Yourself의 약자로, "모든 지식은 시스템 내에서 유일하고 중복이 없으며 권위 있는 표상만을 가진다"라는 말로 기술된다. 위키피디아의 '중복배제(Don't Repeat Yourself, http://mng.bz/1K5k)' 페이지와 앤드류 헌트(Andrew Hunt)의 책 《실용주의 프로그래머》(The Pragmatic Programmer: From Journeyman to Master, Addison-Wesley Professional 출판사, 1999년 출간, http://amzn.to/2ojjXoY)를 참고하기 바란다.

```
// 오호라, 제대로 된 방법을 선택했구먼, 젊은이.
<button type="button" className='btn-default btn'
  onClick={()=>{this.props.startTimer(this.props.time)}}>
  {this.props.time} seconds
</button>
```

그렇다. 위의 예제 코드에서는 정상적인 값을 전달하고 있다. 올바른 방법은 다음과 같다. 중간 처리를 하는 함수에서 다른 시간 값을 전달한다. 클래스 메서드를 생성하면 더 우아하게 만들 수도 있다. 또 다른 방법은 중간 처리를 위한 함수를 사용하는 대신 `bind()`를 이용해 커링(currying)으로 처리하는 것이다.

```
onClick = {this.props.startTimer.bind(null, this.props.time)}
```

`bind()` 메서드가 함수 정의를 반환한다는 것을 기억하고 있을 것이다. `onClick` 또는 다른 이벤트의 핸들러로는 함수 정의를 전달할 수 있으면 충분하다.

`Button` 컴포넌트로 돌아가자. 예제 코드 11.6을 보면 `onClick` 이벤트 핸들러는 클래스 메서드인 `this.startTimer`를 호출하고, 여기에서 속성으로 전달받은 `this.props.startTimer`를 호출한다. `this.startTimer`에 `bind(this)`를 적용했으므로 `this` 객체를 통해 `this.props.startTimer`에 접근할 수 있다.

`Button` 컴포넌트의 전체 코드를 살펴보면 상태비저장 컴포넌트라는 점을 확인할 수 있다(ch11/timer/timer.jsx). 따라서 `Button` 컴포넌트를 클래스 대신 함수로 리팩토링할 수도 있다.

예제 코드 11.6 카운트다운을 실행시키는 Button 컴포넌트

```
class Button extends React.Component {
  startTimer(event) { --------- 적절한 time 값을 이용해서 타이머를 실행하거나 초기화한다.
    return this.props.startTimer(this.props.time)
  }
  render() { --------- Button 컴포넌트의 UI를 렌더링한다.
    return <button type="button" className='btn-default btn'
      onClick={this.startTimer.bind(this)}> --------- onClick 이벤트를 감지한다.
        {this.props.time} seconds
    </button>
  }
}
```

Button 컴포넌트와 TimerWrapper 컴포넌트에서 startTimer()처럼 반드시 같은 메서드 이름을 사용할 필요는 없다. React 워크숍을 진행하다 보면, 내가 메서드에 같은 이름을 사용했을 때 많은 사람이 혼란스러워했다. 어떤 사람들은 같은 이름을 사용하면 추적하기 더 편하다고 말하기도 했다. Button 컴포넌트의 메서드를 handleStartTimer() 같은 다른 이름으로 붙여도 된다. 개인적으로는 서로 다른 컴포넌트에서 속성, 메서드, 상태에 같은 이름을 사용하는 것이 더 도움이 되었다.

Timer 컴포넌트의 이름도 소리를 재생하기 위해 play() 메서드를 실행하는 부분만 아니라면 TimerLabel로 변경해도 좋을 것이다. 이 외에도 개선이나 리팩토링할 여지가 있을까? 물론이다! 이 장의 "과제"를 살펴보자.

축하한다. 이제 공식적으로 코딩이 끝났다. 직접 실행해보고, 업무[4]나 취미 생활에 이 타이머를 사용하자.

11.6 실행하기

REACT

JSX를 자바스크립트로 변환하기 위해서 Babel 버전 6.9.5의 명령을 실행한다. Babel 명령줄 도구와 프리셋 설정을 모두 설치한 경우를 가정한다(힌트: package.json!).

```
$ ./node_modules/.bin/babel timer.jsx -o timer.js -w
```

이 장의 앞부분에서 package.json에 빌드 스크립트를 추가했다면, 위의 명령 대신 npm run build를 실행해도 된다.

모든 것이 제대로 실행되었다면 그림 11-4처럼 아름다운 타이머 애플리케이션을 사용할 수 있을 것이다. 시간이 모두 지났을 때 울리는 알람을 들으려면 듣고 있던 음악은 미리 꺼두는 것이 좋다.

앱이 정상적으로 작동하는지 살펴보자. 매초마다 남은 시간의 숫자가 변경되어야 한다. 버튼을 클릭하면 새로운 카운트다운이 시작되어야 한다. 즉, 클릭할 때마다 타이머가 중단되고 다시 시작되어야 한다.

4 포모도로 기법(Pomodoro technique, https://cirillocompany.de/pages/pomodoro-technique)을 통해 생산성을 향상시켜 보자.

▼ 그림 11-4 15초 버튼을 클릭하여 타이머를 실행했다. 남은 시간은 14초다.

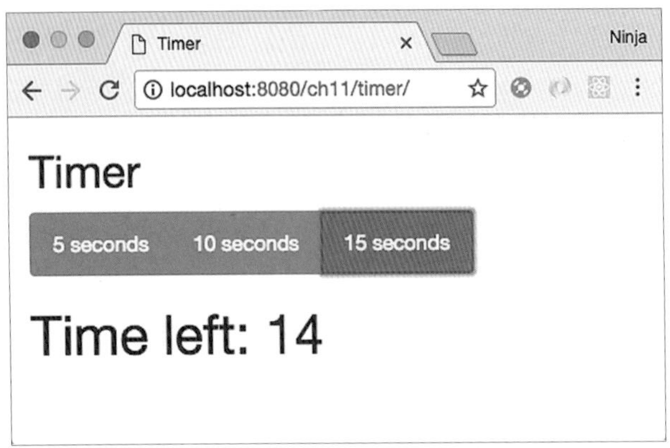

11.7 과제

추가 점수를 받고 싶은 학생이 있다면 다음 과제를 해결해보자.

- `Timer` 컴포넌트를 화살표 함수를 이용한 상태비저장 컴포넌트로 구현해보자.
- 타이머를 중단했다가 다시 시작할 수 있는 일시정지/재시작 버튼을 구현해보자.
- 카운트다운을 중지하고 남은 시간을 감추는 취소 버튼을 구현해보자.
- 남은 시간을 원래 선택한 시간(5초, 10초, 15초)으로 돌려놓는 초기화 버튼을 구현해보자.
- 이 프로젝트의 최종 버전을 5초, 10초, 15초 대신 5분, 10분, 15분을 선택할 수 있도록 수정해보자.
- `TimerWrapper` 컴포넌트의 `<audio>` 태그와 `Timer` 컴포넌트가 호출하는 `play()` 메서드의 결합을 분리해보자.
- 프로젝트가 최대한 느슨하게 결합된 네 개의 파일, 즉 timer.jsx, timer-label.jsx, timer-button.jsx, timer-sound.jsx로 구성되도록 리팩토링해보자.
- 시간 변화에 따라 변경되는 슬라이더 버튼을 구현해보자(슬라이더를 통합하는 예제는 6장에서 다뤘다).

ch11 폴더 아래 새로운 디렉터리에 코드를 추가한 후, 이 책의 깃허브 저장소(https://github.com/azat-co/react-quickly)에 풀리퀘스트로 제출하면 된다.

11.8 요약

- 컴포넌트를 단순하고 최대한 표현에 가깝게 유지해야 한다.
- 속성 값으로 데이터는 물론 함수도 전달할 수 있다.
- 부모 컴포넌트를 사용하여 두 컴포넌트 간에 데이터를 교환할 수 있다.

제 2 부

React 아키텍처

2부에 온 것을 환영한다. 여기까지 잘 공부했다면 React의 가장 중요한 개념, 기능, 패턴을 익히고, React로의 여행을 떠날 준비를 마친 것이다. 1부에서는 단순한 UI 요소를 만드는 방법을 익혔다. 웹 UI 개발은 React의 핵심 기능만으로도 충분하다. 그렇지만 React 개발자가 완전한 프론트엔드 앱을 개발하기 위해서는 React뿐만 아니라 React 커뮤니티가 개발한 오픈 소스 모듈에도 의존하게 된다. 오픈 소스 모듈은 대부분 깃허브와 npm을 통해 사용할 수 있어 접근하기 쉽다. 그냥 설치해서 사용하면 된다.

2부에서는 **React 스택**이라고 할 수 있는 React와 함께 많이 사용되는 가장 인기 있고 성숙도가 높은 라이브러리를 살펴본다. 어떤 개발자들은 농담 삼아 이 조합을 **React와 친구들**이라고 부르기도 한다. 12장부터 17장에서는 Webpack을 통한 정적 자원 관리, React Router를 이용한 URL 라우팅, 데이터 플로우를 위한 Redux와 GraphQL, Jest를 이용한 테스트, Express와 Node.js를 이용한 유니버셜 React에 대해 배우게 될 것이다. 이어서 1부와 마찬가지로 18장부터 20장까지 현실적인 프로젝트를 수행해본다.

너무 많은 것처럼 느껴질 수 있도 있겠지만, 여러 책을 읽고 써본 나의 경험에 비춰볼 때, 기본기나 단순한 예제로는 독자에게 좋은 가치를 제공할 수 없고 실제 적용 사례를 보여주기에는 부족한 점이 많다. 따라서 2부에서는 React 스택에 대해서 배우고 직접 다뤄볼 것이다. 흥미롭고 복잡한 프로젝트가 여러분을 기다리고 있다. 2부를 마치고 나면 데이터 플로우는 물론, 괴물 같은 Webpack을 설정하는 비법을 터득하고, 개발자 모임에 나가서 제법 아는 척을 할 수 있게 될 것이다.

그럼 계속 읽어보자.

12장

Webpack 빌드 도구

이 장의 주요 내용을 동영상으로 볼 수 있습니다.
QR 코드를 스캔하거나 http://reactquickly.co/videos/ch12
로 접속하세요.

이 장에서 살펴볼 주제

- 프로젝트에 Webpack 추가하기
- 코드 모듈화
- Webpack 실행과 빌드 테스트
- 핫 모듈 대체 사용하기

React와 친구들을 살펴보기 전에 최신 웹 개발 기법에 필수적인 **빌드 도구**(또는 **번들러**(bundler)[1])에 대해서 먼저 알아보자. 이어지는 장에서는 이 빌드 도구를 활용해서 여러분이 작성한 코드를 애플리케이션을 실행할 수 있는 최소 단위의 파일로 묶고, 편리하게 배포하도록 준비할 것이다. 우리가 살펴볼 빌드 도구는 Webpack(https://webpack.js.org)이다.

빌드 도구를 다뤄본 적이 없거나 Grunt, Gulp, Bower 등만 사용해봤다면, 이번 장이 도움이 될 것이다. 이 장에서는 Webpack의 설치, 설정, 프로젝트 적용 방법에 대해 배운다. 또한, 실시간 서버에서 작동 중인 모듈의 변경 사항을 즉시 반영시킬 수 있는 Webpack의 핫 모듈 대체(Hot Module Replacement, HMR) 기능에 대해서도 다룬다.

우선 Webpack의 역할에 대해서 먼저 살펴보자.

> **Note** create-react-app(https://github.com/facebookincubator/create-react-app) 같은 코드 생성도구를 사용하면 보일러플레이트 코드를 생성해주어 프로젝트를 빠르게 시작할 수 있다. create-react-app도 다른 모듈과 함께 Webpack과 Babel을 사용한다. 그렇지만 이 책에서는 좀 더 근본적인 내용을 설명하기 위해서 코드 생성도구를 사용하지 않을 것이다. 대신에 직접 Webpack을 설정하면서 각각의 부분을 잘 이해할 수 있을 것이다. 코드 생성도구에 관심이 있다면 직접 살펴보는 것도 좋다. 명령어 몇 번이면 간단하게 실행할 수 있다.

> **Note** 이 장의 예제 코드는 https://github.com/gilbutITbook/006961 또는 https://github.com/azat-co/react-quickly/tree/master/ch12에서 확인할 수 있다(깃허브 저장소 https://github.com/azat-co/react-quickly의 ch12 폴더다).

12.1 Webpack의 역할

요즘 웹 개발자로 일하는 많은 사람은 물론이고 사돈의 팔촌까지 Webpack에 대해 이야기하는 이유를 생각해본 적이 있는지 모르겠다. Webpack의 핵심은 여러분이 작성한 자바스크립트 파일을 최적화하여 적은 수의 파일로 사용자 요청을 처리하는 것이다. 인기 있는 사이트의 서버 부담을

---

1 역주 번들러(bundler)는 번들(bundle)을 만드는 도구를 의미한다. Webpack 같은 빌드 도구는 다수의 자바스크립트 파일과 정적 자원을 모아 소수의 파일로 만들기 때문에 완료된 결과물을 번들이라고 할 수 있을 것이다. 또한, 이렇게 번들을 생성하는 과정을 번들링(bundling)이라고 한다.

줄이고, 사용자가 페이지를 불러오는 시간도 줄일 수 있다. 물론 그렇게 간단하지만은 않다. 자바스크립트는 종종 재사용이 편리한 모듈로 작성된다. 그렇지만 다른 모듈에 의존하거나, 의존한 모듈이 다시 다른 모듈을 의존하고 있기도 하다. 이렇게 불러올 모듈을 파악하기 위해 의존 관계를 추적하는 작업을 직접 해야 한다면 머리가 매우 아플 것이다.

`myUtil`이라는 유틸리티 모듈을 accounts.jsx, transactions.jsx 등 여러 React 컴포넌트에 사용하고 있다고 가정해보자. Webpack 같은 도구를 사용하지 않으면 개별 컴포넌트를 사용할 때마다 수동으로 `myUtil`을 의존성으로 추가해주어야 한다. 또한, `myUtil`을 의존하고 있는 다른 컴포넌트에서 이미 `myUtil`을 불러온 후에 불필요하게 두세 번씩 다시 불러오게 될 수도 있다. 물론 이것은 매우 단순한 예시에 불과하다. 실제 프로젝트에서는 서로 다른 모듈에서 의존하는 수십 혹은 수백 가지의 의존 모듈이 존재하기도 한다. 이런 상황에 Webpack을 이용하면 도움을 받을 수 있다.

Webpack은 세 가지 자바스크립트 모듈인 CommonJS(http://www.commonjs.org), AMD(https://github.com/amdjs/amdjs-api/wiki/AMD), ES6 모듈(http://mng.bz/VjyO)을 모두 지원한다. 따라서 여러 가지 모듈이 뒤죽박죽된 상황이라도 걱정할 필요가 없다. Webpack이 프로젝트 내 모든 자바스크립트의 의존성을 분석한 후 다음과 같은 작업을 수행한다.

- 모든 의존 모듈을 올바른 순서로 불러오도록 한다.
- 모든 의존 모듈을 한 번씩만 불러오도록 한다.
- 자바스크립트 파일이 가능한 한 적은 파일로 묶여지도록 한다(이것을 **정적 자원**이라고 부른다).

Webpack은 **코드 분리**와 정적 자원에 대한 **해시 적용** 기능도 지원하므로 특정 상황에서만 필요한 코드 블록을 정의할 수 있다. 이렇게 분리한 코드 블록은 다른 자원과 함께 묶이지 않고 필요한 시점에 불러올 수 있다. 이런 기능을 선택적으로 적용할 수 있으므로 자바스크립트와 배포를 좀 더 최적화할 수 있다.

> **Note** ≡ 코드 분리와 정적 자원에 대한 해시 적용은 이 책의 주제에서 벗어난다. 더 자세한 정보는 Webpack 웹사이트에서 확인할 수 있다(https://webpack.js.org/guides/code-splitting/).

사실 Webpack은 자바스크립트만을 위한 도구는 아니다. **로더**(loader)를 이용하면 다른 정적 자원에 대한 전처리도 가능하다. 예를 들어 번들링을 수행하기 전에 다음과 같은 작업을 할 수 있다.

- JSX, Jade, CoffeeScript 파일을 자바스크립트 파일로 변환한다.
- ES6 미지원 브라우저를 대응하기 위해 ES6+ 코드를 ES5 코드로 변환한다.
- Sass나 Compass로 작성된 스타일 파일을 CSS로 변환한다.
- 스프라이트 이미지를 하나의 PNG 파일이나 JPG 파일 또는 인라인 데이터 URI 이미지로 최적화한다.

여러 종류의 파일 형식을 위한 다양한 로더를 사용할 수 있다. 또한, Webpack의 작동을 변경할 수 있는 플러그인도 홈페이지에서 찾아볼 수 있다. 만약 필요한 기능을 찾을 수 없다면 문서의 설명을 따라서 직접 플러그인을 만들 수도 있다. 이 책에서는 다음과 같은 작업에 Webpack을 사용할 것이다.

- npm 의존 모듈을 관리하고 번들링하여 일일이 인터넷에서 내려받거나 HTML의 `<script>` 태그에 추가하지 않아도 사용할 수 있도록 한다.
- JSX를 일반적인 자바스크립트로 변환하고 디버깅 편의를 위해 소스맵을 제공한다.
- 스타일을 관리한다.
- 핫 모듈 대체를 적용한다.
- 개발용 웹 서버(`webpack-dev-server`)를 실행한다.

webpack.config.js 파일을 이용하면 Webpack의 로드, 전처리, 번들링 과정을 설정할 수 있다. 그렇지만 우선은 Webpack의 설치 방법과 프로젝트에 적용하는 방법을 살펴보자.

12.2 프로젝트에 Webpack 적용하기

REACT

Webpack을 시작하는 과정을 설명하기 위해 7장에서 다뤘던 프로젝트를 수정해보자. 이 프로젝트는 그림 12-1과 같다. 이메일과 댓글 입력 영역이 있고, CSS 파일 두 개와 `Content` 컴포넌트가 하나 있다.

▼ 그림 12-1 Webpack을 사용하기 전의 원본 이메일 프로젝트

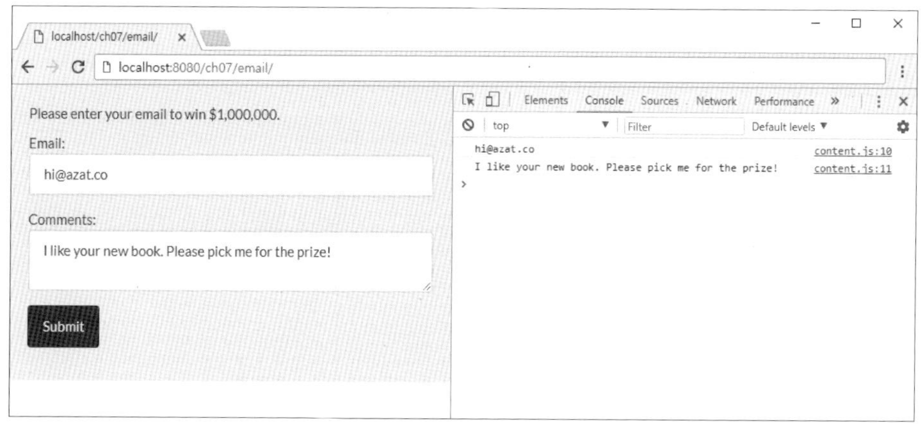

새로운 프로젝트 구조는 다음과 같다. 7장의 프로젝트와 다른 부분을 표시했다.

```
/email-webpack
  /css
    bootstrap.css
    main.css
  /js --------- react.js 또는 react-dom.js 파일을 포함하지 않는다.
    bundle.js --------- 전체 스크립트
    bundle.js.map --------- 개발자 도구에서 줄번호를 표시하기 위한 소스맵 파일
  /jsx
    app.jsx --------- ReactDOM.render 문
    content.jsx
  /node_modules --------- Webpack, Babel 외에 컴파일 대상인 의존 모듈
  index.html
  package.json --------- Babel 설정과 기타 프로젝트 정보
  webpack.config.js --------- Webpack 설정
  webpack.dev-cli.config.js
  webpack.dev.config.js
```

이 구조를 7장에서 살펴본 Webpack을 사용하지 않은 구조와 비교해보자.

```
/email
  /css
    bootstrap.css
  /js
    content.js --------- 메인 컴포넌트를 포함한 컴파일된 스크립트
    react.js
    react-dom.js
```

```
    script.js
  /jsx
    content.jsx
    script.jsx --------- JSX에 ReactDOM.render() 문이 있다.
  index.html
```

Note 아직 Node.js와 npm을 설치하지 않았다면 바로 지금이 설치해야 할 때다. 이 장의 내용을 진행하려면 반드시 설치해야 한다. 설치 방법은 부록 A를 참고하기 바란다.

이번 절의 내용은 다음 단계를 따라 진행하겠다.

1. Webpack 설치하기
2. 의존 모듈을 설치하고 package.json에 저장하기
3. webpack.config.js를 통해 Webpack 설정하기
4. 개발 서버(`webpack-dev-server`)와 핫 모듈 대체 설정하기

그럼 시작해보자.

12.2.1 Webpack과 의존 모듈 설치

Webpack을 사용하려면 package.json에서 볼 수 있는 것처럼 몇 가지 의존 모듈을 추가해야 한다.

- **Webpack**: 번들러 도구(npm 패키지 이름은 `webpack`이다). 이 책에서는 버전 2.4.1을 사용한다.[2]
- **로더**: 스타일, CSS, 핫 모듈 대체, Babel 및 JSX 전처리기(npm 패키지 이름은 각각 `style-loader`, `css-loader`, `react-hot-loader`, `babel-loader`, `babel-core`, `babel-preset-react`이다). package.json 파일에 명시된 버전을 사용한다.
- **Webpack 개발 서버**: Express 기반의 개발 서버로 HMR 기능을 사용할 수 있다(npm 패키지 이름은 `webpack-dev-server`이다). 이 책에서는 버전 2.4.2를 사용한다.

2 역주 이 책을 번역하는 시점의 Webpack의 최신 버전은 3.10.0이다. 이 책에서 설명하는 버전과 메이저 버전이 변경되었지만, Webpack 팀에 따르면 Webpack 모듈을 새로운 버전으로 설치하는 것 외에는 특별한 작업을 수행할 필요가 없으며, 대부분의 사용자가 큰 문제 없이 버전 변경에 성공했으므로 안심해도 좋을 것이라고 설명하고 있다(https://goo.gl/VRA1J7).

각 모듈을 일일이 설치하는 것보다는 깃허브 저장소에 있는 예제 코드 12.1의 package.json 파일(ch12/email-webpack/package.json)을 새로 생성할 프로젝트에 복사해서 사용하는 것을 추천한다(프로젝트 구조는 앞에서 살펴봤다). package.json 파일을 복사한 후 프로젝트의 최상위 폴더에서 `npm i` 또는 `npm install` 명령을 실행하여 의존 모듈을 설치한다. 이렇게 하면 모듈 10개를 놓치는 것 없이 모두 설치할 수 있다(Node.js에서 모듈과 **패키지**는 동의어다). 또한, 내가 사용하는 모듈의 버전과 여러분이 사용하는 모듈의 버전을 동일하게 유지할 수 있다. 사용하는 모듈의 버전이 크게 차이 나는 경우에는 앱이 제대로 작동하지 않을 수도 있다.

예제 코드 12.1 개발 환경 설정하기

```
{
  "name": "email-webpack",
  "version": "1.0.0",
  "description": "",
  "main": "index.js",
  "scripts": {
    "build": "./node_modules/.bin/webpack -w", --------- 편의를 위해 Webpack 빌드 명령을 npm 스크립트에 추가한다.
    "wds-cli": "./node_modules/.bin/webpack-dev-server --inline --hot --module-
    bind 'css=style-loader!css-loader' --module-bind 'jsx=react-hot-loader!babel-
    loader' --config webpack.dev-cli.config.js",
    "wds": "./node_modules/.bin/webpack-dev-server --config webpack.dev.config.js"
  },
  "author": "Azat Mardan",
  "license": "MIT",
  "babel": {
    "presets": [
      "react" --------- Babel이 사용할 preset을 지정한다
                        (여기서는 JSX를 위해 react를 지정했다. ES6 이상은 선택적으로 적용할 수 있다).
    ]
  },
  "devDependencies": {
    "babel-core": "6.13.2",
    "babel-loader": "6.4.1", --------- Babel 로더를 설치하여 JSX를 처리한다.
    "babel-preset-react": "6.5.0",
    "css-loader": "0.23.1", --------- css-loader를 설치하여 자바스크립트에서 CSS를 불러올 수 있게 하고,
                                      styles-loader를 이용해서 CSS를 웹 페이지에 주입한다.
    "react": "15.5.4",
    "react-dom": "15.5.4",
    "react-hot-loader": "1.3.1", --------- React HMR 로더를 설치한다.
    "style-loader": "0.13.1",
    "webpack": "2.4.1", --------- Webpack을 지역 모듈로 프로젝트에 설치한다(추천사항).
    "webpack-dev-server": "2.4.2" --------- webpack-dev-server를 지역 모듈로 프로젝트에 설치한다(추천사항).
  }
}
```

package.json의 `babel` 항목은 1부에서 이미 다룬 내용이라 익숙할 것이므로 크게 설명하지 않으려고 한다. 기억을 되살리는 차원에서 간단히 설명하면 이 항목은 Babel이 JSX를 자바스크립트로 변환하도록 설정한다. ES6를 사용할 수 없는 브라우저를 지원해야 하는 경우에는 다음과 같이 `es2015` 프리셋을 추가해야 한다.

```
"babel": {
  "presets": [
    "react",
    "es2015"
  ]
},
```

그리고 `babel-preset-es2015`를 `devDependencies`에 추가한다.

```
"devDependencies": {
  "babel-preset-es2015": "6.18.0",
  ...
}
```

새로운 의존 모듈뿐만 아니라 npm 스크립트도 있다. package.json의 `scripts` 항목에 있는 명령은 선택사항이지만 매우 권장하는 방식이다. React와 Node.js를 사용할 때 npm 스크립트로 실행과 빌드 명령을 처리하는 것이 모범 사례이기 때문이다. 물론 모든 빌드를 npm 스크립트를 사용하지 않고 수동으로 실행할 수도 있겠지만, 매번 긴 명령어를 입력하는 것이 좋을 리가 없다.

Webpack을 실행할 때는 `npm run build` 명령 또는 `./node_modules/.bin/webpack -w`를 직접 실행할 수 있다. `-w` 플래그는 **감시**(watch)를 의미하는데, 소스 코드가 변경되는지 계속해서 감시하고 변경이 있을 때 번들을 다시 빌드하는 기능이다. 즉, Webpack이 자동으로 변경을 반영하기 위해 계속해서 실행된다. 물론 필요한 모든 모듈을 `npm i` 명령으로 설치해야 한다.

`webpack -w` 명령은 기본적으로 webpack.config.js 파일을 기준으로 실행된다. 이 파일 없이는 Webpack을 실행할 수 없다. 다음으로 webpack.config.js 파일을 생성해보자.

> **Note** ≡ package.json의 npm 스크립트 중 `wds`와 `wds-cli` 명령에 대해서는 12.5절에서 설명한다.

12.2.2 Webpack 설정

Webpack이 번들링을 하기 위해서는 처리할 대상(소스 코드)과 로더를 이용한 처리 방법을 전달받아야 한다. 이런 역할을 하는 것이 프로젝트 최상위에 있는 webpack.config.js 파일이다. 우리가 살펴볼 프로젝트에서 Webpack으로 처리하는 일을 간단히 정리하면 다음과 같다.

- JSX 파일을 자바스크립트 파일로 변환한다: `babel-loader`, `babel-core`, `babel-preset-react`
- `css-loader`(https://github.com/webpack/css-loader)를 이용해서 `require`로 CSS를 불러오고, `url`과 `imports`를 처리한다.
- `style-loader`(https://github.com/webpack/style-loader)를 이용해서 CSS를 `<style>` 태그로 삽입한다.
- 모든 자바스크립트 파일을 bundle.js 파일이라는 하나의 파일로 묶는다.
- 소스맵을 통해 개발자 도구에서 적절하게 소스 코드의 행을 확인할 수 있게 한다.

Webpack을 사용하기 위해서는 자체적인 설정 파일이 필요하다(email-webpack/webpack.config.js).

예제 코드 12.2 Webpack 설정 파일

```
module.exports = {
  entry: './jsx/app.jsx', --------- 빌드를 시작할 파일을 정의한다(일반적으로 다른 파일을 불러오는 메인 파일이다).
  output: {
    path: __dirname + '/js/', --------- 번들링이 끝난 파일의 경로를 정의한다.
    filename: 'bundle.js' --------- index.html에서 사용할 번들링이 끝난 파일의 파일 이름을 정의한다.
  },
  devtool: '#sourcemap', --------- 컴파일된 소스 코드에서 원본 JSX 소스 코드로 적절하게 연결되도록 한다.
                                   개발자 도구를 통해 디버깅할 때 유용한 기능이다.
  module: {
    loaders: [
      { test: /\.css$/, loader: 'style-loader!css-loader' }, --------- 자바스크립트에서 CSS를
                                   불러온 후 웹페이지에 삽입할 수 있도록 로더를 지정한다.
      {
        test: /\.jsx?$/,
        exclude: /(node_modules)/,
        loaders: ['babel-loader'] --------- JSX 변환을 위한 로더를 지정한다
                                   (필요에 따라 ES6 이상의 코드도 변환한다).
      }
    ]
  }
}
```

devtool 속성으로 소스맵을 생성하도록 지정하면 원본 소스의 줄번호를 확인할 수 있으므로 개발 단계에서 유용하다. 이제 프로젝트에 Webpack을 실행할 준비를 마쳤고, 다른 Webpack 기반의 프로젝트도 설정할 수 있을 것이다.

Note ≡ 설정 파일

필요하다면 설정 파일을 여러 개 사용할 수도 있다. 개발 환경, 실제 환경, 테스트 환경 또는 다른 목적의 빌드에 따라 설정할 수 있어 편리하다. 예제의 프로젝트 구조를 보면 내가 생성한 다음 파일을 확인할 수 있다.

```
webpack.dev-cli.config.js
webpack.dev.config.js
```

파일 이름은 여러분이나 동료가 이해할 수 있는 이름이면 어떤 이름이라도 괜찮다. 파일 이름을 Webpack에 전달할 때는 --conifg 옵션을 이용한다. 설정 파일에 대해서는 12.4절에서 더 자세히 다룬다.

Webpack의 기능은 다양하지만, 여기서는 기본적인 기능을 다룰 것이다. 기본적인 지식만으로도 JSX를 컴파일하고, 소스맵을 생성하고, CSS를 불러와서 삽입하고, 자바스크립트를 하나의 파일로 묶는 과정을 실행하는 데는 어려움이 없을 것이다. Webpack의 기능을 더욱 활용하고 싶다면 공식 문서를 참고하거나, 유호 벱살라이넨(Juho Vepsäläinen)이 쓴 책 《SurviveJS》(https://survivejs.com)를 추천한다.

이제 Webpack의 능력을 JSX에 적용할 준비가 끝났다.

12.3 코드 모듈화

R E A C T

7장에서 살펴본 이메일 앱은 전역 객체와 <script>를 사용했다. 이 책의 설명이나 간단한 앱에서는 나쁘지 않은 방법이다. 그렇지만 규모가 큰 앱에서 전역을 사용하면 이름이 충돌하거나 여러 개의 <script> 태그가 중복으로 포함되지 않도록 관리해야 하는 문제가 생길 수 있다. 이 경우 CommonJS 문법을 사용해서 Webpack에 의존성 관리를 맡길 수 있다. Webpack을 이용하면 webpack.config.js의 설정에 따라 반드시 필요한 의존 모듈만 추가하고, bundle.js 파일 하나로 묶어준다.

모듈화를 통해 코드를 정리하는 것은 React뿐만 아니라 일반적인 소프트웨어 엔지니어링의 모범 사례라고 할 수 있다. Browserify, SystemJS 같은 다른 번들러나 모듈 로더를 사용하는 경우에도 CommonJS/Node.js 문법(`require`와 `module.exports`)을 사용할 수 있다. 따라서 이 절에서 살펴볼 코드를 전역에서 분리해서 리팩토링하면 다른 시스템에도 옮길 수 있다.

이 책을 쓰는 시점에서 `import` 문(http://mng.bz/VjyO)은 Edge 브라우저에서만 지원되고, Node.js에서는 지원되지 않는다.[3] `import` 문법을 사용하는 ES6 모듈을 사용하려면 추가적인 Webpack 설정이 필요하다. `import` 문법은 CommonJS의 `require`와 `module.exports` 문법을 대체하는 동일한 기능이 아니며 다르게 작동한다. 따라서 다음 예제 코드(ch12/email-webpack/jsx/app.jsx)에서는 app.jsx 파일을 HTML `<script>` 태그와 전역 객체를 사용하는 대신, `require()`와 `module.exports`를 사용하는 방법으로 리팩토링한다. 또한, `style-loader`를 사용하므로 CSS 파일도 `require`로 불러올 수 있고, Babel 로더를 사용하므로 JSX 파일도 `require`로 불러온다.

예제 코드 12.3 app.jsx 리팩토링

```
require('../css/main.css') --------- style-loader와 css-loader를 사용하므로
                                     CSS를 불러와서 웹페이지에 삽입한다.

const React = require('react') --------- JSX 문법(React.createElement())을 사용하려면 React를 불러와야 한다.
const ReactDOM = require ('react-dom')
const Content = require('./content.jsx') --------- Content를 불러온다.

ReactDOM.render(
  <Content />,
  document.getElementById('content')
)
```

반면에 7장에서 작성했던 ch07/email/jsx/script.jsx 파일은 다음과 같다.

```
ReactDOM.render(
  <Content />,
  document.getElementById('content')
)
```

예전 파일이 더 작기는 하지만, 이 경우는 단순한 것을 아름답다고 할 수 없는 희귀한 경우다. 전역의 `Content`, `ReactDOM`, `React` 객체에 의존하고 있으므로 앞서 설명한 것처럼 좋지 않은 사례라고 할 수 있다.

---

3 역주 Edge는 버전 15부터 플래그를 통해 import 문법을 사용할 수 있는 기능을 제공했고, 공식적인 지원은 버전 16에서 이뤄졌다. Chrome은 버전 61 이후 공식적으로 ES6 모듈을 지원하고 있다. 브라우저별 지원 현황은 https://caniuse.com/#search=modules에서 확인할 수 있다.

content.jsx에서도 require()를 비슷한 방법으로 사용할 수 있다. constructor(), submit(), render()의 코드는 바뀌지 않았다.

```
const React = require('react') --------- React를 불러온다.
const ReactDOM = require('react-dom') --------- ReactDOM을 불러온다.

class Content extends React.Component {
  constructor(props) {
    // ...
  }
  submit(event) {
    // ...
  }
  render() {
    // ...
  }
}

module.exports = Content --------- Content를 내보낸다.
```

index.html 파일에서는 Webpack이 생성하는 bundle.js 파일을 불러온다. 파일 이름은 webpack.config.js에 설정되어 있으며, 같은 이름으로 추가한다. bundle.js 파일은 npm run build 명령을 실행해야 생성된다. 새로운 index.html 코드는 다음과 같다.

```
<!DOCTYPE html>
<html>
  <head>
    <link href="css/bootstrap.css" type="text/css" rel="stylesheet"/>
  </head>
  <body>
    <div id="content" class="container"></div>
    <script src="js/bundle.js"></script>
  </body>
</html>
```

기존의 HTML과 다른 점은 index.html에서 스타일시트 main.css 파일을 불러오지 않는다는 점이다. app.jsx에서 require('main.css')로 main.css 파일을 불러오므로 Webpack이 index.html의 <style> 요소 안으로 CSS 파일을 삽입한다. bootstrap.css도 require()로 불러올 수 있다.

이것으로 프로젝트 리팩토링을 모두 마쳤다.

12.4 Webpack의 실행과 빌드 테스트

이제 중요한 순간이다. npm run build를 실행하고, 결과를 다음 내용과 비교해보자.

```
> email-webpack@1.0.0 build /Users/azat/Documents/Code/react-quickly/ch12/email-webpack
> webpack -w

Hash: 4f24163cabdf2a9aacbe
Version: webpack 2.4.1
Time: 2316ms
        Asset     Size  Chunks                    Chunk Names
    bundle.js   770 kB       0 [emitted]  [big]  main
bundle.js.map   922 kB       0 [emitted]         main
    (...)
    + 176 hidden modules
```

실행 후에 오류가 없고 js 폴더에 bundle.js 파일과 bundle.js.map 파일이 생성되었다면 성공이다! node-static이나 http-server처럼 여러분이 즐겨쓰는 웹 서버를 실행해서 웹 앱이 정상적으로 작동하는지 확인해보자. 이메일 주소와 댓글 내용을 콘솔에 출력하는 것을 확인할 수 있을 것이다.

여기까지 살펴본 것처럼 Webpack을 프로젝트에 적용하는 것은 간단하면서도 좋은 결과를 가져온다.

> **Note ≡ 176개의 숨겨진 모듈 또는 Webpack 번들의 내부**
>
> ch12/email-webpack/js/bundle.js 파일을 열어보면 __webpack_require__(1), __webpack_require__(2) 같은 형식으로 여러 개의 모듈을 찾아볼 수 있을 것이다. 예를 들어 다음과 같이 컴파일된 app.jsx 코드에서 Content 컴포넌트를 불러오는 것도 살펴볼 수 있다(bundle.js 파일의 9577행에서 9581행이다).
>
> ```
> const React = __webpack_require__(51);
> const ReactDOM = __webpack_require__(50);
> const Content = __webpack_require__(82);
>
> ReactDOM.render(React.createElement(Content, null), document.getElementById('content'));
> ```

이 정도면 다음 절에서 Webpack을 사용할 준비가 되었을 것이다. 그렇지만 한 가지 더 설정해볼 것을 추천한다. 그것은 바로 개발 속도를 획기적으로 빠르게 해주는 핫 모듈 대체(HMR)다. React 개발을 이어가기 전에 Webpack의 멋진 기능을 살펴보자.

Note ≡ **ESLint와 Flow**

두 가지 다른 개발 도구에 대해 더 언급하려고 한다. 사용은 선택사항이지만, 상당히 쓸모 있는 도구다.

ESLint(http://eslint.org, npm 패키지 이름은 `eslint`)는 미리 설정한 규칙 또는 규칙 집합을 통해 자바스크립트나 JSX 코드가 동일한 표준을 따르도록 하는 도구다. 예를 들어 들여쓰기 간격은 네 칸과 두 칸 중 어느 정도로 할지, 실수로 세미콜론을 작성했을 때 어떻게 할지를 정할 수 있다(자바스크립트에서 세미콜론의 사용은 선택사항이며, 나는 사용하지 않는 것을 선호한다). ESLint는 사용하지 않은 변수에 대한 경고도 보여준다. 코드의 버그를 막아줄 수 있는 도구다(당연한 얘기지만 모든 버그를 막을 수는 없다).

"ESLint 시작하기(Getting Started with ESLint)"(http://eslint.org/docs/user-guide/gettingstarted)를 참고하기 바란다. 또한, `eslint-plugin-react`(https://github.com/yannickcr/eslint-plugin-react)도 설치해야 한다. React 규칙을 .eslintrc.json 파일에 추가하는 것을 잊지 말자(전체 코드는 ch12/email-webpack-lint-flow 폴더에서 확인할 수 있다).

```
"rules": {
  "react/jsx-uses-react": "error",
  "react/jsx-uses-vars": "error",
}
```

ch12/email-webpack-lint-flow/jsx/content.jsx 파일에 ESLint를 실행하면 다음과 같은 결과를 확인할 수 있다(`npm run lint` 실행).

```
/Users/azat/Documents/Code/react-quickly/ch12/email-webpack-lint-flow/jsx/content.
jsx
11:10  error  'event' is defined but never used no-unused-vars
14:5   error  Unexpected console statement      no-console
14:17  error  Do not use findDOMNode            react/no-find-dom-node
15:5   error  Unexpected console statement      no-console
15:17  error  Do not use findDOMNode            react/no-find-dom-node
```

다음으로 Flow(https://flowtype.org, npm 패키지 이름은 `flow-bin`)는 스크립트에 특별한 주석과 타입을 추가할 수 있는 정적 타입 검사 도구다. 그렇다. 자바스크립트에 타입을 적용하는 것이다. Java, Python, C처럼 강타입 언어를 선호하는 소프트웨어 엔지니어라면 기뻐할 만한 기능이다. 주석을 추가하면 Flow 검사를 실행해서 문제를 확인할 수 있다. Flow도 성가신 버그를 방지할 수 있는 좋은 도구다.

```
// @flow

var bookName: string = 13
console.log(bookName) // number 값이므로 문자열 타입과 호환되지 않는다.
```

Flow에는 많은 문서가 있다. "Flow 시작하기(Getting Started with Flow)"(https://flow.org/en/docs/getting-started/)와 "React를 위한 Flow(Flow for React)"(https://flow.org/en/docs/react/)를 살펴보기 바란다.

Atom이나 다른 편집기에서 ESLint와 Flow를 사용해서 문제를 바로 잡아낼 수 있도록 설정할 수 있다.

계속

▼ 그림 12-2 Atom이 Flow를 지원하므로 개발 과정에서 편집기 하단의 창을 통해 문제점과 줄번호를 확인할 수 있다.

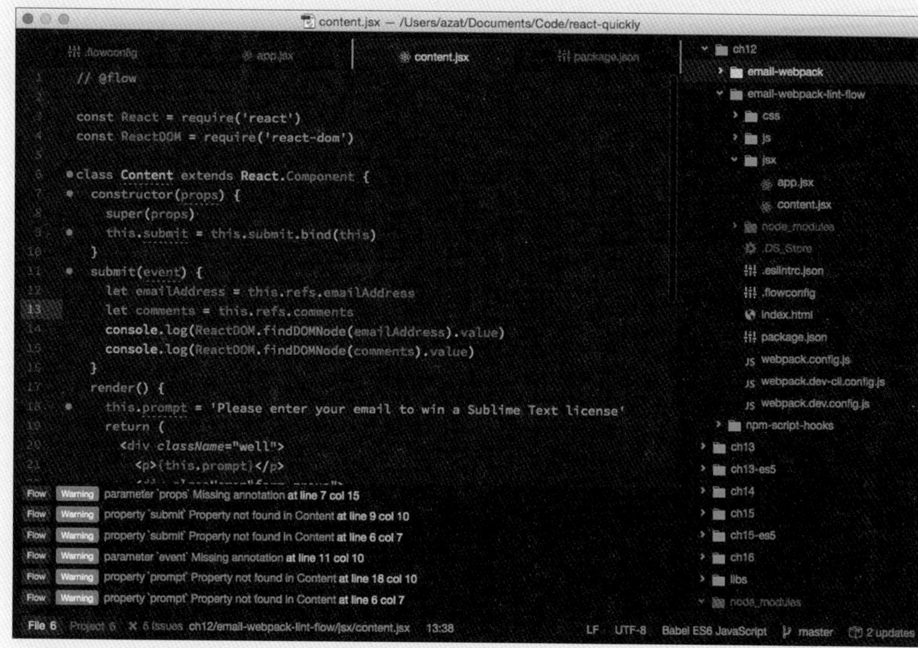

ch12/email-webpack-eslint-flow 폴더에서 ESLint 버전 3.8.1과 Flow 버전 0.33.0이 적용된 이메일 프로젝트 코드를 확인할 수 있다.

12.5 핫 모듈 대체

REACT

핫 모듈 대체(Hot Module Replacement, HMR)는 Webpack과 React를 사용할 때 누릴 수 있는 멋진 기능 중 하나다. 코드를 작성하여 브라우저에 변경 사항을 반영하는 과정에서 앱의 상태를 유지한 상태로 변경을 적용하므로 좀 더 빠르게 변경 사항을 확인할 수 있다.

복잡한 단일 페이지 애플리케이션을 개발하는데, 작업 중인 화면으로 이동하려면 열두 번을 클릭해야 한다고 가정해보자. 사이트에 새로운 코드를 추가하려면 브라우저의 새로고침 버튼을 누르고 열두 번을 클릭해서 페이지에 들어가야 할 것이다. 반면에, HMR을 사용하면 새로고침을 하지 않고도 페이지에 변경 사항이 반영된다.

HMR을 사용할 때 가장 큰 이점은 변경 사항이 있을 때 앱의 상태를 저장하므로 코드 작성과 확인을 반복하는 과정을 좀 더 빠르게 해준다는 점이다. 어떤 개발자들은 HMR이 너무나 획기적이라, React에 아무런 기능이 없었더라도 HMR만 사용할 수 있다면 React를 선택했을 것이라고 말하기도 한다.

HMR 작동 과정의 핵심은 공식문서(https://goo.gl/azXzyr)에서 확인할 수 있다. 이 절에서는 이메일 예제에 HMR 기술을 실제로 적용하는 방법을 살펴본다.

코드를 최신 상태로 갱신하는 과정은 여러 단계를 거친다. 이 과정을 단순화한 것이 그림 12-3이다. Webpack HMR과 개발 서버는 웹소켓을 사용하여 서버로부터 갱신에 대한 알림이 오는지 감시한다. 변경이 발생하면 프론트엔드에서 변경 사항에 해당하는 자바스크립트 코드 뭉치(chunks)와 갱신 목록을 담은 JSON 형식의 매니페스트를 전달받는다. 프론트엔드 앱은 입력 영역이나 화면 위치 같은 상태를 유지하지만, UI와 코드가 변경된다. 놀라운 마술이다.

▼ 그림 12-3 Webpack이 코드 변경을 감지하면 브라우저에서 작동 중인 앱에 갱신 알림과 함께 변경 사항을 전달한다.

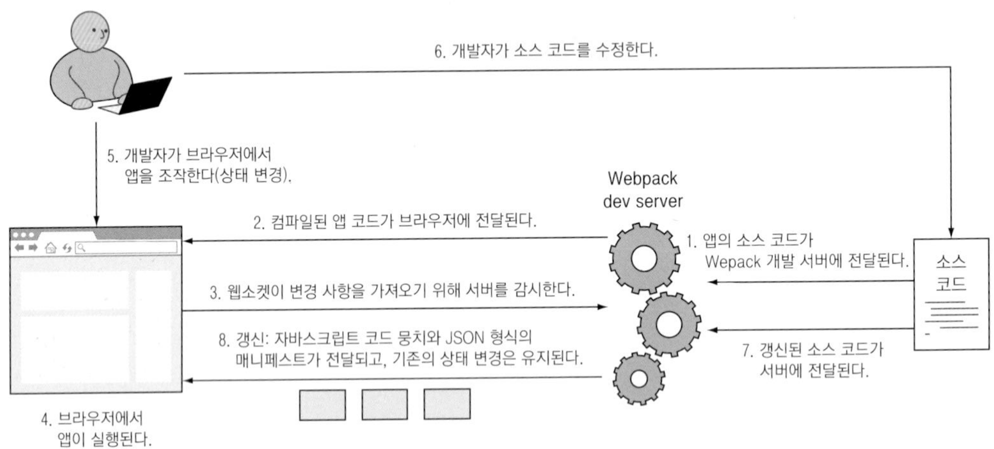

예제에서 HMR을 확인하려면 새로운 설정 파일과 webpack-dev-server(WDS)를 사용해야 한다. 직접 만든 Express나 Node.js 서버에 HMR을 적용하는 것도 가능하므로 WDS의 사용은 선택사항이다. 그렇지만 여기서는 Webpack에서 별도로 제공하는 webpack-dev-server 모듈에 대해서 살펴본다.

설정을 마치고 나면 이메일 입력란에 내용을 입력한 후 코드를 간단히 수정할 것이다. HMR 덕분에 웹 앱에 변경 사항이 반영되면서도 폼에 입력한 이메일 주소가 유지되는 것을 확인할 수 있을 것이다.

12.5.1 HMR 설정 방법

우선 webpack.config.js를 복사해서 webpack.dev.config.js 파일을 만든다.

```
$ cp webpack.config.js webpack.dev.config.js
```

다음으로 새로 생성한 webpack.dev.config.js 파일을 수정한다. 새로운 진입점을 추가하고, `publicPath` 설정, HMR 플러그인 적용, `devServer` 속성을 `true`로 해야 한다. 수정한 결과를 다음 예제 코드에서 확인할 수 있다(ch12/email-webpack/webpack.dev.config.js).

예제 코드 12.4 webpack-dev-server와 HMR 설정

```
const webpack = require('webpack') --------- wepack 모듈을 불러온다.

module.exports = {
  entry: [
    'webpack-dev-server/client/?http://localhost:8080', --------- 진입점에 WDS를 추가한다.
    './jsx/app.jsx' --------- 앱의 메인 파일을 추가한다.
  ],
  output: {
    publicPath: 'js/', --------- WDS를 위한 경로를 설정해서 bundle.js를 사용할 수 있도록 한다
                                 (디스크에 저장되지 않는다).
    path: __dirname + '/js/',
    filename: 'bundle.js'
  },
  devtool: '#sourcemap',
  module: {
    loaders: [
      { test: /\.css$/, loader: 'style-loader!css-loader' },
      {
        test: /\.jsx?$/,
        exclude: /(node_modules)/,
        loaders: ['react-hot-loader', 'babel-loader'] --------- react-hot-loader를 추가해서
      }                                                        모든 JSX 파일에서 자동으로
    ]                                                          HMR이 활성화되도록 한다.
  },
  devServer: {
    hot: true --------- WDS를 HMR 모드로 설정한다.
  },
  plugins: [new webpack.HotModuleReplacementPlugin()] --------- HMR 플러그인을 추가한다.
}
```

WDS가 새로운 설정 파일을 사용하도록 `--config` 옵션으로 파일 이름을 전달한다.

```
./node_modules/.bin/webpack-dev-server --config webpack.dev.config.js
```

위의 명령을 package.json에 추가하지 않았다면 편의를 위해 추가하자. `react-hot-loader`를 의존 모듈로 설치한 것을 기억할 것이다. 이 모듈은 자바스크립트로 변환되는 모든 JSX 파일에서 HMR을 사용할 수 있게 해준다.

나는 `react-hot-loader`를 사용해서 모든 JSX 파일에 HMR을 활성화하는 것을 더 선호한다. 그렇지만 전체가 아니라 특정 모듈에만 HMR을 적용하고 싶다면, `react-hot-loader`를 사용하는 대신 `module.hot.accept()` 문을 JSX 또는 자바스크립트 모듈에 선택적으로 추가하여 HMR을 원하는 곳에만 적용할 수도 있다. 마술 같은 `module.hot`은 Webpack의 기능이다. `module.hot`을 사용할 수 있는지 확인하는 코드를 작성하는 것을 권장한다.

```
if(module.hot) {
  module.hot.accept()
}
```

여기까지 굉장한 설정을 거쳤다! 그렇지만 Webpack을 사용하고 설정하는 또 다른 방법도 있다. 명령줄 옵션을 사용하여 몇몇 설정을 명령으로 추가할 수 있다.

명령줄을 사용하는 것을 더 좋아한다면 그렇게 해도 괜찮다. 다만 설정 파일이 짧아지는 대신 명령줄이 길어질 것이다. 예를 들어 다음 webpack.dev-cli.config.js 파일은 설정 내용이 짧다.

```
module.exports = {
  entry: './jsx/app.jsx',
  output: {
    publicPath: 'js/',
    path: __dirname + '/js/',
    filename: 'bundle.js'
  },
  devtool: '#sourcemap',
  module: {
    loaders: [
      {
        test: /\.jsx?$/,
        exclude: /(node_modules)/,
        loaders: []
```

```
        }
      ]
    }
  }
```

대신에 명령줄에서 더 많은 옵션을 사용한다.

```
./node_modules/.bin/webpack-dev-server --inline --hot --module-bind 'css=style-
loader!css-loader' --module-bind 'jsx=react-hot-loader!babel-loader' --config webpack.
dev-cli.config.js
```

명령줄을 통해 여러 가지 작업이 이뤄지고 있다. 먼저 **--inline**과 **--hot**은 WDS와 HMR 모드를 활성화하는 진입점을 추가한다. 다음으로 **--module-bind** 옵션을 통해 다음 형식으로 로더를 전달한다.

```
fileExtension=loader1!loader2!...
```

react-hot-loader를 반드시 **babel-loader**보다 앞에 작성해야 한다. 그렇지 않으면 오류가 발생한다.

명령줄을 사용할지 설정 파일로 모든 것을 해결할지는 여러분의 선택에 맡기겠다. 나의 경우 간단한 빌드라면 명령줄을 사용하는 것이 더 나았다. 길고 복잡한 명령에 오타를 내어 눈물을 흘리는 대신, package.json의 npm 스크립트로 명령을 저장하는 것을 추천한다. 또한, 배치 파일이나 셸 스크립트, Make 파일을 사용하는 것은 더 이상 멋진 방법이 아니다. 멋쟁이들처럼 npm 스크립트를 사용하자! (물론 이것은 농담이다. 난 패션 주도 개발을 옹호하지 않는다.)

Note ≡ npm 스크립트

npm 스크립트는 특별한 이점을 제공하여 Node.js와 React 프로젝트에서 널리 사용된다. npm 스크립트는 사실상의 표준으로, 처음 프로젝트에 대해 알아가야 할 때 공부하게 된다. 나도 새로운 프로젝트나 라이브러리를 다뤄야 할 때는 readme.md를 읽고 npm 스크립트를 가장 먼저 확인해본다. 가끔은 readme.md가 최신 내용이 아닌 경우도 있으므로 npm 스크립트를 먼저 확인하기도 한다.

npm 스크립트는 테스트, 빌드, 데이터 입력, 개발 환경 또는 다른 환경으로 실행하기 위한 필수 스크립트를 저장하는 유연한 방법을 제공한다. 즉, 앱과 관련되어 있지만 앱의 일부는 아니며, 대신 명령줄로 실행할 수 있는 모든 작업을 npm 스크립트에 저장할 수 있다. npm 스크립트는 문서 같은 역할도 하는데, 빌드와 테스트를 어떻게 수행하는지 동료들이 확인할 수 있다. npm 스크립트에서 다른 npm 스크립트를 불러올 수도 있으므로 프로젝트를 좀 더 단순하게 만들 수도 있다. 다음 예에는 서로 다른 버전의 빌드 방식이 저장되어 있다.

계속

```
"scripts": {
  "test": "echo \"Error: no test specified\" && exit 1",
  "build": "./node_modules/.bin/babel -w",
  "build:method": " npm run build -- method/jsx/script.jsx -o method/js/script.js",
  "build:hello-js-world-jsx": "npm run build -- hello-js-world-jsx/jsx/script.jsx
  -o hello-js-world-jsx/js/script.js",
  "build:hello-world-jsx": "npm run build -- hello-world-jsx/jsx/script.jsx -o
  hello-world-jsx/js/script.js",
  "build:hello-world-class-jsx": "npm run build -- hello-world-class-jsx/jsx/
  script.jsx -o hello-world-class-jsx/js/script.js"
},
```

또한, npm 스크립트를 특정 스크립트 전후에 실행되는 훅을 제공해서 다양한 용도로 사용할 수도 있다. 일반적으로 **훅**은 다른 이벤트가 발생했을 때 특정 코드가 실행되는 패턴이다. 예를 들어 `learn-react` 명령을 생성하면서 훅으로 `prelearn-react`, `postlearn-react` 명령을 함께 생성할 수 있다. 이미 짐작했겠지만, `learn-react`가 실행되기 전에 `prelearn-react`가 실행되고, `learn-react` 실행이 끝나면 `postlearn-react`가 실행된다. 예를 들어 다음 bash 스크립트를 살펴보자(ch12/npm-script-hooks).

```
"scripts": {
    "prelearn-react": "echo \"Purchasing React Quickly\"",
    "learn-react": "echo \"Reading React Quickly\" ",
    "postlearn-react": "echo \"Creating my own React app\""
  },
```

`npm run learn-react`를 실행하면 훅의 순서대로 다음과 같은 결과를 확인할 수 있다.

```
...
Purchasing React Quickly
...
Reading React Quickly
...
Creating my own React app
```

훅을 사용하면 Webpack, Gulp, Grunt로 처리하던 단계별 빌드를 쉽게 대체할 수 있다.

공식 문서(https://docs.npmjs.com/misc/scripts)를 살펴보고, 파라미터나 인자를 다루는 방법처럼 npm에 관한 팁이 필요하다면 키스 서클이 쓴 "npm을 빌드 도구로 사용하는 방법"(https://www.keithcirkel.co.uk/how-to-use-npm-as-a-build-tool/)을 참고하기 바란다. npm 스크립트로 해결할 수 없는 기능은 Node.js 스크립트를 이용해서 처음부터 구현할 수도 있다. npm 스크립트를 사용하면 프로젝트에 플러그인을 더 적게 사용할 수 있다는 장점이 있다.

12.5.2 HMR 실행

npm run wds 또는 npm run wds-cli 명령으로 WDS를 실행해보자. 그리고 브라우저에서 http://localhost:8080으로 접속한 후에 개발자 도구 콘솔을 열어보자. 다음과 같이 HMR과 WDS에서 전달된 메시지를 확인할 수 있을 것이다.

```
[HMR] Waiting for update signal from WDS...
[WDS] Hot Module Replacement enabled.
```

이메일 주소 또는 댓글 입력 영역에 텍스트를 작성하고, content.jsx를 수정해보자. render() 메서드 내부의 내용을 변경해볼 수 있다. 예를 들어 다음과 같이 폼 텍스트를 Email에서 Your Email로 수정해보자.

```
Your Email: <input ref="emailAddress" className="form-control" type="text"
placeholder="hi@azat.co"/>
```

콘솔에서 새로운 로그를 확인할 수 있다.

```
[WDS] App updated. Recompiling...
...
[HMR] App is up to date.
```

그림 12-4처럼 변경 사항이 적용되고 기존에 입력했던 텍스트가 유지된 것을 웹페이지에서 확인할 수 있다. 훌륭하다. 이제 테스트 데이터를 입력하거나 내부의 중첩된 UI에 접근하기 위해 시간을 낭비할 필요가 없어졌다. 프론트엔드 앱에 내용을 입력하고 여기저기를 클릭하느라 시간을 낭비하는 대신 더 중요한 일들을 처리할 수 있게 되었다. HMR을 사용하면 좀 더 빠르게 개발을 할 수 있다!

> **Note** HMR은 완벽하지 않다. 갱신이 되지 않거나, 특정 상황에서는 실패하기도 한다. 문제가 발생하면 WDS는 페이지를 실시간으로 새로고침한다. WDS의 이런 동작은 webpack/hot/dev-server에 의해 제어된다. 페이지를 수동으로 새로고침하려면 webpack/hot/only-dev-server를 사용한다.

Webpack은 React와 함께 사용하여 번들링을 간소화하고 개선할 수 있는 좋은 도구다. 배포를 위하여 코드, 이미지, 스타일 및 다른 정적 자원을 최적화할 수 있을 뿐만 아니라 개발 과정에서도 WDS와 HMR을 사용할 수 있는 훌륭한 도구다.

▼ 그림 12-4 로그로 확인할 수 있는 것처럼 HMR이 입력 영역의 데이터를 삭제하지 않고 뷰를 갱신하여 'Email'을 'Your Email'로 변경했다.

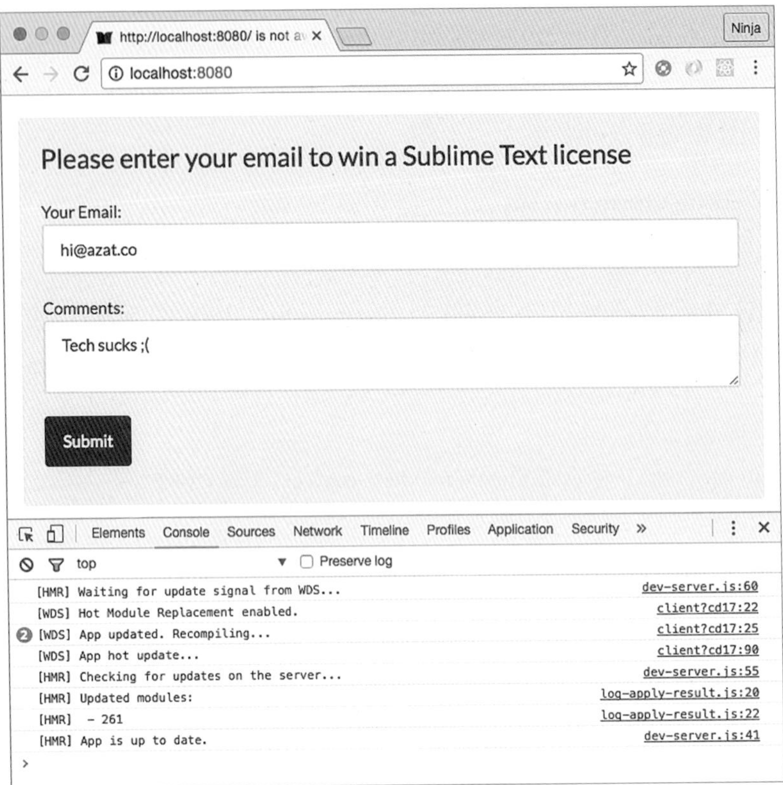

12.6 퀴즈

1. npm 스크립트의 dev 항목(`"dev": "./node_modules/.bin/webpack-dev-server --config webpack.dev.config.js"`)을 실행하려면 다음 중 어떤 명령을 실행해야 하는가?

```
npm dev
npm run dev
NODE_ENV=dev npm run
npm run development
```

2. HMR이란 React에서 실시간 새로고침을 일컫는 말이다. (○/×)

3. WDS는 `webpack` 명령과 마찬가지로 컴파일된 파일을 디스크에 저장한다. (○/×)

4. webpack.config.js는 package.json 파일처럼 유효한 JSON 파일이어야 한다. (○/×)

5. Webpack을 사용해서 웹페이지에 CSS를 불러오고 삽입하려면 어떤 로더를 사용해야 하는가?

12.7 요약

- 핫 모듈 대체를 작동시키려면 `webpack-dev-server`를 사용하고 설정에 `react-hot-loader`를 추가하거나 원하는 파일에 `module.hot.accept()`를 적용해야 한다.
- `style-loader`와 `css-loader`를 사용하면 `require()` 문으로 CSS를 불러올 수 있다.
- 명령줄로 `--inline --hot` 옵션을 추가해서 WDS를 실행하면 HMR이 적용된다.
- 설정에 `devtool: '#sourcemap'`을 추가하면 컴파일된 코드에서 원본 코드의 줄번호를 확인할 수 있다.
- WDS를 사용할 때는 `publicPath` 설정으로 번들 파일의 위치를 지정한다.

12.8 퀴즈 정답

1. 정답은 `npm run dev`다. npm 스크립트 중 `start`와 `test` 명령만 `run`을 추가하지 않고 실행할 수 있다. 그 외의 스크립트를 실행하려면 `npm run <이름>`으로 실행한다.

2. × / HMR은 실시간 새로고침을 대체할 수 있으며, HMR에 실패하는 경우에는 페이지를 새로고침한다. 그렇지만 HMR은 앱의 상태를 유지하면서 일부분만 갱신할 수 있는 기능과 같은 더 나은 기능과 이점을 제공한다.

3. × / WDS는 파일을 제공하기만 하며, 디스크에 저장하지는 않는다.

4. × / webpack.config.js 파일은 Webpack 설정을 위한 기본 파일이다. 이 파일은 반드시 CommonJS 모듈 형식으로 작성된 Node.js 자바스크립트 파일이어야 하며, 객체 리터럴로 작성한 설정을 내보낸다(객체에 JSON처럼 쌍따옴표를 사용할 수 있기는 하다).

5. `style-loader`로 CSS를 불러오고, `css-loader`로 CSS를 웹페이지에 삽입한다.

13장

React 라우팅

이 장의 주요 내용을 동영상으로 볼 수 있습니다.
QR 코드를 스캔하거나 http://reactquickly.co/videos/ch13 으로 접속하세요.

이 장에서 살펴볼 주제

- 라우터를 처음부터 구현하기
- React Router 사용하기
- Backbone Router를 이용한 라우팅

앞에서 살펴본 여러 단일 페이지 애플리케이션에서는 앱을 사용하는 과정에서 URL이 변경되는 경우가 거의 없었다. 브라우저 렌더링 덕분에 서버에 연결할 이유가 없었기 때문이다. 또한, 페이지의 일부만 변경되었다. 그렇지만 이러한 방식은 안타깝게도 다음과 같은 결과를 낳는다.

- 브라우저를 새로고침 하면 읽고 있던 페이지의 원래 폼으로 돌아간다.
- 브라우저의 기록 기능은 접속해 있던 사이트의 단일 URL만 기록하므로 브라우저의 뒤로 가기 버튼을 눌렀을 때 완전히 다른 사이트로 이동할 수 있다. 페이지의 내용을 변경하면서 URL은 변경되지 않았기 때문이다.
- 친구들에게 사이트의 특정 페이지를 공유할 수 없다.
- 첫 페이지와 URL을 구분할 수 없으므로 검색 엔진이 사이트를 색인할 수 없다.

다행히 우리는 브라우저에서 **URL 라우팅**을 하여 이런 문제를 방지할 수 있다. URL 라우팅을 이용하면 애플리케이션에 실제 파일이 없는 URL 요청도 받도록 설정할 수 있다. 사용자에게 유의미한 URL을 정의해서 검색 엔진 최적화(Search Engine Optimization, SEO)에 도움도 되고 애플리케이션의 상태를 반영할 수도 있다. 예를 들어 상품 정보를 표시하는 페이지의 URL을 다음과 같이 나타낼 수 있을 것이다.

```
https://www.manning.com/books/react-quickly
```

위 URL은 ID가 `react-quickly`인 상품을 보여주는 단일 페이지에 멋지게 연결된다. 다른 상품을 볼 때마다 URL이 변경되고, 브라우저와 검색 엔진에서도 여러분이 예상한 상품 페이지와 상호작용할 수 있을 것이다. 페이지를 완전히 새로 불러오는 것을 피하려면 URL에 해시(#)를 사용하면 된다. 잘 알려진 다음 사이트에서도 해시를 사용한다.

```
https://mail.google.com/mail/u/0/#inbox
https://en.todoist.com/app?v=816#agenda%2Foverdue%2C%20today
https://calendar.google.com/calendar/render?tab=mc#main_7
```

URL 라우팅은 사용자 친화적이며 잘 설계된 웹 앱의 요구사항이다. 단일 페이지 애플리케이션뿐만 아니라 서버 렌더링을 거치는 전통적인 웹 앱도 특정한 URL을 제공하지 않으면 사용자가 링크를 저장하거나 공유할 때 애플리케이션의 상태를 보전할 수 없다.

13장에서는 간단한 React 웹 사이트를 개발하고, 이 웹 사이트에 라우팅을 구현하는 방법을 몇 가지 배워본다. 이 장 후반부에서 React Router 라이브러리를 설명하기 전에, 먼저 간단한 라우터를 직접 구현해볼 것이다.

> **Note** ☰ 이 장의 예제 코드는 https://github.com/gilbutITbook/006961 또는 https://github.com/azat-co/react-quickly/tree/master/ch13에서 확인할 수 있다(깃허브 저장소 https://github.com/azat-co/react-quickly의 ch13 폴더다).

13.1 라우터를 처음부터 구현하기

React의 라우팅 구현을 위한 라이브러리가 있지만, 간단한 라우터를 구현하면서 라우터에 대해 살펴보고자 한다. 이 프로젝트는 다른 라우터의 내부적인 작동 원리를 이해하는 데도 도움이 될 것이다.

이 프로젝트의 최종 목표는 세 페이지를 살펴볼 때 URL이 변경되도록 하는 것이다. 간단하게 살펴보기 위한 목적이므로 해시 URL(#)을 이용할 것이다. 해시 URL이 아닌 경우에는 별도의 서버 설정이 필요하다. 다음과 같은 세 페이지를 생성하려고 한다.

- Home: / (빈 URL 경로)
- Accounts: /#accounts
- Profile: /#profile

그림 13-1은 Home 페이지에서 Profile 페이지로 이동하는 과정을 나타낸 것이다.

▼ 그림 13-1 Home 페이지에서 Profile 페이지로 이동하고 링크를 클릭할 때 URL을 변경한다.

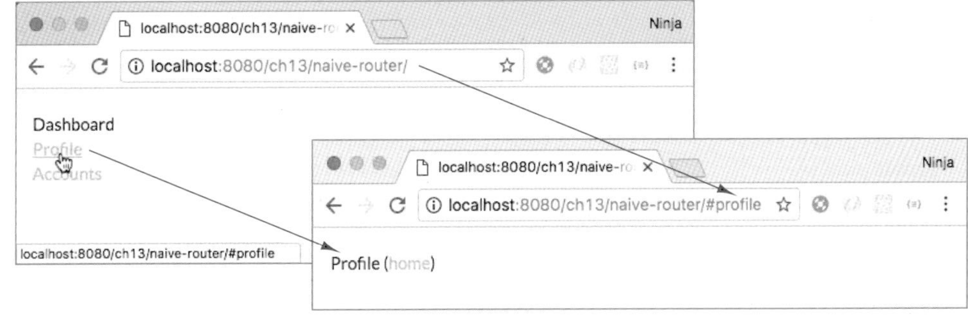

URL 라우터를 설명하고 사용하는 이번 프로젝트를 구현하기 위해 라우터 컴포넌트(routet.jsx), 경로 맵핑, HTML 페이지를 생성할 것이다. 라우터 컴포넌트는 URL에서 정보를 전달받고 이에 따라 웹 페이지를 갱신한다. 프로젝트의 구현을 단계별로 설명하면 다음과 같다.

1. 입력된 URL에 따라 보여줄 자원(React 엘리먼트 또는 컴포넌트)을 **맵핑**하여 작성한다. 맵핑은 앱마다 다르므로 새 프로젝트에서는 별도의 맵핑이 필요하다.
2. **라우터** 라이브러리를 처음부터 구현한다. 요청된 URL에 접근하여 1단계에서 작성한 맵핑에서 URL을 확인한다. router.jsx에 있는 `Router` 컴포넌트가 라우터 라이브러리가 된다. `Router` 컴포넌트를 수정하지 않고 여러 프로젝트에서 재사용할 수도 있을 것이다.
3. 2단계에서 구현한 `Router` 컴포넌트와 1단계에서 작성한 맵핑을 바탕으로 **예제 앱**을 작성한다.

JSX를 사용하여 마크업을 위한 React 엘리먼트를 생성할 것이다. 사실 `Router`가 반드시 React 컴포넌트일 필요는 없다. 보통의 함수나 클래스여도 괜찮다. 그렇지만 React 컴포넌트를 사용하면 라이프사이클 이벤트, React의 렌더링과 DOM 처리에서 얻을 수 있는 이점 등 책에서 배운 개념을 복습할 수 있다. 또한, React Router에 가깝게 구현해볼 수 있으므로 뒤이어 React Router를 공부할 때 더 잘 이해할 수 있을 것이다.

13.1.1 프로젝트 설정

프로젝트 구조는 다음과 같다. 단순한 라우터라는 이름을 붙여보았다.

```
/naive-router
  /css
    bootstrap.css
    main.css
  /js
    bundle.js
  /jsx
    app.jsx
    router.jsx
  /node_modules
  index.html
  package.json
  webpack.config.js
```

우선 의존성 설치부터 시작한다. package.json 파일에 있는 의존성 목록과 함께 Babel 설정과 npm 스크립트도 추가한 후 `npm install`을 실행하자(ch13/naive-router/package.json).

예제 코드 13.1 개발 환경 설정하기

```
{
  "name": "naive-router",
  "version": "1.0.0",
  "description": "",
  "main": "index.js",
  "scripts": {
    "test": "echo \"Error: no test specified\" && exit 1",
    "build": "./node_modules/.bin/webpack -w" --------- 편의를 위해 Webpack 빌드 스크립트를
  },                                                      npm 스크립트에 저장한다.
  "author": "Azat Mardan",
  "license": "MIT",
  "babel": {
    "presets": [
      "react" --------- Babel이 사용할 프리셋을 지정한다
    ]                   (여기서는 JSX를 위해 react를 추가했으며, ES6+도 필요에 따라 추가할 수 있다).
  },
  "devDependencies": {
    "babel-core": "6.18.2",
    "babel-loader": "6.2.4",
    "babel-preset-react": "6.5.0",
    "webpack": "2.4.1" --------- Webpack 버전 2.4.1을 지역 모듈로 설치한다(지역 모듈로 설치할 것을 추천한다).
    "react": "15.5.4",
    "react-dom": "15.5.4"
  },
  "dependencies": {
  }
}
```

물론 이것이 전부는 아니다. Webpack 설정을 위해 webpack.config.js 파일도 필요하다(9장에서 살펴봤다). 핵심 내용은 진입점(entry)과 빌드된 파일의 위치(output)를 지정하는 것이다. 또한, 로더도 설정해주어야 한다.

예제 코드 13.2 webpack.config.js

```
module.exports = {
  entry: './jsx/app.jsx', --------- 빌드를 시작할 진입점 파일을 정의한다(보통 다른 파일을 불러오는 메인 파일이다).
  output: {
    path: __dirname + '/js/', --------- 번들 파일의 경로를 지정한다.
    filename: 'bundle.js' --------- index.html에서 사용할 번들 파일의 이름을 정의한다.
  },
  module: {
    loaders: [
```

```
      {
        test: /\.jsx?$/,
        exclude: /(node_modules)/,
        loader: 'babel-loader' --------- JSX 변환을 처리할 로더를 지정한다
                                         (ES6+의 지원이 필요한 경우 추가할 수 있다).
      }
    ]
  }
}
```

13.1.2 app.jsx에서 경로 맵핑 생성하기

먼저 mapping 객체로 URL 맵핑을 생성한다. URL 맵핑의 키는 URL 조각이고, 값은 개별 페이지의 내용이다. **맵핑**이란 값을 받아서 다른 값에 묶고 연결하는 것을 의미한다. 이 경우에는 URL 조각을 키로 하여 JSX에 연결하고 있다. 페이지마다 별도의 파일을 만들 수도 있겠지만, 일단은 모두 app.jsx에 생성하도록 하자.

예제 코드 13.3 경로 맵핑(app.jsx)

```
const React = require('react') --------- CommonJS의 require()를 사용하여 모듈을 불러오고 Webpack이 번들링한다.
const ReactDOM = require ('react-dom')
const Router = require('./router.jsx')
const mapping = { --------- 경로 맵핑을 위한 mapping 객체를 사용해서 페이지별 경로를 연결한다.
  '#profile': <div>Profile (<a href="#">home</a>)</div>,
  '#accounts': <div>Accounts (<a href="#">home</a>)</div>,
  '*': <div>Dashboard<br/>
    <a href="#profile">Profile</a>
    <br/>
    <a href="#accounts">Accounts</a>
    </div>
}

ReactDOM.render(
  <Router mapping={mapping}/>, --------- mapping 객체를 Router에 전달한다.
  document.getElementById('content')
)
```

다음으로 router.jsx 파일에 Router 컴포넌트를 구현하자.

13.1.3 router.jsx 파일에 Router 컴포넌트 생성하기

간단히 정리하면 Router 컴포넌트는 URL에서 정보를 받고, 속성으로 전달받은 mapping 객체를 통해 JSX에 연결해야 한다. 브라우저 API인 window.location.hash를 통해 URL에 접근할 수 있다.

```
const React = require('react')
module.exports = class Router extends React.Component {
  constructor(props) {
    super(props)
    this.state = {hash: window.location.hash}
    this.updateHash = this.updateHash.bind(this)
  }
  render() {
    ...
  }
}
```

다음으로 hashchange 이벤트를 통해 URL 변경을 감지해야 한다. 새로운 URL을 감지하도록 구현하지 않으면 라우터가 전체 페이지를 새로 불러온 후 Router 엘리먼트가 생성되는 시점에 한 번만 작동할 것이다. hashchange 이벤트 리스너의 연결과 제거에 가장 적절한 위치는 라이프사이클 이벤트 메서드인 componentDidMount()와 componentWillUnmount()다.

```
updateHash(event) {
  this.setState({hash: window.location.hash})
}
componentDidMount() {
  window.addEventListener('hashchange', this.updateHash, false)
}
componentWillUnmount() {
  window.removeEventListener('hashchange', this.updateHash, false)
}
```

Note ☰ componentDidMount()와 componentWillUnmount()

5장에서 라이프사이클 이벤트에 대해서 살펴보았지만 복습 차원에서 한 번 더 살펴보자. componentDidMount()는 엘리먼트가 마운팅되어 실제 DOM 노드에 노출되었을 때 실행된다(엘리먼트가 실제 DOM 노드를 가졌을 때라고 할 수 있다). 이런 까닭에 다른 DOM 객체에 대한 이벤트에 연결하거나 AJAX/XHR 요청을 처리하기에 가장 안전한 위치라고 할 수 있다.

반면에, componentWillUnmount()는 이벤트 리스너를 제거하기에 가장 적절한 위치다. 생성한 엘리먼트의 마운팅이 해제되므로 가령 window에 연결한 이벤트 리스너처럼 엘리먼트 외부에 생성한 것이 있다면 제거해야 한다. 여러 이벤트 리스너를 생성한 엘리먼트를 제거하면서 이벤트 리스너를 제거하지 않는 것은 나쁜 사례다. 메모리 누수 같은 성능 문제로 이어질 수 있으므로 주의해야 한다.

render() 메서드에서 if/else 문을 사용하여 현재 URL 값에 해당하는 키가 mapping 객체에 있는지 확인한다. 만약 일치하는 키가 있다면 mapping 객체를 통해 개별 페이지의 내용(JSX)에 접근한다. 일치하는 내용이 없거나 해시 URL이 없는 경우에는 키로 *을 사용하여 Home 페이지를 표시한다. 완성된 코드는 다음과 같다(ch13/naive-router/jsx/router.jsx).

예제 코드 13.4 URL 라우터 구현하기

```
const React = require('react')
module.exports = class Router extends React.Component {
  constructor(props) {
    super(props)
    this.state = {hash: window.location.hash} --------- 초기 URL 해시 값을 할당한다.
    this.updateHash = this.updateHash.bind(this)
  }
  updateHash(event) {
    this.setState({hash: window.location.hash})
  }
  componentDidMount() {                                      새로운 URL 해시 값을 가져온다.
    window.addEventListener('hashchange', this.updateHash, false) ---------
  }
  componentWillUnmount() {
    window.removeEventListener('hashchange', this.updateHash, false)
  }
  render() {
    if (this.props.mapping[this.state.hash])
      return this.props.mapping[this.state.hash] --------- URL 해시에 해당하는 내용을 렌더링한다.
    else
      return this.props.mapping['*']
  }
}
```

끝으로 index.html에 CSS 파일과 bundle.js 파일을 추가한다. bundle.js 파일을 생성하려면 npm run build 명령으로 Webpack을 실행해야 한다(이 명령은 ./node_modules/.bin/webpack -w를 실행한다.)

```
<!DOCTYPE html>
<html>
  <head>
    <link href="css/bootstrap.css" type="text/css" rel="stylesheet"/>
    <link href="css/main.css" type="text/css" rel="stylesheet"/>
```

```
  </head>
  <body>
    <div id="content" class="container"></div>
    <script src="js/bundle.js"></script>
  </body>
</html>
```

번들러를 실행하여 bundle.js 파일이 생성되면 브라우저에서 웹 페이지를 열어보자. 그림 13-1에서 살펴본 것처럼 링크를 클릭하면 URL이 변경될 뿐만 아니라 페이지 내용도 바뀐다.

이 절에서 살펴본 것처럼 React와 사용할 라우터를 직접 만드는 작업은 간단하다. 라이프사이클 메서드를 이용해서 해시의 변경을 감지한 후 적절한 페이지 내용을 렌더링하면 된다. 여기서 살펴본 방법도 쓸모가 있지만, 경로가 중첩되거나 URL 매개변수를 추출하는 경로 파싱이 필요한 경우 또는 해시(#)를 사용하지 않은 '멋진' URL을 써야 한다면 좀 더 복잡한 작업이 필요하다. Backbone이나 다른 MVC 계열의 프레임워크에 구현되어 있는 라우터를 쓸 수도 있지만, React를 위해 고안된 해결책이 있다(힌트: JSX를 사용한다).

13.2 React Router

REACT

React는 UI 개발에 있어 굉장한 도구다. 나의 설명에도 여전히 확신이 생기지 않는다면 뒤로 돌아가서 이전 장을 다시 읽어보기 바란다! router.jsx처럼 React를 이용해서 단순한 URL 라우팅을 처음부터 구현할 수도 있다.

그렇지만 더 세련된 단일 페이지 애플리케이션을 개발하려면 좀 더 많은 기능이 필요하다. 예를 들어 URL 매개변수 전달은 여러 항목이 아닌 개별 항목을 나타내는 일반적인 기능이다. 이를테면 `/posts/57b0ed12fa81dea5362e5e98`에서 `57b0ed12fa81dea5362e5e98`이 고유의 게시물 ID다. 정규표현식을 이용해서 이 URL 매개변수를 추출할 수 있다. 그렇지만 머지않아 애플리케이션의 규모가 커지고 복잡해질 때쯤이면, 이미 구현되어 있는 프론트엔드 URL 라우팅 기능을 다시 개발하고 있는 여러분의 모습을 발견하게 될지도 모른다.

Note ≡ **간편 URL**

간편 URL(https://ko.wikipedia.org/wiki/간편_URL)은 내부 구현에서 UI를 분리하여 웹 사이트 또는 웹 앱의 사용성과 접근성을 개선하는 것을 목표로 한다. 간편 URL을 사용하지 않은 방식에는 쿼리 스트링을 사용하거나 스크립트 파일 이름을 사용할 수 있다. 반면에 간편 URL을 사용한 방식은 사용자가 구조를 해석하고 URL을 조작하는 데 도움이 되는 방식으로만 경로를 사용한다. 두 가지 방식의 예를 살펴보면 다음과 같다.

간편 URL을 사용하지 않은 경우(나쁘지 않음)	간편 URL을 사용한 경우(더 나음)
http://webapplog.com/show?post=es6	http://webapplog.com/es6
https://www.manning.com/books/reactquickly?a_aid=a&a_bid=5064a2d3	https://www.manning.com/books/reactquickly/a/5064a2d3
https://ko.wikipedia.org/w/index.php?title=간편_URL	https://ko.wikipedia.org/wiki/간편_URL

Angular, Backbone, Ember 등 주요 프레임워크는 라우팅 기능이 내장되어 있다. React에서 라우팅을 처리하려면, React Router(`react-router`, https://github.com/reactjs/react-router)가 바로 사용할 수 있는 해결책이다. 13.4절에서 다루는 Backbone의 구현 방법을 보면, 단일 페이지 애플리케이션 개발에 사용하는 MVC 계열의 프레임워크에 React가 잘 어울린다는 것을 이해할 수 있을 것이다.

React Router는 공식적인 React 핵심 라이브러리의 일부는 아니다. 사용자 커뮤니티에서 개발되었지만, 성숙하고 인기가 좋은 라이브러리이므로 React 프로젝트의 3분의 1에서 사용되고 있다.[1] 내가 이야기를 나눠본 대부분의 React 엔지니어들이 기본적으로 선택하는 라우팅 라이브러리이기도 하다.

React Router는 JSX 문법을 사용하므로 앞서 살펴봤던 것처럼 맵핑 객체를 사용하는 것보다 읽기 좋은 방법으로 계층을 정의할 수 있어 조금 더 장점이 있다. 단순하게 구현했던 라우터처럼, React Router에도 `Router` 컴포넌트가 있다(React Router가 우리가 구현한 라우터의 영향을 받은 게 틀림없다!). 다음 단계를 거쳐 React Router를 사용할 것이다.

1. URL에 대응하는 웹 페이지의 마크업이 될 React 컴포넌트에 대한 맵핑을 생성한다. React Router에서는 `path`와 `component` 속성을 전달하고 `Route`를 중첩하는 방식으로 맵핑을 처리할 수 있다. 맵핑은 JSX를 이용해서 `Route` 컴포넌트를 선언하고 중첩하는 방식으로 처리된다. 새로운 프로젝트를 생성할 때마다 이 부분을 반드시 구현해야 한다.

1 React.js Conf 2015, "React Router를 통한 생산성 향상(React Router Increases Your Productivity)", https://youtube.com/watch?v=XZfvW1a8Xac.

2. React Router의 `Router` 컴포넌트와 `Route` 컴포넌트를 이용하면 URL의 변경에 따라 화면을 마술처럼 변경할 수 있다. 확실히 말하면 이런 기능을 직접 구현하지는 않지만, 대신 라이브러리를 설치해야 한다.
3. `ReactDOM.render()`를 사용해서 일반적인 React 엘리먼트처럼 웹 페이지에 라우터를 렌더링한다. 역시나 이 부분도 새로운 프로젝트를 생성할 때마다 반드시 구현되어야 한다.

JSX를 사용하여 페이지별로 `Route`를 생성하여 다른 `Route`나 `Router`에 중첩할 것이다. `Router` 객체는 다른 `React` 엘리먼트와 마찬가지로 `ReactDOM.render()` 메서드에서 전달된다.

```
ReactDOM.render((
  <Router ...>
    <Route ...>
      <Route ../>
        ...
    </Route>
    <Route .../>
  </Router>
), document.getElementById('content'))
```

각 `Route`는 최소 두 가지 속성을 갖는다. `path` 속성은 이 경로에 적용되는 URL 패턴이며, `component` 속성은 필요한 컴포넌트를 가져와서 렌더링하기 위한 속성이다. `Route`에 이벤트 핸들러나 데이터 같은 다른 속성을 추가할 수도 있다. 이렇게 전달한 속성은 해당 `Route` 컴포넌트에서 `props.route`로 접근할 수 있다. 이것이 바로 `Route` 컴포넌트에 데이터를 전달하는 방법이다.

몇 개의 페이지에 대한 라우팅을 제공하는 단일 페이지 애플리케이션 예제를 살펴보며 설명하겠다. 소개, 블로그와 같은 글 목록, 개별 게시물, 연락처, 로그인 페이지를 생성한다. 각각 다른 경로를 통해 서로 다른 컴포넌트를 렌더링한다.

- **소개**(about): /about
- **글 목록**(posts): /posts
- **게시물**(post): /post
- **연락처**(contact): /contact

소개, 글 목록, 게시물, 연락처 페이지는 동일한 레이아웃(Content 컴포넌트)을 사용하여 내부에 렌더링한다. 기본적인 React Router 코드는 다음과 같다(완성된 버전이 아니다).

```
<Router>
  <Route path="/" component={Content} >
    <Route path="/about" component={About} />
      <Route path="/about/company" .../>
      <Route path="/about/author" .../>
    <Route path="/posts" component={Posts} />
    <Route path="/posts/:id" component={Post}/>
    <Route path="/contact" component={Contact} />
  </Route>
</Router>
```

Route 컴포넌트를 중첩하여 부모의 레이아웃을 재사용할 수 있고, 또한 중첩과 무관하게 독립적인 URL을 적용할 수 있는 점이 흥미롭다. 예를 들어 레이아웃을 위해 부모 역할을 하는 Route 컴포넌트가 URL로 /app을 사용하더라도, 내부에 중첩된 About 컴포넌트가 URL로 /about을 사용할 수 있다. About 컴포넌트는 여전히 Content 컴포넌트를 레이아웃으로 사용한다(Content 컴포넌트에서 this.props.children을 사용하여 구현한다).

```
<Router>
  <Route path="/app" component={Content} >
    <Route path="/about" component={About} />
    ...
```

달리 말하면, About 컴포넌트에 /app/about처럼 중첩된 URL이 필요하지 않다면 사용할 필요가 없다는 것이다. 즉, 경로와 레이아웃에 대해 더 유연하다.

각 페이지로 이동하기 위해 그림 13-2와 같은 메뉴를 구현할 것이다. 메뉴와 제목은 Content 컴포넌트에서 렌더링되어 소개, 글 목록, 게시물, 연락처 페이지에서 재사용된다. 그림에서는 여러 가지 작업이 실행되고 있다. 소개 페이지가 렌더링되어, 메뉴 버튼이 활성화되어 있고, URL은 소개 페이지를 보고 있다는 점을 반영하기 위해 /#/about으로 표시된다. Node.University 텍스트는 About 컴포넌트에 있는 내용을 반영한다(뒤에서 살펴볼 것이다).

❤ 그림 13-2 /about으로 접근하면 Content 컴포넌트에 About 컴포넌트의 텍스트를 렌더링하며, URL이 변경되고 메뉴 버튼도 활성화된다.

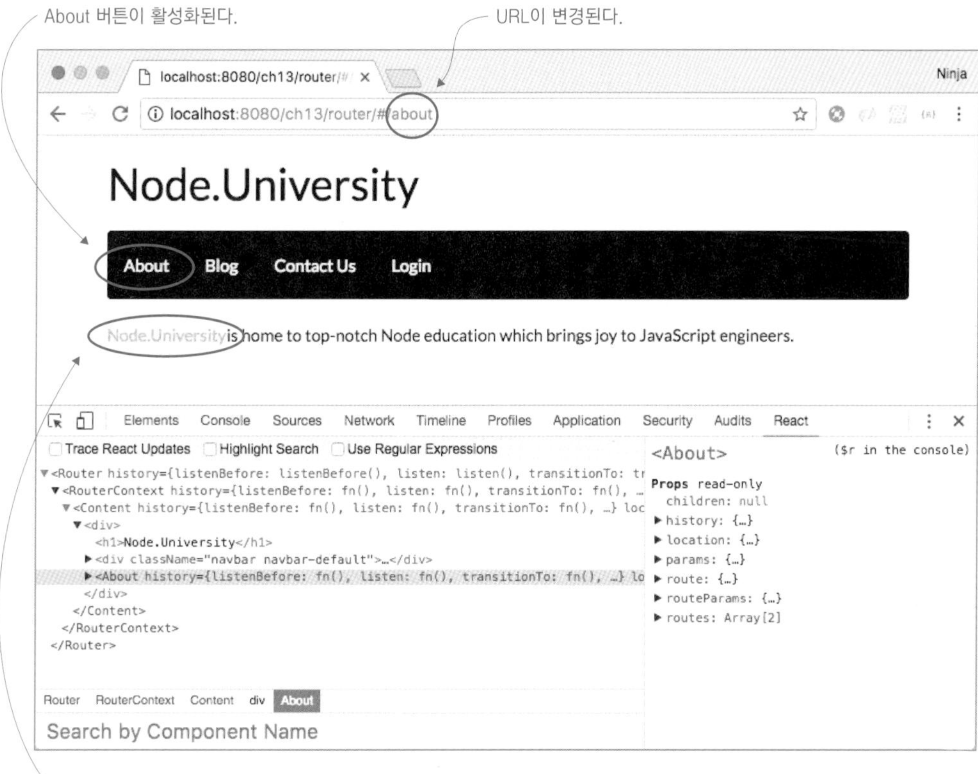

13.2.1 JSX로 React Router 사용하기

앞서 언급한 것처럼 JSX를 사용해서 `Router` 엘리먼트와 여기에 중첩될 `Route` 엘리먼트를 생성할 것이다. `Router` 또는 `Route` 엘리먼트는 두 가지 속성, 즉 `path`와 `component`를 이용해서 URL 경로와 페이지의 생성과 렌더링에 사용할 React 컴포넌트 클래스를 라우터에 전달한다. 필요하다면 추가로 사용자 정의 속성을 사용해서 데이터를 전달할 수 있다. `posts` 배열을 전달할 때 이 방법을 사용할 것이다.

지금까지 배운 지식을 활용해서 React Router 객체를 불러온 후 `ReactDOM.render()`에 라우팅 동작을 정의해보자(ch13/router/jsx/app.jsx). 앞서 살펴봤던 소개, 글 목록, 게시물, 연락처 페이지에 더해서 로그인 페이지를 생성할 것이다.

예제 코드 13.5 라우터 정의하기

```
const ReactRouter = require('react-router')
let { Router,
  Route,
  Link
} = ReactRouter

ReactDOM.render((
  <Router history={hashHistory}>
    <Route path="/" component={Content} >
      <Route path="/about" component={About} />
      <Route path="/posts" component={Posts} posts={posts}/>
      <Route path="/posts/:id" component={Post} posts={posts}/>
      <Route path="/contact" component={Contact} />
    </Route>
    <Route path="/login" component={Login}/>
  </Router>
), document.getElementById('content'))
```

마지막 경로인 로그인(그림 13-3의 /login) 페이지는 `Content` 컴포넌트가 적용된 Route의 외부에 있어 메뉴가 없다. `Content` 컴포넌트가 적용된 Route가 제공하는 공통 인터페이스가 필요치 않은 경우에는 해당 Route를 중첩시키지 않고 외부에 위치시킬 수 있다. 이런 동작 방식은 Route의 중첩된 계층 구조에 따라 결정된다.

`Post` 컴포넌트는 게시물 **슬러그**(slug, ID와 같은 URL의 일부)를 기반으로 블로그 게시물 정보를 렌더링한다. 슬러그는 URL(예: /posts/http2)에서 가져와서 `props.params.id`로 접근할 수 있다. path 속성에서 콜론을 사용한 특별한 문법을 사용하면, 라우터가 그 값을 분석하여 `props.params`에 추가한다.

`Router`는 `ReactDOM.render()` 메서드에 전달된다. `Router`에 `history`를 전달한다는 점을 알아두기 바란다. React Router 버전 2부터는 반드시 히스토리 구현체를 전달해야 한다. React Router가 제공하는 히스토리를 사용하거나 별도의 히스토리 구현체를 사용할 수 있다.

▼ 그림 13-3 로그인 페이지(/#/login)는 메뉴를 포함하는 공통 레이아웃(Content)을 사용하지 않으므로 Login 엘리먼트만 표시된다.

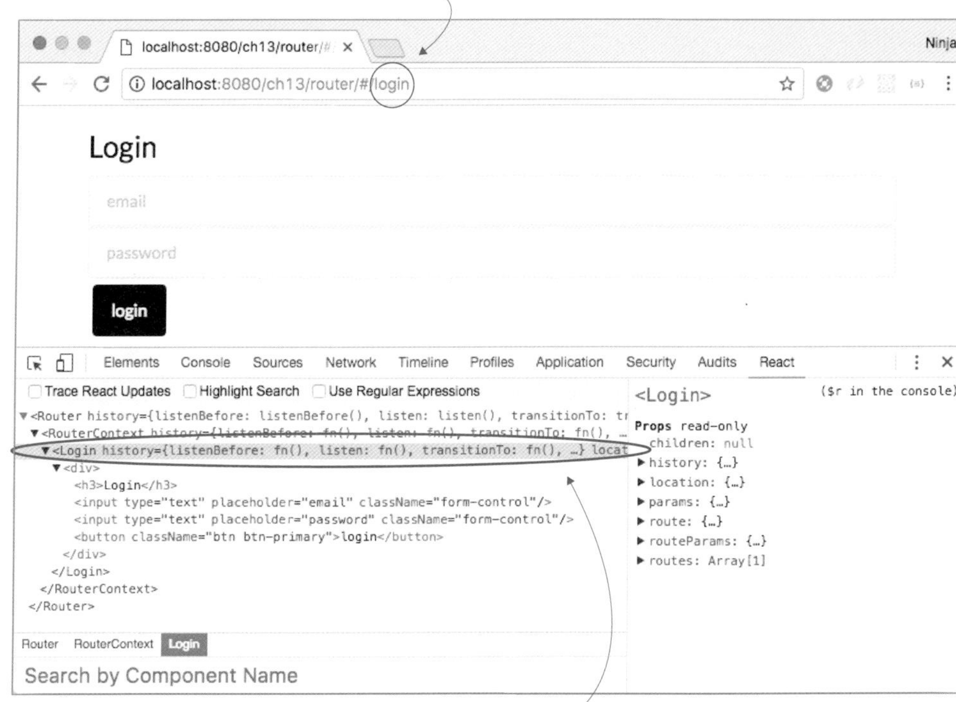

13.2.2 해시 히스토리

해시 히스토리는 이름에서 알 수 있듯이 해시 기호 #을 사용하여 페이지를 다시 불러오지 않고 탐색하는 방법이다. 예를 들면 router/#/posts/http2 같은 형식이다. 대부분의 단일 페이지 애플리케이션이 해시를 사용하여 페이지를 완전히 새로고침 하지 않고도 앱의 변경을 반영한다(즉, 서버에 요청을 보내지 않는다). 라우터를 직접 구현했을 때 이런 과정을 거쳤다.

> **Note** 해시에 대한 정확한 용어는 **단편 식별자**(fragment identifier, https://en.wikipedia.org/wiki/Fragment_identifier)다.

다음 예제에서는 `history` 라이브러리(http://npmjs.org/history)가 제공하는 별도의 해시를 사용한다. 라이브러리를 불러온 후 초기화하고 React Router에 전달한다.

history를 초기화할 때 queryKey를 false로 설정하여 성가신 쿼리 스트링(예: ?_k=vl8reh)을 방지해야 한다. queryKey는 오래된 브라우저를 지원하고 탐색할 때 상태를 전달하기 위해 설정된 기본값이다.

```
const ReactRouter = require('react-router')
const History = require('history')
let hashHistory = ReactRouter.useRouterHistory(History.createHashHistory)({
  queryKey: false
})
<Router history={hashHistory}/>
```

React Router에 포함된 해시 히스토리를 사용하려면 React Router에서 다음과 같이 불러온다.

```
const { hashHistory } = require('react-router')
<Router history={hashHistory} />
```

원한다면 React Router에 다른 방식의 히스토리 구현체를 사용할 수 있다. 오래된 브라우저에는 해시 히스토리를 사용하는 것이 적합하지만, # 해시태그가 주소창에 표시된다. 해시 기호 없이 URL을 표시할 수도 있다. 브라우저 히스토리로 전환하고, 서버 측을 약간 수정하면 된다. Node.js를 백엔드 서버로 활용하는 경우라면 간단한 일이다. 간단한 프로젝트는 해시 히스토리로 충분하지만, 브라우저 히스토리에 대해서도 간단히 살펴보자.

13.2.3 브라우저 히스토리

해시 히스토리의 대체재로 브라우저의 HTML5 pushState 히스토리를 사용할 수 있다. 예를 들면 브라우저 히스토리 URL이 router/#/posts/http2가 아니라 router/posts/http2로 표시된다.

브라우저 히스토리 URL은 실제 URL이라고 부르기도 한다. 브라우저 히스토리는 조각나지 않은 일반적인 URL을 사용하므로 URL 요청이 발생하면 서버 요청으로 이어진다. 따라서 여기에서는 다루지 않겠지만 이 방식을 위해서는 서버 측 설정이 요구된다. 일반적으로 단일 페이지 애플리케이션은 해시 URL을 사용해 구형 브라우저를 지원한다. 브라우저 히스토리를 사용하려면 좀 더 복잡한 구현이 필요하기 때문이다.

브라우저 히스토리를 사용하는 것은 해시 히스토리를 사용하는 것과 비슷하다. 모듈을 불러와서 라우터에 전달하고, 끝으로 서버가 모든 경로에 대해 같은 파일을 보여주도록 설정한다(이것은 단일 페이지 애플리케이션의 라우팅 파일은 아니다).

브라우저 구현은 history처럼 별도의 패키지를 사용할 수도 있고, React Router의 구현(ReactRouter.browserHistory)을 사용할 수도 있다. 브라우저 히스토리 라이브러리를 불러온 후에 Router에 적용한다.

```
const { browserHistory } = require('react-router')
<Router history={browserHistory} />
```

다음으로 서버를 수정해서 어떤 URL이든 같은 파일로 응답하도록 해야 한다. 다음 예제 코드는 여러 가지 구현 방법 중 한 가지로, Node.js와 Express를 사용한다.

```
const express = require('express')
const path = require('path')
const port = process.env.PORT || 8080
const app = express()

app.use(express.static(__dirname + '/public'))

app.get('*', function (request, response){
  response.sendFile(path.resolve(__dirname, 'public', 'index.html'))
})

app.listen(port)
console.log("server started on port " + port)
```

HTTP 서버에서 서버 측 동작이 필요한 이유는 해시 기호를 사용하지 않은 실제 URL을 사용하면 실제 HTTP 서버로 요청이 오기 때문이다. 서버는 모든 요청에 대해 동일한 단일 페이지 애플리케이션 자바스크립트 코드를 보낸다. 예를 들어 /posts/57b0ed12fa81dea5362e5e98과 /about 페이지에 대한 요청에 대해 posts/57b0ed12fa81dea5362e5e98.html 또는 about.html로 응답하는 것이 아니고, 모두 index.html로 응답한다(posts/57b0ed12fa81dea5362e5e98.html 또는 about.html을 요청하면 404 Not Found로 응답할 것이다).

해시 히스토리를 이용한 URL 라우팅 구현이 적절한 경우는 구형 브라우저 지원이 필요한 경우이고, 이 장에서는 해시 히스토리를 사용하여 백엔드 서버에 대한 구현이 없는 간단한 예제를 구현할 것이다.

13.2.4 React Router를 사용하기 위한 Webpack 설정

React Router를 사용할 때는 JSX 변환을 실행하기 위한 라이브러리를 비롯하여 여러 라이브러리를 사용하거나 불러와야 한다. 이러한 작업을 처리하기 위해 Webpack을 사용한 React Router 개발 환경 설정 과정을 살펴보자.

다음 예제 코드는 package.json(ch13/router/package.json)의 `devDependencies`를 보여준다. 대부분 이미 익숙한 내용일 것이다. 새로운 패키지로 `history`와 `react-router`를 확인할 수 있다. 늘 그렇지만 아래에 명시된 정확한 버전을 사용해야 한다. 그렇지 않으면 코드가 정상적으로 동작하지 않을 수 있다.

예제 코드 13.6 Webpack 버전 1, React Router 버전 2.6, React 버전 15.2와 JSX를 위한 의존 모듈 설정하기

```
{
  ...
  "devDependencies": {
    "babel-core": "6.11.4",
    "babel-loader": "6.2.4",
    "babel-preset-react": "6.5.0",
    "history": "2.1.2",
    "react": "15.2.1",
    "react-dom": "15.2.1",
    "react-router": "2.6.0",
    "webpack": "1.12.9"
  }
}
```

package.json에는 `devDependencies`뿐만 아니라 `babel` 설정도 필요하다. 또한, npm 스크립트를 사용할 것을 추천한다.

```
{
  ...
  "scripts": {
    "test": "echo \"Error: no test specified\" && exit 1",
    "build": "./node_modules/.bin/webpack -w",
    "i": "rm -rf ./node_modules && npm cache clean && npm install"
  },
  "babel": {
    "presets": [
      "react"
```

```
    ]
  },
  ...
}
```

JSX는 `React.createElement()`로 변환되므로 JSX 파일에서 React를 사용하지 않는 경우에도 React를 불러와서 정의해주어야 한다. 예제 코드 13.7을 살펴보면 `About` 컴포넌트(함수로 된 상태비저장 컴포넌트다)가 React를 사용하지는 않는다. 그렇지만 이 코드를 변환하고 나면 `React.createElement()`를 호출하는 형태가 되어 React를 사용한다. 이 책의 1장과 2장에서는 React가 전역에 `window.React`로 정의되었다. 그렇지만 전역을 사용하지 않는 모듈화 방식에서는 그렇지 않다. 따라서 React를 명시적으로 정의해주어야 한다(ch13/router/jsx/about.jsx).

예제 코드 13.7 React를 명시적으로 정의하기

```
const React = require('react')

module.exports = function About() {
  return <div>
    <a href="http://Node.University" target="_blank">Node.University</a>
      is home to top-notch Node education which brings joy to JavaScript engineers.
  </div>
}
```

이 외의 프로젝트 파일은 다음과 같은 구조를 사용한다.

```
/router
  /css
    bootstrap.css
    main.css
  /js
    bundle.js --------- 번들링되어 합쳐진 파일과 디버깅 편의를 위한 소스맵 파일
    bundle.js.map
  /jsx
    about.jsx
    app.jsx
    contact.jsx
    content.jsx
    login.jsx
    post.jsx
    posts.jsx
  /node_modules
```

```
index.html
package.json
posts.js --------- URL, 제목, 텍스트 등 블로그 게시물을 위한 데이터
webpack.config.js
```

index.html 파일은 번들 파일만 포함하므로 간단하다.

예제 코드 13.8 index.html 파일

```
<!DOCTYPE html>
<html>
  <head>
    <link href="css/bootstrap.css" type="text/css" rel="stylesheet"/>
    <link href="css/main.css" type="text/css" rel="stylesheet"/>
  </head>
  <body>
    <div id="content" class="container"></div>
    <script src="js/bundle.js"></script>
  </body>
</html>
```

webpack.config.js 파일은 app.jsx 파일을 진입점으로 하고, `babel-loader`와 소스맵 형식을 설정한다.

예제 코드 13.9 Webpack 설정하기

```
module.exports = {
  entry: './jsx/app.jsx',
  output: {
    path: __dirname + '/js/',
    filename: 'bundle.js'
  },
  devtool: '#sourcemap', --------- devtool 값을 설정하여 변환된 코드 대신 원본 JSX 소스 코드와 적절히 맵핑한다.
  stats: {
    colors: true,
    reasons: true
  },
  module: {
    loaders: [
      {
        test: /\.jsx?$/,
        exclude: /(node_modules)/,
        loader: 'babel-loader'
```

```
        }
      ]
    }
  }
```

다음으로 Content 컴포넌트로 레이아웃을 구현해보자.

13.2.5 레이아웃 컴포넌트 생성하기

부모 Route로 정의될 Content 컴포넌트는 About, Posts, Post, Contact 컴포넌트의 레이아웃으로 사용된다. 그림 13-4를 통해 어떻게 구현되었는지 살펴볼 수 있다.

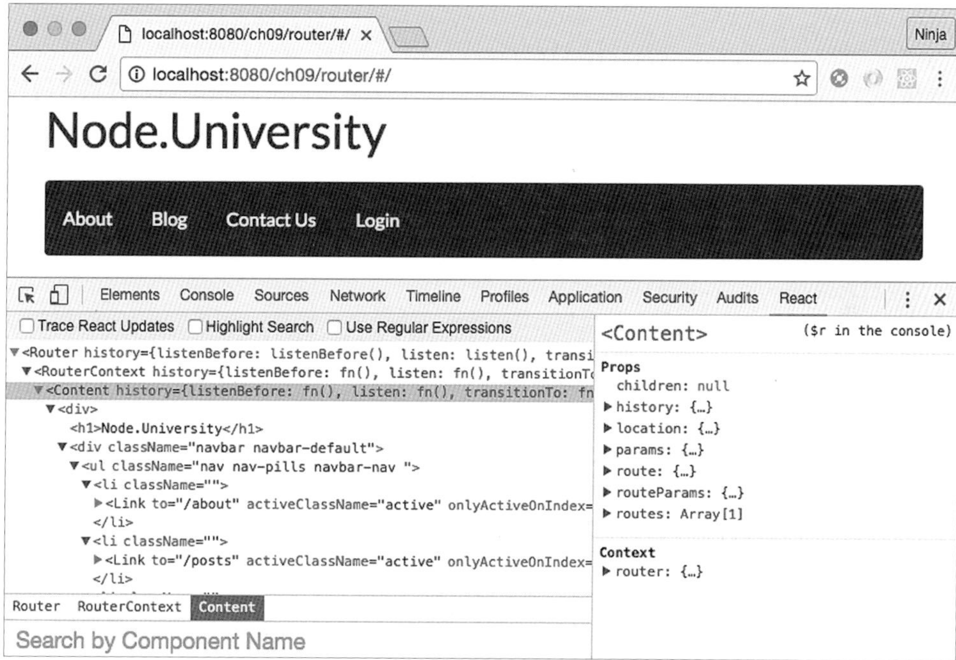

그림 13-4 Content 컴포넌트가 적용된 Home 페이지(자식 컴포넌트가 없는 상태)

먼저 React와 React Router의 Link를 불러온다. Link 컴포넌트는 내비게이션 링크를 렌더링하기 위한 특별한 컴포넌트다. Link는 <a>를 감싸는 특별한 컴포넌트로, 일반적인 앵커 태그에는 없는 마술 같은 속성을 사용할 수 있다. 예를 들어 activeClassName="active"를 적용하면 해당 경로가 활성화되었을 때 CSS 클래스로 active를 추가한다.

Content 컴포넌트의 구조를 살펴보면 다음과 같다. 여기에는 일부 코드가 제외되어 있다(완성된 코드는 조금 더 뒤에서 확인할 수 있다).

```
const React = require('react')
const {Link} = require('react-router')

class Content extends React.Component {
  render() {
    return (
      <div>
        ...
      </div>
    )
  }
}
...
module.exports = Content
```

render() 메서드에서 Twitter Bootstrap의 UI 라이브러리(http://getbootstrap.com)를 사용해서 적절한 CSS 클래스를 추가하여 메뉴를 선언한다. 메뉴는 다음과 같이 준비된 CSS 클래스를 적용하여 생성할 수 있다.

```
<div className="navbar navbar-default">
  <ul className="nav nav-pills navbar-nav ">
    <li ...>
      <Link to="/about" activeClassName="active">
        About
      </Link>
    </li>
    <li ...>
      <Link to="/posts" activeClassName="active">
        Blog
      </Link>
    </li>
    ...
  </ul>
</div>
```

다음으로 true 또는 false를 반환하는 isActive() 메서드를 사용한다. 이 방식으로 활성화된 메뉴 링크를 다른 링크와 시각적으로 다르게 표시한다.

```
<li className={(this.context.router.isActive('/about'))? 'active': ''}>
  <Link to="/about" activeClassName="active">
    About
  </Link>
</li>
```

Link의 activeClassName 속성에 값을 설정하면 링크가 선택되어 활성화된 엘리먼트가 될 때 CSS 클래스로 적용된다. 그렇지만 Link가 아니라 <li>에 스타일을 적용해야 한다. 이것이 위에서 router.isActive()를 사용하는 이유다.

Content 컴포넌트의 정의를 마치면(전체 구현은 잠시 후에 확인할 수 있다), this.context.router를 사용할 수 있도록 정적 클래스 속성인 contextTypes를 정의해야 한다. ES2017+/ES8+[2]를 사용하는 경우에는 정적 클래스 속성을 사용할 수 있겠지만, ES2015/ES6 또는 ES2016/ES7에서는 지원되지 않는다. 이 책을 쓰는 시점에서 ES2017/ES8은 최종 버전이 나오지 않았고, 기능이 포함되어 있는 것도 아니다. 현재 완료된 제안이나 기능[3]을 확인하고, stage 0 제안을 모아놓은 ES Next의 사용도 고려해보기 바란다.

다음의 정적 속성은 React Router가 필요할 때 사용되어 this.context에 추가한다(this.context를 통해 router.isActive()이나 다른 메서드에 접근할 수 있다).

```
Content.contextTypes = {
  router: React.PropTypes.object.isRequired
}
```

contextType에 router를 필수(isRequired)로 설정해놓으면 this.context.router.isActive('/about')로 접근할 수 있게 되어 특정 경로가 활성화되었음을 확인할 수 있다.

휴! Content 레이아웃의 전체 구현을 살펴보면 다음과 같다.

예제 코드 13.10 완성된 Content 컴포넌트

```
const React = require('react')
const {Link} = require('react-router')

class Content extends React.Component {
  render() {
```

2 ES2016/ES7 또는 ES2017/ES8 기능에 대해 https://node.university/blog/498412/es7-es8과 https://node.university/p/es7-es8에서 더 살펴볼 수 있다.

3 완료된 제안과 stage 0부터 3까지의 현재 목록은 TC39의 문서를 깃허브에서 확인하면 된다(https://github.com/tc39/proposals/blob/master/README.md와 https://github.com/tc39/proposals/blob/master/finished-proposals.md).

```
    return (
      <div>
        <h1>Node.University</h1>
        <div className="navbar navbar-default">
          <ul className="nav nav-pills navbar-nav ">
            <li className={(this.context.router.isActive('/about')) ? 'active' : ''}>
              <Link to="/about" activeClassName="active">
                About
              </Link>
            </li>
            <li className={(this.context.router.isActive('/posts')) ? 'active' : ''}>
              <Link to="/posts" activeClassName="active">
                Blog
              </Link>
            </li>
            <li className={(this.context.router.isActive('/contact')) ? 'active' : ''}>
              <Link to="/contact" activeClassName="active">
                Contact Us
              </Link>
            </li>
            <li>
              <Link to="/login" activeClassName="active">
                Login
              </Link>
            </li>
          </ul>
        </div>
        {this.props.children}
      </div>
    )
  }
}
Content.contextTypes = {
  router: React.PropTypes.object.isRequired
}
module.exports = Content
```

Router와 메서드에 접근하여 활성화된 경로를 확인한다.

Link를 이용해서 내비게이션 링크를 생성한다.

자식 컴포넌트를 렌더링한다(app.jsx에서 정의했다).

이 컴포넌트의 context에 router 객체가 필요하다는 것을 정의한다.

children 속성을 사용하므로 하위 경로에서 메뉴를 재사용할 수 있다(/에 중첩된, /posts, /post, /about, /contact의 경우다).

```
{this.props.children}
```

contextTypes를 사용하지 않고 개별 Route에서 Router에 접근하는 방법을 살펴보자.

13.3 React Router의 기능과 패턴

React Router의 기능과 패턴을 더 익히기 위해 자식 컴포넌트에서 라우터에 접근하는 다른 방법과 자식 컴포넌트에서 프로그래밍적으로 이용해 다른 경로로 이동하는 방법을 살펴본다. 또한, URL 매개변수를 처리하고 데이터를 전달하는 방법에 대해서도 살펴볼 것이다.

13.3.1 withRouter 고차 컴포넌트를 이용해서 라우터에 접근하기

router를 사용하면 프로그래밍적으로 다른 페이지를 탐색할 수 있고, 현재 경로를 비롯한 다른 정보에도 접근할 수 있다. 따라서 컴포넌트에서 router에 접근할 수 있게 하는 것이 좋다.

앞에서 정적 클래스 속성으로 contextTypes를 설정하여 this.context.router로 접근하는 방법을 살펴봤다.

```
Content.contextTypes = {
  router: React.PropTypes.object.isRequired
}
```

유효성 검사 방식을 이용해서 API를 정의할 수 있다. 즉, 컴포넌트에 반드시 router가 있어야 하는 것이다. 이 방식을 사용한 예가 Content 컴포넌트다.

그렇지만 context는 React의 실험적인 방식인 context에 의존하고 있다. React 팀은 context를 사용하는 것을 권장하지 않는다. 다행히 withRouter를 사용할 수 있다(혹자는 이것이 더 쉽고 좋은 방법이라고 주장하기도 한다. http://mng.bz/Xhb9).

withRouter는 고차 컴포넌트(Higher-order Component, HoC)(8장에서 다뤘다)로 컴포넌트를 인자로 받아 router를 주입하고 다른 고차 컴포넌트를 반환한다. 예를 들어 다음과 같이 Contact에 router를 주입할 수 있다.

```
const {withRouter} = require('react-router')
...
<Router ...>
  ...
  <Route path="/contact" component={withRouter(Contact)} />
</Router>
```

함수로 된 Contact 컴포넌트의 구현을 살펴보면 속성(함수의 첫 번째 인자로 전달된 객체)을 통해 router 객체에 접근할 수 있음을 알 수 있다.

```
const React = require('react')

module.exports = function Contact(props) {
  // props.router - GOOD!
  return <div>
    ...
  </div>
}
```

withRouter는 일반적인 상태저장 React 컴포넌트는 물론 상태비저장 컴포넌트에도 사용할 수 있다는 이점이 있다.

> **Note** 위의 예제 코드에서는 React를 직접 사용하는 부분이 없지만, React 객체에 의존하는 React.createElement()로 변환되므로 반드시 React를 불러와야 한다. 자세한 내용은 3장을 살펴보기 바란다.

13.3.2 프로그래밍적으로 페이지 이동하기

router를 이용하는 이유 중 하나는 프로그래밍적으로 페이지를 이동시키기 위해서다. 사용자 조작이 아닌 프로그램 로직에 따라 코드 상에서 URL을 변경하는 것이다. 설명을 위해 사용자가 연락처 입력란에 메시지를 입력하여 제출한다고 가정하자. 서버 응답에 따라 앱이 오류 페이지, 고맙습니다 페이지, 또는 소개 페이지로 이동할 것이다.

router를 사용하면 router.push(URL)을 호출하여 프로그래밍적으로 페이지를 이동시킬 수 있다. 여기서 URL은 미리 정의된 경로만 사용할 수 있다. 예를 들어 다음과 같이 연락처 페이지에서 1초 뒤에 소개 페이지로 이동시킬 수 있다.

예제 코드 13.11 router.push()를 호출하여 페이지를 전환하기

```
const React = require('react')

module.exports = function Contact(props) {
  setTimeout(()=>{props.router.push('about')}, 1000) -------- 1초 뒤에 소개 페이지로 이동한다.
  return <div>
    <h3>Contact Us</h3>
```

```
      <input type="text" placeholder="your email" className="form-control" />
      <textarea type="text" placeholder="your message" className="form-control" />
      <button className="btn btn-primary">send</button>
    </div>
  }
```

프로그래밍적으로 페이지를 이동시켜서 애플리케이션의 상태를 변경할 수 있으므로 중요한 기능이다. 다음으로 게시물 ID와 같이 URL 매개변수에 접근하는 방법에 대해 살펴보자.

13.3.3 URL 매개변수와 데이터 전달

앞서 살펴본 것처럼, `contextTypes`와 `router`를 사용하면 `this.context.router` 객체에 접근할 수 있다. `this.context.router` 객체는 app.jsx에 정의한 `<Router/>`의 인스턴스이며, 페이지 이동, 활성화된 경로 확인 등에 사용할 수 있다. 한편 `this.props`를 통해 다른 흥미로운 정보에 접근할 수도 있는데, 이 정보들에 접근하기 위해서 별도로 정적 클래스 속성을 설정할 필요는 없다.

- `history`(버전 2.x에서 지원 종료되었으며, 대신 `context.router`를 사용할 수 있다.)
- `location`
- `params`
- `route`
- `routeParams`
- `routes`

`this.props.location`과 `this.props.params` 객체는 경로명, URL 매개변수(콜론[:]으로 정의한 경로의 경우) 등과 같은 현재 경로에 대한 데이터를 담고 있다.

post.jsx의 `Post` 컴포넌트에서 `params.id`를 가지고 `Array.find()`를 이용해서 URL(예: router/#/posts/http2)에 해당하는 게시물을 찾아보자(ch13/router/jsx/post.jsx).

예제 코드 13.12 게시물 데이터 렌더링

```
const React = require('react')

module.exports = function Product(props) {
  let post = props.route.posts.find(element=>element.slug == props.params.id)   // 슬러그 속성을 이용해서 게시물을 찾는다.
  return (
```

13

React 라우팅

```
      <div>
        <h3>{post.title}</h3>
        <p>{post.text}</p>
        <p><a href={post.link} target="_blank">Continue reading...</a></p>
      </div>
    )
  }
```

그림 13-5와 같이 글 목록 페이지에서 전체 글 목록을 확인할 수 있다. 기억을 상기하는 차원에서 확인해보면 Route는 다음과 같이 정의했다.

```
<Route path="/posts" component={Posts} posts={posts}/>
```

게시물을 클릭하면 #/posts/ID로 이동한다. 이 페이지는 `Content` 컴포넌트의 레이아웃을 재사용하고 있다.

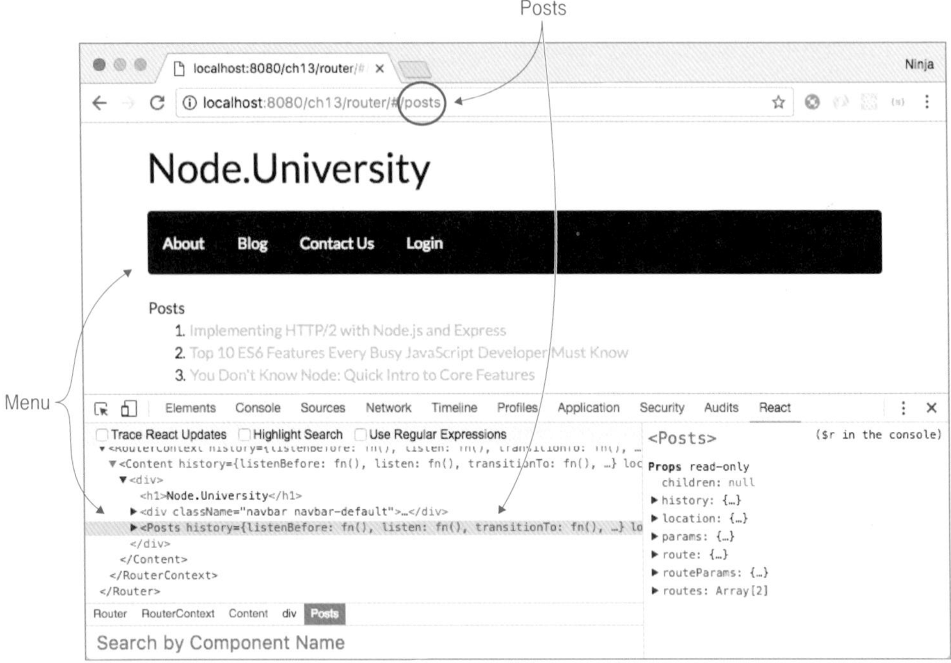

▼ 그림 13-5 글 목록 페이지는 app.jsx에서 Content의 하위 경로로 정의되었으므로 Posts 컴포넌트가 Content 컴포넌트 안에 렌더링된다.

다음으로 데이터를 다뤄보자.

13.3.4 React Router에서 속성 전달하기

간혹 중첩된 Route에 데이터를 전달해야 하는 경우가 있는데 어렵지 않다. 예제에서 `Posts` 컴포넌트는 글 목록에 대한 데이터를 가져와야 한다. 예제 코드 13.13을 보면 posts.jsx 파일의 `Posts` 컴포넌트가 app.jsx의 `<Route/>`에서 전달된 속성에 접근하는 것을 확인할 수 있다. 속성을 이용해서 어떤 데이터라도 Route에 전달할 수 있다. 예를 들면 `<Route path="/posts" component={Posts} posts={posts}/>` 같은 식이다. 이후에 `props.route`를 통해 데이터에 접근할 수 있다. 예를 들어 `props.route.posts`로 글 목록 데이터에 접근한다.

예제 코드 13.13 props.route에서 가져온 데이터를 이용하여 글 목록 페이지 구현하기

```
const {Link} = require('react-router')
const React = require('react')

module.exports = function Posts(props) {
  return <div>Posts
    <ol>
      {props.route.posts.map((post, index)=> --------- Route 선언 시 정의한 속성에 접근한다.
        <li key={post.slug}>
          <Link to={`/posts/${post.slug}`} >{post.title}</Link>
        </li>
      )}
    </ol>
  </div>
}
```

물론 전달하는 데이터의 값이 함수일 수도 있다. 그 경우에는 상태비저장 컴포넌트에 이벤트 핸들러를 전달하고 app.jsx처럼 메인 컴포넌트에서만 구현할 수도 있다.

주요 영역에 대한 구현을 모두 마쳤고 프로젝트를 빌드할 준비가 끝났다! npm 스크립트(`npm run build`)를 사용하거나 `./node_modules/.bin/webpack -w`를 직접 실행할 수도 있다. 빌드가 끝나면 다음과 같은 결과를 확인할 수 있다.

```
> router@1.0.0 build /Users/azat/Documents/Code/react-quickly/ch13/router
> webpack -w

Hash: 07dc6eca0c3210dec8aa
Version: webpack 1.12.9
Time: 2596ms
```

```
         Asset      Size  Chunks             Chunk Names
     bundle.js    976 kB       0 [emitted]  main
 bundle.js.map   1.14 MB       0 [emitted]  main
    + 264 hidden modules
```

새로운 창에서 여러분이 즐겨 쓰는 정적 서버를 실행한 후 브라우저에서 접속해보자(난 node-static을 쓰지만, 원한다면 Express로 직접 만들어도 될 것이다). 최상위 페이지인 /와 /#/about으로 접속해보자. 전체 URL은 정적 서버를 같은 폴더에서 실행하는지 아니면 상위 폴더에서 실행하는지에 따라 차이가 있을 수 있다.

> **Note** ≡ 예제의 전체 코드는 지면 관계상 여기에 싣지 않았다. 코드를 다뤄보거나 보일러플레이트로 사용하려는 경우, 또는 코드 조각이 문맥에서 벗어나 이해하기에 혼란스러운 경우에는 https://github.com/gilbutITbook/006961 또는 https://github.com/azat-co/react-quickly/tree/master/ch13/router에서 전체 코드를 살펴볼 수 있다.

REACT

13.4 Backbone을 이용한 라우팅

단일 페이지 애플리케이션의 라우팅이 필요할 때 다른 라우팅 라이브러리나 MVC 계열의 라이브러리를 사용하는 것은 어렵지 않다. 예를 들어 Backbone은 프론트엔드 URL 라우팅이 내장되어 있는 인기 있는 프론트엔드 프레임워크다. Backbone 라우터를 사용하여 React 컴포넌트를 쉽게 렌더링하는 방법을 살펴보자.

- URL 부분(fragment)[4]을 함수에 맵핑한 `routes` 객체를 이용해서 `Router` 클래스를 정의한다.
- Backbone `Router` 클래스의 메서드 또는 함수에서 React 엘리먼트를 렌더링한다.
- Backbone `Router` 객체를 초기화하고 실행시킨다.

프로젝트 구조는 다음과 같다.

---

4 역주 /#/posts/http2와 같은 URL에서 해시 기호(#) 뒤의 부분을 URL fragment라고 한다. /posts/http2가 이에 해당한다(https://ko.wikipedia.org/wiki/URL).

```
/backbone-router
  /css
    bootstrap.css
    main.css
  /js
    bundle.js
    bundle.map.js
  /jsx
    about.jsx
    app.jsx
    contact.jsx
    content.jsx
    login.jsx
    post.jsx
    posts.jsx
  /node_modules
    ...
  index.html
  package.json
  posts.js
  webpack.config.js
```

package.json은 Backbone 버전 1.3.3과 함께 Webpack 버전 2.4.1, React 버전 15.5.4, Babel 버전 6.11을 포함하고 있다.

```
{
  "name": "backbone-router",
  "version": "1.0.0",
  "description": "",
  "main": "index.js",
  "scripts": {
    "test": "echo \"Error: no test specified\" && exit 1",
    "build": "./node_modules/.bin/webpack -w",
    "i": "rm -rf ./node_modules && npm cache clean && npm install"
  },
  "author": "Azat Mardan",
  "license": "MIT",
    "babel": {
    "presets": [
      "react"
    ]
  },
  "devDependencies": {
```

```
    "babel-core": "6.11.4",
    "babel-loader": "6.4.1",
    "babel-preset-react": "6.5.0",
    "backbone": "1.3.3",
    "jquery": "3.1.0",
    "react": "15.5.4",
    "react-dom": "15.5.4",
    "webpack": "2.4.1"
  }
}
```

주요 로직은 app.jsx에 위치하고 있으며, 앞서 언급한 세 가지 작업을 수행한다.

```
// 다른 라이브러리를 포함한다.
const Backbone = require ('backbone')
const Router = Backbone.Router.extend({
  routes: {
    '' : 'index',
    'about' : 'about',
    'posts' : 'posts',
    'posts/:id' : 'post',
    'contact' : 'contact',
    'login': 'login'
  },
  ...
})
```

routes 객체를 정의하고 나면, 메서드를 정의할 수 있다. routes 객체의 값은 반드시 메서드 이름으로 사용되어야 한다.

```
// 라이브러리를 포함한다.
const Router = Backbone.Router.extend({
  routes: {
    '' : 'index',
    'about' : 'about',
    'posts' : 'posts',
    'posts/:id' : 'post',
    'contact' : 'contact',
    'login': 'login'
  },
  index: function() {
    ...
  },
```

```
  about: function() {
    ...
  }
  ...
})
```

각 URL 부분은 함수에 연결된다. 예를 들어 #/about으로 접근하면 about 메서드를 실행한다. 따라서 각 메서드를 정의하여 React 컴포넌트를 렌더링할 수 있다. 데이터는 router 또는 posts처럼 속성으로 전달된다.

```
const {render} = require ('react-dom') --------- ReactDOM.render()에서 render()를 정의하기 위해
// ...                                             해체할당을 사용했다.
const Router = Backbone.Router.extend({
  routes: {
    ...
  },
  index: function() {
    render(<Content router={router}/>, content)
  },
  about: function() {
    render(<Content router={router}> --------- Content를 생성하고 About을 중첩했다.
      <About/>                                  router를 속성으로 전달할 수 있다.
    </Content>, content)
  },
  posts: function() {
    render(<Content>
      <Posts posts={posts}/>
    </Content>, content)
  },
  post: function(id) {
    render(<Content>
      <Post id={id} posts={posts}/> --------- URL 매개변수(id), 글 목록 데이터 등
    </Content>, content)                       필요한 데이터를 Post에 전달한다.
  },
  contact: function() {
    render(<Content>
      <Contact />
    </Content>, content)
  },
  login: function() {
    render(<Login />, content) --------- Login 컴포넌트는 Content 컴포넌트 없이 렌더링한다.
  }
})
```

```
let router = new Router() --------- Router를 초기화하고 브라우저 히스토리를 실행한다.

Backbone.history.start()
```

위에서 사용된 변수 content는 DOM 노드다(라우터보다 앞에 선언한다).

```
let content = document.getElementById('content')
```

React Router 예제와 비교해보면 Post 컴포넌트처럼 중첩된 컴포넌트가 props.params 또는 props.route.posts가 아니라 props.id, props.posts로 전달된다.

나의 견해로는 이것은 좀 더 적은 묘수가 적용된 것을 의미하고, 그 편이 항상 좋은 방법이라고 본다. 반면에 선언적인 JSX 문법을 사용할 수 없고, 명령형 문법을 사용해야 하는 단점도 있다.

이 프로젝트의 전체 코드는 www.manning.com/books/reactquickly 또는 https://github.com/azat-co/react-quickly/tree/master/ch13/backbonerouter에서 확인할 수 있다. 이 예제는 Backbone을 사용한 시스템을 다루고 있거나 사용할 계획이 있다면 도움이 될 것이다. Backbone을 사용할 계획이 없더라도 React를 다른 라이브러리와 잘 사용할 수 있다는 점을 다시 한 번 보여주는 예제다.

13.5 퀴즈

REACT

1. 이 장에서 살펴본 React Router 버전 2부터는 기본값으로 설정된 히스토리가 없으므로 반드시 히스토리 구현체를 전달해야 한다. (○/×)
2. 해시 히스토리와 HTML5 pushState 히스토리 중 구형 브라우저 지원에 적합한 히스토리 구현체는 어떤 것인가?
3. React Router 버전 2의 Route 컴포넌트에서 router 객체에 접근하기 위해서는 어떤 작업이 필요한가?
4. React Router 버전 2의 상태저장 또는 상태비저장 컴포넌트로 생성한 Route 컴포넌트에서 URL 매개변수에 접근하려면 어떻게 해야 하는가?
5. React Router를 사용하려면 Babel과 Webpack이 필요하다. (○/×)

다. 양방향 흐름에 대해서는 다시 설명할 것이다.

계좌 모델과 계좌 뷰가 있다고 가정하면 데이터가 계좌 모델에서 계좌 뷰로만 흘러가고, 역방향으로는 전달되지 않는다. 즉, 모델의 변경이 뷰의 변경을 일으키는 것이다(그림 14-2 참조). 뷰가 모델을 직접 변경할 수 없다는 점이 단방향 데이터 흐름을 이해하기 위한 핵심적인 내용이다.

React의 단방향 데이터 흐름 하에서는 컴포넌트에 어떤 내용이 입력되더라도 `render()` 메서드를 통해 항상 동일하고 예측 가능한 결과를 얻을 수 있다. React 패턴은 Angular.js 또는 다른 몇몇 프레임워크에 적용된 양방향 바인딩 패턴과는 극명히 대조된다.

▼ 그림 14-1 단방향 데이터 흐름과 양방향 데이터 흐름의 비교

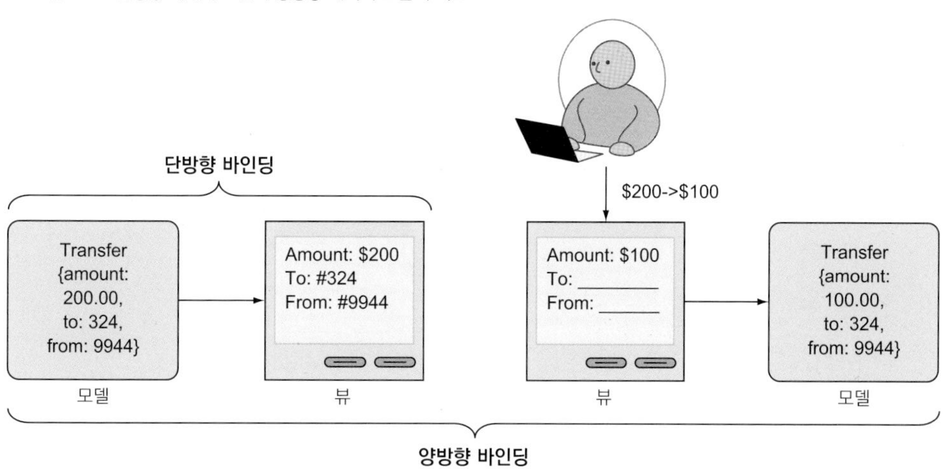

▼ 그림 14-2 단방향 데이터 흐름을 단순화한 도식으로 뷰가 모델을 직접 수정할 수 없다는 점을 알 수 있다.

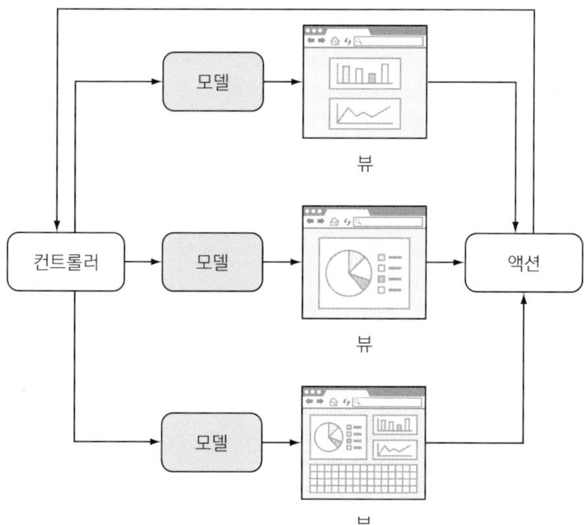

예를 들어 양방향 데이터 흐름에서는 모델의 변경이 뷰의 변경을 일으키고, 사용자 입력 같은 뷰의 변경도 모델의 변경을 일으킨다. 따라서 양방향 데이터 흐름 하에서는 뷰의 상태에 대한 예측 가능성이 떨어지고, 이해와 디버깅, 유지보수에 좀더 어려움을 겪는다(그림 14-3 참조). 양방향 데이터 흐름의 핵심은 뷰가 모델을 직접 수정할 수 있다는 점이다. 단방향 데이터 흐름과 대조되는 부분이다.

▼ 그림 14-3 MVC 계열의 아키텍처에서 흔하게 적용되는 양방향 데이터 흐름을 단순화한 도식

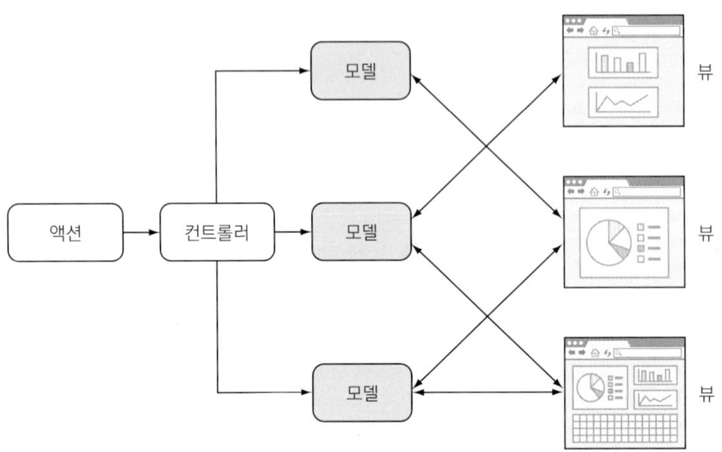

흥미로운 점은 Angular.js를 사용하는 개발자들이 양방향 데이터 흐름(**양방향 바인딩**) 방법을 선호한다는 점이다. 양방향 데이터 흐름을 사용하면 작성해야 할 코드가 줄어든다는 점은 논쟁의 여지가 없는 사실이다.

예를 들어 그림 14-1에 표시된 입력 영역이 있다고 가정해보자. 템플릿에 변수를 정의하기만 하면 사용자가 내용을 입력할 때마다 모델에서 값이 갱신될 것이다. 만약 XHR GET 요청 등을 통해 모델에 변경이 발생한다면 이에 따라 웹 페이지가 갱신될 것이다. 따라서 두 방향에서 변경이 발생할 수 있다. 뷰에서 모델이 변경되거나, 모델에서 뷰를 변경하는 것이다. 프로토타입 단계에서는 훌륭한 방법이지만 성능, 디버깅, 개발 규모의 확장 등을 고려해야 하는 복잡한 UI를 개발하기에는 부족하다. 이 설명은 논란을 부를지도 모르지만, 조금 더 설명을 읽어주길 바란다.

나는 양방향 흐름을 기반으로 하는 MVC 또는 MVW 프레임워크를 이용해서 UI가 복잡한 애플리케이션을 개발했고, 문제도 없었다. 간단히 말해, 문제가 발생하는 이유는 여러 개의 뷰가 여러 개의 모델을 조작하거나, 반대로 여러 개의 모델이 여러 개의 뷰를 조작하는 경우가 있기 때문이다. 한두 개의 모델이나 뷰가 분리되어 있는 경우라면 큰 문제가 없을 것이다. 그렇지만 규모가 더 큰 애플리케이션에서는 더 많은 모델과 뷰가 서로를 갱신한다. 갱신을 일으킨 모델과 뷰를 쉽게

찾을 수 없고 순서도 알기 어려우므로 어떤 모델 또는 뷰가 특정한 상태가 되는 이유를 알아내는 것이 점점 더 어려워진다. 버그를 찾는 것뿐만 아니라 추적하는 것이 큰 이슈가 된다. 이것이 많은 개발자가 (Angular.js와 같은) MVC 프레임워크에 사용된 양방향 데이터 흐름을 선호하지 않는 이유다. 이 개발자들은 양방향 데이터 흐름을 디버깅과 확장을 어렵게 하는 안티패턴으로 여긴다.

반면에 단방향 데이터 흐름은 모델이 뷰를 갱신할 뿐이다. 또한, 단방향 데이터 흐름은 뷰가 변경할 수 없는 상태 함수이므로 동형/유니버셜 자바스크립트를 적용한 서버 측 렌더링도 가능하다.

일단은 단방향 데이터 흐름이 React가 인기를 끄는 주요 원인이라는 점을 기억해두자.

- 단일 데이터 소스(single source of truth)를 채택하여 코드 가독성도 좋고 이해하기 쉽다(상태/모델 → 뷰).
- 디버깅에 유리하고 시간 여행 디버깅(time travel debugging)도 가능하다.[1] 예를 들어 예외나 버그가 발생했을 때 기록을 서버로 전송하는 것이 간단하다.
- 헤드리스 브라우저(headless browser)를 사용하지 않는 서버 측 렌더링: 동형[2] 또는 유니버셜[3] 자바스크립트라고도 불린다.

혹시나 궁금한 독자가 있을지 몰라 Angular에 대한 개인적인 경험을 소개하면 이렇다. Angular 1은 부족한 부분이 있다고 생각하므로 크게 다루지 않았고, Angular 2를 살펴보았다. 그리고 내가 잘못 생각했다는 것을 깨닫고 실수를 수정했다. 이제 Angular 코드는 아예 다루지 않기로 했다.

14.2 Flux 데이터 아키텍처의 이해

REACT

Flux(https://facebook.github.io/flux)는 데이터 흐름을 위한 아키텍처 패턴으로 페이스북이 React 앱에 사용하기 위해 개발하였다. Flux의 요지는 단방향 데이터 흐름을 적용하고 MVC 계열 패턴의 복잡도를 제거하는 것이다.

---

1 댄 아브라모프(Dan Abramov), "실시간 React: 핫 리로딩을 이용한 시간 여행(Live React: Hot Reloading with Time Travel)" (ReactEurope 2015 발표), http://mng.bz/uSxq.

2 스파이크 브렘(Spike Brehm), "동형 자바스크립트: 웹 앱의 미래(Isomorphic JavaScript: The Future of Web Apps)", Airbnb Engineering & Data Science, 2013년 11월 12일, http://mng.bz/i34M.

3 마이클 잭슨(Michael Jackson), "유니버셜 자바스크립트(Universal JavaScript)", 2015년 6월 8일, http://mng.bz/7GXE.

그림 14-4에서 일반적인 MVC 계열의 패턴을 살펴보자. 사용자 조작으로 컨트롤러에 이벤트가 발생하면 컨트롤러가 모델을 처리한다. 이어서 모델에 따라 앱이 뷰를 렌더링하고 광기가 시작된다. 개별 뷰는 모델을 갱신한다. 자체적인 모델뿐만 아니라 다른 모델도 갱신한다. 모델은 다시 뷰를 갱신한다(양방향 데이터 흐름이다). 이런 아키텍처 안에서는 방향을 잃기 쉽다. 이해하기 어렵고 디버깅도 힘든 아키텍처다.

▼ 그림 14-4 MVC 계열의 아키텍처에서 여러 개의 뷰가 여러 개의 모델에 변경을 발생시키거나 또는 반대 방향으로 변경을 발생시켜 복잡도를 가져오는 예다.

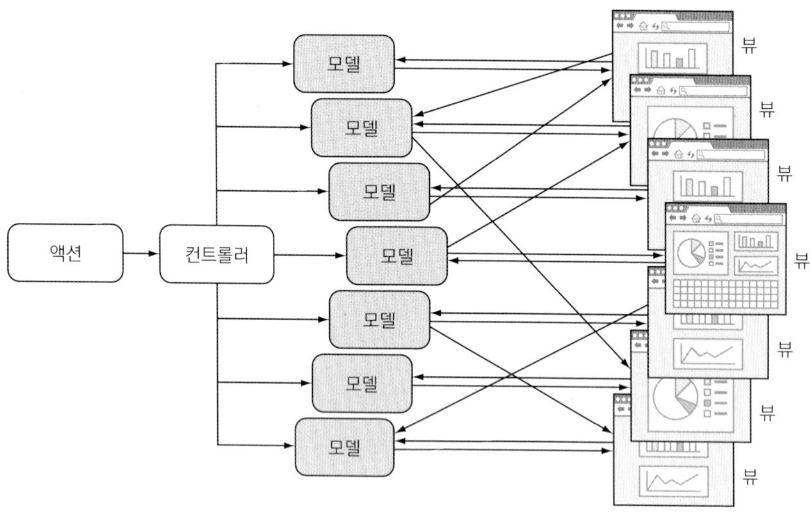

이와 다르게 Flux는 그림 14-5와 같은 단방향 데이터 흐름의 사용을 제안한다. Flux는 뷰에서 발생한 액션(action)이 디스패처(dispatcher)를 거쳐 데이터 스토어(store)를 호출한다(Flux는 MVC를 대체한다. 단순히 새로운 용어가 아니다). 스토어는 데이터와 뷰의 표현을 책임진다. 뷰는 데이터를 변경하지 않고, 디스패처를 이용해서 액션(action)을 전달한다.

▼ 그림 14-5 Flux 아키텍처는 데이터가 스토어에서 뷰로 가도록 단방향으로 처리하여 데이터 흐름을 단순화한다.

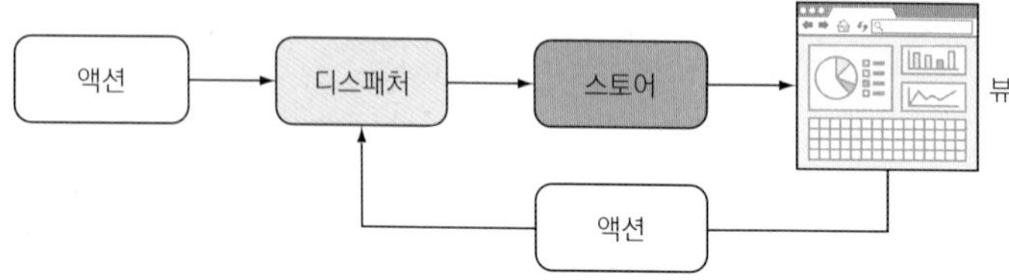

✔ 그림 14-6 Flux 아키텍처: 액션에 의해 디스패처가 실행되고, 스토어에 전달되어 결과적으로 뷰를 렌더링한다.

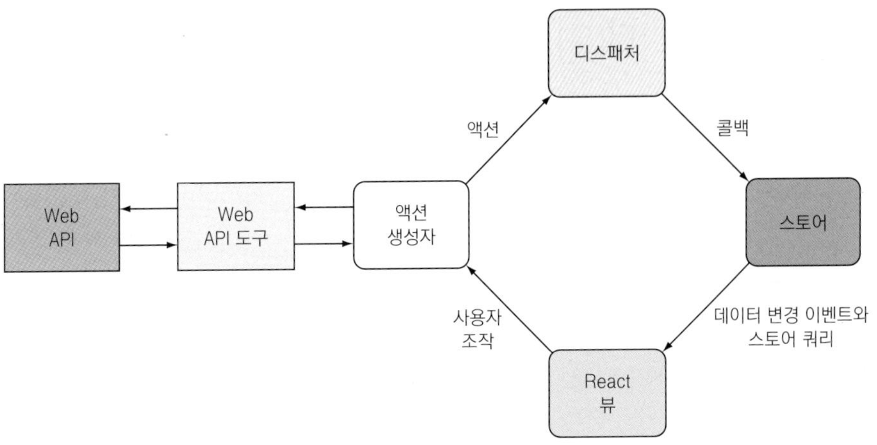

단방향 데이터 흐름은 좀 더 나은 테스트와 디버깅을 가능하게 한다. 그림 14-6은 Flux 아키텍처에 대해 좀더 자세한 도식을 보여준다.

역사적으로 볼 때 Flux는 하나의 아키텍처였다. 페이스북 팀이 `flux` 모듈(www.npmjs.com/package/flux, https://github.com/facebook/flux)을 배포해서 React와 함께 쓸 수 있는 Flux 아키텍처를 구현했을 뿐이다. `flux` 모듈은 Flux 아키텍처의 개념 증명으로, React 개발자들이 많이 사용하지는 않는다.

> **Tip** 이미 Flux에 대한 훌륭한 설명이 있으므로 여기서 되풀이할 이유는 없을 것이다. Flux의 공식 웹 사이트에 소개된 동영상인 "페이스북의 웹 앱 개발 다시 생각하기(Hacker Way: Rethinking Web App Development at Facebook)"를 살펴볼 것을 권한다(http://mng.bz/wygf).

개인적으로 나는 Flux가 혼란스러웠으며, 그것이 나만의 문제가 아니라는 사실도 알게 되었다. Flux의 구현체로는 Redux, Reflux 등 여러 가지가 있다. 이 책의 초창기 온라인 버전에서는 Reflux를 다루었지만, 출간하면서 이 부분을 제외했다. 나는 데이빗 월러(David Waller)가 쓴 "React 아키텍처: Flux 대 Reflux(React.js architecture - Flux vs. Reflux, http://mng.bz/5GHx)"를 살펴보고, npm 다운로드 수치에서 Flux나 Reflux에 비해 Redux가 가장 인기 있는 라이브러리라는 사실을 알 수 있었다. 따라서 이 책에서는 Flux보다 더 나은 대안이라고도 이야기되는 Redux를 사용하고자 한다.[4]

4 역주 린 클락(Lin Clark)이 그림으로 설명한 Flux와 Redux에 대한 가이드(https://code-cartoons.com/@linclark)도 참고하면 좋다. 한글 번역본은 https://goo.gl/eUm6Ec와 https://goo.gl/cqAvdL에서 살펴볼 수 있다.

14.3 Redux 데이터 라이브러리 사용하기

Redux(redux, www.npmjs.com/package/redux)[5]는 Flux 아키텍처의 구현체 중 가장 인기가 높다. Redux의 특징은 다음과 같다.

- **훌륭한 개발 생태계**: Awesome Redux(https://github.com/xgrommx/awesome-redux)가 좋은 예다.
- **간결성**: 디스패처나 스토어 등록이 필요하지 않고, 최소화된 버전은 99행에 불과하다(http://mng.bz/00Ap).
- **훌륭한 개발자 경험**(developer experience, DX): 핫 리로딩과 시간 여행 디버깅을 할 수 있다. "실시간 React: 핫 리로딩을 이용한 시간 여행(Live React: Hot Reloading with Time Travel, http://mng.bz/uSxq)"을 살펴보기 바란다.
- **리듀서 구성**(reducer composition): 예를 들면 취소/다시하기 고차 컴포넌트를 사용하면 최소한의 코드만으로 기능을 구현할 수 있다(https://github.com/omnidan/redux-undo).
- 서버 측 렌더링 지원

Redux가 Flux에 비해 갖는 장점에 대해 세부사항까지 살펴보지는 않을 것이다. 세부적인 비교에 관심이 있다면 Redux 제작자가 소개한 "페이스북의 Flux 대신 Redux를 선택해야 하는 이유(Why Use Redux over Facebook Flux?, http://mng.bz/z9ok)"를 살펴보기 바란다.

Redux는 상태 컨테이너를 구현한 독립적인 라이브러리다. Redux는 런타임에서 애플리케이션이 처리하는 모든 데이터를 포함하고, 저장하고, 변경하는 커다란 변수다. Redux를 독립적으로 사용하거나 서버에서 사용할 수 있다. 앞서 언급한 것처럼 Redux를 React와 조합하여 사용하는 방법이 인기가 있다. 이 둘의 조합은 다른 라이브러리인 `react-redux`(https://github.com/reactjs/react-redux)에 의해 구현된다.

React 앱에 Redux를 사용하면 다음과 같이 바뀌는 부분이 몇 가지 있다.

- 스토어(store)는 모든 데이터를 저장하고, 이 데이터를 조작할 수 있는 메서드를 제공한다. 스토어를 생성할 때는 `createStore()` 메서드를 사용한다.
- `Provider` 컴포넌트는 모든 컴포넌트가 스토어에서 데이터를 가져올 수 있도록 만들어준다.

5 역주 Redux 공식 문서를 한글로 번역한 자료는 https://deminoth.github.io/redux/에서 살펴볼 수 있다.

- connect() 메서드는 컴포넌트를 감싸서 스토어에 있는 애플리케이션 상태의 일부를 컴포넌트의 속성으로 연결한다.

그림 14-5에서 봤던 Flux 아키텍처 도식을 다시 살펴보자. 이제 왜 스토어가 있는지 이해할 수 있을 것이다. 내부 상태를 변경하는 유일한 방법은 디스패처를 이용해 액션을 보내는 것이고, 액션은 스토어에 있다.

스토어의 모든 변경은 **액션**에 의해 이뤄진다. 각 액션은 애플리케이션에 발생한 일과 이에 따라 스토어에서 변경되어야 할 부분을 알려준다. 또한, 액션은 데이터를 제공하기도 한다. 모든 애플리케이션에는 변경되는 데이터가 있으므로 이런 방식이 유용함을 곧 깨닫게 될 것이다.

스토어에서 데이터의 변경 방법은 순수함수(pure function)인 **리듀서**(reducer)에 의해 명시된다. 리듀서는 (state, action) => state 서명을 가지고 있다. 즉, 현재 상태에 액션을 적용하여 새로운 상태를 얻는 것이다. 이 덕분에 애플리케이션 상태를 예측할 수 있고, 취소 또는 디버깅을 통해 이전 상태로 되돌릴 수 있는 기능도 갖게 된다.

다음은 할 일 목록 앱의 리듀서 파일이다. SET_VISIBILITY_FILTER와 ADD_TODO는 액션이다.

```
function todoApp(state = initialState, action) {
  switch (action.type) {
    case 'SET_VISIBILITY_FILTER': --------- 액션을 정의한다.
      return Object.assign({}, state, { --------- 리듀서가 현재 상태와 visibilityFilter 값을 복사[6]하여
        visibilityFilter: action.filter          새로운 상태를 생성하도록 적용한다.
      })
    case 'ADD_TODO': --------- ADD_TODO 액션을 정의한다.
      return Object.assign({}, state, { --------- 리듀서가 현재 상태와 새로운 TODO 값인 'text'와
        todos: [                                  'completed'를 todos 배열의 마지막 항목으로 복사하여
          ...state.todos,                         새로운 상태를 생성하도록 적용한다.
          {
            text: action.text,
            completed: false
          }
        ]
      })
    default:
      return state --------- 해당하는 액션이 없는 경우 기본적으로 현재 상태를 반환하도록 정의한다.
  }
}
```

6 Object.assign(), http://mng.bz/O6pl

Redux 애플리케이션은 하나 또는 그 이상의 리듀서를 둘 수 있다. 액션을 호출할 때마다 모든 리듀서가 호출된다. 리듀서는 스토어의 데이터 변경에 대한 책임이 있으므로 특정한 형식의 액션을 다룰 때는 주의해야 한다.

일반적으로 리듀서는 상태와 액션을 인자로 받는 함수다. 예를 들어 영화 정보를 가져오도록 하는 액션(FETCH_MOVIE)이 있다면, 이때 리듀서를 사용한다. 액션 코드는 액션이 현재 상태를 다음 상태로 변환하는 과정(상태에 영화를 추가하는 과정)을 설명한다. 리듀서 함수는 액션을 처리하는 거대한 switch/case 문이다. 그렇지만 리듀서를 좀 더 함수형 프로그래밍적이고, 읽기 편하게 해주는 라이브러리도 있다. redux-actions라는 라이브러리를 이용해서 switch/case 문을 대체하는 법을 살펴볼 것이다.

Tip Redux를 만든 댄 아브라모프(Dan Abramov, https://github.com/gaearon)는 다음 글을 추천한다.

- "페이스북의 Flux 대신 Redux를 선택해야 하는 이유(Why Use Redux Over Facebook Flux?, http://mng.bz/9syg)"
- "Flux 대신 Redux를 사용했을 때의 단점(What Could Be the Downsides of Using Redux Instead of Flux, http://mng.bz/Ux9l)"

14.3.1 Redux를 이용한 넷플릭스 따라잡기

오래된 할리우드 명작 영화를 싫어하는 사람은 없을 것이다. 명작 영화 목록을 보여주는 넷플릭스 앱을 만들어보자(홈페이지만 있고, 스트리밍이나 재생이 되는 것은 아니다). 앱은 그림 14-7처럼 영화를 격자로 보여주고, 영화 포스터를 클릭하면 그림 14-8과 같이 영화에 대한 정보를 자세히 보여준다.

이번 예제의 목표는 Redux를 사용해서 실시간으로 React 컴포넌트에 데이터를 공급하는 방법을 배우는 것이다. 단순한 예제이므로 데이터는 별도의 데이터베이스 없이 JSON 파일에서 불러올 것이다. 또한, 이전 장에서 살펴본 React Router를 이용해서 각 영화의 상세 정보 화면으로 이동할 수 있게 할 것이다.

❤ 그림 14-7 넷플릭스 앱의 홈페이지는 영화 포스터를 격자 모양으로 보여준다.

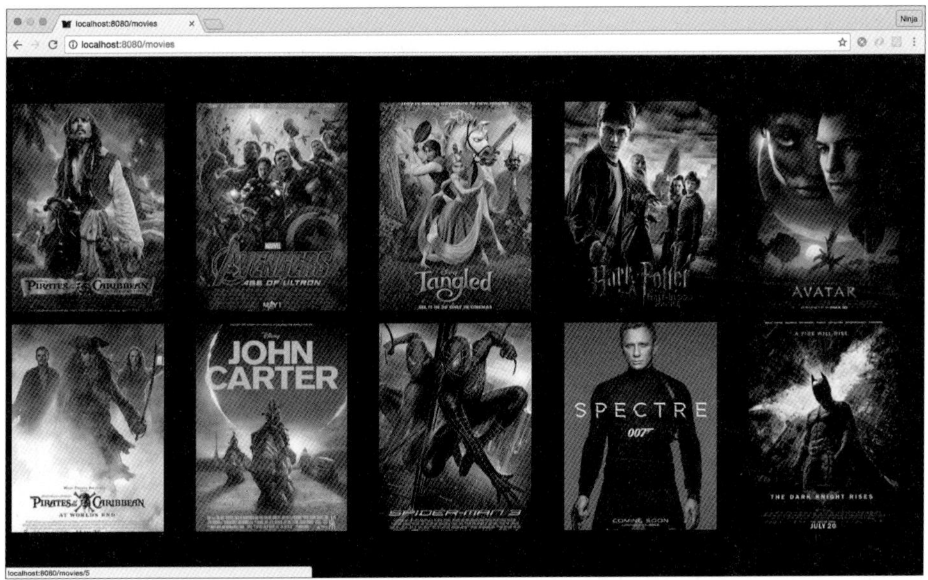

❤ 그림 14-8 포스터를 클릭하면 영화 상세 정보를 보여준다.

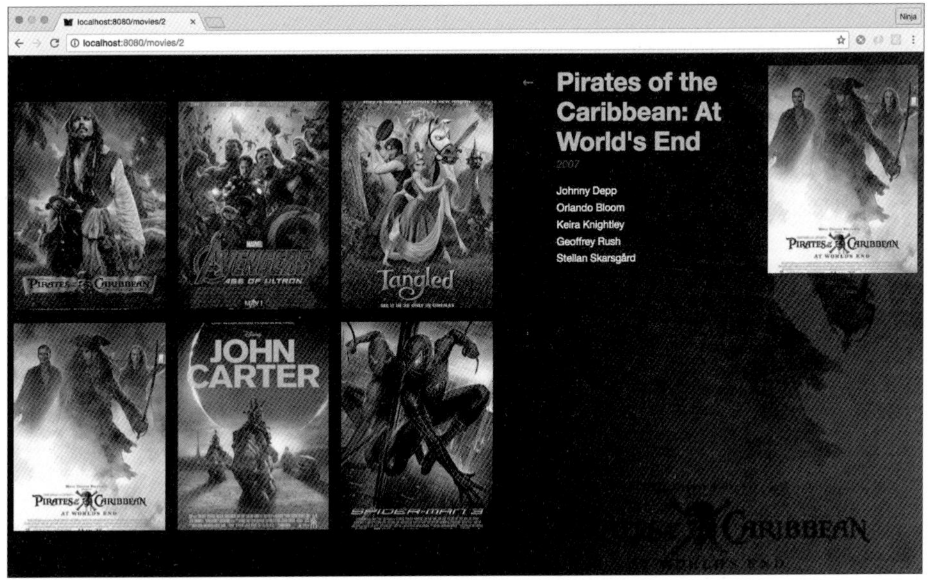

이 프로젝트에서는 세 개의 컴포넌트, 즉 App, Movies, Movie를 생성한다. 코드 정리를 위해 컴포넌트별로 CSS 파일이 있고 개별 폴더를 갖는다(React 컴포넌트와 스타일을 캡슐화하는 모범 사례이기도 하다). 프로젝트 구조는 다음과 같다.

```
/redux-netfix
  /build --------- Wepback이 번들 파일을 생성하는 빌드 폴더
    index.js
    styles.css
  /node_modules
    ...
  /src
    /components
      /app --------- 레이아웃 컴포넌트를 위한 App 폴더
        app.css
        app.js
      /movie --------- 개별 영화 정보 컴포넌트를 위한 Movie 폴더
        movie.css
        movie.js
      /movies --------- 영화 포스터를 격자로 보여주는 Movies 폴더
        movies.css
        movies.js
    /modules
      index.js --------- 리듀서를 결합하여 내보내는 파일
      movies.js --------- 영화 정보 목록과 개별 영화 상세 정보를 가져오는 Redux 리듀서
    index.js --------- Redux의 Provider 컴포넌트와 리듀서를 정의하는 프로젝트의 진입점
    movies.json --------- 영화 데이터
    routes.js --------- React Router를 이용한 라우팅
  index.html
  package.json
  webpack.config.json
```

이제 프로젝트 폴더 구조의 준비를 마쳤다. 의존 모듈과 빌드 설정에 대해서 살펴보자.

14.3.2 의존 모듈과 빌드 설정

이 프로젝트에는 다수의 의존 모듈을 설치해야 한다. Webpack을 이용해서 모든 파일을 번들링하여 실시간으로 사용하고, extract-text-webpack-plugin이라는 플러그인을 추가하여 여러 개의 <style> 태그로 입력되었던 인라인 CSS를 style.css 파일로 만든다. 이 프로젝트에 사용할 Webpack 로더는 다음과 같다.

- json-loader
- style-loader
- css-loader
- babel-loader

그 외의 프로젝트 개발 의존 모듈을 살펴보면 다음과 같다.

- Babel(https://github.com/babel/babel)과 프리셋은 ES6 코드를 브라우저에서 사용할 수 있는 ES5 자바스크립트 파일로 변환한다. `babel-polyfill`은 브라우저에 ES2015 환경을 갖추기 위해 사용하고, `babel-preset-es2015`는 ES6/Es2016, `babel-preset-stage-0`은 최신 ES7+ 기능을 제공하며, `babel-preset-react`는 JSX를 위해 사용한다.
- `react-router`(https://github.com/reactjs/react-router)는 현재 URL에 기반을 두어 컴포넌트의 계층을 보여준다. 또한, URL 위치를 기반으로 컴포넌트를 계층으로 배열하는 데 도움이 된다.
- `redux-actions`(https://github.com/acdlite/redux-actions)는 리듀서를 정리한다.
- ESLint(http://eslint.org)와 플러그인은 자바스크립트와 JSX의 스타일을 적절하게 유지하기 위한 도구다.
- `concurrently`(www.npmjs.com/package/concurrently)는 Webpack 빌드와 같은 프로세스를 동시에 실행할 수 있게 해주는 Node.js 도구다.

package.json 파일은 모든 의존 모듈 목록과 Babel 설정, npm 스크립트를 포함하며, 다음 예제 코드 14.1(ch14/redux-netflix/package.json)과 같다. `npm i 모듈명`으로 모듈을 직접 설치할 수도 있고, package.json을 생성하거나 복사해서 `npm i`로 모듈을 설치할 수도 있다. package.json에 표시된 정확한 버전의 라이브러리를 사용하지 않으면 예제 코드가 정상적으로 작동하지 않을 수 있다.

예제 코드 14.1 넷플릭스 앱을 위한 의존 모듈

```
{
  "name": "redux-netflix",
  "version": "0.0.1",
  "description": "A sample project in React and Redux that copies Netflix's features
  and workflow",
  "main": "./build/index.js",
  "scripts": {
    "test": "echo \"Error: no test specified\" && exit 1",
    "start": "concurrently \"webpack --watch --config webpack.config.js\" \"webpack-
    dev-server\"" --------- concurrently를 사용해서 Webpack 빌드와 개발 서버 실행을 위한 스크립트를 실행한다.
```

```
},
"repository": {
  "type": "git",
  "url": "git+https://github.com/azat-co/react-quickly.git"
},
"author": "Azat Mardan (http://azat.co)",
"license": "MIT",
"bugs": {
  "url": "https://github.com/azat-co/react-quickly/issues"
},
"homepage": "https://github.com/azat-co/react-quickly#readme",
"devDependencies": {
  "babel-core": "6.11.4",
  "babel-eslint": "6.1.2",
  "babel-loader": "6.2.4",
  "babel-polyfill": "6.9.1",                 -------- 여러 가지 Babel 모듈과 플러그인, 로더를 설치한다.
  "babel-preset-es2015": "6.9.0",
  "babel-preset-react": "6.11.1",
  "babel-preset-stage-0": "6.5.0",
  "concurrently": "2.2.0",   -------- concurrently를 설치하여 npm 스크립트를 더욱 빠르게 실행한다.
  "css-loader": "0.23.1",
  "eslint": "3.1.1",
  "eslint-plugin-babel": "3.3.0",
  "eslint-plugin-react": "5.2.2",
  "extract-text-webpack-plugin": "1.0.1",   -------- extract-text-webpack-plugin을 설치하여
  "json-loader": "0.5.4",                            인라인 스타일을 하나의 CSS 파일로 만든다.
  "style-loader": "0.13.1",
  "webpack": "1.13.1",
  "webpack-dev-server": "1.14.1"
  "react": "15.2.1",
  "react-dom": "15.2.1",
  "react-redux": "4.4.5",   -------- react-redux를 설치하여 데이터를 다룬다.
  "react-router": "2.6.0",
  "redux": "3.5.2",
  "redux-actions": "0.10.1"   -------- redux-actions를 설치하여 Redux 리듀서를 좀 더 잘 정리한다.
}
}
```

의존 모듈을 번들링할 때 Webpack을 사용하므로 모든 필요한 패키지가 bundle.js에 포함된다. 따라서 모든 의존 모듈을 devDependencies에 추가한다(나는 배포되는 것에 대해 까다롭다. 배포 환경에서 사용되지 않는 모듈이 불필요하게 배포되어 보안 취약점이 되기 때문이다). npm은 npm i

--production처럼 명령에 --production 플래그가 설정되어 있을 때는 devDependencies를 무시한다.[7]

다음으로 webpack.config.js를 생성해서 빌드 과정을 정의해보자(ch14/redux-netflix/webpack.config.js).

예제 코드 14.2 넷플릭스 앱의 Webpack 설정 파일

```
const path = require('path')
const ExtractTextPlugin = require('extract-text-webpack-plugin')

module.exports = {
  entry: {
    index: [
      'babel-polyfill', --------- 브라우저에 ES2015 환경을 완전히 갖추기 위한 폴리필을 추가한다.
      './src/index.js' --------- 진입점을 지정한다(항상 *.jsx일 필요는 없다).
    ]
  },
  output: {
    path: path.join(__dirname, 'build'), --------- path.join()을 이용해 번들된 파일의 경로를 지정해서
    filename: '[name].js'                           macOS, 윈도 등 여러 운영체제에서 잘 작동하도록 한다.
  },
  target: 'web',
  module: {
    loaders: [{ --------- 로더를 배열에 추가한다.
      loader: 'babel-loader',
      include: [path.resolve(__dirname, 'src')],
      exclude: /node_modules/,
      test: /\.js$/,
      query: {
        presets: ['react', 'es2015', 'stage-0'] --------- Babel 프리셋을 지정한다
      }                                                    (코드를 어떻게 처리할지에 대한 것이다).
    }, {
      loader: 'json-loader', --------- JSON 로더를 적용하여 JSON 파일을 모의 영화 데이터베이스로 사용한다.
      test: /\.json$/
    }, {
      loader: ExtractTextPlugin.extract('style',
        'css?modules&localIdentName=[local]__[hash:base64:5]'), --------- CSS 스타일을 추출하여
      test: /\.css$/,                                                    여러 개의 파일 대신
      exclude: /node_modules/                                            하나의 파일로 만들기 위해
                                                                         로더로 추가한다.
```

7 역주 저자의 의견도 일리가 있으나 프로젝트의 결과물이라고 할 수 있는 번들에 포함되는 모듈은 dependencies로 추가하고, 빌드 또는 테스트를 위한 모듈은 devDependencies에 추가하는 것이 좀더 일반적인 방식이다.

```
      }]
    },
    resolve: {
      modulesDirectories: [
        './node_modules',
        './src'
      ]
    },
    plugins: [
      new ExtractTextPlugin('styles.css') -------- CSS 추출을 위한 플러그인을 설정한다.
    ]
  }
```

설정은 이만하면 충분하다. 다음 절에서는 본격적으로 Redux를 다뤄본다.

14.3.3 Redux 사용하기

React 애플리케이션에서 Redux를 작동시키려면 컴포넌트 계층의 최상위에 Provider 컴포넌트를 추가해야 한다. Provider 컴포넌트는 react-redux 패키지의 일부로 스토어의 데이터를 컴포넌트로 주입해준다. 즉, Provider 컴포넌트를 사용하면 모든 자식 컴포넌트가 스토어에 접근할 수 있는 것이다. 깔끔하다.

Provider 컴포넌트를 사용하려면 store 속성으로 스토어를 전달해야 한다. 스토어는 애플리케이션 상태를 표현하는 객체다. Redux(react-redux)의 createStore() 메서드는 ch14/redux-netflix/scr/modules/index.js의 리듀서를 전달받아 스토어 객체를 반환한다.

Provider 컴포넌트와 하위 트리의 컴포넌트를 렌더링할 때는 react-dom의 render() 메서드를 사용한다. <Provider>를 첫 번째 인자로 받아 두 번째 인자로 전달한 요소(document.getElementById('app')) 안에 렌더링한다.

위에서 살펴본 내용을 종합하여 애플리케이션의 진입점 파일을 작성하면 다음 예제 코드와 같다(ch14/redux-netflix/index.js). JSX 포맷을 이용해서 Provider 컴포넌트를 정의하고 리듀서를 전달받은 스토어 인스턴스를 넘겨준다.

예제 코드 14.3 앱의 진입점 파일

```
const React = require('react')
const { render } = require('react-dom')
const { Provider } = require('react-redux')
const { createStore } = require('react-redux')
const reducers = require('./modules')
const routes = require('./routes')

module.exports = render((
  <Provider store={createStore(reducers)}>
    {routes}
  </Provider>
), document.getElementById('app'))
```

전체 애플리케이션이 Redux의 기능을 사용하려면 스토어에 연결하는 코드처럼 자식 컴포넌트에서 구현해야 할 코드가 있다. `react-redux`의 `connect()` 메서드는 몇 가지 인자를 전달받아 함수를 반환한다. `connect()` 메서드가 반환한 함수로 컴포넌트를 감싸서 스토어의 일부를 컴포넌트의 속성으로 전달받게 된다. 뒤에서 더 자세히 살펴볼 것이다.

여기까지 index.js 작성을 마쳤다. `Provider` 컴포넌트가 스토어로부터 연결된 컴포넌트[8]로 데이터 전달을 처리하므로 속성을 직접 전달할 필요가 없다. 그렇지만 아직 라우팅, 리듀서, 액션 등에 대해서 살펴보지 않았다. 이제부터 하나씩 살펴보자.

14.3.4 라우팅

`react-router`를 사용하면 브라우저의 경로에 따라 컴포넌트 계층을 정의할 수 있다. 13장에서 React Router를 살펴보았으므로 이미 익숙한 내용이라고 생각한다. 13장에서 React Router는 클라이언트 측의 라우팅을 위해 사용되었다. React 라우팅은 서버 측 라우팅과 밀접하게 연결되어 있지는 않지만, 경우에 따라서 서버 측에서도 필요할 수 있는데, 이에 대해서는 16장에서 살펴볼 것이다.

React Router의 핵심은 모든 경로를 여러 개의 중첩된 `Route` 컴포넌트로 선언할 수 있다는 것이다. 각 `Route` 컴포넌트는 다음과 같이 두 가지 속성을 전달받는다.

8 역주 `connect()` 메서드를 사용해서 연결된 컴포넌트를 말한다.

- `path`: URL 경로 또는 위치로 URL 매개변수를 포함할 수 있다. 예를 들면 localhost:8080/movies/1021은 `/movies:/id`를 path로 사용할 수 있다. /를 사용하면 부모 Route 컴포넌트에 설정된 path와 상관없이 독립적인 경로를 사용할 수 있다. 이를테면 localhost:8080/1012 같은 경로에 대해 `/:id`를 path로 지정할 수 있다.
- `component`: 사용자가 해당 경로 또는 위치로 접근했을 때 렌더링할 컴포넌트에 대한 참조다. `Provider` 컴포넌트를 포함한 모든 부모 컴포넌트가 렌더링될 것이다. 예를 들어 예제 코드 14.4에서 localhost:8080/movies/1021로 접근하면 `Movie`, `Movies`, `App` 컴포넌트를 렌더링한다.

최상위 페이지와 /movies 페이지에서 모두 영화 포스터 목록을 보여주어야 한다. 또한, /movies/:id로 접근하면 영화에 대한 상세 정보를 보여주어야 한다. 다음 예제에서는 라우팅 설정에 `IndexRoute`를 사용한다(ch14/redux-netflix/src/routes.js).

예제 코드 14.4 React Router를 이용한 URL 라우팅 정의하기

```
const React = require('react')
const {
  Router,
  Route,
  IndexRoute,
  browserHistory
} = require('react-router')
const App = require('components/app/app.js')
const Movies = require('components/movies/movies.js')
const Movie = require('components/movie/movie.js')

module.exports = (
  <Router history={browserHistory}> --------- 라우터에 browserHistory 또는 hashHistory를 제공한다.
    <Route path="/" component={App}>
      <IndexRoute component={Movies} /> --------- 빈 URL /에 대해 IndexRoute를 정의한다.
      <Route path="movies" component={Movies}>
        <Route path=":id" component={Movie} /> --------- 콜론을 이용해서 영화 ID를 URL 매개변수로 하여
      </Route>                                           :id로 정의한다.
    </Route>
  </Router>
)
```

IndexRoute와 Route는 모두 최상위 Route 컴포넌트 안에 중첩되어 있다. 이렇게 하면 Movies 컴포넌트가 최상위 페이지와 /movies 페이지에서 모두 렌더링된다. 개별 영화 뷰는 특정 영화 정보를 Redux 스토어에서 가져오기 위해 영화 ID가 필요하므로 경로를 정의할 때 URL 매개변수를 사용해야 한다. 경로에 콜론을 이용해서 path=":id"로 작성한다. 그림 14-9는 작은 창에서 반응형 CSS가 적용되어 나타나는 개별 영화 뷰의 모습과 URL이다. URL의 movies/8에서 8이 영화 ID다. 다음으로 Redux 리듀서를 이용해 데이터를 가져오는 방법을 살펴보겠다.

▼ 그림 14-9 작은 창에서 살펴본 개별 영화 뷰. URL에 영화 ID가 포함되어 있다.

14.3.5 리듀서 결합하기

src/index.js 파일에서 createStore() 메서드가 적용된 모듈을 살펴보자.

```
...
const reducers = require('./modules') --------- ./modules(./modules/index.js)에서 결합된 리듀서를 불러온다.
...

module.exports = render((
  <Provider store={createStore(reducers)}> --------- 리듀서를 적용한다.
    {routes}
  </Provider>
), document.getElementById('app'))
```

이건 뭘 하는 걸까? 여러분은 영화 데이터를 스토어에 저장해야 한다. 당장은 영화 목록만 있으면 충분하지만, 나중에는 스토어에 사용자 계정이나 다른 추가적인 부분을 구현할지도 모른다. 따라서 스토어에 여러 개의 구별된 부분을 생성할 수 있는 Redux의 기능을 살펴볼 것이다. 리듀서를 결합하는 중간 단계를 거치면 좀 더 나은 아키텍처를 만들 수 있다. 플러그인 Node.js 패턴[9]을 사용해서 ./modules/index.js(또는 ./modules)에 리듀서를 추가하면 어려움 없이 앱을 확장해 나갈 수 있다. 이 방식을 **리듀서 분리**(splitting reducers)라고 부른다(http://mng.bz/Wprj).

각 리듀서는 스토어의 데이터를 변경할 수 있다. 그렇지만 안전한 데이터 변경을 위해서는 애플리케이션 상태를 여러 개의 부분으로 분리한 후 하나의 스토어로 결합해야 한다. 이러한 분할 정복 방식은 리듀서와 액션이 계속해서 늘어나는 거대한 앱을 개발할 때 추천하는 방법이다. redux의 combineReducers() 메서드를 사용하면 여러 개의 리듀서를 쉽게 결합할 수 있다(ch14/redux-netflix/src/modules/index.js).

예제 코드 14.5 리듀서 결합하기

```
const { combineReducers } = require('redux') --------- redux의 combineReducers를 불러온다.
const {
  reducer: movies --------- ES6/ES2015 해체할당을 이용해 ./movies.js의 reducer 속성을 불러와서
} = require('./movies')     리듀서 객체인 movies를 생성한다.

module.exports = combineReducers({ --------- movies가 포함된 결합된 리듀서를 내보낸다.
  movies
  // 리듀서를 더 추가할 수 있다.
})
```

9 아자트 마르단(Azat Mardan), "Node.js 패턴: 콜백부터 옵저버까지(Node Patterns: From Callbacks to Observer)", http://mng.bz/p9vd.

리듀서를 마음대로 추가하여 스토어에 독립적인 부분을 생성할 수 있다. 이름도 마음대로 지을 수 있다. 이 경우에는 `movies` 리듀서를 불러온 후 `combineReducers()`에 전달하는 객체에 `"movies"`를 키로 하여 추가했다.

이렇게 해서 스토어의 분리된 부분을 선언하고 "movies"라고 부른다. `./movies`의 모든 액션은 movies에 해당하는 부분만 변경하고 다른 부분에는 영향을 끼치지 않는다.

14.3.6 영화 목록 리듀서

다음으로 "movies" 리듀서를 구현할 차례다. Redux에서 **리듀서**는 액션이 스토어에 전달될 때마다 실행되는 함수다. 리듀서는 인자를 두 개 받는다.

- 첫 번째 인자인 `state`는 전체 상태에서 해당 리듀서가 관리하는 일부분에 대한 참조다.
- 두 번째 인자인 `action`은 스토어로 전달된 액션을 표현하는 객체다.

즉, 리듀서의 입력은 이전에 발생한 액션의 결과인 현재 상태(`state`)와 현재 발생한 액션(`action`)이다. 리듀서는 현재 상태를 받아 액션을 적용한다. 리듀서의 실행 결과는 새로운 상태다. 리듀서를 부수 작용이 없는 순수함수로 만들면 핫 리로딩이나 시간 여행 디버깅 같은, React와 Redux를 함께 사용할 때의 이득을 얻을 수 있다.

Note ≡ **자바스크립트의 리듀서**

리듀서라는 용어는 함수형 프로그래밍에서 유래되었다. 자바스크립트는 함수형 프로그래밍의 영향을 받은 부분도 있으므로 `Array.reduce()` 메서드가 존재한다.

reduce 메서드는 여러 입력값을 단일 출력값이 되도록 목록을 요약하는 작업을 수행한다. 리듀서가 처리하는 목록은 자바스크립트의 경우에는 배열이고, 다른 언어의 경우 다른 형태의 데이터 구조일 수 있다.

예를 들어 이름 목록에서 이름이 나온 횟수를 반환할 수 있다. 이름 목록이 입력이고, 노출 횟수가 출력이다. 리듀서를 이용하려면 다음 항목을 인자로 받는 함수를 전달해서 메서드를 호출한다.

- 누산 값(accumulator value): 다음 차례에 전달될 값이며 출력 값이 될 값
- 현재 값: 목록에서 현재 차례의 항목

목록 또는 배열의 한 항목을 순회할 때마다 리듀서 함수는 누산 값을 전달받는다. 자바스크립트는 `Array.reduce()` 메서드를 사용한다.[10] 예를 들어 이름이 몇 번 나왔는지 확인하기 위해서 다음의 리듀서 코드를 실행할 수 있다. 삼항 연산자를 이용해서 현재 값(curr)이 'azat'인지 확인하고 맞는 경우 누산 값(acc)에 1을 더한다.

○ 계속

10 `Array.prototype.reduce()`에 대한 좀 더 자세한 정보는 MDN을 참고하기 바란다(http://mng.bz/Z55j).

```
const users = ['azat', 'peter', 'wiliam','azat','azat']
console.log(users
  .reduce((acc, curr)=>(
    (curr == 'azat') ? ++acc : acc
  ), 0)
)
```

Redux 리듀서에서 누산 값은 상태 객체고, 현재 값은 현재 액션이다. 함수의 결과는 새로운 상태다.

Tip 리듀서에서 API 호출은 피해야 한다. 리듀서는 부수 효과가 없는 순수함수로 작성해야 한다. 리듀서는 상태 기계(state machine)다. API에 대한 HTTP 요청 같은 비동기 작업은 수행하지 말아야 한다. 비동기 호출을 처리할 가장 적합한 위치는 미들웨어(middleware, https://goo.gl/WjBTLL) 또는 `dispatch()` 액션 생성자(http://mng.bz/S31l, **액션 생성자**는 액션을 생성하는 함수다)다. 컴포넌트에서 `dispatch()`를 사용하는 것을 이 장의 뒷부분에서 살펴볼 수 있을 것이다.[11]

일반적으로 리듀서는 거대한 `switch/case` 문을 포함하는 함수다.

```
const FETCH_MOVIES = 'movies/FETCH_MOVIES'
const FETCH_MOVIE = 'movies/FETCH_MOVIE'

const initialState = {
  movies: [],
  movie: {}
}

function reducer(state = initialState, action) {
  switch(action.type) {
    case FETCH_MOVIES:
      return {
        ...state, --------- 상태 객체를 하나씩 전달하기 위해 ES6 펼침 연산자를 사용했다.
        all: action.movies --------- 스토어의 모든 영화 목록을 저장하거나 변경한다.
      }
    case FETCH_MOVIE:
      return {
        ...state,
        current: action.movie --------- 스토어의 특정 영화를 저장하거나 변경한다.
      }
  }
```

11 역주 Redux를 사용할 때 비동기 호출 같은 부수 효과의 처리에 사용할 수 있는 대표적인 미들웨어로는 redux-thunk(https://goo.gl/HLb0Md)가 있다. 이 외의 부수 효과 처리를 위한 라이브러리는 https://goo.gl/WhZLNv에서 참고하기 바란다.

```
}

module.exports = {
  reducer --------- 리듀서 메서드가 있는 객체를 ES6 문법을 이용해서 내보낸다.
}
```

그렇지만 유명한 더글라스 크락포드의 명저인 《자바스크립트 핵심 가이드(JavaScript: The Good Parts, O'Reilly Media, 2008)》에 따르면, `switch/case` 문을 사용하는 것은 나쁜 방법이다. 간단한 `redux-actions`(https://github.com/acdlite/redux-actions) 라이브러리를 사용하면 리듀서 함수를 좀 더 깔끔한 함수형 프로그래밍 형식에 따르도록 만들 수 있다. 거대한 `switch/case` 문 대신에 더 우아한 객체를 사용할 수 있다.

`redux-actions`의 `handleActions`를 사용하자. `handleActions`는 키는 액션, 값은 함수인 맵 같은 형태의 객체를 받는다. 이렇게 하면 액션 종류에 따라 하나의 함수만 호출된다. 즉, 액션 종류에 따라 함수가 선택되는 것이다.

앞서 살펴봤던 함수 코드를 `redux-actions`와 `handleActions`를 사용해서 다시 작성하면 다음과 같다(ch14/redux-netflix/src/modules/movies.js).

예제 코드 14.6 redux-actions 라이브러리 사용하기

```
const { handleActions } = require('redux-actions')
const FETCH_MOVIES = 'movies/FETCH_MOVIES'
const FETCH_MOVIE = 'movies/FETCH_MOVIE'

const initialState = {
  movies: [],
  movie: {}
}

module.exports = {
  fetchMoviesActionCreator: (movies) => ({ --------- 액션 객체를 반환하는 FETCH_MOVIES 액션 생성자를 정의한다.
    type: FETCH_MOVIES,
    movies
  }),
  fetchMovieActionCreator: (index) => ({   --------- 액션 객체를 반환하는 FETCH_MOVIE 액션 생성자를 정의한다.
    type: FETCH_MOVIE,
    index
  }),
  reducer: handleActions({
    [FETCH_MOVIES]: (state, action) => ({
    ...state,
```

```
      all: action.movies --------- Movies 컴포넌트에서 모든 영화 목록을 가져간다.
    }),
    [FETCH_MOVIE]: (state, action) => ({
      ...state,
      current: state.all[action.index - 1] --------- Movie 컴포넌트에서 URL 매개변수의 영화 ID에 따라
    })                                                 현재 영화를 가져간다.
  }, initialState)
}
```

위의 코드는 switch/case 문과 비슷해 보이지만, 거대한 조건문에서 액션을 선택하는 것이 아니라 함수와 액션을 맵핑하는 형태에 더 가깝다.

14.3.7 액션

스토어의 데이터를 변경할 때는 액션을 사용한다. 명확히 이야기해서 브라우저의 사용자 입력뿐만 아니라 무엇이라도 액션이 될 수 있다. 예를 들어 비동기 작업의 결과가 액션이 될 수도 있다. 기본적으로 어떤 코드라도 액션이 될 수 있다. 액션은 스토어를 위한 정보의 원천일 뿐이다. 데이터는 앱에서 스토어로 전달된다. 액션은 앞서 언급한 store.dispatch() 또는 connect() 메서드를 통해 실행된다. 액션을 호출하는 방법을 살펴보기 전에 먼저 액션의 type에 대해서 살펴보자.

모든 액션은 최소한 하나의 속성인 type을 가진 순수한 객체다. 스토어에 데이터를 전달하기 위해 필요에 따라 많은 속성을 가질 수도 있다. 따라서 모든 액션은 다음과 같이 type 속성을 갖는다.

```
{
  type: 'movies/I_AM_A_VALID_ACTION'
}
```

액션의 type은 문자열이다.

> **Note** ≡ 액션 이름을 지을 때 흔히 모듈 이름에 뒤이어 대문자로 작성한다. 같은 이름의 액션이 발생할 가능성이 없다면 모듈 이름은 생략해도 무방하다.

최신 Redux 개발 방식을 따르면 액션의 type은 문자열 상수로 선언한다.

```
const FETCH_MOVIES = 'movies/FETCH_MOVIES'
const FETCH_MOVIE = 'movies/FETCH_MOVIE'
```

두 가지 액션 type을 선언했다. 두 가지 모두 Redux 리듀서 모듈의 이름과 액션 type으로 구성된 문자열이다. 서로 다른 리듀서에 이름이 비슷한 액션이 있는 경우에 유용한 방법이다.

애플리케이션 상태를 변경하고 싶을 때마다 해당하는 액션을 스토어에 전달해야 한다. API에서 데이터를 전달받거나 사용자가 폼에 입력한 정보를 전달받는 경우를 생각해보자. 이러한 경우, 전달받은 데이터를 모두 스토어에 저장하고 갱신할 수 있다. 다음 예제를 살펴보자.

```
this.props.dispatch({
  type: FETCH_MOVIE,
  movie: {}
})
```

실행 과정을 단계별로 살펴보면 다음과 같다.

1. 컴포넌트에서 type 속성과 필요한 데이터를 담은 액션 객체를 dispatch()에 전달하여 실행한다.
2. 리듀서 모듈에서 관련되어 있는 리듀서를 실행한다.
3. 스토어가 새로운 상태로 갱신되고 컴포넌트에서 새로운 상태를 전달받는다.

액션이 스토어로 전달되는 과정은 뒤에서 더 살펴볼 것이다. 다음으로 컴포넌트에서 직접 액션 type을 전달하고 사용하는 것을 피하는 방법을 살펴보자.

14.3.8 액션 생성자

스토어를 변경하려면 모든 리듀서에 액션을 전달해야 한다. 리듀서는 액션의 type에 따라 애플리케이션 상태를 변경한다. 따라서 **항상 액션의 type을 알아야 한다.** 그렇지만 액션 생성자를 이용해서 액션의 type을 감추는 지름길이 있다. 그 과정을 살펴보면 다음과 같다.

1. 필요한 데이터와 함께 액션 생성자를 실행한다. 액션 생성자는 리듀서 모듈에서 정의할 수 있다.
2. 컴포넌트에서 스토어로 액션을 전달한다. 액션의 type을 몰라도 실행할 수 있다.
3. 리듀서 모듈에서 관련된 리듀서를 실행한다.
4. 스토어가 새로운 상태로 갱신된다.

다음을 살펴보자.

```
this.props.dispatch(fetchMoviesActionCreator({movie: {}}))
```

간단히 말해서 액션 생성자는 액션을 반환하는 함수다. 다음 예제 코드처럼 단순하다.

```
function fetchMoviesActionCreator(movies) {
  return {
    type: FETCH_MOVIES,
    movies
  }
}
```

액션 생성자를 이용하면 복잡한 로직을 함수 호출 한 번으로 감출 수 있다. 물론 위의 경우는 복잡한 로직이 없다. 위의 함수가 수행하는 작업은 액션을 반환하는 것뿐이다. 위의 액션 생성자가 반환한 액션은 순수한 객체로 액션을 정의하는 `type` 속성과 함께 영화 목록을 배열로 가진 `movies` 속성을 갖는다. 예제로 개발하는 넷플릭스 앱을 확장하여 영화를 추가할 수 있게 하려면 다음과 같이 `addMovie()` 액션 생성자가 필요할 것이다.

```
function addMovie(movie) {
  return {
    type: ADD_MOVIE,
    movie
  }
}
```

또는 다음과 같이 `watchMovie()` 액션 생성자는 어떨까?

```
function watchMovie(movie, watchMovieIndex, rating) {
  return {
    type: WATCH_MOVIE,
    movie,
    index: watchMovieIndex,
    rating: rating,
    receivedAt: Date.now()
  }
}
```

액션에 `type` 속성이 있어야 한다는 점을 반드시 기억하기 바란다.

액션을 전달하려면 컴포넌트를 스토어에 연결해야 한다. 점점 더 흥미진진해지고 있다. 상태를 갱신하는 방법에 대해 배울 차례가 머지않았다.

14.3.9 컴포넌트를 스토어에 연결하기

앞에서 데이터를 스토어에 추가하는 방법을 배웠으니, 이제 컴포넌트에서 스토어의 데이터에 접근하는 방법을 살펴볼 차례다. 다행히도 Provider 컴포넌트에는 데이터를 컴포넌트의 속성으로 끌어올 수 있는 기능이 있다. 그렇지만 데이터에 접근하려면 명시적으로 컴포넌트를 스토어에 연결해야 한다.

기본적으로 컴포넌트는 데이터 스토어에 연결되어 있지 않다. 컴포넌트 계층의 최상위에 Provider 컴포넌트를 두는 것만으로는 연결되지 않는다. 왜 그럴까? 컴포넌트를 스토어에 연결하는 작업은 특정 컴포넌트를 위한 명시적인 선택사항이라고 생각해볼 수 있다.

8장에서 살펴봤던 React의 모범 사례를 기억하고 있다면 React 컴포넌트를 두 가지, 즉 프레젠테이션 컴포넌트와 컨테이너 컴포넌트로 구분할 수 있음을 알고 있을 것이다. 프레젠테이션 컴포넌트는 스토어가 필요하지 않아야 하고, 단지 속성만 전달받아야 한다. 반면에 컨테이너 컴포넌트는 스토어와 디스패처를 필요로 한다. Redux 문서에서도 컨테이너 컴포넌트를 스토어를 구독하는 컴포넌트로 정의하고 있다(http://mng.bz/p4f9). Provider 컴포넌트의 역할은 모든 컴포넌트에 자동으로 스토어를 제공해서 일부 컴포넌트에서 스토어에 연결하거나 구독하게 하기 위함이다. 따라서 컨테이너 컴포넌트를 위해서 Provider 컴포넌트와 스토어가 모두 필요하다.

정리하면 스토어에 연결된 컴포넌트는 속성을 통해 스토어의 어느 데이터에도 접근할 수 있다. 컴포넌트를 스토어에 연결하려면 connect() 메서드를 사용한다. 헷갈리는가? 다음 예제 코드를 살펴보자. 최상위 컴포넌트인 App 컴포넌트를 생각해보자. App 컴포넌트는 Movies 컴포넌트를 사용할 영화 목록을 표시하려면 최소한 다음과 같은 코드가 필요할 것이다(실제 Movies 컴포넌트는 좀 더 많은 코드를 작성해야 한다).

```
class Movies extends React.Component {
  render() {
    const {
      movies = []
    } = this.props

    return (
      <div className={styles.movies}>
        {movies.map((movie, index) => (
          <div key={index}>
            {movie.title}
          </div>
        ))}
```

```
      </div>
    )
  }
}
```

상위에 Provider 컴포넌트가 있기는 하지만, Movies 컴포넌트는 아직 스토어에 연결되지 않았다. 다음에 나오는 예제 코드를 이용해서 스토어에 연결해보자. connect() 메서드는 react-redux 패키지의 일부이며, 최대 네 개의 인자를 전달할 수 있다. 일단 여기서는 한 가지 인자만 전달할 것이다.

```
const { connect } = require('react-redux')
class Movies extends React.Component {
  ...
}
module.exports = connect()(Movies)
```

connect() 메서드는 함수를 반환하고, 반환된 함수를 Movies 컴포넌트에 적용한다. 결과적으로 Movies 컴포넌트가 아닌 connect()로 호출한 Movies 컴포넌트를 내보내게 되고, 상위에 Provider 컴포넌트가 있으므로 Movies 컴포넌트가 스토어에 연결된다.

이제 Movies 컴포넌트는 스토어의 어느 데이터도 전달받을 수 있고, 액션을 전달할 수도 있다(이렇게 될 줄 몰랐을 것이다). 그렇지만 데이터를 원하는 형태로 전달받으려면 간단한 맵핑 함수를 생성해서 애플리케이션 **상태를 컴포넌트 속성으로 연결**해야 한다(결과값을 반환해야 하므로 표현식이 좀 더 정확한 용어일 것이다).

맵핑 함수를 반드시 선언해야 할 필요는 없지만, 어떤 가이드에서는 mapStateToProps()라는 함수를 사용하는 것을 볼 수 있다. 익명 화살표 함수를 사용하는 방법은 깔끔하고 간단하다. 맵핑 함수를 react-redux의 connect() 메서드에 전달한다. 맵핑 함수의 첫 번째 인자가 state라는 것을 기억하기 바란다.

```
module.exports = connect(function(state) {
  return state
})(Movies)
```

또는 다음과 같이 멋진 ESNext 스타일의 React에 친근한 암묵적인 반환 형식을 사용할 수도 있다.

```
module.exports = connect(state => state)(Movies)
```

앞의 경우 Movies 컴포넌트가 전체 애플리케이션 상태를 속성으로 전달받게 된다. 일반적으로는 전체 상태의 일부만을 필요로 한다. 예제에서 Movies 컴포넌트가 필요로 하는 부분은 movies.all 뿐이다.

```
class Movies extends React.Component {
  render() {
    const {
      children,
      movies = [],
      params = {}
    } = this.props
  ...

module.exports = connect(({movies}) => ({
  movies: movies.all
}), {
  fetchMoviesActionCreator
})(Movies)
```

그리고 다음은 Movie 컴포넌트의 경우로, 애플리케이션 상태에서 movies.current만 연결한다.

```
class Movie extends React.Component {
  render() {
  const {
    movie = {
      starring: []
    }
  } = this.props
  ...

module.exports = connect(({movies}) => ({
  movie: movies.current
}), {
  fetchMovieActionCreator
})(Movie)
```

스토어가 비어 있는 경우에는 전달할 것이 없으므로 컴포넌트가 추가적인 속성을 전달받지 못하는 것도 알 수 있을 것이다.

Redux의 마술은 이후에 벌어진다. 스토어의 일부를 갱신할 때, 해당 부분에 의존하는 컴포넌트는 새로운 속성을 전달받아 다시 렌더링된다. 액션을 전달할 때 이 작업이 발생하는데, 이는 곧 컴포넌트들이 서로 느슨하게 결합되었으며, 스토어가 갱신되었을 때만 컴포넌트가 갱신된다는 것을 의미한다. 적절한 액션을 전달하면 어떤 컴포넌트라도 애플리케이션 상태를 갱신할 수 있다. 상위 컴포넌트에서 중첩된 컴포넌트까지 속성으로 콜백함수를 내려보내는 고전적인 방법이 필요 없다. 스토어를 컴포넌트에 연결하는 것만으로 충분하다.

14.3.10 스토어에 액션 전달하기

스토어의 데이터를 변경하려면 액션을 전달해야 한다. 컴포넌트를 스토어에 연결하고 나면 애플리케이션 상태의 일부를 컴포넌트의 속성으로 전달받을 수 있고, `dispatch()` 메서드도 사용할 수 있다.

`dispatch()` 메서드는 액션을 인자로 받아 스토어에 전달하는 함수다. `this.props.dispatch()`에 액션을 담아 실행하면 액션을 스토어에 전달할 수 있다.

```
componentWillMount() {
  this.props.dispatch({
    type: FETCH_MOVIE,
    movie: {}
  })
}
```

`type`은 문자열 값으로, Redux는 `type`이 해당되는 모든 리듀서에 `type`을 적용한다. 액션의 전달이 완료되어 스토어가 변경되면, 스토어에 연결된 모든 컴포넌트 중에서 애플리케이션 상태의 갱신된 부분에 의존하는 컴포넌트들이 다시 렌더링된다. 컴포넌트를 갱신해야 하는지 확인하는 등의 작업은 전혀 필요하지 않다. 컴포넌트의 `render()` 메서드에서 새로운 속성을 사용하게 할 수 있다.

```
class Movie extends React.Component {
  render() {
    const {
      movie = {
        starring: []
      }
    } = this.props
  ...
```

액션으로 `type`이 있는 객체를 사용하는 대신에 다음 예제의 `fetchMovieActionCreator()` 함수처럼 액션 생성자로 대체할 수 있다.

```
const fetchMovieActionCreator = (response) => {
  type: FETCH_MOVIE,
  movie: response.data.data.movie
}
...
  componentWillMount() {
    ... // AJAX/XHR 요청을 보낸다.
    this.props.dispatch(fetchMovieActionCreator(response))
  }
```

fetchMovieActionCreator() 함수가 이전 예제에서 살펴본 객체와 동일한 단순한 객체(type과 movie가 있는 객체)를 반환하므로 액션 생성자 함수인 fetchMovieActionCreator()를 호출하여 결과를 dispatch() 메서드에 전달할 수 있다.

1. 데이터를 비동기적으로 가져온다(response).
2. 액션을 생성한다(fetchMovieActionCreator()).
3. 액션을 전달한다(this.props.dispatch()).
4. 리듀서를 실행한다.
5. 속성을 새로운 상태로 갱신한다(this.props.movie).

14.3.11 컴포넌트 속성으로 액션 생성자 전달하기

컴포넌트 파일에 함수로 액션 생성자를 정의할 수 있지만, 액션 생성자를 사용하는 다른 방법도 있다. 별도의 모듈에 액션 생성자를 정의하고 불러와서 컴포넌트 속성으로 추가하는 것이다. 컴포넌트 속성으로 추가하려면, connect() 메서드의 두 번째 인자를 이용해서 액션 생성자를 메서드로 전달해야 한다.

```
const {
  fetchMoviesActionCreator --------- client/modules/movies.js에서 액션 생성자를 불러온다.
} = require('modules/movies.js')
class Movies extends Component {
  ...
}
module.exports = connect(state => ({
  movies: state.movies.all --------- movies 속성을 추가하기 위해 데이터를 연결한다.
}),{
  fetchMoviesActionCreator
})(Movies)
```

이제 속성을 통해 fetchMovieActionCreator()에 참조할 수 있고, 다음과 같이 dispatch() 메서드를 사용하지 않고 스토어에 액션을 전달할 수 있다.

```
class Movies extends Component {
  componentWillMount() {
    this.props.fetchMoviesActionCreator() --------- 액션 생성자를 직접 호출하여 액션을
  }                                                  스토어로 전달할 수 있다.
  render() {
    const {
      movies = [] --------- 변수 movies에 빈 배열 또는 this.props.movies를 할당한다(ES6 해체할당).
    } = this.props

    return (
      <div className={styles.movies}>
        {movies.map((movie, index) => (
          <div key={index}>
            {movie.title}
          </div>
        ))}
      </div>
    )
  }
}
```

새로운 액션 생성자는 유효한 dispatch() 호출에 자동으로 감싸지게 된다. 직접 dispatch() 메서드로 감쌀 필요가 없다. 훌륭하다! ch14/redux-netflix/src/components/movies/movies.js에서 Movies 컴포넌트를 구현한 것을 살펴보면 다음과 같다.

명확하게 하기 위해서 fetchMoviesActionCreator()를 fetchMovies()로 이름을 변경하거나 다음과 같이 할 수 있다.

```
const {
  fetchMoviesActionCreator
} = require('modules/movies.js')
class Movies extends Component {
  componentWillMount() {
    this.props.fetchMovies() --------- fetchMovies()로 액션을 전달한다.
  }
  ...
module.exports = connect(state => ({
  movies: state.movies.all
}), {
  fetchMovies: fetchMoviesActionCreator --------- 액션 메서드의 이름을 변경한다.
})(Movies)
```

connect() 메서드의 첫 번째 인자는 애플리케이션 상태를 컴포넌트의 속성에 연결하는 함수다. 이 함수는 첫 번째 인자로 애플리케이션 상태를 전달받아 movies 속성을 가진 순수한 객체를 반환한다.

```
...
module.exports = connect(state => ({
  movies: state.movies.all
}), {
  fetchMoviesActionCreator
})(Movies)
```

state.movies에 해체할당을 이용하면 코드를 좀 더 우아하게 만들 수 있다.

```
module.exports = connect(({movies}) => ({
  movies: movies.all
}), {
  fetchMoviesActionCreator
})(Movies)
```

Movies 컴포넌트의 render() 메서드에서 컴포넌트의 속성인 movies 값을 가져오고, 형제 관계의 DOM 요소로 렌더링된다. 각 div 요소 안에는 movie.title을 텍스트로 렌더링한다. 배열을 형제 관계의 DOM 요소 조각으로 렌더링하는 일반적인 방법이다.

완성한 Movies 컴포넌트의 코드가 궁금해진다. 다음 예제 코드를 살펴보자(ch14/redux-netflix/src/components/movies/movies.js).

예제 코드 14.7 Movies 컴포넌트의 속성으로 액션 생성자를 전달한다

```
const React = require('react')
const { connect } = require('react-redux')
const { Link } = require('react-router')
const movies = require('../../movies.json') --------- JSON 파일을 이용한 모의 데이터베이스로 movies를 불러온다(json-loader 덕분이다).
const {
  fetchMoviesActionCreator
} = require('modules/movies.js')
const styles = require('./movies.css')

class Movies extends React.Component {
  componentWillMount() {
    this.props.fetchMovies(movies) --------- JSON 객체 movies의 데이터와 함께 fetchMoviesActionCreator()(FETCH_MOVIES)를 이용해서 액션을 전달한다. API 서버에 AJAX/XHR 요청을 보내는 것을 대체할 수도 있다.
  }
```

```
  render() {
    const {
      children,
      movies = [],
      params = {}
    } = this.props

    return (
      <div className={styles.movies}>
        <div className={params.id ? styles.listHidden : styles.list}>
          {movies.map((movie, index) => (
            <Link
              key={index}
              to={`/movies/${index + 1}`}>
              <div
                className={styles.movie}
                style={{backgroundImage: `url(${movie.cover})`}} />
            </Link>
          ))}
        </div>
        {children} --------- React Router 계층에서 정의한 것처럼 chidren을 전달한다.
      </div>
    )
  }
}

module.exports = connect(({movies}) => ({ --------- 컴포넌트를 스토어에 연결하여 컴포넌트 속성을 통해
  movies: movies.all                                 스토어 데이터와 fetchMoviesActionCreator() 액션
}), {                                                생성자에 접근할 수 있게 한다.
  fetchMovies: fetchMoviesActionCreator
})(Movies)
```

위에서 살펴본 것처럼 비동기 데이터를 교체하는 것은 간단하다. fetch() API나 axios 등을 활용해서 비동기 호출을 보낸 후 componentWillMount()에서 액션을 전달한다.

또는 React 팀이 AJAX/XHR 요청을 보내는 위치로 추천하는 componentDidMount()를 이용하면 더욱 훌륭하다.

```
componentWillMount() {
  // this.props.fetchMovies(movies) --------- require로 가져온 데이터(동기)를 스토어에 전달하지 않는다.
}
componentDidMount() {
```

```
  fetch('/src/movies.json', {method: 'GET'}) --------- Webpack 개발 서버에 의해 제공되는 JSON 파일을
                                                      가져온다(비동기).
    .then((response)=>{return response.json()})
    .then((movies)=>{
      this.props.fetchMovies(movies) --------- GET 요청으로 서버에서 비동기적으로 가져온 데이터를
                                               액션에 담아 전달한다.
    })
}
```

GET 요청 외에 POST, PUT 등 다른 HTTP 요청에도 동일한 방법을 사용할 수 있다. 이러한 HTTP 요청은 다음 장에서 다룰 것이다.

Movies 컴포넌트 작성을 마쳤다. 다음으로 Movie 컴포넌트를 살펴볼 차례인데, Redux를 연결하는 것은 Movies 컴포넌트와 크게 다르지 않으므로 간단하게 살펴볼 것이다. Movie 컴포넌트는 URL 매개변수로 영화 ID를 가져온다는 차이점이 있다. React Router는 영화 ID를 this.props.params.id로 접근할 수 있게 해준다. 영화 ID는 액션을 통해 스토어에 전달되어 리듀서에서 한 가지 영화를 골라내기 위해 사용된다. 기억을 상기하는 차원에서 src/modules/movies.js의 리듀서를 살펴보면 다음과 같다.

```
...
  reducer: handleActions({
    [FETCH_MOVIES]: (state, action) => ({
      ...state,
      all: action.movies
    }),
    [FETCH_MOVIE]: (state, action) => ({
      ...state,
      current: state.all[action.index - 1] --------- 영화 ID를 이용해서 영화 데이터 하나를 반환한다.
    })
  },
...
```

Movie 컴포넌트의 구현을 살펴보자. React Router의 URL 매개변수에서 영화 ID를 받아 애플리케이션 상태에서 다른 부분을 속성에 연결한다(src/components/movie/movie.js).

예제 코드 14.8 Movie 컴포넌트의 구현

```
const React = require('react')
const { connect } = require('react-redux')
const { Link } = require('react-router')
const {
  fetchMovieActionCreator
} = require('modules/movies.js')
```

```
const styles = require('./movie.css') --------- CSS 파일을 불러온다.

class Movie extends React.Component {
  componentWillMount() {
    this.props.fetchMovie(this.props.params.id)
  }
  componentWillUpdate(next) {
    if (this.props.params.id !== next.params.id) { --------- URL 매개변수가 변경된 경우에만
      this.props.fetchMovie(next.params.id)                    액션을 전달한다.
    }
  }
  render() {
    const {
      movie = {
        starring: []
      }
    } = this.props

    return (
      <div
        className={styles.movie} --------- 엘리먼트에 인라인으로 스타일을 적용한다.
        style={{backgroundImage: `linear-gradient(90deg, rgba(0, 0, 0, 1) 0%, rgba(0,
        0, 0, 0.625) 100%), url(${movie.cover})`}}>
        <div
          className={styles.cover}
          style={{backgroundImage: `url(${movie.cover})`}} />
        <div className={styles.description}>
          <div className={styles.title}>{movie.title}</div>
          <div className={styles.year}>{movie.year}</div>
          <div className={styles.starring}>
            {movie.starring.map((actor = {}, index) => (
              <div
                key={index}
                className={styles.actor}>
                {actor.name}
              </div>
            ))}
          </div>
        </div>
        <Link
          className={styles.closeButton}
```

```
          to="/movies">
          ←
        </Link>
      </div>
    )
  }
}

module.exports = connect(({movies}) => ({
  movie: movies.current --------- 리듀서에서 전달된 데이터를 속성에 연결한다.
}), {
  fetchMovie: fetchMovieActionCreator
})(Movie)
```

14.3.12 넷플릭스 앱 실행하기

프로젝트를 실행할 차례다. 물론 npm 스크립트에 start 명령이 있으므로 처음에 실행해봤을 수도 있겠다. 이 스크립트는 concurrently라는 npm 라이브러리를 사용해서 두 개의 프로세스를 한번에 실행한다. Webpack 빌드를 감지(`watch`) 모드로 실행하고, 8080 포트에 Webpack 개발 서버를 실행한다.

```
"start": "concurrently \"webpack --watch --config webpack.config.js\" \"webpack-dev-server\""
```

프로젝트 상위 폴더(ch14/redux-netflix)로 돌아가자. `npm i`를 실행해서 의존 모듈을 설치하고, 프로젝트 폴더에서 `npm start`를 실행한다. 브라우저에서 http://localhost:8080로 접속하자.[12]

화면을 클릭해서 라우팅이 잘 동작하는지 확인해보고, 모의 데이터를 사용한 경우와 GET 요청으로 불러온 경우 모두 이미지를 잘 불러오는지 살펴보자. http://localhost:8080/movies/1에서 화면을 새로고침 하면 아무것도 나오지 않는 것을 확인할 수 있다. 이 부분은 다음 장에서 Node.js와 Express 서버를 이용해 해시를 사용하지 않은 URL을 지원하도록 구현하면서 살펴볼 것이다. 이제 이번 장에서 배운 내용을 정리해보자.

12 역주 redux-netflix 폴더에 있는 index.html 파일은 webpack-dev-server용 파일이므로 node-server나 1장에서 설명한 fenix 같은 프로그램으로 불러오면 자바스크립트나 css 파일을 불러오지 못해 빈 화면이 노출된다. 내려받은 예제 코드는 본문의 설명대로 실행해보기 바란다.

14.3.13 Redux 요약 정리

Redux는 애플리케이션의 전체 데이터를 한 곳에 저장할 수 있는 기능을 제공한다. 데이터를 변경하기 위해서는 액션을 이용하는 방법밖에 없다. 이 덕분에 Redux는 React 앱뿐만 아니라 어느 곳에도 사용할 수 있다. 그렇지만 `react-redux` 라이브러리를 사용하면 `connect()` 메서드를 사용해서 어느 컴포넌트라도 스토어에 연결하여 스토어의 변경을 반영하도록 할 수 있다.

리액티브 프로그래밍의 기본 아이디어를 빌려서 설명하면 이렇다. 두 개의 엔터티(entity) A와 B가 있을 때 엔터티 A는 엔터티 B의 변경을 감시하고, 변경이 발생하면 이에 따라 반응하지만 반대로 엔터티 B가 엔터티 A의 변경을 감시하여 반응하지는 않는다. 여기서 A는 컴포넌트이고, B는 스토어가 된다.

`connect()` 메서드로 컴포넌트를 스토어에 연결한 후 스토어의 속성을 컴포넌트의 속성으로 연결하면, 컴포넌트의 `render()` 메서드에서 컴포넌트에 연결된 속성을 참조할 수 있다. 일반적으로 먼저 스토어에 데이터를 갱신해야 해당 데이터를 참조할 수 있다. 이것이 컴포넌트의 `componentWillMount()` 메서드에서 액션을 호출한 이유다. 컴포넌트가 처음 마운팅되어 `render()` 메서드가 호출될 때는 컴포넌트가 참조하는 스토어의 일부가 빈 값일 수 있다. 그렇지만 스토어 데이터가 갱신되고 나면 데이터가 보존된다. 우리가 살펴본 예제인 넷플릭스 앱에서 다른 페이지나 화면으로 이동해도 영화 목록이 그대로 유지된 것도 이런 이유 때문이다. 그렇다. `this.state`나 `this.setState()`처럼 컴포넌트의 상태를 사용하던 때와는 다르게, 컴포넌트가 제거된 후에도 데이터는 스토어에 유지된다. 따라서 Redux 스토어는 애플리케이션의 서로 다른 부분에서 동일한 데이터를 필요로 할 때, 데이터를 다시 불러오지 않고도 사용할 수 있다.

`render()` 메서드에서 액션을 스토어에 전달하여 컴포넌트 속성을 수정하는 것도 안전한 방법이다. 액션이 스토어에 전달되는 과정이 지연되기 때문이다. 반면에 Redux를 사용하지 않는 경우에는 `render()`, `componentWillMount()`, `componentWillUpdate()`처럼 컴포넌트가 갱신되는 과정에서 `setState()`를 사용할 수 없다. Redux가 제공하는 이런 기능은 유연성을 높여준다.

14.4 퀴즈

1. 자바스크립트의 리듀서 함수인 Array.reduce()의 콜백함수에 전달되는 두 가지 인자는 무엇인가?
2. Redux는 페이스북의 Flux(flux 라이브러리)와 비교해볼 때 간결함, 거대한 개발 생태계, 좀 더 나은 개발자 경험을 제공한다. (○/×)
3. 다음 중 스토어와 Provider 컴포넌트를 생성할 때 사용하는 방법은 무엇인가?

```
new Provider (createStore(reducers))
<Provider store={createStore(reducers)}>
provider(createStore(reducers))
```

4. Redux는 Flux의 정의에 따라 디스패처를 필요로 한다. (○/×)
5. 넷플릭스 앱 프로젝트에서 movies.all은 모든 영화를 가져오고, movies.current는 현재 선택한 영화를 가져온다. 각각 Movies 컴포넌트와 Movie 컴포넌트의 connect() 메서드 호출 시에 사용된다. movies.all과 movies.current의 로직은 어디에서 정의되는가?

14.5 요약

- 단방향 데이터 흐름은 React 앱에 예측가능성과 유지보수의 편의를 제공한다.
- Flux는 React와 단방향 데이터 흐름을 다룰 때 권장되는 아키텍처다.
- Redux는 Flux 아키텍처의 구현체 중 가장 인기가 좋다.
- Redux를 사용하면 액션을 스토어에 전달하거나 속성 객체에 추가할 수 있다.
- Redux의 connect() 메서드는 스토어의 데이터에 접근할 수 있게 해주고 액션을 스토어에 전달할 수 있으며, 이는 컨테이너 컴포넌트에 필요한 기능이다.
- Redux의 Provider 컴포넌트가 자식 컴포넌트에서 스토어에 접근할 수 있게 해주므로 수동으로 스토어 속성을 전달하지 않아도 된다.

- 리듀서는 `switch/case` 문 또는 `handleActions` 메서드를 사용하여 액션을 새로운 상태에 적용하는 리듀서 함수가 있는 파일이다. 리듀서는 현재 상태와 액션을 입력받아 새로운 상태를 출력한다.
- Redux의 `combineReducers` 메서드를 사용하면 여러 개의 리듀서를 편리하게 결합할 수 있으므로 리듀서를 여러 개의 모듈 또는 파일로 분리하는 데 도움이 된다.

14.6 퀴즈 정답

REACT

1. 두 가지 인자는 누산 값과 현재 값이다. 두 가지 인자 없이는 목록을 요약할 수 없다.
2. ○ / 이 장의 도입부와 댄 아브라모프가 스택 오버플로우에 쓴 "페이스북의 Flux 대신 Redux를 선택해야 하는 이유"(http://mng.bz/z9ok)를 읽어보기 바란다.
3. `<Provider store={createStore(reducers)}>`
4. × / Redux는 Flux 아키텍처를 따르지만 디스패처를 필요로 하지 않는다. 따라서 Redux의 구현이 더 단순하다.
5. src/modules/movies.js 파일의 리듀서에서 정의된다.

15장

GraphQL을 이용한 데이터 다루기

이 장의 주요 내용을 동영상으로 볼 수 있습니다. QR 코드를 스캔하거나 http://reactquickly.co/videos/ch15 로 접속하세요.

이 장에서 살펴볼 주제

- GraphQL과 Axios를 이용한 서버 데이터 요청
- Redux 스토어에 데이터 제공하기
- Node.js와 Express를 이용한 GraphQL 백엔드 구현
- 해시 없는 URL 라우팅 지원하기

14장에서는 Redux를 이용해 넷플릭스 앱을 구현해보았다. 지난 예제에서는 JSON 파일을 이용해 데이터를 가져왔지만, `axios` 또는 `fetch()`를 사용해서 RESTful API 호출을 이용할 수도 있다. 이 장에서는 프론트엔드 앱에 데이터를 제공하는 방법으로 인기가 좋은 GraphQL에 대해 알아본다.

지금까지는 JSON 파일을 불러와서 백엔드 데이터 저장소로 사용하거나, 같은 파일을 RESTful 호출로 불러와서 `GET` RESTful API 엔드포인트를 대신하여 모의 API로 사용했다. 이 방식은 프론트엔드를 빠르게 만들 수 있으므로 프로토타입을 만들 때 유용하다. 영구적인 저장소가 필요해지면 모의 데이터 대신 백엔드 서버를 준비한다. 일반적으로 REST API를 구축한다(SOAP[1]를 쓰는 경우가 있을지도 모르겠다).

다른 개발 팀에서 넷플릭스 앱을 위한 API를 개발한다고 가정해보자. 회의를 몇 차례 거쳐 JSON(또는 XML) 데이터 형식을 사용하기로 협의했다. 데이터를 전송하고 핸드셰이크가 이뤄지면 프론트엔드 앱이 모든 데이터를 가져온다. 그 후 제품 책임자(Product Owner, PO)가 고객과 상담한 뒤, 고객이 영화의 평점과 별점 필드를 새로 추가할 것을 요구한다. 새로운 필드를 추가하려면 어떻게 해야 할까? 새로운 API 엔드포인트로 `movies/:id/ratings`를 구현하거나, 이전 엔드포인트의 버전을 올려서 새로운 필드를 추가해야 할 것이다.

아마도 앱은 아직 프로토타입 단계일 것이고, 기존의 `movies/:id`에 새로운 필드를 추가할 수 있을 것이다. 앞으로 형식과 구조를 변경해달라는 요청을 더 많이 받으리라 쉽게 예측할 수 있다. 전체 영화 목록에도 평점을 노출하려면 어떻게 할까? 또는 친구 추천처럼 다른 컬렉션에서 새롭게 중첩된 필드가 필요하다면 어떻게 해야 할까? 요즘처럼 빠른 속도를 필요로 하는 애자일 개발과 린 스타트업 방식의 시대에는 유연성이 장점이다. 최종 제품의 필드와 데이터를 좀 더 빠르게 변경할 수 있으면 좋을 것이다. GraphQL이라는 우아한 해결책을 이용하면 이렇게 다양한 장애물을 헤쳐 나갈 수 있다.

> **Note ≡** 이 장의 예제 코드는 https://github.com/gilbutITbook/006961 또는 https://github.com/azat-co/react-quickly/tree/master/ch15에서 확인할 수 있다(깃허브 저장소 https://github.com/azat-co/react-quickly의 ch15 폴더다).

1 SOAP는 XML에 많은 부분을 의존하는 더 이상 잘 사용되지 않는 오래된 프로토콜로, 지금은 대부분 REST로 교체되었다.

15.1 GraphQL

이 장에서는 넷플릭스 앱을 계속 개발하여 서버를 추가할 것이다. 우리가 개발할 서버는 React 앱에 데이터를 전달하는 최신 방법인 GraphQL API를 제공한다. GraphQL은 Relay와 함께 사용되기도 한다. 예제에서 살펴보겠지만 GraphQL은 Redux를 비롯하여 어떤 종류의 브라우저 데이터 라이브러리와도 함께 사용할 수 있다. AJAX/XHR/HTTP 요청에는 axios를 사용할 것이다.

GraphQL과 Redux를 사용할 때, 백엔드와 웹 서버 종류는 Ruby, Python, Java, Go, Perl 등 무엇이든 사용할 수 있으며, 반드시 Node.js를 사용할 필요는 없다. 그렇지만 나는 Node.js를 사용할 것을 추천하며, 이 장에서도 Node.js를 사용할 것이다. Node.js를 이용하면 전체 개발기술 스택에서 자바스크립트를 사용할 수 있기 때문이다.

GraphQL(https://github.com/graphql/graphql-js)은 간단히 말해서 서버(대체로 Node.js를 사용한다)에서 해석되는 쿼리 스트링을 이용하여 해당 쿼리에 정의된 형식의 데이터를 반환한다. GraphQL 쿼리는 JSON과 비슷한 형식으로 작성된다.

```
{
  user(id: 734903) {
    id,
    name,
    isViewerFriend,
    profilePicture(size: 50) {
      uri,
      width,
      height
    }
  }
}
```

그리고 응답으로 익숙한 JSON을 보내준다.

```
{
  "user" : {
    "id": 734903,
    "name": "Michael Jackson",
    "isViewerFriend": true,
    "profilePicture": {
```

```
      "uri": "https://twitter.com/mjackson",
      "width": 50,
      "height": 50
    }
  }
}
```

넷플릭스 앱의 서버는 REST나 오래된 SOAP 표준을 이용할 수 있다. 그렇지만 좀더 새로운 GraphQL 패턴을 이용하면 서버의 엔드포인트나 라우터에 이러한 로직을 코딩하는 대신, 역으로 프론트엔드 또는 모바일 앱 같은 클라이언트에서 통제할 수 있도록 할 수 있다. 이러한 역방향 접근에는 다음과 같은 장점이 있다.[2]

- **클라이언트 특정 쿼리**: 클라이언트에서 필요로 하는 데이터만 정확하게 가져올 수 있다.
- **구조적인 임의의 코드**: 유니폼 API는 서버 측에 유연성을 제공한다.
- **강한 타입**: 응답에서 좀 더 우수한 유효성 검사와 확신도를 제공하고 TypeScript, Swift, Java, Objective-C 같은 강한 타입 언어에서 더 쉽게 데이터를 사용할 수 있다.
- **계층형 쿼리**(hierarchical queries): 쿼리가 반환되는 데이터를 따른다는 점이 중요한데, 이는 데이터가 계층형 구조에 따라 사용되기 때문이다.
- **빠른 프로토타입 개발**: 쿼리가 단일 엔드포인트를 사용하므로 광범위한 백엔드 개발이나 크고 세분화된 백엔드 또는 API 개발 팀이 필요하지 않다.
- **적은 API 호출**: 프론트엔드 앱에서 발생하는 서버 요청이 줄어든다. 이는 데이터 구조를 프론트엔드 앱에서 통제하고 여러 개의 REST 엔드포인트를 거쳐야 얻을 수 있었을 데이터를 한 번에 얻을 수 있기 때문이다.

Note ≡ Relay와 Relay Modern

React 애플리케이션에서 GraphQL API를 사용할 때 Relay(https://facebook.github.io/relay, npm에서는 `graphql-relay-js`와 `react-relay`)를 쓸 수도 있다. 일부 개발자들은 GraphQL 백엔드를 이용할 때 Redux보다 Relay를 사용하는 것을 더 선호한다. 문서에 제공된 예제를 살펴보면 Redux에서 컴포넌트에 연결하는 방식과 유사한 점을 확인할 수 있다. 그리고 스토어 대신 원격지의 GraphQL API를 사용한다.

React는 복잡한 UI와 앱을 만들기 위해 단순한 컴포넌트를 여러 개 구성하는 방식으로, 뷰를 컴포넌트(UI)로 정의하는 반면에, Relay는 컴포넌트가 필요로 하는 데이터를 명시하도록 하여 데이터 요구사항이 지역화되게 한다. React 컴포넌트는 로직과 다른 컴포넌트의 렌더링을 관리하지 않게 된다.

계속

2 강한 타입 등 GraphQL의 장점에 관한 더 자세한 정보는 닉 셔록(Nick Schrock)이 쓴 "GraphQL 소개(GraphQL Introduction, 2015년 5월 1일, http://mng.bz/DS65)"를 참고하기 바란다.

Relay도 이와 동일하다. 컴포넌트가 데이터를 자체적으로 유지하므로 컴포넌트의 구성이 더 쉽다(단순한 컴포넌트 여러 개를 바탕으로 한 복잡한 UI 개발이 가능하다).

Relay Modern은 최신 버전의 Relay로, 좀 더 사용하기 쉽고 확장이 용이하다.[3] 만약 여러분이나 여러분의 팀에서 GraphQL 도입을 진지하게 준비 중이라면, Relay와 Relay Modern에 대해서도 살펴보는 것을 추천한다.

REACT

15.2 넷플릭스 앱에 백엔드 추가하기

Express(https://github.com/expressjs/express)와 GraphQL로 만든 간단한 서버를 사용하여 우리의 React 앱에 데이터를 전달할 것이다. Express는 API 엔드포인트를 구성하고 노출하는 데 훌륭하며, GraphQL은 브라우저 친화적인 JSON 형식을 이용해 데이터가 접근할 수 있도록 관리한다.

프로젝트 구조는 다음과 같다(`redux-netflix` 프로젝트에 사용했던 코드 중 많은 부분을 다시 사용할 것이다).

```
/redux-graphql-netflix
  /build --------- 컴파일된 파일
    /public --------- 컴파일된 프론트엔드 파일
      index.js
      style.css
    server.js --------- 컴파일된 백엔드 파일
  /client --------- 프론트엔드를 위한 React 소스 코드 파일
    /components
      /app
        app.css
        app.js
      /movie
        movie.css
        movie.js
      /movies
        movies.css
        movies.js
    /modules
```

3 https://goo.gl/qsa9hM

```
      index.js
      movies.js
    index.js
    routes.js
  /node_modules
  /server
    index.js --------- 백엔드를 위한 Express 소스 코드 파일
    movies.json
    schema.js --------- GraphQL 스키마
index.html
package.json
webpack.config.js
webpack.server.config.js
```

데이터는 여전히 JSON 파일에서 가져오지만, 이번에는 데이터가 서버 파일이다. server/schema.js에서 movies.json 파일을 불러오는 대신 데이터베이스를 호출하도록 간단하게 변경할 수도 있다. 그렇지만 스키마에 대해 살펴보기 전에 Express와 다른 의존 모듈을 설치하자.

다음 예제 코드는 package.json(ch15/redux-graphql-netflix/package.json) 파일이다. 이쯤 되면 어떻게 해야 할지 감이 올 것이다. 파일을 복사하고 `npm i`를 실행하자.

예제 코드 15.1 넷플릭스 앱의 package.json 파일

```
{
  "name": "redux-graphql-netflix",
  "version": "1.0.0",
  "description": "A sample project in React, GraphQL, Express and Redux that copies
  Netflix's features and workflow",
  "main": "index.js",
  "scripts": { --------- start 스크립트를 추가하여 브라우저와 서버 코드를 컴파일하고 서버를 실행한다.
    "start": "concurrently \"webpack --watch --config webpack.config.js\" \"webpack
    --watch --config webpack.server.config.js\" \"webpack-dev-server\" \"nodemon ./
    build/server.js\""
  },
  "repository": {
    "type": "git",
    "url": "git+https://github.com/azat-co/react-quickly.git"
  },
  "author": "Azat Mardan (http://azat.co)",
  "license": "MIT",
  "bugs": {
```

```
    "url": "https://github.com/azat-co/react-quickly/issues"
  },
  "homepage": "https://github.com/azat-co/react-quickly#readme",
  "devDependencies": {
    "babel-core": "6.11.4",
    "babel-eslint": "6.1.2",
    "babel-loader": "6.2.4",
    "babel-polyfill": "6.9.1",
    "babel-preset-es2015": "6.9.0",
    "babel-preset-react": "6.11.1",
    "babel-preset-stage-0": "6.5.0",
    "concurrently": "2.2.0",
    "css-loader": "0.23.1",
    "eslint": "3.1.1",
    "eslint-plugin-babel": "3.3.0",
    "eslint-plugin-react": "5.2.2",
    "extract-text-webpack-plugin": "1.0.1",
    "json-loader": "0.5.4",
    "nodemon": "1.10.0", --------- Express 서버를 시작 또는 재시작하기 위한 개발 도구로 nodemon을 추가한다.
    "style-loader": "0.13.1",
    "webpack": "1.13.1",
    "webpack-dev-server": "1.14.1",  fetch API와 유사하게 프론트엔드에서 Promise를 이용한
    "axios": "0.13.1", --------------------- HTTP 요청을 위해 axios를 설치한다.
    "clean-tagged-string": "0.0.1-b6", --------- ES6 템플릿 리터럴 또는 다른 영역에서 공백을 제거하기
                                                  위한 유틸리티 모듈을 추가한다.
    "react": "15.2.1",
    "react-dom": "15.2.1",
    "react-redux": "4.4.5",
    "react-router": "2.6.0",
    "redux": "3.5.2",
    "redux-actions": "0.10.1"
  },
  "dependencies": {
    "express": "4.14.0", --------- 백엔드에 사용할 Node.js 웹 서버 프레임워크인 Express를 추가한다.
    "express-graphql": "0.5.3", --------- 백엔드와 프론트엔드에서 사용하기 위한 Express용 GraphQL 플러그인을 추가한다.
    "graphql": "0.6.2" --------- 백엔드와 프론트엔드에서 사용하기 위해 GraphQL을 추가한다.
  }
}
```

다음으로 server/index.js 파일을 작성하여 메인 서버를 구현해보자.

15.2.1 서버에 GraphQL 설치하기

Express와 Node.js로 구현하는 강력한 웹 서버의 시작점(또는 **진입점**이라고도 부른다)은 index.js 다. 이 파일은 API 키 또는 암호를 포함하고 있다. 따라서 보안을 위해 백엔드에서만 사용하고 클라이언트에는 노출하지 않아야 하므로 server 폴더에 위치시킨다. 파일의 전체적인 구조는 다음과 같다.

```
const path = require('path')
const express = require('express')
const graphqlHTTP = require('express-graphql') --------- Express용 GraphQL을 비롯한
// ...                                                     의존 모듈을 불러온다.
const app = express()

app.use('/q', --------- 단일 GraphQL 경로를 정의하고 모든 데이터를 전달한다.
  // ...
)

app.use('/dist', --------- /dist URL로 프론트엔드 앱과 정적 자원을 전달하기 위한 경로를 정의한다.
  // ...
)

app.use('*', --------- /dist/* URL 이외의 요청에 대해 메인 HTML 페이지를 전달한다.
  // ...
})

app.listen(PORT, () => console.log(`Running server on port ${PORT}`)) --------- 서버를 구동한다.
```

빠진 부분을 채워보자. 우선 API 엔드포인트와 번들 파일을 제외한 모든 경로에 대해 동일한 파일인 index.html을 전달해야 한다는 점을 기억하자. HTML5 History API를 이용하여 /movies/8 같은 해시가 없는 URL에 접근하여 페이지를 새로고침했을 때, 브라우저 쿼리로 정확한 위치를 제공하기 위해 필요한 작업이다.

기존의 넷플릭스 앱은 /movies/8 같은 경로에서 영화 상세 페이지를 새로고침하면 화면에 아무것도 표시되지 않았다. 그 이유는 브라우저 히스토리가 정상적으로 동작하려면 추가 구현이 필요하기 때문이다. 이 작업은 서버에서 처리되어야 하고, /movies/8을 비롯한 모든 요청에 대해 동일한 index.html 파일을 전달하도록 해야 한다.

Express에서 모든 경로에 대해 한 가지 작업을 수행하도록 하려면 *(별표)를 쓰면 된다.

```
app.use('*', (req, res) => {
  res.sendFile('index.html', {
    root: PWD
  })
})
```

URL 패턴으로 *(별표)를 사용해서 모든 경로에 동일한 HTML 파일을 전달하는 것만으로는 충분하지 않다. 컴파일된 CSS와 자바스크립트 파일(/dist/styles.css와 /dist/index.js)을 HTML에서 참조하므로 404 오류가 발생한다. 따라서 해당 경로를 먼저 처리해야 한다.

```
app.use('/dist/:file', (req, res) => {
  res.sendFile(req.params.file, {
    root: path.resolve(PWD, 'build', 'public')
  })
})
```

위의 방법 대신에 간단한 Express 미들웨어인 `express.static()`을 사용하여 다음과 같이 작성하는 것을 추천한다.

```
app.use('/dist',
  express.static(path.resolve(PWD, 'build', 'public'))
)
```

Tip Express 미들웨어에 대한 추가 정보와 팁은 이 책의 부록 C를 살펴보기 바란다. 또한, 내가 쓴 책인 《Pro Express.js》(Apress, 2014)와 《Express Depp API Reference》(Apress, 2014)도 추천한다.

Note **static, public, dist**

build 폴더 내부에 있는 public 폴더의 중요성은 과장되지 않았다. 파일과 같은 자원을 제공할 때 하위 폴더에 대한 제한을 두지 않으면, 서버에 접근하는 모든 사람에게 코드 전체를 노출하게 된다. 하위 폴더를 사용하지 않으면 server.js 같은 백엔드 코드마저도 노출될 수 있다. 예를 들어 다음 코드의 경우 공격자가 /dist/server.js의 URL로 접근하면 API 키, 비밀번호, 구현 상세 등의 비밀이 담겨 있는 server.js가 노출되고 만다.

```
// 안티패턴이다. 이렇게 해서는 일자리를 지키기 힘들다.
app.use('/dist',
  express.static(path.resolve(PWD, 'build'))
)
```

dist 또는 public 같은 하위 폴더에 오직 프론트엔드 파일만 추가하여 HTTP로 노출하여 사용하면, 다른 파일에 대한 인가되지 않은 접근을 막을 수 있다.

GraphQL API를 사용하려면 한 가지 경로(/q)를 더 추가해야 한다. 이 경로는 `graphqlHTTP` 라이브러리와 함께 스키마(server/schema.js)와 세션(`req.session`)을 사용하여 응답으로 데이터를 보낸다.

```
app.use('/q', graphqlHTTP(req => ({
  schema,
  context: req.session
})))
```

끝으로 서버를 작동시켜서 특정 포트로 들어오는 요청에 대해 수신 대기하도록 한다.

```
app.listen(PORT, () => console.log(`Running server on port ${PORT}`))
```

위의 `PORT`는 **환경변수**다. 다음과 같이 명령줄에서 프로세스로 전달할 수 있는 변수다.

```
PORT=3000 node ./build/server.js
```

> **Note ≡ nodemon과 node의 비교**
>
> package.json을 살펴보면 nodemon을 사용하는 것을 알 수 있다.
>
> ```
> nodemon ./build/server.js
> ```
>
> nodemon을 사용해도 실행 결과는 node와 동일하지만, nodemon으로 실행한 경우에는 코드를 변경했을 때 자동으로 서버를 재가동한다.

> **Warning** 14장에서는 8080 포트를 사용했는데, Webpack 개발 서버의 기본 포트가 8080이기 때문이다. 이 장에서 구현하는 Express 서버에 8080 포트를 써도 아무 문제가 없지만 다소 특이한 역사적인 이유로 Express 앱을 구동할 때는 3000번 포트를 사용하는 관례가 있다. 이것은 아마도 루비 온 레일스(Ruby on Rails)를 탓하면 될 것이다!

서버 파일에는 또 다른 대문자로 작성된 변수인 `PWD`를 사용한다. `PWD`도 환경변수다. 그렇지만 이 변수는 Node가 프로젝트 디렉터리에 설정하는 것으로, 프로젝트의 최상위인 package.json 파일이 위치한 폴더에 대한 경로다.[4]

끝으로 `graphqlHTTP`와 `schema` 변수를 사용한다. `graphqlHTTP`는 `express-graphql` 패키지에서 불러오며, `schema`는 GraphQL 정의를 이용해서 만든 데이터 스키마다.

4 역주 윈도 기본 명령창에서 `npm start`를 실행하면 `process.env.PWD`가 `undefined`가 되어 오류가 발생할 수 있다. PWD에 `process.env.PWD` 대신 `process.cwd()`를 할당해주거나, 윈도 기본 명령창 대신 Git Bash를 사용하면 문제를 피할 수 있다.

다음 예제 코드를 통해 완성된 서버 설정을 살펴보자(ch15/redux-graphql-netflix/server/index.js).

예제 코드 15.2 데이터와 정적 자원을 제공하기 위한 Express 서버

```
const path = require('path')
const express = require('express')
const graphqlHTTP = require('express-graphql')
const schema = require('./schema')
const {
  PORT = 3000,
  PWD = __dirname -------- 이 파일의 작업 디렉터리를 저장한다
} = process.env          (PWD는 작업 디렉터리 출력(print working directory)을 의미한다).
const app = express()

app.use('/q', graphqlHTTP(req => ({
  schema,
  context: req.session
})))

app.use('/dist', express.static(path.resolve(PWD, 'build', 'public')))

app.use('*', (req, res) => {
  res.sendFile('index.html', {
    root: PWD
  })
})

app.listen(PORT, () =>
  console.log(`Running server on port ${PORT}`)) -------- 3000 포트에 서버를 구동한다(8080 포트가 아니다).
```

GraphQL은 강한 타입을 따르므로 /q와 같은 스키마를 사용한다. 스키마는 프로젝트 구조에서 확인한 바와 같이 server/schema.js에 정의된다. 이제 어떤 형태의 데이터인지 살펴보자. 데이터의 구조가 우리가 사용할 스키마를 결정한다.

15.2.2 데이터 구조

앱은 영화에 대한 데이터를 표시하는 UI다. 따라서 영화 데이터를 보관할 곳이 필요하다. 가장 간단한 방법은 JSON 파일(server/movies.json)로 저장하는 것이다. 파일은 모든 영화를 포함하고, 각 영화 데이터는 여러 가지 속성을 가진 단순한 객체로 표현되며, 전체 파일은 객체가 담긴 배열이다.

```
[{
  "title": "Pirates of the Caribbean: On Stranger Tides"
  ...
}, {
  "title": "Pirates of the Caribbean: At World's End"
  ...
}, {
  "title": "Avengers: Age of Ultron"
  ...
}, {
  "title": "John Carter"
  ...
}, {
  "title": "Tangled"
  ...
}, {
  "title": "Spider-Man 3"
  ...
}, {
  "title": "Harry Potter and the Half-Blood Prince"
  ...
}, {
  "title": "Spectre"
  ...
}, {
  "title": "Avatar"
  ...
}, {
  "title": "The Dark Knight Rises"
  ...
}]
```

Note ☰ 예제에 참고한 데이터는 위키피디아에 소개된 제작비가 가장 비싼 영화 10편을 바탕으로 한다(https://goo.gl/2rUsVK).

개별 객체에는 영화 제목, 표지 URL, 출시 연도, 백만달러 단위로 표시된 제작비용, 출연 배우 등에 관한 정보가 있다. 예를 들어 〈캐리비안의 해적(Pirates of the Caribbean)〉에 대한 정보는 다음과 같다.

```
{
  "title": "Pirates of the Caribbean: On Stranger Tides",
  "cover": "/dist/images/On_Stranger_Tides_Poster.jpg",
```

```
    "year": "2011",
    "cost": 378.5,
    "starring": [{
      "name": "Johnny Depp"
    }, {
      "name": "Penélope Cruz"
    }, {
      "name": "Ian McShane"
    }, {
      "name": "Kevin R. McNally"
    }, {
      "name": "Geoffrey Rush"
    }]
  }
```

여기까지는 영화 데이터 객체에 제목만 작성되어 있다. 나중에 얼마든지 원하는 데이터를 추가할 수 있다. 우선 데이터 스키마에 대해서 살펴보자.

15.2.3 GraphQL 스키마

GraphQL은 모든 형태의 데이터 소스에 적용할 수 있다. SQL 데이터베이스, 오브젝트 스토리지, 다수의 파일 또는 원격 API도 사용할 수 있다. 다만 유의할 점이 두 가지 있다.

- 데이터의 무결성: 동일한 요청에 대해 동일한 응답을 받아야 한다(**멱등성**).
- JSON을 이용해 데이터를 표현할 수 있어야 한다.

영화 목록을 담은 JSON 파일을 불러오자.

```
const movies = require('./movies.json')
```

일반적인 GraphQL 스키마는 필드와 인자로 쿼리를 정의한다. 예제 데이터 스키마에는 객체 목록만 있고, 개별 객체는 속성으로 `title`만을 갖는다. 스키마 정의는 다음과 같다. 이것은 간단한 예로, 전체 스키마는 나중에 다시 살펴볼 것이다.

```
const movies = require('./movies.json') --------- 영화 목록을 파일에서 불러온다(모의 데이터베이스).
new graphql.GraphQLSchema({
  query: new graphql.GraphQLObjectType({
    name: 'Query',
```

```
      fields: {
        movies: {
          type: new graphql.GraphQLList(new graphql.GraphQLObjectType({
            name: 'Movie',
            fields: {
              title: { --------- title 필드를 문자열로 정의한다.
                type: graphql.GraphQLString
              }
            }
          })),
          resolve: () => movies --------- 이 쿼리에 대한 접근자(getter)를 정의하여 JSON 파일에서 데이터를
        }                                 전송할 수 있게 한다(JSON 파일을 데이터베이스 호출로 교체할 수도 있다).
      }
    })
  })
```

핵심은 쿼리를 수행할 때 resolve에 할당한 함수가 실행된다는 점이다. 함수를 실행한 후에는 실행 결과에서 요청된 객체의 속성만을 골라낸다. 골라낸 속성은 결과 객체에 추가되고, 요청되지 않은 필드는 나타나지 않는다. 따라서 쿼리를 수행할 때마다 필요로 하는 속성을 명시해야 한다. 실행 시 필요에 따라 데이터 부분을 가져올 수 있으므로 API를 효율적이고 유연하게 만든다.

예제를 구현하기 위해서는 두 가지 종류의 쿼리와 다수의 필드가 필요하다. 다음 예제 코드를 통해 구현 내용을 살펴보자(ch15/redux-graphql-netflix/server/schema.js).

예제 코드 15.3 GraphQL 스키마

```
const {                                    ---┐
  GraphQLSchema,                              |
  GraphQLObjectType,                          |
  GraphQLList,                                |
  GraphQLString,                              |
  GraphQLInt,                                 |
  GraphQLFloat                                |--------- 객체의 이름을 'movie'로 지정하여
} = require('graphql')                        |          두 가지 쿼리에서 사용할 수 있게 한다.
const movies = require('./movies.json')       |
                                              |
const movie = new GraphQLObjectType({         |
  name: 'Movie',                           ---┘
  fields: { --------- 모든 필드에 적절한 타입을 정의한다.
    title: {
      type: GraphQLString
    },
```

```
    cover: {
      type: GraphQLString
    },
    year: {
      type: GraphQLString
    },
    cost: {
      type: GraphQLFloat --------- 제작비용(cost)의 타입은 실수(float)로 한다.
    },
    starring: {
      type: new GraphQLList(new GraphQLObjectType({
        name: 'starring',
        fields: {
          name: {
            type: GraphQLString
          }
        }
      }))
    }
  }
})

module.exports = new GraphQLSchema({
  query: new GraphQLObjectType({
    name: 'Query',
    fields: {
      movies: {
        type: new GraphQLList(movie),
        resolve: () => movies --------- 전체 영화 목록 배열을 돌려준다.
      },
      movie: {
        type: movie,
        args: {
          index: {
            type: GraphQLInt
          }
        },
        resolve: (r, {index}) => movies[index - 1] --------- URL 매개변수로 전달받는 index를 이용해서
      }                                                      한 가지 영화의 정보를 돌려준다.
    }
  })
})
```

휴! 다음으로 프론트엔드로 넘어가서 우리가 구현한 작고 멋진 서버에 쿼리를 보내는 방법을 살펴보자.

15.2.4 API를 호출하여 응답을 스토어에 저장하기

영화 목록을 가져오기 위해서 서버에 쿼리를 보내야 한다. 그리고 응답을 받으면 스토어에 전달하여 저장한다. 이 작업은 비동기이며 HTTP 요청을 필요로 하므로 axios를 사용하자.

Note ≡ 프러미스와 콜백함수

axios 라이브러리는 프러미스 기반의 HTTP 요청을 구현한다. 즉, 함수를 호출하면 즉시 프러미스를 반환한다는 뜻이다. HTTP 요청은 즉시 실행된다는 보장이 없으므로 프러미스를 이용한 요청이 성공(resolve)으로 처리될 때까지 기다려야 한다.

프러미스에 의한 요청이 성공했을 때 데이터를 받으려면 then을 사용한다. then은 최초 실행한 작업(HTTP 요청)의 결과를 인자로 받는 함수를 콜백으로 받는다.

```
getPromise(options)
  .then((data)=>{
    console.log(data)
  })
```

프러미스와 함께 콜백을 사용하는 것은 콜백만 사용하는 방식을 대체하는 수단이다. 위의 코드를 프러미스를 사용하지 않고 작성하면 다음과 같다.

```
getResource(options, (data)=>{
  console.log(data)
})
```

프러미스에 관련해서는 논란이 있다. 프러미스의 catch.all 문법의 편리함 때문에 콜백만을 사용한 방법보다 프러미스와 콜백을 사용하는 방법을 선호하는 사람들이 있기는 하지만, 프러미스가 오류를 묻어버리고 조용히 실패한다는 점을 감수할 정도로 좋은 것인지 의문을 갖는 사람들도 있다(나는 이쪽 의견에 동의한다). 그럼에도 불구하고 프러미스는 ES6/ES2015의 일부로 우리 곁에 함께 하고 있다. 또한, 비동기 코드 작성법의 진화로 제너레이터(generator)나 async/await 같은 새로운 패턴도 나타나고 있다.[5]

확실히 말하지만, 평범한 콜백함수만으로도 모든 형태의 비동기 코딩을 해결할 수 있다. 그렇지만 프론트엔드의 최신 코드는 프러미스나 async/await를 사용한다. 따라서 이 책에서는 fetch() 또는 axios를 사용해서 프러미스를 다룬다.

프러미스 API에 대한 더 자세한 정보는 MDN의 문서(http://mng.bz/7DcO)와 내가 쓴 글 "바쁜 자바스크립트 개발자가 알아야 할 10가지 ES6 기능(Top 10 ES6 Features Every Busy JavaScript Developer Must Know, https://webapplog.com/es6)"을 참고하기 바란다.

5 https://node.university/p/es6와 https://node.university/p/es7-es8에서 ES6 및 ES7/8에 대한 나의 강의를 참고하기 바란다.

axios는 프러미스 기반의 요청을 사용하므로 fetch()와 크게 다르지 않다. GET HTTP 요청을 수행하려면 axios의 get 메서드를 사용한다.

```
axios.get('/q')
```

axios가 프러미스를 반환하므로 바로 then을 연결할 수 있다.

```
axios.get('/q').then(response => response)
```

then의 인자로 전달한 함수는 컴포넌트 메서드의 문맥으로 반환되는 것이 아니라 프러미스의 문맥으로 반환된다. 새로운 데이터를 스토어로 전달하려면 then의 인자로 전달한 함수에서 액션 생성자를 호출해야 한다.

```
axios.get('/q').then(response => this.props.fetchMovie(response))
```

다음으로 GraphQL API에 사용할 적절한 쿼리를 만들어보자. 여러 줄의 템플릿 문자열을 사용한다(템플릿 문자열은 홑따옴표(') 대신 백틱(`)을 사용한다).

```
axios.get(`/q?query={
  movie(index:1) {
    title,
    cover
  }
}`).then(response => this.props.fetchMovie(response))
```

여러 줄의 템플릿 리터럴은 줄바꿈을 포함하므로 쿼리 스트링에도 줄바꿈이 포함된다. 쿼리 스트링에 줄바꿈이 있으면 API 엔드포인트 URL을 망쳐놓을 수 있다. 따라서 공백과 줄바꿈이 있으면 원본 코드에서는 유지하고 HTTP 요청 시에는 제거해야 한다. clean-tagged-string(https://github.com/taxigy/clean-tagged-string) 라이브러리가 이런 작업을 처리해준다. 다음과 같이 여러 줄의 긴 템플릿 문자열을 짧은 한 줄의 문자열로 변환해준다.

```
clean`/q?query={
  movie(index:1) {
    title,
    cover
  }
}`
```

다음과 같이 변환된다.

```
'/q?query={ movie(index:1) { title, cover } }'
```

문법을 살펴보자. `clean` 다음에 괄호를 사용하지 않고 바로 템플릿 문자열로 이어진다. 이것은 문법적으로 유효하며 **태그된 문자열**(tagged template literal 또는 tagged template string)이라고 부른다(http://mng.bz/9CqH).

이제 index를 1로 지정하고 첫 번째 영화를 가져오자.

```
const clean = require('clean-tagged-string').default

axios.get(clean`/q?query={
  movie(index:1) {
    title,
    cover
  }
}`).then(response => this.props.fetchMovie(response))
```

다음으로 영화 ID에 따라 영화 정보를 가져오는 코드를 구현해야 한다. 또한, 제목(`title`)과 표지(`cover`) 외에도 더 많은 필드를 요청해서 그림 15-1과 같은 화면을 보여주려고 한다. 서버 코드에 `sendFile()`을 이용해서 모든 경로에 대해 index.html 파일로 응답하도록 했으므로 영화 상세 정보 화면을 새로고침해도 그대로 유지된다.

▼ 그림 15-1 해시 기호가 없는 브라우저 히스토리를 사용하고 3000번 포트에 구동한 Express 서버에 접속하여 확인한 영화 상세보기 화면

프러미스 기반의 HTTP 에이전트인 `axios`를 이용하여 컴포넌트의 라이프사이클 메서드에서 API를 호출하여 단일 영화 정보를 가져올 수 있다.

```
componentWillMount() {
  const query = clean`{
    movie(index:${id}) {
      title,
      cover,
      year,
      starring {
        name
      }
    }
  }`

  axios.get(`/q?query=${query}`)
    .then(response =>
      this.props.fetchMovie(response)
    )
}
```

요청한 영화 정보 목록이 조금 더 길어졌다. 제목(`title`)과 표지(`cover`)뿐만 아니라 출시 연도(`year`)와 출연배우(`starring`)도 가져온다. `starring`은 객체의 배열이므로 해당 객체에서 요청할 부분도 선언해야 한다. 여기서는 이름만 요청한다.

API 응답은 `fetchMovie` 액션 생성자로 전달된다. 이어서 사용자가 보려고 하는 영화 정보가 스토어에 갱신된다.

우선 스토어에 연결한다.

```
const {
  fetchMovieActionCreator
} = require('modules/movies.js')
...
module.exports = connect(({movies}) => ({
  movie: movies.current
}), {
  fetchMovie: fetchMovieActionCreator
})(Movie)
```

render() 메서드는 다음과 같다.

```
render() {
  const {
    movie = {
      starring: []
    }
  } = this.props;
  return (
    <div>
      <img src={`url(${movie.cover})`} alt={movie.title} />
      <div>
        <div>{movie.title}</div>
        <div>{movie.year}</div>
        {movie.starring.map((actor = {}, index) => (
          <div key={index}>
            {actor.name}
          </div>
        ))}
      </div>
      <Link to="/movies">
        ?
      </Link>
    </div>
  )
}
```

코드를 더 잘 정리하려면 14장에서 이미 살펴봐서 익숙한 Movie 컴포넌트(ch14/redux-netflix/src/components/movie/movie.js)에 fetchMovie() 메서드를 추가한다. fetchMovie() 메서드는 비동기 요청에 이어 액션을 전달하기 위해 사용된다. Movie 컴포넌트에 추가한 메서드는 다음과 같다(ch15/redux-graphql-netflix/client/components/movie/movie.js).

예제 코드 15.4 컴포넌트 클래스 메서드 fetchMovie()

```
// ...
fetchMovie(id = this.props.params.id) { --------- React Router의 URL 매개변수를 사용하여 ID를 설정한다.
  const query = clean`{ --------- id, 템플릿 문자열, clean을 이용해서 쿼리를 구성한다.
    movie(index:${id}) {
      title,
      cover,
      year,
      starring {
        name
```

```
        }
      }
    }`

    axios.get(`/q?query=${query}`)
      .then(response => { --------- /q로 요청을 보낸다.
        this.props.fetchMovie(response)
      }                                     --------- 서버에서 가져온 데이터와 함께 액션을 스토어로 전달한다.
    )
  }
  // ...
```

다음으로 전체 영화 목록을 가져오는 방법을 살펴보자.

15.2.5 영화 목록 보여주기

영화 목록을 표시할 때는 API에 다른 쿼리를 보내야 하고 한 가지 영화 정보만을 가져올 때와는 다른 방식으로 렌더링된다. 유효한 GraphQL 쿼리를 작성하여 `axios` 라이브러리를 이용한 비동기 GET 요청을 실행하면 GraphQL 서버에서 데이터를 가져올 수 있다. 가져온 데이터는 액션을 거쳐 스토어에 저장한다. 다음으로 데이터를 사용자에게 보여줄 차례다. 영화 목록을 **렌더링**해야 한다.

스토어에서 데이터를 가져오려면 컴포넌트를 스토어에 연결해야 한다. 상태와 액션을 컴포넌트의 속성으로 연결해주는 `connect()` 메서드 호출로 컴포넌트를 감싸는 것이다. 컴포넌트의 `render()` 메서드에서 컴포넌트 속성을 사용할 수 있다. 그렇지만 컴포넌트 속성에 값이 있어야 하므로 컴포넌트가 처음 마운팅된 후에 라이프사이클 메서드에서 AJAX/XHR 요청을 보내야 한다.

스토어에서 데이터를 가져와서 속성으로 추가한 후 렌더링하는 컴포넌트를 작성해보자. 먼저 컴포넌트를 스토어에 연결한다(ch15/redux-graphql-netflix/client/components/movies/movies.js).

```
const React = require('react')
const { connect } = require('react-redux')
const {
  fetchMoviesActionCreator
} = require('modules/movies')

class Movies extends Component {
  // ...
}
```

```
module.exports = connect(({movies}) => ({
  movies: movies.all
}), {
  fetchMovies: fetchMoviesActionCreator
})(Movies)
```

connect() 메서드는 인자를 두 개 받는다. 첫 번째 인자는 스토어를 컴포넌트 속성에 연결하고, 두 번째 인자는 액션 생성자를 컴포넌트 속성에 연결한다. 그 후에 컴포넌트는 두 가지 새로운 속성인 this.props.movies와 this.props.fetchMovies()를 갖게 된다.

다음으로 영화 목록을 받아와 액션 생성자를 통해서 스토어에 저장한다(액션을 스토어에 전달한다). 대체로 컴포넌트의 라이프사이클 메서드인 componentWillMount() 또는 componentDidMount()를 실행할 때 원격 API로부터 데이터를 요청한다.

```
const {
  fetchMoviesActionCreator --------- 액션 생성자 불러오기
} = require('modules/movies.js')
...
class Movies extends React.Component {
  componentWillMount() {
    const query = clean`{
      movies {
        title,
        cover
      }
    }`

    axios.get(`/q?query=${query}`)
      .then(response => {
        this.props.fetchMovies(response) --------- 서버 응답으로 받은 데이터와 함께 액션을
      }                                            스토어에 전달하여 스토어를 갱신한다.
    )
  }
// ...
}

module.exports = connect(({movies}) => ({
  movies: movies.all
}), {
  fetchMovies: fetchMoviesActionCreator --------- 액션 생성자로 만든 액션을 스토어에 전달하게 만든다.
})(Movies)
```

끝으로 Movies 컴포넌트를 렌더링한다. Movies 컴포넌트는 Redux 스토어에서 가져온 데이터를 속성으로 받아 보여준다.

```
// ...
render() {
  const {
    movies = []
  } = this.props

  return (
    <div>
      {movies.map((movie, index) => (
        <Link
          key={index}
          to={`/movies/${index + 1}`}>
            <img src={`url(${movie.cover})`} alt={movie.title} />
        </Link>
      ))}
    </div>
  )
}
// ...
```

모든 영화에는 표지(cover)와 제목(title) 속성이 있다. 개별 영화에 대한 링크는 기본적으로 영화 목록 배열에서의 위치에 대한 참조다. 컬렉션에 항목이 수천 개 있을 때는 불안정한 방법인데, 순서가 보장되지 않기 때문이다. 그렇지만 이 정도 수준에서는 큰 문제가 되지 않을 것이다(일반적으로 MongoDB 같은 데이터베이스에서 자동으로 생성되는 고유 ID를 사용하는 방법이 더 좋다).

스타일이 부족하기는 하지만 컴포넌트가 영화 목록을 잘 보여준다. 이 장의 예제 코드에서 스타일을 처리한 방법과 3단계의 컴포넌트 계층을 살펴보기 바란다.

15.2.6 GraphQL 요약 정리

GraphQL 지원을 추가하는 기본적인 단계는 간단하며 알기 쉽다. GraphQL은 일반적인 RESTful API와는 다르게 작동한다. API가 제공하는 모든 하위 집합과 모든 중첩 수준에 위치하는 모든 속성에 대해 쿼리를 보낼 수 있다. 덕분에 GraphQL은 복잡한 객체 데이터 집합을 처리하는 데 효율적이다. 반면에 REST 설계는 동일한 데이터를 가져오기 위해서 여러 번 요청해야 한다.

GraphQL은 서버-클라이언트 간의 핸드셰이크를 구현하는 데 있어 앞으로 성장이 기대되는 패턴이다. GraphQL은 클라이언트 측에 더 많은 제어권을 부여해서 REST API에 데이터 구조를 지시할 수 있다. 제어권을 반대로 함으로써 프론트엔드 개발자가 필요한 데이터만을 불러올 수 있고, API 수정을 위해 백엔드 코드를 수정하거나 백엔드 팀에 요청할 필요도 없게 되었다.

15.3 퀴즈

REACT

1. 다음 중 GraphQL 스키마를 생성하는 명령으로 바른 것은 무엇인가?

   ```
   new graphql.GraphQLSchema()
   graphql.GraphQLSchema()
   graphql.getGraphQLSchema()
   ```

2. API 요청을 리듀서에 작성해도 괜찮다(힌트: 14장의 팁을 참고하기 바란다). (○/×)
3. 다음 중 영화 정보를 가져오기 위한 GraphQL 호출을 실행하는 위치로 적절한 곳은 어디인가?

   ```
   componentDidUnmount()
   componentWillMount()
   componentDidMount()
   ```

4. GraphQL에서 URL로 `` `/q?query=${query}` ``를 사용했다. 다음 중 이 문법을 부르는 이름은 무엇인가?

   인라인 마크다운
   주석
   템플릿 리터럴
   문자열 템플릿
   문자열 보간

5. `GraphQLString`은 특별한 GraphQL 스키마 유형으로 `graphql` 패키지에서 불러올 수 있는 클래스다. (○/×)

15.4 요약

- GraphQL은 프론트엔드에 데이터를 제공하는 우수하고 믿을 수 있는 방법이다. 또한, 중복된 백엔드 코드도 많이 제거한다.
- React Router에서 브라우저 히스토리를 활성화하고 해시(#)가 없는 URL을 사용하려면 Express 라우팅 경로의 *(별표)에서 `sendFile()`을 이용해 index.html을 전달하도록 해야 한다.
- Express를 데이터 제공자 또는 API뿐만 아니라 정적 자원을 위한 웹 서버로 사용하려면 `app.use()`에서 `express.static` 미들웨어를 추가한다.
- GraphQL의 URL 구조는 `/q?query=...`이며, 여기서 `query`는 데이터 쿼리 값이다.

15.5 퀴즈 정답

REACT

1. `new graphql.GraphQLSchema()`
2. × / 리듀서에서 API 요청을 처리하는 것은 피해야 한다. 컴포넌트에서 처리하는 것이 낫다(더 정확하게는 컨테이너 컴포넌트에서 처리한다).
3. `componentWillMount()`에서 실행한다. `componentDidMount()`에서 처리하는 것도 괜찮다. `componentDidUnmount()`는 존재하지 않는 라이프사이클 메서드다.
4. 변수를 사용해 쿼리를 정의한 것에 대한 이름으로 템플릿 리터럴, 문자열 템플릿, 문자열 보간은 모두 유효한 이름이다.
5. ○ / 유효한 코드는 다음과 같다(예제 코드 15.3 참조).

```
const {GraphQLString} = require('graphql')
```

16장

Jest를 이용한 React 단위 테스트

이 장의 주요 내용을 동영상으로 볼 수 있습니다.
QR 코드를 스캔하거나 http://reactquickly.co/videos/ch16 로 접속하세요.

이 장에서 살펴볼 주제

- Jest를 사용하는 이유
- Jest를 이용한 단위 테스트
- Jest와 TestUtils를 이용한 UI 테스트

테스트는 최신 소프트웨어 엔지니어링의 중요한 부분이다. 애자일 방법론을 사용하거나, 문서화가 잘 된 코드를 작성하고, 커피를 충분히 마시는 것만큼이나 중요한 일이며, 때로는 그보다 더욱 중요하다고도 할 수 있다. 적절한 테스트는 차후 디버깅에 소요될 많은 시간을 절약해준다. 코드는 자산이 아니라 부채이므로 가능한 유지보수하기 쉽도록 만드는 것을 목표로 해야 한다.

Note ≡ **코드는 부채인가?**

구글에서 "Code isn't an asset, it's a liability(코드는 자산이 아니라 부채다)"라는 문구를 검색하면 1억 9천만 개의 검색 결과가 나오므로 이 말이 어디서 시작되었는지는 알 수 없다. 처음 이 말을 한 사람을 찾을 수는 없지만, 이 말의 핵심을 이야기하면 이렇다. 소프트웨어를 작성하여 개발하는 앱/제품/서비스는 자산이지만, 코드는 자산에 해당하지 않는다는 것이다.

자산은 수입을 만든다. 코드 자체는 아무런 수입도 창출하지 못한다. 그렇다. 코드는 상품을 작동시키지만, 자산이 될 상품을 만드는 도구일 뿐이다. 따라서 코드 자체는 자산이 아니다. 코드는 작동하는 애플리케이션이라는 최종 목표를 달성하기 위한 필요악에 더 가깝다.

따라서 코드는 유지보수가 필요한 부채다. 코드가 늘어난다고 해서 자동으로 수익이 늘어나거나 상품의 품질이 나아지지 않는다. 그러나 코드가 늘어날 때 복잡도와 유지보수 비용은 반드시 증가한다. 코드의 유지보수 비용을 줄이는 가장 좋은 방법은 단순하고 튼튼하며 미래의 변경이나 개선에 유연하도록 개발하는 것이다. 또한 테스트, 특히 자동화된 테스트는 변경이 필요할 때 유용한데, 코드를 변경해도 앱에 문제가 생기지 않는다는 점을 더 확신할 수 있기 때문이다.

테스트 주도 개발(test driven development, TDD) 또는 행위 주도 개발(behavior driven development, BDD)을 통해 더욱 쉽게 유지보수할 수 있다. 또한, 개발자가 코드의 작동에 자신감을 가질 수 있으므로 개발 속도와 생산성이 증대되어 회사의 경쟁력도 높일 수 있다.

Note ≡ 이 장의 예제 코드는 https://github.com/gilbutITbook/006961 또는 https://github.com/azat-co/react-quickly/tree/master/ch16에서 확인할 수 있다(깃허브 저장소 https://github.com/azat-co/react-quickly의 ch16 폴더다).

16.1 테스트의 종류

테스트의 종류는 다양하다. 가장 일반적으로는 그림 16-1과 같이 세 가지, 즉 단위 테스트, 서비스 테스트, UI 테스트로 분류한다. 낮은 단계부터 높은 단계까지 순서대로 간단히 살펴보면 다음과 같다.

- **단위 테스트**: 개별 메서드와 클래스를 테스트하는 방식이다. 연결된 부분에 의존 관계가 적거나 없는 경우다. 테스트 대상의 코드는 메서드가 정상적으로 작동하는지 확인하기에 충분해야 한다. 예를 들어 무작위 암호를 생성하는 모듈이 있다면 모듈의 메서드를 실행하여 출력을 정규표현식 패턴으로 비교해보는 방식으로 테스트할 수 있다. 또한, 단위 테스트는 하나의 기능을 생성하기 위해 함께 작동하는 일부 부분이나 모듈에 관한 테스트도 포함한다. 예를 들어 여러 컴포넌트를 이용해서 암호 입력란의 보안 수준을 검사하는 기능을 제공하는 경우가 있을 수 있다. 입력 영역 컴포넌트에 암호를 입력하고, 필요한 보안 수준을 통과하는 암호인지 여부를 확인하는 방식으로 테스트할 수 있다. 단위 테스트는 다른 테스트에 비해 비교적 견고하며, 업계의 모범 사례에 따르면 대략적으로 여러분이 작성하는 테스트의 70%를 차지(그림 16-1 참조)하므로 다른 종류의 테스트보다는 단위 테스트가 많은 부분을 차지할 것이다.

그림 16-1 소프트웨어 엔지니어링의 모범 사례를 바탕으로 한 테스트 피라미드

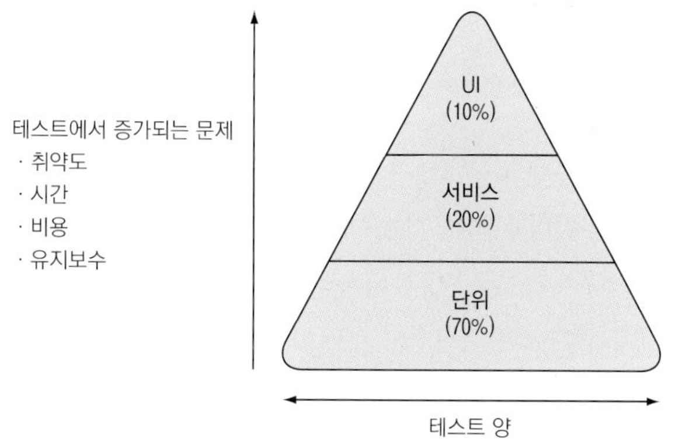

- **서비스 테스트(통합 테스트)**: 일반적으로 테스트는 다른 의존성에 관련되어 있거나 분리된 환경이 필요하다. 통합 테스트는 전체 테스트의 20% 정도를 차지할 것이다. 단위 테스트와 기능 테스트에 대한 견고한 기반을 마련하고 나면 통합 테스트를 많이 작성하지 않아도 되는데,

이는 통합 테스트를 유지보수하는 것이 개발 속도를 늦추기 때문이다. UI 변경이 있을 때마다 통합 테스트를 업데이트해야 한다. 이런 탓에 통합 테스트는 작성하지 않고, 문제가 많은 UI 테스트만 작성하는 식으로 이어져서 더욱 큰 문제를 발생시키기도 한다.

- **UI 테스트(인수 테스트)**: 테스트는 종종 애자일 방법론의 사용자 스토리를 모방하거나 전체 시스템을 테스트하므로 상상할 수 있는 모든 의존성과 복잡도를 지니기도 한다. UI 테스트는 손상되기 쉽고 유지보수가 어려우며, 비용이 많이 든다. 따라서 전체 테스트의 10% 정도만 차지해야 한다.

이 장에서는 React와 Jest의 모의 DOM 렌더링을 이용하여 React 앱의 단위 테스트와 React 컴포넌트의 UI 테스트에 대해 살펴본다. Node, npm, Babel, Webpack도 사용할 것이다. 단위 테스트를 위해 먼저 Jest에 대해서 알아보자.

16.2 Jest와 다른 테스트 프레임워크의 비교

Jest(https://facebook.github.io/jest)는 Jasmine을 기반으로 한 명령줄 도구다. Jest의 인터페이스는 Jasmine과 유사하다. Mocha를 다뤄본 적이 있다면, Jest도 이와 유사하므로 쉽게 배울 수 있을 것이다. Jest는 페이스북이 개발하여 React와 함께 사용된다. API 문서는 https://goo.gl/TpN36x 에서 확인할 수 있다.

Jest가 제공하는 기능은 다음과 같다.

- 자바스크립트와 Node 모듈에 대한 강력한 모의 기능(https://goo.gl/46mR6R)으로 코드를 쉽게 격리하여 단위 테스트할 수 있다.
- Mocha 등 다른 테스트 실행기에서 Chai나 독립적으로 Expect를 불러와야 하는 경우에 비해 테스트를 시작하기 위한 설정이 적은 편이다. Jest는 테스트 파일을 __tests__ 폴더에서 가져온다.
- 테스트를 샌드박스에서 동시에 실행하여 더 빠르게 실행할 수 있다.[1]

---

1 크리스토퍼 포허(Christopher Pojer), "자바스크립트 단위 테스트 성능(JavaScript Unit Testing Performance)", Jest, 2016년 3월 11일, http://mng.bz/YfXz.

- 페이스북이 만든 자바스크립트 정적 타입 검사기인 Flow(https://flowtype.org)를 사용하면 정적 분석을 수행할 수 있다.
- Jest는 Jasmine의 어써션(assertion)을 지원하여 모듈성, 구성 가능성 및 적응성을 제공한다.

> **Note ≡ 모의 객체, 정적 분석, Jasmine**
>
> **모의**(mocking) 객체란 의존 모듈의 특정한 부분을 대체하는 가짜 객체를 이용해서 현재 코드를 테스트하는 것이다. **자동 모의**(automocking)는 의존 모듈에 대해 모의 객체를 자동으로 처리해주는 것을 말한다. Jest 버전 15 이전에는 불러온 모든 의존 모듈에 대해 자동으로 모의 객체로 처리되어 모의 객체를 자주 사용하는 경우에 유용했다. 그렇지만 대부분의 개발자는 자동 모의 기능이 필요하지 않으므로 Jest 버전 15 이후로는 사용하지 않는 것을 기본값으로 하고 있다.[2] 필요한 경우에는 자동 모의 기능을 사용할 수 있다.
>
> 정적 분석은 코드를 실행하기 전에 분석하는 것을 의미하며, 일반적으로 타입 검사와 관련되어 있다. Flow는 타입이 없는 자바스크립트에 타입 검사를 추가하는 라이브러리다.
>
> Jasmine은 다양한 기능을 가진 테스트 프레임워크로 어써션을 포함하고 있다. Jest는 내부적으로 Jasmine을 기반으로 확장하여 개발되었으므로 별도로 불러오거나 설정할 것이 없다. 따라서 양쪽의 장점을 합쳐서 별도의 의존 모듈이나 설정을 추가하지 않고 Jasmine의 공용 인터페이스를 사용할 수 있다.

어떤 테스트 프레임워크가 어떤 작업에 적합한지에 대해서는 의견이 다양하다. 대부분의 프로젝트는 많은 기능을 갖춘 Mocha를 사용한다. Jasmine은 프론트엔드 개발에서 시작되었지만 Mocha나 Jest로 변경할 수도 있다. Jasmine, Mocha,, Jest는 테스트 꾸러미(test suite)와 테스트를 정의할 때 동일한 구조를 사용한다.

- `describe`: 테스트 꾸러미
- `it`: 개별 테스트
- `before`: 준비
- `beforeEach`: 모든 테스트 꾸러미 또는 개별 테스트를 위한 준비
- `after`: 정리
- `afterEach`: 모든 테스트 꾸러미 또는 개별 테스트를 위한 정리

이 책에서 최고의 테스트 프레임워크에 대한 뜨거운 논쟁을 벌이지는 않을 것이다. 그보다는 마음을 열고 Jest를 살펴볼 것을 권한다. Jest는 내가 앞서 언급한 것처럼 다양한 기능을 제공하며, React를 개발한 커뮤니티에서 만들어졌기 때문이다. 이를 통해 여러분이 다음 React 프로젝트에

2 크리스토퍼 포허(Christopher Pojer), "Jest 15.0: Jest의 새로운 기본값(Jest 15.0: New Defaults for Jest)", 2016년 9월 1일, http://mng.bz/p20n.

사용할 테스트 프레임워크를 좀 더 잘 선택할 수 있을 것이다.

Mocha, Jest, Jasmine 같은 대표적인 최신 테스트 프레임워크는 작업이 대부분 유사하다. 프레임워크 간의 차이점은 사용자에게 달려 있다. 자동 모의 기능이 필요하거나 필요치 않는 등 선호하는 방식에 따라 차이가 나타날 수 있다. 또한, 특정한 프로젝트에서 나타나는 흔하지 않은 문제를 처리하는 방식에 따라 차이가 있을 수 있다. 예를 들어 Mocha가 제공하는 모든 기능이 필요한지 아니면 TAP(Test Anything Protocol, https://testanything.org)이나 `node-tap`(www.node-tap.org)처럼 가벼운 기능만을 필요로 하는지에 따라 차이점이 드러날 수 있다. 테스트 프레임워크를 결정할 때 Jest로 시작하는 것은 좋은 방법이다. React의 유틸리티나 메서드와 함께 Jest를 사용하는 방법을 익히고 나면, Mocha, Jasmine, `node-tap` 같은 다른 테스트 프레임워크도 다룰 수 있기 때문이다.

16.3 Jest를 이용한 단위 테스트

앞서 언급한 테스트 프레임워크 중 어느 하나도 다뤄본 적이 없더라도 걱정하지 말자. Jest는 쉽게 배울 수 있다. 주 실행문인 `describe`는 테스트 꾸러미이며, 여러 개의 테스트를 감싸는 역할을 한다. 개별 테스트는 **테스트 케이스**(test case)라고 부른다. 테스트 케이스는 테스트 꾸러미 안으로 중첩된다.

테스트의 다른 구성 요소인 `before`, `after`, `beforeEach`, `afterEach`는 테스트 꾸러미나 테스트 케이스를 실행하기 전 또는 후에 실행된다. `Each`를 추가하면 해당 코드가 여러 번 실행되며, 그렇지 않은 경우에는 한 번만 실행된다.

테스트는 테스트 꾸러미, 테스트 케이스, 어써션을 생성하는 것으로 작성한다. **어써션**은 예/아니오 문제와 비슷하지만, 읽기 좋은 형식(BDD)으로 되어 있다.

다음 예제 코드를 살펴보자. 일단은 어써션을 제외한 예제 코드다.

```
describe('명사: 메서드 또는 클래스/모듈 이름', () => {
  before((done) => { -------- done() 콜백을 정의한다.
    // 전체 it 문을 실행하기 전에 이 코드가 한 번 실행된다.
    done() -------- 비동기 테스트 코드가 완료되었을 때 done()을 실행한다.
```

```
  })
  beforeEach((done) => {
    // 각 it 문을 실행하기 전에 이 코드가 한 번씩 실행된다.
    done()
  })
  it('행위를 설명하는 동사', (done) => {
    // 어써션
    done()
  })
  it('행위를 설명하는 동사', (done) => {
    // 어써션
    done()
  })
  ...
  after((done) => {
    // 전체 it 문을 실행한 후에 이 코드가 한 번 실행된다.
    done()
  })
  afterEach((done) => {
    // 각 it 문을 실행한 후에 이 코드가 한 번씩 실행된다.
    done()
  })
})
```

describe와 it을 최소한 하나씩 정의해야 하지만 전체 숫자에는 제한이 없다. before와 after 등 그 외의 구성 요소는 선택적으로 사용할 수 있다.

아직은 React 컴포넌트를 테스트하지 않을 것이다. React 컴포넌트를 다루기 전에 UI를 다루지 않은 Jest 예제를 통해 Jest를 조금 더 공부해야 한다.

이 절에서는 무작위 비밀번호를 생성하는 모듈을 생성하고 단위 테스트를 수행할 것이다. 새로운 채팅 앱의 가입 페이지를 개발한다고 생각해보자. 비밀번호를 생성하는 기능이 필요할 것이다. 이 모듈은 자동으로 무작위 비밀번호를 생성한다. 예제를 단순하게 하기 위해 영문과 숫자를 사용한 비밀번호 여덟 자리를 생성한다고 가정하자. 모듈의 구조는 다음과 같다.

```
/generate-password
  /__test__
    generate-password.test.js
  /node_modules
  generate-password.js
  package.json
```

모듈은 Node.js 환경과 Browserify 또는 Webpack을 사용한 브라우저 개발 환경에서 사용되는 CommonJS/Node 모듈 문법을 사용하여 작성한다. ch16/generate-password.js에 생성한 모듈을 살펴보면 다음과 같다.

예제 코드 16.1 비밀번호 생성 모듈

```
module.exports = () => {
  return Math.random().toString(36).slice(-8)   // slice에 음수를 사용해서 순서를 반대로 뒤집는다 (오른쪽에서 왼쪽으로).
}
```

기억을 상기하는 차원에서 설명하면, 이 파일은 전역에 있는 `module.exports`를 이용해서 함수를 내보낸다. 이는 Node.js와 CommonJS 표기법이다. Webpack이나 Browserify(http://browserify.org) 같은 도구를 이용해서 브라우저에서도 사용할 수 있다.

함수는 `Math.random()`을 사용해서 숫자를 생성하고 문자열로 변환한다. 문자열의 길이는 `slice(-8)`에 표시한 것처럼 여덟 자다.

모듈을 테스트하려면 터미널이나 명령창에서 Node의 eval 명령을 실행한다. 모듈을 불러온 후에 함수를 호출하고 결과를 출력한다.

```
node -e \"console.log(require('./generate-password.js')())\"
```

함수를 개선해서 여덟 자로 고정하지 않고 필요에 따라 글자 수를 지정할 수 있도록 모듈을 향상시킬 수도 있을 것이다.

16.3.1 Jest 단위 테스트 작성

Jest를 시작하려면 새로운 프로젝트 폴더를 생성하고, `npm init`을 실행하여 package.json을 생성한다. npm이 설치되어 있지 않다면, 부록 B의 안내를 참고하여 설치하자.

새로운 폴더에 package.json 파일을 생성되면 Jest를 설치한다.

```
$ npm install jest-cli@19.0.2 --save-dev --save-exact
```

여기서는 `jest-cli` 버전 19.0.2를 사용한다. 동일한 버전이나 호환되는 버전을 사용하길 바란다. `--save-dev`는 package.json 파일에 모듈을 추가한다. package.json 파일을 열고 npm 스크립트의 `test` 항목을 다음과 같이 `jest`로 수정한다(ch16/jest/package.json). 테스트 명령을 수정했다. 다음을 참고하여 start 스크립트도 작성한다.

예제 코드 16.2 테스트 CLI 명령 저장하기

```
{
  "name": "jest",
  "version": "1.0.0",
  "description": "",
  "main": "index.js",
  "scripts": {
    "test": "jest", --------- 기본 test 스크립트를 jest로 변경한다.
    "start": "node -e \"console.log(require('./generate-password.js')())\"" --------- Node eval 명령을 저장하여 무작위 비밀번호를 가져온다.
  },
  "author": "Azat Mardan",
  "license": "MIT",
  "devDependencies": {
    "jest-cli": "19.0.2" --------- ^을 사용하지 않고 19.0.2만 입력하여 정확하게 버전 19.0.2를 사용하게 한다.
  }
}
```

이어서 __tests__ 폴더를 생성한다. Jest가 테스트를 불러오는 폴더이므로 정확한 이름을 사용하는 것이 중요하다. 다음으로 첫 번째 Jest 테스트인 __tests__/generate-password.test.js를 생성한다.

일반적으로 현재 단위 테스트를 수행하는 라이브러리에 대해서는 모의 객체를 생성하지 않는다. Jest 버전 15 이전에는 모든 파일에 대해 모의 객체를 생성했기 때문에 주 모듈(generate-password.js)을 테스트하려면 `dontMock()` 또는 `jest.autoMockOff()`를 사용해야 했다. 다음과 같이 사용한다.

```
jest.dontMock('../generate-password.js') --------- Jest 버전 15 이전에서만 필요한 처리다.
```

이 장에서 사용하는 Jest 버전 19는 자동 모의 기능이 기본적으로 적용되지 않으므로 중지시킬 필요가 없다. 따라서 `dontMock()` 코드를 제거하거나 주석으로 남겨 놓을 수 있다.

테스트 파일에는 테스트 꾸러미(`describe`)가 하나 있고, password가 정규표현식 패턴인 `/^[a-z0-9]{8}$/`에 일치할 것을 예상하고 있다. 안전한 비밀번호의 조건으로 영문과 숫자만으로 이뤄진 여덟 글자의 비밀번호를 요구한다(ch16/generatepassword/__tests__/generate-password.test.js). 무차별 대입 공격으로 사용자가 해킹 당하지 않도록 하는 것이다.

예제 코드 16.3 비밀번호 생성 모듈을 위한 테스트 파일

```
describe('메서드 generatePassword', ()=>{
  let password
  generatePassword = require('../generate-password') --------- Node.js 전역 객체의 require를 사용해서 모듈을 불러온다.
  it('여덟 자의 영문 소문자 및 숫자로 생성된 비밀번호를 반환한다', (done)=>{
```

```
    password = generatePassword()
    expect(password).toMatch(/^[a-z0-9]{8}$/)
    done() --------- 비동기 테스트가 필요한 경우 인자로 정의한 done()을 실행하며,
                     동기 테스트의 경우 선택적으로 실행할 수 있다(이 경우는 동기 테스트다.)
  })
})
```

$ npm test를 실행하면 테스트를 수행한다. 터미널 또는 명령창에서 다음과 같은 결과를 확인할 수 있다.

```
Test Suites: 1 passed, 1 total --------- 통과한 테스트 수와 전체 테스트 수
Tests:       1 passed, 1 total
Snapshots:   0 total
Time:        1.353s
Ran all test suites.
```

16.3.2 Jest 어써션

Jest는 기본적으로 Expect 문법(https://goo.gl/TpN36x)을 기반으로 한 BDD 문법(https://goo.gl/5NdRZi)을 사용한다. Expect는 TDD 어써션을 대체할 수 있는 인기 있는 언어다. Expect에도 여러 가지 형식이 있지만 내가 보기에 Jest는 단순화된 버전을 사용하는 것으로 보인다. Mocha 등 다른 프레임워크에서 Expect를 사용하려면 모듈을 추가로 설치해야 하는 반면에, Jest는 자동으로 Expect를 사용할 수 있다.

Note ≡ TDD와 BDD

TDD(test-driven development)는 테스트 주도 개발 또는 어써션을 이용한 TDD 문법을 의미한다. 간단히 설명하면 테스트 주도 개발은 테스트를 작성하여 실행하고(실패), 테스트가 제대로 작동하도록 한 다음(통과), 나은 코드를 작성(리팩토링)하는 과정을 거친다.

BDD(behavior-driven development)를 이용해서도 테스트 주도 개발을 수행할 수 있다. BDD 스타일의 주요 이점은 소프트웨어 엔지니어뿐만 아니라 다양한 기능을 수행하는 팀의 여러 구성원과 소통할 수 있도록 고안되었다는 점이다. TDD는 조금 더 기술적인 언어에 가깝다. BDD 형식은 테스트 명세의 제목만으로도 무엇을 테스트하는지 알 수 있으므로 테스트를 읽기가 더 쉽다. 다음 예제를 살펴보자.

```
describe('메서드 generatePassword', ()=>{ --------- 명사를 사용하여 테스트 꾸러미를 설명한다.
  ...
  it('여덟 자의 영문 소문자 및 숫자로 생성된 비밀번호를 반환한다', ()=>{ ---------
    ...                                          동사를 사용하여 테스트 케이스의 행위를 설명한다.
    expect(password).toMatch(/^[a-z0-9]{8}$/) ---------
  })                                   expect 문을 사용하여 테스트 케이스를 구현한다.
})
```

다음은 Jest가 지원하는 주요 Expect 메서드의 목록이다. 이 외에도 많은 기능을 제공한다. 프로그램에 의해 반환된 실제 값을 expect()에 전달하고, 다음 메서드를 이용해서 반환된 값과 테스트에 하드코딩한 예상 값을 비교한다.

- `.not`: 이어지는 체인의 비교를 반대로 만든다.
- `expect(OBJECT).toBe(value)`: 자바스크립트 일치 연산자(===)를 사용했을 때 값이 동일할 것을 예상한다(값뿐만 아니라 값의 타입도 비교한다).[3]
- `expect(OBJECT).toEqual(value)`: 값을 깊은 비교(deep-equal) 했을 때 동일할 것을 예상한다.[4]
- `expect(OBJECT).toBeFalsy()`: 값이 거짓일 것으로 예상한다(이어지는 참고사항을 살펴보기 바란다).
- `expect(OBJECT).toBeTruthy()`: 값이 참일 것으로 예상한다.
- `expect(OBJECT).toBeNull()`: 값이 null일 것으로 예상한다.
- `expect(OBJECT).toBeUndefined()`: 값이 정의되지 않을 것으로 예상한다.
- `expect(OBJECT).toBeDefined()`: 값이 정의될 것으로 예상한다.
- `expect(OBJECT).toMatch(regexp)`: 값이 정규표현식에 일치할 것으로 예상한다.

Note ≡ **참과 거짓**

자바스크립트와 Node.js에서 참인 값은 `if/else` 문에서 불 값으로 평가될 때 `true`로 변환된다. 반면에 거짓인 값은 `if/else` 문에서 `false`로 변환된다.

공식적인 정의에 의하면 값은 거짓 아니면 참이며, 다음 여섯 가지만이 거짓인 값이다.

- `false`
- `0`
- `""`(공백 문자열)
- `null`
- `undefined`
- `NaN`(Not a Number: 숫자가 아님)

이 여섯 가지를 제외한 모든 값은 참이다.

3 "동등 비교와 동일성(Equality Comparisons and Sameness)", Mozilla Developer Network, http://mng.bz/kliO.

4 **깊은 동등** 비교(deep equal comparison)는 객체의 중첩된 마지막 단계까지 모든 속성과 값을 비교한다. 자바스크립트에는 표준 API가 없으나 Node.js의 `assert` 모듈(http://mng.bz/rhoX)이나 `deep-equal`(www.npmjs.com/package/deep-equal) 같은 구현이 있다.

정리해보면 Jest는 단위 테스트에 사용할 수 있으며, 단위 테스트는 여러분이 작성하는 테스트의 대부분을 차지한다. 단위 테스트는 낮은 단계의 테스트이므로 더 견고하고 상대적으로 다루기 쉬우며, 유지보수 비용이 적은 편이다.

여기까지 모듈을 생성하고 Jest를 사용해 모듈의 메서드를 테스트하는 법을 살펴보았다. 이것이 일반적인 단위 테스트다. 단위 테스트는 테스트 대상 모듈 외의 의존 모듈을 필요로 하지 않는다. 단위 테스트에 대한 이해는 React 컴포넌트를 테스트하는 데 도움이 될 것이다. 다음으로 더욱 복잡한 UI 테스트에 대해 살펴볼 것이다. 다음 절에서는 UI 테스트에 사용하는 React의 테스트 유틸리티를 다루는 방법을 알아본다.

16.4 Jest와 TestUtils를 이용한 UI 테스트

일반적으로 UI 테스트가 전체 테스트의 10% 정도를 차지하는 것을 권장하며, 전체 컴포넌트와 컴포넌트의 행위, 심지어 전체 DOM 트리까지 테스트한다. 컴포넌트를 수동으로 테스트할 수도 있지만, 그것은 매우 끔찍한 생각이다! 사람은 실수를 하고 테스트를 수행하는 데 오랜 시간이 소요된다. 수동으로 UI 테스트를 하는 것은 최소화하거나 제거해야 한다.

자동화된 UI 테스트는 어떨까? 실제 브라우저와 유사하지만 GUI가 없는 **헤드리스 브라우저**(https://goo.gl/b0jcoU)를 이용해서 자동으로 테스트를 수행할 수 있다. 대부분의 Angular 1 앱이 이런 방식으로 테스트를 수행한다. React에도 같은 방식을 적용할 수 있지만 이 방식은 어렵고 실행이 느리며 많은 처리 능력을 필요로 한다.

또 다른 UI 테스트 자동화 기법은 React의 가상 DOM을 이용하는 것으로, `jsdom`(https://github.com/tmpvar/jsdom)으로 구현한 브라우저와 유사한 자바스크립트 테스트 환경을 통해 가상 DOM에 접근할 수 있다. React의 가상 DOM을 이용하려면 React에 포함되어 있지는 않지만 핵심 라이브러리와 밀접한 관련이 있는 TestUtils를 사용해야 한다. TestUtils는 React 컴포넌트를 테스트하는 유틸리티다. 간단히 말하면 TestUtils는 컴포넌트를 생성해서 가짜 DOM에 렌더링할 수 있게 한다. 가짜 DOM을 태그나 클래스 이름으로 다룰 수 있다. 모든 것이 명령줄에서 실행되며, 브라우저나 헤드리스 브라우저가 필요하지 않다.

Note ≡ React의 부가기능(add–ons)은 https://goo.gl/F24gxg에 정리되어 있다. 대부분은 더 이상 개발되지 않거나 아직 실험적인 단계에 있다. 실험적인 단계의 부가기능은 React 팀이 인터페이스를 변경하거나 지원을 중단할 수 있다. 모든 부가기능의 이름은 `react-addons-이름` 형식의 규칙을 따른다. TestUtils는 다른 React 부가기능과 마찬가지로 부가기능 중 하나이며, npm을 통해 설치할 수 있다(npm이 없으면 TestUtils를 사용할 수 없다. 아직 설치하지 않았다면 부록 A를 참고하여 설치하도록 하자).

React 버전 15.5.4 이전에는 TestUtils가 npm 패키지인 `react-addons-test-utils`(https://goo.gl/gMCe68)였다. 예를 들어 React 버전 15.2.1을 사용한다면, npm에서 다음 명령으로 `react-addons-test-utils` 버전 15.2.1을 설치할 수 있다.

```
$ npm install react-addons-test-utils@15.2.1 --save-dev --save-exact
```

테스트 소스 코드에는 다음과 같이 작성한다(React 버전 15.5.4 이전 기준).

```
const TestUtils = require('react-addons-test-utils')
```

React 버전 15.5.4부터는 TestUtils가 ReactDOM(npm에서 `react-dom`)으로 옮겨져 조금 더 쉬워졌다. 예제는 버전 15.5.4를 사용하므로 별도의 패키지를 설치할 필요가 없다.

```
const TestUtils = require('react-dom/test-utils')
```

TestUtils에는 컴포넌트 렌더링을 위한 주요 메서드가 몇 가지 있다. `click`, `mouseOver` 등의 이벤트를 시뮬레이션하거나 렌더링한 컴포넌트에서 엘리먼트를 찾을 수 있다. 컴포넌트를 렌더링하는 것으로 시작하여 다른 메서드에 대해서도 살펴볼 것이다.

다음 예제 코드를 살펴보면서 TestUtils의 `render()` 메서드를 설명하겠다. 실제 브라우저 또는 헤드리스 브라우저를 사용하지 않고 변수 `hello`에 엘리먼트를 렌더링한다(ch16/testutils/__tests__/render-props.js).

예제 코드 16.4 Jest의 React 엘리먼트 렌더링

```
describe('HelloWorld', ()=>{
  const TestUtils = require('react-dom/test-utils')
  const React = require('react')

  it('속성(props)을 갖는다.', (done)=>{
    class HelloWorld extends React.Component {
      render() {
        return <div>{this.props.children}</div>
```

```
    }
  }
  let hello = TestUtils.renderIntoDocument(<HelloWorld>Hello Node!</HelloWorld>)
  expect(hello.props).toBeDefined()
  console.log('my hello props:', hello.props) // my div: Hello Node!

  done()
  })
})
```

ch16/testutils 예제의 package.json 파일은 다음과 같이 Babel, Jest CLI, React, React DOM을 사용한다.

```
{
  "name": "password",
  "version": "2.0.0",
  "description": "",
  "main": "index.html",
  "scripts": {
    "test": "jest",
    "test-watch": "jest --watch",
    "build-watch": "./node_modules/.bin/webpack -w",
    "build": "./node_modules/.bin/webpack"
  },
  "author": "Azat Mardan",
  "license": "MIT",
  "babel": {
    "presets": [
      "react"
    ]
  },
  "devDependencies": {
    "babel-jest": "19.0.0",
    "babel-preset-react": "6.24.1",
    "jest-cli": "19.0.2",
    "react": "15.5.4",
    "react-dom": "15.5.4"
  }
}
```

Warning renderIntoDocument()는 사용자 정의 컴포넌트만 사용할 수 있으며, <p>, <div>, <section> 같은 표준 DOM 컴포넌트는 사용할 수 없다. 따라서 Error: Invariant Violation: findAllInRenderedTree(...): instance must be a composite component와 같은 오류가 발생한다면, 일반적인 DOM이 아닌 사용자 정의 컴포넌트를 렌더링하는지 확인해보기 바란다. 더 자세한 정보는 관련 커밋(http://mng.bz/8AOc)과 깃허브 이슈(https://goo.gl/cW3w8g)를 참고하기 바란다.

변수 hello에 모든 자식 컴포넌트를 포함한 React 컴포넌트 트리를 담으면, 엘리먼트 탐색 메서드를 이용해서 내부를 살펴볼 수 있다. 예를 들어 다음과 같이 <HelloWorld/> 엘리먼트에서 <div>를 가져올 수 있다(ch16/testutils/__tests__/scry-div.js).

예제 코드 16.5 React 엘리먼트의 자식 엘리먼트 〈div〉

```
describe('HelloWorld', ()=>{
  const TestUtils = require('react-dom/test-utils')
  const React = require('react')

  it('div가 있다', (done)=>{

    class HelloWorld extends React.Component {
      render() {
        return <div>{this.props.children}</div>
      }
    }
    let hello = TestUtils.renderIntoDocument(
      <HelloWorld>Hello Node!</HelloWorld>
    )
    expect(TestUtils.scryRenderedDOMComponentsWithTag(
      hello, 'div'
    ).length).toBe(1)
    console.log('찾은 div의 수: ',
      TestUtils.scryRenderedDOMComponentsWithTag(hello, 'div').length)

    done()
  })
})
...
```

scryRenderedDOMComponentsWithTag() 메서드를 사용하면 div와 같은 태그명에 따라 엘리먼트 배열을 가져올 수 있다. 엘리먼트를 가져오는 다른 방식을 살펴보자.

16.4.1 TestUtils를 이용한 엘리먼트 탐색

scryRenderedDOMComponentsWithTag() 외에도 엘리먼트 목록(접두사로 scry를 사용하여 다수의 컴포넌트를 대상으로 함)이나 단일 엘리먼트(접두사로 find를 사용하여 단일 컴포넌트를 대상으로 함)를 가져올 수 있는 방법이 있다. 두 방식 모두 컴포넌트의 클래스 이름이 아닌 엘리먼트의 클래스 이름을 사용한다는 차이점이 있다. 예를 들면 btn, main 등을 사용한다.

태그 이름뿐 아니라 유형(컴포넌트 클래스)이나 CSS 클래스를 이용해서 탐색할 수도 있다. 예를 들어 HelloWorld는 유형인 반면에, div는 태그명이다(앞서 태그에 해당하는 목록을 가져오기 위해 사용했다).

scry 또는 find를 필요에 따라 클래스, 유형, 태그와 함께 조합하여 여섯 가지 메서드를 사용할 수 있다. 각 메서드가 반환하는 값을 살펴보면 다음과 같다.

- scryRenderedDOMComponentsWithTag(): 다수의 엘리먼트. 태그명을 아는 경우에 사용한다.
- findRenderedDOMComponentWithTag(): 단일 엘리먼트. 고유한 태그명을 아는 경우에 사용한다. 컴포넌트의 다른 엘리먼트에서 해당 태그명을 사용하지 않는 경우다.
- scryRenderedDOMComponentsWithClass(): 다수의 엘리먼트. 클래스명을 아는 경우에 사용한다.
- findRenderedDOMComponentWithClass(): 단일 엘리먼트. 고유한 클래스명을 아는 경우에 사용한다.
- scryRenderedComponentsWithType(): 다수의 엘리먼트. 유형을 아는 경우에 사용한다.
- findRenderedComponentWithType(): 단일 엘리먼트. 유형을 아는 경우에 사용한다.

위에서 살펴본 것처럼 컴포넌트에서 필요한 엘리먼트를 찾아낼 수 있는 메서드가 충분히 제공되고 있다. 여기에 약간의 설명을 더하면, 나는 클래스명이나 유형(컴포넌트 클래스)을 사용하는 것을 권장하는데, 이 방법으로 대상 엘리먼트를 더욱 확실하게 찾을 수 있기 때문이다. 예를 들어 <div>가 한 개라는 이유로 태그명을 사용하는 경우를 가정해보자. 같은 태그명의 엘리먼트를 추가(둘 이상의 <div>를 사용)하기로 한다면, 테스트를 다시 작성해야 할 것이다. <div>를 테스트하기 위해 HTML 클래스명을 사용하면 테스트할 컴포넌트에 <div>를 추가한 뒤에도 테스트가 정상적으로 동작할 것이다.

태그명을 이용한 탐색이 적절한 경우는 모든 엘리먼트가 특정 태그명을 사용해야 하거나 (scryRenderedDOMComponentsWithTag()), 컴포넌트가 매우 작아서 동일한 태그명을 가진 엘리먼트가 없는 경우(`findRenderedDOMComponentWithTag()`)를 들 수 있다. 예를 들어 앵커 태그 `<a>`로 감싸는 비상태저장 컴포넌트에 여러 개의 HTML 클래스명을 적용한 경우에는 앵커 태그가 추가로 사용되지 않을 것이다.

16.4.2 패스워드 위젯을 위한 UI 테스트

회원가입 페이지에 사용할 특정 강도의 비밀번호를 자동으로 생성하는 UI 위젯을 개발하는 경우를 가정해보자. 그림 16-2와 같이 입력 영역, 생성(Generate) 버튼, 비밀번호 조건 목록을 포함한다.

▼ 그림 16-2 주어진 보안 강도 기준에 따라 자동으로 비밀번호를 생성하는 비밀번호 위젯

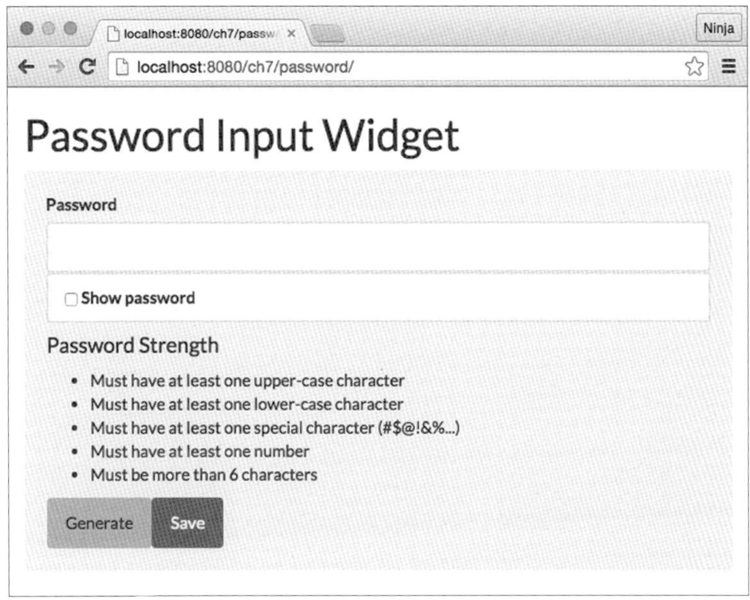

다음 절에서 전체 프로젝트를 살펴볼 것이다. 일단은 TestUtils와 인터페이스를 사용하는 것에 집중하자. TestUtils와 Jest 등 다른 의존 모듈의 설치를 마치면 위젯의 UI 테스트를 위한 Jest 테스트 파일을 생성할 수 있다. 비밀번호 컴포넌트를 테스트하므로 파일은 password/__tests__/password.test.js로 하자. 테스트의 구조는 다음과 같다.

```
describe('비밀번호', function() {
  it('Generate(생성) 버튼을 누르면 변경된다', (done)=>{
    // 불러오기
    // 렌더링 수행
```

```
    // 내용과 행위에 대한 어써션 수행
    done()
  })
})
```

describe에 의존 모듈을 정의하자. ReactDOM.findDOMNode()를 자주 사용하므로 편의를 위해 fD로 참조하여 사용한다.

```
const TestUtils = require('react-dom/test-utils')
const React = require('react')
const ReactDOM = require('react-dom')
const Password = require('../jsx/password.jsx')
const fD = ReactDOM.findDOMNode
```

컴포넌트를 렌더링하려면 renderIntoDocument()를 사용해야 한다. 예를 들어 다음은 Password 컴포넌트를 렌더링하여 객체에 대한 참조를 변수 password에 저장하는 방법이다. 컴포넌트의 속성으로 전달한 값들이 비밀번호 보안 강도를 정하는 기준이 될 것이다. 예를 들어 upperCase 속성은 최소한 문자열 하나를 대문자로 입력해야 하는 기준을 설정한다.

```
let password = TestUtils.renderIntoDocument(<Password
    upperCase={true}
    lowerCase={true}
    special={true}
    number={true}
    over6={true}
  />
)
```

예제가 JSX로 작성된 이유는 babel-jest를 설치(npm i babel-jest --save-dev)하고 Babel 설정으로 "presets": ["react"]를 사용하면, Jest가 자동으로 babel-jest를 사용하기 때문이다. babel-jest를 사용하지 않으면 JSX를 사용할 수 없다. 이 경우에는 createElement()를 호출해야 한다.

```
let password = TestUtils.renderIntoDocument(
  React.createElement(Password, {
    upperCase: true,
    lowerCase: true,
    special: true,
    number: true,
```

```
      over6: true
    })
  )
```

renderIntoDocument()를 사용해서 컴포넌트를 렌더링하고 나면, Password 컴포넌트의 자식 중 필요한 엘리먼트를 추출하고 어써션을 실행해서 위젯의 작동을 확인하는 과정은 간단하다. 엘리먼트를 추출하기 위한 호출 과정을 jQuery와 비슷하게 생각하면 쉽다. 즉, 태그 또는 클래스 이름을 사용할 수 있다. 테스트를 통해 우리가 확인해야 할 최소한의 사항은 다음과 같다.

1. Password 엘리먼트에 비밀번호의 기준을 설명하는 목록(<li>)이 있어야 한다.
2. 비밀번호 기준의 첫 번째 항목에 특정 텍스트가 포함되어야 한다.
3. 두 번째 항목은 충족되지 않는다(취소선).
4. 비밀번호 생성(Generate) 버튼(CSS 클래스명 generate-btn)을 클릭한다.
5. 비밀번호 생성 버튼을 클릭한 후 두 번째 항목이 충족된다(비밀번호 보임).

비밀번호 생성 버튼을 누르면 모든 조건을 충족하고 사용자가 기억할 수 있도록 비밀번호를 보여준다. 그렇지만 이 기능을 위한 테스트 코드는 책에서 다루지 않는다. 그것은 과제로 남겨둔다.

1번부터 시작한다. TestUtils.scryRenderedDOMComponentsWithTag()는 특정 클래스의 모든 엘리먼트를 가져온다. 이 경우에는 비밀번호 기준 목록에서 <ul><li>를 사용하므로 <li> 엘리먼트가 해당된다. 일치 연산자처럼 작동하는 toBe()를 이용해서 목록의 수가 5개인지 확인한다.

```
let rules = TestUtils.scryRenderedDOMComponentsWithTag(password, 'li')
    expect(rules.length).toBe(5)
```

2번의 경우, toEqual()을 사용하여 목록의 첫 번째 항목에 특정 텍스트가 있는지 확인한다. 목록의 첫 번째 항목에 대문자를 필수 입력으로 한다는 내용을 포함할 것을 예상한다. 비밀번호 기준 중 하나가 될 것이다.

```
expect(fD(rules[0]).textContent).toEqual('Must have at least one uppercase character')
// 대문자가 최소 한 글자는 있어야 한다.
```

3, 4, 5번의 경우에는 버튼을 찾은 후 클릭하고, 비밀번호 기준의 두 번째 항목을 비교한다(텍스트가 취소선으로 바뀌어야 한다).

Note toBe()와 toEqual()의 비교

Jest에서 toBe()와 toEqual()은 동일하지 않다. 각각 다르게 동작한다. 가장 간단히 기억하는 방법은 toBe()는 일치 연산자와 같은 반면, toEqual()은 두 객체가 같은 값을 가지고 있는지 확인하는 것이다. 따라서 다음 두 가지 어써션은 모두 통과한다.

```
const copy1 = {
  name: 'React Quickly',
  chapters: 19,
}
const copy2 = {
  name: 'React Quickly',
  chapters: 19,
}

describe('책 두 권', () => {
  it('모두 동일한 속성을 가진다', () => {
    expect(copy1).toEqual(copy2) // 통과
  })
  it('동일한 객체가 아니다', () => {
  expect(copy1).not.toBe(copy2) // 통과
  })
})
```

그렇지만 숫자 5 또는 문자열 "Must have at least one uppercase character"를 비교하는 경우에는 toBe()와 toEqual()의 결과가 동일하다.

```
expect(rules.length).toBe(5) // correct
expect(rules.length).toEqual(5) // correct
expect(fD(rules[0]).textContent).toEqual('Must have at least one upper-case
character') // 통과
expect(fD(rules[0]).textContent).toBe('Must have at least one upper-case
character') // 통과
```

TestUtils.findRenderedDOMComponentWithClass() 메서드는 TestUtils.scryRenderedDOMComponentsWithTag()와 유사하지만 엘리먼트 하나만 반환한다는 차이점이 있다. 만약 엘리먼트가 두 개 이상 있다면 오류가 발생한다. 또한, 사용자 조작 시뮬레이션을 위해 TestUtils.Simulate 객체에 이벤트명을 카멜표기법으로 작성한 메서드가 존재한다. 예를 들면 Simulate.click, Simulate.keyDown, Simulate.change 등의 메서드가 있다.

findRenderedDOMComponentWithClass()를 이용해서 버튼을 가져온 후에 Simulate.click으로 클릭해보자. 모든 작업이 브라우저 없이 코드만으로 이뤄진다.

```
let generateButton = TestUtils.findRenderedDOMComponentWithClass(password, 'generate-btn')
expect(fD(rules[1]).firstChild.nodeName.toLowerCase()).toBe('#text')
TestUtils.Simulate.click(fD(generateButton))
expect(fD(rules[1]).firstChild.nodeName.toLowerCase()).toBe('strike')
```

테스트는 버튼이 클릭되었을 때 <li> 엘리먼트 안에 취소선을 표시하는 <strike> 엘리먼트[5]가 있는지 확인한다. 버튼을 누르면 소문자가 최소한 한 개 이상 있어야 한다는 두 번째 조건(rules[1])에 충족하는 무작위 비밀번호가 생성된다. 첫 번째 테스트를 마쳤다. 다음 테스트를 살펴보자.

TestUtils.Simulate의 사용법을 살펴봤다. 클릭뿐만 아니라 입력 영역의 값을 변경하거나 엔터키(keycode 13)를 누르는 등 다른 동작도 시뮬레이션할 수 있다.

```
ReactTestUtils.Simulate.change(node)
ReactTestUtils.Simulate.keyDown(node, {
  key: "Enter",
  keyCode: 13,
  which: 13})
```

> **Note** key 또는 keyCode와 같이 컴포넌트에 사용할 데이터는 TestUtils가 자동으로 생성하지 않으므로 반드시 수동으로 전달해야 한다. TestUtils에는 React가 지원하는 모든 사용자 조작에 대한 메서드가 존재한다.

참고로 프로젝트의 package.json 파일을 살펴보면 다음과 같다. 여기에서는 우리가 이어서 살펴볼 얕은 렌더링을 위한 라이브러리도 포함되어 있다. ch16/password에서 예제를 실행하려면 npm i로 의존 모듈을 설치하고 npm test를 실행한다.

```
{
  "name": "password",
  "version": "2.0.0",
  "description": "",
  "main": "index.html",
  "scripts": {
    "test": "jest",
    "test-watch": "jest --watch",
    "build-watch": "./node_modules/.bin/webpack -w",
    "build": "./node_modules/.bin/webpack"
  },
  "author": "Azat Mardan",
  "license": "MIT",
```

5 역주 HTML5에서 <strike> 요소는 비표준 요소다. 이 경우에는 <s>를 사용하는 것이 좀 더 바람직하다(https://goo.gl/2EA1FM).

```
  "babel": {
    "presets": [
      "react"
    ]
  },
  "devDependencies": {
    "babel-core": "6.10.4",
    "babel-jest": "13.2.2",
    "babel-loader": "6.4.1",
    "babel-preset-react": "6.5.0",
    "jest-cli": "19.0.2",
    "react": "15.5.4",
    "react-dom": "15.5.4",
    "react-test-renderer": "15.5.4",
    "webpack": "2.4.1"
  }
}
```

다음으로 React 엘리먼트를 렌더링하는 다른 방법을 살펴보자.

16.4.3 얕은 렌더링

한 단계의 렌더링만 테스트해야 할 경우가 있을 수 있다. 컴포넌트의 render() 결과에서 자식을 제외한 부분에 대한 렌더링만 처리하는 것이다. 이 방식은 DOM이 필요하지 않으므로 테스트를 단순화한다. 시스템이 엘리먼트를 생성하면 여기에 어써션을 추가할 수 있다. 먼저 react-test-renderer 패키지를 버전 15.5.4로 설치한다(예전 버전에서는 react-test-renderer가 TestUtils의 일부였으나 버전 15.5.4에서는 별도로 분리되어 있다).

```
npm i react-test-renderer@15.5.4 -DE
```

동일한 비밀번호 엘리먼트를 얕은 렌더링 방식으로 테스트해보았다. 다음 코드는 ch16/password/__tests__/password.test.js 파일과 같다. 다음 예제 코드를 보면 렌더러를 생성하고 컴포넌트를 넘겨주어 얕은 렌더링 결과를 가져온다.

```
const { createRenderer } = require('react-test-renderer/shallow')
const passwordRenderer = createRenderer()
passwordRenderer.render(<Password/>)
let p = passwordRenderer.getRenderOutput() --------- 얕은 렌더링을 수행한다.
expect(p.type).toBe('div') --------- 얕은 렌더링의 결과에 대해 어써션을 실행한다.
expect(p.props.children.length).toBe(6)
```

console.log(p)로 p를 확인해보면 결과에 자식(children)이 포함되어 있지만, 객체 p는 React 인스턴스가 아니다. 다음과 같이 얕은 렌더링의 결과를 확인해보자.

```
{ '$$typeof': Symbol(react.element),
  type: 'div',
  key: null,
  ref: null,
  props:
    { className: 'well form-group col-md-6',
      children: [ [Object], [Object], [Object], [Object],
      [Object], [Object] ] },
  _owner: null,
  _store: {} }
```

이와 비교하여 renderIntoDocument(<Password/>)의 결과를 확인해보면 상태(state)를 포함한 Password 엘리먼트의 인스턴스를 반환한다. 온전한 렌더링의 결과를 확인해보면 다음과 같다(얕은 렌더링을 사용하지 않은 경우다).

```
Password {
  props: {},
  context: {},
  refs: {},
  updater:
    {...
      },
  state: { strength: {}, password: '',
    visible: false, ok: false }, --------- 얕은 렌더링에서는 가져오지 않는 컴포넌트 상태(state)를 가져온다.
    generate: [Function: bound generate],
    checkStrength: [Function: bound checkStrength],
    toggleVisibility: [Function: bound toggleVisibility],
    _reactInternalInstance:
      { _currentElement: --------- 얕은 렌더링의 결과와 유사한 엘리먼트를 가져온다.
        { '$$typeof': Symbol(react.element),
          type: [Function: Password],
          key: null,
          ref: null,
          props: {},
          _owner: null,
          _store: {} },
          ...
      }
    }
```

말할 필요도 없겠지만, 얕은 렌더링으로는 사용자 행위나 중첩된 엘리먼트는 테스트할 수 없다. 그렇지만 첫 번째 단계의 자식 컴포넌트나 컴포넌트 유형을 테스트하는 데 얕은 렌더링을 사용할 수 있다. 구성하여 사용할 수 있는 사용자 정의 컴포넌트 클래스를 테스트하는 경우에 얕은 렌더링 기능을 사용할 수 있다.

실무에서는 단일 컴포넌트와 해당 컴포넌트의 렌더링을 대상으로 테스트를 할 때 얕은 렌더링을 사용할 것이다. 자식 엘리먼트의 테스트, 사용자 행위, 컴포넌트 상태의 변경에 대한 테스트가 불필요할 때 얕은 렌더링을 사용할 수 있다. 즉, 단일 엘리먼트에서 `render()` 메서드만 테스트할 때 얕은 렌더링을 사용하는 것이다. 가장 좋은 방법은 얕은 렌더링으로 테스트를 시작하고, 그것으로 충분하지 않은 경우에는 일반적인 렌더링을 진행하는 것이다.

표준 HTML 클래스의 경우 `el.props`를 이용해서 검사하고 어써션을 실행할 수 있으므로 얕은 렌더링이 필요하지 않다. 예를 들면 다음 예제 코드는 앵커 요소를 생성하여 클래스명과 태그명이 기대대로 적용되었는지 테스트하는 경우다.

```
let el = <a className='btn'/>
expect(el.props.className).toBe('btn')
expect(el.type).toBe('a')
```

16.5 TestUtils 요약 정리

REACT

TestUtils와 Jest에 대해 많은 부분을 공부했고, 프로젝트에 적용해도 될 수준이 되었다. 2부의 18장부터 20장에서 다루는 프로젝트에서 실제로 진행할 내용이기도 하다. 프로젝트에서는 행위 주도 개발(BDD) 방법을 따라 Jest와 TestUtils를 사용해서 React 컴포넌트를 개발한다. 실무 수준의 Webpack 설정 및 모든 의존 모듈에 대해 살펴보고 싶다면 19장에서 다루는 비밀번호 위젯을 살펴보기 바란다.

TestUtils에 대한 좀 더 자세한 정보는 공식 문서(https://goo.gl/gMCe68)에서 살펴볼 수 있다. Jest는 광범위한 주제이며, 전체를 다루는 것은 이 책의 목적에서 벗어난다. 더 공부하기를 원한다면 공식 문서의 API(https://goo.gl/TpN36x)를 살펴보기 바란다.

끝으로 Enzyme 라이브러리(https://github.com/airbnb/enzyme, http://mng.bz/Uy4H)는 더 간편한 이름과 메서드를 제공하며, TestUtils보다 많은 기능과 메서드를 제공한다. Enzyme은 AirBnb에서 개발했으며, TestUtils와 jsdom이 필요하다(Jest에 jsdom이 포함되어 있으므로 Jest를 사용하지 않는 경우에만 jsdom이 필요하다).[6]

테스트는 야수와 같다. 다루기에 너무나 무서워서 어떤 개발자들은 포기하기도 한다. 그렇지만 여러분은 포기하지 않고 이렇게 끝까지 해냈다. 여러분은 더욱 품질이 좋은 코드를 빠르게 개발하여 훨씬 더 행복한 인생을 살 수 있을 것이다. 엉망인 서버를 고치기 위해 한밤중에 일어날 필요도 없을 것이다. 혹여 그렇지 않더라도 최소한 테스트 없이 개발하는 경우보다는 나을 것이다.

16.6 퀴즈

1. Jest 테스트 파일을 위치시키는 폴더의 이름으로 적절한 것은 무엇인가?

   tests

   __test__

   __tests__

2. TestUtils는 npm에서 `react-addons-test-utils`를 설치하여 사용한다. (○/×)
3. TestUtils 메서드 중 HTML 클래스명을 기준으로 단일 컴포넌트를 찾을 수 있는 메서드는 무엇인가?
4. `expect` 메서드 중에서 객체의 깊은 비교를 위해 사용하는 것은 무엇인가?
5. 사용자의 마우스오버 조작을 테스트하는 방법은 다음 중 무엇인가?

```
TestUtils.Simulate.mouseOver(node)
TestUtils.Simulate.onMouseOver(node)
TestUtils.Simulate.mouseDown(node)
```

6 역주 Enzyme 버전 2에서는 React 15.5 이전의 버전을 지원하는 경우에 TestUtils를 함께 설치해야 했다(https://goo.gl/vDBGDA). Enzyme은 버전 3부터 Adapter를 사용하는 방식으로 바뀌어 TestUtils를 함께 설치하지 않는다.

16.7 요약

- Jest를 설치하려면 `npm i jest-cli --save-dev`를 실행한다.
- 모듈을 테스트할 때 자동 모의 기능을 사용하지 않도록 설정하려면 `jest.dontMock()`을 사용한다.
- `expect.toBe()`를 비롯한 Expect 메서드를 사용할 수 있다.
- TestUtils를 설치하려면 `npm i react-addons-test-utils --save-dev`를 실행한다.
- `TestUtils.Simulate.eventName(node)`에서 `eventName`으로 React 이벤트명(on 접두사 제외)을 사용하면 DOM 이벤트를 시뮬레이션할 수 있다.
- `scry...`로 시작하는 메서드는 엘리먼트를 여러 개 가져온다.
- `find...`로 시작하는 메서드는 단일 엘리먼트를 가져온다(엘리먼트가 두 개 이상 있는 경우에는 오류가 발생한다. 정확하게 엘리먼트가 한 개만 있어야 한다).

16.8 퀴즈 정답

1. 테스트 파일의 위치는 Jest의 규칙으로 __tests__를 사용한다.
2. ○ / TestUtils는 별도의 npm 모듈이다.
3. `findRenderedDOMComponentWithClass()`
4. `expect(OBJECT).toEqual(value)`는 객체의 동일함을 비교한다. 반면에 `toBe()`는 일치 연산자(===)처럼 작동해서 같은 객체인지 확인한다.
5. `TestUtils.Simulate.mouseOver(node)`. `mouseOver` 이벤트는 마우스 커서가 올라올 때 발생한다.

17장

React와 Node.js를 이용한 유니버셜 자바스크립트

이 장의 주요 내용을 동영상으로 볼 수 있습니다.
QR 코드를 스캔하거나 http://reactquickly.co/videos/ch17 로 접속하세요.

이 장에서 살펴볼 주제

- 서버에서 React 사용하기
- 유니버셜 자바스크립트의 이해
- Node.js에서 React 사용하기
- React와 Express 다루기
- React와 Express를 이용한 유니버셜 자바스크립트

React는 기본적으로 브라우저에서 작동하는 훌륭한 단일 페이지 애플리케이션이나 단순한 UI를 개발할 수 있는 프론트엔드 라이브러리다. 그렇다면 서버에서 React를 사용하고자 하는 이유는 무엇일까? 서버에서 HTML을 렌더링하는 것은 옛날 방식이 아닌가? 음, 그럴 수도 있고 아닐 수도 있다. 사실 항상 브라우저에서만 렌더링하는 웹 앱을 개발하면 몇 가지 장점을 놓치게 된다. 서버 렌더링이 없는 웹 앱은 구글 검색 결과에서 순위가 높지 않으므로 이로 인해 수백만 달러의 수익을 놓칠지도 모른다. 이럴 수가.

그 이유가 궁금하다면 이 장을 더 살펴보길 바란다. 애플리케이션의 성능에 대해 감이 없는 초보 개발자가 아니라면, 이 장을 반드시 읽어야 한다. 이 장을 읽으며 얻는 소중한 지식을 바탕으로 훌륭한 앱을 개발하면, 개발자 모임에서 유니버셜 자바스크립트라는 용어를 쓰면서 개발 지식을 뽐낼 수 있을 것이다. 또한, React와 Node.js를 함께 사용하고 Node.js로 서버를 개발하는 방법도 배울 수 있다. 이 장을 마치고 나면 가장 인기 있는 Node.js 서버 프레임워크인 Express와 함께 React를 사용한 유니버셜 자바스크립트 앱을 개발하는 방법도 이해할 수 있을 것이다.

Tip ☆ Express가 낯선 독자라면 내가 쓴 책 《Pro Express.js》(Apress, 2014)를 살펴볼 것을 권한다. Express의 최신 버전인 버전 4를 다루고 있다. 내용을 종합적으로 다루며, 여전히 유효하다. 에반 한(Evan Hahn)이 쓴 《Express In Action》(Manning 출판사, 2015)도 살펴볼 것을 권한다. 내가 만든 온라인 강의인 'Express Foundation(https://goo.gl/1r9E1L)'도 추천한다. Express에 이미 익숙하지만 복습이 필요하다면 부록 C에 있는 Express 치트시트와 부록 A에서 소개하는 Express 설치 방법을 참고하기 바란다.

Note ≡ 이 장의 예제 코드는 https://github.com/gilbutITbook/006961 또는 https://github.com/azat-co/react-quickly/tree/master/ch17에서 확인할 수 있다(깃허브 저장소 https://github.com/azat-co/react-quickly의 ch17 폴더다).

17.1 React를 서버에서 사용하는 이유와 유니버셜 자바스크립트의 이해

웹 개발과 관련하여 유니버셜 자바스크립트(Universal JavaScript)에 대해 들어본 적이 있을 것이다. 유니버셜 자바스크립트는 유행어가 되어 2016년의 모든 웹 기술 컨퍼런스마다 몇 번씩 발표가 펼쳐지곤 했다. **유니버셜 자바스크립트**의 동의어로 **동형 자바스크립트**(isomorphic JavaScript), **풀스택 자바스크립트**(full stack JavaScript) 같은 말이 사용되기도 한다. 이 장에서는 단순하게 설명하기 위해 유니버셜 자바스크립트라는 용어를 사용할 것이다. 이 절이 유니버셜 자바스크립트 또는 동형 자바스크립트라는 기술을 이해하도록 도와줄 것이다.

유니버셜 자바스크립트의 정의를 살펴보기 전에 우선 단일 페이지 애플리케이션을 개발할 때 마주하는 이슈에 대해 살펴보자. 다음은 대표적인 세 가지 문제점이다.

- **검색 엔진 최적화**(Search Engine Optimization, SEO)의 부재: 단일 페이지 앱(SPA)은 모든 HTML을 브라우저에서 생성하므로 검색 엔진이 적절히 수집할 수 없다.
- **부족한 성능**: 거대한 번들 파일과 AJAX 요청이 성능을 떨어뜨린다(특히 중요한 최초 페이지 로드 시 문제가 발생한다).
- **유지보수의 어려움**: 단일 페이지 애플리케이션의 개발 과정 중 브라우저와 서버에서 중복 코드가 자주 발생한다.

각각의 문제점을 자세히 살펴보자.

17.1.1 적절한 페이지 색인

Backbone.js, Angular.js, Ember.js 등의 프레임워크를 기반으로 개발한 단일 페이지 애플리케이션은 사용자가 사용자 이름과 비밀번호를 입력하여 접속하는 앱에 폭넓게 사용되었다(그림 17-1 참조). 대부분의 단일 페이지 애플리케이션은 로그인을 거쳐 자원(resource)을 제한적으로 제공하며 색인을 목적으로 하지 않는 반면에, 대부분의 일반적인 웹 사이트는 로그인이 필요하지 않고 자원에 대한 접근을 제한하지 않는다.

❤ 그림 17-1 단일 페이지 애플리케이션은 로그인이 필요하므로 검색 엔진 최적화가 필요 없다.

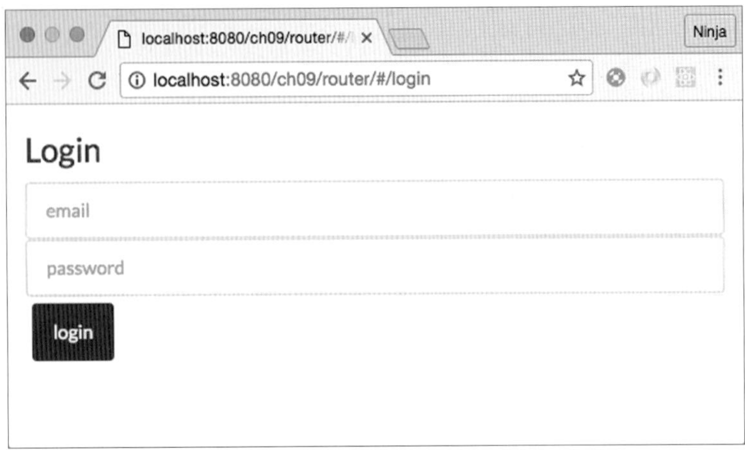

공개된 앱의 사업 모델은 검색 엔진의 색인과 유기적인 접속양에 의존하므로 검색 엔진 최적화가 중요하고 필수적이다. 대부분의 웹 사이트가 이에 속한다.

안타깝게도 훌륭한 검색 엔진 색인을 요구하는 공개형 웹 사이트에 단일 페이지 애플리케이션 아키텍처를 적용하려고 하면 간단하지가 않다. 단일 페이지 애플리케이션은 브라우저 렌더링에 의존하므로 서버에 템플릿을 다시 구현하거나, 검색 엔진의 크롤러만을 위해 헤드리스 브라우저(headless browser)를 사용해서 정적인 HTML 페이지를 미리 생성하도록 해야 한다.

Note ≡ 구글의 브라우저 렌더링 지원

최근 구글의 검색 엔진 크롤러에 자바스크립트 렌더링을 지원하는 기능이 추가되었다. 여러분은 이를 통해 브라우저에서 렌더링된 HTML이 적절하게 수집될 것이라고 생각할지도 모르겠다. 또한, REST API 서버와 Angular를 사용하면 서버 측 렌더링이 불필요하다고 생각할 수도 있을 것이다. 그렇지만 아쉽게도 그 정도는 아닌 모양이다.

구글 웹마스터 블로그의 "웹 페이지 잘 이해하기(Understanding Web Pages Better, http://mng.bz/Yv3B)" 포스트는 다음과 같이 설명한다. "렌더링 과정은 때로 완벽하지 않으며, 이런 문제가 여러분 사이트의 검색 결과에 부정적인 영향을 줄 수 있습니다." 이 말의 핵심은 우리가 SPA를 이용해 색인을 처리하는 것을 구글이 선호하지는 않는다는 것이다. 구글은 자신들의 캐시, 색인, 검색 결과에서 우리의 단일 페이지 애플리케이션의 렌더링 결과가 정확하게 반영되는 것을 보장하지 않는다. 따라서 더 안전한 방법은 자바스크립트를 사용하지 않고도 자바스크립트로 렌더링한 결과와 최대한 유사한 페이지를 제공하는 것이다.

유니버셜 자바스크립트와 React를 사용하면 브라우저에서 사용자를 위해 HTML을 생성할 때 사용한 컴포넌트로 서버에서 크롤러를 위한 HTML을 생성할 수 있다. 서버에서 헤드리스 브라우저를 이용해서 HTML을 생성하느라 애쓸 필요가 없다. 모두에게 유리한 방법이다!

17.1.2 더 나은 성능과 빠른 속도

어떤 애플리케이션은 적절한 검색 엔진 색인이 반드시 필요하지만, 빠른 성능을 추구하는 애플리케이션도 있다. 월마트의 모바일서비스(http://mobile.walmart.com)[1]나 트위터(http://twitter.com)[2]는 연구를 통해, 성능을 개선하려면 첫 페이지 로드를 서버에서 렌더링해야 한다는 것을 발견했다. 첫 페이지를 빠르게 보여주지 못하면 사용자가 서비스를 떠나기 때문이며, 이로 인해 회사는 수백만 달러의 손실을 입는다.

훌륭한 인터넷 속도를 누리며 일하고 생활하는 웹 개발자 입장에서는 연결 속도가 느린 환경에서 웹 사이트에 접속할 수도 있다는 사실을 깜빡할지도 모르겠다. 여러분에게는 몇 초면 끝나는 로딩이 다른 곳에서는 30초씩 걸릴 수도 있다. 1MB가 넘는 번들 파일이 갑자기 너무나 크게 느껴진다. 자바스크립트 번들 파일을 불러오는 것은 이야기의 시작에 불과하다. 단일 페이지 애플리케이션은 AJAX 요청을 보내 데이터를 가져와야 하며, 그동안 사용자는 인내심을 갖고 뱅뱅 돌아가는 로딩 애니메이션을 보고 있어야 한다. 그렇다. 몇몇 사용자는 이미 떠나고 없거나 다른 사용자들은 분통을 터뜨리고 있을 것이다.

사용자에게 로딩 화면이나 HTML 뼈대만 보여줄 것이 아니라 작동하는 웹 페이지를 최대한 빠르게 제공해야 한다. 당장 필요하지 않은 다른 코드는 사용자가 웹 페이지를 보는 사이에 불러올 수 있다.

유니버셜 자바스크립트를 이용하면 첫 페이지에 보여줄 HTML을 간단하게 서버에서 생성할 수 있다. 이렇게 하면 사용자가 첫 페이지에 접속했을 때 거추장스러운 로딩 메시지를 볼 필요가 없다. 사용자가 즐길 수 있는 데이터가 이미 HTML에 담겨 있다. 또한, 사용자는 작동하는 페이지를 볼 수 있어 좀 더 나은 사용자 경험을 누리게 된다.

이렇게 성능이 개선된 이유는 사용자가 AJAX 요청이 처리되는 것을 기다릴 필요가 없기 때문이다. 다른 성능 최적화 방법도 있다. AJAX 요청이 오기 전에 데이터를 미리 불러와서 서버에 캐시로 저장하는 것이다(실제로 DocuSign에서 근무할 때 데이터 라우터를 구현하기 위해 사용한 방법이다.[3]

1 케빈 데커(Kevin Decker), "모바일 서버 측 렌더링(Mobile Server Side Rendering)", GitHub Gist, 2014년, http://mng.bz/2B6P.

2 댄 웹(Dan Webb), "twitter.com의 성능 개선(Improving Performance on twitter.com)", Twitter, 2012년 5월 29일, http://mng.bz/2st9.

3 벤 벅먼(Ben Buckman), "자바스크립트로 가득한 새로운 DocuSign 경험(The New DocuSign Experience, All in Javascript)", DocuSign Dev, 2014년 3월 30일, https://goo.gl/zNm1u4.

17.1.3 더 나은 코드 유지보수

코드는 부채다. 코드가 많을수록 여러분을 비롯해 함께 일하는 팀원들은 더 많은 코드를 관리해야 한다. 따라서 서로 다른 템플릿과 로직을 두어 동일한 페이지를 처리하는 것을 피하려고 할 것이다. 중복 회피, 즉 DRY(Don't repeat yourself) 원칙을 따르는 것이다.

다행히도 유니버설 자바스크립트의 필수 항목인 Node.js를 이용하면 프론트엔드/브라우저 모듈을 서버에서 손쉽게 사용할 수 있다. Handlebars.js, Mustache, Dust.js 등 다양한 템플릿 엔진을 서버에서도 사용할 수 있다. 이렇게 우리에게 주어진 문제를 유니버설 자바스크립트로 해결할 수 있다면 과연 현실적인 적용 방법은 무엇일까?

17.1.4 React와 Node.js를 이용한 유니버설 자바스크립트

웹 개발에 있어 **유니버설**이란 대체로 자바스크립트로 작성한 코드를 서버 측과 클라이언트 측에서 동일하게 사용하는 것을 의미한다. 유니버설 자바스크립트의 단적인 사례는 서버와 클라이언트에서 동일한 코드를 이용한 렌더링을 들 수 있다. 유니버설 자바스크립트는 종종 자바스크립트와 Node.js를 사용하는 것을 의미하는데, 이 언어와 플랫폼을 조합하면 라이브러리를 재사용할 수 있기 때문이다.

브라우저 자바스크립트 코드는 간단한 수정을 거치면 Node.js 환경에서 실행할 수 있다. 이러한 상호교환성의 결과로 Node.js와 자바스크립트 생태계는 폭넓은 동형 프레임워크를 가지게 되었다. React.js(http://facebook.github.io/react), Next.js(https://github.com/zeit/next.js), Meteor(https://meteor.com), Catberry(http://catberry.org), LazoJS(https://github.com/lazojs/lazo), Rendr(https://github.com/rendrjs/rendr) 등이 대표적인 예다. 그림 17-2는 유니버설/동형 자바스크립트 스택의 작동 방법을 나타낸 것이다. 동형의 코드를 서버와 클라이언트에서 공유할 수 있다.

▼ 그림 17-2 브라우저와 서버에서 HTML 생성과 코드 공유가 가능한 유니버설 자바스크립트 환경과 코드 공유가 이뤄지지 않는 전통적인 SPA의 비교

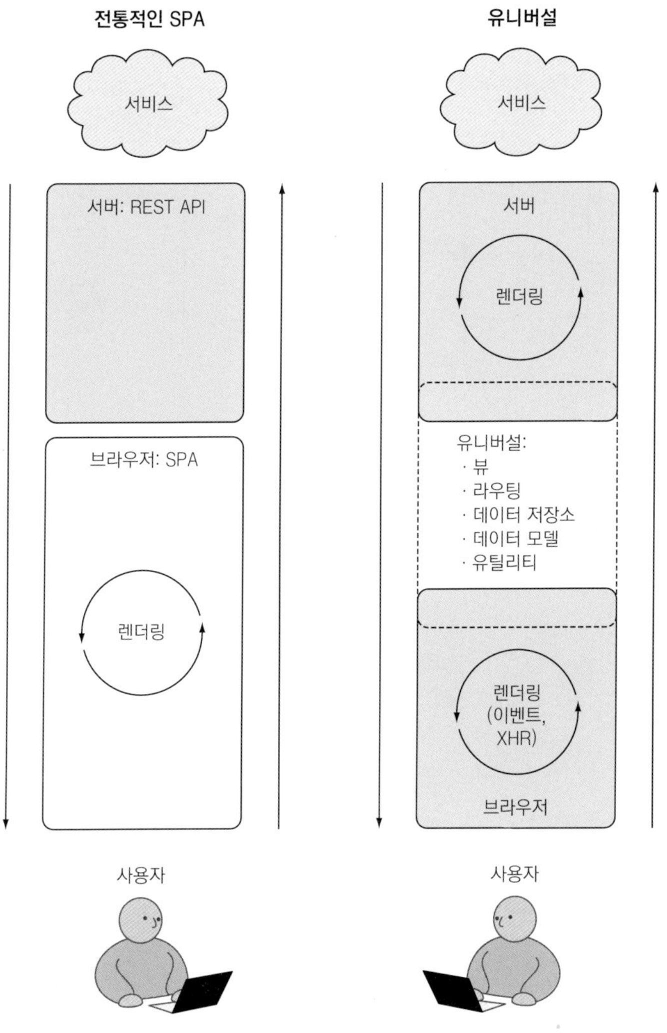

실제 애플리케이션에서 유니버설 자바스크립트 아키텍처를 구성한다면 다음과 같다.

- 브라우저를 위한 클라이언트 측 React 코드. 단일 페이지 애플리케이션 또는 AJAX 요청을 보내는 단순한 UI일 수 있다.
- 첫 페이지의 HTML을 생성하고 브라우저의 React 코드에 동일한 데이터를 제공하는 Node.js 서버. Express에 템플릿 엔진을 사용하거나 React 컴포넌트를 템플릿 엔진 대신으로 사용하여 구현할 수 있다.
- 서버와 브라우저에서 모두 사용하는 JSX를 컴파일하기 위한 Webpack 설정

그림 17-3을 통해 아키텍처를 살펴볼 수 있다.

▼ 그림 17-3 React, Node.js, Express를 기반으로 하는 현실적인 유니버셜 자바스크립트 애플리케이션

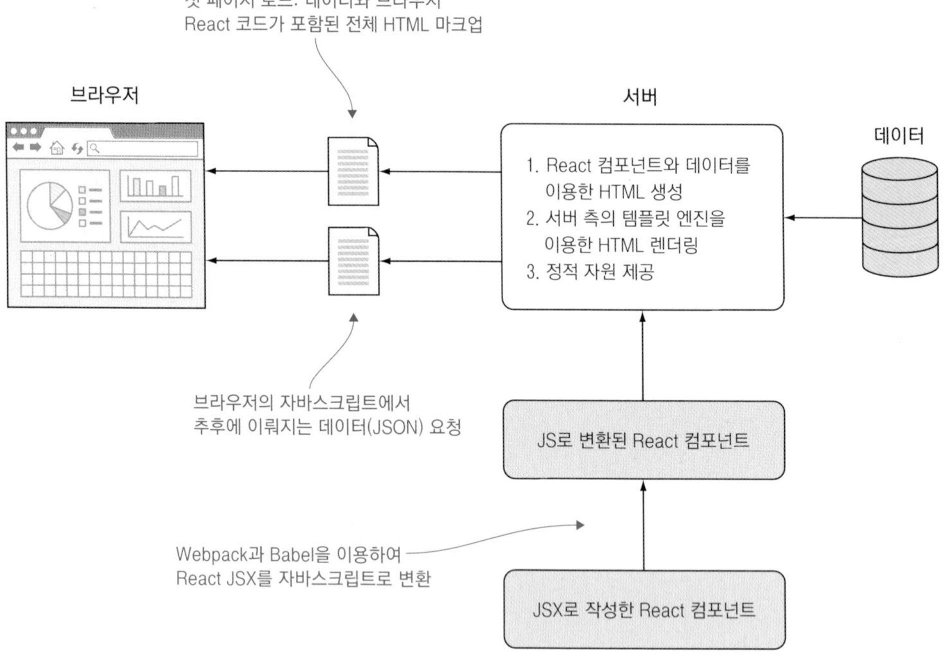

여러분은 아마도 "지금 당장 신기한 유니버셜 자바스크립트를 사용하는 방법을 알려줘!"라고 생각하고 있을지 모르겠다. 좋다. React 컴포넌트를 서버에서 렌더링하는 직접적인 예제를 살펴보자. 유니버셜 자바스크립트 패턴에는 여러 가지 구성 요소가 관련되어 있으므로 차례대로 살펴볼 것이다.

- **React 컴포넌트를 이용한 HTML 생성**: React 컴포넌트만을 입력으로 하여 단순한 HTML을 출력할 것이다. 아직 HTTP(S) 서버가 존재하지 않는다.
- **Express 서버에서 React 컴포넌트를 렌더링한 HTML 코드 생성**: 첫 번째 항목과 비슷하지만, 이번에는 React를 완전히 서버 측 렌더링을 위한 템플릿 엔진에서 사용한다(아직 브라우저에서 React를 사용하지 않고 있다).
- **Express를 이용하여 브라우저에 React 파일을 제공하도록 구현하기**: 결국은 HTTP(S) 서버가 필요하며, 우리가 선택할 수 있는 방법 중 하나로 Express가 있다. 지금까지는 node-static이나 Webpack 개발 서버를 사용했으므로 서버에서 HTML을 생성하지 않고 단순히 정적 자원을 빌드하거나 컴파일하여 제공하는 것에 그쳤다.

결과적으로는 React를 이용해서 서버 측 HTML을 생성하고 동시에 브라우저에서 React를 불러올 것이다. 유니버셜 자바스크립트의 성배라고 할 수 있다. 그렇지만 날기 전에 먼저 걷는 법부터 배워보자!

17.2 Node.js와 React

Node.js 스크립트를 이용해서 HTML을 생성하는 기본적인 사용 사례를 살펴보자. 이 예제는 서버나 복잡한 내용을 배제하고, 컴포넌트를 불러온 후 HTML을 생성하는 것을 목적으로 한다. Node.js는 버전 6 이상, npm은 버전 3 이상을 사용하기 바란다.

서버에서 React 컴포넌트를 이용해 HTML을 생성하려면 메서드를 몇 가지 살펴보는 것으로 충분하다. 먼저 npm에서 `react`와 `react-dom`을 설치해야 한다. React와 npm의 설치 방법에 대해서는 부록 A를 참고하기 바란다. 이 예제에서 사용하는 React와 React DOM의 버전은 15다.

Node.js로 서버 측 코드를 작성하는 것이 처음이라면 여기서 작성한 서버 측 코드가 어디로 가는지 궁금할지도 모르겠다. 서버 측 코드는 평범한 텍스트 파일이며, index.js로 저장한다. React 컴포넌트는 email.js다(여기서는 JSX를 사용하지 않은 자바스크립트 파일을 사용한다). 두 파일은 같은 폴더에 있어야 한다(ch17/node).

프로젝트 구조는 다음과 같다.

```
/node
  /node_modules --------- 의존 모듈
  email.js
  email.jsx --------- Email 컴포넌트
  index.js --------- Node.js 코드
  package.json
```

우선 node/index.js에 위치한 서버 측 코드에 모듈을 불러온다.

예제 코드 17.1 서버 측 코드 설정

```
const ReactDOMServer = require('react-dom/server') -------- ReactDOMServer 클래스를 불러온다.
const React = require('react')
const Email = React.createFactory(require('./email.js')) -------- Email 클래스의 엘리먼트를 반환하는 함수를 생성한다.
...
```

`createFactory()`는 무슨 용도일까? email.js를 불러오면 단지 컴포넌트 클래스일 뿐이다. 그렇지만 실제로 필요한 것은 React 엘리먼트다. 따라서 여기서는 JSX 대신 `createElement()` 또는 `createFactory()`를 사용할 수 있다. `createFactory()`를 실행하면 React 엘리먼트를 반환하는 함수를 반환한다.

컴포넌트를 불러온 후 `ReactDOMServer` 클래스의 `renderToString()` 메서드를 실행한다.

```
const emailString = ReactDOMServer.renderToString(Email())
```

index.js의 코드 일부를 살펴보면 다음과 같다.

```
const ReactDOMServer = require('react-dom/server')
const React = require('react')
const Email = React.createFactory(require('./email.js'))
const emailString = ReactDOMServer.renderToString(Email())
console.log(emailString)
// ...
```

Note ≡ JSX 불러오기

JSX를 사용하는 또 다른 방법은 불러오는 즉시 변환하는 것이다. `babel-register` 라이브러리는 JSX를 다른 자바스크립트처럼 `require`를 이용해서 불러올 수 있도록 `require`에 기능을 더해준다.

JSX를 불러오려면 `npm install` 명령을 이용해서 `babel-register`와 `babel-preset-react`를 설치하고, 다음 예제 코드처럼 `babel-register`를 index.js에서 사용한다.

```
require('babel-register')({
  presets: [ 'react' ]
})
```

이 예제의 경우 email.js는 평범한 자바스크립트 파일이다. JSX를 일반적인 자바스크립트 파일로 '빌드'하기 위해 Webpack을 사용할 수 있다.

예제 코드 17.2 서버 측 Email 컴포넌트(node/email.jsx)

```
const React = require('react')
const Email = (props)=> {
  return (
    <div>
      <h1>Thank you {(props.name) ? props.name: '' }
        for signing up!</h1>
      <p>If you have any questions, please contact support</p>
    </div>
  )
}
module.exports = Email
```

React 컴포넌트를 통해 렌더링한 문자열을 얻을 수 있을 것이다. 이 문자열을 웹 페이지에 표시하기 위해 템플릿 엔진에 사용하거나 HTML 이메일 같은 곳에 쓸 수도 있을 것이다. 내 경우에는 다음과 같이 유니버셜 React 속성과 함께 제목과 문단 태그가 있는 HTML로 렌더링되었다.

예제 코드 17.3 문자열로 렌더링한 node/email.jsx

```
<div data-reactroot="" data-reactid="1" data-react-checksum="1319067066">
  <h1 data-reactid="2">
    <!-- react-text: 3 -->Thank you <!-- /react-text -->
    <!-- react-text: 4 -->
    <!-- /react-text -->
    <!-- react-text: 5 -->for signing up!<!-- /react-text -->
  </h1>
  <p data-reactid="6">If you have any questions, please contact support</p>
</div>
```

`data-reactroot`, `data-reactid`, `data-react-checksum`은 무엇일까? 이것은 우리가 추가한 것이 아니라 React가 브라우저 측의 React와 유니버셜 자바스크립트를 위해 추가한 것이다. 더 자세한 내용은 다음 절에서 다룬다.

HTML 이메일을 생성하는 경우처럼 브라우저 측의 React를 위한 마크업이 필요치 않을 때는 `ReactDOMServer.renderToStaticMarkup()`을 사용할 수 있다. `renderToString()`과 비슷하게 작동하지만 `data-reactroot`, `data-reactid`, `data-react-checksum` 속성을 모두 제거한다. 이 경우 React는 다른 정적 템플릿 엔진과 같다.

예를 들어 renderToString() 대신 renderToStaticMarkup()을 이용해 email.js에서 컴포넌트를 불러온 후 HTML을 생성할 수 있다.

```
const emailStaticMarkup = ReactDOMServer.renderToStaticMarkup(Email())
```

emailStaticMarkup을 확인해보면 React와 관련된 속성이 없는 것을 확인할 수 있다.

```
<div><h1>Thank you for signing up!</h1><p>If you have any questions, please contact
support</p></div>
```

이메일에는 브라우저 측 React가 필요하지 않겠지만, React를 이용한 유니버셜 자바스크립트 아키텍처를 구성하려면 원래의 renderToString()을 사용해야 한다. 서버 측 React는 HTML에 체크섬 형식(data-react-checksum 속성)의 비법을 추가한다. 이렇게 추가한 체크섬을 브라우저 측 React의 체크섬과 비교하여 일치하는 경우, 브라우저에서 불필요한 재생성, 리페인트, 재렌더링을 피할 수 있다.

체크섬 덕분에 재렌더링으로 인해 자주 발생하는 화면의 깜빡임이 발생하지 않는다. 체크섬은 서버에서 사용한 컴포넌트가 브라우저에서 사용하는 컴포넌트와 정확히 동일할 때 일치하는 것으로 확인된다. 그렇지만 서버에서 생성된 컴포넌트에 데이터를 제공하려면 어떻게 해야 할까? 정답은 속성이다!

속성은 객체 매개변수로 전달하면 된다. 예를 들어 다음과 같은 방법으로 Email 컴포넌트에 이름(Johny Pineappleseed)을 전달할 수 있다.

```
const emailStringWithName = ReactDOMServer.renderToString(Email({
  name: 'Johny Pineappleseed'
}))
```

완성한 ch17/node/index.js 파일을 살펴보면 다음과 같다. 세 가지 방식의 렌더링을 통해 각각 정적인 마크업, 단순 문자열, 속성이 적용된 문자열을 얻을 수 있다.

```
const ReactDOMServer = require('react-dom/server')
const React = require('react')
const Email = React.createFactory(require('./email.js'))

const emailString = ReactDOMServer.renderToString(Email())
const emailStaticMarkup = ReactDOMServer.renderToStaticMarkup(Email())
console.log(emailString)
console.log(emailStaticMarkup)
```

```
const emailStringWithName = ReactDOMServer.renderToString(Email({name: 'Johny
Pineappleseed'}))
console.log(emailStringWithName)
```

Node.js를 이용해서 React 컴포넌트를 HTML로 렌더링하는 방법을 살펴보았다. 서버를 다루지 않았으니 크게 놀라운 것은 없었을 것이다. 다음으로 Express 서버에서 React를 사용하는 방법을 살펴보자.

17.3 React와 Express: 컴포넌트를 이용한 서버 측 렌더링

Express는 인기가 좋은 Node.js 프레임워크 중 하나다. 아마도 인기가 가장 좋은 프레임워크일 것이다. Express는 단순하지만 구성 능력이 뛰어나다. **미들웨어**(middleware)라고 부르는 수백 가지 플러그인을 Express와 함께 사용할 수 있다.

기술 스택의 차원에서 보면, Express와 Node.js는 HTTP(S) 서버의 역할을 하며, Microsoft IIS(www.iis.net), Apache httpd(https://httpd.apache.org), nginx(www.nginx.com), Apache Tomcat(http://tomcat.apache.org) 등을 대체할 수 있다. Express와 Node.js만의 고유한 특징은 Node.js의 비동기 I/O를 기반으로 뛰어난 확장성과 성능을 갖춘 시스템을 구축할 수 있다는 점이다. Express의 장점은 방대한 미들웨어 생태계와 성숙하고 안정적인 코드 베이스에서 찾을 수 있다.

안타깝지만 Express 프레임워크를 자세하게 다루는 것은 이 책의 목표에서 벗어난다. 대신 여기서는 간단한 Express 앱을 만들고 React를 렌더링할 것이다. Express에 대해 깊이 있게 다루지는 않겠지만 가장 폭넓게 사용되는 Node.js 웹 프레임워크를 다뤄볼 기회가 될 것이다. Express를 배우는 속성 강좌 정도로 생각해도 괜찮겠다.

Tip 앞서 언급한 것처럼 이 예제에 필요한 Node.js와 Express의 설치 방법을 부록 A에서 다루고 있다.

17.3.1 서버에서 간단한 텍스트 렌더링하기

그림 17-4와 같이 Express를 이용해서 HTTP 또는 HTTPS 서버를 만들고, 서버에서 React를 이용해서 HTML을 생성해보자. Express에서 React를 사용하는 가장 기본적인 예제는 뷰 엔진(view engine)으로 사용하는 것으로, 서버로 요청이 오면 체크섬 없이 단순히 HTML 문자열을 생성한 후 응답으로 보내는 것이다. 예제 코드 17.4는 about.js의 React 컴포넌트를 이용해서 /about 페이지를 렌더링하는 과정을 보여준다.

▼ 그림 17-4 Express/Node.js 서버에서 생성한 HTML을 브라우저로 전달한다.

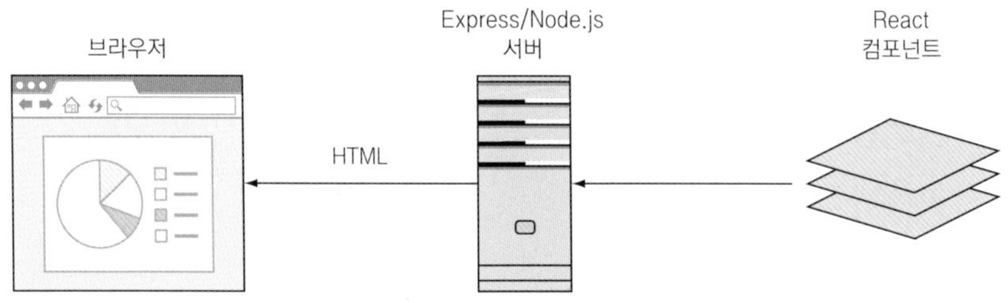

예제 코드 17.4 Express에서 React를 사용하여 페이지에 HTML을 보여준다.

```
const express = require('express') --------- express 라이브러리를 불러온다.
const app = express()
const http = require('http')

const ReactDOMServer = require('react-dom/server')
const React = require('react')
const About = React.createFactory(require('./components/about.js')) ---------
                                        About 컴포넌트를 불러오고 React 객체를 생성한다.
app.get('/about', (req, res, next) => {
  const aboutHTML = ReactDOMServer.renderToStaticMarkup(About())
  response.send(aboutHTML) --------- /about 페이지 요청이 오면 클라이언트로 HTML 문자열을 전송한다.
})

http.createServer(app) --------- HTTP 서버를 초기화하여 실행한다.
  .listen(3000)
```

예제 코드가 작동하기는 하지만 /about 페이지에 <head>와 <body>가 포함되어 있지 않다. 레이아웃과 상위의 HTML 요소를 위해 Handlebars 같은 적절한 템플릿 엔진을 사용하는 것이 좋다. app.get()과 app.listen()이 무엇인지도 궁금할 것이다. 다른 예제를 통해 각각에 대해 살펴보자.

17.3.2 HTML 페이지 렌더링

외부 플러그인과 템플릿 엔진을 사용하는 더욱 흥미로운 예제를 살펴볼 차례다. 앱에서 구현하려는 것은 이전과 같다. React와 Express를 이용해서 생성한 HTML을 전달하는 것이다. 이 페이지는 about.jsx로 생성한 텍스트를 보여줄 것이다(그림 17-5 참조). 놀라울 것 없는 단순한 예제지만, 단순한 것에서 시작하는 방법이 좋다.

▼ 그림 17-5 React 컴포넌트를 이용한 서버 측 렌더링

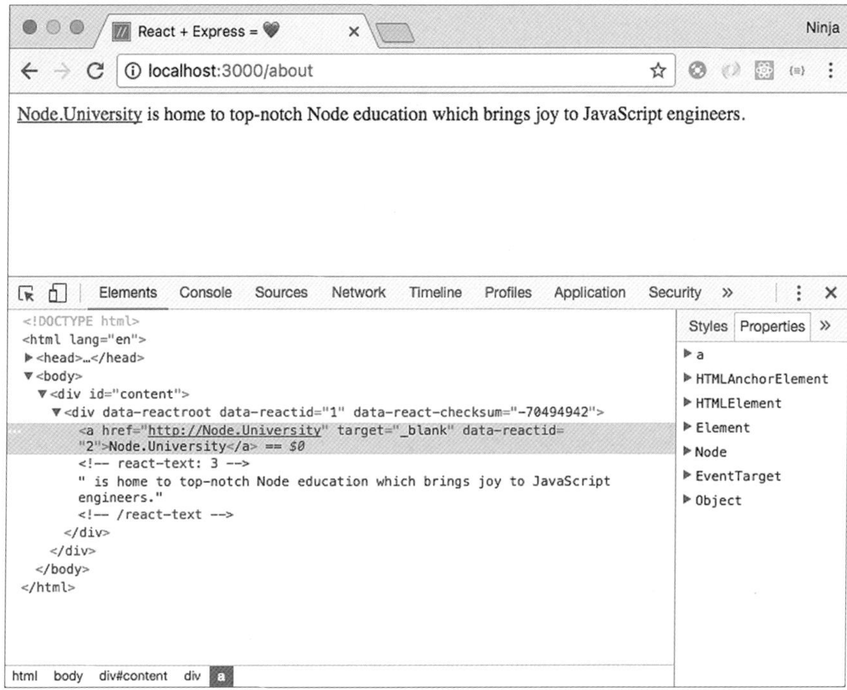

react-express라는 폴더를 생성한다(이 예제는 ch17/react-express다). 최종 프로젝트 구조는 다음과 같다.

```
/react-express
  /components
    about.jsx
  /views
    about.hbs
  index.js
  package.json
```

npm init -y를 실행해서 package.json을 생성하고 다음과 같이 Express를 설치한다.

```
$ npm install express@4.14.0 --save
```

다른 Node.js 애플리케이션과 마찬가지로 편집기를 열고 파일을 생성한다. 일반적으로 서버 파일은 index.js, app.js, server.js 등으로 생성하여 node 명령으로 실행한다. 여기서는 index.js라고 이름을 정했다.

서버 파일은 다음과 같은 내용을 담고 있다.

- **의존 모듈 불러오기**: express 및 관련된 플러그인 등 의존 모듈을 불러온다.
- **설정**: 사용할 템플릿 엔진을 지정하는 등 설정을 입력한다.
- **미들웨어**: 유효성 검사, 인증, 압축 등 모든 수신 요청에 대해 수행할 공통의 동작을 정의한다.
- **라우팅**: /accounts, /users 등 서버에서 처리할 URL과 동작을 정의한다.
- **오류 처리**: 오류가 발생했을 때 적절한 메시지 또는 웹 페이지를 보여준다.
- **실행**: HTTP 또는 HTTPS 서버를 실행한다.

Express와 Node.js 서버 파일을 개략적으로 살펴보면 다음과 같다.

```
const express = require('express') --------- 모듈 불러오기
const app = express()
const errorHandler = require('errorhandler')
const http = require('http')
const https = require('https')
// 다른 모듈도 불러온다.
// ...

app.set('view engine', 'hbs') --------- 설정 입력

app.get('/', --------- 라우팅 정의(이 프로젝트에서는 순수한 미들웨어를 사용하지 않는다.)
  // ...
)
app.get('/about',
// ...
)

// ...

app.use(errorHandler) --------- 오류 처리 정의(미들웨어 사용)

http.createServer(app) --------- HTTP 서버 실행
```

```
    .listen(3000)

    // ...
  if (typeof options != 'undefined')
    https.createServer(app, options) --------- HTTPS 서버 실행
      .listen(443)
```

더 자세히 살펴보자. 의존 모듈을 불러오는 부분은 단순하다. require로 모듈을 불러오고 객체를 초기화한다. 예를 들어 다음 코드는 Express.js 프레임워크를 불러오고 인스턴스를 생성한다.

```
var express = require('express')
var app = express()
```

설정

app.set()을 사용해서 설정을 입력할 수 있다. 첫 번째 인자는 문자열이며, 두 번째 인자는 설정값이다. 예를 들어 템플릿 엔진으로 hbs를 사용하도록 설정하려면 다음과 같이 view engine 설정을 사용한다.

```
app.set('view engine', 'hbs')
```

hbs는 Hadlebars 템플릿 언어(http://handlebarsjs.com)를 사용하는 Express용 템플릿 엔진(또는 뷰 엔진)이다. 아마도 Handlebars를 이미 사용해본 적이 있거나, 이와 비슷한 Mustache, Blaze 등을 살펴본 적이 있을 것이다. Ember도 Handlebars를 사용한다(http://mng.bz/90Q2). Handlebars는 많이 사용되며, 쉽게 시작할 수 있는 템플릿이므로 이 프로젝트에서도 사용할 것이다.

hbs를 Express에서 뷰 엔진으로 사용하려면 반드시 hbs 패키지를 설치해야 한다. npm i hbs --save를 실행해서 설치하자.

미들웨어

다음으로 미들웨어를 설정할 차례다. 예를 들어 앱에서 정적 자원에 대한 요청을 처리하려면 static 미들웨어를 사용한다.

```
app.use(express.static(path.join(__dirname, 'public')))
```

Express 서버에 static 미들웨어를 적용하면 지정한 폴더(위에서는 public)의 파일에 대한 요청에 프록시 역할을 하여 정적 HTTP 서버처럼 작동한다. NGINX 또는 Apache httpd와 비슷하다.

라우팅

다음으로 엔드포인트, 리소스, 페이지 등 여러 가지 이름으로 부르는 라우팅에 대해 살펴볼 차례다. URL 패턴을 정의하면 Express가 수신 요청에서 확인되는 실제 URL과 대조한다. 패턴에 부합하는 URL이 있으면 Express는 해당 URL 패턴에 관련된 로직을 실행한다. 이것을 요청 **처리**라고 한다. 라우팅은 404페이지를 위한 정적인 HTML 페이지의 표시, 다른 서비스에 요청을 보낸 후 응답을 받아 사용자에게 전달하기 전에 캐시 처리 등 다양한 작업에 연관되어 있다.

라우팅은 웹 애플리케이션의 가장 중요한 부분으로 URL 경로를 정의하고, 고전적인 MVC 패턴의 컨트롤러 역할을 하기도 한다. Express에서는 `app.NAME()` 패턴으로 라우팅을 정의할 수 있으며, 여기서 NAME은 HTTP 메서드 이름을 소문자로 작성한 것이다. 예를 들어 다음은 / (홈페이지) 엔드포인트에 대한 `GET` 요청에 문자열 "Hello"를 응답하는 코드다.

```
app.get('/', (request, response, next) => {
  response.send('Hello!')
})
```

/about 페이지를 처리하려면, 첫 번째 인자의 URL 패턴을 변경한다. 다음과 같이 HTML 문자열을 렌더링할 수도 있다.

```
app.get('/about', (req, res, next) => {
  response.send(`<div>
  <a href="https://node.university" target="_blank">Node.University</a>
    is home to top-notch Node education which brings joy to JavaScript engineers.
  </div>`)
})
```

Handlebars를 이용한 레이아웃

다음으로 Handlebars 템플릿에서 React로 생성한 HTML을 렌더링하려고 한다. Handlebars를 이용해서 `<html>` 또는 `<body>`와 같은 전체적인 레이아웃을 제공할 수 있다. 즉, 레이아웃에는 Handlebars를 사용하고, UI 요소에는 React를 사용하는 것이다.

views 폴더를 생성하고, 다음과 같이 about.hbs 템플릿을 저장한다.

```
<!DOCTYPE html>
<html lang="en">
  <head>
    <meta charset="utf-8" />
```

```
    <title>React + Express = ♥</title> --------- React와 Express는 사랑입니다.
    <meta name="author" content="Azat" />
  </head>
  <body>
    <div id="content">{{{about}}}</div> --------- 중괄호 세 개를 사용해서 index.js에서 about 변수로 전달된
  </body>                                         HTML을 이스케이프 처리하지 않고 출력한다.
</html>
```

페이지 렌더링

라우팅 파일(ch17/react-express/index.js)에서 `response.send()`를 `response.render()`로 변경한다.

```
// ...
const React = require('react')
require('babel-register')({ --------- JSX 파일을 require로 불러와서 바로 변환하여 사용할 수 있게 한다.
  presets: [ 'react' ]
})                                                          About 컴포넌트를 준비한다.
const About = React.createFactory(require('../components/about.jsx'))
// ...
app.get('/about', (request, response, next) => {
  const aboutHTML = ReactDOMServer.renderToString(About()) --------- React 마크업이 포함된 React HTML 문자열을 생성한다.
  response.render('about', {about: aboutHTML})
})                  React HTML 문자열을 Handlebars 템플릿인 about.hbs로 전달한다.
// ...
```

Express 라우팅은 문자열을 담은 변수인 `about`과 같은 데이터를 이용해서 Handlebars 템플릿을 렌더링하거나 문자열 형식으로 응답을 처리할 수 있다.

> **Note ≡ 서버 렌더링이나 레이아웃에 React 외의 다른 템플릿 엔진을 사용해야 하는 이유**
>
> Handlebars 대신 React를 레이아웃에 사용하는 것도 가능하다. `express-react-views` 라이브러리를 예로 들 수 있는데, 이 라이브러리는 정적인 마크업만 생성하며, 브라우저 쪽의 React를 위한 것은 아니다.
>
> React를 레이아웃에 사용하면 `dangerouslySetInnerHTML`[4]을 광범위하게 사용해야 하고, 모든 HTML을 지원하지 않으며, 종종 Express와 React에 익숙하지 않은 초심자에게 혼란을 낳기도 하므로 여기서는 다루지 않을 것이다. 나의 견해로는 React를 페이지 레이아웃에 사용하는 것은 별 이득이 없다.

4 이 책의 3장 또는 https://goo.gl/CnNdJ8을 참고하기 바란다.

오류 처리

오류 처리는 미들웨어와 유사하다. 예를 들어 errorhandler(www.npmjs.org/package/errorhandler) 같은 패키지를 불러와서 사용할 수 있다.

```
const errorHandler = require('errorhandler')
...
app.use(errorHandler)
```

또는 index.js에서 직접 생성할 수도 있다.

```
app.use((error, request, response, next) => {
  console.error(request.url, error)
  response.send('Wonderful, something went wrong...')
})
```

응답 핸들러 또는 미들웨어에서 next(error)를 실행하면 오류 처리로 넘어가도록 할 수 있다. error는 오류 객체로 new Error('Ooops')로 생성할 수 있는데, 여기서 "Ooops"가 오류 메시지가 된다. /about에 적용한 예제는 다음과 같다.

```
app.get('/about', (request, response, next) => {
  // 이상한 일이 벌어지면...
  let somethingWeirdHappened = true
  if (somethingWeirdHappened) return next(new Error('Ooops'))
})
```

return 문을 사용하는 것을 놓치지 말자. Node.js와 Express의 오류 처리에 대해 더 자세히 알고 싶다면, Node.js 패턴 강의(http://node.university/p/node-patterns) 또는 내가 쓴 글 "Node.js 패턴: 콜백부터 옵저버까지(Node Patterns: From Callbacks to Observer, http://webapplog.com/node-patterns)"를 참고하기 바란다.

서버 실행

끝으로 앱을 실행하려면 포트 번호와 콜백함수를 전달하여 listen()을 실행한다. 콜백함수는 선택적으로 전달할 수 있다.

```
http.createServer(app).listen(portNumber, callback)
```

예제에서는 다음과 같이 작성했다.

```
http.createServer(app)
  .listen(3000)
```

전체 서버 코드를 살펴보면 다음과 같다(ch17/react-express/index.js). 빠진 부분이 없는지 잘 확인해보자.

예제 코드 17.5 React, Express, hbs를 이용한 서버의 전체 코드

```
const fs = require('fs')
const express = require('express')
const app = express()
const errorHandler = require('errorhandler')
const http = require('http')
const https = require('https')
const React = require('react')
require('babel-register')({
  presets: [ 'react' ]
})
const ReactDOMServer = require('react-dom/server')
const About = React.createFactory(require('./components/about.jsx'))

app.set('view engine', 'hbs')
app.get('/', (request, response, next)=>{
  response.send('Hello!')
})

app.get('/about', (request, response, next) => {
  const aboutHTMl = ReactDOMServer.renderToString(About())
  response.render('about', {about: aboutHTMl})
})

app.all('*', (request, response, next)=> {
  response.status(404).send('Not found... did you mean to go to /about instead?')
})
app.use((error, request, response, next) => {
  console.error(request.url, error)
  response.send('Wonderful, something went wrong...')
})

app.use(errorHandler)
```

모든 요청을 처리하는 라우팅을 구현한다. 내 이야기를 믿을 수 없을지도 모르겠지만, 내가 진행하는 강의 수강생 중 상당수가 서버를 구현한 후 /about 페이지에 접속하지 않고, 존재하지도 않는 URL에 접속하고 오류가 있다고 생각한다.

```
http.createServer(app)
  .listen(3000)

try {
  const options = {
    key: fs.readFileSync('./server.key'), -------- SSL/HTTPS를 위한 키와 인증서5를 불러온다.
    cert: fs.readFileSync('./server.crt')
  }
} catch (e) {
  console.warn('Create server.key and server.crt for HTTPS')
}
if (typeof options != 'undefined')
  https.createServer(app, options)
    .listen(443)
```

이제 서버를 실행할 준비를 모두 마쳤다. `node index.js` 또는 축약(`node .`)으로 명령을 실행하고 http://localhost:3000/about으로 접속하면 서버 응답을 확인할 수 있다. 서버를 실행하고 페이지에 접속했을 때 누락된 부분이나 오류가 있다면 ch17/react-express 폴더의 프로젝트 예제 코드를 참고하기 바란다.

> **Warning** SSL과 HTTPS를 작동시키려면 SSL 키와 인증서가 필요하다. 깃허브의 예제 코드에는 server.key와 server.crt가 빠져 있는데, **키 같은 중요한 정보는 저장소에 추가할 수 없기** 때문이다. 키를 생성하려면 https://webapplog.com/http2-node의 안내를 참고하기 바란다. 키가 없는 상태에서 예제 코드를 실행하면 HTTP 서버만 실행된다.

최종 결과는 `<head>`와 `<body>`가 있는 정상적인 HTML 페이지다. 그림 17-6과 같이 `data-react-checksum`과 `data-reactroot`가 있는 React 마크업을 확인할 수 있다.

이 예제에서 정적인 HTML 문자열이나 `express-react-views`를 사용하지 않고, React 마크업이 있는 렌더링을 사용한 이유는 무엇일까? 브라우저의 React를 위해 체크섬이 있는 마크업이 필요하기 때문이다. 이것이 바로 유니버셜 자바스크립트 아키텍처다.

다음 절에서는 브라우저 측의 React와 Express, Node.js 상의 React에 대해 배운 모든 지식을 활용하여 유니버셜 자바스크립트 아키텍처를 구현할 것이다.

---

5 키와 인증서를 생성하는 방법에 대해서는 내가 쓴 글 "Node.js와 Express로 쉽게 만드는 HTTP/2 서버(Easy HTTP/2 Server with Node.js and Express.js, https://webapplog.com/http2-node)"를 참고하기 바란다.

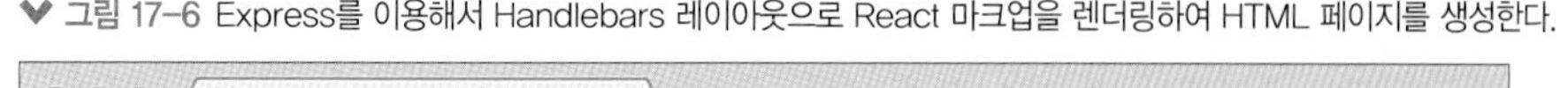
▼ 그림 17-6 Express를 이용해서 Handlebars 레이아웃으로 React 마크업을 렌더링하여 HTML 페이지를 생성한다.

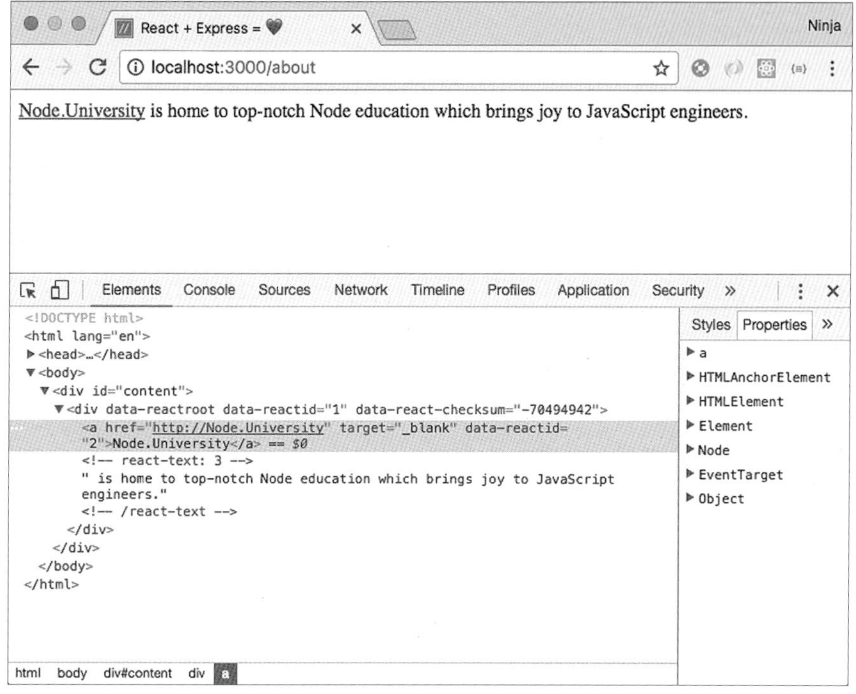

17.4 Express와 React를 이용한 유니버셜 자바스크립트

REACT

이번 절에서는 이 장과 책에서 배운 모든 기술을 종합한다. 서버에서 컴포넌트를 렌더링하고, 템플릿에 넣은 후 브라우저의 React에서 사용하도록 만들 것이다.

유니버셜 자바스크립트에 대해 배우기 위해 세 가지 컴포넌트, 즉 `Header`, `Footer`, `MessageBoard`가 있는 메시지 게시판을 만들 것이다. `Header`와 `Footer` 컴포넌트는 텍스트를 보여줄 정적인 HTML을 다루고, `MessageBoard` 컴포넌트는 게시판에 보여줄 메시지를 전송하기 위한 입력 폼과 메시지 목록을 다룬다. 이 앱은 백엔드 서버로부터 메시지 목록을 가져오고, AJAX 요청을 사용하여 새로운 메시지를 저장하고, 이를 위해 NoSQL 데이터베이스인 MongoDB를 사용한다.

✔ 그림 17-7 메시지 입력 폼과 메시지 목록을 보여주는 메시지 게시판 앱

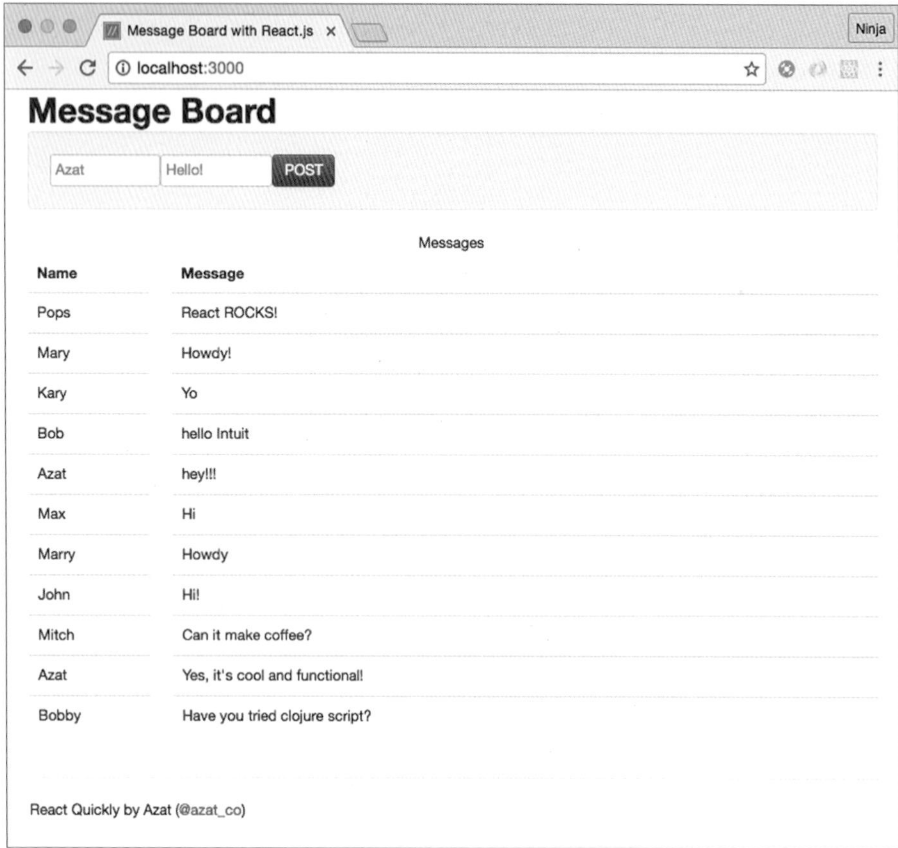

유니버셜 React를 위한 작업을 요약해보면 다음과 같다.

1. 템플릿에 데이터를 제공하고, HTML(컴포넌트와 속성)을 렌더링하는 서버를 구성한다(예: index.js).
2. 이스케이프 처리를 하지 않고 데이터를 출력하는 템플릿을 생성한다(예: views/index.hbs).
3. 사용자 상호작용을 위해 템플릿에 브라우저 React 파일(`ReactDOM.Render`)을 추가한다(예: client/app.jsx).
4. `Header`, `Footer`, `MessageBoard` 컴포넌트를 생성한다.
5. Webpack을 이용한 빌드를 구성한다(예: webpack.config.js).

서버, 컴포넌트, 데이터, 브라우저는 서로 상호작용한다. 그림 17-8은 메시지 게시판 예제에서 각 부분이 어떻게 연결되어 있는지를 보여준다. 서버는 정적 자원을 위한 HTTP 서버인 동시에 첫 번째 페이지를 위한 서버 측 HTML을 렌더링하는 앱이기도 하다. 브라우저의 React 코드는 브라우저 이벤트 및 초기 페이지 로드 이후 서버에 대한 HTTP 요청을 통해 지속적인 상호작용을 가능케 한다.

Note 예제는 MongoDB를 설치하여 실행해야 한다. 설치 방법은 웹 사이트(https://goo.gl/csXilB) 또는 부록 D에서 확인할 수 있다. MongoDB를 설치한 후에는 `mongod`를 실행한다. 이렇게 하면 Express 서버에서 mongodb://localhost:27017/board를 통해 MongoDB에 연결할 수 있다.[6]

▼ 그림 17-8 React와 Express를 사용한 유니버설 자바스크립트의 핵심

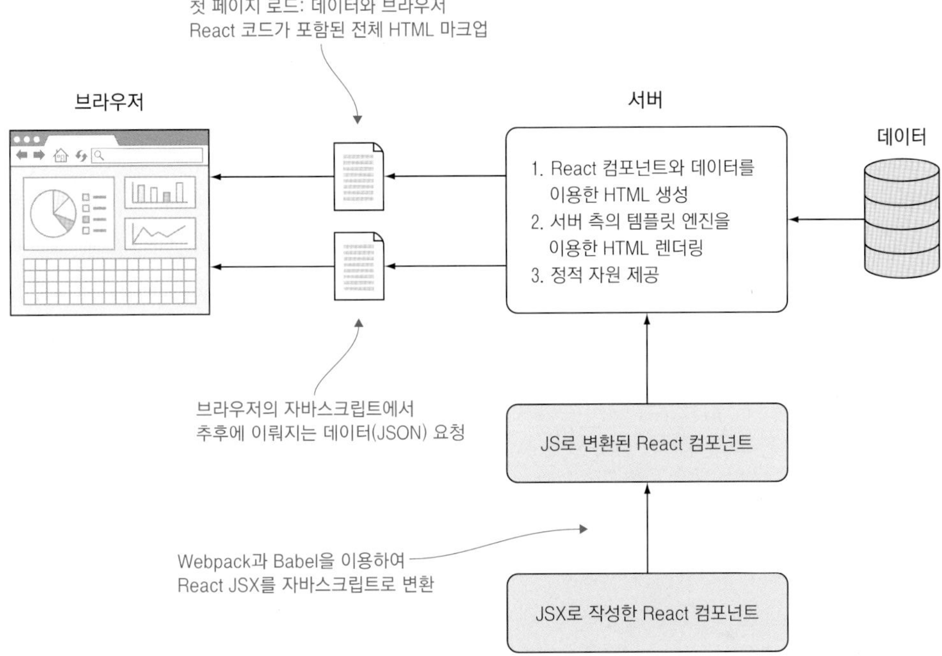

6 역주 실습을 위한 목적이라면 직접 설치하는 대신 MongoDB를 위한 Database-as-a-Service를 제공하는 mLab(https://mlab.com/)을 이용하면 편리하다. 500MB까지 무료로 사용할 수 있으므로 실습 목적으로는 충분하다. 가입과 사용법은 https://goo.gl/D9aD5B에 소개되어 있으니 참고하기 바란다.

17.4.1 프로젝트 구조와 설정

프로젝트 구조는 다음과 같다.

```
/client
  app.jsx --------- 클라이언트/브라우저 코드
/components
  board.jsx --------- 클라이언트 및 브라우저와 서버에서 공유하는 코드
  footer.jsx
  header.jsx
/node_modules
/public
  /css
  /js --------- Webpack으로 컴파일한 번들 파일
    bundle.js
    bundle.js.map
/views
  index.hbs
index.js --------- 서버 코드
package.json
webpack.config.js
```

서버를 위한 의존 모듈은 다음과 같다(package.json에서 확인할 수 있다).

```
...
"dependencies": {
  "babel-register": "6.11.6", --------- Node.js에서 require를 사용해서 JSX를 불러온다.
  "body-parser": "1.13.2",
  "compression": "1.5.1",
  "errorhandler": "1.4.1",
  "express": "4.13.1", --------- Express 프레임워크를 사용한다.
  "hbs": "4.0.0",
  "express-validator": "2.13.0",
  "mongodb": "2.2.6", --------- 메시지를 저장하기 위해 MongoDB를 사용한다
  "morgan": "1.6.1",              (이것은 드라이버다. 드라이버와 데이터베이스가 모두 필요하다).
  "react": "15.5.4", --------- 서버 렌더링에 React를 사용한다.
  "react-dom": "15.5.4"
},
...
```

이제 message-board/index.js의 서버를 설정할 수 있다.

Note Express 미들웨어

Express가 처음이라면 이 프로젝트에 사용한 미들웨어에 대해 알아야 할 것이 몇 가지 있다. Express는 모든 것을 처리하는 거대한 프레임워크가 아니다. 그보다는 Node.js 엔지니어들이 사실상 자체적인 프레임워크라고 할 만한 사용자 정의 시스템을 만드는 기반이라고 할 수 있다. Express는 모든 것을 갖춘 프레임워크로는 종종 해결할 수 없는, 즉시 해결해야 하는 작업에 적합하다. Express와 플러그인 생태계를 통해 필요한 기능만을 사용할 수 있다. 이러한 플러그인을 **미들웨어**라고 부르는데, 이는 미들웨어 패턴을 사용하고 Express를 이용해 미들웨어 관리자를 구현하기 때문이다.

Express 엔지니어라면 누구나 프로젝트마다 즐겨 사용하는 미들웨어 패키지가 있을 것이다. 나는 주로 다음 미들웨어로 시작하고 필요에 따라 패키지를 추가한다.

- `compression`: gzip 알고리즘을 사용하여 응답을 자동으로 압축한다. 응답을 작게 해서 빠르게 내려받을 수 있기 때문에 유용하다.
- `errorhandler`: 404 또는 500 오류를 처리하기 위한 기본적인 핸들러다.
- `express-validator`: 수신 요청으로 전달된 페이로드(payload)의 유효성을 검사한다. 항상 사용하는 것이 좋다.
- `morgan`: 서버로 들어오는 요청을 로깅하기 위해 사용한다. 여러 가지 형식을 지원한다.
- `body-parser`: JSON과 `urlencoded` 데이터 형식을 자동으로 Node.js/자바스크립트 객체로 파싱하여 `request.body`를 통해 접근할 수 있도록 한다.

`compression`, `body-parser`, `errorhandler` 등 추가적인 Express 미들웨어에 대한 정보는 부록 C와 https://goo.gl/34HsNQ, 《Pro Express.js》(http://proexpressjs.com)를 참고하기 바란다.

17.4.2 서버 설정

이전 예제와 마찬가지로 서버와 관련된 내용을 index.js에서 구현하고, 다른 내용은 각각을 구현하는 방법을 다섯 개 절에 걸쳐 살펴본다. 먼저 다음 예제 코드를 통해 전체 서버 코드를 확인해보자(ch17/message-board/index.js).

예제 코드 17.6 메시지 게시판 앱의 서버 코드

```
require('babel-register')({ --------- JSX를 불러오면 즉시 자바스크립트 고차함수로 변환한다.
  presets: [ 'react' ]
})

const express = require('express'),
  mongodb = require('mongodb'),
  app = express(),
  bodyParser = require('body-parser'),
  validator = require('express-validator'),
  logger = require('morgan'),
```

```
  errorHandler = require('errorhandler'),
  compression = require('compression'),
  url = 'mongodb://localhost:27017/board', --------- 직접 설치한 MongoDB 인스턴스의 주소와
  ReactDOMServer = require('react-dom/server'),       데이터베이스 이름(board)을 정의한다.
  React = require('react')

const Header = React.createFactory(require('./components/header.jsx')),
  Footer = React.createFactory(require('./components/footer.jsx')),
  MessageBoard = React.createFactory(require('./components/board.jsx'))

mongodb.MongoClient.connect(url, (err, db) => { --------- URI를 이용해서 MongoDB 인스턴스에 접속한다.
  if (err) {
    console.error(err)
    process.exit(1)
  }

  app.set('view engine', 'hbs')

  app.use(compression())
  app.use(logger('dev'))
  app.use(errorHandler())
  app.use(bodyParser.urlencoded({extended: true}))
  app.use(bodyParser.json())
  app.use(validator())
  app.use(express.static('public'))

  app.use((req, res, next) => {
    req.messages = db.collection('messages') --------- 컬렉션을 요청 객체의 속성으로 설정하여 다른
    return next()                                        라우팅에서 쉽게 접근하고 모듈화할 수 있게 한다.
  })

  app.get('/messages', (req, res, next) => {
    // ...
  })

  app.post('/messages', (req, res, next) => {
    // ...
  })

  app.get('/', (req, res, next) => {
    // ...
  })

  app.listen(3000)
})
```

설정

babel-register를 사용해야 JSX를 불러올 수 있다. npm을 이용해서 babel-register와 babel-preset-react를 설치한 후 다음과 같이 작성한다.

```
require('babel-register')({
  presets: [ 'react' ]
})
```

index.js에 Express 서버를 구현한다. 상대 경로인 ./components/를 이용해서 컴포넌트를 불러온다.

```
const Header = React.createFactory(require('./components/header.jsx')),
  Footer = React.createFactory(require('./components/footer.jsx')),
  MessageBoard = React.createFactory(require('./components/board.jsx'))
```

Express.js에서 React 앱을 렌더링하는 데는 어떤 종류의 템플릿 엔진을 사용해도 무방하다. 여기서는 일반적인 HTML과 유사한 Handlebars를 사용한다. 다음과 같이 Handlebars를 사용할 수 있으며, 여기서 app은 Express.js 인스턴스다.

```
app.set('view engine', 'hbs')
```

hbs 모듈도 설치해야 한다(package.json에 포함되어 있다).

미들웨어

미들웨어는 서버를 위해 직접 구현해야 했을 다양한 기능을 제공한다. 다음 코드는 이 프로젝트에서 가장 중요한 부분이다.

```
// ...
  app.use(compression())
  app.use(logger('dev'))  --------- 요청에 대한 서버 로그를 활성화하여 디버깅과 개발의 편의를 돕는다.
  app.use(errorHandler())
  app.use(bodyParser.urlencoded({extended: true}))
  app.use(bodyParser.json())  --------- 수신되는 JSON 데이터 페이로드를 파싱하도록 한다.
  app.use(validator())
  app.use(express.static('public'))  --------- bundle.js 같은 public 디렉터리의 모든 파일에 접근할 수 있도록 한다.
  // ...
```

서버 측 라우팅

라우팅 중 예를 들어 /에 접근하면, views/index.hbs를 렌더링한다(res.render('index')). 기본 템플릿 폴더가 views이기 때문이다.

```
app.get('/messages', (req, res, next) => {
  req.messages.find({}, {sort: {_id: -1}}).toArray((err, docs) => {
    if (err) return next(err)
    return res.json(docs)
  })
})
```

req.message.find() 호출은 문서를 가져오기 위한 MongoDB 메서드다. 이 예제를 수정하지 않고 실행하려면 MongoDB를 설치하고 실행해야 하긴 하지만, 데이터베이스를 강제하고자 하는 것은 아니다. MongoDB 호출을 다른 것으로 대체하는 것은 어렵지 않다. 대부분의 최신 RDBMS 또는 NoSQL 데이터베이스에는 Node.js용 드라이버가 있다. 따라서 MongoDB를 사용하고 싶지 않다면, 데이터베이스를 호출하는 부분을 무시해도 좋다. MongoDB를 사용하고 싶다면 부록 D에 치트시트가 있다. 요청 핸들러에서 외부 서비스로 호출(예를 들어 axios를 사용해서 페이스북의 사용자 정보를 가져올 수 있다)하거나, 데이터베이스(MongoDB, PostgreSQL 등)를 사용할 수 있다는 것이 핵심이다. Node.js에서 데이터를 가져오는 방식은 이 장에서 다루는 내용이 아니다.

유니버셜 React를 위해 가장 중요한 부분은 res.render()이다(ch17/message-board/index.js). res.render() 메서드는 템플릿을 위한 Express의 특별한 기능이다. res.render()에는 인자를 두 개 전달한다. 첫 번째 인자는 views 폴더에 있는 템플릿(index.hbs)의 이름이다. 두 번째 인자는 템플릿에서 사용할 데이터다. 모든 데이터는 ch17/message-board/view/index.hbs 템플릿에 전달되어 합쳐진다(.hbs 확장자는 선택적으로 입력할 수 있다).

예제 코드 17.7 React 컴포넌트로 생성한 HTML의 렌더링

```
...
  app.set('view engine', 'hbs') --------- Handlebars 템플릿 엔진을 적용한다.
  ...
  app.get('/', (req, res, next) => {
    req.messages.find({},
      {sort: {_id: -1}}).toArray((err, docs) => { --------- MongoDB에 메시지 배열을 요청하고
      if (err) return next(err)                              ObjectID에 따라 역으로 정렬한다.
      res.render('index', {
        header: ReactDOMServer.renderToString(Header()), --------- Header에서 생성한 HTML 문자열을 전달한다.
        footer: ReactDOMServer.renderToString(Footer()), --------- Footer에서 생성한 HTML 문자열을 전달한다.
        messageBoard: ReactDOMServer.renderToString(MessageBoard({
        messages: docs --------- MessageBoard에서 생성한 HTML 문자열과 함께 메시지 목록을 속성으로 전달한다.
```

```
      })),
      props: '<script type="text/javascript">var messages='
        +JSON.stringify(docs) --------- 메시지 목록을 브라우저 React에 전달한다.
        +'</script>'
      })
    })
  })
```

이제 React 컴포넌트로 생성한 세 가지 HTML 문자열을 사용한 Handlebars 템플릿을 렌더링하는 Express 서버를 구현했다. 이것만 보면 그다지 놀랍지 않다. React를 사용하지 않고도 가능한 작업이기 때문이다. Handlebars, Pug 또는 Mustache 등 템플릿 엔진을 이용해서 레이아웃뿐만 아니라 모든 것을 렌더링할 수도 있다. React가 필요한 이유는 무엇인가? 브라우저에서 React를 사용해서 서버에서 렌더링한 HTML에 이벤트와 상태 등 모든 마술을 적용할 것이기 때문이다.

아직 서버의 모든 부분을 완료하지 않았다. 예제를 위해 두 가지 API를 구현해야 한다.

- `GET /messages`: 데이터베이스에서 메시지 목록을 가져온다.
- `POST /messages`: 데이터베이스에 새로운 메시지를 생성한다.

위 경로는 브라우저의 React에서 `GET` 요청 또는 `POST`로 데이터를 전달하는 AJAX/XHR 요청을 보낼 때 사용한다. 라우팅을 위한 코드는 Express에서 처리하므로 index.js에 추가한다.

```
app.get('/messages', (req, res, next) => {
  req.messages.find({},
    {sort: {_id: -1}}).toArray((err, docs) => {
    if (err) return next(err)
    return res.json(docs)
  })
})
```

메시지 생성을 위한 라우팅(`POST /messages`)은 `express-validator`를 사용해서 수신된 데이터가 존재하는 것을 확인한다(`notEmpty()`). `express-validator`는 모든 유효성 검사 규칙을 설정할 수 있는 편리한 미들웨어다.

> **Warning** 입력 값에 대한 유효성 검사는 앱의 보안을 위해 가장 중요한 부분이다. 코드와 시스템을 다루는 개발자는 유효성 검사를 위한 코드를 작성하고, 동작 방식을 이해하며, 지원하는 데이터도 알고 있다. 따라서 무의식적으로 앱에 제공하는 데이터에 대해 선입견을 갖게 되어 허점을 노출할 수 있다. 반드시 서버 측에서 데이터를 검증해야 한다. 모든 사용자가 잠재적으로 악의적인 공격자 또는 설명을 절대 읽지 않고 이상한 데이터를 전송하는 사람이라고 가정하는 것이 좋다.

req.messages를 통해 데이터베이스를 참조하여 라우팅에서 새로운 메시지를 추가한다.

```
app.post('/messages', (req, res, next) => {
  req.checkBody('message',
    'Invalid message in body').notEmpty() --------- 요청 내용(body)에 있는 메시지를 확인한다.
  req.checkBody('name', 'Invalid name in body').notEmpty()
  var errors = req.validationErrors()
  if (errors) return next(errors)
  req.messages.insert(req.body, (err, result) => { --------- 요청 내용을 데이터베이스에 추가한다.
    if (err) return next(err)
    return res.json(result.ops[0]) --------- 데이터베이스에서 자동 생성된 새로운 문서의 ID를 출력한다.
  })
})
```

Note ≡ **node-dev**

앞에서도 언급했지만, nodemon 또는 비슷한 도구인 node-dev를 사용하는 것을 추천한다. node-dev는 파일 변경을 감지하여 변경이 있으면 서버를 재시작한다. 이러한 도구 덕분에 많은 시간을 절약할 수 있다.

```
npm i node-dev@3.1.3 --save-dev
```

package.json에서는 npm 스크립트의 start 항목에 node-dev . 명령을 추가할 수 있다.

```
...
  "scripts": {
    ...
    "start": "./node_modules/.bin/webpack && node-dev ."
  },
  ...
```

HTTPS를 사용했던 이전 절의 내용에 비하면 서버 실행을 위한 호출은 간단하다.

```
app.listen(3000)
```

HTTPS를 적용하거나 포트 번호를 변경할 수도 있고 환경변수로 포트 번호를 전달받을 수도 있다.

여기에서 최상위 경로(/)는 / 또는 http://localhost:3000/에 대한 모든 요청을 처리한다는 것을 기억하자. 이는 예제 코드 17.7에서 구현했다(ch17/message-board/view/index.hbs). 최상위 경로(/)는 res.render()에서 index라는 템플릿을 사용한다. 다음으로 템플릿을 구현할 차례다.

17.4.3 Handlebars를 이용한 서버 측 레이아웃 템플릿

서버에서 React HTML을 렌더링하기 위해 어떤 종류의 템플릿이라도 사용할 수 있다. Handlebars는 좋은 선택이다. HTML과 유사하여 약간만 수정해도 HTML에서 이 템플릿 엔진으로 변경할 수 있기 때문이다. 다음은 Handlebars 템플릿인 index.hbs 파일이다.

```
<!DOCTYPE html>
<html lang="en">
  <head>
    <!-- meta tags and CSS -->
  </head>
  <body>
  <div class="container-fluid">
    <!-- header -->
    <!-- props -->
    <!-- messageBoard -->
    <!-- footer -->
  </div>
  <script type="text/javascript" src="/js/bundle.js"></script>
  </body>
</html>
```

중괄호 세 개를 사용해서 컴포넌트와 속성을 이스케이프 처리하지 않은 HTML로 출력한다. 예를 들어 {{{props}}}는 <script/> 태그를 출력하므로 여기에 messages 변수를 정의할 수 있다. props를 이스케이프 처리하지 않고 HTML 문자열로 렌더링하는 index.hbs 코드는 다음과 같다.

```
<div>{{{props}}}</div>
```

그 외의 데이터도 비슷하게 출력된다.

```
<div id="header">{{{header}}}</div>
...
<div>{{{props}}}</div>
...
<div class="row-fluid" id="message-board" />{{{messageBoard}}}</div>
...
<div id="footer">{{{footer}}}</div>
```

다음 예제 코드는 Handlebars에서 Header 컴포넌트로 생성한 HTML 문자열을 출력하는 방법을 보여준다(ch17/message-board/views/index.hbs).

예제 코드 17.8 Handlebars에 React로 생성한 HTML 출력하기

```
...
  <div class="container-fluid">
    <div class="row-fluid">
      <div class="span12">
        <div id="header">{{{header}}}</div>
      </div>
    </div>
    ...
```

데이터는 어떻게 할까? 브라우저 측의 React와 함께 서버 측 React의 이점을 얻기 위해서는 React 엘리먼트를 생성할 때 브라우저와 서버에서 동일한 데이터를 사용해야 한다. AJAX 요청을 사용하지 않고 HTML에 자바스크립트 변수를 추가하여 서버에서 브라우저 React로 데이터를 전달할 수 있다!

Express의 최상위 경로(/)에서 `header`, `footer`, `messageBoard`를 전달할 때 `props`를 추가할 수 있다. index.hbs에서 중괄호 세 개를 사용해서 값을 출력한다(ch17/messageboard/views/index.hbs). 여기에 Webpack으로 생성할 js/bundle.js 스크립트도 포함한다.

예제 코드 17.9 React 컴포넌트로 생성한 HTML을 렌더링하기 위한 서버 측 레이아웃

```
<!DOCTYPE html>
<html lang="en">
  <head>
    <meta charset="utf-8" />
    <title>Message Board with React.js</title>
    <meta name="description" content="Message Board" />
    <meta name="author" content="Azat Mardan" />
    <meta name="viewport" content="width=device-width, initial-scale=1.0" />
    <link type="text/css" rel="stylesheet" href="/css/bootstrap.min.css" />
    <link type="text/css" rel="stylesheet" href="/css/bootstrap-responsive.min.css" />
  </head>
  <body>
    <div class="container-fluid">
      <div class="row-fluid">
        <div class="span12">
          <div id="header">{{{header}}}</div> --------- Header 컴포넌트로 생성한 HTML을 출력한다.
        </div>
      </div>
      <div>{{{props}}}</div> --------- 배열로 된 메시지 목록과 <script> 태그를 포함한 HTML을 출력한다.
      <div class="row-fluid">
```

```
        <div class="span12">
          <div id="content">
            <div class="row-fluid" id="message-board" />{{{messageBoard}}}</div>
        </div>
      </div>
      <div class="row-fluid">
        <div class="span12">
          <div id="footer">{{{footer}}}</div>
        </div>
      </div>
    </div>
    <script type="text/javascript" src="/js/bundle.js"></script> --------- 브라우저 측 React를
  </body>                                                                   포함한다.
</html>
```

이 템플릿은 Twitter Bootstrap 스타일이 포함되어 있지만, 유니버셜 자바스크립트 예제에 필수적인 내용은 아니다. 템플릿에서 데이터로 사용하는 몇 가지 변수(`header`, `messageBoard`, `props`, `footer`)는 Express 요청 핸들러의 `res.render()`에서 넘겨주어야 한다. 다음은 앞에서 구현했던 index.js 코드(예제 코드 17.7, ch17/message-board/index.js)이며, 위에서 살펴본 템플릿을 `index`라는 이름으로 사용한다. 여기서 `index`는 index.hbs를 불러오기 위한 규칙이다.

```
res.render('index', {
  header: ReactDOMServer.renderToString(Header()),
  footer: ReactDOMServer.renderToString(Footer()),
  messageBoard: ReactDOMServer.renderToString(MessageBoard({messages: docs})),
  props: '<script type="text/javascript">var messages='+JSON.stringify(docs)+'</script>'
})
```

값은 React 컴포넌트에서 생성된다. 이를 통해 서버와 브라우저에서 동일한 컴포넌트를 사용할 수 있다. Node.js를 이용한 서버에서 쉽게 렌더링할 수 있는 React의 아름다움을 보여준다.

다음으로 변수 `props`, `header`, `footer`에 대해 살펴보자.

17.4.4 서버에서 React 컴포넌트 구성하기

마침내 그동안 모든 장에서 배운 것을 활용할 기회가 왔다. React 컴포넌트를 생성할 차례다. 익숙한 것으로 돌아가면 기분이 좋다. 그렇지만 컴포넌트는 어디에서 가져올까? 컴포넌트는 components 폴더에 있다. 앞에서 언급한 것처럼 컴포넌트를 브라우저와 서버에서 사용한다. 별도의 컴포넌트 폴더를 만들거나 클라이언트 쪽에서 생성하지 않은 이유가 바로 이것이다(컴포넌트 폴더의 이름으로는 shared 또는 common도 선택할 수 있다).

컴포넌트를 내보내기 위해 각각 `module.exports`의 값으로 컴포넌트 클래스 또는 상태비저장 컴포넌트를 할당한다. 예를 들어 `require`로 React를 불러오고, 클래스 또는 함수를 구현하여 다음과 같이 `Header` 컴포넌트를 내보낸다.

```
const React = require('react') --------- 코드에는 React를 부르는 부분이 없지만 JSX에서 사용한다.
const Header = () => { --------- 상태비저장 컴포넌트를 선언한다.
  return (
    <h1>Message Board</h1>
  )
}

module.exports = Header --------- 상태비저장 컴포넌트를 내보낸다.
```

메시지 게시판은 AJAX/XHR 요청을 사용하여 메시지 목록을 가져오고 새로운 메시지를 전송한다. 요청을 위한 코드는 board.jsx에 있다. 이 파일에 `MessageBoard` 컴포넌트가 포함된다. `MessageBoard` 컴포넌트가 컨테이너 컴포넌트이므로 통신을 처리한다.

`MessageBoard` 컴포넌트에서 AJAX 요청을 처리하는 위치가 흥미롭다. `componentDidMount()`에서 요청을 처리하는데, 이는 서버에서 `componentDidMount()`를 호출하지 않기 때문이다(ch17/message-board/components/board.jsx)!

예제 코드 17.10 메시지 목록을 불러오고 새로운 메시지를 전송한다.

```
const request = require('axios')
const url = 'http://localhost:3000/messages' --------- 서버 주소를 위한 변수를 생성한다.
                                                       추후에 변경될 수 있다.
const fD = ReactDOM.findDOMNode
...
class MessageBoard extends React.Component {
  constructor(props) {
    super(props)
    this.addMessage = this.addMessage.bind(this)
    if (this.props.messages)
      this.state = {messages: this.props.messages}
  }
  componentDidMount() {
    request.get(url, (result) => { --------- axios를 이용해서 GET 요청을 보내고
      if(!result || !result.length){         성공하면 메시지 목록으로 상태를 갱신한다.
        return;
```

```
      }
      this.setState({messages: result})
    })
  }
  addMessage(message) {
    let messages = this.state.messages
    request.post(url, message) --------- axios를 이용해서 POST 요청을 보내고 성공하면
      .then(result => result.data)       상태를 갱신하여 메시지를 메시지 목록에 추가한다.
      .then((data) =>{
        if(!data){
          return console.error('Failed to save')
        }
        console.log('Saved!')
        messages.unshift(data)
        this.setState({messages: messages})
    })
  }
  render() {
    return (
      <div>
        <NewMessage messages={this.state.messages} addMessageCb={this.addMessage} />
        <MessageList messages={this.state.messages} />
      </div>
    )
  }
}
```

입력 폼과 이벤트 리스너를 생성하는 프레젠테이션 컴포넌트인 NewMessage 컴포넌트에 메시지를 추가하는 메서드를 전달한다.

NewMessage와 MessageList 컴포넌트의 구현은 동일한 파일(ch17/message-board/components/board.jsx)에서 확인할 수 있다. 간단한 컴포넌트를 일일이 설명해서 여러분을 지루하게 만들 필요는 없을 것이다. 두 컴포넌트는 로직이 거의 없는 프레젠테이션 컴포넌트로, JSX 형식으로 작성한 UI를 표현한 것이다.

React와 레이아웃 HTML의 서버 렌더링을 마쳤다. 이제 브라우저 React에서 마크업을 동기화할 차례다. 그렇지 않으면 메시지를 추가할 수도 없고, 브라우저 자바스크립트 이벤트를 통한 상호작용도 처리할 수 없다!

17.4.5 클라이언트 측의 React 코드

여기서 구현을 중단한다면 서버에서 React 컴포넌트를 렌더링하여 생성한 정적인 마크업만 남게 된다. 전송(POST) 버튼의 onClick 이벤트가 동작하지 않으므로 새로운 메시지를 저장할 수 없다. 브라우저 React를 추가해서 서버에서 렌더링한 정적 마크업을 처리해야 한다.

브라우저용으로 app.jsx를 생성한다. 다른 컴포넌트들과 달리 서버에서는 실행하지 않는다. 브라우저에서 React를 활성화하기 위해 ReactDOM.render()를 실행한다.[7]

```
ReactDOM.render(<MessageBoard messages={messages}/>,
  document.getElementById('message-board')
)
```

전역에 있는 messages를 MessageBoard 컴포넌트의 속성으로 사용한다. messages 속성 값은 서버 측 템플릿과 {{{props}}} 데이터에 의해 전달된다(17.4.3절 참조). 즉, Express.js의 최상위 경로(/)에 대한 라우팅에서 템플릿 index.hbs에 변수 props로 데이터를 넣으면 메시지 목록인 messages가 전달되는 것이다.

서버와 브라우저에서 MessageBoard 컴포넌트에 동일한 messages 속성을 제공하지 못하면 브라우저에서 React가 전체 컴포넌트를 다시 그린다. 브라우저 React에서 뷰를 변경해야 할 것으로 판단하기 때문이다. 내부적으로 React는 checksum 속성을 이용해서 서버 측 렌더링에 의해 이미 DOM에 반영된 데이터와 브라우저 React가 받은 데이터를 비교한다. 실제 트리를 비교하면 다소 시간이 소요되므로 React는 체크섬을 이용하여 더 빠르게 처리한다.

app.js 파일은 프론트엔드 라이브러리를 불러오고 DOM에 컴포넌트를 렌더링한다(ch17/message-board/client/app.jsx).

예제 코드 17.11 브라우저에서 클라이언트 React 컴포넌트를 렌더링한다.

```
const React = require('react')
const ReactDOM = require('react-dom')

const Header = require('../components/header.jsx')
const Footer = require('../components/footer.jsx')
const MessageBoard = require('../components/board.jsx')
```

---

7 역주 React 버전 16부터는 서버에서 렌더링한 마크업에 대해 브라우저에서 렌더링할 때 ReactDOM.render() 대신 ReactDOM.hydrate()를 사용한다. 이에 대해서는 https://goo.gl/ntx8vu를 참고하기 바란다.

```
ReactDOM.render(<Header />, document.getElementById('header'))
ReactDOM.render(<Footer />, document.getElementById('footer'))
ReactDOM.render(<MessageBoard messages={messages}/>, document.getElementById('message-
board'))
```

브라우저 코드는 간단하다!

17.4.6 Webpack 설정

마지막 단계는 브라우저 코드를 하나의 파일로 묶고, 의존 모듈을 관리하고, JSX 코드를 변환하도록 Webpack을 설정하는 것이다. 먼저 다음과 같이 entry에는 client/app.jsx, output은 프로젝트 폴더의 public/js로 하고, Babel 로더를 사용하도록 Webpack을 설정한다. `devtool` 설정은 Chrome 개발자 도구에서 컴파일한 소스 코드가 아닌 원본 코드의 행을 확인하기 위한 설정이다.

```
module.exports = {
  entry: './client/app.jsx',
  output: {
    path: __dirname + '/public/js/',
    filename: 'bundle.js'
  },
  devtool: '#sourcemap',
  stats: {
    colors: true,
    reasons: true
  },
  module: {
    loaders: [
      {
        test: /\.jsx?$/,
        exclude: /(node_modules)/,
        loader: 'babel-loader'
      }
    ]
  }
}
```

JSX 파일을 자바스크립트로 변환하려면 package.json의 Babel 설정에 `babel-preset-react`를 사용한다.

```
...
  "babel": {
    "presets": [
      "react"
    ]
  },
  ...
```

Babel과 Webpack 등 브라우저 React를 위한 클라이언트 측 의존 모듈은 `devDependencies`에 추가한다. Webpack이 필요한 모든 의존 모듈을 bundle.js에 담기 때문이다. 따라서 해당 의존 모듈은 런타임에 필요하지 않다.

```
{
  ...
  "devDependencies": {
    "axios": "0.13.1",
    "babel-core": "6.10.4",
    "babel-jest": "13.2.2",
    "babel-loader": "6.2.4",
    "babel-preset-react": "6.5.0",
    "node-dev": "3.1.3",
    "webpack": "1.13.1"
  }
}
```

> Tip 여기서 안내하는 정확한 버전을 사용하기 바란다. 이 책을 쓴 후에 바뀐 새로운 버전을 사용하면 프로젝트가 정상적으로 작동하지 않을 수도 있다. 농담 반, 진담 반이다!

또한, package.json에 npm 스크립트를 추가한다(필수는 아니지만 편의를 위해 추가한다).

```
...
  "scripts": {
    ...
    "build": "./node_modules/.bin/webpack"
  },
...
```

Webpack의 감지 기능(`-w`)을 사용하는 것도 좋은 방법이다. package.json의 npm build 스크립트에 `-w` 옵션을 추가할 수 있다.

```
...
"scripts": {
  "build": "./node_modules/.bin/webpack -w",
  ...
},
...
```

결과적으로 npm run build를 실행할 때마다 Webpack은 Babel을 이용해서 JSX를 자바스크립트로 변환하고 모든 파일과 의존 모듈을 하나의 파일로 모은다. 이 경우에는 /public/js/app.js에 저장된다.

views/index.hbs 템플릿에서 </body>의 바로 앞에 브라우저 코드를 불러오도록 했으므로 잘 작동한다. 템플릿에 입력한 내용을 다시 확인해보면 다음과 같다.

```
<script type="text/javascript" src="/js/bundle.js"></script>
```

npm run build를 실행하면 다음과 같은 결과를 확인할 수 있다.

```
Hash: 1d4cfcb6db55f1438550
Version: webpack 1.13.1
Time: 733ms
        Asset    Size  Chunks             Chunk Names
    bundle.js  782 kB       0  [emitted]  main
bundle.js.map  918 kB       0  [emitted]  main
    + 200 hidden modules
```

위와 같이 나온다면 성공이다. 혹시 실행 결과에서 다른 메시지나 오류를 발견했다면 여러분이 작성한 프로젝트의 코드를 https://github.com/gilbutITbook/006961 또는 https://github.com/azat-co/react-quickly/tree/master/ch17의 코드와 비교해보기 바란다.

17.4.7 앱 실행하기

지금까지 Express.js 앱에서 React 컴포넌트를 렌더링하는 과정을 살펴봤다. 일반적으로 필요한 것은 다음과 같다(빌드 환경과 컴포넌트를 갖추었다고 가정한 경우다).

- 데이터를 이스케이프 처리하지 않고 출력하는 템플릿
- 템플릿에 데이터를 전달하여 컴포넌트와 속성을 렌더링하기 위한 res.render()
- 사용자 상호작용을 위해 템플릿에 포함한 브라우저 React 파일(ReactDOM.Render 호출)

Express와 React를 사용한 유니버셜 자바스크립트에 대해 여전히 혼란스러운가? 만약 그렇다면 https://github.com/gilbutITbook/006961 또는 https://github.com/azat-co/react-quickly/tree/master/ch17/message-board에서 작동하는 코드를 받아 살펴보자. 브라우저 React를 비활성화하기 위해 app.js의 코드를 제거하면, 마우스 클릭 등에 대한 상호작용이 발생하지 않을 것이다. 만약 index.js 파일의 코드를 제거하여 서버의 React를 비활성화하면, 페이지를 불러올 때 다소 지연되는 것을 확인할 수도 있다.

프로젝트를 실행하려면 먼저 MongoDB를 실행한다(`$ mongod`로 실행한다. 더 자세한 설명은 부록 D를 참고하기 바란다). 프로젝트 폴더에서 다음과 같은 명령을 실행한다.

```
$ npm install
$ npm start
```

`npm run build`를 실행하여 Webpack 빌드를 실행하거나 브라우저 코드를 변경할 때마다 앱을 재시작해야 한다.

브라우저에서 http://localhost:3000을 열면 그림 17-9와 같은 메시지 게시판을 확인할 수 있다. Chrome 개발자 도구를 통해 페이지를 불러오는 과정을 자세히 살펴보면, HTML이 서버에서 렌더링되어 초기 로드가 빠른 것을 확인할 수 있다.

▼ 그림 17-9 서버와 브라우저 렌더링을 적용한 유니버셜 앱의 모습

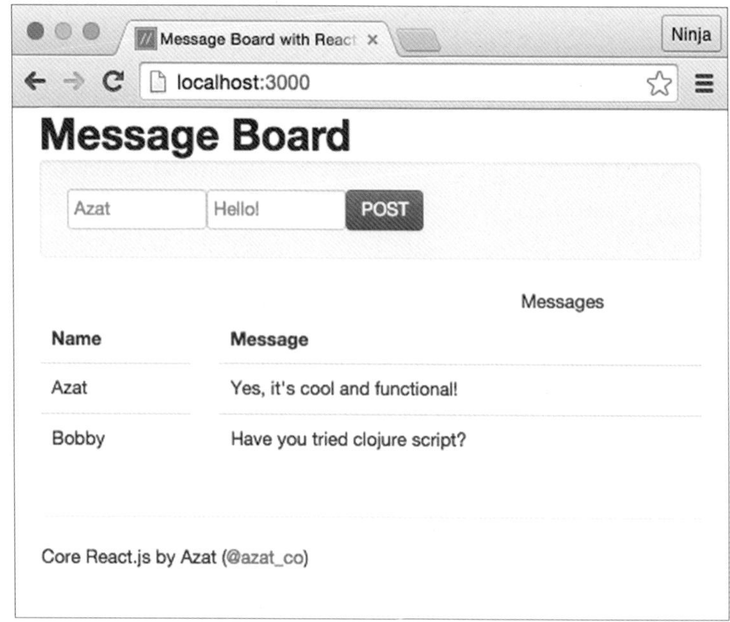

ch17/message-board/index.js 파일에서 서버 측 렌더링을 책임지는 부분의 코드를 주석 처리하면, 개발자 도구의 Network 탭에서 속도를 비교해볼 수 있다. localhost(첫 번째 페이지 로드와 서버 측 렌더링)와 /messages로 보내는 `GET` XHR 요청을 확인해보자. 그림 17-10과 같이 localhost를 불러오는 것이 훨씬 빠르다.

▼ 그림 17-10 서버 측 HTML을 불러오는 것이 bundle.js로 인해 지연되는 전체 로딩 시간에 비해 10배 빠르다.

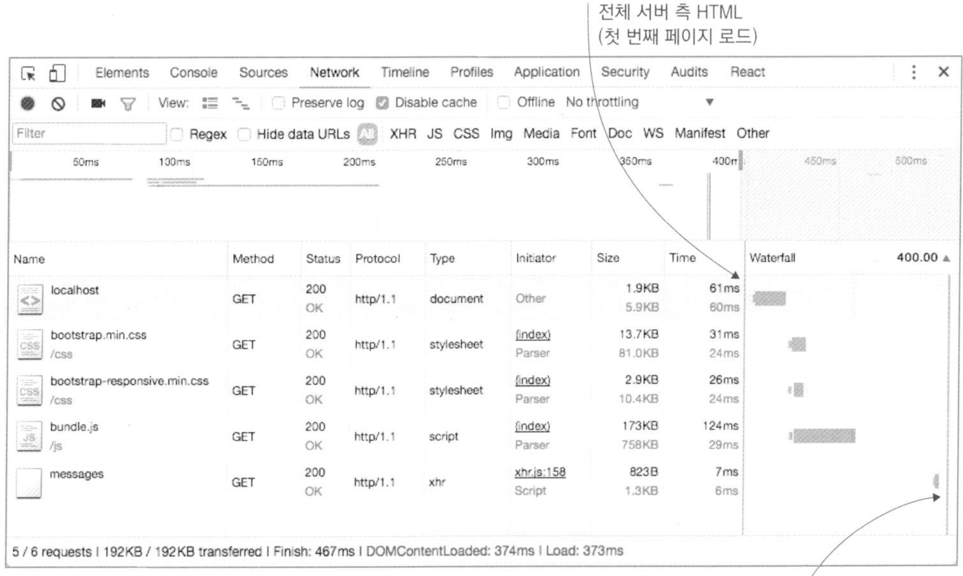

물론 전체 로딩의 대부분을 bundle.js가 차지한다. 200개 이상의 모듈이 담겨 있기 때문이다. `/messages`에 대한 `GET` 요청은 오래 걸리지 않는다. 몇 밀리초 정도다. 그렇지만 localhost 요청이 완료되면 사용자가 페이지의 모든 부분을 볼 수 있다. 반면에 동형/유니버셜 코드가 없으면 사용자는 완전한 HTML을 보려면 `/messages`에 대한 `GET` 요청이 완료되어 브라우저 React가 HTML을 렌더링할 때까지 기다려야 한다.

유니버셜 렌더링과 브라우저 렌더링을 비교하여 다른 관점에서 앱을 점검해보자. 그림 17-11은 localhost로 접속했을 때의 결과를 보여준다. 유니버셜 방식을 채택한 경우에는 localhost에 모든 데이터가 포함되어 있으며, 20~30밀리초 내에 로드된다. React 브라우저 렌더링만 사용하는 경우에는 localhost에 기본적인 HTML 뼈대만 존재한다. 유니버셜 방식과 비교해보면 브라우저 렌더링에서는 사용자가 10배의 시간을 기다려야 한다. 보통 150밀리초 이상이 소요되면 사람도 확실히 알아챈다.

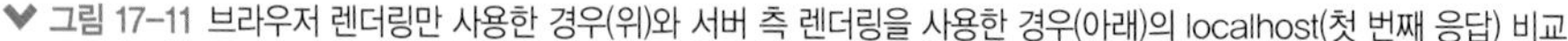

그림 17-11 브라우저 렌더링만 사용한 경우(위)와 서버 측 렌더링을 사용한 경우(아래)의 localhost(첫 번째 응답) 비교

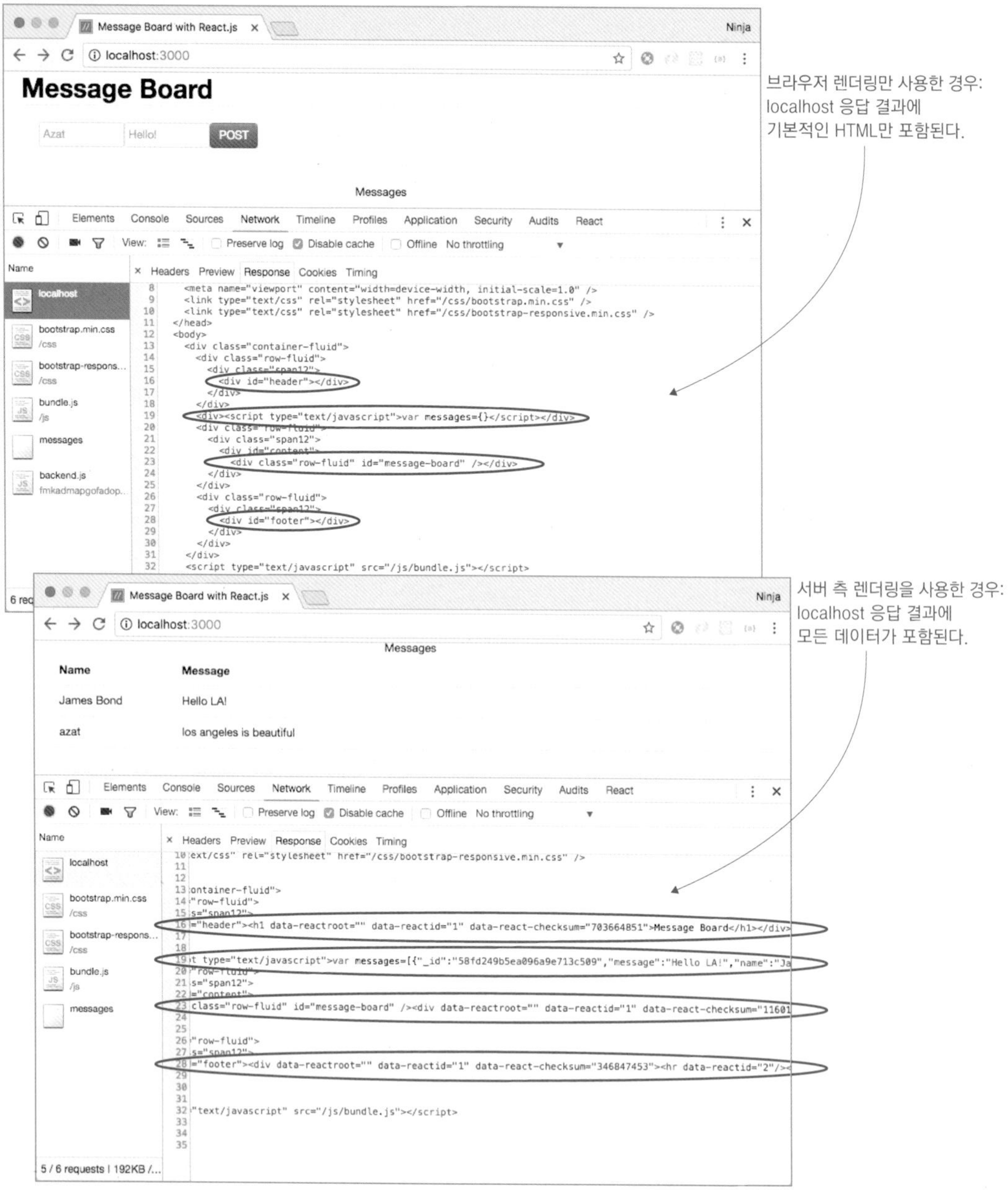

각각 Express.js 서버와 브라우저 React를 처리하는 index.js 또는 app.js에서 렌더링을 처리하는 코드를 주석 처리해볼 수 있다. 예를 들어 서버 측에서는 `Header` 컴포넌트를 제거하고, 브라우저에서 유지하면, `Header` 컴포넌트가 노출될 때까지 잠시 기다려야 할 것이다.

또한, 서버에서 변수 props를 전달하는 부분을 주석 처리하거나 값을 변경하면, 브라우저 React가 axios에서 메시지 목록을 받아온 후 DOM을 갱신하는 것을 확인할 수 있다. React는 일치하지 않는 체크섬에 대해 경고를 보낸다.

Note ☰ 유니버셜 라우팅과 데이터

여러분의 애플리케이션이 성장하면 React Router 또는 Redux 같은 라이브러리를 이용한 데이터 라우팅이 필요해질 것이다(13장과 14장에서 다뤘다). 흥미로운 점은 이러한 라이브러리가 Node.js를 지원하며, React Router가 Express도 지원한다는 점이다. 예를 들어 match와 RouterContext를 통해 React Router의 라우팅을 Express에 전달하여 서버 측 렌더링을 할 수 있다.

```
const { renderToString } = require('react-dom/server')
const { match, RouterContext } = require ('react-router')
const routes = require('./routes')
// ...
app.get('/', (req, res) => {
  match({ routes, --------- React Router의 특별한 메서드를 사용한다.
    location: req.url --------- React Router 메서드에 URL을 전달한다.
  },
    (error,
    redirectLocation,
    renderProps) => {
    // ...
    res
      .status(200)
      .send(renderToString( --------- 특별한 React Router 컴포넌트와 속성을 이용해서 HTML 문자열을 렌더링한다.
        <RouterContext {...renderProps} />
      ))
  })
}
```

14장에서 살펴본 Redux의 createStore() 메서드를 사용하면 서버에서 Express 미들웨어를 통해 데이터 저장소를 제공할 수 있다. 예를 들어 Redux를 사용해서 App 컴포넌트를 서버 측 렌더링하는 과정을 살펴보면 다음과 같다.

```
const { createStore } = require('redux')
const { Provider } = require('react-redux')
const reducers = require('./modules')
const routes = require('./routes')
// ...
app.use((req, res) => {
  const store = createStore(reducers) --------- 새로운 Redux 스토어 인스턴스를 생성한다.
  const html = renderToString( --------- 컴포넌트를 문자열로 렌더링한다.
```

계속

```
    <Provider store={store}> --------- 스토어를 활성화한다.
      <App/>
    </Provider>
  )
  const preloadedState = store.getState() --------- Redux 스토어의 초기 상태에 접근한다.
  res.render('index', {html, preloadedState}) --------- HTML과 데이터를 이용해서 페이지를
                                                        클라이언트로 렌더링한다.
})
```

index 템플릿은 다음과 같다.

```
<div id="root">${html}</div>
<script>
  window.__PRELOADED_STATE__ = ${JSON.stringify(preloadedState)}
</script>
<script src="/static/bundle.js"></script>
```

Redux는 메시지 게시판에 사용한 것과 동일한 방식을 취한다. HTML을 렌더링하고 데이터를 `<script>` 태그에 추가한다.

전체 예제와 설명은 각각 http://mng.bz/F5pb와 http://mng.bz/Edyx에서 확인할 수 있다.

지금까지 동형 또는 유니버셜 자바스크립트에 대해서 모두 살펴봤다. 코드가 일률적이며, 재사용할 수 있어 개발자의 생산성을 높이고 행복한 근로 환경을 가져오는 등 많은 이점을 얻을 수 있다!

17.5 퀴즈

REACT

1. 서버에서 React 컴포넌트를 렌더링할 때 사용하는 메서드는 무엇인가?
2. 첫 페이지를 서버에서 렌더링하면 성능을 향상시킬 수 있다. (○/×)
3. Webpack과 함께 CommonJS와 Node.js 모듈 문법인 require()를 사용하면 브라우저 코드에서 npm 모듈을 불러올 수 있다. (○/×)

4. 다음 중 Handlebars에서 이스케이프 처리하지 않은 문자열을 출력하기 위해 사용하는 방법은 무엇인가?

```
<%...%>
{{...}}
{{{...}}}
dangerouslySetInnerHTML=...
```

5. 브라우저 React에서 처리하는 AJAX/XHR 요청이 서버에서 호출되지 않도록 AJAX/XHR 요청을 처리하기에 가장 적절한 위치는 어디인가?

17.6 요약

REACT

- 서버에서 React를 사용하고 렌더링하려면 `react-dom/server`와 `renderToString()`이 필요하다.
- 서버에서 생성한 React HTML과 브라우저 React를 동기화하려면 동일한 데이터를 사용해야 한다. React는 체크섬을 사용하여 비교한다.
- `renderToString()`과 `renderToStaticMarkup()`의 차이점은 `renderToString()`에는 브라우저 React가 HTML을 재사용할 수 있도록 체크섬이 포함되어 있고, `renderToStaticMarkup()`에는 체크섬이 포함되어 있지 않다는 점이다.
- 유니버셜 자바스크립트를 구현하기 위해 서버에서 React를 렌더링한 후, 브라우저 React에 동일한 데이터를 제공하여 브라우저 쪽의 React 컴포넌트를 렌더링한다.
- Handlebars에서 중괄호 세 개를 사용하여 `{{{html}}}`로 입력하면 이스케이프 처리하지 않은 HTML을 출력할 수 있다.

17.7 퀴즈 정답

1. `ReactDOMServer.renderToString()`. `renderToStaticMarkup()`은 체크섬을 렌더링하지 않는다.
2. ○ / 첫 번째 페이지 로드에서 bundle.js와 AJAX 요청을 기다리지 않고도 모든 데이터를 가져올 수 있다.
3. ○ / Webpack과 함께 `require()`와 module.exports 문법을 사용할 수 있다. webpack.config.js에서 진입점을 설정하면, Webpack이 진입점을 시작으로 모든 의존 모듈을 탐색하여 필요한 의존 모듈만 추가한다.
4. 올바른 문법은 `{{{...}}}`이다. 이스케이프 처리가 필요한 변수는 안전을 위해 `{{data}}`를 사용한다.
5. `componentDidMount()`에서 처리한다. 서버 렌더링 시에 절대 호출되지 않기 때문이다.

18장

프로젝트: React Router를 이용한 서점 만들기

이 장의 주요 내용을 동영상으로 볼 수 있습니다.
QR 코드를 스캔하거나 http://reactquickly.co/videos/ch18 로 접속하세요.

이 장에서 살펴볼 주제

- 프로젝트 구조와 Webpack 설정
- 주 HTML 파일
- 컴포넌트 생성하기
- 프로젝트 실행하기

이 장의 프로젝트에서는 React Router의 사용법, ES6의 기능 몇 가지와 Webpack에 대해서 중점적으로 다룰 것이다. 이번 프로젝트를 통해 간단한 전자상거래를 할 수 있는 서점 사이트를 개발할 것이다(그림 18-1 참조).

▼ 그림 18-1 책 목록을 보여주는 서점 홈페이지

React Router를 이용한 브라우저 라우팅의 생성 방법을 비롯해 다음과 같은 내용에 대해 배울 것이다.

- 라우팅으로 데이터를 전달하고 접근하는 방법
- URL 매개변수에 접근하는 방법
- URL을 변경하면서 모달 대화상자를 생성하는 방법
- 라우팅을 중첩하여 레이아웃을 다루는 방법

이와 같은 기술을 살펴보기 위해 이 프로젝트는 다음과 같이 여러 경로에서 서로 다른 화면을 보여줄 것이다.

- **홈페이지**(/): 책 목록을 보여주는 홈페이지
- **상품 페이지**(/product/:id): 별도의 상품 페이지
- **카트**(/cart): 사용자가 선택한 도서와 수량을 보여주는 페이지
- **결제 페이지**(/checkout): 도서 목록과 함께 출력할 수 있는 송장을 보여주는 페이지

상품 정보는 한 파일(ch18/nile/jsx/app.js, 다음 절에서 소개할 프로젝트 구조 참조)의 배열로 된 데이터 집합에서 가져온다. 상품 페이지는 모달 대화상자 또는 별도의 페이지로 보여줄 수 있다. 홈페이지의 상품 이미지를 클릭하면, 모달 대화상자를 보여준다. 예를 들어 그림 18-2는 〈React Quickly〉의 상세 정보를 보여주는 모달 대화상자다.

▼ 그림 18-2 서점 웹 사이트의 모달 대화상자를 통해 확인할 수 있는 상품 상세 정보

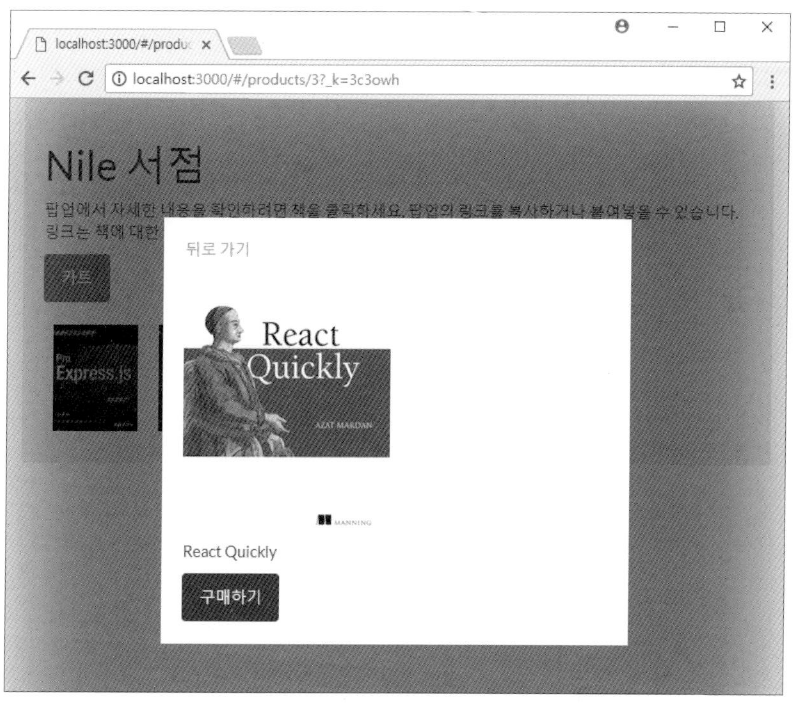

URL에는 /products/3과 같이 상태를 추적하기 위한 해시 토큰이 추가된다. 링크는 공유할 수 있다. 새로운 창에서 링크를 열면 모달 대화상자가 아닌 일반적인 페이지로 접속한다(그림 18-3 참조). 목록을 탐색하면서 새로운 페이지로 이동하지 않고 이전 페이지를 유지하려고 할 때 모달 대화상자가 유용하다. 그렇지만 상품에 대한 직접적인 링크를 공유할 때는 이전 페이지나 목록이 필요하지 않으므로 상품에 집중하도록 만들 것이다.

❤ 그림 18-3 상품에 대한 직접적인 링크는 모달 대화상자가 아니라 별도 페이지로 보여준다.

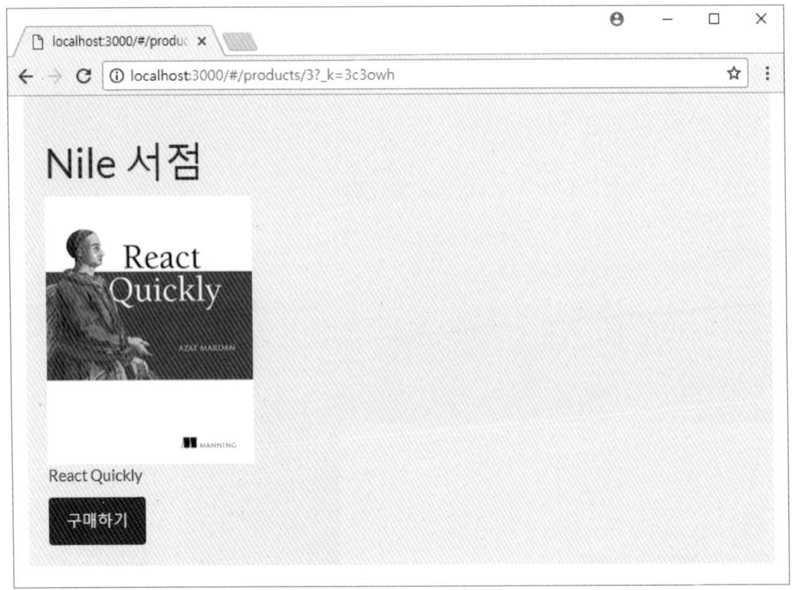

다음은 서점의 프론트엔드 구현을 위한 로드맵이다.

1. npm, Babel, Webpack을 이용한 프로젝트 구성
2. HTML 파일 생성
3. 컴포넌트 생성
4. 프로젝트 실행

이 장의 끝에서 과제로 소개하는 항목도 구현하여 깃허브 저장소(https://github.com/azat-co/react-quickly)에 제출하는 것을 추천한다.

> Note ≡ 프로젝트를 수행하려면 난독화되지 않은 버전의 React를 받고, JSX를 컴파일하기 위해 Node.js와 npm을 설치해야 한다. 또한, 빌드 도구로 Webpack을 사용할 것이다. 설치 방법은 부록 A를 참고하기 바란다.

> Note ≡ 이 장의 예제 코드는 https://github.com/gilbutITbook/006961 또는 https://github.com/azat-co/react-quickly/tree/master/ch18에서 확인할 수 있다(깃허브 저장소 https://github.com/azat-co/react-quickly의 ch18 폴더다).

우선 프로젝트 설정을 시작해보자.

18.1 프로젝트 구조와 Webpack 설정

URL 라우팅을 갖춘 프론트엔드 앱을 구현하는 것이 프로젝트의 최종 결과라는 점을 기본적으로 이해하고 있으리라 생각한다. 그러면 프로젝트 구조를 살펴볼 차례다. 폴더 구조는 다음과 같다.

```
/css
  bootstrap.css
/images
  ...
/js
  bundle.js --------- 컴파일 및 번들링을 마친 코드
  bundle.js.map
/jsx
  app.jsx --------- App과 ReactDOM.render()가 있는 진입점 스크립트
  cart.jsx --------- 카트 컴포넌트
  checkout.jsx
  modal.jsx --------- 모달 대화상자 컴포넌트
  product.jsx
/node_modules
  ...
index.html --------- 주 HTML 파일
package.json
webpack.config.js
```

간단히 설명하기 위해 images와 node_modules 폴더의 내용은 요약해서 표시했다. 이 애플리케이션은 프론트엔드만 존재하지만, 의존 모듈을 설치하고 Babel을 설정하려면 package.json 파일이 필요하다. 다음 예제 코드에서 package.json의 의존 모듈을 확인할 수 있다.

예제 코드 18.1 서점 프로젝트의 의존 모듈과 설정

```
{
  "name": "nile",
  "version": "1.0.0",
  "description": "",
  "main": "index.js",
  "author": "Azat Mardan",
  "license": "MIT",
  "scripts": {
```

```
    "build": "node ./node_modules/webpack/bin/webpack.js -w" --------- Webpack 감지 기능과 함께
  },                                                                   정적 자원을 빌드하기 위한
  "babel": {                                                           npm 스크립트를 생성한다.
    "plugins": [
      "transform-react-jsx" --------- Babel용 JSX 플러그인을 추가한다.
    ],
    "presets": [
      "es2015" --------- ES6/ES2015 코드를 ES5로 변환하는 기능을 추가하여 구형 브라우저를 지원한다.
    ],
    "ignore": [
      "js/bundle.js",
      "node_modules/**/*.js" --------- 의존 모듈은 Babel이 처리하지 않도록 한다.
    ]
  },
  "devDependencies": {
    "babel-core": "6.3.21",
    "babel-loader": "6.4.1",
    "babel-plugin-transform-react-jsx": "6.3.13",
    "babel-preset-es2015": "6.3.13",
    "history": "4.0.0", --------- React Router와 함께 사용할 수 있는 history 라이브러리를 설치한다.
    "react": "15.5.4",
    "react-addons-test-utils": "15.2.1",
    "react-dom": "15.5.4",
    "react-router": "2.8.0",
    "webpack": "2.4.1",
    "webpack-dev-server": "1.14.0"
  }
}
```

일반적인 프로젝트 설정으로 시작한 뒤, npm 스크립트 명령은 프로젝트에 설치한 Webpack을 사용한다. 따라서 `devDependecies`에 정의된 것과 같은 버전을 사용한다. 빌드를 실행하면 bundle.js 파일이 생성되고, 8080 포트에 Webpack 개발 서버가 실행된다. 반드시 Webpack 개발 서버를 사용해야 하는 것은 아니다. 변경이 있을 때 매번 수동으로 빌드하고 `node-static`(https://github.com/cloudhead/node-static) 또는 비슷한 웹 서버를 사용할 수도 있다.

```
"scripts": {
  "build": "node ./node_modules/webpack/bin/webpack.js -w"
},
```

다음 행은 Babel 버전 6.x에서 필요한 설정이며, 이 설정이 없으면 Babel은 제대로 작동하지 않는다. Babel이 JSX 변환과 ES2015 프리셋을 사용하도록 설정한다.

```
"babel": {
  "plugins": [
    "transform-react-jsx"
  ],
  "presets": [
    "es2015"
  ],
```

다음 Babel 설정은 필수다. Babel 로더에서 node_modules 폴더에 있는 파일 등을 제외시킨다.

```
  "ignore": [
    "js/bundle.js",
    "node_modules/**/*.js"
  ]
},
```

> **Note** 다음으로 의존 모듈을 정의한다. 추후 업데이트되는 버전의 작동 여부를 보장할 수 없으므로 다음에 소개하는 정확한 버전을 사용해야 한다. React와 Babel의 개발 속도를 볼 때 반드시 변경 사항이 있을 것이다. 그렇지만 이 책처럼 개념을 배우기 위해서라면 조금 오래된 버전을 사용하는 것도 나쁘지 않을 것이다.

devDependencies는 이름 그대로 개발을 위한 의존 모듈이며, 실제 배포에 포함되지 않는다. 여기에 Webpack, Webpack 개발 서버, Babel 등의 패키지를 추가한다. 아래에 나열된 정확한 버전을 사용하는지 다시 한 번 확인하기 바란다.

```
...
"devDependencies": {
  "babel-core": "6.3.21",
  "babel-loader": "6.4.1",
  "babel-plugin-transform-react-jsx": "6.3.13",
  "babel-preset-es2015": "6.3.13",
  "history": "4.0.0",
  "react": "15.5.4",
  "react-addons-test-utils": "15.2.1",
  "react-dom": "15.5.4",
```

```
    "react-router": "2.8.0",
    "webpack": "2.4.1",
    "webpack-dev-server": "1.14.0"
  }
}
```

프로젝트 의존 모듈을 정의했으니 ES6와 JSX 변환을 할 수 있도록 Webpack 빌드 설정을 할 차례다. 이를 위해 폴더 최상위에 다음과 같이 webpack.config.js를 생성한다(ch18/nile/webpack.config.js).

예제 코드 18.2 서점 웹 사이트를 위한 Webpack 설정

```
module.exports = {
  entry: "./jsx/app.jsx",
  output: {
    path: __dirname + '/js',
    filename: "bundle.js"
  },
  devtool: '#sourcemap',
  stats: {
    colors: true,
    reasons: true
  },
  module: {
    loaders: [
      {
        test: /\.jsx?$/,
        exclude: /(node_modules)/,
        loader: 'babel-loader'
      }
    ]
  }
}
```

끝으로 `npm i`(`npm install`의 축약)를 실행하면 설정이 완료된다. 다음으로 React 컴포넌트의 뼈대를 위한 `<div>` 요소를 담은 HTML 파일을 생성할 것이다.

18.2 주 HTML 파일

프로젝트를 위한 HTML 파일은 매우 단순하다. ID가 content인 `<div>`가 있으며, js/bundle.js를 불러온다(ch18/nile/index.html).

예제 코드 18.3 주 HTML 파일

```
<!DOCTYPE html>
<html>
  <head>
    <link href="css/bootstrap.css" type="text/css" rel="stylesheet"/>
  </head>
  <body>
    <div class="container-fluid">
      <div id="content" class=""></div>
    </div>
    <script src="js/bundle.js"></script>
  </body>
</html>
```

간단한 테스트를 통해 여기까지 구성한 빌드와 개발 과정이 제대로 동작하는지 확인해보자.

1. `$ npm install`을 실행하여 모든 의존 모듈을 설치한다. 한 번만 실행한다.
2. jsx/app.jsx 파일에 `console.log('Hey Nile!')`를 추가한다.
3. `$ npm run build`를 실행하여 앱을 구동한다. `-w` 옵션이 추가되어 변경이 있을 때마다 다시 빌드되므로 계속 실행되도록 한다.
4. 프로젝트 최상위에서 로컬 웹 서버를 실행한다. package.json에 추가한 `webpack-dev-server`를 사용[1]하거나 `node-static`을 사용할 수 있다.
5. 브라우저에서 http://localhost:8080으로 접속한다.
6. Chrome 개발자 도구 등의 브라우저 콘솔을 열고 "Hey Nile!"라는 메시지가 출력되는지 확인한다.

1 역주 터미널 또는 명령창에서 `webpack-dev-server`를 실행하려면 프로젝트 폴더로 이동하여 node ./node_modules/webpack-dev-server/bin/webpack-dev-server.js를 입력한다.

18.3 컴포넌트 생성하기

앱을 빌드하고 메시지도 확인했을 것이다. 먼저 ES6 모듈과 해체할당을 이용해서 모듈을 불러오는 것부터 시작한다. **해체할당**(destructuring)은 간단히 말해 객체의 속성 이름과 같은 이름을 이용해서 객체로부터 변수를 정의하는 방법이다. 예를 들어 user.accounts에서 accounts를 불러온 후 accounts를 선언(accounts를 반복하고 있다)하려고 할 때, {accounts} = user를 사용할 수 있다. 해체할당이 잘 이해되지 않는다면 부록 E의 ES6 치트시트를 참고하기 바란다.

18.3.1 메인 파일: app.jsx

먼저 app.jsx를 작성한다. app.jsx는 주요 모듈을 불러오고, 책 정보와 라우팅을 담고 있다. 컴포넌트 코드는 잠시 뒤에 살펴보고, 그 외의 부분을 살펴보면 다음과 같다.

예제 코드 18.4 메인 앱 파일

```
const React = require('react')
const ReactDOM = require('react-dom')
const { hashHistory, --------- 해시 히스토리를 불러온다.
  Router,
  Route,
  IndexRoute,
  Link,
  IndexLink
} = require('react-router') --------- React Router에서 객체를 불러온다.

const Modal = require('./modal.jsx')          ┐
const Cart = require('./cart.jsx')            │
const Checkout = require('./checkout.jsx')    ├--------- 컴포넌트를 불러온다.
const Product = require('./product.jsx')      ┘

const PRODUCTS = [ --------- 이 예제에서 데이터베이스를 다루지 않는 대신 간단한 책 데이터 배열을 사용한다.
  { id: 0, src: 'images/proexpress-cover.jpg',
    title: 'Pro Express.js', url: 'http://amzn.to/1D6qiqk' },
  { id: 1, src: 'images/practicalnode-cover.jpeg',
    title: 'Practical Node.js', url: 'http://amzn.to/NuQ0fM' },
  { id: 2, src: 'images/expressapiref-cover.jpg',
    title: 'Express API Reference', url: 'http://amzn.to/1xcHanf' },
```

```
  { id: 3, src: 'images/reactquickly-cover.jpg',
    title: 'React Quickly', url: 'https://www.manning.com/books/react-quickly'},
  { id: 4, src: 'images/fullstack-cover.png',
    title: 'Full Stack JavaScript', url: 'http://www.apress.com/9781484217504'}
]

const Heading = () => {
  return <h1> Nile 서점 </h1>
}

const Copy = () => {
  return <p>팝업에서 자세한 내용을 확인하려면 책을 클릭하세요. 팝업의 링크를 복사하거나 붙여넣을 수 있습니다. 링크는 책에 대한 별도의 페이지로 연결됩니다.</p>
}

class App extends React.Component {
  ...
}

class Index extends React.Component {
  ...
}
let cartItems = {}
const addToCart = (id) => {
  if (cartItems[id])
    cartItems[id] += 1
  else
    cartItems[id] = 1
}

ReactDOM.render((
  <Router history={hashHistory}>
    <Route path="/" component={App}>
      <IndexRoute component={Index}/>
      <Route path="/products/:id" component={Product}
        addToCart={addToCart}
        products={PRODUCTS} />
      <Route path="/cart" component={Cart}
      cartItems={cartItems} products={PRODUCTS}/>
    </Route>
    <Route path="/checkout" component={Checkout}
      cartItems={cartItems} products={PRODUCTS}/>
  </Router>
), document.getElementById('content'))
```

두 컴포넌트는 모두 상태비저장 컴포넌트로 구현한다.

객체 cartItems는 카트의 현재 항목을 관리한다. 처음에는 빈 객체다.

파일의 상단에서 모든 항목을 불러온 후에는 상품 정보를 배열에 하드코딩한다. 배열의 각 객체에는 id, src, title, url이 있다. 실제 앱이라면 브라우저의 자바스크립트 파일이 아니라 서버에서 데이터를 가져올 것이다.

```
const PRODUCTS = [
  { id: 0, src: 'images/proexpress-cover.jpg',
    title: 'Pro Express.js', url: 'http://amzn.to/1D6qiqk' },
  { id: 1, src: 'images/practicalnode-cover.jpeg',
    title: 'Practical Node.js', url: 'http://amzn.to/NuQ0fM' },
  { id: 2, src: 'images/expressapiref-cover.jpg',
    title: 'Express API Reference', url: 'http://amzn.to/1xcHanf' },
  { id: 3, src: 'images/reactquickly-cover.jpg',
    title: 'React Quickly', url: 'https://www.manning.com/books/react-quickly'},
  { id: 4, src: 'images/fullstack-cover.png',
    title: 'Full Stack JavaScript', url: 'http://www.apress.com/9781484217504'}
]
```

ES6 화살표 함수를 이용해서 다음과 같이 상태비저장 컴포넌트를 구현한다. ReactDOM.render 메서드에 바로 <h1>을 사용하지 않는 이유는 무엇일까? 그 이유는 상태비저장 컴포넌트를 만들면 여러 화면에서 사용할 수 있기 때문이다. Copy 컴포넌트도 상태비저장 컴포넌트로 만든다. 단순한 정적 HTML이므로 속성 등 추가적인 부분이 필요하지 않다.

```
const Heading = () => {
  return <h1>Nile 서점</h1>
}

const Copy = () => {
  return <p>팝업에서 자세한 내용을 확인하려면 책을 클릭하세요. 팝업의 링크를 복사하거나 붙여넣을 수
있습니다. 링크는 책에 대한 별도의 페이지로 연결됩니다.</p>
}
```

이어서 주 컴포넌트인 App과 Index 컴포넌트가 있고, 다음으로 카트의 현재 항목을 담은 cartItems 객체가 있다. cartItems 객체는 처음에는 비어 있다. addToCart()는 간단한 함수다. 서버가 포함된 버전이라면 Redux를 이용해서 서버와 세션을 위한 데이터를 유지하여 사용자가 추후에 카트를 확인할 수 있도록 할 수도 있을 것이다.

```
let cartItems = {}
const addToCart = (id) => {
  if (cartItems[id])
    cartItems[id] += 1
```

```
    else
      cartItems[id] = 1
  }
```

끝으로 Router 컴포넌트를 마운팅하는 ReactDOM.render() 메서드를 살펴보면 다음과 같다. React Router에 history 라이브러리를 전달해야 한다. 앞서 언급한 것처럼 브라우저 히스토리 또는 해시 히스토리를 사용할 수 있다(이 프로젝트에서는 해시 히스토리를 사용한다).

```
ReactDOM.render((
  <Router history={hashHistory}>
    <Route path="/" component={App}>
      <IndexRoute component={Index}/> --------- IndexRoute에서 Index 컴포넌트를 사용한다.
      <Route path="/products/:id" component={Product}
        addToCart={addToCart} --------- 카트에 책을 추가할 수 있는 메서드를 전달한다.
        products={PRODUCTS} />
      <Route path="/cart" component={Cart}
      cartItems={cartItems} products={PRODUCTS}/> --------- cartItems와 products 속성으로 카트에 담은
                                                            책 목록과 모든 책 목록을 전달한다.
    </Route>
    <Route path="/checkout" component={Checkout}
      cartItems={cartItems} products={PRODUCTS}/> --------- 결제 페이지는 App 컴포넌트 밖에 정의하여
                                                            헤더가 렌더링되지 않도록 한다.
  </Router>
), document.getElementById('content'))
```

/products/:id로 연결되는 Product 컴포넌트는 책을 카트에 담을 수 있는 addToCart() 함수를 전달받는다. Product 컴포넌트는 addToCart() 함수에 this.props.route.addToCart로 접근할 수 있는데, Route로 전달한 모든 속성을 해당 컴포넌트에서 this.props.route.NAME으로 접근할 수 있기 때문이다. 예를 들어, 속성 products는 Product 컴포넌트에서 this.props.route.products가 된다.

```
<Route path="/products/:id" component={Product} addToCart={addToCart}
  products={PRODUCTS} />
```

/checkout 라우팅은 App 컴포넌트 밖에 선언했으므로 헤더를 포함하지 않는다(그림 18-4 참조). path와 라우팅 구조는 독립적일 수 있다는 점을 기억하고 있을 것이다.

```
<Route path="/checkout" component={Checkout}
  cartItems={cartItems} products={PRODUCTS}/>
```

▼ 그림 18-4 송장(invoice)에는 다른 화면과 달리 헤더가 없다.

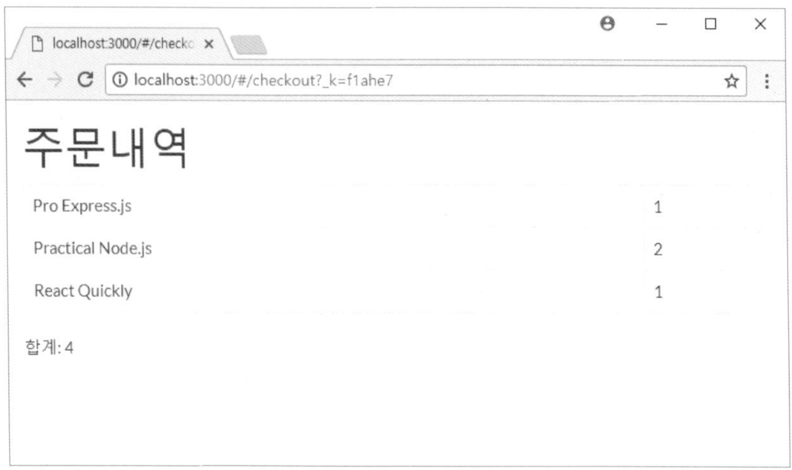

Checkout 컴포넌트를 App 컴포넌트 밖에 위치시켰으므로 Checkout은 App의 자식 컴포넌트가 아니다. 송장/결제 페이지에서 이전으로 돌아가려면 브라우저의 뒤로가기를 누른다.

APP 컴포넌트

이제 App 컴포넌트를 구현할 차례다! App 컴포넌트는 Webpack의 진입점이며, 대부분의 화면에 레이아웃이 되어 Product, 상품 목록, Cart 컴포넌트 등과 같은 자식 컴포넌트를 렌더링하고 모달 대화상자도 보여주는 메인 컴포넌트다. ReactDOM.render()가 어떻게 작성되었는지 다시 살펴보자. App 컴포넌트가 앱의 최상위 컴포넌트다.

```
ReactDOM.render((
  <Router history={hashHistory}>
    <Route path="/" component={App}> --------- App 컴포넌트는 Product, Cart, Index 컴포넌트의 할아버지다.
      <IndexRoute component={Index}/>
      <Route path="/products/:id" component={Product} .../>
      <Route path="/cart" component={Cart} .../>
    </Route>
    // ...
  </Router>
), document.getElementById('content'))
```

함수만 사용하는 상태비저장 컴포넌트와 달리 App 컴포넌트는 클래스를 사용한다(ch18/nile/jsx/app.jsx).

예제 코드 18.5 App 컴포넌트

```
class App extends React.Component {
  componentWillReceiveProps(nextProps) {
    this.isModal = (nextProps.location.state &&
    nextProps.location.state.modal) --------- Link 컴포넌트로 전달된 상태를 사용한다(Route에서 구현됨).
    if (this.isModal &&
      nextProps.location.key !== this.props.location.key) {
        this.previousChildren = this.props.children --------- 자식을 previousChildren에 저장하여
                                                              렌더링한다.
    }
  }
  render() {
    console.log('Modal: ', this.isModal)
    return (
      <div className="well">
        <Heading/>
        <div>
          {(this.isModal) ? this.previousChildren :
            this.props.children} --------- 모달을 노출하는 경우에는 이전 자식 컴포넌트(홈페이지)를 보여주고,
                                           그 외에는 Router 구조에 정의한 자식 컴포넌트를 보여준다.
          {(this.isModal)?
            <Modal isOpen={true} returnTo=
              {this.props.location.state.returnTo}>
              {this.props.children} --------- 모달 대화상자로 책의 상세 정보를 보여준다.
            </Modal> : ''
          }
        </div>
      </div>
    )
  }
}
```

componentWillReceiveProps()가 다음과 같이 인자를 전달받는다는 점을 상기해보자. componentWillReceiveProps()는 모달 대화상자의 노출 여부를 정하기에 적절한 위치다.

```
class App extends React.Component {
  componentWillReceiveProps(nextProps) {
    this.isModal = (nextProps.location.state &&
      nextProps.location.state.modal)
```

다음 조건문은 모달 대화상자가 있는 화면인지 아닌지를 확인한다. 모달 대화상자를 보여주는 경우에는 자식을 이전 자식으로 할당한다. 불 값인 isModal은 Link 엘리먼트의 location 속성에서 전달받은 상태에 따라 화면의 모달 노출 여부를 정의한다(자세한 내용은 Index 컴포넌트 예제에서 살펴볼 수 있다).

```
    if (this.isModal &&
      nextProps.location.key !== this.props.location.key) {
      this.previousChildren = this.props.children
    }
  }
```

render() 메서드에서 Heading 컴포넌트가 상태비저장 컴포넌트인지 여부는 중요하지 않다. 다른 React 컴포넌트와 같은 방식으로 렌더링한다.

```
  render() {
    console.log('Modal: ', this.isModal)
    return (
      <div className="well">
        <Heading/>
```

삼항 연산자를 이용해서 this.previousChildren 또는 this.props.children을 렌더링한다. React Router는 Index 또는 Product 컴포넌트처럼 중첩된 라우팅 또는 컴포넌트를 this.props.children으로 추가한다. App 컴포넌트가 앱 화면의 대부분에서 사용된다는 점을 기억하자. React Router를 사용하면 기본적으로는 this.props.children을 렌더링한다.

```
  <div>
    {(this.isModal) ? this.previousChildren: this.props.children}
```

isModal 조건 없이 항상 this.props.children을 출력한다면 그림 18-5와 같이 책 이미지를 클릭하여 모달 대화상자를 열었을 때 모달 대화상자와 배경의 내용이 같을 것이다. 그림 18-5와 같은 동작은 의도한 바가 아니다. 따라서 원래의 의도대로 작동시키기 위해서는 이전 자식을 렌더링해야 한다. 여기서는 이전 자식이 홈(Home)페이지이므로 홈페이지를 렌더링한다. state.modal이 true이면 모달에 대한 링크를 재사용할 수 있다(Index 컴포넌트에서 자세히 다룬다). 결과적으로 현재 화면을 유지한 상태에서 모달 대화상자를 확인할 수 있다.

❤ 그림 18-5 isModal을 확인하지 않고 previousChildren을 사용하면 책 목록이 노출되지 않는다.

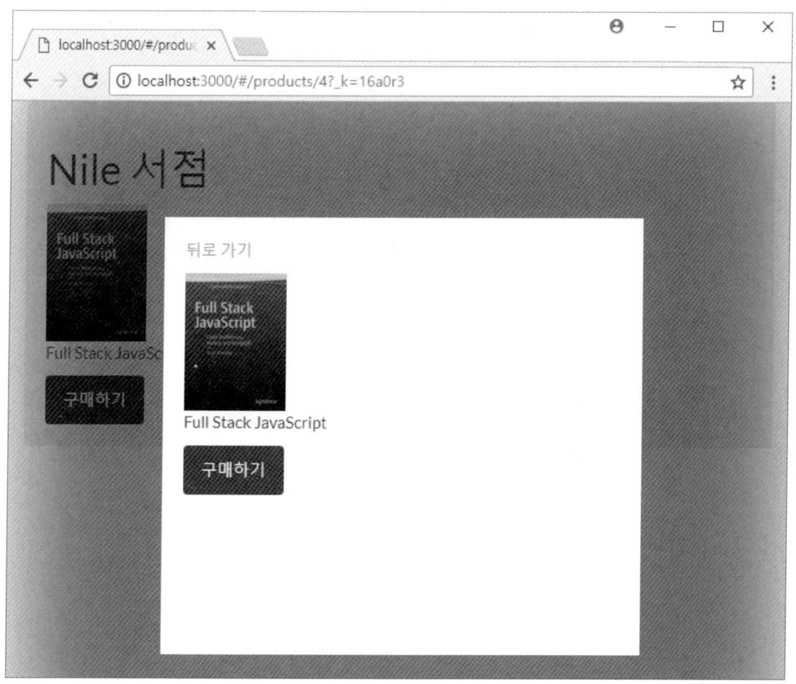

끝으로 다른 삼항 연산자 안에서도 모달 대화상자를 렌더링할 수 있다. `isOpen`과 `returnTo`를 전달한다.

```
          {(isModal)?
            <Modal isOpen={true} returnTo={this.props.location.state.returnTo}>
              {this.props.children}
            </Modal> : ''
          }
        </div>
      </div>
    )
  }
}
```

INDEX 컴포넌트

app.jsx를 계속 작성하자. 다음 차례는 홈페이지 컴포넌트다. 이 컴포넌트는 전체 책 목록을 보여준다. 코드는 다음과 같다(ch18/nile/jsx/app.jsx).

예제 코드 18.6 홈페이지를 위한 Index 컴포넌트

```
class Index extends React.Component {
  render() {
    return (
      <div>
        <Copy/>                                      Link를 이용해서 카트에 연결하는 링크를 추가한다.
        <p><Link to="/cart" className="btn btn-danger">Cart</Link></p> ---------
        <div>
          {PRODUCTS.map(picture => (
            <Link key={picture.id}
              to={{pathname: `/products/${picture.id}`, --------- ES6 템플릿 리터럴을 이용해서 상품 URL을 생성한다.
                state: { modal: true, --------- 모달 대화상자를 보여준다.
                  returnTo: this.props.location.pathname }
                }
              }}>
              <img style={{ margin: 10 }} src={picture.src} height="100" />
            </Link>
          ))}
        </div>
      </div>
    )
  }
}
```

map() 반복자에서 책 정보 모달로 연결하는 링크를 렌더링한다. 이 링크로 직접 접속하는 경우에는 모달을 노출하지 않는 별도의 페이지를 보여준다.

```
{PRODUCTS.map(picture => (
  <Link key={picture.id}
    to={{pathname: `/products/${picture.id}`,
      state: { modal: true,
        returnTo: this.props.location.pathname }
      }
    }}>
```

/products/:id와 연결된 컴포넌트(Product 컴포넌트와 그 부모인 App 컴포넌트)에 어떤 속성이라도 전달할 수 있다. 전달한 속성은 this.props.location.NAME으로 접근할 수 있으며, 여기서 NAME은 속성의 이름이다. 앞에서 Modal 컴포넌트에 state.modal을 사용했었다.

<img> 태그는 src 속성을 사용해서 책 이미지를 보여준다.

```
            <img style={{ margin: 10 }} src={picture.src} height="100" />
          </Link>
        ))}
      </div>
    </div>
  )
 }
}
```

여기까지 app.jsx 파일을 모두 살펴봤다. 다음으로 Cart 컴포넌트를 구현할 것이다. App 컴포넌트가 서점의 레이아웃을 처리하는 것과 달리, Cart 컴포넌트는 애플리케이션에 밀접하게 연관되어 있지 않으므로 별도의 파일로 작성한다.

18.3.2 Cart 컴포넌트

/cart로 접속하면 그림 18-6과 같이 Cart 컴포넌트로 렌더링한 카트에서 책 목록과 수량을 보여준다. Cart 컴포넌트는 cartItems를 사용하여 책 목록과 수량을 표시한다. ES6 문법으로 작성한 render() 메서드를 살펴보자(ch18/nile/jsx/cart.jsx).

예제 코드 18.7 Cart 컴포넌트

```
const React = require('react')
const {
  Link
} = require('react-router')

class Cart extends React.Component {
  render() {
    return <div>
      {(Object.keys(this.props.route.cartItems).length == 0) ?
        <p>카트에 담은 상품이 없습니다.</p> : '' }
       <ul>
        {Object.keys(this.props.route.cartItems).map((item,
          index,
          list)=>{ --------- 각 항목을 순회하며 카트에 렌더링한다.
          return <li key={item}>
            {this.props.route.products[item].title}
            - {this.props.route.cartItems[item]}
          </li>
        })}
```

```
      </ul>
      <Link to="/checkout" --------- 결제 페이지로 이동하는 링크를 추가한다.
        className="btn btn-primary">
        결제하기
      </Link>
      <Link to="/" className="btn btn-info"> --------- 사용자가 상품을 더 구매할 수 있도록 홈페이지로
        홈                                                이동하는 링크를 추가한다.
      </Link>
    </div>
  }
}

module.exports = Cart
```

▼ 그림 18-6 카트

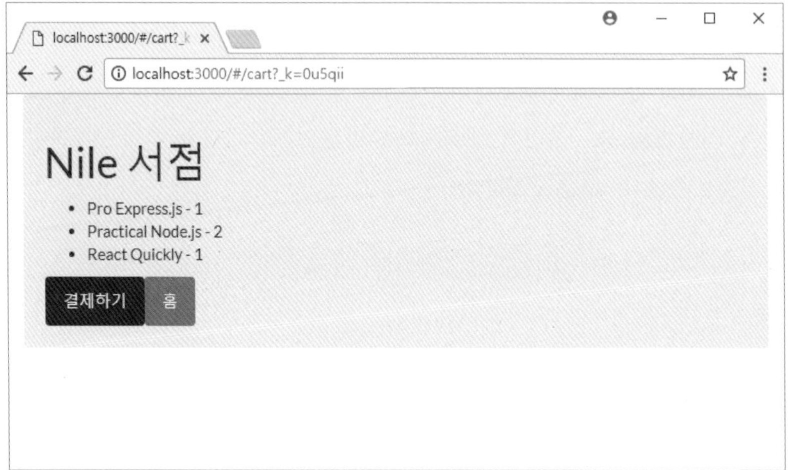

Cart 컴포넌트는 상품 목록으로 this.props.route.products를 사용한다. 이 값은 app.jsx에서 다음과 같이 products 속성으로 전달했기 때문에 접근할 수 있다.

```
<Route path="/cart" component={Cart}
  cartItems={cartItems} products={PRODUCTS}/>
```

14장에서 살펴본 Redux를 사용하는 경우에는 Provider가 자동으로 데이터 스토어를 자식 컴포넌트에서 접근할 수 있도록 하므로 일일이 속성으로 전달할 필요가 없다.

18.3.3 Checkout 컴포넌트

다음은 그림 18-7에 나오는 Checkout 컴포넌트다. Checkout 컴포넌트는 App 컴포넌트의 자식으로 라우팅하지 않는 유일한 컴포넌트다. 복습하는 차원에서 app.jsx를 다시 살펴보자.

```
ReactDOM.render((
  <Router history={hashHistory}>
    <Route path="/" component={App}> --------- App 컴포넌트: 주 레이아웃
      <IndexRoute component={Index}/>
      <Route path="/products/:id" component={Product}
        addToCart={addToCart}
        products={PRODUCTS} />
      <Route path="/cart" component={Cart}
      cartItems={cartItems} products={PRODUCTS}/>
    </Route>
    <Route path="/checkout" component={Checkout} --------- Checkout 컴포넌트는 App 컴포넌트를
      cartItems={cartItems} products={PRODUCTS}/>           사용하는 라우팅 밖에 위치한다.
  </Router>
), document.getElementById('content'))
```

위에서 볼 수 있듯이 App 컴포넌트와 Checkout 컴포넌트는 동일한 계층에 위치하고 있다. 따라서 /checkout으로 접속하면, App 컴포넌트는 실행되지 않는다. 따라서 레이아웃도 없다(한 가지 흥미로운 점은 URL은 중첩하면서 컴포넌트의 중첩은 피할 수 있다는 점이다. 예를 들어 여기서는 그렇게 하지 않겠지만 /cart/checkout으로도 설정할 수 있다).

▼ 그림 18-7 결제 페이지는 헤더가 필요 없다.

18 프로젝트: React Router를 이용한 서점 만들기

출력 가능한 송장 화면은 Bootstrap의 스타일인 table과 table-bordered를 사용한다. 또한, ES6 문법인 `const`(객체의 속성은 변경할 수 있다는 점을 기억하자)와 클래스 문법을 사용했다(ch18/nile/jsx/checkout.jsx).

예제 코드 18.8 Checkout 컴포넌트

```
const React = require('react')
const {
  Link
} = require('react-router')


class Checkout extends React.Component {
  render() {
    let count = 0
    return <div><h1>주문내역</h1><table className="table table-bordered"><tbody>
      {Object.keys(this.props.route.cartItems).map((item, index, list)=>{  ---- 각 항목을 순회하며 카트에 렌더링한다.
        count += this.props.route.cartItems[item]
        return <tr key={item}>
          <td>{this.props.route.products[item].title}</td>  ---- 라우터로 전달된 상품 목록을 사용하여 제목을 표시한다.
          <td>{this.props.route.cartItems[item]}</td>
        </tr>
      })}
    </tbody></table><p>Total: {count}</p></div>
  }
}

module.exports = Checkout  ---- 클래스를 내보낸다.
```

다음은 `Modal` 컴포넌트를 구현할 차례다.

18.3.4 Modal 컴포넌트

이 컴포넌트는 모달 대화상자에 자식 컴포넌트를 렌더링한다. App 컴포넌트에서 다음과 같이 `Modal` 컴포넌트를 사용했다.

```
{(this.isModal) ?
  <Modal isOpen={true} returnTo={this.props.location.state.returnTo}>
    {this.props.children}
  </Modal> : ''
}
```

Modal 컴포넌트는 App 컴포넌트의 this.props.children으로부터 자식 컴포넌트를 전달받으며, App 컴포넌트는 app.jsx의 <Route>에 정의되어 있다. 라우팅 구조를 다시 살펴보면 다음과 같다.

```
ReactDOM.render((
  <Router history={hashHistory}>
    <Route path="/" component={App}>
      <IndexRoute component={Index}/>
      <Route path="/products/:id" component={Product}
        addToCart={addToCart}
        products={PRODUCTS} />
      <Route path="/cart" component={Cart}
      cartItems={cartItems} products={PRODUCTS}/>
    </Route>
    <Route path="/checkout" component={Checkout}
      cartItems={cartItems} products={PRODUCTS}/>
  </Router>
), document.getElementById('content'))
```

모달 대화상자는 물론 독립적인 페이지로도 상품 상세 정보를 볼 수 있는 것도 이 덕분이다. App 컴포넌트 아래로 중첩된 컴포넌트는 URL에 따라 자식 컴포넌트가 된다(ch18/nile/jsx/modal.jsx).

예제 코드 18.9 Modal 컴포넌트

```
const React = require('react')
const {
  Link
} = require('react-router')

class Modal extends React.Component {
  constructor(props) {
    super(props)
    this.styles = { --------- styles를 클래스의 인스턴스 속성으로 정의한다.
      position: 'fixed', --------- position을 fixed로 지정하고 top, right, left, bottom으로 위치를
      top: '20%',                  지정하여 모달 대화상자가 화면 중앙에 위치하도록 한다.
      right: '20%',
      bottom: '20%',
      left: '20%',
      width: 450,
      height: 400,
      padding: 20,
      boxShadow: '0px 0px 150px 130px rgba(0, 0, 0, 0.5)', ---------
      overflow: 'auto',                      CSS에서는 box-shadow이지만 카멜표기법을 이용해서
      background: '#fff'                     boxShadow로 작성한다.
    }
```

```
  }
  render() {
    return (
      <div style={this.styles}> --------- 스타일을 적용하여 모달 대화상자를 만든다.
        <p><Link to={this.props.returnTo}>뒤로 가기</Link></p>
        {this.props.children}
      </div>
    )
  }
}

module.exports = Modal
```

모달 대화상자는 Product 컴포넌트로 개별 상품을 보여준다. 이는 Product 컴포넌트가 라우팅에서 App 컴포넌트에 중첩되어 있기 때문이다. 또한, URL 경로로 /product/:id를 사용하므로 상품 목록을 보여주는 Index 컴포넌트에서 state에 modal을 true로 설정한다.

18.3.5 Product 컴포넌트

Product 컴포넌트는 동작을 실행하기 위해 라우터로 전달받은 속성(this.props.route.addToCart)을 사용한다. app.jsx에 있는 addToCart() 메서드는 선택한 책을 카트에 추가한다(Redux를 사용한다면 액션을 스토어에 전달하는 역할을 할 것이다). 브라우저의 onClick 이벤트 핸들러로 연결된 Product 컴포넌트의 지역 메서드인 handleBuy()에서 addToCart()를 호출하면, app.jsx에서 전달된 addToCart()가 실행된다. 정리하면 onClick → this.handleBuy → this.props.route.addToCart → addToCart()(app.jsx) 순서다. 복습 차원에서 addToCart()를 다시 살펴보면 다음과 같다.

```
let cartItems = {}
const addToCart = (id) => {
  if (cartItems[id])
    cartItems[id] += 1
  else
    cartItems[id] = 1
}
```

물론 Redux 또는 Relay를 사용하는 경우에는 이에 연결된 메서드를 사용할 것이다. 예제는 단순하게 유지하기 위해 기본 배열을 데이터 스토어로 사용하고 간단한 메서드를 이용했다.

이제 Product 컴포넌트 자체를 살펴볼 차례다. 항상 그렇지만 React를 불러오고 클래스를 정의한 후, 이벤트와 render() 메서드를 다룬다. Product 컴포넌트의 전체 코드(ch18/nile/jsx/product.jsx)를 살펴보면 다음과 같다. 흥미로운 부분에는 설명을 더했다.

예제 코드 18.10 개별 상품 정보

```
const React = require('react')
const {
  Link
} = require('react-router')

class Product extends React.Component {
  constructor(props) {
    super(props)
    this.handleBuy = this.handleBuy.bind(this) --------- 올바른 this 값을 갖도록 메서드를 this에 바인딩한다.
  }
  handleBuy (event) {
    this.props.route.addToCart(this.props.params.id) --------- app.jsx에서 전달받은 메서드에
                                                                책 ID를 전달한다.
  }
  render() {
    return (
      <div>
        <img src={this.props.route.products[
          this.props.params.id].src} --------- 책 ID를 이용해서 상품 목록에서 이미지 경로와
          style={{ height: '80%' }} />          파일 이름을 가져온다.
        <p>{this.props.route.products[this.props.params.id].title}</p>
        <Link
          to={{
            pathname: `/cart`,
            state: { productId: this.props.params.id}
          }}
          onClick={this.handleBuy} --------- Buy 버튼을 누르면 addToCart() 메서드가 실행된다.
          className="btn btn-primary">
            구매하기
        </Link>
      </div>
    )
  }
}

module.exports = Product
```

또한, Link 컴포넌트를 이용해서 Cart 컴포넌트로 상태를 전달할 수도 있다.

```
<Link
  to={{
    pathname: `/cart`,
    state: { productId: this.props.params.id}
  }}
  onClick={this.handleBuy}
  className="btn btn-primary">
    Buy
</Link>
```

모달 대화상자에서는 Product 컴포넌트를 간접적으로 사용했다. Modal 컴포넌트는 Product 컴포넌트를 직접 렌더링하지 않는다. 대신에 Modal 컴포넌트는 Product 컴포넌트가 담겨 있는 this.props.children을 사용한다. 따라서 Modal 컴포넌트는 자식 컴포넌트를 렌더링하기 위해 사용하는 컴포넌트라고 볼 수 있다(이에 대해서는 8장의 this.props.children을 이용한 컴포넌트의 사용법에서 다루었다).

18.4 프로젝트 실행하기

REACT

이것으로 서점 구현을 마쳤다. ES6 기능을 몇 가지 사용했고, React Router를 이용해서 상태를 전달하기도 했다. 이제 npm run build를 실행해서 프로젝트를 빌드하고, Webpack 개발 서버 또는 node-static 같은 웹 서버를 실행하자. nile 폴더가 있는 부모 폴더에서 정적인 웹 서버를 실행했다면 http://localhost:8080/nile로 접속한다(URL 경로는 웹 서버를 실행한 위치에 따라 달라질 수 있다).

책 표지가 나열된 홈페이지가 보일 것이다. 표지를 클릭하면 모달 대화상자가 나온다. Buy 버튼을 누르면 카트에 책이 추가되고, /cart와 /checkout 페이지에서 확인할 수 있다. 재미있게 사용해 보자!

18.5 과제

추가 점수를 받고 싶은 학생이 있다면 다음 과제를 해결해보자.

- Index 컴포넌트와 App 컴포넌트를 추상화하여 app.jsx에서 별도의 파일로 분리하고(복사/붙여넣기) App의 이름을 Layout이라고 변경해보자.
- MongoDB 또는 PostgreSQL 같은 데이터베이스로 데이터를 옮겨보자.
- 해시를 사용한 URL 대신 별도의 Express 서버와 HTML5 History API를 사용하여 해시가 없는 URL로 변경해보자. 15장에서 살펴봤던 해시를 사용하지 않는 Netflix 앱을 참고하면 도움이 될 것이다.
- Jest를 이용해서 Product 컴포넌트와 Checkout 컴포넌트에 대한 단위 테스트를 추가하자.

ch18 폴더 아래 새로운 디렉토리에 코드를 추가한 후, 이 책의 깃허브 저장소인 https://github.com/azat-co/react-quickly로 풀리퀘스트를 제출하면 된다.

REACT

18.6 요약

- Link 컴포넌트는 react-router에서 불러오고, <Link to={{pathname: '/product', state: { modal: true }}}>와 같이 상태를 전달할 때 사용할 수 있다.
- React Router의 상태는 this.props.location.state로 접근할 수 있다.
- <Route name={value}>로 속성을 전달하면 this.props.route.name으로 접근할 수 있다.

19장

프로젝트: Jest를 이용한 비밀번호 검사

이 장의 주요 내용을 동영상으로 볼 수 있습니다.
QR 코드를 스캔하거나 http://reactquickly.co/videos/ch19 로 접속하세요.

이 장에서 살펴볼 주제

- 프로젝트 구조와 Webpack 설정
- 주 HTML 파일
- 비밀번호 모듈 구현하기
- Jest 테스트 생성하기
- Password 컴포넌트와 UI 구현하기

이번 프로젝트에서는 UI 개발, 모듈 이용, Jest를 이용한 테스트에 대해 집중적으로 다루며, React에 관련된 주제인 컴포넌트 구성, ES6 문법, 상태, 속성 등에 대해서도 살펴본다. 앞서 16장에서는 테스트에 대해서 살펴봤다. 단위 테스트와 UI 테스트의 예시로 비밀번호 위젯을 사용해보았다. 이번 프로젝트에서는 새로운 비밀번호를 확인, 검증, 생성하는 비밀번호 위젯을 개발할 것이다. 또한, 그 과정에서 테스트에 대해 좀 더 확장된 내용을 다시 설명하고자 한다.

비밀번호 위젯에는 기본적으로 비활성화되어 있는 저장(Save) 버튼이 있다. 그림 19-1과 같이 미리 설정한 규칙을 충족하는 안전한 비밀번호인 경우에 저장 버튼이 활성화된다. 또한, 생성(Generate) 버튼을 이용하면 설정한 기준에 따라 강력한 비밀번호를 생성할 수 있다. 각 규칙이 충족되면 규칙에 줄이 그어진다. 비밀번호 보여주기(Show Password) 체크박스는 대부분의 macOS 인터페이스처럼 비밀번호를 감추거나 보여준다.

▼ 그림 19-1 비밀번호를 입력하거나 설정된 비밀번호 보안 수준 조건에 따라 자동으로 비밀번호를 생성할 수 있는 비밀번호 위젯

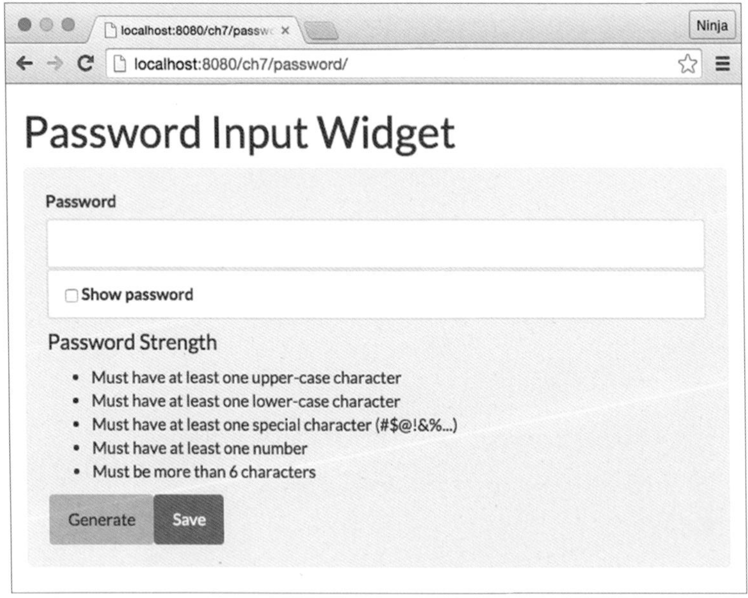

❤ 그림 19-2 충족된 비밀번호 조건에 취소선을 표시하고 입력한 비밀번호를 보여주도록 한 위젯

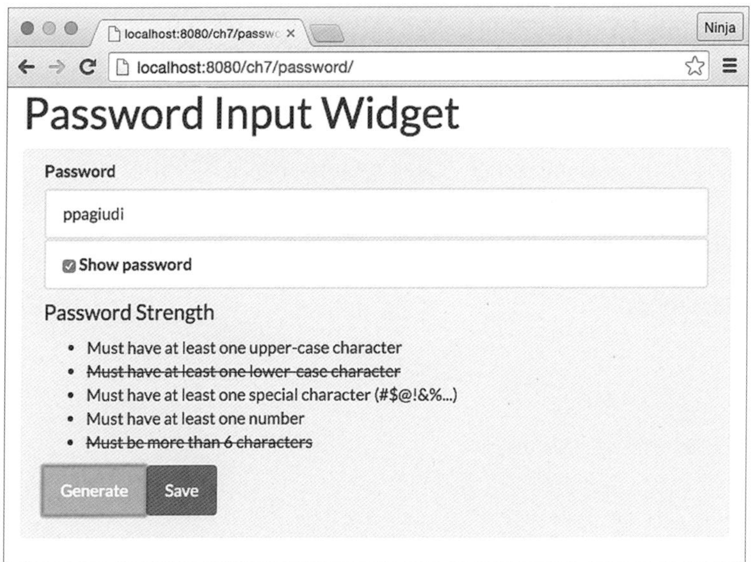

Password 컴포넌트는 부모 컴포넌트이며, 자식 컴포넌트는 다음과 같다.

- PasswordInput 컴포넌트: 비밀번호 입력 영역
- PasswordVisibility 컴포넌트: 비밀번호 노출 여부를 선택하는 체크박스
- PasswordInfo 컴포넌트: 비밀번호를 저장하기 위해서 충족시켜야 할 조건 목록
- PasswordGenerate 컴포넌트: 모든 조건에 충족하는 비밀번호를 생성하기 위한 버튼

비밀번호 위젯은 하나의 부모 컴포넌트만 사용하여 개발한다. 컴포넌트의 속성으로 비밀번호 보안 수준에 대한 규칙을 제공하여 매우 유연한 컴포넌트를 만들 수 있다. 약간 수정하면 여러분의 앱에도 사용할 수 있다!

Note ≡ 이번 프로젝트를 진행하려면 Node.js와 npm을 설치하여 JSX를 컴파일해야 한다. 이 예제는 빌드 도구로 Webpack을 사용하며, 당연히 Jest를 테스트 엔진으로 사용한다. 설치 방법은 부록 A를 참고하기 바란다.

Note ≡ 이번 프로젝트의 일부를 이미 16장에서 소개했으므로 예제 코드는 ch16 폴더에서 확인할 수 있다. https://github.com/gilbutITbook/006961와 https://github.com/azat-co/react-quickly/tree/master/ch16에서 예제 코드를 확인하기 바란다.

먼저 프로젝트 설정을 시작하자.

19.1 프로젝트 구조와 Webpack 설정

완성한 폴더 구조는 다음과 같다. password 폴더를 새롭게 생성하는 것으로 시작한다.

```
/password
  /__tests__ --------- 모든 Jest 테스트 파일을 이 폴더에 저장한다.
    generate-password.test.js
    password.test.js
  /css
    bootstrap.css
  /dist --------- Webpack으로 처리한 번들 파일을 위한 폴더
    bundle.js
    bundle.js.map
  /js
    generate-password.js
    rules.js
  /jsx
    app.jsx --------- 앱의 진입점
    password-generate.jsx --------- 무작위 비밀번호를 생성하기 위한 라이브러리
    password-info.jsx
    password-input.jsx
    password-visibility.jsx
    password.jsx
  /node_modules
    ...
  index.html
  package.json
  README.md
  webpack.config.js --------- Webpack 설정 파일
```

__tests__ 폴더는 Jest 테스트를 위한 폴더다. css 폴더는 Flatly(https://bootswatch.com/flatly)라는 Bootstrap 테마를 담고 있다. js와 jsx 폴더에는 각각 라이브러리와 컴포넌트가 담겨 있다. js/generate-password.js 파일은 무작위 비밀번호를 생성하는 라이브러리다.

dist 폴더에는 컴파일된 JSX와 소스맵이 있다. Webpack은 파일을 합치고 소스맵을 생성하여 dist 폴더에 저장한다. *dist*는 **배포**를 뜻하는 distribution의 약자다. js 또는 build와 함께 흔히 사용하는 이름이다. 여기서는 다양한 프로젝트 구조를 소개하는 한편 Webpack 설정을 필요에 맞게 수정하는 방법을 보여주기 위해 폴더 이름을 dist로 지정했다.

정확한 버전의 의존 모듈을 일일이 설치하는 대신 다음 예제 코드의 package.json을 password 폴더로 복사하고 `npm install`을 실행하자(ch16/password/package.json).

예제 코드 19.1 의존 모듈과 프로젝트 설정

```
{
  "name": "password",
  "version": "2.0.0",
  "description": "",
  "main": "index.html",
  "scripts": {
    "test": "jest",
    "test-watch": "jest --watch",
    "build-watch": "./node_modules/.bin/webpack -w", --------- Webpack을 이용해서 정적 자원을 빌드하고 변경을 감시하도록 npm 스크립트를 생성한다.
    "build": "./node_modules/.bin/webpack"
  },
  "author": "Azat Mardan",
  "license": "MIT",
  "babel": {
    "presets": [
      "react" --------- JSX 지원을 위해 Jest에서 Babel을 사용한다.
    ]
  },
  "devDependencies": {
    "babel-core": "6.10.4",
    "babel-loader": "6.4.1",
    "babel-preset-react": "6.5.0",
    "jest-cli": "19.0.2", --------- Jest를 지역 모듈로 사용한다(권장사항).
    "react": "15.5.4",
    "react-test-renderer": "15.5.4", --------- 얕은 렌더링을 위해 react-test-renderer를 사용한다.
    "react-dom": "15.5.4",
    "webpack": "2.4.1"
  }
}
```

`scripts` 항목을 살펴보면 테스트, 컴파일, 번들링에 사용하는 npm 스크립트를 확인할 수 있다.

```
"scripts": {
  "test": "jest",
  "test-watch": "jest --watch",
  "build-watch": "./node_modules/.bin/webpack -w",
  "build": "./node_modules/.bin/webpack"
},
```

18장에서 살펴본 서점 예제에서는 다음과 같이 transform-react-jsx를 사용했다.

```
"babel": {
  "plugins": [
    "transform-react-jsx"
  ],
```

그렇지만 이번 프로젝트에서는 React 프리셋을 사용한다. 같은 목표를 달성하기 위한 다른 방법일 뿐이다. 프리셋이나 플러그인을 사용할 수 있다. 프리셋은 더 많은 문서와 프로젝트에서 선택하는 좀더 최신 방식이라고 할 수 있다.

npm 스크립트의 test 명령(npm test)은 Jest 테스트를 직접 실행하기 위한 것이다. 반면에 test-watch 명령을 이용하면 Jest가 백그라운드에서 실행된다. test-watch 명령을 실행하려면 npm run test-watch를 입력해야 하는데, test 명령인 경우에만 run을 생략할 수 있기 때문이다. test-watch를 한 번만 실행하면 Jest가 코드 변경을 감지하고 테스트를 다시 실행할 것이다. 출력 결과를 살펴보면 다음과 같다.

```
PASS __tests__/password.test.js
PASS __tests__/generate-password.test.js

Test Suites: 2 passed, 2 total
Tests: 3 passed, 3 total
Snapshots: 0 total
Time: 1.502s
Ran all test suites.

Watch Usage
 > Press o to only run tests related to changed files.
 > Press p to filter by a filename regex pattern.
 > Press t to filter by a test name regex pattern.
 > Press q to quit watch mode.
 > Press Enter to trigger a test run.
```

지금까지 프로젝트 의존 모듈을 정의했다. 다음으로 Webpack 빌드 과정을 설정하여 JSX를 자바스크립트로 변환해야 한다. 다음과 같이 프로젝트 폴더의 최상위에 webpack.config.js 파일을 생성한다(ch16/password/webpack.config.js).

예제 코드 19.2 Webpack 설정

```
module.exports = {
  entry: './jsx/app.jsx', -------- 프로젝트 진입점을 설정한다(진입점을 여러 개 둘 수 있다).
```

```
  output: {
    path: __dirname + '/dist/',
    filename: 'bundle.js'
  },
  devtool: '#sourcemap', -------- 소스맵을 설정하여 개발자 도구에서 정확한 행 번호를 확인한다.
  stats: {
    colors: true,
    reasons: true
  },
  module: {
    loaders: [
      {
        test: /\.jsx?$/,
        exclude: /(node_modules)/,
        loader: 'babel-loader' -------- Babel을 적용한다. Babel 설정은 package.json을 따른다.
      }
    ]
  }
}
```

webpack.config.js에 프로젝트 빌드를 위한 설정을 정의할 차례다. 진입점은 jsx 폴더의 app.jsx 파일이며, 빌드가 완료된 파일은 dist 폴더에 저장된다. 또한 여기에 소스맵 설정을 추가하고 JSX를 자바스크립트로 변환하기 위해 Babel 로더도 추가한다.

빌드 명령은 `./node_modules/.bin/webpack`으로 실행하거나, `./node_modules/.bin/webpack -w`로 실행하여 파일 변경을 감시하도록 할 수 있다. `-w`를 추가하면 파일이 변경될 때 Webpack이 자동으로 다시 빌드를 수행한다. 즉, 메모장에서 파일을 저장할 때마다 실행된다(난 IDE를 별로 좋아하지 않는다). 감시 기능은 훌륭한 개발 환경을 만들어준다.

`--config`로 설정 파일을 지정하면 webpack.config.js 파일 외의 다른 설정 파일도 생성하여 사용할 수 있다.

```
$ ./node_modules/.bin/webpack --config production.config.js
```

편의를 위해서 package.json에 각 설정 파일의 별도 npm 스크립트를 생성할 수 있다. Webpack은 기본적으로 CommonJS/Node.js 모듈을 지원하므로 쉽고 재미있게 사용할 수 있다. Browserify나 다른 모듈 로더를 사용할 필요가 없다. Webpack을 사용하면 Node.js 프로그램을 만드는 것처럼 브라우저 자바스크립트를 작성할 수 있다!

19.2 주 HTML 파일

다음으로 index.html 파일을 생성한다. ID가 content인 컨테이너가 있고, dist/bundle.js를 불러온다(ch16/password/index.html).

예제 코드 19.3 주 HTML 파일

```
<!DOCTYPE html>
<html>

  <head>
    <link href="css/bootstrap.css" rel="stylesheet" type="text/css"/>
  </head>

  <body class="container">
    <h1>Password Input Widget</h1>
    <div id="password"></div>
    <script src="dist/bundle.js" ></script> --------- 번들 파일을 불러온다.
  </body>

</html>
```

이제 개발을 위한 준비를 모두 마쳤다. 개발 중에는 증분 테스트를 실행하여 버그를 최소화하는 것이 좋다. 따라서 18장과 마찬가지로 설정이 정상적으로 작동하는지 간단히 검사해보자. 다음과 같이 하나씩 살펴보자.

1. npm install을 실행하여 모든 의존 모듈을 설치한다. 한 번만 실행한다.
2. jsx/app.jsx 파일에 console.log('Painless JavaScript password!')를 추가한다.
3. npm start 명령으로 앱을 실행한다. -w 옵션을 이용하므로 그대로 두면 변경이 있을 때 파일을 다시 빌드한다.
4. 프로젝트 폴더의 최상위에서 로컬 웹 서버를 실행한다.
5. 브라우저에서 http://localhost:8080으로 접속한다.
6. Chrome 개발자 도구 등에서 브라우저 콘솔을 열고 "Painless JavaScript password!" 메시지를 확인한다.

19.3 비밀번호 모듈 구현하기

비밀번호 모듈은 password/js 폴더의 generate-password.js 파일이다. 이 파일을 위한 테스트 파일은 password/__tests__/generate-password.test.js다. 이 모듈을 실행하면 무작위로 생성된 비밀번호를 반환한다. 비밀번호에는 서로 다른 형식의 문자가 조합되어 있다.

- **특수문자**: !@₩#$%^&*()_+{}:"◇?₩|[]₩',./~
- **영문 소문자**: abcdefghijklmnopqrstuvwxyz
- **영문 대문자**: ABCDEFGHIJKLMNOPQRSTUVWXYZ
- **숫자**: 0123456789

이와 같은 형식과 길이, 임의성을 이용하면 충분히 안전한 비밀번호를 생성할 수 있을 것이다. 먼저 TDD/BDD 방법을 사용하여 테스트를 구현해보자.

19.3.1 테스트 작성

테스트는 generate-password.test.js에서 시작한다. 테스트 파일을 __tests__ 폴더에 저장해야 Jest가 사용할 수 있다(ch16/password/__tests__/generatepassword.test.js).

예제 코드 19.4 비밀번호 모듈을 위한 테스트

```
const generatePassword = require('../js/generate-password.js')
const pattern = /^[A-Za-z0-9\!\@\#\$\%\^\&\*\(\)\_\+\{\}\:\"\<\>\?\\|\[\]\/'\,\.\`\~]
{8,16}$/ -------- 비밀번호가 모든 기준을 충족하는지 확인할 수 있는 정규표현식 패턴을 정의한다.

describe('메서드 generatePassword', () => {
  let password, password2

  it('설정한 패턴에 맞는 비밀번호를 반환한다.', () => { -------- 새로 생성한 비밀번호가 패턴과 일치하는지 테스트한다.
    password = generatePassword()
    expect(password).toMatch(pattern)
  })

  it('이전에 생성한 비밀번호와 다른 새로운 비밀번호를 반환한다.', () => { -------- 메서드를 실행하면 새로운 비밀번호를 반환하는지 테스트한다.
```

```
    password2 = generatePassword()
    expect(password2).toMatch(pattern)
    expect(password2).not.toEqual(password)
  })
})
```

변수 password를 선언하고 generate-password.js 파일을 불러오는 것으로 테스트를 시작한다. 정규표현식은 비밀번호의 내용과 길이를 검사한다. 위의 정규표현식은 완벽하다고 할 수는 없는데, 비밀번호에 서로 다른 형식의 문자가 최소한 한 개씩 있는지 확인하지 않기 때문이다. 그렇지만 여기서는 이 정도로 충분하다.

```
let password,
  password2,
  pattern = /^[A-Za-z0-9\!\@\#\$\%\^\&\*\(\)\_\+\{\}\:\"\<\>\?\\¦\[\]\/'\,\.\`\~]
  {8,16}$/
```

테스트 꾸러미인 describe에서는 테스트 대상을 명사형으로 작성하며, 위에서는 메서드 generatePassword가 테스트 대상이다. 메서드 generatePassword는 generate-password.js 파일에서 불러온 함수다.

16장에서 살펴본 것처럼 BDD 형식의 expect 문을 이용한 유닛 테스트 코드로 테스트 꾸러미를 구현한다. 최소한 암호를 정규표현식 패턴으로 검사하는 테스트를 수행해야 한다.

```
describe('메서드 generatePassword', () => {
  let password, password2

  it('설정한 패턴에 맞는 비밀번호를 반환한다.', () => {
    password = generatePassword()
    expect(password).toMatch(pattern)
  })

  it('이전에 생성한 비밀번호와 다른 새로운 비밀번호를 반환한다.', () => {
    password2 = generatePassword()
    expect(password2).toMatch(pattern)
    expect(password2).not.toEqual(password)
  })
})
```

만약 generatePassword()를 실행할 때 같은 비밀번호를 반환하면 어떻게 될까? generate-password.js에 비밀번호가 하드코딩되어 있다면 어떨까? 그런 어처구니 없는 경우를 피하기 위해서, 두 번째 테스트 꾸러미에서는 첫 번째 생성한 비밀번호와 두 번째 생성한 비밀번호가 다를 것으로 예상하는 테스트를 수행한다.

19.3.2 코드 구현

TDD/BDD 테스트를 수행하여 js/generate-password.js에 강력한 비밀번호 모듈을 구현한다. 즉, 테스트를 먼저 작성한 후에 구현 코드를 작성하는 것이다. 다음 예제 코드는 세 종류의 문자 집합을 사용해 강력한 비밀번호 기준을 충족하는 비밀번호를 생성할 수 있는 다용도 비밀번호 생성기다.

```
const SPECIALS = '!@#$%^&*()_+{}:"<>?\|[]\',./`~'
const LOWERCASE = 'abcdefghijklmnopqrstuvwxyz'
const UPPERCASE = 'ABCDEFGHIJKLMNOPQRSTUVWXYZ'
const NUMBERS = '0123456789'
const ALL = `${SPECIALS}${LOWERCASE}${UPPERCASE}${NUMBERS}`

const getIterable = (length) => Array.from({length},
  (_, index) => index + 1) --------- 1을 더해 값이 0이 되는 것을 피하고, 암묵적으로 반환한다.

const pick = (set, min, max) => { --------- set에서 min과 max 사이의 문자를 반환하는 pick 함수를 정의한다.
  let length = min
  if (typeof max !== 'undefined') {
    length += Math.floor(Math.random() * (max - min))
  }
  return getIterable(length).map(() => ( --------- 배열을 생성하고 빈 문자열로 연결한다.
    set.charAt(Math.floor(Math.random() * set.length))
  )).join('')
}

const shuffle = (set) => { --------- 문자를 섞어 임의의 값을 얻는다.
  let array = set.split('')
  let length = array.length
                                                   배열을 역순으로 만들어 최댓값부터
  let iterable = getIterable(length).reverse() --------- 최솟값까지 가져온다.
  let shuffled = iterable.reduce((acc, value, index) => { --------- 리듀서를 이용해서 뒤섞인
    let randomIndex = Math.floor(Math.random() * value)              배열을 가져온다.
    ;[acc[value -1], acc[randomIndex]] = [acc[randomIndex], acc[value - 1]]
    return acc
```

```
  }, [...array])
  return shuffled.join('')
}

module.exports = () => {
  let password = (pick(SPECIALS, 1) -------- 비밀번호 위젯의 조건을 충족하기 위한 규칙을 정의한다.
    + pick(LOWERCASE, 1)
    + pick(NUMBERS, 1)
    + pick(UPPERCASE, 1)
    + pick(ALL, 4, 12))
    return shuffle(password)
}
```

module.exports에 할당하여 내보내는 함수는 문자열 내의 문자를 **무작위**로 이동시키는 shuffle() 메서드를 호출한다. pick()은 비밀번호에 숫자, 대소문자, 특수문자 등의 문자 집합을 사용해서 각 형식의 문자가 하나씩 포함된 비밀번호를 생성하며, pick()으로 생성한 비밀번호를 shuffle()에 전달한다. 비밀번호의 마지막 부분은 모든 문자 집합을 합친 ALL에서 더욱 무작위인 값을 가져와 구성한다.

password/__tests__/generate-password.js의 단위 테스트를 실행하려면 프로젝트 폴더(password 폴더)에서 npm test generate-password.test.js를 실행한다. 테스트를 실행하면 다음과 같은 내용이 출력되고 테스트를 통과할 것이다.

```
jest __tests__/generate-password.test.js

  PASS __tests__/generate-password.test.js
    메서드 generatePassword
      ✓ 설정한 패턴에 맞는 비밀번호를 반환한다. (4ms)
      ✓ 이전에 생성한 비밀번호와 다른 새로운 비밀번호를 반환한다. (2ms)

Test Suites: 1 passed, 1 total
Tests:       2 passed, 2 total
Snapshots:   0 total
Time:        1.14s
Ran all test suites matching "generate-password.test.js".
```

19.4 Password 컴포넌트 구현하기

다음으로 살펴볼 논리적인 문제는 Password 컴포넌트다. TDD에 따르면 반드시 테스트로 먼저 시작해야 한다. 이 경우에는 클릭 같은 동작을 테스트해야 하므로 UI 테스트가 필요하다.

19.4.1 테스트 작성

__tests__/password.test.js에 UI 테스트 파일을 생성한다. 이 파일에 대해서는 16장에서 이미 살펴봤으므로 여기서는 주석과 함께 전체 코드를 살펴보기로 하겠다(ch16/password/__tests__/password.test.js).

예제 코드 19.5 Password 컴포넌트 명세

```
describe('Password', function() {
  it('Generate(생성) 버튼을 누르면 변경된다', (done)=>{
    const TestUtils = require('react-addons-test-utils') --------- 라이브러리를 불러온다.
    const React = require('react')
    const ReactDOM = require('react-dom')
    const Password = require('../jsx/password.jsx')
    const PasswordGenerate = require('../jsx/password-generate.jsx')
    const PasswordInfo = require('../jsx/password-info.jsx')
    const PasswordInput = require('../jsx/password-input.jsx')
    const PasswordVisibility = require('../jsx/password-visibility.jsx')

    const fD = ReactDOM.findDOMNode

    let password = TestUtils.renderIntoDocument(<Password --------- Jest의 일부인 babel-jest 패키지가 JSX를 지원하므로 React 컴포넌트를 생성할 수 있다(https://goo.gl/RscgNq).
        upperCase={true}
        lowerCase={true}
        special={true}
        number={true}
        over6={true}
      />
    )

    let rules = TestUtils.scryRenderedDOMComponentsWithTag(password, 'li') --------- 목록 항목을 가져온다(<li>).
```

```
    expect(rules.length).toBe(5)
    expect(fD(rules[0]).textContent).toEqual('Must have at least one upper-case
    character') --------- 첫 번째 <li>의 텍스트가 예상한 값과 일치하는지 확인한다.
    let generateButton = TestUtils.findRenderedDOMComponentWithClass(password,
    'generate-btn') --------- 비밀번호를 생성하는 버튼을 가져온다.
    expect(fD(rules[1]).firstChild.nodeName.toLowerCase()).toBe('#text')
    TestUtils.Simulate.click(fD(generateButton)) --------- 두 번째 기준이 충족되었는지 확인한다.
    expect(fD(rules[1]).firstChild.nodeName.toLowerCase()).toBe('strike')
    done()                                          생성(Generate) 버튼을 클릭한다.
  })
})                                       두 번째 기준이 충족되지 않았는지 확인한다.
                              첫 번째 자식 요소에 <strike>가 아닌 텍스트가 있는 경우다.
```

테스트 케이스를 확장하여 모든 속성과 규칙을 통과하도록 할 수도 있다. 그것은 과제로 남겨두겠다(더 자세한 내용은 이 장의 마지막에 있는 "과제"를 참고하기 바란다). 다른 테스트 꾸러미를 추가하고 다른 조합의 속성을 제공하여 테스트하는 것도 좋은 방법이다.

테스트 코드를 모두 작성했다. npm test 또는 jest로 테스트를 실행하면 오류가 발생한다.

```
Error: Cannot find module '../jsx/password.jsx' from 'password.test.js'
오류: 'password.test.js'에서 모듈 '../jsx/password.jsx'을 찾을 수 없습니다.
```

앱을 구현하기 전에 테스트를 먼저 작성하는 테스트 주도 개발에서는 흔히 있는 오류다. 이제 Password 컴포넌트를 구현할 차례다.

19.4.2 코드 구현

이어서 다음과 같은 초기 상태를 갖는 Password 컴포넌트를 생성한다. 각 상태 변수는 다음과 같다.

- strength: 비밀번호의 보안 수준을 위한 객체(기준을 충족하는지에 따라 true 또는 false로 설정할 수 있다.)
- password: 현재 비밀번호
- visible: 비밀번호 입력 영역에서 비밀번호를 볼 수 있는지 여부
- ok: 비밀번호가 모든 조건을 충족하는 경우 사용자가 비밀번호를 저장할 수 있는지 여부(저장 버튼을 활성화한다.)

비밀번호 위젯을 구현하고 며칠 뒤에 다른 팀 개발자가 비밀번호 위젯에 조금 더 엄격한 비밀번호 기준을 적용하려 한다고 가정해보자. 가장 좋은 방법은 비밀번호 기준(규칙)을 **추상화(복사/붙여넣기**를 멋지게 표현한 말)하여 별도의 파일로 분리하는 것이다. password.jsx를 진행하기 전에 먼저 비밀번호 기준을 분리하는 작업을 수행할 것이다.

rules.js라는 파일을 생성한다(ch16/password/js/rules.js). 이 파일로 password.jsx에서 유효성 검사를 하고, 경고 메시지를 보여줄 때 사용하는 비밀번호 규칙을 구현한다. 비밀번호 규칙을 별도의 파일로 분리하면 추후에 규칙의 변경, 추가, 제거를 쉽게 처리할 수 있다.

예제 코드 19.6 비밀번호 보안 수준을 위한 규칙

```
module.exports = {
upperCase: {
  // 대문자가 최소한 한 글자 포함되어야 한다.
    message: 'Must have at least one upper-case character',
    pattern: /([A-Z]+)/
  },
  lowerCase: {
  // 소문자가 최소한 한 글자 포함되어야 한다.
    message: 'Must have at least one lower-case character',
    pattern: /([a-z]+)/
  },
  special:{
  // 특수문자가 최소한 한 글자 포함되어야 한다.
    message: 'Must have at least one special character (#$@!&%...)',
    pattern: /([\!\@\#\$\%\^\&\*\(\)\_\+\{\}\:\"\<\>\?\\¦\[\]\/'\,\.\`\~]+)/
  },
  number: {
  // 숫자가 최소한 한 글자 포함되어야 한다.
    message: 'Must have at least one number',
    pattern: /([0-9]+)/
  },
  'over6': {
  // 비밀번호는 최소 여섯 글자 이상이어야 한다.
    message: 'Must be more than 6 characters',
    pattern: /(.{6,})/
  }
}
```

여러 규칙은 기본적으로 다음과 같은 형식을 따른다.

- over6 같은 키를 사용한다.
- Must be more than 6 characters 같은 메시지를 사용한다.
- /(.{6,})/ 같은 정규표현식 패턴을 사용한다.

이제 password.jsx에서 다음과 같은 명세를 구현해야 한다.

- upperCase, lowerCase, special, number, over6 규칙을 렌더링한다.
- 규칙이 렌더링되었는지 확인한다(length가 5다).
- 첫 번째 규칙이 충족되지 않았는지 확인한다.
- 생성(Generate) 버튼을 클릭한다.
- 두 번째 규칙이 충족되었는지 확인한다.

컴포넌트를 구현해보자. 의존 모듈을 불러오고 기초 상태를 포함한 컴포넌트를 생성한다(ch16/password/jsx/password.jsx).

예제 코드 19.7 Password 컴포넌트 구현하기

```
const React = require('react')
const ReactDOM = require('react-dom')
const generatePassword = require('../js/generate-password.js')
const rules = require('../js/rules.js')
const PasswordGenerate = require('./password-generate.jsx')
const PasswordInfo = require('./password-info.jsx')
const PasswordInput = require('./password-input.jsx')
const PasswordVisibility = require('./password-visibility.jsx')

class Password extends React.Component {
  constructor(props) {
    super(props)
    this.state = {strength: {}, password: '', visible: false, ok: false}
    this.generate = this.generate.bind(this)
    this.checkStrength = this.checkStrength.bind(this)
    this.toggleVisibility = this.toggleVisibility.bind(this)
  }
  ...
}
```

다음으로 비밀번호 보안 수준을 확인하기 위한 메서드를 구현한다.

```
checkStrength(event) {
  let password = event.target.value
  this.setState({password: password})
  let strength = {}
```

다음 코드 블록은 각 규칙의 정규표현식 패턴을 이용해서 현재 비밀번호를 검증한다. 비밀번호가 기준을 충족하면 strength 객체의 속성 값이 true로 설정된다.

```
Object.keys(this.props).forEach((key, index, list)=>{
  if (this.props[key] && rules[key].pattern.test(password)) {
    strength[key] = true
  }
})
```

this.setState()는 비동기이므로 변경된 상태에 의존하는 로직을 처리하려면 콜백을 사용해야 한다. 이 경우에는 strength 객체의 수와 props로 전달받는 규칙의 수가 동일한지 검사한다. 이것은 기초적인 검사로 반복문을 이용해서 개별 속성을 확인하는 것이 더 강력한 해결책이지만, 여기서는 이 정도로 충분하다. 수가 일치하면 ok를 true로 설정한다(비밀번호 보안 수준이 모두 충족되었음을 의미한다).

```
this.setState({strength: strength}, ()=>{
  if (Object.keys(this.state.strength).length ==
    Object.keys(this.props).length) {
    this.setState({ok: true})
  } else {
    this.setState({ok: false})
  }
})
```

다음 메서드는 비밀번호 입력 영역을 숨기거나 보여주기 위해 사용한다. 이 기능은 새로운 비밀번호를 생성할 때 유용하다. 비밀번호를 저장하거나 기억하는 데 도움이 되기 때문이다.

```
toggleVisibility() {
  this.setState({visible: !this.state.visible}, ()=>{
  })
}
```

다음은 generate() 메서드다. generate() 메서드는 js/generate-password.js 모듈을 사용해서 무작위 비밀번호를 생성한다. visible을 true로 설정하면 사용자가 새로 생성한 비밀번호를 볼 수 있다. 비밀번호를 생성한 직후에 checkStrength()를 호출해서 보안 수준을 확인한다. 일반적인 경우라면 조건을 충족하여 사용자가 저장(Save) 버튼을 누를 수 있을 것이다.

```
generate() {
  this.setState({visible: true, password: generatePassword()}, ()=>{
    this.checkStrength({target: {value: this.state.password}})
  )
}
```

Password 컴포넌트의 render() 메서드에서 규칙을 처리하고, 다음의 몇 가지 React 컴포넌트를 렌더링한다.

- PasswordInput: 비밀번호 입력 영역(input)
- PasswordVisibility: 비밀번호 노출 여부 선택(type이 checkbox인 input)
- PasswordInfo: 비밀번호 보안 수준을 위한 규칙 목록(ul)
- PasswordGenerate: 비밀번호 생성 버튼(button)

비밀번호 규칙을 처리해서 충족된 규칙이 있는지 확인(isCompleted)해야 한다. 여기서는 문맥을 넘겨주기 위해 _this 또는 bind(this)를 사용하는 대신 화살표 함수 ()=>{}를 사용한다. 큰 차이는 없으므로 원하는 방법을 선택해서 사용하면 된다.

Object.keys는 해시 테이블 객체의 키를 배열에 담아준다. map()을 사용하여 키의 배열을 순회하고 key, rule, isCompleted를 갖는 객체로 새로운 배열을 생성한다.

```
render() {
  var processedRules = Object.keys(this.props).map((key)=>{
    if (this.props[key]) {
      return {
        key: key,
        rule: rules[key],
        isCompleted: this.state.strength[key] || false
      }
    }
  })
  // return ...
```

Password 컴포넌트의 render 메서드 구현

비밀번호 규칙의 충족 여부를 알 수 있는 배열을 생성하고 나면 컴포넌트를 렌더링한다. 참고로 자바스크립트에서는 `for`가 예약어이므로 JSX에서 `<label>`에 사용할 수 없다. JSX에서 `class`를 사용하지 않고 `className`을 사용하는 것도 같은 이유다.

예제 코드 19.8 render() 메서드 구현

```
return (
  <div className="well form-group col-md-6">
    <label>Password</label>
    <PasswordInput
      name="password"
      onChange={this.checkStrength} --------- 비밀번호 입력 영역이 변경될 때마다 비밀번호 길이를 확인한다.
      value={this.state.password}
      visible={this.state.visible}/>
    <PasswordVisibility
      checked={this.state.visible}
      onChange={this.toggleVisibility}/> --------- 체크박스의 선택 여부에 따라 비밀번호를 숨기거나 보여준다.
    <PasswordInfo rules={processedRules}/>
    <PasswordGenerate onClick={this.generate}> --------- 생성(Generate) 버튼을 클릭하면
      Generate                                           새로운 비밀번호를 생성한다.
    </PasswordGenerate>
    <button className={'btn btn-primary' + ((this.state.ok)? '': ' disabled')}>
      Save
    </button>
  </div>
)
```

가장 중요한 부분을 더 자세하게 살펴보자. `PasswordInput`은 제어된 컴포넌트다(제어된 컴포넌트와 제어되지 않은 컴포넌트의 차이점은 5장에서 자세히 설명했다). 모든 변경을 `this.checkStrength` 콜백으로 처리하며, 콜백에서 `e.target.value`를 사용하므로 refs를 사용할 필요가 없다.

```
<PasswordInput name="password" onChange={this.checkStrength}
value={this.state.password} visible={this.state.visible}/>
```

`PasswordVisibility`는 `PasswordInput`과 유사하다. `PasswordVisibility`는 제어된 컴포넌트이며, 변경에 대한 이벤트 핸들러는 `this.toggleVisibility`다.

```
<PasswordVisibility checked={this.state.visible}
onChange={this.toggleVisibility}/>
```

규칙 목록에 processedRules 객체를 전달한다. PasswordGenerate 버튼을 클릭하면 this.generate를 실행한다.

```
<PasswordInfo rules={processedRules}/>
<PasswordGenerate onClick={this.generate}>Generate</PasswordGenerate>
```

저장(Save) 버튼은 this.state.ok 값에 따라 비활성화 또는 활성화된다. disabled 앞에 공백을 두지 않으면 클래스명이 btn-primary와 disabled 대신에 btn-primarydisabled가 되므로 주의해야 한다.

```
        <button className={'btn btn-primary' + ((this.state.ok)? '': ' disabled')}>
          Save
        </button>
      </div>
    )
  }})
```

다른 컴포넌트는 프레젠테이션 컴포넌트로, 예제 코드 19.9(ch16/password/jsx/password-generate.jsx), 예제 코드 19.10(ch16/password/jsx/password-input.jsx), 예제 코드 19.11(ch16/password/jsx/passwordvisibility.jsx)에서 확인할 수 있다. 아래 컴포넌트들은 CSS 클래스로 렌더링하고 속성을 전달받는 기능만 한다.

예제 코드 19.9 PasswordGenerate 컴포넌트

```
const React = require('react')
class PasswordGenerate extends React.Component{
  render() {
    return (
      <button {...this.props} className="btn generate-btn">
        {this.props.children}</button>
    )
  }
}
module.exports = PasswordGenerate
```

예제 코드 19.10 PasswordInput 컴포넌트

```
const React = require('react')
class PasswordInput extends React.Component {
  render() {
    return (
      <input className="form-control"
        type={this.props.visible ? 'text' : 'password'}
        name={this.props.name}
        value={this.props.value}
        onChange={this.props.onChange}/>
    )
  }
}
module.exports = PasswordInput
```

예제 코드 19.11 PasswordVisibility 컴포넌트

```
const React = require('react')
class PasswordVisibility extends React.Component {
  render() {
    return (
      <label className="form-control">
        <input className=""
          type="checkbox"
          checked={this.props.checked} --------- 속성 값으로 컴포넌트를 제어한다.
          onChange={this.props.onChange}/> Show password ---------
      </label>                                     속성을 이용해서 부모 컴포넌트에서 실행한다.
    )
  }
}
module.exports = PasswordVisibility
```


PasswordInfo 컴포넌트(ch16/password/jsx/password-info.jsx)를 잠시 살펴보자. 속성으로 비밀번호 규칙의 충족 여부(rules)를 배열로 받아서 순회한다. isCompleted가 true이면 <li>에 <strike>를 추가한다. <strike>는 텍스트에 취소선을 적용하는 HTML 태그다.[1] password.test.js 테스트에서 <strike> 태그가 적용되어 있는지 확인하기도 한다.

1 역주 HTML5에서 <strike> 요소는 비표준 요소다. 이 경우에는 <s>를 사용하는 것이 좀 더 바람직하다(https://goo.gl/2EA1FM).

예제 코드 19.12 PasswordInfo 컴포넌트

```
const React = require('react')
class PasswordInfo extends React.Component {
  render() {
    return (
      <div>
        <h4>Password Strength</h4>
        <ul>
          {this.props.rules.map(function(processedRule, index, list){
            if (processedRule.isCompleted) --------- 속성을 이용해서 규칙이 충족되었는지 확인한다.
              return <li key={processedRule.key}>
                <strike>{processedRule.rule.message}</strike> ---------
              </li>                                    rules.js로 제공된 텍스트를 속성으로 받아 사용한다.
            else
              return <li key={processedRule.key}>{processedRule.rule.message}</li>
          })}
        </ul>
      </div>
    )
  }
}
module.exports = PasswordInfo
```

password.jsx 파일을 모두 완성했다! 테스트를 다시 실행할 준비가 끝났다. 먼저 npm run build 또는 npm run build-watch를 실행해서 다시 컴파일하는 것을 잊지 말자. 모든 것을 빠짐없이 따라했다면 npm test를 실행했을 때 다음과 같은 결과를 확인할 수 있을 것이다.

```
PASS  __tests__\password.test.js
PASS  __tests__\generate-password.test.js

Test Suites: 2 passed, 2 total
Tests:       3 passed, 3 total
Snapshots:   0 total
Time:        2.875s
Ran all test suites.
```

훌륭하다. 여러분 자신을 칭찬해주자!

19.5 실행하기

위젯을 확인하려면 마지막으로 간단한 작업이 남았다. 컴포넌트를 위한 예제 파일인 jsx/app.jsx를 생성해야 한다. 여러분의 앱에서 Password 컴포넌트 위젯을 렌더링하는 방법은 다음과 같다.

```
const React = require('react')
const ReactDOM = require('react-dom')
const Password = require('./password.jsx')

ReactDOM.render(<Password
    upperCase={true}
    lowerCase={true}
    special={true}
    number={true}
    over6={true}/>,
  document.getElementById('password'))
```

다른 프론트엔드 앱과 동일하게 웹 서버를 실행하여 확인한다. 나는 node-static(https://github.com/cloudhead/node-static)을 즐겨 쓴다. 그림 19-3과 같이 비밀번호 규칙이 모두 충족되었을 때 저장(Save) 버튼이 활성화되는지 확인해보자.

▼ 그림 19-3 비밀번호 기준이 모두 충족되면 저장(Save) 버튼이 활성화된다.

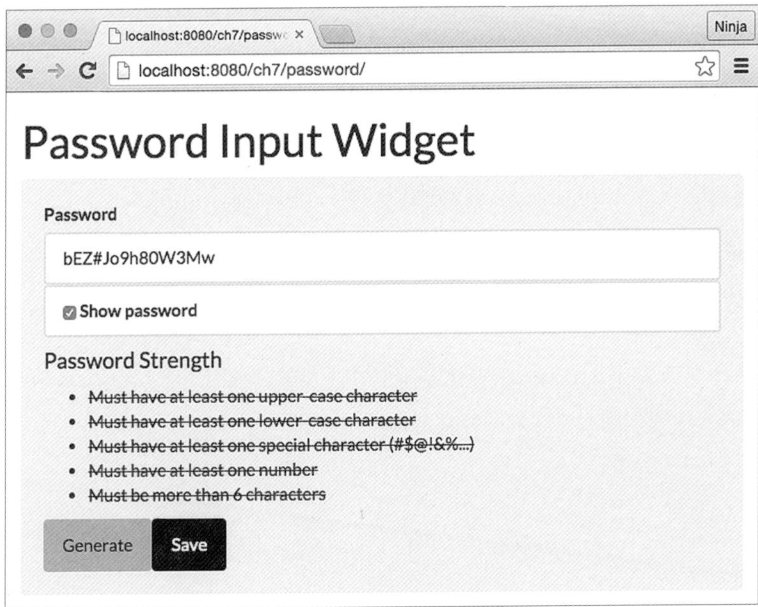

Note **지속적 통합과 지속적 배포**

최고의 소프트웨어 엔지니어링 사례는 개발자의 개별 환경에서 테스트를 작성하고 실행하는 것에서 그치지 않는다. 배포 과정에 결합되고 자동화된 테스트는 훨씬 더 가치가 높다. 이 과정을 **지속적 통합**(Continuous Integration, CI)과 **지속적 배포**(Continuous Deployment, CD)라고 부르며, 개발 속도를 높이고 소프트웨어 배포를 자동화하는 데 훌륭한 방법이다.

프로토타입 이상의 제품이라면 CI/CD를 구성하는 것을 강력히 추천한다. CI/CD를 제공하는 SaaS(Software-as-a-Service) 또는 자체 호스팅 솔루션이 많이 있다. 이번 프로젝트의 테스트를 통해 CI/CD 환경을 구성하는 것은 그리 오래 걸리지 않는다. 예를 들어 AWS와 Travis CI 또는 Circle CI를 사용하면 프로젝트 실행을 위한 환경을 구성하고 `npm test` 같은 테스트 명령을 제공하는 것으로 충분하다. CI를 위해 SaaS를 사용하는 경우에는 깃허브와 통합하여 사용할 수도 있으므로 여러분과 동료들이 깃허브 풀리퀘스트에서 CI 메시지(통과, 실패, 실패 횟수와 위치)를 확인할 수도 있다.

아마존 웹 서비스는 자체적으로 관리하는 CodeDeploy, CodePipeline, CodeBuild 같은 서비스도 제공한다. AWS가 제공하는 서비스에 대한 더 자세한 정보는 노드대학교(Node University)의 https://node.university/p/aws-intermediate를 참고하기 바란다. 자체 호스팅 솔루션을 원한다면 Jenkins(https://jenkins.io) 또는 Drone(https://github.com/drone/drone)을 살펴보길 바란다.

19.6 과제

REACT

추가 점수를 받고 싶은 학생은 다음 과제를 해결해보자.

- 직접 생각한 시나리오를 테스트해보자. 예를 들어, 소문자 한 글자만 입력한 뒤 비밀번호 기준에서 소문자 항목만 충족하고 나머지는 충족되지 않았는지 확인해볼 수 있다.
- 클라우드 SaaS CI 제공 업체(AWS, Travis CI, CircleCI 등)의 무료 계정을 등록하고, 클라우드 CI 환경에서 프로젝트를 실행하도록 구성해보자.

ch16 폴더 아래의 새로운 디렉토리에 코드를 추가한 후, 이 책의 깃허브 저장소인 https://github.com/azat-co/react-quickly로 풀리퀘스트를 제출하면 된다.

19.7 요약

- Jest 테스트 파일은 규칙에 따라 __tests__ 폴더에 저장한다.
- react-dom/test-utils 또는 react-test-renderer/shallow를 사용해서 일반 렌더링 또는 얕은 렌더링을 할 수 있다.
- Jest(버전 19) 테스트는 JSX를 자동으로 변환하므로 테스트를 JSX로 작성할 수 있다.
- 테스트를 자동으로 다시 실행하도록 하려면 jest --watch를 사용한다(개발 환경에 추천한다).

20장

프로젝트: Jest, Express, MongoDB를 이용한 자동완성 컴포넌트 구현

이 장의 주요 내용을 동영상으로 볼 수 있습니다.
QR 코드를 스캔하거나 http://reactquickly.co/videos/ch20 으로 접속하세요.

이 장에서 살펴볼 주제

- 프로젝트 구조와 Webpack 설정
- 웹 서버 구현하기
- 브라우저 스크립트 추가하기
- 서버 템플릿 생성하기
- 자동완성 컴포넌트 구현하기

이 프로젝트의 첫 번째 목표는 이 책에서 배운 다양한 기술을 결합하는 것이다. 여러분은 이 책을 통해 컴포넌트 구성, 상태, 폼 요소, 테스트, API 서버에서 데이터를 가져오고 저장하는 방법, 간단한 Express 서버를 구현하고, React를 이용해 유니버셜 렌더링하는 것을 공부했다. 책의 거의 모든 내용을 이미 마쳤지만, 반복은 학습의 기본이며, 특히 시간차를 두고 반복하는 것은 학습에 도움이 된다.

이 장에서는 다재다능한 컴포넌트를 개발하여 백엔드 서버와 함께 제공할 것이다. 이 작은 프로젝트는 여러분이 실무에서 만날 수 있는 일종의 실제 프로젝트와 유사하다.

이 프로젝트는 그림 20-1과 같이 시각적, 기능적으로 슬랙(Slack, 유명한 메신저 앱) 또는 구글(검색 엔진)과 비슷한 자동완성 컴포넌트를 개발하는 과정을 안내한다. 간결하게 설명하기 위해 위젯에서는 채팅 애플리케이션의 채팅방 이름에 대한 자동완성을 보여줄 것이다.

▼ 그림 20-1 Slack에서 검색어 입력을 시작하면 위젯이 검색어에 일치하는 항목을 제공한다.

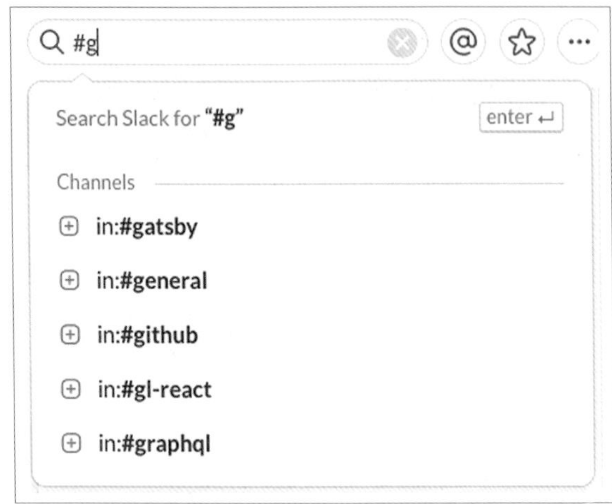

자동완성 위젯은 다음과 같이 구성되어 있다(그림 20-2 참조).

1. **입력 영역**: 항상 표시되지만 처음에는 공백이다.
2. **입력한 문자에 따라 걸러진 선택 목록**: 일치 항목이 최소한 하나 있을 때 노출된다.
3. **추가**(Add) **버튼**: 일치 항목이 없을 때 노출된다.

입력한 문자에 따라 채팅방 이름의 앞 글자를 비교하여 자동완성 목록을 보여준다. 채팅방 이름을 자동완성하기 위한 단순 비교다(그림 20-3 참조).

❤ 그림 20-2 입력 내용이 채워지지 않은 자동완성 폼

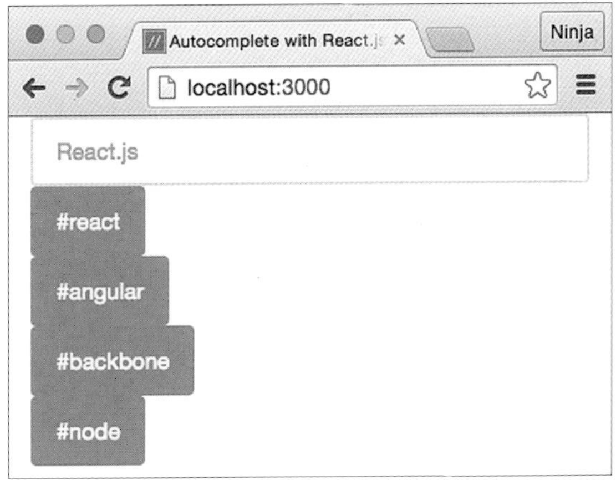

❤ 그림 20-3 angu를 입력하면 일치하는 항목으로 angular와 angular2만 보여준다.

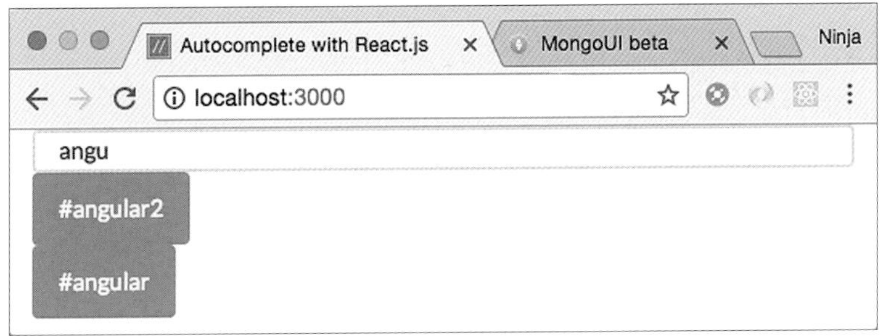

예를 들어 angular, angular2, react라는 이름의 채팅방이 있을 때, angu라고 입력하면 이에 일치하는 채팅방인 angular와 angular2를 보여주고 react는 보여주지 않는다.

일치하는 채팅방이 없는 경우에는 어떻게 할까? 새로운 채팅방을 추가할 수 있는 추가(Add) 버튼을 보여준다. 편의를 위해 검색어에 일치하는 채팅방이 없는 경우에만 추가 버튼을 보여준다(그림 20-4 참조). 추가 버튼을 사용하면 새로운 입력값을 데이터베이스에 영구히 저장할 수 있다.

❤ 그림 20-4 검색어에 일치하는 채팅방 이름이 없으면 추가(Add) 버튼을 보여준다.

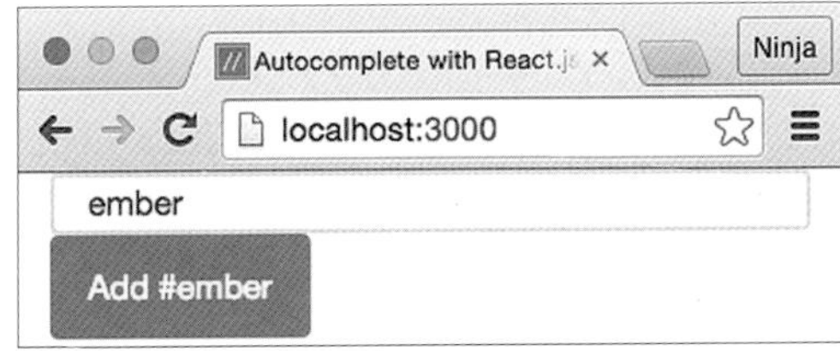

새로운 채팅방 이름은 REST API에 대한 XHR 요청을 통해 저장한다. 최초의 채팅방 이름 목록과 마찬가지로 새롭게 저장한 채팅방 이름도 자동완성에 사용할 수 있다(그림 20-5 참조).

▼ 그림 20-5 추가한 채팅방 이름을 목록에서 확인할 수 있다.

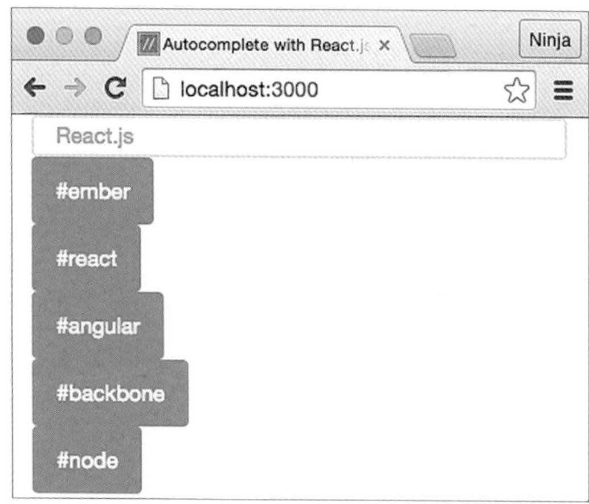

자동완성 위젯을 구현하기 위한 작업은 다음과 같다.

- 의존 모듈 설치
- Webpack을 이용한 빌드 설정
- Jest를 이용한 테스트 작성
- MongoDB에 연결하는 REST API 서버이자, 위젯 예제를 위한 정적 서버인 Express 서버 구현
- React `Autocomplete` 컴포넌트 구현
- `Autocomplete` 컴포넌트와 Handlebars를 이용한 예제 구현

React 컴포넌트를 Jest를 이용해 테스트하고, 서버에서 렌더링하고, `axios`를 이용해서 AJAX/XHR 요청을 처리할 것이다.

> **Note** 이 장의 예제 코드는 https://github.com/gilbutITbook/006961 또는 https://github.com/azat-co/react-quickly/tree/master/ch20에서 확인할 수 있다(깃허브 저장소 https://github.com/azat-co/react-quickly의 ch20 폴더다).

먼저 프로젝트 설정부터 시작하자.

20.1 프로젝트 구조와 Webpack 설정

이 프로젝트의 기술 스택을 간략히 설명하면, 다음과 같은 기술과 라이브러리를 사용한다.

- Node.js와 npm을 사용하여 JSX 컴파일과 React 같은 의존 모듈을 설치한다.
- 빌드 도구로 Webpack을 사용한다.
- 테스트 엔진으로 Jest를 사용한다.
- 웹 서버로 Express를 사용하며, Node.js용 MongoDB 드라이버로 MongoDB에 접속하여 자동완성 목록을 다룬다.
- 레이아웃을 위해 Handlebars를 사용한다.

Note ≡ React로 모든 것을 처리하지 않고 Handlebars를 사용하는 이유

내가 Handlebars를 이용한 레이아웃 처리를 선호하는 데는 몇 가지 이유가 있다. 첫 번째, React로는 이스케이프 처리하지 않은 HTML을 출력하기가 어렵다. `dangerouslySetInnerHtml`은 이름 탓에 사용하기가 꺼려진다. 그렇지만 유니버셜 React와 서버 측 렌더링을 구현하기 위해서는 이스케이프 처리하지 않은 HTML을 출력해야 한다. 이스케이프 처리하지 않은 HTML은 사이트 간 스크립팅 공격[1]에 앱을 노출시킬 수 있지만, 서버에서 HTML을 렌더링하므로 HTML 문자열을 통제할 수 있다.

두 번째, Handlebars는 `<!DOCTYPE html>` 같은 코드를 더 자연스럽게 렌더링할 수 있기 때문이다. React는 전체 페이지보다는 개별 엘리먼트에 더 적합하다.

세 번째, React는 상태를 관리하고 이에 따라 자동으로 뷰를 유지보수하기 때문이다. 만약 React 컴포넌트를 이용하는 목적이 정적인 HTML 문자열을 렌더링하는 것뿐이라면, React를 사용할 필요가 있을까? 그런 경우에 React를 사용하는 것은 지나치다. Handlebars는 HTML과 유사하므로 JSX 또는 React 적용을 위해 신경 쓸 것 없이 기존의 HTML 코드를 쉽게 복사해서 붙여넣을 수 있다. HTML을 React로 옮길 때 겪는 어려움이 없는 것이다.

끝으로 나의 개인적인 경험을 이야기하면, 다른 개발자 또는 내가 진행한 강연 또는 워크숍의 학생들에게 코드 기능을 설명할 때, 몇몇 사람들은 React 컴포넌트를 서버에서 레이아웃에 사용하고, 다른 컴포넌트를 클라이언트와 서버에서 동시에 사용하는 경우에 구조를 이해하는 데 어려움을 겪곤 했다.

1 사이트 간 스크립팅(cross-site scripting, XSS) 공격은 사용자가 신뢰하고 있지만 실제로는 XSS 취약점을 가지고 있는 정상적인 웹 사이트에 공격자가 악성 코드를 삽입하는 것이 특징이다. 예를 들어 이스케이프 처리나 유효성 검사를 하지 않는 취약점이 있는 포럼이 있다면, 공격자는 텍스트를 전송할 때 `<script>` 요소를 포함한 악성 코드를 전송할 수 있다. 결국 포럼의 모든 방문자가 악성 코드를 실행하게 된다. XSS에 대한 더 자세한 정보는 제이콥 칼린(Jakob Kallin)과 아이린 로보 발부에나(Irene Lobo Valbuena)가 쓴 "Excess XSS: A Comprehensive Tutorial on Cross-Site Scripting"(https://excess-xss.com)을 참고하기 바란다.

부록 A에서 다음 도구의 설치 방법을 설명하므로 여기서는 설치 방법에 대해 이야기하지 않겠다. 새로운 프로젝트 폴더인 autocomplete 폴더를 생성하자. 폴더 구조는 다음과 같다.

```
/autocomplete
  /__tests__
    autocomplete.test.js
  /node_modules
  /public --------- 프론트엔드/클라이언트 정적 파일을 위한 폴더(static, dist, client, build 등의 이름을 사용할 수도 있다.)
    /css
      bootstrap.css
    /js
      app.js --------- 컴파일된 번들 파일(bundle.js, script.js 등의 이름을 사용할 수도 있다.)
      app.js.map
  /src --------- JSX로 작성한 소스 코드(jsx, components, source 등의 이름을 사용할 수도 있다.)
    app.jsx --------- 진입점: Autocomplete 컴포넌트를 사용하는 주 프론트엔드 스크립트 파일
    autocomplete.jsx --------- Autocomplete 컴포넌트
  /views
    index.handlebars --------- 서버 측에서 HTML 레이아웃을 렌더링하기 위한 Handlebars 템플릿
  index.js
  package.json
  rooms.json --------- MongoDB를 위한 기초 데이터
  webpack.config.js
```

__tests__ 폴더는 Jest 테스트를 위한 폴더다. 이제는 익숙할 node_modules 폴더는 package.json을 이용해 npm에서 설치하는 Node.js 의존 모듈을 위한 폴더다. public, public/css, public/js 폴더는 애플리케이션을 위한 정적 파일을 위한 폴더다.

Note ≡ 작명에 대해서

좋은 이름은 중요한 정보를 제공하므로 이름을 짓는 것은 훌륭한 소프트웨어 엔지니어링을 위해 매우 중요하다. 소스 코드, 테스트, 문서를 읽지 않아도 스크립트, 파일, 모듈, 컴포넌트에 대한 많은 정보를 알려준다(문서는 없을 수도 있다!).

JSX 파일은 jsx 폴더에, 컴파일된 파일은 build 폴더에 위치시키는 것에 익숙해졌으니 다른 폴더 이름도 사용해볼 것이다. 여러 가지 다른 관례를 경험해보는 것이 좋다. 여러분이 접할 프로젝트는 구조가 서로 다를 것이다. 프로젝트 구조는 많이 다를 수도, 약간만 다를 수도 있다. 개발자로서 Webpack 같은 설정 도구나 Express 등의 라이브러리를 능숙하게 다룰 수 있어야 한다. 따라서 다양성을 높이는 차원에서 이 장에서는 다른 폴더 이름을 사용한다. build 폴더 대신 public 폴더를 사용한다. Express에서는 정적 파일을 제공하기 위해 public 폴더를 사용하는 것이 관례이기도 하다. 그리고 jsx 폴더 대신 src 폴더를 사용한다. jsx 외에도 소스 파일이 있을 수도 있기 때문이다.

public/js/app.js 파일은 의존 모듈과 JSX 소스 코드인 src/app.jsx를 Webpack으로 번들링하여 생성한다. `Autocomplete` 컴포넌트의 소스 코드는 src/autocomplete.jsx 파일이다.

views 폴더에는 Handlebars 템플릿을 저장한다. React로 모든 것을 해낼 자신이 있다면 템플릿 엔진을 사용하지 않아도 좋다. Node.js의 템플릿 엔진으로 React를 사용할 수도 있다!

프로젝트의 최상위에는 다음과 같은 파일이 있다.

- webpack.config.js: Webpack을 이용해서 빌드를 할 수 있다.
- package.json: 프로젝트의 메타데이터를 담고 있다.
- rooms.json: MongoDB에 저장할 기초 데이터를 담고 있다.
- index.js: Express.js 서버에 API 서버로 사용하기 위한 라우팅을 추가한다(/rooms에 `GET`, `POST`).

정확한 버전의 의존 모듈을 설치하기 위해서 다음 예제 코드의 package.json 파일(ch20/autocomplete/package.json)을 복사해서 프로젝트 폴더의 최상위에 저장하고 `npm install`을 실행한다. 그렇지 않으면 일일이 설치해야 한다.

예제 코드 20.1 의존 모듈과 프로젝트 설정

```
{
  "name": "autocomplete",
  "version": "1.0.0",
  "description": "React.js autocomplete component with Express.js, and MongoDB
  example.",
  "main": "index.js",
  "scripts": {
    "test": "jest",
    "start": "npm run build && node-dev index.js",
    "build": "./node_modules/.bin/webpack",
    "seed": "mongoimport rooms.json --jsonArray --collection=rooms --db=autocomplete"
  },
  "keywords": [
    "react.js",
    "express.js",
    "mongodb"
  ],
  "author": "Azat Mardan",
  "license": "MIT",
  "babel": {
    "presets": [
```

```
      "react"
    ]
  },
  "dependencies": {
    "babel-register": "6.11.6", --------- 서버 측에서 JSX를 불러오고 변환할 수 있도록 한다.
    "body-parser": "1.13.2",
    "compression": "1.5.1",
    "errorhandler": "1.4.1",
    "express": "4.13.1", --------- 웹 서버 프레임워크인 Express
    "express-handlebars": "2.0.1",
    "express-validator": "2.13.0", --------- HTTP 요청 로깅을 위한 Express 플러그인(미들웨어)
    "mongodb": "2.0.36", --------- MongoDB 데이터베이스에 연결하기 위한 라이브러리
    "morgan": "1.6.1"
  },
  "devDependencies": {
    "axios": "0.13.1",
    "babel-core": "6.10.4",
    "babel-loader": "6.2.4",
    "babel-preset-react": "6.5.0",
    "jest-cli": "13.2.3",
    "node-dev": "3.1.3",
    "react": "15.5.4",
    "react-dom": "15.5.4",
    "webpack": "1.13.1"
  }
}
```

잘 작동하는 앱을 완성하려면 책에서 안내하는 정확한 버전을 사용해야 한다. 또한, npm i를 실행해서 package.json에 정의된 의존 모듈을 설치하는 것을 잊지 말자.

scripts 항목이 흥미로우니 살펴보자.

```
"scripts": {
  "test": "jest",
  "start": "npm run build && ./node_modules/.bin/node-dev index.js",
  "build": "./node_modules/.bin/webpack",
  "seed": "mongoimport rooms.json --jsonArray --collection=rooms --db=autocomplete"
},
```

test는 Jest 테스트를 실행하는 명령이고, start는 소스 파일을 번들링하고 서버를 실행하기 위한 명령이다. $ npm run seed를 실행하여 방 이름을 위한 기초 데이터를 추가할 수 있다. 데이터베이스 이름은 autocomplete이고, 컬렉션 이름은 rooms다. rooms.json 파일의 내용은 다음과 같다.

```
[ {"name": "react"},
  {"name": "node"},
  {"name": "angular"},
  {"name": "backbone"}]
```

seed 명령을 실행하면 다음과 같은 결과를 확인할 수 있다(MongoDB는 별도의 프로세스로 실행되어 있어야 한다).

```
> autocomplete@1.0.0 seed /Users/azat/Documents/Code/react-quickly/ch20/autocomplete
> mongoimport rooms.json --jsonArray --collection=rooms --db=autocomplete

2027-07-10T07:06:28.441-0700 connected to: localhost
2027-07-10T07:06:28.443-0700 imported 4 documents
```

프로젝트 의존 모듈을 정의했고, 이제 ES6를 사용하고 JSX를 변환할 수 있도록 Webpack 빌드 과정을 설정해야 한다. 이를 위해 프로젝트 폴더 최상위에 다음과 같이 webpack.config.js 파일을 생성한다(ch20/autocomplete/webpack.config.js).

예제 코드 20.2 Webpack 설정

```
module.exports = {
  entry: './src/app.jsx', --------- 프로젝트의 진입점을 설정한다(진입점을 여러 개 설정할 수도 있다).
  output: {
    path: __dirname + '/public/js/',
    filename: 'app.js'
  },
  devtool: '#sourcemap', --------- 소스맵을 설정하여 개발자 도구에서 코드의 행 번호를 정확하게 보여줄 것이다.
  stats: {
    colors: true,
    reasons: true
  },
  module: {
    loaders: [
      {
        test: /\.jsx?$/,
        exclude: /(node_modules)/,
        loader: 'babel-loader' --------- Babel을 적용한다. pacakge.json에 있는 Babel 설정을 사용한다.
      }
    ]
  }
}
```

우리가 살펴본 다른 프로젝트의 Webpack 설정 파일과 큰 차이가 없다. Babel이 JSX 파일을 변환하도록 하고, 번들링된 자바스크립트 파일을 저장할 위치도 지정한다.

> **Note ≡ 윈도에서 의존 모듈 설치와 npm run seed 명령을 사용하기 위한 설정**
>
> Node.js용 MongoDB 드라이버를 설치하다 보면 `node-gyp`와 관련된 오류가 발생할 수 있다. 오류를 피하기 위해서는 `windows-build-tools`(https://github.com/felixrieseberg/windows-build-tools)를 이용해서 빌드 도구와 Python 2.7을 설치할 수 있다.
>
> ```
> $ npm i -g windows-build-tools
> ```
>
> `windows-build-tools` 대신 개별적으로 설치하고자 한다면 `node-gyp`에 안내된 설치 과정(https://goo.gl/cWhVyW)을 참고하기 바란다.
>
> 또한, `npm run seed` 명령은 `mongoimport` 명령을 실행하는데, 시스템 환경변수에 MongoDB를 설치한 경로가 포함되어 있지 않은 경우에는 정상적으로 실행되지 않는다. 윈도의 경우 제어판 – 시스템 – 고급 시스템 설정 – 고급 탭의 환경변수를 선택하고 PATH에 설치 경로(예: C:\Program Files\MongoDB\Server\3.6\bin)를 추가할 수 있다.

REACT

20.2 웹 서버 구현하기

이 프로젝트에서는 주 HTML 파일을 사용하는 대신 사용자가 입력한 내용을 요청으로 받아 제안 목록을 응답하는 간단한 웹 서버를 작성할 것이다. 또한, 서버에서 페이지를 렌더링하여 클라이언트에 각각 HTML을 전송할 것이다. 앞서 언급한 것처럼 예제에서는 Express를 웹 서버로 사용한다. index.js 파일은 웹 서버를 정의하며, 다음과 같이 세 부분을 포함하고 있다.

- 라이브러리와 컴포넌트 불러오기
- 요청에 응답하기 위한 REST API 정의
- 서버에서 페이지 렌더링

각 부분을 따로 살펴볼 것이다. 첫 번째로 살펴볼 부분은 가장 간단한, 라이브러리와 컴포넌트를 불러오는 부분이다. 다음 예제 코드는 서버에 필요한 컴포넌트와 라이브러리다(ch20/autocomplete/index.js).

예제 코드 20.3 웹 서버를 위한 컴포넌트와 라이브러리

```
const express = require('express'),  --------- 쉼표를 이용해 여러 줄에 걸쳐 라이브러리와 컴포넌트를 정의하고
  mongodb = require('mongodb'),                 불러온다(각 행에 const를 사용하는 것과 동일하다).
  app = express(),  --------- Express 앱을 초기화한다.
  bodyParser = require('body-parser'),
  validator = require('express-validator'),
  logger = require('morgan'),
  errorHandler = require('errorhandler'),
  compression = require('compression'),
  exphbs = require('express-handlebars'),
  url = 'mongodb://localhost:27017/autocomplete',  --------- MongoDB 데이터베이스에 연결하기 위한
  ReactDOM = require('react-dom'),                            문자열을 설정한다.
  ReactDOMServer = require('react-dom/server'),
  React = require('react')

require('babel-register')({  --------- JSX 파일을 불러올 수 있도록 babel-register 프리셋을 정의한다.
  presets: ['react']
})
const Autocomplete = ,
React.createFactory(require('./src/autocomplete.jsx')),  --------- JSX 파일을 이용해서 React 컴포넌트 함수 팩토리를 생성한다
  port = 3000                                                       (이렇게 하면 새로운 인스턴스를 반환하며, createElement()를 사용하지 않아도 된다).
...
```

다음 절에서 index.js를 계속 살펴보고 데이터베이스와 미들웨어를 연결하는 방법을 알아본다.

20.2.1 RESTful API 정의하기

index.js 파일에는 /rooms에 대해 GET과 POST API가 있다. 이것은 우리의 프론트엔드 앱에 데이터를 공급하기 위한 RESTful API 엔드포인트를 제공한다. 데이터는 결과적으로 MongoDB 데이터베이스에서 가져온다. roome.json 파일과 package.json 파일의 npm 스크립트(npm run seed)를 통해 MongoDB 데이터베이스를 사용한다는 것을 알 수 있다. 그렇지만 데이터베이스에서 데이터를 가져오려면 먼저 데이터베이스에 연결하고 Express 라우팅을 정의해야 한다(ch20/autocomplete/index.js).

예제 코드 20.4 RESTful API 라우팅

```
mongodb.MongoClient.connect(url, function(err, db) {  --------- MongoDB에 연결하기
  if (err) {
    console.error(err)
```

```
  process.exit(1) --------- 오류 코드와 함께 현재 프로세스를 종료한다.
}
app.use(compression())
app.use(logger('dev'))
app.use(errorHandler())
app.use(bodyParser.urlencoded({extended: true}))
app.use(bodyParser.json())
app.use(validator())
app.use(express.static('public'))
app.engine('handlebars', exphbs())
app.set('view engine', 'handlebars')

app.use(function(req, res, next){
  req.rooms = db.collection('rooms')
  return next()
})

app.get('/rooms', function(req, res, next) { --------- 생성된 채팅방 목록을 반환한다.
  req.rooms
  .find({}, {sort: {_id: -1}})
  .toArray(function(err, docs) {
    if (err) return next(err)
      return res.json(docs)
    }
  )
})
app.post('/rooms', function(req, res, next) { --------- 새로운 채팅방을 생성한다.
  req.checkBody('name', 'Invalid name in body')
    .notEmpty() --------- 전달하는 데이터에 이름이 포함되어 있고 공백이 아닌지 여부를 검사한다.
  var errors = req.validationErrors()
  if (errors) return next(errors)
  req.rooms.insert(req.body, function (err, result) { --------- 새로운 메시지를 저장하기 위해
    if (err) return next(err)                             데이터베이스를 호출한다.
      return res.json(result.ops[0])
  })
})
```

Express.js API에 대해 더 자세히 알고 싶다면, 부록 C에 수록되어 있는 편리한 치트시트를 참고하기 바란다.

20.2.2 서버에서 React 렌더링하기

마지막으로 index.js 파일에는 홈 경로(/)도 포함되는데, 이 경로에서 room 객체를 이용해서 React로 서버 렌더링을 수행한다(ch20/autocomplete/index.js).

예제 코드 20.5 서버 측 React

```
app.get('/', function(req, res, next){
  var url = 'http://localhost:3000/rooms'
  req.rooms.find({}, {sort: {_id: -1}}).toArray(function(err, rooms){
    if (err) return next(err)
    res.render('index', {                               Autocomplete React 엘리먼트를 생성한다.
      autocomplete: ReactDOMServer.renderToString(Autocomplete({
        options: rooms, --------- 채팅방 이름 목록을 options 속성으로 전달한다.
        url: url --------- API URL을 전달하여 채팅방 이름을 불러오고 생성한다.
      })),
      data: `<script type="text/javascript"> --------- 서버에서 브라우저 코드로 데이터를 전달하여 유니버설
              window.__autocomplete_data = {            React가 정상으로 작동할 수 있도록 한다.
                rooms: ${JSON.stringify(rooms, null, 2)}, --------- stringify 매개변수를 이용해서
                url: "${url}"                                        출력값을 보기 좋게 만든다.
              }
            </script>`
    })
  })
})
```

Autocomplete 컴포넌트에 두 가지 속성, 즉 options와 url을 사용한다. options는 채팅방 이름 목록이며, url은 API 서버의 URL이다(이 경우에는 http://localhost:3000/rooms가 URL이다). Autocomplete 컴포넌트는 브라우저에서도 렌더링될 것이다.

20.3 브라우저 스크립트 추가하기

브라우저 스크립트는 자동완성 위젯을 사용하는 방법을 보여주기 위한 예제 코드다. 이 코드는 브라우저에서만 실행된다. 파일은 매우 짧다. opitons와 url 속성(ch20/autocomplete/src/app.jsx)을 넘겨주어 엘리먼트를 생성한다.

예제 코드 20.6 주 클라이언트 스크립트

```
const React = require('react')
const ReactDOM = require('react-dom')

const Autocomplete = require('./autocomplete.jsx')
const {rooms, url} = window.__autocomplete_data --------- 전역변수에서 데이터를 전달받는다.

ReactDOM.render(<Autocomplete --------- XHR 요청 없이 전역 데이터를 이용해서 컴포넌트를 생성하고 렌더링한다.
    options={rooms}
    url={url}/>,
  document.getElementById('autocomplete')
)
```

전역의 __autocomplete_data는 홈 라우팅(/)의 <script> 태그를 이용해서 데이터 로컬(local)을 통해 제공된다(**로컬**은 Express에서 템플릿 데이터를 의미한다).

예제 코드 20.7 Express 앱에서 브라우저 React를 위해 데이터를 렌더링한다

```
res.render('index', {
  // ...
  data: `<script type="text/javascript"> --------- 스크립트 태그를 이용해서 Handlebars 템플릿인
          window.__autocomplete_data = {          index.hbs에 자바스크립트를 출력한다.
            rooms: ${JSON.stringify(rooms, null, 2)}, --------- 객체에서 문자열로 변환하여
            url: "${url}"                                         데이터를 출력한다.
          }
        </script>`
```

<script> 태그는 index.hbs 템플릿에 주입된다(.hbs 확장자를 입력하지 않아도 Express가 템플릿을 불러온다. 입력은 선택사항이다). 그럼 템플릿을 구현해보자.

20.4 서버 템플릿 생성하기

index.hbs 파일에서 컴포넌트에 전달할 속성과 자동완성 데이터가 출력되는 것을 알 수 있다.

예제 코드 20.8 주 마크업 페이지

```
<!DOCTYPE html>
<html lang="en">
  <head>
    <meta charset="utf-8" />
    <title>Autocomplete with React.js</title>
    <meta name="description" content="React Quickly: Autocomplete" />
    <meta name="author" content="Azat Mardan" />
    <meta name="viewport" content="width=device-width, initial-scale=1.0" />
    <link type="text/css" rel="stylesheet" href="/css/bootstrap.css" />
  </head>

  <body>
    <div class="container-fluid">
      <div>{{{data}}}</div> --------- 채팅방 이름 목록과 API URL을 포함한 <script> 태그를 렌더링한다.
      <div class="row-fluid">
        <div class="span12">
          <div id="content">
            <div class="row-fluid"  id="autocomplete" />{{{autocomplete}}}</div> ---------
        </div>                                  유니버설 React 체크섬이 포함된 정적 HTML을 렌더링한다.
      </div>
    </div>
    <script type="text/javascript" src="/js/app.js"></script> ---------
  </body>                                  브라우저 React를 활성화하고 __autocomplete_data를 사용하는
</html>                                    클라이언트 스크립트를 적용한다(이전 절 참조).
```

자동완성 예제를 실행하기 위한 작업이 끝났다. 이제 `Autocomplete` 컴포넌트만 있으면 제대로 작동할 것이다. 다음으로 `Autocomplete` 컴포넌트를 구현해보자.

20.5 Autocomplete 컴포넌트 구현하기

Autocomplete 컴포넌트는 단순한 뷰 컴포넌트가 아니라 REST API에서 데이터를 가져오고 저장할 수도 있는 독립적인 컴포넌트다. 두 가지 속성, 즉 options와 url을 사용한다. TDD 방식을 따라서 먼저 테스트를 작성한 후 Autocomplete 컴포넌트를 코딩해보자.

20.5.1 Autocomplete 컴포넌트를 위한 테스트

TDD/BDD 원칙을 따르려면 먼저 테스트를 작성해야 한다. __tests__/autocomplete.test.js 파일에 채팅방 이름 목록을 추가하고 autocomplete에 컴포넌트를 렌더링한다.

```
const rooms = [ --------- 채팅방 이름 데이터를 하드코딩한다.
  { "_id" : "5622eb1f105807ceb6ad868b", "name" : "node" },
  { "_id" : "5622eb1f105807ceb6ad868c", "name" : "react" },
  { "_id" : "5622eb1f105807ceb6ad868d", "name" : "backbone" },
  { "_id" : "5622eb1f105807ceb6ad868e", "name" : "angular" }
]
const TestUtils = require('react-addons-test-utils'),
  React = require('react'),
  ReactDOM = require('react-dom'),
  Autocomplete = require('../src/autocomplete.jsx'),
  fD = ReactDOM.findDOMNode --------- 편의를 위해 fD 객체를 담아둔다(입력할 것이 적으면 오류도 줄어든다).
const autocomplete = TestUtils.renderIntoDocument( --------- react-addons-test-utils로 불러온 TestUtils를 사용하여 Autocomplete 컴포넌트를 렌더링한다.
  React.createElement(Autocomplete, {
    options: rooms,
    url: 'test'
  })
)
const optionName = TestUtils.findRenderedDOMComponentWithClass(autocomplete, 'option-
name') --------- CSS 클래스 이름인 option-name을 이용해서 입력 영역을 가져온다.
  ...
```

CSS 클래스 이름이 option-name인 입력 영역을 가져온다. 채팅방 이름 목록이 입력 영역 값과 일치할 것이다.

이제 실제 테스트를 작성할 차례다. 위젯의 모든 option-name 요소를 가져온 후 숫자 4와 비교한다. 배열 rooms에 포함된 채팅방이 총 네 개이므로 숫자 4를 사용한다.

```
describe('Autocomplete', () => {
  it('네 개의 초기 항목이 있어야 한다', () => {
    var options = TestUtils.scryRenderedDOMComponentsWithClass(
      autocomplete,
      'option-list-item'
    )
    expect(options.length).toBe(4)
  })
```

다음으로 테스트에서 입력 영역 값을 변경하여 입력 값과 입력 값에 따라 제공된 자동완성 항목을 검사한다. 다음의 경우 일치하는 항목은 react뿐이다.

```
it('입력 값에 따라 항목이 변경되어야 한다', () => {
    expect(fD(optionName).value).toBe('')
    fD(optionName).value = 'r'
    TestUtils.Simulate.change(fD(optionName))
    expect(fD(optionName).value).toBe('r')
    options = TestUtils.scryRenderedDOMComponentsWithClass(autocomplete, 'option-list-item')
    expect(options.length).toBe(1)
    expect(fD(options[0]).textContent).toBe('#react')
  })
```

마지막 테스트 변경은 방 이름을 ember로 변경하는 것이다. 일치하는 항목이 없으므로 추가(Add) 버튼이 노출되어야 한다.

```
  it('일치하는 항목이 없으면 새로운 이름을 저장할 수 있어야 한다', () => {
      fD(optionName).value = 'ember'
      TestUtils.Simulate.change(fD(optionName))
      options = TestUtils.scryRenderedDOMComponentsWithClass(
        autocomplete,
        'option-list-item'
      )
    expect(options.length).toBe(0)
    var optionAdd = TestUtils.findRenderedDOMComponentWithClass(
      autocomplete,
      'option-add'
    )
    expect(fD(optionAdd).textContent).toBe('Add #ember')
  })
})
```

20.5.2 Autocomplete 컴포넌트 코드

마침내 Autocomplete 컴포넌트를 작성할 차례가 되었다(ch20/autocomplete/src/autocomplete.jsx). 컴포넌트에는 입력 영역, 검색어에 일치된 채팅방 목록, 검색 결과가 없을 때 새로운 채팅방 이름을 추가할 수 있는 추가(Add) 버튼이 있다. 컴포넌트는 두 가지 AJAX/XHR 요청을 수행한다. 채팅방 목록을 받아오고 새로운 채팅방 이름을 저장할 수 있다. 다음 두 가지 메서드를 사용한다.

- `filter()`: `<input>` 영역에 새로운 입력이 있을 때마다 실행된다. 현재 입력 값과 채팅방 목록을 가지고 현재 입력 값에 일치하는 채팅방 목록을 상태에 저장한다.
- `addOption()`: 추가(Add) 버튼을 클릭하거나 Enter를 누르는 경우 실행된다. 입력 값을 서버에 전달한다.

Autocomplete 컴포넌트를 개략적으로 살펴보면 다음과 같다.

```
const React = require('react'),
  ReactDOM = require('react-dom'),
  request = require('axios')

class Autocomplete extends React.Component {
  constructor(props) {
    ...
  }
  componentDidMount() { --------- 서버에서 채팅방 목록을 가져온다.
    ...
  }
  filter(event) { --------- 필터링하여 입력 값에 일치한 목록만 남겨둔다.
    ...
  }
  addOption(event) { --------- 서버에 XHR 요청을 보내서 영구적으로 새로운 채팅방 이름을 추가한다.
    ...
  }
  render() {
    return (
      <div ...>
        <input ... onChange={this.filter} /> --------- 브라우저 이벤트를 추적하여 입력 값을 감지한다.
        {this.state.filteredOptions.map(function(option, index, list) { --------- 검색어에 일치한 항목을 출력한다.
        ...
        })}
        ...
        <a ...onClick={this.addOption}> --------- 버튼(링크)을 클릭하면 addOption 메서드를 호출한다.
          Add #{this.state.currentOption}
        </a>
```

```
        ...
      </div>
    )
  }
}

module.exports = Autocomplete
```

이제 파일을 처음부터 살펴보자. CommonJS/Node.js 스타일로 라이브러리를 불러오는 것부터 시작한다. 이런 라이브러리들을 브라우저에서 사용할 수 있도록 Webpack이 번들링한다. 편의를 위해 fD를 사용한다.

```
const React = require('react'),
  ReactDOM = require('react-dom'),
  request = require('axios')

const fD = ReactDOM.findDOMNode
```

constructor에서 상태를 설정하고 this를 연결한다. options를 속성에서 가져와서 설정한다. filteredOptions는 처음에는 options와 동일하고, 입력 영역 값인 currentOption은 공백이다. 사용자가 문자를 입력하면 filteredOptions는 점차 줄어들고 입력된 문자에 일치하는 항목만 남는다.

componentDidMount()에서 axios 라이브러리(변수 request)를 이용해서 GET 요청을 보낸다. jQuery의 $.get()과 비슷하지만, 프러미스를 사용한다.

```
class Autocomplete extends React.Component {
  constructor(props) {
    super(props)
    this.state = {options: this.props.options,
      filteredOptions: this.props.options,
      currentOption: ''
    }
    this.filter = this.filter.bind(this)
    this.addOption = this.addOption.bind(this)
  }
  componentDidMount() {
    if (this.props.url == 'test') return true -------- 테스트인 경우 데이터를 가져오지 않도록 한다.
      request({url: this.props.url})
        .then(response=>response.data)
        .then(body => {
          if(!body){
            return console.error('Failed to load')
```

```
        }
        this.setState({options: body}) --------- 결과를 options에 저장한다.
      })
      .catch(console.error)
  }
  ...
```

filter() 메서드는 <input> 영역에 변경이 있을 때마다 항상 실행된다. filter() 메서드의 목적은 사용자 입력에 일치하는 항목만 남기는 것이다.

```
...
filter(event) {
  this.setState({
    currentOption: event.target.value,
    filteredOptions:
      (this.state.options.filter((option, index, list) => { --------- 배열에 filter()를 사용한다.
        return (event.target.value === option.name.substr(0, --------- #을 제거한다.
        event.target.value.length))
      }))
  })
}
```

addOption() 메서드는 입력 값에 일치하는 항목이 없는 경우 새로운 채팅방 이름을 추가할 때 사용한다.

```
addOption(event) {
  let currentOption = this.state.currentOption
  request --------- POST 요청을 위해 axios를 사용한다.
    .post(this.props.url, {name: currentOption})
    .then(response => response.data)
    .then((body) => {
      if(!body){
        return console.error('Failed to save')
      }
      this.setState({
          options: [body].concat(this.state.options) --------- 새로운 배열을 생성하기 위해 Array.push() 대신 Array.concat()를 사용한다.
                                                               상태를 직접 변경하는 것은 나쁜 방법이다.
        },
        () => {
          this.filter({target: {value: currentOption}}) --------- filter() 메서드를 setState()의 콜백에서 호출하여 filter()가 실행될 때
                                                                  새로운 입력 값이 상태에 저장되도록 한다.
        }
      )
    })
    .catch(error=>{return console.error('Failed to save')})
}
```

끝으로 render() 메서드에서 <input>의 onChange 이벤트 리스너로 this.filter를 연결해서 제어된 컴포넌트로 만든다.

```
...
render() {
  return (
    <div className="form-group">
      <input type="text"
        onKeyUp={(event) => (event.keyCode==13) ? this.addOption() : ''}
        className="form-control option-name"
        onChange={this.filter}
        value={this.state.currentOption}
        placeholder="React.js">
      </input>
```

onKeyUp은 {}에 작성한 익명 인라인 함수 대신 메서드로 작성할 수도 있다. 입력 값에 따라 필터링한 채팅방 목록은 filter() 메서드가 갱신한 filteredOptions 상태로 전달된다. filteredOptions를 순회하여 _id를 키로 하고 option.name을 이용해서 링크를 출력한다.

```
{this.state.filteredOptions.map(function(option, index, list){ --------- map() 메서드를 이용하여 필터링된 채팅방 목록을 보여준다.
  return <div key={option._id}>
    <a className="btn btn-default option-list-item"
      href={'/#/'+option.name} target="_blank"> --------- URL을 각 항목에 <a> 태그의 값으로 이용한다.
      #{option.name} --------- Slack과 유사하게 채팅방 이름을 #과 함께 보여준다.
    </a>
  </div>
})}
```

마지막 엘리먼트는 추가(Add) 버튼으로, 일치하는 항목이 없어서 filteredOptions가 비어 있는 경우에 사용된다.

```
  ...
  {(()=>{
    if (this.state.filteredOptions.length == 0 &&
      this.state.currentOption!='') --------- 일치하는 항목이 있으면 버튼을 숨긴다.
        return <a className="btn btn-info option-add"
          onClick={this.addOption}> --------- addOption을 onClick 이벤트 핸들러로 사용한다.
            Add #{this.state.currentOption} --------- 현재 입력 값을 추가하도록 한다.
        </a>
  })()}
</div>
```

CommonJS 문법을 사용하므로 `Autocomplete` 컴포넌트를 다음과 같이 내보낼 수 있다.

```
module.exports = Autocomplete
```

이제 모두 끝났다. 훌륭하다!

20.6 실행하기

REACT

여기까지 단계를 잘 거쳐왔다면 다음 명령으로 의존 모듈을 설치할 수 있을 것이다(이미 의존 모듈을 설치했다면 실행하지 않아도 좋다).

```
$ npm install
```

의존 모듈을 설치한 후에는 다음 명령으로 앱을 실행한다(그 전에 반드시 `$ mongod`를 이용해서 MongoDB를 먼저 실행해야 한다).

```
$ npm start
```

다음 명령을 실행하면 테스트를 통과할 것이다.

```
$ npm test
```

`npm run build` 명령도 있으며, 이 명령은 감시 기능을 사용하지 않는다(변경이 있을 때 직접 다시 실행해야 한다). `npm start`를 실행하면 `npm run build`가 실행된다.

추가로 `$ npm run seed`를 실행하면 데이터베이스에 초기 데이터를 저장할 수 있다. 이 명령을 실행하면 ch20/autocomplete/rooms.json에 있는 이름을 MongoDB에 저장한다.

```
[ {"name": "react"},
  {"name": "node"},
  {"name": "angular"},
  {"name": "backbone"}]
```

지금까지 `Autocomplete` 컴포넌트에 대해 모두 살펴봤다. 이제 `npm run build`로 프로젝트를 빌드하고 http://localhost:3000으로 접속하자. 다른 터미널에 MongoDB를 실행해놓아야 한다.

127.0.0.1과 localhost는 동일하지만, 자바스크립트에서 localhost 서버를 호출하므로 CORS/Access-Control-Allow-Origin 이슈를 피하기 위해서는 브라우저 주소로 localhost를 사용해야 한다.

Note ☰ MongoDB와 MongoUI

MongoDB 데이터를 직접 조작해야 한다면 터미널에서 `mongo` 명령을 실행해서 mongo 셸(또는 REPL)을 사용할 수 있다. 이 명령을 실행하면 27017 포트에 실행 중인 인스턴스에 자동으로 연결해준다(`mongod`로 MongoDB를 실행해놓은 상태여야 한다). mongo 셸에 진입하고 나면 새로운 문서를 생성하거나 컬렉션에 쿼리를 보내거나, 데이터베이스 제거하는 등의 모든 작업을 수행할 수 있다. mongo 셸의 장점은 어디에서나 사용할 수 있다는 점으로, GUI가 없는 원격 서버에서도 사용할 수 있다.

그렇지만 mongo 셸을 사용하려면 입력해야 할 것이 많고, 입력이 많아지면 시간이 오래 걸리고 오류가 발생할 수 있다. 따라서 나는 MongoUI(https://github.com/azat-co/mongoui)라는 도구로 엄청난 양의 JSON 입력을 하지 않고도 브라우저에서 클릭만으로 쿼리, 문서 생성 및 편집, 삭제 등의 작업이 가능하도록 했다(MongoDB는 JSON 기반이다).

MongoUI는 사용자 친화적인 웹 인터페이스를 통해 MongoDB를 다룰 수 있게 해준다. 다음은 자동완성 데이터베이스에 포함된 채팅방 목록 컬렉션에서 확인할 수 있는 채팅방 이름이다.

▼ 그림 20-6 MongoDB 웹 인터페이스

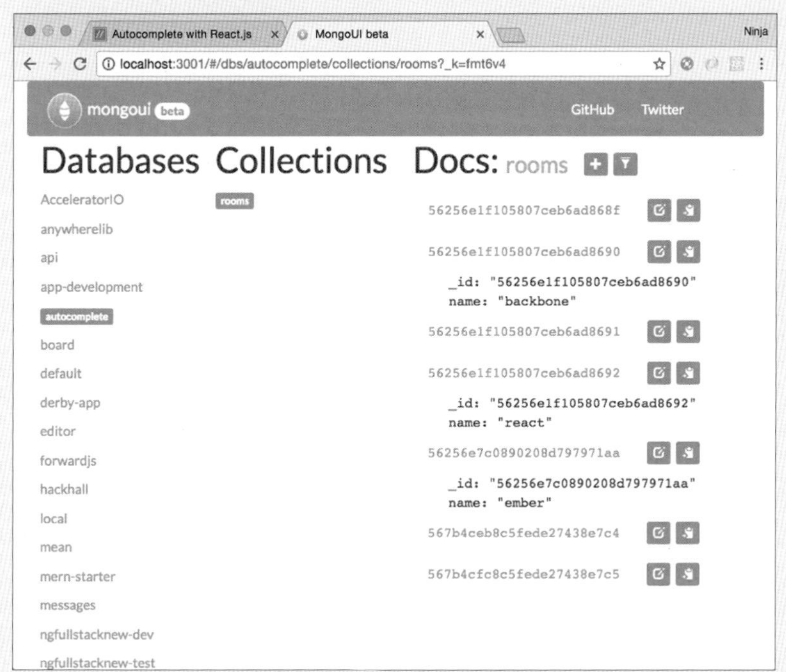

`npm i -g mongoui`로 MongoUI를 설치하고, `mongoui`를 실행한 후 브라우저에서 http://localhost:3001로 이동하자. 참, MongoUI는 React, Express, Webpack으로 만들었다. 잘 사용해주기 바란다!

데이터베이스에 초기 데이터를 저장했다면 페이지를 열었을 때 채팅방 이름과 함께 컴포넌트를 확인할 수 있을 것이다. 입력 영역에 문자를 입력하면 입력 값에 일치하는 항목이 걸러질 것이다. 일치하는 항목이 없는 경우에는 추가(Add) 버튼을 눌러서 데이터베이스에 채팅방을 추가하면 목록에서 즉시 확인할 수 있다.

자동완성 예제의 최종 결과는 그림 20-7과 같다. Network 탭을 열고 localhost를 클릭해서 서버 측 렌더링이 잘 작동하는지 확인하자(채팅방 이름 목록 데이터와 HTML을 담고 있다).

프로젝트가 잘 작동하지 않는다면 의존 모듈에 최근 버전을 사용했거나 오타가 있을 수 있다. https://github.com/gilbutITbook/006961 또는 https://github.com/azat-co/react-quickly/tree/master/ch20에서 작동하는 코드를 확인하기 바란다.

▼ 그림 20-7 Network 탭(1), localhost(2) 항목을 클릭해 localhost 응답을 검사하여 서버 측 렌더링(3)이 정상적으로 작동하는 것을 확인한다.

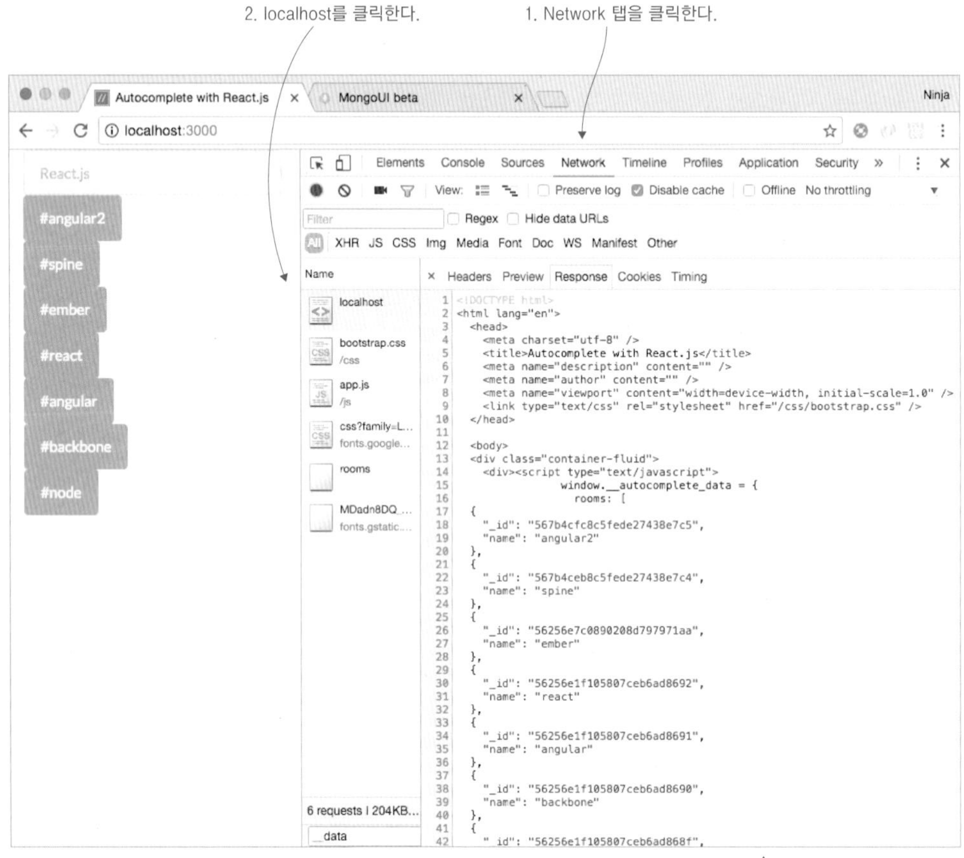

20.7 과제

추가 점수를 받고 싶은 학생이 있다면 다음 과제를 해결해보자.

- 제거 버튼을 위한 테스트를 추가하자. 각 이름 항목 옆에 X 아이콘으로 된 버튼이다.
- 각 항목을 제거할 수 있는 제거 버튼을 추가한다. AJAX/XHR 요청을 구현하고 삭제를 처리할 REST 엔드포인트를 추가한다.
- 검색어가 채팅방 이름의 중간에 있어도 일치하도록 알고리즘을 개선하자. 예를 들어 ac를 입력하면 react와 backbone이 ac를 포함하므로 두 가지 항목을 보여줘야 한다.
- Redux 스토어를 추가해보자.
- REST API 백엔드 대신 GraphQL을 구현해보자.

ch20 폴더 아래 새로운 디렉터리에 코드를 추가한 후, 이 책의 깃허브 저장소인 https://github.com/azat-co/react-quickly로 풀리퀘스트를 제출하면 된다.

20.8 요약

- Handlebars에서 중괄호를 이용해서 이스케이프 처리하지 않은 HTML을 출력할 수 있으며, React에서는 `dangerouslySetInnerHTML`의 `__html`을 이용한다.
- `findRenderedDOMComponentWithClass()`는 CSS 클래스 이름을 이용해서 하나의 컴포넌트를 찾고, `scryRenderedDOMComponentsWithClass()`는 CSS 클래스 이름을 이용해서 여러 개의 컴포넌트를 찾는다.
- `babel-register`를 사용하면 JSX 파일을 불러오고 사용할 수 있다: `require('babel-register')({presets:[ 'react' ]})`.
- MongoUI는 React를 이용해서 오픈 소스로 개발한 MongoDB 데이터베이스를 관리할 수 있는 웹 기반 인터페이스다. `npm i -g mongoui`로 설치하고 `mongoui`로 실행한다.

부록

부록 A | 이 책에서 사용한 애플리케이션 설치하기

부록 A에서는 다음 애플리케이션의 설치 방법을 설명한다(2017년 5월 기준).

- React 버전 15
- Node.js 버전 6과 npm 버전 3
- Express 버전 4
- Twitter Bootstrap 버전 3
- Browserify
- MongoDB
- Babel

A.1 React 설치하기

React를 내려받는 방법은 다음과 같이 다양하다.

- Cloudflare와 같은 콘텐츠 전송 네트워크(content-delivery network, CDN)를 사용할 수 있다. https://cdnjs.cloudflare.com/ajax/libs/react/15.5.4/react.js(https://goo.gl/FQbHUy) 또는 https://cdnjs.cloudflare.com/ajax/libs/react/15.5.4/react-dom.js(https://goo.gl/KpjR5S)를 내려받는다(전체 목록: https://cdnjs.com/libraries/react).
- React 웹 사이트에서 파일을 내려받을 수 있다. https://reactjs.org/docs/try-react.html 또는 https://github.com/facebook/react를 확인하기 바란다.
- `npm install react@15 react-dom@15`를 실행해서 npm에서 내려받을 수 있다. React를 서버에서 렌더링하는 것에 대해서는 여기서 걱정하지 않아도 좋다. react.js 파일은 node_modules/reat/dist 폴더에 있다.
- Bower(http://bower.io)로 `bower install --save react` 명령을 실행하여 받을 수 있다.
- Webpack, Grunt, Browserify, Gulp를 이용해서 npm 모듈을 번들링한다.

A.2 Node.js 설치하기

Node.js와 npm이 설치되었는지, 또는 어떤 버전이 설치되었는지 모르겠다면 터미널 또는 명령창에 다음 명령을 실행해서 확인해보자.

```
$ node -v
$ npm -v
```

대부분의 경우 npm은 Node.js와 함께 설치되므로, npm 설치도 Node.js 설치 방법을 따르면 된다. Node.js와 npm을 설치하는 가장 쉬운 방법은 웹 사이트(https://nodejs.org/en/download/)에 접속하여 사용하는 운영체제(윈도, macOS 등)에 맞는 것을 선택하는 것이다.

macOS 사용자 중 Ruby가 설치되어 있는 경우(보통 Mac에는 설치되어 있다)에는 Homebrew를 사용하는 것을 추천한다. 나는 Homebrew를 데이터베이스나 서버 같은 다른 개발 도구를 설치하는 용도로 사용한다. Mac에 brew를 설치하려면 터미널에서 다음 Ruby 코드를 실행해야 한다(이것이 이 책에서 Ruby를 사용하는 처음이자 마지막일 것이다!).

```
$ ruby -e "$(curl -fsSL https://raw.githubusercontent.com/Homebrew/install/master/install)"
```

이제 brew가 설치되었을 것이다. 저장소를 업데이트하고 Node.js와 함께 npm을 설치하자. 앞서 언급한 것처럼 npm은 Node.js와 함께 설치되므로 추가 명령은 필요치 않다.

```
$ brew update
$ brew install node
```

Node 버전 매니저(nvm, https://goo.gl/Dl6fJ)는 다음과 같이 Node.js 버전을 손쉽게 전환시켜주는 훌륭한 도구다.[1]

```
$ curl -o- https://raw.githubusercontent.com/creationix/nvm/v0.33.8/install.sh | bash
$ nvm install node
```

이제 Node.js와 npm의 버전을 확인할 수 있을 것이다. npm을 업그레이드하려면 다음 명령을 실행한다.

```
$ npm i -g npm@latest
```

1 역주 nvm은 윈도 운영체제에서는 사용할 수 없으며, 대신 nvm-windows(https://goo.gl/fqGXTU)를 사용할 수 있다. 다만 nvm과 완벽하게 동일하지는 않다.

Node.js를 업그레이드하려면 nvm을 사용하거나 비슷한 도구인 nave 또는 n을 사용할 수 있다. 예를 들어 nvm에서는 다음과 같이 새로운 버전의 Node.js를 설치하면서 패키지도 다시 설치할 수 있다.

```
$ nvm install node --reinstall-packages-from=node
```

모듈 또는 패키지를 설치할 때 npm에서 권한 오류가 발생하는 경우에는 npm 폴더에 적절한 권한이 부여되어 있는지 확인하자(다음 명령이 어떤 작업을 하는지 잘 이해하고 실행하기 바란다).[2]

```
$ sudo chown -R $USER /usr/local/{share/man,bin,lib/node,include/node}
```

A.3 Express 설치하기

Express는 React와 마찬가지로 지역 모듈로 사용하며, 반드시 개별 프로젝트에서 설치해야 한다. Express는 npm으로만 설치할 수 있다.

```
npm i express@4 -S
```

-S 옵션은 Express를 package.json의 의존 모듈 목록에 추가한다.

Express는 가장 널리 사용되는 Node.js 웹 프레임워크다. 여기서 Express에 대해 깊이 있게 다루지는 않지만, Express를 시작하기 위해 필요한 내용은 살펴볼 것이다. 먼저 다음과 같이 npm을 이용해서 Express를 설치한다.

```
$ npm install express@4.13.3
```

일반적으로 서버 파일은 index.js, app.js, server.js 등으로 생성한다. 생성한 파일을 `node` 명령으로 실행한다(예: `node index.js`). 파일은 다음과 같은 항목으로 구성된다.

- 의존 모듈 불러오기
- 설정
- 미들웨어
- 라우팅

2 역주 NPM 공식 문서를 참고하기 바란다(https://goo.gl/31NixO).

- 오류 핸들러
- 실행

모듈을 불러오는 부분은 단순하다. `require`로 의존 모듈을 불러오고 객체를 초기화한다. 예를 들어 Express 프레임워크를 불러온 후 인스턴스를 생성하려면 다음과 같이 작성한다.

```
var express = require('express')
var app = express()
```

설정 영역에서는 `app.set()`을 이용해서 설정한다. 첫 번째 인자는 문자열, 두 번째 인자는 설정값이다. 예를 들어 템플릿 엔진을 Jade로 설정하려면 다음과 같이 `view engine`을 설정한다.

```
app.set('view engine', 'jade')
```

다음 영역에서는 플러그인과 유사한 미들웨어를 설정한다. 예를 들어 `static` 미들웨어를 사용하여 앱에서 정적 자원을 제공할 수 있다.

```
app.use(express.static(path.join(__dirname, 'public')))
```

가장 중요한 부분은 `app.NAME()` 패턴으로 라우팅을 정의하는 것이다. 예를 들어 ch20/autocomplete 예제에서는 다음과 같이 작성하여 `/rooms` 엔드포인트에서 `GET` 요청을 처리했다.

```
app.get('/rooms', function(req, res, next) {
  req.rooms.find({}, {sort: {_id: -1}}).toArray(function(err, docs){
    if (err) return next(err)
      return res.json(docs)
  })
})
```

오류 핸들러는 미들웨어와 유사하다.

```
var errorHandler = require('errorhandler')
app.use(errorHandler)
```

끝으로 앱을 실행하기 위해 `listen()`을 실행한다.

```
http.createServer(app).listen(portNumber, callback)
```

물론 이것은 Express.js에 대한 간단한 소개에 불과하다. Express.js가 이렇게 간단하게 끝났다면 내가 350쪽이나 되는 책 《Pro Express.js》(Apress, 2014, http://proexpressjs.com)를 쓰지 않았을

것이다! 다른 저자의 책을 보고 싶다면 에반 한(Evan M. Hahn)이 쓴 《Express in Action》(Manning, 2016, www.manning.com/books/express-in-action)을 추천한다. Express 프레임워크는 강력하면서도 유연하며 설정을 하기 위해 묘기를 부릴 필요가 없다.

Express 앱을 개발하는 것을 경쟁력으로 삼지 않거나, 이미 Express에 대해 잘 알고 있고 복습 정도가 필요한 것이라면 내가 만든 부록 C의 Express 치트시트를 참고하기 바란다. http://reactquickly.co/resources에 접속하면 PDF 파일로 내려받을 수 있다.

A.4 Bootstrap 설치하기

Twitter Bootstrap은 공식 웹 사이트(http://getbootstrap.com)에서 내려받을 수 있다. 이 책에서는 버전 3.3.5를 사용한다. Bootstrap을 설치하는 방법은 여러 가지다.

- 문서를 제외한 난독화된 자바스크립트와 스타일의 압축 파일(https://github.com/twbs/bootstrap/releases/download/v3.3.5/bootstrap-3.3.5-dist.zip)을 내려받아 사용할 수 있다.
- Less(https://github.com/twbs/bootstrap/archive/v3.3.5.zip) 또는 Sass(https://github.com/twbs/bootstrap-sass/archive/v3.3.5.tar.gz)로 된 소스 코드를 내려받아 사용할 수 있다. 수정이 필요한 경우에 이상적인 방법이다.
- CDN을 사용한다. 캐싱 덕분에 성능은 더 좋지만 이를 위해서는 인터넷에 연결되어 있어야 한다.
- Bower로 Bootstrap을 설치한다.
- npm으로 Bootstrap을 설치한다.
- Composer로 Bootstrap을 설치한다.
- 원하는 컴포넌트만 선택해서 자신만의 Bootstrap 버전을 생성할 수도 있다(https://getbootstrap.com/docs/3.3/customize/).
- Bootstrap 테마를 이용하면 큰 작업 없이 화면을 변경할 수 있다. 예를 들어 Bootswatch(https://bootswatch.com)에서 Bootstrap 테마를 제공한다.

CDN을 사용하려면 HTML 파일에 다음 내용을 추가한다.

```
<!-- Latest compiled and minified CSS -->
<link rel="stylesheet" href="https://maxcdn.bootstrapcdn.com/bootstrap/3.3.5/css/
bootstrap.min.css">
```

```
<!-- Optional theme -->
<link rel="stylesheet" href="https://maxcdn.bootstrapcdn.com/bootstrap/3.3.5/css/
bootstrap-theme.min.css">

<!-- Latest compiled and minified JavaScript -->
<script src="https://maxcdn.bootstrapcdn.com/bootstrap/3.3.5/js/bootstrap.min.js"></
script>
```

Bower, npm, Composer의 경우 프로젝트 폴더에서 각각 다음과 같은 명령을 실행할 수 있다(이 중 한 가지 방법을 선택한다).

```
$ bower install bootstrap
$ npm install bootstrap
$ composer require twbs/bootstrap
```

더 자세한 정보는 https://goo.gl/AqPVgd를 참고하기 바란다.

A.5 Browserify 설치하기

Browserify는 npm 모듈을 프론트엔드 번들 파일로 묶어 브라우저에서 사용할 수 있게 해주는 도구다. 주로 Node.js용으로 개발된 모든 npm 모듈을 프론트엔드 모듈로 바꿀 수 있다.

> **Note** Webpack을 사용하는 경우에는 Browserify가 필요 없다.

먼저 npm으로 Browserify를 설치한다.

```
$ npm install -g browserify
```

다음 예제는 ch16/jest의 코드를 사용한다. 폴더로 이동한 후에 script.js 파일을 생성하여 generate-password.js 라이브러리를 불러온다. script.js 파일의 내용은 다음과 같이 간단하다.

```
var generatePassword = require('generate-password')
console.log(generatePassword())
console.log(generatePassword())
```

script.js 파일을 저장하고 터미널 또는 명령창에서 다음 명령을 실행한다.

```
$ browserify script.js -o bundle.js
```

bundle.js를 확인해보거나 index.html에서 불러와 본다.

```
<script src="bundle.js"></script>
```

브라우저에서 index.html을 열고 콘솔을 확인해보자. 무작위로 생성된 비밀번호 두 개를 확인할 수 있을 것이다. 예제 코드는 ch16/jest에서 확인할 수 있다.

A.6 MongoDB 설치하기

MongoDB를 설치하는 가장 쉬운 방법은 https://www.mongodb.com/download-center#production(https://goo.gl/Mdbbrb)에서 사용하는 운영체제에 맞는 패키지를 선택하는 것이다.

macOS의 경우에는 brew를 사용해서 다음과 같이 설치할 수도 있다.

```
$ brew update
$ brew install mongodb
```

Note ≡ MongoDB 설치 방법(윈도 편)

1. 홈페이지에서 커뮤니티 버전을 내려받아서 설치합니다.

   https://www.mongodb.com/download-center#community(https://goo.gl/KwXWD4)

2. 터미널을 열고 적당한 위치(예: C 드라이브 루트)로 이동한 뒤 아래 명령을 실행해서 db를 저장할 폴더를 생성합니다.

   ```
   md data\db
   ```

3. C 드라이브에 설치했다는 가정 하에 명령창에서 다음과 같이 실행합니다.

   ```
   "C:\Program Files\MongoDB\Server\3.6\bin\mongod.exe" --dbpath c:\data
   ```

4. 그러고 나서 mongod.exe만 실행합니다.

   ```
   "C:\Program Files\MongoDB\Server\3.6\bin\mongod.exe"
   ```

5. 실행된 상태를 유지하고 이 절의 프로젝트를 실행합니다.

   ```
   npm i
   npm start
   ```

Note ≡ MongoDB 설치 방법(macOS 편)

1. Mac에서는 Homebrew(https://brew.sh/index_ko.html)를 이용해서 설치합니다. Homebrew가 설치된 상태에서 터미널을 열고 다음과 같이 설치 명령을 실행합니다.

   ```
   $ brew update && brew install mongodb
   ```

2. 적절한 위치에 데이터베이스를 저장하기 위한 디렉터리를 생성합니다. 다음 경우 홈 디렉터리에 생성합니다.

   ```
   $ mkdir -p ~/data/db
   ```

3. 설치와 디렉터리 생성을 마치면 다음과 같이 dbpath 옵션을 주어 mongod를 실행합니다.

   ```
   $ mongod --dbpath ~/data/db
   ```

4. 실행된 상태를 유지하고 이 절의 프로젝트를 실행합니다.

   ```
   npm i
   npm start
   ```

npm으로 mongodb를 전역에 설치하지 말자. npm의 mongodb는 데이터베이스가 아니라 Node.js용 드라이버이므로 프로젝트의 다른 모듈과 함께 node_modules 폴더에 지역 모듈로 설치해야 한다.

이 책에서 사용하는 것은 버전 3.0.6이며, 이후의 버전을 사용하는 것은 각자의 책임에 맡긴다. 이 책의 예제가 이후 버전의 MongoDB에서도 잘 동작하는지는 검증되지 않았다.

/data/db 폴더를 생성하려면 권한이 필요하다. 권한을 주어 폴더를 생성하거나 다음과 같이 별도의 폴더를 생성하고 mongod 명령에 --dbpath 옵션을 추가하여 실행할 수 있다.

```
$ mongod --dbpath ./data
```

데이터베이스가 실행(mongod)된 뒤, mongo 셸에서 코드를 실행할 수 있다.

```
$ mongo
> 1+1
> use autocomplete
> db.rooms.find()
```

다음은 자주 사용하는 셸 명령어에 대한 설명이다.

- > show dbs: 서버에서 데이터베이스를 보여준다.
- > use DB_NAME: 데이터베이스 DB_NAME을 선택한다.
- > show collections: 선택한 데이터베이스의 컬렉션을 보여준다.

- `> db.COLLECTION_NAME.find()`: 컬렉션 `COLLECTION_NAME`에서 아무 항목이나 찾는 탐색 쿼리를 수행한다.
- `> db.COLLECTION_NAME.find({"_id": ObjectId("549d9a3081d0f07866fdaac6")})`: 컬렉션 `COLLECTION_NAME`에서 ID가 549d9a3081d0f07866fdaac6인 항목을 찾는 탐색 쿼리를 수행한다.
- `> db.COLLECTION_NAME.find({"email": /gmail/})`: 컬렉션 `COLLECTION_NAME`에서 `email`이 `/gmail/`에 일치하는 항목에 대한 탐색 쿼리를 수행한다.
- `> db.COLLECTION_NAME.update(QUERY_OBJECT, SET_OBJECT)`: 컬렉션 `COLLECTION_NAME`에 갱신 쿼리를 수행하여 `QUERY_OBJECT`에 일치하는 항목을 `SET_OBJECT`를 이용해서 갱신한다.
- `> db.COLLECTION_NAME.remove(QUERY_OBJECT)`: 컬렉션 `COLLECTION_NAME`에 삭제 쿼리를 수행하여 `QUERY_OBJECT` 조건에 일치하는 항목을 삭제한다.
- `> db.COLLECTION_NAME.insert(OBJECT)`: 컬렉션 `COLLECTION_NAME`에 `OBJECT`를 추가한다.

내가 만든 MongoDB 치트시트가 부록 D에 수록되어 있으며, http://reactquickly.co/resources에서 PDF 파일로 받을 수 있다. 치트시트에는 자주 사용하는 MongoDB 명령어와 Node.js용 ODM인 Mongoose 메서드를 포함되어 있으니 애용해주기 바란다.

A.7 Babel을 이용한 JSX와 ES6 컴파일

Babel은 ES6+/ES2015+를 위한 도구지만, JSX를 자바스크립트로 변환할 수도 있다. React에서 Babel을 사용하면 추가적인 ES6 기능을 사용해 개발 환경을 효율적으로 만들 수 있다.

ES6 표준은 확정되었지만 ES6의 기능과 향후 ECMAScript가 제공할 기능은 브라우저에서 완벽하게 지원되지 않을 수 있다. ES Next(https://github.com/esnext/esnext) 같은 최신 기능을 사용하거나 구형 브라우저(IE9)에서 ES6를 사용하려는 경우, Babel 같은 컴파일러를 사용할 수 있다. Babel을 독립적인 도구로 사용하거나 빌드 시스템과 함께 사용할 수도 있다.

Babel을 별도의 CLI 도구로 사용하려면 먼저 새로운 폴더를 생성한다. Node.js와 npm이 설치되어 있다면 다음 명령을 실행해서 package.json을 생성한다.

```
$ npm init
```

package.json 파일을 열고 JSON에 `babel` 설정을 추가한다. `babel`을 최상위 속성으로 놓으면 되는데, 순서는 중요하지 않다. 이것은 React와 JSX를 사용하여 소스 파일을 변환한다는 것을 Babel에 알려주기 위한 설정이다. 이러한 설정을 **프리셋**(preset)이라고 부른다. 프리셋을 설정하지 않으면 Babel CLI가 제대로 동작하지 않는다.

```
"babel": {
  "presets": ["react"]
},
```

npm으로 Babel CLI 버전 6.9.0과 React 프리셋 버전 6.5.0을 설치한다. 터미널이나 명령창에서 다음 명령을 실행한다.

```
$ npm i babel-cli@6.9.0 --save-dev
$ npm i babel-preset-react@6.5.0 --save-dev
```

다음 명령을 이용하면 버전을 확인할 수 있다.

```
$ babel --version
```

Grunt, Gulp, Webpack을 위한 Babel 플러그인(http://babeljs.io/docs/setup)도 있다. Gulp의 예는 다음과 같다. 먼저 플러그인을 설치한다.

```
$ npm install --save-dev gulp-babel
```

gulpfile.js에서 src/app.js를 build 폴더로 컴파일하는 `build` 명령을 정의한다.

```
var gulp = require('gulp'),
  babel = require('gulp-babel')

gulp.task('build', function () {
  return gulp.src('src/app.js')
    .pipe(babel())
    .pipe(gulp.dest('build'))
})
```

Webpack과 Babel에 대한 더 자세한 정보는 12장을 참고하기 바란다.

A.8 Node.js와 ES6

빌드 도구나 독립적인 Babel 모듈인 `babel-core`를 사용해서 Node.js 파일을 컴파일할 수 있다.

```
$ npm install --save-dev babel-core@6
```

설치한 후 Node.js에서 다음과 같이 함수를 호출한다.

```
require('babel-core').transform(es5Code, options)
```

A.9 브라우저용 Babel 파일

Babel 버전 5에서는 개발 환경인 경우에 한해 브라우저에서 변환할 수 있도록 독립적인 브라우저 파일을 제공한다. 버전 6에서는 제거되었지만 몇몇 이들이 `babel-standalone`(https://github.com/Daniel15/babel-standalone)을 개발하여 이를 대신하고 있다.[3] `babel-standalone`을 사용하거나 예전 버전의 파일을 CDN에서 가져와 사용할 수 있다.

- **압축되지 않은 버전**: http://mng.bz/K1b9
- **압축된 버전**: http://mng.bz/sM59

또는 Gulp나 Webpack 같은 빌드 도구를 사용해서 독립적인 브라우저 파일을 직접 빌드할 수도 있다. 이 경우에는 React 변환 플러그인과 ES2015 프리셋 등 필요한 기능만 선택할 수 있다.

3 역주 이 책을 번역하는 현재(2018년 2월) 최신 버전(6.2.6)의 Babel에는 `babel-standalone`이 포함되어 있다(https://goo.gl/qLPpGF).

부록 B | React 치트시트

직접 프로젝트를 개발할 때 React 문서와 API를 인터넷에 검색하거나 메서드 하나를 찾기 위해 책을 뒤적이는 것은 비효율적이다. 시간을 절약하고 인터넷에서 시간을 낭비하는 것을 피하려면 여기서 소개하는 React 치트시트를 참고하기 바란다.

Note ☰ 출력 가능한 PDF 파일

여기서 소개하는 텍스트 버전도 좋지만, 내가 아름답고 출력 가능한 PDF 버전의 치트시트도 만들어 놓았다. PDF 파일은 http://reactquickly.co/resources에서 내려받을 수 있다.

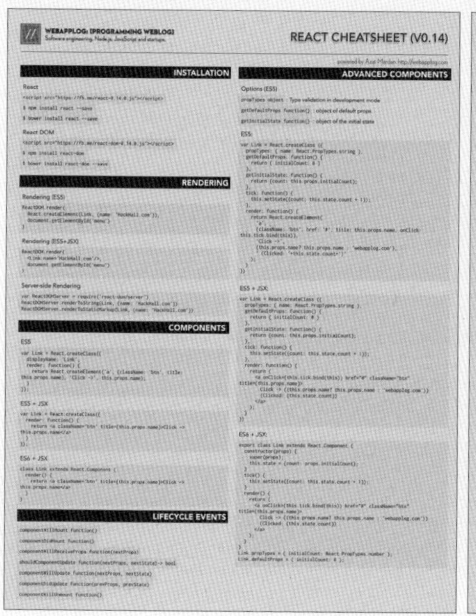

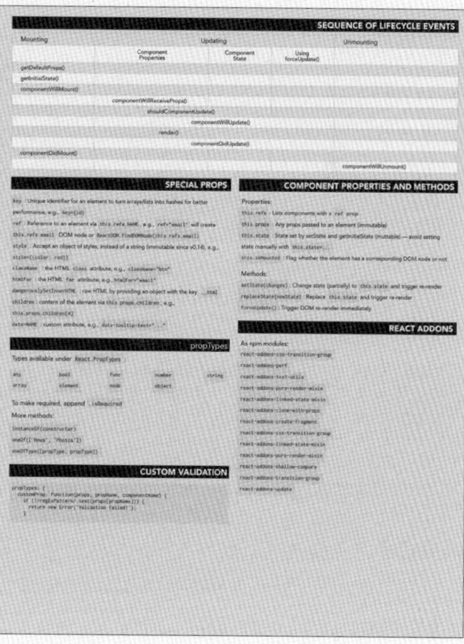

B.1 설치

B.1.1 React

- <script src="https://unpkg.com/react@15/dist/react.js"></script>
- $ npm install react --save
- $ bower install react --save

B.1.2 React DOM

- <script src="https://unpkg.com/react-dom@15/dist/react-dom.js"></script>
- $ npm install react-dom
- $ bower install react-dom -save

B.2 렌더링

B.2.1 ES5

```
ReactDOM.render(
  React.createElement(
    Link,
    {href: 'https://Node.University'}
  ),
  document.getElementById('menu')
)
```

B.2.2 ES5+JSX

```
ReactDOM.render(
  <Link href='https://Node.University'/>,
  document.getElementById('menu')
)
```

B.2.3 서버 측 렌더링

```
const ReactDOMServer = require('react-dom/server')
ReactDOMServer.renderToString(Link, {href: 'https://Node.University'})
ReactDOMServer.renderToStaticMarkup(Link, {href: 'https://Node.University'})
```

B.3 컴포넌트

B.3.1 ES5

```
var Link = React.createClass({
  displayName: 'Link',
    render: function() {
      return React.createElement('a',
        {className: 'btn', href: this.props.href}, 'Click ->', this.props.href)
  }
})
```

B.3.2 ES5 + JSX

```
var Link = React.createClass({
  render: function() {
    return <a className='btn' href={this.props.href}>Click ->
      this.props.href</a>
  }
})
```

B.3.3 ES6 + JSX

```
class Link extends React.Component {
  render() {
    return <a className='btn' href={this.props.href}>Click ->
      this.props.href</a>
  }
}
```

B.4 고급 컴포넌트

B.4.1 옵션(ES5)

- 개발 모드의 타입 검사: `propTypes` 객체
- 속성 기본값 객체: `getDefaultProps function()`
- 초기 상태 객체: `getInitialState function()`

B.4.2 ES5

```
var Link = React.createClass({
  propTypes: { href: React.PropTypes.string },
  getDefaultProps: function() {
    return { initialCount: 0 }
  },
  getInitialState: function() {
    return {count: this.props.initialCount}
  },
  tick: function() {
    this.setState({count: this.state.count + 1})
  },
  render: function() {
    return React.createElement(
      'a',
      {className: 'btn', href: '#', href: this.props.href,
        onClick: this.tick.bind(this)},
      'Click ->',
      (this.props.href ? this.props.href : 'https://webapplog.com'),
      ' (Clicked: ' + this.state.count+')'
    )
  }
})
```

B.4.3 ES5 + JSX

```
var Link = React.createClass({
  propTypes: { href: React.PropTypes.string },
  getDefaultProps: function() {
    return { initialCount: 0 }
  },
  getInitialState: function() {
    return {count: this.props.initialCount};
  },
  tick: function() {
    this.setState({count: this.state.count + 1})
  },
  render: function() {
    return (
      <a onClick={this.tick.bind(this)} href="#" className="btn"
        href={this.props.href}>
          Click -> {(this.props.href ? this.props.href : 'https://webapplog.com')}
          (Clicked: {this.state.count})
```

```
      </a>
    )
  }
})
```

B.4.4 ES6 + JSX

```
export class Link extends React.Component {
  constructor(props) {
    super(props);
    this.state = {count: props.initialCount};
  }
  tick() {
    this.setState({count: this.state.count + 1});
  }
  render() {
    return (
      <a onClick={this.tick.bind(this)} href="#" className="btn"
        href={this.props.href}>
          Click -> {(this.props.href ? this.props.href : 'https://webapplog.com')}
          (Clicked: {this.state.count})
      </a>
    )
  }
}
Link.propTypes = { initialCount: React.PropTypes.number }
Link.defaultProps = { initialCount: 0 }
```

B.5 라이프사이클 이벤트

- `componentWillMount function()`
- `componentDidMount function()`
- `componentWillReceiveProps function(nextProps)`
- `shouldComponentUpdate function(nextProps, nextState) → bool`
- `componentWillUpdate function(nextProps, nextState)`
- `componentDidUpdate function(prevProps, prevState)`
- `componentWillUnmount function()`

B.6 라이프사이클 이벤트 순서(http://react.tips 참조)

마운팅(mounting)	컴포넌트 속성 갱신	컴포넌트 상태 갱신	forceUpdate()를 이용한 갱신	언마운팅(unmounting)
constructor()				
componentWillMount()				
	componentWillReceiveProps()			
	shouldComponentUpdate()	shouldComponentUpdate()		
	componentWillUpdate()	componentWillUpdate()	componentWillUpdate()	
render()	render()	render()	render()	
	componentDidUpdate()	componentDidUpdate()	componentDidUpdate()	
componentDidMount()				
				componentWillUnmount()

B.7 특별한 속성

- key: 배열/목록을 해시로 변환하여 더 나은 성능을 얻기 위해 사용하는 고유 식별자
- ref: this.refs.NAME으로 엘리먼트에 접근할 수 있게 해주는 참조. 예를 들어 ref="email"은 this.refs.email DOM 노드 또는 ReactDOM.findDOMNode(this.refs.email)를 생성한다.
- style: 문자열 대신 카멜 표기법으로 작성한 CSS 스타일 객체를 받는다(예: style={{color: red}}, 버전 0.14 이후에는 불변 객체다).
- className: HTML의 class 속성(예: className="btn")
- htmlFor: HTML의 for 속성(예: htmlFor="email")
- dangerouslySetInnerHTML: 객체에 키를 __html로 하여 HTML을 전달해서 내부 HTML을 추가한다.
- children: 엘리먼트의 내용을 this.props.children을 이용해서 설정한다(예: this.props.children[0]).
- data-NAME: 사용자 정의 속성(예: data-tooltip-text="...")

B.8 propTypes

React.PropTypes에서 사용할 수 있는 타입은 다음과 같다.

- any
- array
- bool
- element
- func
- node
- number
- object
- string

뒤에 .isRequired를 추가하여 속성을 필수 값(누락된 경우 경고 처리)으로 만든다.

추가적인 메서드는 다음과 같다.

- instanceOf(constructor)
- oneOf(['News', 'Photos'])
- oneOfType([propType, propType])

B.8.1 사용자 정의 검사

```
propTypes: {
  customProp: function(props, propName, componentName) {
    if (!/regExPattern/.test(props[propName])) {
      return new Error('Validation failed!');
    }
  }
}
```

B.9 컴포넌트 속성과 메서드

B.9.1 속성

- this.refs: ref 속성이 적용된 컴포넌트
- this.props: 엘리먼트에 전달된 모든 속성(불변)
- this.state: setState와 getInitialState로 설정한 상태(가변). this.state=...으로 상태를 직접 설정하는 것은 피해야 한다.
- this.isMounted: 엘리먼트가 DOM 노드에 추가되었는지 확인하는 플래그

B.9.2 메서드

- setState(changes): 상태(일부)를 변경하여 다시 렌더링되도록 한다.
- replaceState(newState): this.state를 교체하고 다시 렌더링되도록 한다.
- forceUpdate(): DOM 렌더링이 즉시 다시 실행되도록 한다.

B.10 React 부가 기능(add-ons)

npm 모듈로 설치할 수 있다.

- `react-addons-css-transition-group` (https://goo.gl/AcQMg9)
- `react-addons-perf` (https://goo.gl/C4ybom)
- `react-addons-test-utils` (https://goo.gl/gMCe68)
- `react-addons-pure-render-mixin` (https://goo.gl/aFyYvw)
- `react-addons-linked-state-mixin` (https://goo.gl/a4ftig)
- `react-addons-clone-with-props`
- `react-addons-create-fragment`
- `react-addons-css-transition-group`
- `react-addons-linked-state-mixin`
- `react-addons-pure-render-mixin`
- `react-addons-shallow-compare`
- `react-addons-transition-group`
- `react-addons-update` (https://goo.gl/Uvboc8)

B.11 React 컴포넌트

- **React 컴포넌트 목록**: https://goo.gl/e2FuM3 및 http://devarchy.com/react
- **Material-UI**: React 컴포넌트를 위한 Google 머티리얼 디자인(http://material-ui.com)
- **React Toolbox**: Google 머티리얼 디자인 명세를 구현한 React 컴포넌트(http://react-toolbox.com)
- **JS.Coach**: 오픈 소스 자바스크립트 패키지(대부분 React) 모음(https://js.coach)
- **React Rocks**: React 컴포넌트 모음(https://react.rocks)
- **Khan Academy**: 재사용할 수 있는 React 컴포넌트 컬렉션(https://goo.gl/qCnY06)

부록 C | Express.js 치트시트

직접 프로젝트를 개발할 때 Express.js 문서와 API를 인터넷에 검색하거나 메서드 하나를 찾기 위해 책을 뒤적이는 것은 비효율적이다. 시간을 절약하고 인터넷에서 시간을 낭비하는 것을 피하려면 여기서 소개하는 Express.js 치트시트를 참고하기 바란다.

Note ≡ 출력 가능한 PDF 파일

여기서 소개하는 텍스트 버전도 좋지만, 내가 아름답고 출력 가능한 PDF 버전의 치트시트도 만들어 놓았다. PDF 파일은 http://reactquickly.co/resources에서 내려받을 수 있다.

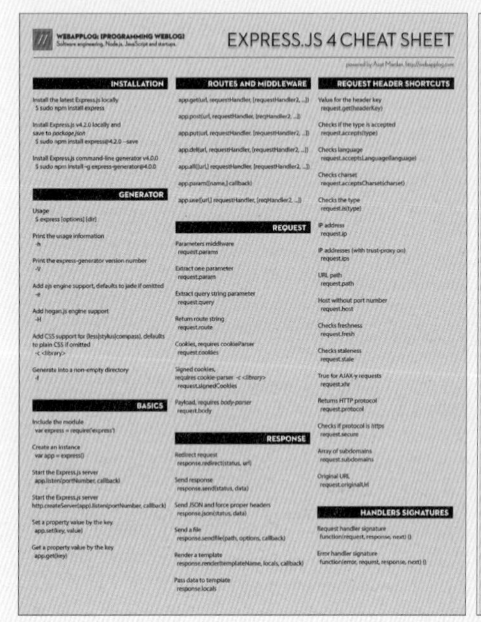

WEBAPPLOG: [PROGRAMMING WEBLOG]
Software engineering, Node.js, JavaScript and startups.

EXPRESS.JS 4 CHEAT SHEET

INSTALLATION

Install the latest Express.js locally
$ sudo npm install express

Install Express.js v4.2.0 locally and save to *package.json*
$ sudo npm install express@4.2.0 --save

Install Express.js command-line generator v4.0.0
$ sudo npm install -g express-generator@4.0.0

GENERATOR

Usage
$ express [options] [dir]

Print the usage information
-h

Print the express-generator version number
-V

Add ejs engine support, defaults to jade if omitted
-e

Add hogan.js engine support
-H

Add CSS support for (less|stylus|compass), defaults to plain CSS if omitted
-c <library>

Generate into a non-empty directory
-f

BASICS

Include the module
var express = require('express')

Create an instance
var app = express()

Start the Express.js server
app.listen(portNumber, callback)

Start the Express.js server
http.createServer(app).listen(portNumber, callback)

Set a property value by the key
app.set(key, value)

Get a property value by the key
app.get(key)

ROUTES AND MIDDLEWARE

app.get(url, requestHandler, [requestHandler2, ...])

app.post(url, requestHandler, [reqHandler2, ...])

app.put(url, requestHandler, [requestHandler2, ...])

app.del(url, requestHandler, [requestHandler2, ...])

app.all([url,] requestHandler, [requestHandler2, ...])

app.param([name,] callback)

app.use([url,] requestHandler, [reqHandler2, ...])

REQUEST

Parameters middleware
request.params

Extract one parameter
request.param

Extract query string parameter
request.query

Return route string
request.route

Cookies, requires cookieParser
request.cookies

Signed cookies, requires cookie-parser -c <library>
request.signedCookies

Payload, requires *body-parser*
request.body

RESPONSE

Redirect request
response.redirect(status, url)

Send response
response.send(status, data)

Send JSON and force proper headers
response.json(status, data)

Send a file
response.sendfile(path, options, callback)

Render a template
response.render(templateName, locals, callback)

Pass data to template
response.locals

REQUEST HEADER SHORTCUTS

Value for the header key
request.get(headerKey)

Checks if the type is accepted
request.accepts(type)

Checks language
request.acceptsLanguage(language)

Checks charset
request.acceptsCharset(charset)

Checks the type
request.is(type)

IP address
request.ip

IP addresses (with trust-proxy on)
request.ips

URL path
request.path

Host without port number
request.host

Checks freshness
request.fresh

Checks staleness
request.stale

True for AJAX-y requests
request.xhr

Returns HTTP protocol
request.protocol

Checks if protocol is *https*
request.secure

Array of subdomains
request.subdomains

Original URL
request.originalUrl

HANDLERS SIGNATURES

Request handler signature
function(request, response, next) {}

Error handler signature
function(error, request, response, next) {}

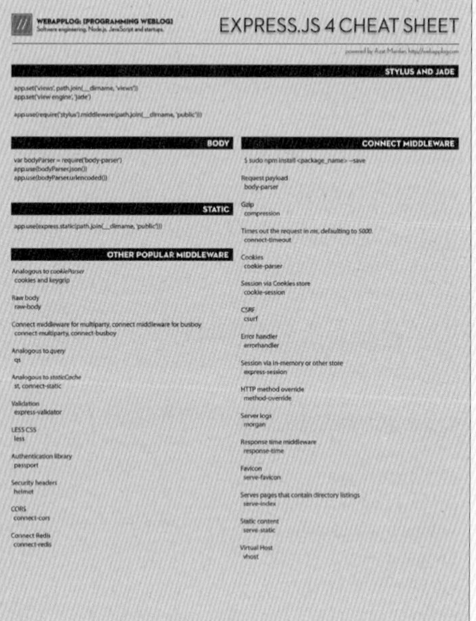

WEBAPPLOG: [PROGRAMMING WEBLOG]
Software engineering, Node.js, JavaScript and startups.

EXPRESS.JS 4 CHEAT SHEET

STYLUS AND JADE

app.set('views', path.join(__dirname, 'views'))
app.set('view engine', 'jade')

app.use(require('stylus').middleware(path.join(__dirname, 'public')))

BODY

var bodyParser = require('body-parser')
app.use(bodyParser.json())
app.use(bodyParser.urlencoded())

STATIC

app.use(express.static(path.join(__dirname, 'public')))

OTHER POPULAR MIDDLEWARE

Analogous to *cookieParser*
cookies and keygrip

Raw body
raw-body

Connect middleware for multiparty, connect middleware for busboy
connect-multiparty, connect-busboy

Analogous to *query*
qs

Analogous to *staticCache*
st, connect-static

Validation
express-validator

LESS CSS
less

Authentication library
passport

Security headers
helmet

CORS
connect-cors

Connect Redis
connect-redis

CONNECT MIDDLEWARE

$ sudo npm install <package_name> --save

Request payload
body-parser

Gzip
compression

Times out the request in *ms*, defaulting to *5000*.
connect-timeout

Cookies
cookie-parser

Session via Cookies store
cookie-session

CSRF
csurf

Error handler
errorhandler

Session via in-memory or other store
express-session

HTTP method override
method-override

Server logs
morgan

Response time middleware
response-time

Favicon
serve-favicon

Serves pages that contain directory listings
serve-index

Static content
serve-static

Virtual Host
vhost

C.1 Express.js 설치하기

- `$ npm install express`: 최신 버전의 Express.js를 프로젝트에 설치한다.
- `$ npm install express@4.2.0 --save`: Express.js 버전 4.2.0을 프로젝트에 설치하고 package.json에 저장한다.
- `$ npm install -g express-generator@4.0.0`: 명령줄에서 Express.js 프로젝트를 생성할 수 있는 express-generator 버전 4.0.0을 설치한다.

C.2 Express 프로젝트 생성 도구

C.2.1 사용법

```
$ express [options] [dir]
```

C.2.2 옵션

- `-h`: 사용법 정보를 출력한다.
- `-V`: express-generator의 버전을 출력한다.
- `-e`: EJS 엔진을 지원하도록 한다. 입력하지 않으면 Jade를 기본값으로 사용한다.
- `-H`: hogan.js 엔진을 지원하도록 한다.
- `-c <library>`: `<library>`에 CSS 전처리기(`less|stylus|compass|sass`)를 지정할 수 있다. 입력하지 않으면 기본값은 단순 CSS다.
- `-f`: 비어 있지 않은 디렉터리에 프로젝트를 생성한다.

C.3 기본

- `var express = require('express')`: 모듈을 불러온다.
- `var app = express()`: 인스턴스를 생성한다.
- `app.listen(portNumber, callback)`: Express.js 서버를 실행한다.
- `http.createServer(app).listen(portNumber, callback)`: Express.js 서버를 실행한다.
- `app.set(key, value)`: key를 이용해서 속성 값을 설정한다.
- `app.get(key)`: key를 이용해서 속성 값을 가져온다.

C.4 HTTP 메서드와 라우팅

- app.get(urlPattern, requestHandler[, requestHandler2, ...]): GET 메서드 요청 처리
- app.post(urlPattern, requestHandler[, requestHandler2, ...]): POST 메서드 요청 처리
- app.put(urlPattern, requestHandler[, requestHandler2, ...]): PUT 메서드 요청 처리
- app.delete(urlPattern, requestHandler[, requestHandler2, ...]): DELETE 메서드 요청 처리
- app.all(urlPattern, requestHandler[, requestHandler2, ...]): 모든 메서드 요청 처리
- app.param([name,] callback): URL 매개변수 처리
- app.use([urlPattern,] requestHandler[, requestHandler2, ...]): 미들웨어 적용하기

C.5 요청

- request.params: 매개변수 미들웨어
- request.param: 한 가지 매개변수 추출
- request.query: 쿼리 스트링 매개변수 추출
- request.route: 라우팅 문자열을 반환한다.
- request.cookies: 쿠키에 접근한다. cookie-parser를 필요로 한다.
- request.signedCookies: 서명된 쿠키에 접근한다. cookie-parser를 필요로 한다.
- request.body: 페이로드를 읽는다. body-parser를 필요로 한다.

C.6 요청 헤더

- request.get(headerKey): headerKey에 해당하는 값을 읽는다.
- request.accepts(type): type을 사용할 수 있는지 확인한다.
- request.acceptsLanguage(language): 언어를 확인한다.
- request.acceptsCharset(charset): 문자셋을 확인한다.
- request.is(type): type을 확인한다.

- `request.ip`: IP 주소를 가져온다.
- `request.ips`: `trust-proxy` 설정이 활성화되어 있는 경우 IP 주소 배열을 가져온다.
- `request.path`: URL 경로를 가져온다.
- `request.host`: 포트 번호를 제외한 호스트에 접근한다.
- `request.fresh`: 최근 요청인지 확인한다.
- `request.stale`: 요청이 오래되었는지 확인한다.
- `request.xhr`: XHR/AJAX-y 요청인지 확인한다.
- `request.protocol`: HTTP 프로토콜을 반환한다.
- `request.secure`: 프로토콜이 https인지 확인한다.
- `request.subdomains`: 서브도메인 배열을 가져온다.
- `request.originalUrl`: 원래의 URL을 가져온다.

C.7 응답

- `response.redirect(status, url)`: 요청을 리다이렉트한다.
- `response.send(status, data)`: 응답을 보낸다.
- `response.json(status, data)`: JSON으로 응답하고 적절한 헤더를 강제한다.
- `response.sendfile(path, options, callback)`: 파일로 응답한다.
- `response.render(templateName, locals, callback)`: 템플릿을 렌더링한다.
- `response.locals`: 템플릿에 데이터를 전달한다.

C.8 핸들러 형식

- `function(request, response, next) {}`: 요청 핸들러 형식
- `function(error, request, response, next) {}`: 오류 핸들러 형식

C.9 Stylus와 Jade

Jade와 Stylus를 설치한다.

```
$ npm i -SE stylus jade
```

Jade 템플릿 엔진을 적용한다.

```
app.set('views', path.join(__dirname, 'views'))
app.set('view engine', 'jade')
```

Stylus CSS 전처리기를 적용한다.

```
app.use(require('stylus').middleware(path.join(__dirname, 'public')))
```

C.10 Body

```
var bodyParser = require('body-parser')
app.use(bodyParser.json())
app.use(bodyParser.urlencoded({
  extended: true
}))
```

C.11 Static 미들웨어 사용법

```
app.use(express.static(path.join(__dirname, 'public')))
```

C.12 미들웨어 연결하기

```
$ npm install <package_name> --save
```

- `body-parser`(https://github.com/expressjs/body-parser): 요청 페이로드에 접근한다.
- `compression`(https://github.com/expressjs/compression): Gzip 압축 처리
- `connect-timeout`(https://github.com/expressjs/timeout): 지정된 시간 이후에는 요청을 종료한다.

- cookie-parser(https://github.com/expressjs/cookie-parser): 쿠키를 파싱하고 읽는다.
- cookie-session(https://github.com/expressjs/cookie-session): 쿠키 저장소를 통해 세션을 사용한다.
- csurf(https://github.com/expressjs/csurf): 사이트 간 요청 위조(CSRF) 방지를 위한 토큰을 생성한다.
- errorhandler(https://github.com/expressjs/errorhandler): 개발 환경을 위한 오류 핸들러를 사용한다.
- express-session(https://github.com/expressjs/session): 메모리나 별도의 저장소를 통해 세션을 사용한다.
- method-override(https://github.com/expressjs/method-override): HTTP 메서드 오버라이딩
- morgan(https://github.com/expressjs/morgan): 서버 로그를 출력한다.
- response-time(https://github.com/expressjs/response-time): 응답 시간을 보여준다.
- serve-favicon(https://github.com/expressjs/serve-favicon): 파비콘(favicon)을 제공한다.
- serve-index(https://github.com/expressjs/serve-index): 파일 서버처럼 디렉터리 목록과 파일을 제공한다.
- serve-static(https://github.com/expressjs/serve-static): 정적 자원을 제공한다.
- vhost(https://github.com/expressjs/vhost): 가상 호스트를 사용한다.

C.13 그 외의 인기 있는 미들웨어

- cookies(https://goo.gl/Z5UVbU)와 keygrip(https://goo.gl/opH6Q5): 쿠키를 파싱한다(cookie-parser와 유사하다).
- raw-body(https://goo.gl/N7grJz): 원시 페이로드 또는 본문을 사용한다.
- connect-multiparty(https://goo.gl/dhnF9u): 파일 업로드를 처리한다.
- qs(https://goo.gl/yuX2oU): 쿼리 스트링을 파싱하여 객체와 배열로 만든다.
- st(https://goo.gl/JjCs5I)와 connect-static(https://goo.gl/W99BKf): 정적 파일을 제공한다(staticCache와 유사하다).
- express-validator(https://goo.gl/PPcej): 유효성 검사를 수행한다.
- less(https://goo.gl/6QF27f): LESS 파일을 CSS로 처리한다.

- `passport`(https://goo.gl/4q4OH): 인증 요청을 처리한다.
- `helmet`(https://goo.gl/4jtsVj): 보안 헤더를 설정한다.
- `connect-cors`(https://goo.gl/W74uTs): CORS(Cross-Origin Resource Sharing)를 사용할 수 있게 해준다.
- `connect-redis`(https://goo.gl/gJ5Sr9): Redis에 연결한다.

C.14 참고자료

- 무료 Express 기초 온라인 코스: https://node.university/p/express-foundation
- 《Pro Express》(Apress, 2014): 내가 Express.js에 대해 종합적으로 쓴 책(http://proexpressjs.com)
- 내 블로그의 Express.js 관련 글: https://webapplog.com/tag/express-js

부록 D | MongoDB와 Mongoose 치트시트

직접 프로젝트를 개발할 때 MongoDB 문서와 API를 인터넷에 검색하거나 메서드 하나를 찾기 위해 책을 뒤적이는 것은 비효율적이다. 시간을 절약하고 인터넷에서 시간을 낭비하는 것을 피하려면 여기서 소개하는 MongoDB 치트시트를 참고하기 바란다.

> **Note ≡ 출력 가능한 PDF 파일**
>
> 여기서 소개하는 텍스트 버전도 좋지만, 내가 아름답고 출력 가능한 PDF 버전의 치트시트도 만들어 놓았다. PDF 파일은 http://reactquickly.co/resources에서 내려받을 수 있다.

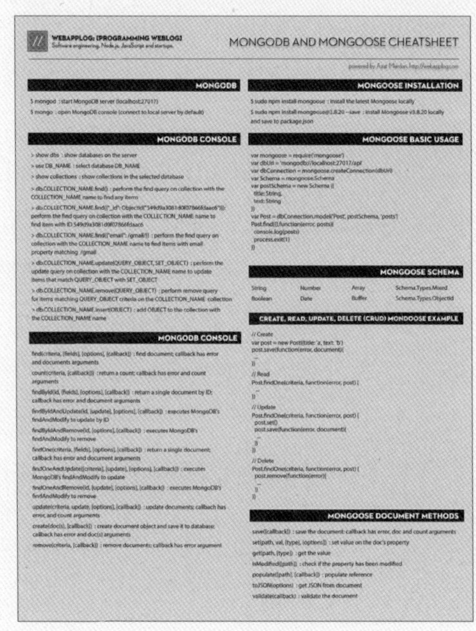

WEBAPPLOG: [PROGRAMMING WEBLOG]
Software engineering, Node.js, JavaScript and startups.

MONGODB AND MONGOOSE CHEATSHEET

powered by Azat Mardan http://webapplog.com

MONGODB

$ mongod : start MongoDB server (localhost:27017)

$ mongo : open MongoDB console (connect to local server by default)

MONGODB CONSOLE

> show dbs : show databases on the server

> use DB_NAME : select database DB_NAME

> show collections : show collections in the selected database

> db.COLLECTION_NAME.find() : perform the find query on collection with the COLLECTION_NAME name to find any items

> db.COLLECTION_NAME.find({"_id": ObjectId("549d9a3081d0f07866fdaac6")}) : perform the find query on collection with the COLLECTION_NAME name to find item with ID 549d9a3081d0f07866fdaac6

> db.COLLECTION_NAME.find({"email": /gmail/}) : perform the find query on collection with the COLLECTION_NAME name to find items with email property matching /gmail

> db.COLLECTION_NAME.update(QUERY_OBJECT, SET_OBJECT) : perform the update query on collection with the COLLECTION_NAME name to update items that match QUERY_OBJECT with SET_OBJECT

> db.COLLECTION_NAME.remove(QUERY_OBJECT) : perform remove query for items matching QUERY_OBJECT criteria on the COLLECTION_NAME collection

> db.COLLECTION_NAME.insert(OBJECT) : add OBJECT to the collection with the COLLECTION_NAME name

MONGODB CONSOLE

find(criteria, [fields], [options], [callback]) : find document; callback has error and documents arguments

count(criteria, [callback]) : return a count; callback has error and count arguments

findById(id, [fields], [options], [callback]) : return a single document by ID; callback has error and document arguments

findByIdAndUpdate(id, [update], [options], [callback]) : executes MongoDB's findAndModify to update by ID

findByIdAndRemove(id, [options], [callback]) : executes MongoDB's findAndModify to remove

findOne(criteria, [fields], [options], [callback]) : return a single document; callback has error and document arguments

findOneAndUpdate([criteria], [update], [options], [callback]) : executes MongoDB's findAndModify to update

findOneAndRemove(id, [update], [options], [callback]) : executes MongoDB's findAndModify to remove

update(criteria, update, [options], [callback]) : update documents; callback has error, and count arguments

create(doc(s), [callback]) : create document object and save it to database; callback has error and doc(s) arguments

remove(criteria, [callback]) : remove documents; callback has error argument

MONGOOSE INSTALLATION

$ sudo npm install mongoose : install the latest Mongoose locally

$ sudo npm install mongoose@3.8.20 --save : install Mongoose v3.8.20 locally and save to package.json

MONGOOSE BASIC USAGE

```
var mongoose = require('mongoose')
var dbUri = 'mongodb://localhost:27017/api'
var dbConnection = mongoose.createConnection(dbUri)
var Schema = mongoose.Schema
var postSchema = new Schema ({
  title: String,
  text: String
})
var Post = dbConnection.model('Post', postSchema, 'posts')
Post.find({},function(error, posts){
  console.log(posts)
  process.exit(1)
})
```

MONGOOSE SCHEMA

String	Number	Array	Schema.Types.Mixed
Boolean	Date	Buffer	Schema.Types.ObjectId

CREATE, READ, UPDATE, DELETE (CRUD) MONDOOSE EXAMPLE

```
// Create
var post = new Post({title: 'a', text: 'b'})
post.save(function(error, document){
  ...
})
// Read
Post.findOne(criteria, function(error, post) {
  ...
})
// Update
Post.findOne(criteria, function(error, post) {
  post.set()
  post.save(function(error, document){
    ...
  })
})
// Delete
Post.findOne(criteria, function(error, post) {
  post.remove(function(error){
    ...
  })
})
```

MONGOOSE DOCUMENT METHODS

save([callback]) : save the document; callback has error, doc and count arguments

set(path, val, [type], [options]) : set value on the doc's property

get(path, [type]) : get the value

isModified([path]) : check if the property has been modified

populate([path], [callback]) : populate reference

toJSON(options) : get JSON from document

validate(callback) : validate the document

D.1 MongoDB

- `$ mongod`: MongoDB 서버를 실행한다(`localhost:27017`).
- `$ mongo`(기본적으로 현재 환경에 실행된 서버에 접속한다): MongoDB 콘솔을 실행한다.

D.2 MongoDB 콘솔

- `> show dbs`: 서버에서 데이터베이스를 보여준다.
- `> use DB_NAME`: 데이터베이스 `DB_NAME`을 선택한다.
- `> show collections`: 선택한 데이터베이스의 컬렉션을 보여준다.
- `> db.COLLECTION_NAME.find()`: 컬렉션 `COLLECTION_NAME`에서 아무 항목이나 찾는 탐색 쿼리를 수행한다.
- `> db.COLLECTION_NAME.find({"_id": ObjectId("549d9a3081d0f07866fdaac6")})`: 컬렉션 `COLLECTION_NAME`에서 ID가 `549d9a3081d0f07866fdaac6`인 항목을 찾는 탐색 쿼리를 수행한다.
- `> db.COLLECTION_NAME.find({"email": /gmail/})`: 컬렉션 `COLLECTION_NAME`에서 `email`이 `/gmail/`에 일치하는 항목에 대한 탐색 쿼리를 수행한다.
- `> db.COLLECTION_NAME.update(QUERY_OBJECT, SET_OBJECT)`: 컬렉션 `COLLECTION_NAME`에 갱신 쿼리를 수행하여 `QUERY_OBJECT`에 일치하는 항목을 `SET_OBJECT`를 이용해서 갱신한다.
- `> db.COLLECTION_NAME.remove(QUERY_OBJECT)`: 컬렉션 `COLLECTION_NAME`에 삭제 쿼리를 수행하여 `QUERY_OBJECT` 조건에 일치하는 항목을 삭제한다.
- `> db.COLLECTION_NAME.insert(OBJECT)`: 컬렉션 `COLLECTION_NAME`에 `OBJECT`를 추가한다.

D.3 Mongoose 설치하기

- `$ sudo npm install mongoose`: Mongoose 최신 버전을 지역 모듈로 설치한다.
- `$ sudo npm install mongoose@3.8.20 --save`: Mongoose 버전 3.8.20을 지역 모듈로 설치하고, package.json에 저장한다.

D.4 Mongoose 기본 사용법

```
var mongoose = require('mongoose')
var dbUri = 'mongodb://localhost:27017/api'
var dbConnection = mongoose.createConnection(dbUri)
var Schema = mongoose.Schema
var postSchema = new Schema ({
  title: String,
  text: String
})
var Post = dbConnection.model('Post', postSchema, 'posts')
Post.find({},function(error, posts){
  console.log(posts)
  process.exit(1)
})
```

D.5 Mongoose 스키마

- String
- Boolean
- Number
- Date
- Array
- Buffer
- Schema.Types.Mixed
- Schema.Types.ObjectId

D.6 Mongoose 생성, 읽기, 갱신, 삭제(CRUD) 예제

```
// 생성(create)
var post = new Post({title: 'a', text: 'b'})
post.save(function(error, document){
  ...
})

// 읽기(read)
```

```
Post.findOne(criteria, function(error, post) {
  ...
})

// 갱신(update)
Post.findOne(criteria, function(error, post) {
  post.set()
  post.save(function(error, document){
    ...
  })
})

// 삭제(delete)
Post.findOne(criteria, function(error, post) {
  post.remove(function(error){
    ...
  })
})
```

D.7 Mongoose 모델 메서드

- `find(criteria, [fields], [options], [callback])`: 문서를 탐색한다(콜백의 인자로는 error와 documents를 받는다).
- `count(criteria, [callback]))`: 조건에 일치하는 문서의 수를 반환한다(콜백의 인자로는 error와 count를 받는다).
- `findById(id, [fields], [options], [callback])`: ID에 일치하는 문서 하나를 반환한다(콜백의 인자로는 error와 document를 받는다).
- `findByIdAndUpdate(id, [update], [options], [callback])`: MongoDB의 `findAndModify()`를 실행하여 ID에 따라 문서를 갱신한다.
- `findByIdAndRemove(id, [options], [callback])`: MongoDB의 `findAndModify()`를 실행하여 ID에 따라 문서를 삭제한다.
- `findOne(criteria, [fields], [options], [callback])`: 문서 하나를 반환한다(콜백의 인자로는 error와 document를 받는다).
- `findOneAndUpdate([criteria], [update], [options], [callback])`: MongoDB의 `findAndModify()`를 실행하여 문서를 갱신한다.

- findOneAndRemove(id, [update], [options], [callback]): MongoDB의 findAndModify()를 실행하여 문서를 제거한다.
- update(criteria, update, [options], [callback]): 문서를 갱신한다(콜백의 인자로는 error와 count를 받는다).
- create(doc(s), [callback]): 문서 객체를 생성하고 데이터베이스에 저장한다(콜백의 인자로는 error와 doc(s)를 받는다).
- remove(criteria, [callback]): 문서를 제거한다(콜백의 인자로는 error를 받는다).

D.8 Mongoose 문서 메서드

- save([callback]): 문서를 저장한다(콜백의 인자는 error, doc, count다).
- set(path, val, [type], [options]): 문서의 속성 값을 설정한다.
- get(path, [type]): 속성 값을 가져온다.
- isModified([path]): 속성이 변경되었는지 확인한다.
- populate([path], [callback]): 참조를 추가한다.
- toJSON(options): 문서에서 JSON을 가져온다.
- validate(callback): 문서를 검사한다.

부록 E | 성공을 위한 ES6

부록 E에서는 ES6에 대해 짧게 소개한다. 인기 높은 프로그래밍 언어인 자바스크립트의 새로운 세대인 ES6의 대표 기능 10가지를 살펴보자.

1. 매개변수 기본값
2. 템플릿 문자열
3. 여러 줄의 문자열
4. 해체할당
5. 개선된 객체 리터럴
6. 화살표 함수
7. 프러미스(promise)
8. 블록 스코프 생성자: `let`과 `const`
9. 클래스
10. 모듈

Note ≡ 이 목록은 매우 주관적인 목록이다. 목록에 없는 ES6 기능의 중요성을 깎아내리려는 의도는 없으며, 다루는 내용을 10가지로 하기 위해 선택한 것일 뿐이다.

E.1 매개변수 기본값

함수에서 매개변수 기본값을 정의하려면 다음과 같이 선언해야 했다.

```
var link = function (height, color, url) {
    var height = height || 50
    var color = color || 'red'
    var url = url || 'http://azat.co'
    ...
}
```

Note ≡ **출력 가능한 PDF 파일**

여기에 있는 설명에 덧붙여서 내가 아름답고 출력 가능한 PDF 버전의 치트시트도 만들어 놓았다. PDF 파일은 http://reactquickly.co/resources에서 내려받을 수 있다.

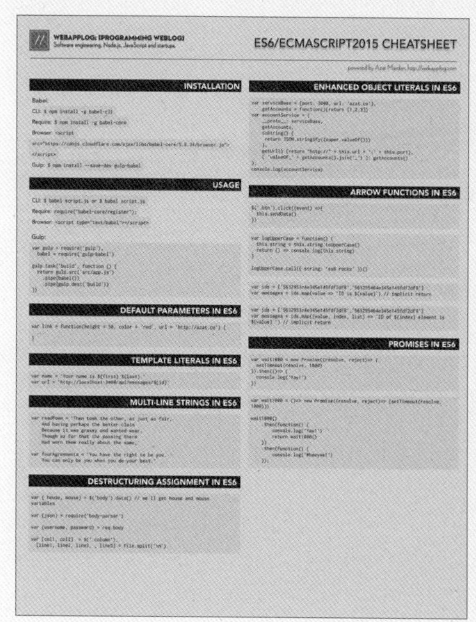

WEBAPPLOG: [PROGRAMMING WEBLOG]
Software engineering, Node.js, JavaScript and startups

ES6/ECMASCRIPT2015 CHEATSHEET

INSTALLATION

Babel:

CLI: $ npm install -g babel-cli

Require: $ npm install -g babel-core

Gulp: $ npm install --save-dev gulp-babel

USAGE

CLI: $ babel script.js or $ babel script.js

Require: require("babel-core/register");

Gulp:

DEFAULT PARAMETERS IN ES6

TEMPLATE LITERALS IN ES6

MULTI-LINE STRINGS IN ES6

DESTRUCTURING ASSIGNMENT IN ES6

ENHANCED OBJECT LITERALS IN ES6

ARROW FUNCTIONS IN ES6

PROMISES IN ES6

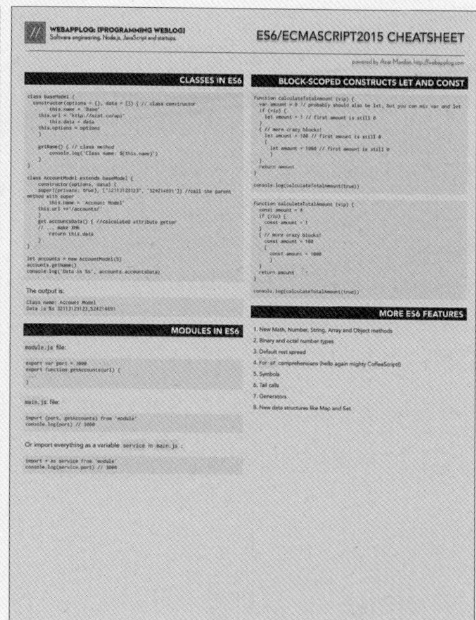

WEBAPPLOG: [PROGRAMMING WEBLOG]
Software engineering, Node.js, JavaScript and startups

ES6/ECMASCRIPT2015 CHEATSHEET

CLASSES IN ES6

The output is:

MODULES IN ES6

module.js file:

main.js file:

BLOCK-SCOPED CONSTRUCTS LET AND CONST

MORE ES6 FEATURES

1. New Math, Number, String, Array and Object methods
2. Binary and octal number types
3. Default rest spread
4. For of comprehensions (hello again mighty CoffeeScript)
5. Symbols
6. Tail calls
7. Generators
8. New data structures like Map and Set

이 방식은 값이 0만 아니라면 문제가 없다. 그렇지만 만약 값으로 0을 받으면 버그가 발생할 수 있다. 자바스크립트에서 0은 거짓인 값이므로 0을 입력하면 하드코딩 되어 있는 기본값으로 값이 바뀐다. 물론 값으로 0을 쓸 사람이 누가 있겠는가? 그렇기 때문에 이런 흠을 무시하고 논리 연산자(||)를 사용했다. 그러나 ES6에서는 그럴 필요가 없다! ES6에서는 함수 서명에 바로 기본값을 추가할 수 있다.

```
var link = function(height = 50, color = 'red', url = 'http://azat.co') {
  ...
}
```

이 문법은 Ruby와 비슷하다. 내가 즐겨 쓰는 CoffeeScript에서도 이 기능이 오래 전부터 지원되었다.

E.2 템플릿 문자열

다른 언어에서 템플릿 문자열 또는 문자열 채워 넣기는 변수를 문자열로 출력하는 방법으로 사용한다. ES5에서는 다음과 같은 방법으로 문자열을 연결해주어야 했다.

```
var name = 'Your name is ' + first + ' ' + last + '.'
var url = 'http://localhost:3000/api/messages/' + id
```

ES6에서는 백틱(back-tick, `)을 사용한 새로운 문법 `${NAME}`을 사용할 수 있다.

```
var name = `Your name is ${first} ${last}.`
var url = `http://localhost:3000/api/messages/${id}`
```

마크다운을 이용할 때도 백틱을 이용할 수 있을까? 마크다운에서는 인라인 코드 블록을 표시할 때 백틱을 사용하므로 문제가 생길 수 있다. 이 문제는 템플릿 문자열의 백틱이 있는 마크다운 코드에 둘 또는 셋 이상의 백틱을 사용하여 해결할 수 있다.

E.3 여러 줄의 문자열

여러 줄의 문자열은 또 다른 달콤한 문법 설탕(syntactic sugar)이다. ES5에서는 다음과 같은 방법으로 여러 줄의 문자열을 처리할 수 있었다.

```
var roadPoem = 'Then took the other, as just as fair,\n\t'
  + 'And having perhaps the better claim\n\t'
  + 'Because it was grassy and wanted wear,\n\t'
  + 'Though as for that the passing there\n\t'
  + 'Had worn them really about the same,\n\t'

var fourAgreements = 'You have the right to be you.\n\
  You can only be you when you do your best.'
```

ES6에서는 백틱을 사용할 수 있다.

```
var roadPoem = `Then took the other, as just as fair,
  And having perhaps the better claim
  Because it was grassy and wanted wear,
  Though as for that the passing there
  Had worn them really about the same,`
```

```
var fourAgreements = `You have the right to be you.
  You can only be you when you do your best.`
```

E.4 해체할당

해체할당(destructuring assignment)을 처음 보면 마술 같아서 개념을 이해하기 어려울 수 있다. 설명을 위해 객체 data의 속성인 house와 mouse를 변수 house와 mouse에 할당하는 경우를 예로 들어보자.

```
var data = $('body').data(), -------- data는 속성으로 house와 mouse를 가지고 있다.
  house = data.house,
  mouse = data.mouse
```

다음 예제는 Node.js에서 객체의 속성을 변수에 할당하는 경우다.

```
var jsonMiddleware = require('body-parser').json

var body = req.body, -------- body에는 username과 password가 있다.
  username = body.username,
  password = body.password
```

앞에서 살펴본 ES5 코드를 ES6에서는 다음과 같이 작성할 수 있다.

```
var {house, mouse} = $('body').data() -------- house와 mouse를 변수로 가져온다.
var {json} = require('body-parser')
var {username, password} = req.body
```

배열에도 해체할당을 사용할 수 있다. 환상적이다!

```
var [col1, col2] = $('.column'),
  [line1, line2, line3, , line5] = file.split('\n')
```

첫 번째 행은 배열의 0번 항목을 `col1`에 할당하고, 1번 항목을 `col2`에 할당한다. 두 번째 선언에서 `fileSplitArray`는 `file.split('\n')`의 결과이며, 다음과 같이 할당한 것과 동일하다(위에서 `line4`는 의도적으로 건너뛰었다).

```
var line1 = fileSplitArray[0]
var line2 = fileSplitArray[1]
var line3 = fileSplitArray[2]
var line5 = fileSplitArray[4]
```

해체할당 문법에 익숙해지려면 시간이 좀 걸리겠지만, 매력적인 문법이라는 점에는 의심할 여지가 없다.

E.5 개선된 객체 리터럴

ES6에서 객체 리터럴로 할 수 있는 것을 살펴보면 깜짝 놀랄 것이다! ES5에서는 JSON을 미화해서 ES6의 클래스와 비슷한 객체를 만들어 사용했다.

다음은 메서드 몇 가지와 속성이 있는 일반적인 ES5 객체 리터럴이다.

```
var serviceBase = {port: 3000, url: 'azat.co'},
  getAccounts = function(){return [1,2,3]}

var accountServiceES5 = {
  port: serviceBase.port,
  url: serviceBase.url,
  getAccounts: getAccounts,
  toString: function() {
    return JSON.stringify(this.valueOf())
  },
  getUrl: function() {return "http://" + this.url + ':' + this.port},
  valueOf_1_2_3: getAccounts()
}
```

더 우아하게 하려면 Object.create() 메서드[1]를 이용해서 serviceBase를 새로운 객체의 프로토타입으로 하여 상속받도록 할 수 있다.

```
var accountServiceES5ObjectCreate = Object.create(serviceBase, {
  getAccounts: { value: getAccounts },
  toString: { value: function() { return JSON.stringify(this.valueOf()) } },
  getUrl: { value: function() {return "http://" + this.url + ':' + this.port} },
  valueOf_1_2_3: { value: getAccounts() }
})
```

accountServiceES5는 객체 자체에 속성을 두고 있으므로 프로토타입 상속을 이용한 accountServiceES5ObjectCreate와 완전히 동일하지는 않다(그림 E-1 참조). 그렇지만 예제 차원에서 둘을 유사한 것으로 간주하기로 한다.

1 역주 https://goo.gl/iidJ3W

▼ 그림 E-1 ES5의 객체

```
> accountServiceES5
<· ▼{port: 3000, url: "azat.co", getAccounts: f, toString: f, getUrl: f, …}
    ▶getAccounts: f ()
    ▶getUrl: f ()
     port: 3000
    ▶toString: f ()
     url: "azat.co"
    ▶valueOf_1_2_3: (3) [1, 2, 3]
    ▶__proto__: Object
> accountServiceES5.toString()
<· "{"port":3000,"url":"azat.co","valueOf_1_2_3":[1,2,3]}"
> accountServiceES5ObjectCreate
<· ▼{getAccounts: f, toString: f, getUrl: f, valueOf_1_2_3: Array(3)}
    ▶getAccounts: f ()
    ▶getUrl: f ()
    ▶toString: f ()
    ▶valueOf_1_2_3: (3) [1, 2, 3]
    ▶__proto__: Object
```

ES6 객체 리터럴에서는 할당 시에 `getAccounts: getAccounts` 대신 콜론 없이 `getAccounts`만 입력해서 축약할 수 있다. 또한, `__proto__`에 프로토타입을 설정할 수 있다(proto에 설정하는 경우에는 일반적인 속성이 된다).

```
var serviceBase = {port: 3000, url: 'azat.co'},
  getAccounts = function(){return [1,2,3]}
var accountService = {
  __proto__: serviceBase,
  getAccounts,
```

또한, `toString()`에서 `super`를 호출할 수 있다.[2]

```
  toString() {
     return JSON.stringify((super.valueOf()))
    },
    getUrl() {return "http://" + this.url + ':' + this.port},
```

또한, 동적으로 키와 객체 속성을 생성할 수 있다. 예를 들어 다음과 같이 `valueOf_1_2_3`을 `[ 'valueOf_' + getAccounts().join('_') ]`으로 생성할 수 있다.

2 역주 https://goo.gl/59pq2y

```
[ 'valueOf_' + getAccounts().join('_') ]: getAccounts()
}
console.log(accountService)
```

생성된 ES6 객체는 그림 E-2와 같이 __proto__에서 serviceBase 객체를 확인할 수 있다. 그동안 다뤄온 객체 리터럴에 대한 개선 사항으로 훌륭하다. 완성된 ES6 코드는 다음과 같다.

```
var accountService = {
  __proto__: serviceBase,
  getAccounts,
  toString() {
    return JSON.stringify((super.valueOf()))
  },
  getUrl() {return "http://" + this.url + ':' + this.port},
  [ 'valueOf_' + getAccounts().join('_') ]: getAccounts()
}
```

▼ 그림 E-2 serviceBase를 상속받아 메서드와 속성을 정의한 ES6 객체 리터럴

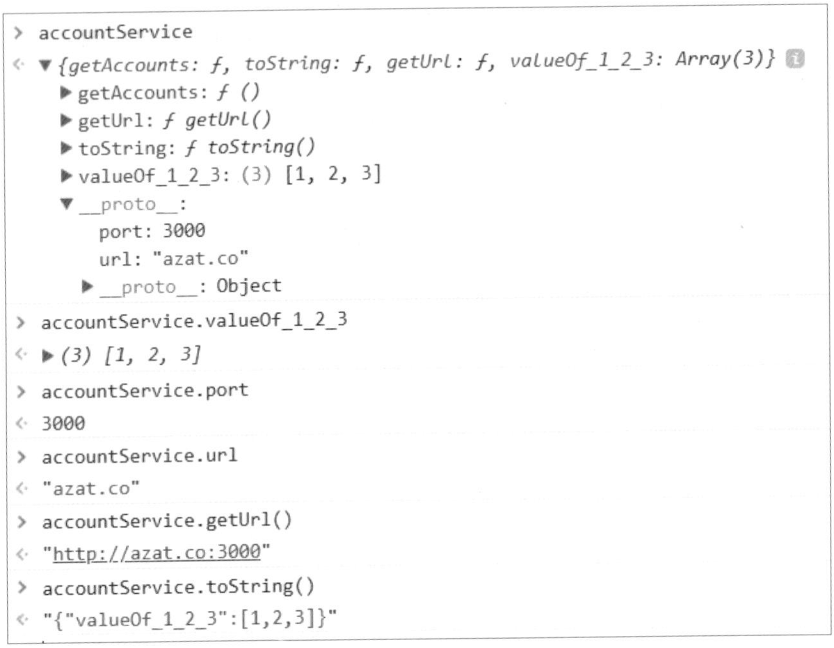

```
> accountService
<· ▼{getAccounts: ƒ, toString: ƒ, getUrl: ƒ, valueOf_1_2_3: Array(3)}
    ▶getAccounts: ƒ ()
    ▶getUrl: ƒ getUrl()
    ▶toString: ƒ toString()
    ▶valueOf_1_2_3: (3) [1, 2, 3]
    ▼__proto__:
       port: 3000
       url: "azat.co"
      ▶__proto__: Object
> accountService.valueOf_1_2_3
<· ▶(3) [1, 2, 3]
> accountService.port
<· 3000
> accountService.url
<· "azat.co"
> accountService.getUrl()
<· "http://azat.co:3000"
> accountService.toString()
<· "{"valueOf_1_2_3":[1,2,3]}"
```

E.6 화살표 함수

화살표 함수는 내가 가장 기대하던 기능이다. 난 CoffeeScript의 화살표 함수를 매우 좋아했는데, 이제 ES6에서도 사용할 수 있다. 우선 화살표 함수는 짧기 때문에 시간과 공간을 절약할 수 있다.

```
const sum = (a, b, c) => {
  return a + b + c
}
```

화살표 함수가 this의 작동을 적절하게 처리한다는 점도 놀라운 부분이다. 화살표 함수의 this는 함수의 문맥과 동일한 this를 갖는다. this는 조작되지 않는다. 일반적인 경우 클로저를 생성할 때마다 this의 조작이 발생한다.

ES6에서 화살표 함수를 사용한다는 것은 this = this, self = this, _this = this, .bind(this)를 사용할 필요가 없다는 것을 의미한다. 다음 ES5 코드를 살펴보면 그다지 우아하지 않다.

```
var _this = this
$('.btn').click(function(event){
  _this.sendData()
})
```

ES6 코드가 더 보기 좋다.

```
$('.btn').click((event) => {
  this.sendData()
})
```

CoffeeScript에서는 ES5와 ES6의 일반적인 함수를 얇은 화살표(->)로 대체할 수 있다. 그렇지만 안타깝게도 ES6 위원회는 얇은 화살표까지 도입하지는 않고 function()을 그대로 사용하도록 했다.

다음은 ES5로 작성한 logUpperCase() 함수에 call을 이용해서 문맥을 전달하는 예제다.

```
var logUpperCase = function() {
  var _this = this
  this.string = this.string.toUpperCase()
  return function () {
    return console.log(_this.string)
  }
}
logUpperCase.call({ string: 'es6 rocks' })()
```

ES6에서는 _this를 사용할 필요가 없다.

```
var logUpperCase = function() {
  this.string = this.string.toUpperCase()
  return () => console.log(this.string)
}
logUpperCase.call({ string: 'es6 rocks' })()
```

ES6에서는 예전 방식의 함수와 화살표 함수를 혼용해서 사용할 수 있다. 화살표 함수를 한 줄 문장에 사용하면 표현식이 된다. 즉, 단일 문장의 결과를 암묵적으로 반환(return을 생략)하는 것이다. 문장이 한 줄 이상인 경우에는 명시적으로 return 문이 있어야 한다.

다음 ES5 코드는 messages 배열로 새로운 배열을 생성한다.

```
var ids = ['5632953c4e345e145fdf2df8','563295464e345e145fdf2df9']
var messages = ids.map(function (value) {
  return "ID is " + value --------- 명시적인 반환
});
```

ES6로 작성하면 다음과 같다.

```
var ids = ['5632953c4e345e145fdf2df8','563295464e345e145fdf2df9']
var messages = ids.map(value => `ID is ${value}`) --------- 암묵적인 반환
```

위 코드에서는 템플릿 문자열도 사용했다. CoffeeScript에서 내가 좋아하는 기능이다.

화살표 함수의 매개변수가 하나일 때는 괄호를 생략할 수 있다. 매개변수를 두 개 이상 사용하는 경우에는 괄호를 사용해야 한다. ES5로 작성한 다음 코드는 function()에서 명시적으로 반환한다.

```
var ids = ['5632953c4e345e145fdf2df8', '563295464e345e145fdf2df9'];
var messages = ids.map(function (value, index, list) {
  return 'ID of ' + index + ' element is ' + value + ' ' --------- 명시적인 반환
})
```

ES6로 작성한 더 우아한 코드에서는 매개변수를 괄호로 감싸고 암묵적으로 반환한다.

```
var ids = ['5632953c4e345e145fdf2df8','563295464e345e145fdf2df9']
var messages = ids.map((value, index, list) => `ID of ${index} element is ${value} `) -----
                                                                                    암묵적인 반환
```

E.7 프러미스

프러미스(promise)는 그동안 계속 논쟁해온 주제다. 문법은 조금씩 다르지만 몇 가지 언급해보면 Q, Bluebird, Deferred.js, Vow, Avow, jQuery Deferred 등 여러 가지 종류의 프러미스 구현이 있었다. 어떤 개발자들은 프러미스는 불필요하며, async, 제너레이터, 콜백을 사용할 수 있다고 말하기도 한다. 다행히 ES6는 표준 프러미스 구현을 갖추게 되었다.

setTimeout()을 이용해서 만든 단순한 비동기 실행 예제를 살펴보자.

```
setTimeout(function(){
  console.log('Yay!')
}, 1000)
```

위 코드는 ES6에서 프러미스를 사용하면 다음과 같이 작성할 수 있다.

```
var wait1000 = new Promise(function(resolve, reject) {
  setTimeout(resolve, 1000)
}).then(function() {
  console.log('Yay!')
})
```

ES6의 화살표 함수도 쓸 수 있다.

```
var wait1000 = new Promise((resolve, reject)=> {
  setTimeout(resolve, 1000)
}).then(()=> {
  console.log('Yay!')
})
```

여기까지는 별 소득 없이 코드만 세 줄에서 다섯 줄로 늘렸을 뿐이다. 그렇지만 다음과 같이 setTimeout() 콜백에 좀 더 중첩된 로직이 있는 경우에는 장점을 발견할 수 있다.

```
setTimeout(function(){
  console.log('Yay!')
  setTimeout(function(){
    console.log('Wheeyee!')
  }, 1000)
}, 1000)
```

ES6 프러미스를 사용하면 다음과 같이 작성할 수 있다.

```
var wait1000 = ()=> new Promise((resolve, reject)=>
  {setTimeout(resolve, 1000)})
wait1000()
  .then(function() {
  console.log('Yay!')
  return wait1000()
})
.then(function() {
  console.log('Wheeyee!')
});
```

여전히 일반적인 콜백에 비해 프러미스가 낫다는 점에 동의할 수 없는 사람도 있을 것이다. 나도 그렇다. 내가 보기에는 콜백의 의미를 깨닫고 나면 프러미스를 이용해서 복잡도를 높이는 것이 불필요하다. 그럼에도 불구하고 ES6는 프러미스를 좋아하는 사람들을 위해 표준으로 제공한다. 프러미스는 catch 콜백처럼 훌륭한 기능도 가지고 있다. 프러미스에 대한 더 자세한 정보는 제임스 넬슨(James Nelson)이 쓴 "ES6 프러미스 소개: 콜백 지옥을 피하기 위한 네 가지 함수(Introduction to ES6 Promises: The Four Functions You Need to Avoid Callback Hell, http://mng.bz/3OAP)"를 살펴보기 바란다.

E.8 블록 스코프 생성자: let과 const

ES6 코드에서 이미 수상하게 생긴 `let`을 본 적이 있을 것이다. `let`은 문법적 편의를 위한 기능이 아니다. `let`은 조금 더 복잡하다. `let`은 `var`를 대체하며 변수의 범위를 블록으로 지정할 수 있다. 블록은 중괄호로 정의한다. ES5에서는 블록이 변수에 아무런 영향도 끼치지 않았다.

```
function calculateTotalAmount (vip) {
  var amount = 0
  if (vip) {
    var amount = 1
  }
  { // 블록을 추가한다!
    var amount = 100
    {
      var amount = 1000
    }
  }
```

```
  return amount
}
console.log(calculateTotalAmount(true))
```

콘솔에는 1000이 출력된다. 이런! 버그를 만들고 말았다. 반면에 ES6에서는 let을 이용해서 블록으로 유효 범위를 제한할 수 있다. 변수는 함수 유효 범위를 따른다.

```
function calculateTotalAmount (vip) {
  var amount = 0 // let을 사용해야겠지만, var와 let을 혼용할 수도 있다.
  if (vip) {
    let amount = 1 // 첫 번째 amount는 여전히 0이다.
  }
  { // 블록을 추가한다!
    let amount = 100 // 첫 번째 amount는 여전히 0이다.
    {
      let amount = 1000 // 첫 번째 amount는 여전히 0이다.
    }
  }
  return amount
}
console.log(calculateTotalAmount(true))
```

콘솔에는 0이 출력된다. if 블록에 let이 있기 때문이다. let이 없었다면(amount = 1) 콘솔에 1이 출력되었을 것이다.

const의 경우는 조금 더 쉽다. const는 let과 마찬가지로 블록 유효 범위를 갖지만, 읽기 전용의 참조를 생성한다(**읽기 전용**이란 해당 변수 식별자에 다시 할당할 수 없는 것을 의미한다). const는 객체에도 잘 동작한다. 다만 객체의 속성은 변경할 수 있다.

예를 들어 상수 url을 const url="http://webapplog.com"로 선언했다고 하자. const url="http://azat.co"로 다시 할당하면 대부분의 브라우저에서 실패한다. 문서에서 const가 불변을 의미한다고 설명하지는 않지만, 값을 변경하려고 하면 바뀌지 않는다.

설명을 위해 서로 다른 블록에 자리 잡은 상수 여러 개를 살펴보자.

```
function calculateTotalAmount (vip) {
  const amount = 0
  if (vip) {
    const amount = 1
  }
  { // 블록을 추가한다!
    const amount = 100
    {
```

```
      const amount = 1000
    }
  }
  return amount
}
console.log(calculateTotalAmount(true))
```

나는 개인적으로 let과 const가 언어를 더욱 복잡하게 만드는 느낌이 든다. let과 const가 없을 때는 동작 방식이 한 가지지만, 이제는 고려해야 할 것이 더 늘어났다.

E.9 클래스

클래스(class)는 객체지향 프로그래밍을 사랑하는 사람이라면 좋아할 기능이다. 페이스북의 댓글에 '좋아요'를 누르는 것처럼 쉬운 방법으로 클래스를 생성하고 상속할 수 있는 편리한 기능이다.

ES5에는 class 키워드가 없어서 클래스를 생성하고 사용하는 것이 고통스러웠다(예약어이긴 했지만 아무 용도가 없었다). 게다가 가상 클래스[3], 클래스 상속[4], 함수형 클래스 등 여러 가지 상속 패턴이 등장하며, 혼란을 가중시켜서 불난 집 같은 자바스크립트 세계에 부채질을 하는 양상이 되었다.

ES5에서 클래스를 작성하는 방법은 여러 가지이므로 소개하지는 않을 것이다(클래스가 있으면 객체가 객체로부터 상속을 받는다). ES6 예제를 살펴보자. ES6 클래스는 프로토타입을 이용하며, 함수 팩토리로 접근법을 선택하지 않았다. 다음은 constructor와 getName 메서드를 선언한 baseModel 클래스다.

```
class baseModel {
  constructor(options = {}, data = []) { --------- 클래스 생성자
    this.name = 'Base'
    this.url = 'http://azat.co/api'
    this.data = data
    this.options = options
  }
  getName() { --------- 클래스 메서드
    console.log(`Class name: ${this.name}`)
  }
}
```

3 일리아 칸터(Ilya Kantor), "클래스 패턴(Class Patterns)", http://javascript.info/class-patterns.

4 더글라스 크락포드(Douglas Crockford), "자바스크립트 클래스 상속(Classical Inheritance in JavaScript)", https://goo.gl/pS1r.

앞에서는 options와 data에 매개변수 기본값을 사용한다. 또한, 메서드 이름에는 function이나 콜론(:)을 작성할 필요가 없다. 또 다른 큰 차이점은 속성(this.NAME)을 메서드와 같은 방법으로 선언할 수 없다는 점이다. 즉, 메서드와 동일한 들여쓰기 단계에서 속성을 선언할 수 없다. 속성값은 생성자에서 선언할 수 있다.

AccountModel 클래스는 baseModel 클래스를 상속받는다. class NAME extends PARENT_NAME 문법을 이용했다. 부모 생성자를 호출하려면 간단하게 super()를 인자와 함께 호출한다.

```
class AccountModel extends baseModel {
  constructor(options, data) {
    super({private: true}, ['32113123123', '524214691'])  --------- super를 이용해서 부모 생성자를 호출한다.
    this.name = 'Account Model'
    this.url +='/accounts/'
  }
}
```

더 우아하게 하고 싶다면 다음과 같이 get을 이용해서 accountData를 속성으로 사용할 수 있다.

```
class AccountModel extends baseModel {
  constructor(options, data) {
    super({private: true}, ['32113123123', '524214691'])
    this.name = 'Account Model'
    this.url +='/accounts/'
  }
  get accountsData() {  --------- 계산된 속성을 가져온다.
    // ... XHR 요청
    return this.data
  }
}
```

accountsData를 사용하는 방법은 간단하다.

```
let accounts = new AccountModel(5)
accounts.getName()
console.log('Data is %s', accounts.accountsData)
```

출력 결과는 다음과 같다.

```
Class name: Account Model
Data is 32113123123,524214691
```

E.10 모듈

이미 알고 있겠지만 ES6 이전의 자바스크립트에는 내장된 모듈(module) 지원이 없었다. 개발자들은 대신 AMD, RequireJS, CommonJS 등의 방법을 사용했다. 이제는 `import`와 `export` 문으로 모듈을 사용할 수 있다.

ES5에서는 `<script>` 문에 즉시실행함수를 사용하거나 AMD 같은 라이브러리를 사용했다. 반면에 ES6에서는 `export`를 이용해서 클래스를 노출할 수 있다. 난 Node.js에 익숙하여 Node.js 모듈 문법인 CommonJS를 사용한다.

Browserify(http://browserify.org)를 이용하면 브라우저에서도 쉽게 CommonJS 문법을 사용할 수 있다. 다음과 같이 ES5로 작성한 module.js 파일에 변수 `port`와 `getAccounts` 메서드가 있다고 가정하자.

```
module.exports = {
  port: 3000,
  getAccounts: function() {
    ...
  }
}
```

ES5의 main.js 파일에서 위의 모듈을 `require('module')`로 불러온다.

```
var service = require('module.js')
console.log(service.port) // 3000
```

ES6에서는 `export`와 `import`를 사용할 수 있다. 예를 들어 ES6로 수정한 module.js 파일은 다음과 같다.

```
export var port = 3000
export function getAccounts(url) {
  ...
}
```

ES6로 수정한 main.js 파일에서는 `import {name} from 'my-module'` 문법으로 모듈을 불러온다.

```
import {port, getAccounts} from 'module'
console.log(port) // 3000
```

또는 다음과 같이 변수 `service`에 모듈의 모든 항목을 불러올 수도 있다.

```
import * as service from 'module'
console.log(service.port) // 3000
```

개인적으로 나는 ES6 모듈이 혼란스럽게 느껴진다. ES6 모듈이 더 우아하기는 하지만 Node.js 모듈이 당장 바뀌는 것은 아니다. 나는 브라우저와 서버 쪽 자바스크립트에 동일한 스타일을 유지하는 것을 좋아하므로 현재로서는 CommonJS/Node.js 스타일을 유지하기로 했다. 또한, 이 글을 쓰는 시점에서는 브라우저에 ES6 모듈이 아직 지원되지 않으므로,[5] ES6 모듈을 사용하려면 jspm(http://jspm.io) 같은 것을 사용해야 한다.

더 자세한 정보와 예제는 https://goo.gl/MGUwlk를 참고하기 바란다. 또한, 어떤 방식을 선택하더라도 자바스크립트를 모듈화하여 작성하자!

E.11 Babel로 ES6 사용하기

ES6를 사용하기 위해서는 Babel을 빌드 과정에 사용해야 한다. Babel에 대한 자세한 설명은 3장에서 다루고 있다.

E.12 그 외의 ES6 기능들

지금 당장은 쓰지 않겠지만 언급할 만한 ES6 기능들이 많다. 다음 기능들을 예로 들 수 있다.

- 수학, 숫자, 문자열, 배열, 객체를 위한 새로운 메서드
- 2진수 및 8진수 숫자 형식
- 매개변수 기본값, 나머지 매개변수, 펼침 연산자
- `For-of` 구문(CoffeeScript의 강력한 기능이 또 나왔다!)
- `Symbol`
- 꼬리 호출 최적화(tail call optimization)
- 제너레이터(generator)
- 새로운 데이터 구조인 `Map`과 `Set`

5 역주 Safari 10.1, Chrome 61, Edge 16, Firefox 54 이후로 ES6 모듈을 지원한다(Firefox의 경우에는 플래그 설정이 필요하다). 더 자세한 정보는 https://goo.gl/TvdUmD를 참고하기 바란다.

ECMAScript는 생산성을 높이고 실수를 줄여주며, 앞으로도 계속해서 진화할 것이다. 배움은 멈출 수 없다. 다음 자료들을 참고하여 계속해서 공부하기 바란다.

- ES6 치트시트: http://reactquickly.co/resources
- 니콜라스 자카스(Nicolas Zakas)가 쓴 《ECMAScript 6 이해하기(Understanding ECMAScript 6)》(Leanpub, 2017, https://leanpub.com/understandinges6)
- 악셀 라우슈마이어(Axel Rauschmayer)가 쓴 《ES6 탐색하기(Exploring ES6)》(Leanpub, 2017, http://exploringjs.com/es6.html)
- ES6 강의: https://node.university/p/es6
- ES7 및 ES8 강의: https://node.university/p/es7-es8

부록 F | 서점 예제로 살펴보는 React Router v4

이 책에서 살펴본 React Router 예제는 React Router 버전 2를 기준으로 작성되어 있다. 2018년 3월 현재 React Router의 최신 버전은 4로 다소 차이가 있어 앞서 18장에서 살펴본 서점 프로젝트를 수정하는 방식으로 변경된 점을 살펴보고자 한다. 버전 2와 버전 4를 편의상 v2와 v4라 부르겠다. 설명에 사용한 예제 코드는 ch18/nile-updated 폴더에서 확인할 수 있다.

F.1 설치하기

React Router v4부터는 React Native도 지원하기 위해 패키지가 분리되었다. 웹 브라우저 환경에서는 react-router-dom(https://goo.gl/UvwXMO)을 사용해야 하므로 다음과 같이 기존의 의존 모듈을 제거하고 새로운 버전의 모듈을 설치하자. 이 글을 작성하는 현재 React Router의 최신 버전은 4.2.2다. `npm rm`은 모듈을 삭제하는 명령이다. `npm uninstall`과 동일하다. 기존 예제의 `devDependencies`에 추가되어 있었으므로 동일하게 설치한다(`--save-dev`).

```
npm rm react-router history --save-dev
npm i react-router-dom@^4.2.2 --save-dev
```

의존 모듈 설치 후에 package.json 파일을 열어보면 `devDependencies`가 다음과 같이 변경된다.

```
...
  "devDependencies": {
    "babel-core": "6.3.21",
    "babel-loader": "6.4.1",
    "babel-plugin-transform-react-jsx": "6.3.13",
    "babel-preset-es2015": "6.3.13",
    "react": "15.5.4",
    "react-addons-test-utils": "15.2.1",
    "react-dom": "15.5.4",
    "react-router-dom": "^4.2.2",
    "webpack": "2.4.1",
    "webpack-dev-server": "1.14.0"
}
```

F.2 새로운 Router 컴포넌트: BrowserRouter, HashRouter, MemoryRouter

이처럼 history 모듈을 삭제하는 이유는 무엇일까? 앞서 살펴본 v2의 예제에서는 Router 컴포넌트에 history 객체를 별도로 사용했지만, v4에서는 BrowserRouter, HashRouter, MemoryRouter 중 하나를 선택하여 별도의 history 객체 없이도 사용할 수 있다. 여기서는 기존과 동일하게 작동시키기 위해 HashRouter를 사용한다. 참고로 기존과 같이 직접 history 객체를 전달하는 방식으로도 사용이 가능하다.

Router 컴포넌트에 차이점이 한 가지 더 있는데, v2에서는 자식 엘리먼트를 여러 개 둘 수 있었지만, v4에서는 자식 엘리먼트를 하나만 둘 수 있다. 따라서 다음과 같이 <div>로 Route 컴포넌트를 감싸는 형태가 된다(nile-updated/jsx/app.jsx).

```
const {
  HashRouter, // Router 대신 HashRouter를 불러온다.
  ...
} = require('react-router-dom') // react-router-dom으로 변경했다.

...
ReactDOM.render((
  <HashRouter>
    <div>
      <Switch>
        <Route
          path="/checkout"
          render={routeProps => <Checkout cartItems={cartItems} products={PRODUCTS}
          {...routeProps} />}
        />
        <Route path="/" component={App} />
      </Switch>
    </div>
  </HashRouter>
), document.getElementById('content'))
```

F.3 Switch 컴포넌트

Switch 컴포넌트는 경로에 일치하는 첫 번째 컴포넌트만 렌더링하도록 처리해준다. 위의 경우 결제 페이지에서는 App 컴포넌트에 있는 Heading 컴포넌트가 노출되지 않아야 하므로, Switch 컴포넌트를 사용하여 결제 페이지로 이동한 경우 App 컴포넌트가 렌더링되지 않도록 했다.

F.4 렌더링되 컴포넌트에 속성 전달하기

…던 두 가지 차이점을 더 확인할 수 있다. 먼저 Route에 속성으로 전달하던 F.2절의 코…ucts의 위치가 바뀌었다. v4부터는 Route의 render 속성을 이용해서 렌더링하 cartIte… 접 속성을 전달할 수 있도록 변경되었다. 가령 cartItems의 경우 기존에 this.…는 …artItems로 접근해야 했지만 v4의 방식을 따르면 this.props.cartItems로 접근 r…

…서 render 속성에 넘겨주는 함수가 인자로 받는 routeProps는 기존에 this.props로 …사용하던 location, history와 함께 match를 추가로 포함하고 있다. 기존에 사용하던 …rops.params는 찾을 수 없는데, params는 this.props.match.params로 옮겨졌다. 이런 …을 반영하여 Product 컴포넌트의 handleBuy 메서드를 다음과 같이 수정했다. v2와의 차이점 …확인해보기 바란다(nile-updated/jsx/product.jsx).

```
...
  handleBuy (event) {
    // v2: this.props.route.addToCart(this.props.params.id)
    this.props.addToCart(this.props.match.params.id)
  }
...
```

F.5 Route 컴포넌트 중첩 방식의 변경

또 다른 차이점은 "/" 경로에 중첩했던 Route 컴포넌트가 없어진 것이다. v4부터는 Route 컴포넌트를 중첩할 수 없게 하고, 대신에 렌더링되는 컴포넌트에서 다시 Route 컴포넌트를 쓸 수 있도록 변경되었다. 예를 들면 위의 경우에는 없어진 Route 컴포넌트를 App 컴포넌트의 render 메서드에서 찾을 수 있다. 다음과 같이 App 컴포넌트에서 상품 페이지(/product)와 카트 페이지(/cart)에 대한 라우팅을 처리한다(nile-updated/jsx/app.jsx).

```
render() {
  return (
    <div className="well">
      <Heading/>
      <div>
        <Route exact path="/" component={Index} />
        <Route path="/products/:id" render={this.renderProduct.bind(this)} />
```

```
        <Route path="/cart" render={this.renderCart.bind(this)} />
      </div>
    </div>
  )
}
```

위에서는 보기 편하도록 Route의 render 속성으로 넘겨줄 함수를 App 컴포넌트의 render renderCart 메서드로 각각 옮겨 놓았다. 각 경로에 대한 렌더링을 Route의 render 속성 리할 수 있으므로 기존에 모달을 보여줄 때 componentWillReceiveProps를 이용하여 복잡 배경을 유지하던 방법을 단순하게 처리할 수도 있다.

다음은 App 컴포넌트의 renderProduct 메서드다. Link로 전달받은 불 값인 location.state.modal 값이 true이면 모달과 함께 배경(Index 컴포넌트)을 보여주고, false이면 직접 URL로 접속한 것으로 판단하여 모달이 없는 페이지를 보여주도록 한다.

```
...
  renderProduct(routeProps) {
    const { location } = this.props
    const isModal = location.state && location.state.modal
    const product = <Product addToCart={addToCart} products={PRODUCTS} {...routeProps} />

    return isModal ? (
      // isModal이 true이면 상품 모달과 함께 배경을 보여준다.
      <div>
        <Index {...routeProps} />
        <Modal isOpen={true} returnTo={location.state.returnTo}>
          {product}
        </Modal>
      </div>
    ) : product // isModal이 false이면 상품 페이지 URL로 직접 접속한 경우 상품만 보여준다.
  }
...
```

지금까지 간략하게 React Router v4의 변경 사항을 살펴봤다. 더 자세한 정보는 공식 문서와 업그레이드 가이드를 참고하기 바란다.

- react-router-dom 공식 문서: https://goo.gl/WKAbWM
- 업그레이드 가이드: https://goo.gl/Xp6TQU

부록 G | React 버전 16.3의 변경 사항

React의 새로운 마이너 버전인 16.3이 2018년 3월 30일에 공개되었다. 향후 React의 발전 방향을 보여주는 몇 가지 중요한 변경 사항도 함께 발표되었으니 관심을 갖고 살펴보자.

React 16.3의 대표적인 변경 사항으로 먼저 Context API가 공식적으로 추가되어 실험적(experimental)이라는 수식어를 붙이고 있던 기존의 Context API를 대체하게 되었다. 또한, 라이프사이클 이벤트 몇 가지를 향후 메이저 버전 업데이트를 통해 지원 중단할 계획이라는 점도 밝혔다. 그 외에 createRef, forwardRef API와 `StrictMode` 컴포넌트가 추가되었다. 각각 하나씩 살펴보자.

설명에 사용된 예제 코드의 일부는 React의 공식 문서 및 블로그(https:// reactjs.org)에서 발췌하였으며, 개별 문서 및 게시물의 링크는 이 글의 끝부분에 정리되어 있다. 또한, 이 책의 예제 코드 저장소(http://github.com/gilbutITbook/006961)에서도 설명에 사용한 예제 코드를 확인할 수 있다.

G.1 공식적인 Context API

Context API는 여러 컴포넌트에서 함께 사용해야 하는 데이터를 컴포넌트 트리 아래로 전달하기 위해 사용된다. 컴포넌트 트리 전체에서 사용하는 데이터를 하위 컴포넌트에 전달할 때 속성(props)을 이용하여 반복적으로 전달하는 대신 Context API를 이용하면 좀 더 편리하다.

공식적인 Context API를 살펴보기 전에 먼저 기존의 '실험적인' Context API에 대해서 잠시 살펴보자. 13장에서 React Router를 다루며 기존의 Context API가 잠시 언급되었다.

공식 문서에서 제공하는 기존의 API를 사용하는 경우의 예제[1]를 살펴보자. 상위 컴포넌트에서 `getChildContext` 메서드를 선언하고, 여기서 반환하는 값을 하위 컴포넌트로 전달할 수 있었다. 다음 예제 코드와 같이 `MessageList` 컴포넌트의 `getChildContext` 메서드가 반환한 값에 `Button` 컴포넌트의 `this.context`로 접근한다.

1 역주 https://reactjs.org/docs/legacy-context.html#how-to-use-context

예제 코드 G.1 LegacyContext.html

```
class Button extends React.Component {
  render() {
    return (
      <button style={{background: this.context.color}}>
        {this.props.children}
      </button>
    );
  }
}

Button.contextTypes = {
  color: PropTypes.string
};

class Message extends React.Component {
  render() {
    return (
      <div>
        {this.props.text} <Button>Delete</Button>
      </div>
    );
  }
}

class MessageList extends React.Component {
  getChildContext() {
    return {color: 'purple'};
  }

  render() {
    const children = this.props.messages.map((message) =>
      <Message text={message.text} />
    );
    return <div>{children}</div>;
  }
}

MessageList.childContextTypes = {
  color: PropTypes.string
};
```

앞의 내용을 새로운 Context API를 이용해서 옮겨보면 다음과 같다. 먼저 createContext에 인자로 컨텍스트의 기본값을 넘겨주어 실행하면 해당 컨텍스트를 위한 Provider와 Consumer 컴포넌트가 생성된다. Provider 컴포넌트를 사용하면 컨텍스트로 전달하는 데이터의 변경을 Consumer 컴포넌트에서 구독할 수 있다. Provider 컴포넌트의 value 속성으로 값을 전달하면 해당 Provider 컴포넌트의 하위에 있는 Consumer 컴포넌트에서 이 값에 접근할 수 있다.

다음 예제 코드에서 ThemeProvider의 render 메서드에서 value 속성으로 this.state.color, 즉 'purple'을 전달한다. Provider의 value 속성으로 전달한 값은 Consumer 컴포넌트 아래에서 사용할 수 있다. ThemedButton 컴포넌트의 render 메서드에서 사용하는 color가 이에 해당한다.

예제 코드 G.2 Context.html

```
const { Provider, Consumer } = React.createContext('purple');

class ThemeProvider extends React.Component {
  state = {color: 'purple'};

  render() {
    return (
      <Provider value={this.state.color}>
        {this.props.children}
      </Provider>
    );
  }
}

class ThemedButton extends React.Component {
  render() {
    return (
      <Consumer>
        {color => (
          <button style={{background: color}}>
            {this.props.children}
          </button>
        )}
      </Consumer>
    );
  }
}

class App extends React.Component {
  render() {
```

```
    return (
      <ThemeProvider>
        <ThemedButton>button</ThemedButton>
      </ThemeProvider>
    );
  }
}
```

참고로 버전 16.3에서도 여전히 기존의 Context API가 정상적으로 작동하지만, 향후에 지원이 중단될 예정이므로 새로운 작업에는 기존 Context API를 사용하지 않는 것이 좋겠다.

G.2 비동기 렌더링 지원을 위한 라이프사이클 이벤트의 변화

React 팀은 버전 16.3 업데이트를 통해 다음 메이저 버전인 React 버전 17부터는 기존의 라이프사이클 메서드 중 `componentWillMount`, `componentWillReceiveProps`, `componentWillUpdate`에 대한 지원을 중단할 것이라고 밝히면서 해당 메서드에 `UNSAFE_`라는 접두사를 추가했다(`UNSAFE_componentWillMount`, `UNSAFE_componentWillReceiveProps`, `UNSAFE_componentWillUpdate`).

React 팀은 세 가지 라이프사이클 메서드의 지원을 중단하는 이유로 해당 메서드가 React 개발자에게 많은 오해를 일으키고 오용되어 향후 공개할 새로운 기능인 비동기 렌더링(async rendering)의 지원에 어려움을 줄 수 있기 때문이라고 설명하고 있다. 비동기 렌더링은 React 팀이 준비 중인 새로운 기능으로 React 팀의 일원인 댄 아브라모프(Dan Abramov)가 "Beyond React 16"이라는 제목으로 JSConf Iceland 2018에서 소개하기도 했다.

React 팀은 지원을 중단할 예정인 세 가지 라이프사이클 메서드를 대체하기 위해 `getDerivedStateFromProps`, `getSnapshotBeforeUpdate`를 새롭게 라이프사이클 메서드로 추가했다.

다음 예제 코드[2]에서 확인할 수 있는 것처럼 `getDerivedStateFromProps`는 `static` 메서드이며, 컴포넌트가 초기화된 시점이나 새로운 속성을 전달받았을 때 실행된다. `getDerivedStateFromProps`에서 객체를 반환하여 상태를 갱신할 수 있고, 갱신이 필요하지 않은 경우에는 `null`을 반환한다. 따라서 새로운 상태 또는 `null`을 반드시 반환해야 한다. `getDerivedStateFromProps`를 `componentDidUpdate`와 조합하여 사용하면 기존의 `componentWillReceiveProps`를 대체하는 목적으로 사용할 수 있다.

2 역주 https://reactjs.org/blog/2018/03/27/update-on-async-rendering.html#new-lifecycle-getderivedstatefromprops

```
class Example extends React.Component {
  static getDerivedStateFromProps(nextProps, prevState) {
    // ...
  }
}
```

getSnapshotBeforeUpdate는 DOM 갱신 같은 변경이 발생하기 직전에 실행된다. 다음 예제 코드[3]를 참고하자. getSnapshotBeforeUpdate에서 반환하는 값은 componentDidUpdate의 세 번째 인자인 snapshot으로 전달된다. getSnapshotBeforeUpdate는 렌더링 사이에 스크롤 위치를 직접 조작해야 할 때 사용할 수 있을 것이다. getSnapshotBeforeUpdate도 componentDidUpdate와 조합하여 사용하면 기존의 componentWillUpdate를 대체하는 목적으로 사용할 수 있다.

```
class Example extends React.Component {
  getSnapshotBeforeUpdate(prevProps, prevState) {
    // ...
    return 'snapshot!';
  }

  // 세 번째 인자인 snapshot은 getSnapshotBeforeUpdate의 반환값이다.
  componentDidUpdate(prevProps, prevState, snapshot) {
    // 여기서 snapshot은 getSnapshotBeforeUpdate에서 반환한 'snapshot!'이다.
  }
}
```

예제 코드 저장소의 v16.3 폴더에서 LifecycleEvent.html을 브라우저에서 확인하면 다음과 같은 결과를 확인할 수 있다. 이 컴포넌트는 3초 동안 매초마다 Example 컴포넌트의 seconds 속성을 변경한다. getDerivedStateFromProps는 초기화 시점과 속성(props)이 갱신될 때마다 호출되고 있다. getSnapshotBeforeUpdate에서 반환한 값을 componentDidMount에서 세 번째 인자로 받아 출력한다.

```
class Example extends React.Component {
  constructor(props) {
    super(props);
    this.state = {};
  }

  static getDerivedStateFromProps(nextProps, prevState) {
```

3 역주 https://reactjs.org/blog/2018/03/27/update-on-async-rendering.html#new-lifecycle-getsnapshotbeforeupdate

```
    console.log('getDerivedStateFromProps', nextProps, prevState);
    return null;
  }

  getSnapshotBeforeUpdate(prevProps, prevState) {
    console.log('getSnapshotBeforeUpdate', prevProps, prevState);
    return 'snapshot!';
  }

  // 세 번째 인자인 snapshot은 getSnapshotBeforeUpdate의 반환값이다.
  componentDidUpdate(prevProps, prevState, snapshot) {
    // 여기서 snapshot은 getSnapshotBeforeUpdate에서 반환한 'snapshot!'이다.
    console.log('componentDidUpdate', prevProps, prevState, snapshot);
  }

  render() {
    return (
      <p>경과시간: {this.props.seconds}초</p>
    );
  }
}

class Lifecycle extends React.Component {
  constructor(props) {
    super(props);
    this.state = { seconds: 0 };
  }

  componentDidMount() {
    this.interval = setInterval(() => {
      if (this.state.seconds < 3) {
        this.setState({ seconds: this.state.seconds + 1 });
      } else {
        clearInterval(this.interval);
      }
    }, 1000);
  }

  render() {
    return (
      <Example seconds={this.state.seconds} />
    );
  }
}
```

▼ 그림 G-1 결과

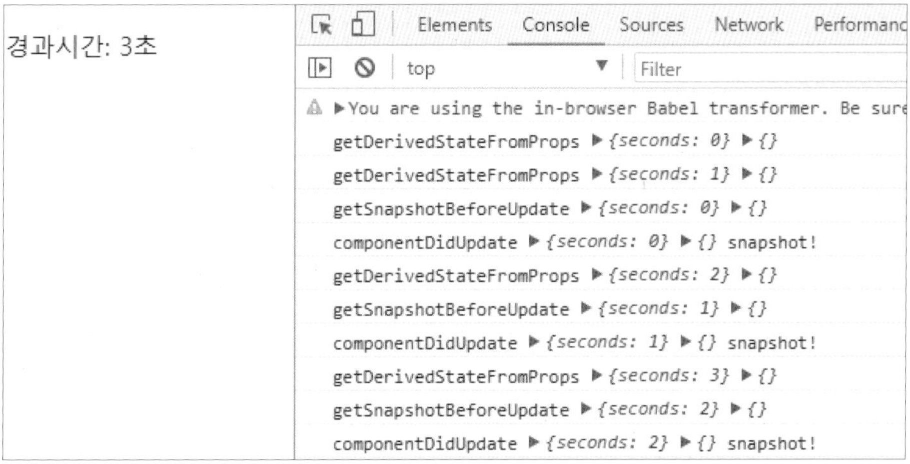

```
경과시간: 3초

Elements  Console  Sources  Network  Performanc
top  Filter
⚠ ▶You are using the in-browser Babel transformer. Be sure
getDerivedStateFromProps ▶{seconds: 0} ▶{}
getDerivedStateFromProps ▶{seconds: 1} ▶{}
getSnapshotBeforeUpdate ▶{seconds: 0} ▶{}
componentDidUpdate ▶{seconds: 0} ▶{} snapshot!
getDerivedStateFromProps ▶{seconds: 2} ▶{}
getSnapshotBeforeUpdate ▶{seconds: 1} ▶{}
componentDidUpdate ▶{seconds: 1} ▶{} snapshot!
getDerivedStateFromProps ▶{seconds: 3} ▶{}
getSnapshotBeforeUpdate ▶{seconds: 2} ▶{}
componentDidUpdate ▶{seconds: 2} ▶{} snapshot!
```

React 팀은 라이프사이클 이벤트의 변경이 수많은 React 컴포넌트 라이브러리에 영향을 미칠 것이므로 서서히 변경될 것이라고 설명한다. 라이프사이클 이벤트와 비동기 렌더링에 대한 자세한 소개는 공식 블로그를 통해 확인할 수 있다.

G.3 createRef API

React 팀은 ref에 문자열 대신 함수를 사용하는 것을 권장한다. 또한, 그동안 그나마 사용이 가능했던 문자열 ref를 버전 16.4부터는 지원 중단할 예정이라고 밝혔다. 이를 대신하기 위해 버전 16.3부터는 createRef API를 사용할 수 있다. 다음 예제 코드[4]는 constructor에서 createRef로 ref를 생성하여 render 메서드에서 참조를 연결하여 사용한다. v16.3 폴더의 createRef.html 파일에서도 확인할 수 있다.

```
class MyComponent extends React.Component {
  constructor(props) {
    super(props);

    this.inputRef = React.createRef();
  }

  render() {
```

4 역주 https://reactjs.org/blog/2018/03/29/react-v-16-3.html#createref-api

```
    return <input type="text" ref={this.inputRef} />;
  }

componentDidMount() {
  // 생성한 ref를 이용해서 입력 영역에 커서가 오도록 한다.
    this.inputRef.current.focus();
  }
}
```

G.4 forwardRef API

forwardRef API는 고차 컴포넌트 이용 시 고차 컴포넌트 내부의 엘리먼트에 ref를 연결할 때 사용할 수 있다. 버전 16.3의 배포 공지에 포함되어 있는 예제 코드[5]를 살펴보면 다음과 같다.

예제 코드 G.3 forwardRef.html

```
const ThemeContext = React.createContext('light');
// 고차 컴포넌트
function withTheme(Component) {
  function ThemedComponent({forwardedRef, ...rest}) {
    return (
      <ThemeContext.Consumer>
        {theme => (
          // 속성으로 전달받은 'forwardedRef'를 ref에 전달한다.
          <Component
            {...rest}
            ref={forwardedRef}
            theme={theme}
          />

        )}
      </ThemeContext.Consumer>
    );
  }

  // 아래에서 두 번째 인자인 ref는 React.forwardRef가 전달한다.
  // 인자로 전달받은 ref를 일반적인 속성처럼 forwardedRef 같은 이름으로 ThemedComponent에 전달
하여 사용할 수 있다.
```

5 역주 https://reactjs.org/blog/2018/03/29/react-v-16-3.html#forwardref-api

```
  return React.forwardRef((props, ref) => (
    <ThemedComponent {...props} forwardedRef={ref} />
  ));
}

class FancyButton extends React.Component {
  buttonRef = React.createRef();

  focus() {
    this.buttonRef.current.focus();
  }

  render() {
    const {label, theme, ...rest} = this.props;
    return (
      <button
        {...rest}
        className={`${theme}-button`}
        ref={this.buttonRef}>

        {label}
      </button>
    );
  }
}

const FancyThemedButton = withTheme(FancyButton);

class App extends React.Component {
  constructor(props) {
    super(props);

    // fancyButtonRef로 FancyButton을 참조할 수 있다.
    this.fancyButtonRef = React.createRef();
    this.handleClick = this.handleClick.bind(this);
  }

  handleClick() {
    console.log('ref:', this.fancyButtonRef.current);
  }

  render() {
    return (
```

```
        <FancyThemedButton
          label="Click me!"
          onClick={this.handleClick}
          ref={this.fancyButtonRef}
        />
      );
    }
  }

  ReactDOM.render(
    <App />,
    document.getElementById('root')
  );
```

G.5 StrictMode 컴포넌트

StrictMode 컴포넌트는 React 앱의 잠재적인 문제를 파악하기 위해 사용할 수 있다. 버전 16.3의 경우 StrictMode 컴포넌트를 사용하여 다음 세 가지 문제점을 확인할 수 있다.

- 지원 중단 예정인 UNSAFE_ 접두사가 있는 라이프사이클 이벤트를 사용한 컴포넌트 파악
- 문자열 ref 사용 여부 파악
- 예상하지 못한 부수 효과 수집

StrictMode 컴포넌트는 다음 예제 코드[6]와 같이 다른 컴포넌트를 감싸는 형태로 사용된다.

```
class ComponentOne extends React.Component {
  render() {
    return (
      <div ref="componentOne">ComponentOne</div>
    );
  }
}

class ComponentTwo extends React.Component {
  componentWillMount() {
    console.log('componentWillMount');
```

6 역주 https://reactjs.org/docs/strict-mode.html

```
    }

    render() {
      return (
        <div>ComponentTwo</div>
      );
    }
  }

  function ExampleApplication() {
    return (
      <div>
        <Header />
        <React.StrictMode>
          <div>
            <ComponentOne />
            <ComponentTwo />
          </div>
        </React.StrictMode>
        <Footer />
      </div>
    );
  }
```

문제가 되는 경우에 대해 개발 모드일 때 다음 그림과 같이 콘솔에 오류를 노출한다.

▼ 그림 G-2 콘솔 오류(G/StrictMode.html)

```
▶Warning: A string ref, "componentOne", has been found within a strict mode   react-dom.development.js:530
tree. String refs are a source of potential bugs and should be avoided. We recommend using createRef()
instead.

    in ComponentOne (created by ExampleApplication)
    in div (created by ExampleApplication)
    in div (created by ExampleApplication)
    in ExampleApplication

Learn more about using refs safely here:
https://fb.me/react-strict-mode-string-ref
componentWillMount                                                              Inline Babel script:13
▶Warning: Unsafe lifecycle methods were found within a strict-mode tree:       react-dom.development.js:530
    in div (created by ExampleApplication)
    in ExampleApplication

componentWillMount: Please update the following components to use componentDidMount instead: ComponentTwo

Learn more about this warning here:
https://fb.me/react-strict-mode-warnings
```

지금까지 소개한 내용에 대해서는 공식 문서와 블로그, 깃허브 이슈에서 좀 더 자세한 정보를 얻을 수 있다.

- React v16.3.0: https://reactjs.org/blog/2018/03/29/react-v-16-3.html
- React v16.3.0 changelog: https://github.com/facebook/react/pull/12488
- 비동기 렌더링: https://reactjs.org/blog/2018/03/27/update-on-async-rendering.html
- Beyond React 16: https://reactjs.org/blog/2018/03/01/sneak-peek-beyond-react-16.html
- 라이프사이클 이벤트: https://reactjs.org/docs/react-component.html
- 새로운 Context API: https://reactjs.org/docs/context.html
- 기존의 Context API: https://reactjs.org/docs/legacy-context.html
- 문자열 `ref`의 문제점: https://github.com/facebook/react/pull/8333#issuecomment-271648615
- `createRef` API: https://reactjs.org/docs/refs-and-the-dom.html#creating-refs
- `forwardRef` API: https://reactjs.org/docs/forwarding-refs.html
- `StrictMode` 컴포넌트 https://reactjs.org/docs/strict-mode.html

R

S

T

U

W

ㅎ

번호